义乌年鉴

YIWU YEARBOOK 2023

中共义乌市委党史研究室
（义乌市地方志编纂室） 编

方志出版社
Publishing House of Local Records

图书在版编目（CIP）数据

义乌年鉴. 2023 / 中共义乌市委党史研究室（义乌市地方志编纂室）编.—北京 ： 方志出版社，2023.12
ISBN 978-7-5144-6041-4

Ⅰ. ①义… Ⅱ. ①中… Ⅲ. ①义乌－2023－年鉴 Ⅳ. ①Z525.53

中国国家版本馆 CIP 数据核字(2023)第 252653 号

责任编辑：范锐超
责任校对：张玉霞
责任印制：梅中英
出 版 者：方志出版社
地　　址：北京市朝阳区潘家园东里 9 号（国家方志馆 4 层）
邮　　编：100021
网　　址：http://www.zgfzcb.cn
发　　行：方志出版社图书营销中心（010-67110500）
印　　刷：南京凯德印刷有限公司
开　　本：889 毫米×1194 毫米　1/16
印　　张：35.25 印张　地图：1 幅
字　　数：1014 千字
版　　次：2023 年 12 月第 1 版
印　　次：2023 年 12 月第 1 次印刷
定　　价：208 元

义乌市地方志编纂委员会

主　　任　叶帮锐
副 主 任　丁　政　陈小忠　蒋　涛　朱有清　龚淑娟（执行）
办公室主任　王瑞铨　何显锋
办公室副主任　楼杨平　李斌洪

《义乌年鉴》编辑部

主　　编　吴小锋
副 主 编　何晓东　龚俊红　潘桂倩
特约编审　陈金春
执行副主编　楼向华
责任编辑　陈凯航　缪文中
编　　辑　贾胜男　杨柳白　廖钰琪　季志勤
封面设计　陈金春

编辑说明

一、《义乌年鉴》是由中共义乌市委和义乌市人民政府主办，义乌市地方志编纂委员会主持，中共义乌市委党史研究室（义乌市地方志编纂室）编纂的地方综合年鉴，2008年首次出版，每年出版1卷，《义乌年鉴（2023）》为第16卷。

二、《义乌年鉴》以马克思列宁主义、毛泽东思想、邓小平理论、“三个代表”重要思想、科学发展观、习近平新时代中国特色社会主义思想为指导，坚持辩证唯物主义和历史唯物主义的立场、观点和方法，坚持存真求实，全面、客观、系统地记述年度发展情况。

三、《义乌年鉴（2023）》主要记述义乌市2022年政治、经济、文化教育、社会和生态文明建设等方面的发展状况，全面总结2022年义乌市在发展过程中面临的新问题、新情况。全书的编纂在延续上年年鉴的基础框架上，在体例、结构、资料、语言文字等方面进行了进一步的修改完善，体现了习近平新时代中国特色社会主义思想的要求，客观全面地反映了义乌市各条战线的风貌，是一部了解义乌的重要地情资料书。记述具有年度特色的要事，作为背景资料，有些条目内容或表格中的数据适当上溯，以保持资料的完整性，为广大读者了解和研究义乌提供基本信息资源。

四、《义乌年鉴（2023）》按分类法编辑，主题内容分为类目、分目、条目3个层次。以条目为基本记述单元，按时间的先后记述内容，条目标题采用【　】表示。全书设置类目51个，分目355个，收入条目2068条，图片255幅，表格32张。新设“数字化改革”类目。“专记”中收入“义乌市场建设40周年”、“乡村振兴·共同富裕”“义乌自贸试验区建设”“义乌综合保税区建设”“跨境电商综试区建设”“义乌营商环境优化”年度重点内容。“年度聚焦”新增“聚焦三大科创高地建设”“聚焦未来社区和未来乡村建设”。

五、《义乌年鉴（2023）》所用稿件均由市各单位、各部门专人提供，所记述的综合性数据由市统计局提供，部分数据由各单位提供，市领导名录由市委组织部提供。“附录”中的重要文献，照原文录入，不做编辑规范方面的处理。书中“全年”“年内”“年底”“年末”中的“年”均指2022年，涉及其他年份的时间均标明年份。书中出现的单位名称、专业术语，首次出现时用全称，此后一般用规范简称。

六、《义乌年鉴（2023）》数字用法、标点符号用法分别采用国家标准《出版物上数字用法》（GB/T 15835-2011）、《标点符号用法》（GB/T 15834-2011），计量单位采用国家技术监督局1993年12月发布的《量和单位》系列国家标准。

七、《义乌年鉴（2023）》正文前设有目录，中文目录详及条目，英文目录编至分目；后有索引，索引范围涉及条目、图片和表格。

《义乌年鉴（2023）》装帧解释

一、封面元素

将“义乌小商品城”“义乌国际生产资料市场”“义乌世贸大厦”等城市坐标与“义新欧”中欧班列浓缩在一个版面，表现义乌作为一座建在市场上的商贸城市，市场兴则城市兴；“义新欧”班列助力义乌再腾飞，义乌营商环境跻身全球前列。

二、封面、书脊元素

以“义乌全新城市形象标识”为元素，将月季花、香樟树、乌伤乌、拨浪鼓等元素融为一体，成为自然与人文、文化与经济、传统与现代、继承与创新交融碰撞迸发的一簇奇花，是义乌过去、现在和未来发展的缩影。标识形似一个奔跑的人，在各种图形原色的衬托下，飞奔而来，向人们传递一种义乌人的精神——积极、努力、进取、活力、开放、热情。

三、类目背景

以义乌国际商贸城建筑为标志，表达义乌市场从传统集散型市场向现代化国际性市场飞跃，引领读者走进义乌各个领域，领略义乌逐年发展的瞩目成就。

义乌市行政区划图

诸暨市
浦江县
兰溪市
东阳市
义乌市
浦江县
大畈乡
虞宅乡
杭坪镇
前吴乡
岩头镇
郑宅镇
黄宅镇
白马镇
郑家坞镇
安华镇
牌头镇
同山镇
仙华街道
浦阳街道
浦南街道
大陈镇
苏溪镇
后宅街道
北苑街道
稠城街道
福田街道
廿三里街道
江东街道
义乌站
义乌机场
义乌西站
八都水库
巧溪水库
安华水库
通济桥水库
长堰水库
G60沪昆高速（杭金衢段）
S45义东高速
沪昆高铁
沪昆铁
G351
G235
S210
S310

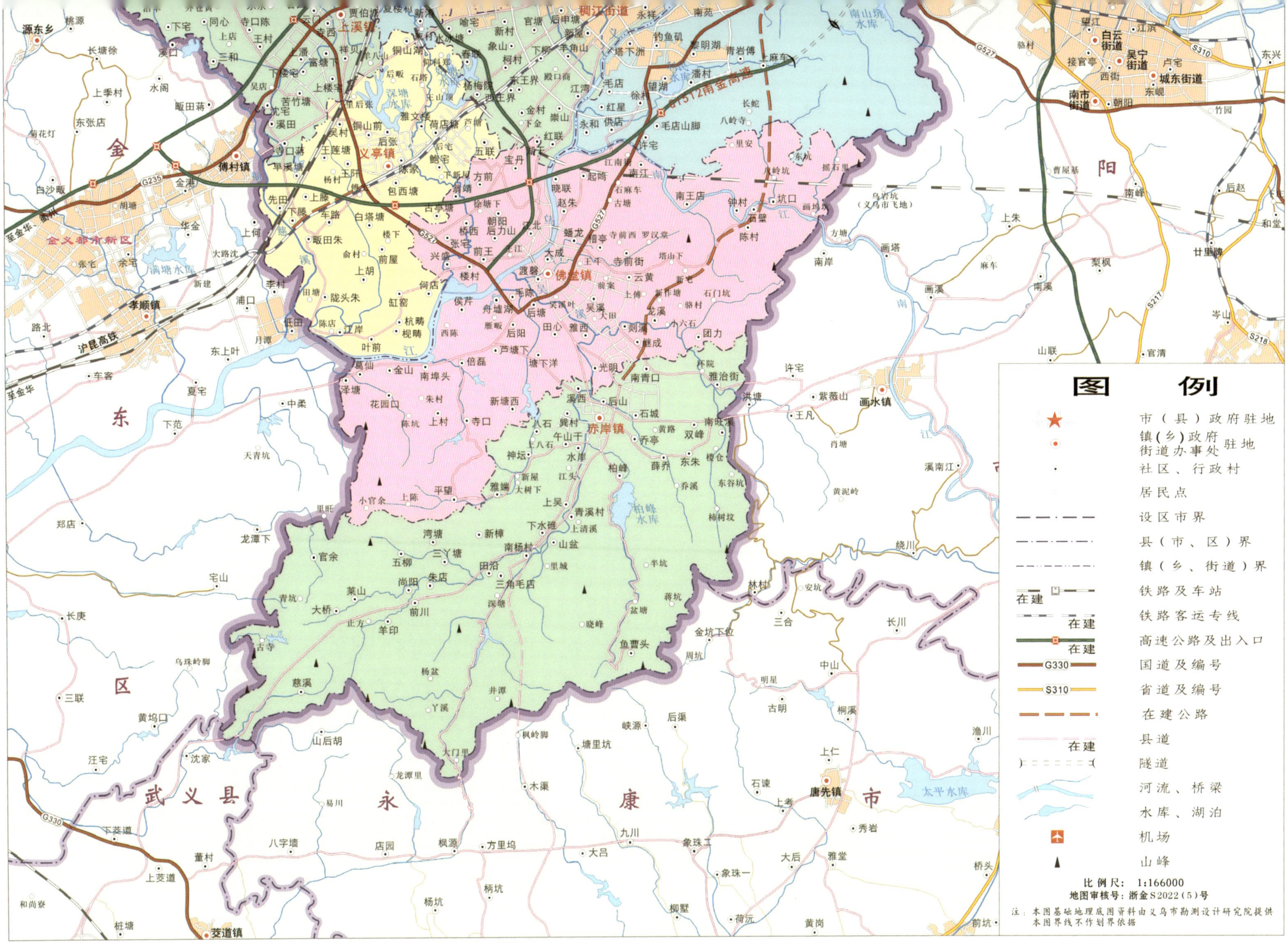
图例
市（县）政府驻地
镇(乡)政府
街道办事处 驻地
社区、行政村
居民点
设区市界
县（市、区）界
镇（乡、街道）界
铁路及车站
铁路客运专线
高速公路及出入口
国道及编号
省道及编号
在建公路
县道
隧道
河流、桥梁
水库、湖泊
机场
山峰
在建
G330
S310
比例尺：1:166000
地图审核号：浙金S2022（5）号
注：本图基础地理底图资料由义乌市勘测设计研究院提供
本图界线不作划界依据
佛堂镇
赤岸镇
义亭镇
上溪镇
稠江街道
傅村镇
孝顺镇
金义都市新区
画水镇
唐先镇
源东乡
南市街道
白云街道
吴宁街道
城东街道
茭道镇
金
东
区
阳
武义县
永
康
市
G527
G521
G235
S217
S218
G1512甬金高速
沪昆高铁
柏峰水库
南山坑水库
深塘水库
满塘水库
太平水库
乌岩坑
（义乌市飞地）

义乌金融中心夜景

（骆　翔　2022年11月14日摄）

义乌稠江街道与江东街道毗连区的江滨绿廊 （吴献华 2022年7月8日摄）

义乌梅湖体育馆　　（张继康　2022年11月14日摄）

1982—1984年，第一代湖清门路边市场

（毛协东　1982年摄）

1984—1986年，第二代新马路小商品市场

（金福根　1984年摄）

1986—1992年，第三代城中路小商品市场

（金福根　1986年摄）

1992—2002年，第四代中国小商品城篁园市场

（楼子荣　1992年摄）

1992—2002年，第四代中国小商品城宾王市场　（金福根　1995年摄）

2002—2022年，第五代市场——义乌国际商贸城　　（张继康　2019年摄）

2022年11月25日，第六代市场——义乌全球数贸中心项目破土动工　　（商城集团　供图）

2022年6月30日，义乌江东街道与磐安县窈川乡联合举办庆祝中国共产党成立101周年主题党日活动上，重温入党誓词

（江东街道 供图）

2022年10月16日，义乌江东街道鸡鸣山社区组织共产党员收看中共二十大开幕会

（江东街道 供图）

2022年3月3—12日，“永远跟党走”红色图片展在义乌收藏品市场开展　（何　盛　摄）

2022年7月1日，义乌市财政局举行“赓续红色根脉　践行财政担当‘庆七一’党的知识竞赛”　（市财政局　供图）

2022年7月27日，义乌江湾小学学生参观细菌战纪念馆，接受爱国主义教育　（龚琴娟　摄）

2022年4月17日，义乌市悠学悠游校外教育培训中心学生在佛堂蔬菜产业园开展农耕文旅研学活动 （市市场集团　供图）

2022年12月19日，佛堂镇蔬菜产业园被认定为“义乌市首批中小学劳动教育实践基地” （市市场集团　供图）

2022年12月23日，正康（义乌）禽业有限公司被评为“全程机械化应用基地” （义亭镇　供图）

义乌赤岸镇乔亭村33.33公顷的双乔生态稻香公园　　（张继康　2022年9月27日摄）

义乌廿三里华溪谷青创农场田园区，面积133.33公顷　　（龚露露　2022年10月11日摄）

2022年6月3日，荣利服饰有限公司品检部员工对成品进行分拣（任后发　摄）

2022年7月28日，赤岸镇义乌吉利动力总成有限公司工人在装配线上安装发动机（王康华　摄）

2022年8月17日，工行义乌分行员工在浙江威特电梯有限公司开展驻企金融帮扶工作（朱子航　摄）

2022年8月17日，义乌市瑞泽服饰有限公司在生产车间进行安全检查 （吴　靓　摄）

义乌晶澳太阳能科技有限公司工人在无尘车间内操作机器 （李爽爽　2022年8月16日摄）

义乌市雪忠恺服饰有限公司员工在车间里工作 （佛堂镇供图　2022年12月10日摄）

2022年6月12日，义乌海关关员在国际商贸城向商户宣讲知识产权保护政策　（虞华盛　摄）

2022年8月1日，中秋月饼营销会上，商家向参会人员介绍新品　（牛月明　摄）

2022年2月12日，义乌国际商贸城一区举行虎年开市活动 （市融媒体中心　供图）

2022年2月12日，客商在义乌副食品市场采购商品
（市融媒体中心　供图）

2022年2月14日，外商在国际商贸城一区采购商品
（市融媒体中心　供图）

2022年11月25日，浙江省第三届"国际创客"创业创新大赛在义乌市举行　（市委统战部　供图）

2022年6月10日，义乌自贸发展区管委会党员志愿服务队在综保区开展"助企备战618"活动
（义乌自贸发展区　供图）

2022年7月14日，第六届中国义乌国际五金博览会上，参展商在直播　（吴伟生　摄）

2022年6月24日，“陈双成对”红色共富直播间里，工作人员在现场销售商品（候晨阳　摄）

2022年12月31日，义乌市电子商务公共服务中心直播团队在“廿家·共富工坊”李宅麻糖·直播间进行直播（潘俊成　摄）

2022年11月19日，2022“义企出海　浙商远航”TikTok专场B端沙龙分享会在义乌数字直播产业孵化中心举行（傅艳平　摄）

义乌国贸大道和环城南路互通

义乌江东连接线与阳光大道互通

金华轨道交通金义东线

（市交通局供图　2022年5月25日摄）

（吴献华　2022年10月15日摄）

（吴献华　2022年3月13日摄）

义乌望道信仰线

（城西街道供图　2022年9月21日摄）

2022年1月，浙中农副产品物流中心屋顶光伏电站并网发电　（韦　炜　摄）

义乌城西街道众安广场商业综合体辐射常驻及商务人口12万人　（城西街道供图　2022年9月3日摄）

2022年1月6日，菜鸟全国首个保税仓直播“样板间”落户义乌综合保税区

2022年3月25日，义乌市博物馆整体搬迁至新址　（金福根　摄）

2022年6月15日，苏溪污水处理厂完成扩建投入试运行　（金家明　摄）

（程培英　摄）

原名“稠江一公园”更名为“西江绣津”

原名“稠江二公园”更名为“西江松径”

原名“稠江江滨三公园”更名为“西江钓月”

原名“稠江江滨四公园”更名为“西江蝉鸣”

原名“稠山公园”更名为“莲塘公园”

2022年11月8日，市区10个公园更名

原名“江滨主题公园二期”更名为“江滨凤舞”

原名“江滨主题公园一期”更名为“江滨鼓韵”

原名“梅湖体育会展中心”更名为“梅湖清波”

原名“国际生产资料市场配套中心公园”更名为“西园”

原名“儿童公园”更名为“西江乐园”

（以上图片均由市建设局供图）

2022年11月29日，金华铁路枢纽扩容改造工程节点开工仪式义乌分会场　（铁路义乌指挥部　供图）

2022年5月9日，义乌市五岔路口有机更新启动　（吴献华　摄）

2022年11月28日，施工中的义乌机场路　（楼子荣　摄）

2022年7月20日，义乌城市有机更新第4个回迁项目——向阳府交付　（楼子荣　摄）

2022年8月31日，义乌城市有机更新第8个回迁项目——绣川府交付　（王玲艳　摄）

2022年11月7日，建设中的义乌城市有机更新第14个回迁项目——孝子祠新村　（楼子荣　摄）

1995年5月18日，第一届义乌小商品博览会在中国小商品城篁园市场举行 （楼子荣　摄）

2000年10月26日，第六届中国小商品博览会在中国小商品展览中心举行

（楼子荣　摄）

2005年10月22日，第八届中国义乌国际小商品博览会在义乌国际博览中心举行　（楼子荣　摄）

2010年10月21日，第16届中国义乌国际小商品博览会在义乌国际博览中心举行　（楼子荣　摄）

2015年10月21日，第21届中国义乌国际小商品博览会在义乌国际博览中心举行　（楼子荣　摄）

2020年10月21日，第26届中国义乌国际小商品（标准）博览会在义乌国际博览中心举行（何胜雄　摄）

2022年11月24日，第28届中国义乌国际小商品（标准）博览会在义乌国际博览中心举行
（市市场发展委　供图）

2022年6月9日，义乌召开“千名乡贤助共富”推进会，举行乡贤助共富结对帮共体代表签约仪式 （郑海洋　摄）

2022年6月15日，“百团结百村”共建共富行动启动仪式在绣湖广场举行 （陈安仙　摄）

2022年12月31日，廿三里麻糖节在“廿家·共富工坊”举办 （龚露露　摄）

2022年4月28日，大陈镇溪后村被认定为2021年度“浙江省善治示范村” （楼美芳　摄）

2022年5月27日，义亭镇缸窑村被列入浙江省首批“未来乡村”名单 （义亭镇　供图）

义亭镇镇区鸟瞰图　2022年12月21日，义亭镇成功创建省级美丽城镇样板　（义亭镇　供图

佛堂镇夜景　2022年8月18日，佛堂镇获评2021年度省级健康乡镇

稠江街道鸟瞰图　2022年10月10日，稠江街道新建3个社区，调整8个社区范围　（吴优赛　摄）

（李春霖　摄）

城西街道夜景　2022年12月11日，城西街道被评为省级乡村示范乡镇　（城西街道　供图）

义乌上溪岩口水库总库容3590万平方米，常年稳定在Ⅱ类水质

义乌佛堂镇双林水库是一座以灌溉为主，兼顾防洪等综合利用的小（二）型水库　（市文广旅体局供图　2022年6月26日摄

五水共治办供图　2022年3月13日摄）

2022年4月13日，义乌义亭镇深塘水库除险加固工程完工验收　（义亭镇　供图）

五水共治后的佛堂南江　（市五水共治办供图　2022年9月22日摄）

2022年1月15日，家长陪同孩子在市文化馆七墨美术馆参观宋庆龄幼儿园的新年作品展　（龚琴娟　摄）

2022年6月8日，义亭镇中心幼儿园的孩子们在老师指导下制作茄干　（潘静蓉　摄）

2022年9月1日，“8·2”疫情后，义乌市中小学、幼儿园如期开学　（李　森　摄）

2022年7月27日，义乌江湾小学举行“铭记历史血泪 捍卫民族尊严”研学活动 （龚琴娟 摄）

2022年10月20日，放学后托管时间，义乌香山小学学生参加社团户外运动 （龚琴娟 摄）

2022年6月16日，义乌市北苑街道与磐安县仁川镇开展文化走亲活动，在仁川镇柳坡村文化礼堂演出 （鲍怡安　摄）

2022年6月18日，“喜迎二十大　奋进新征程”2022年义乌市戏剧曲艺比赛在市文化广场剧院举行

（市文广旅体局　供图）

2022年7月20日，“喜迎二十大 放飞梦想”义乌市第31届青少年声乐比赛在文化广场剧院举行

（市文广旅体局 供图）

2022年9月25日，义乌市稠江街道办事处与磐安县盘峰乡人民政府联合举办稠江盘峰文化走亲活动

（陈志平 摄）

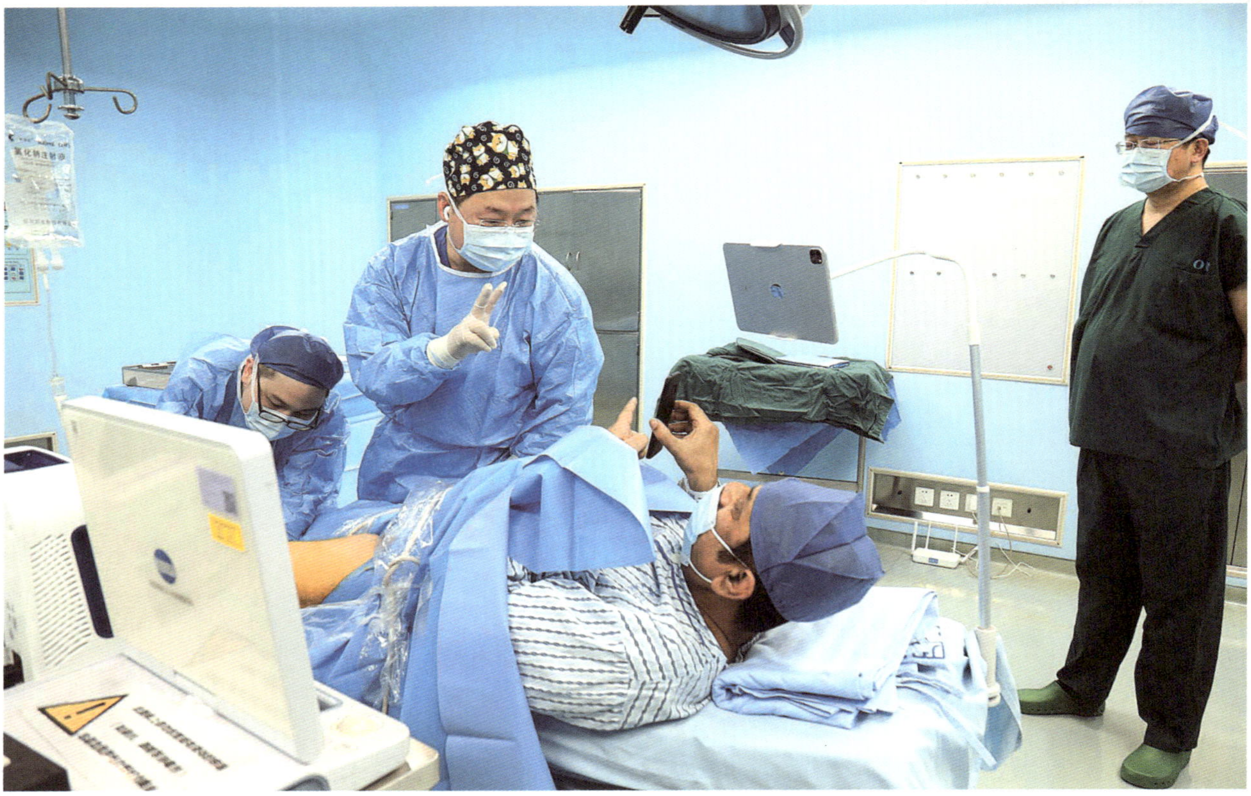

2022年1月7日，巴基斯坦患者在浙大四院接受静脉曲张手术　（金南星　摄）

2022年5月27日，病愈的印度商人迪普给浙大四院心血管内科送上感谢信　（金南星　摄）

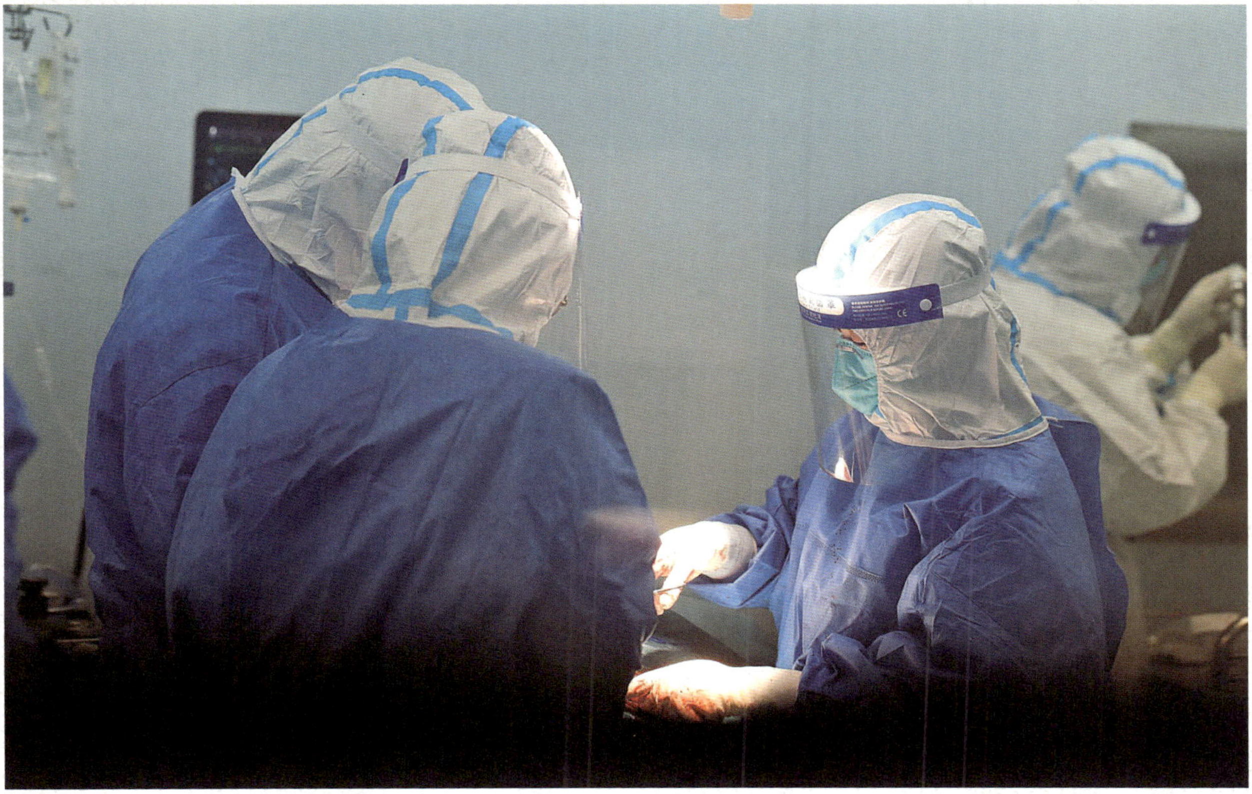

2022年8月7日，新冠疫情防控下的急产手术　（金南星　摄）

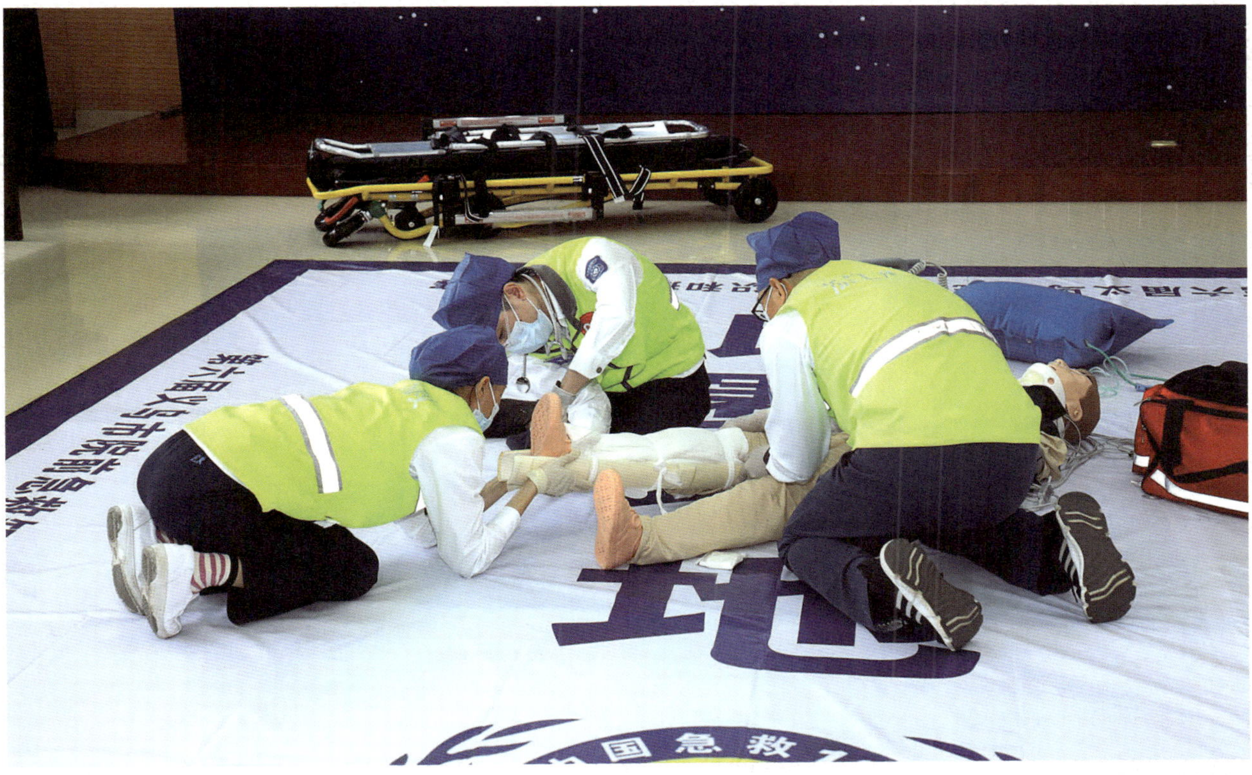

2022年11月8—9日，第六届义乌市院前急救技能竞赛在市卫生进修学校开赛　（市卫健局　供图）

2022年9月23日，浙江省第十七届运动会火炬传递在义乌启动　　（吴献华　摄）

2022年11月19—25日，在义乌梅湖体育馆举行的浙江省第十七届运动会排球男子甲组赛中，金华与台州比赛　　（市文广旅体局　供图）

2022年12月9—18日，浙江省第六届
青杯”中老年篮球赛在义乌梅湖体育馆开

2022年6月28日，2022年浙江省青少年足球（男子乙组）锦标赛在义乌梅湖体育馆开赛　　（李向群　摄）

（市文广旅体局　供图）

2022年12月17—18日，义乌市第十二届武林大会在义乌梅湖体育馆举行

（市文广旅体局　供图）

2022年3月8日，北苑街道四季社区党委举办“暖春芳华，美好如你”游园活动　（卢国良　摄）

2022年6月16日，“传承家风家训　弘扬传统美德”活动在稠江街道永祥社区举行　（稠城街道　供图）

稠城街道绣湖社区市民在绣湖广场跳广场舞　（楼子荣　2022年5月30日摄）

2022年7月15日，在稠城街道骑手节启动仪式上，太平洋保险公司为外卖骑手提供雇主责任保险　（稠城街道　供图）

2022年10月22日，上溪镇溪华村市民在“共富灶”上炒菜烧饭　（余悦海　摄）

2022年7月22日，泼水音乐露营节在义亭镇缸窑村举行　　（义亭镇　供图）

2022年11月21日，江东街道新时代文明实践所举办“江东老年人教育”永生花画框制作培训活动　（黄文婷　摄）

2022年5月18日，义乌工商职院国际学生在后宅街道李祖村体验中式泡茶文化（王沛凯　摄）

2022年8月20日，乘坐全国首趟印度来华商务包机的外商到达义乌（龚　艳　摄）

2022年8月9日，奈德之家志愿者团队向义乌稠城街道宾王社区暖心服务点捐赠物资（奈　德　摄）

2022年9月18日，义乌江东街道鸡鸣山社区党委组织社区外籍人举办第19届“家门口孔子学院”活动

（鸡鸣山社区　供图）

2022年11月14日，义乌江东街道鸡鸣山社区外籍志愿者为中外儿童上趣味英语课　（鸡鸣山社区　供图）

2022年11月24日，“中国有约”外国人团队在义亭镇缸窑村体验传统制陶技术　（孙航宇　摄）

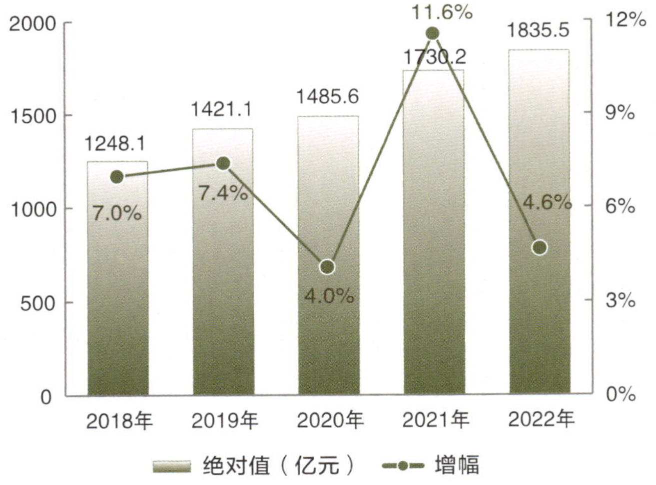

国内生产总值

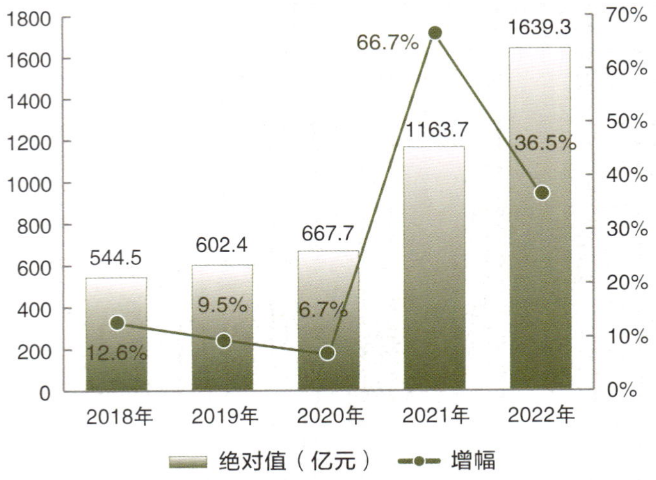

规模以上工业总产值

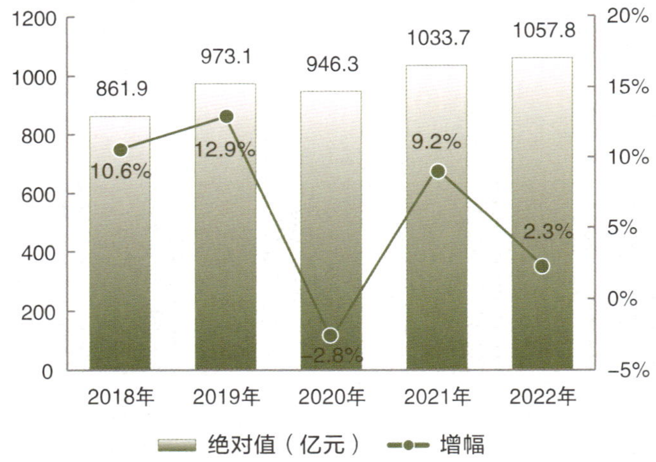

社会消费品零售总额

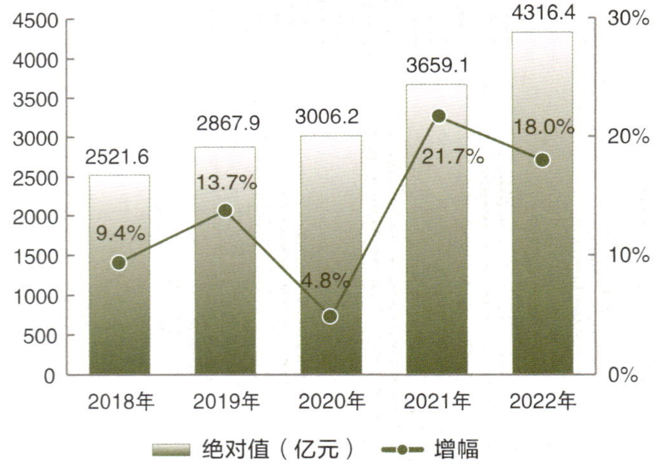

出口总额

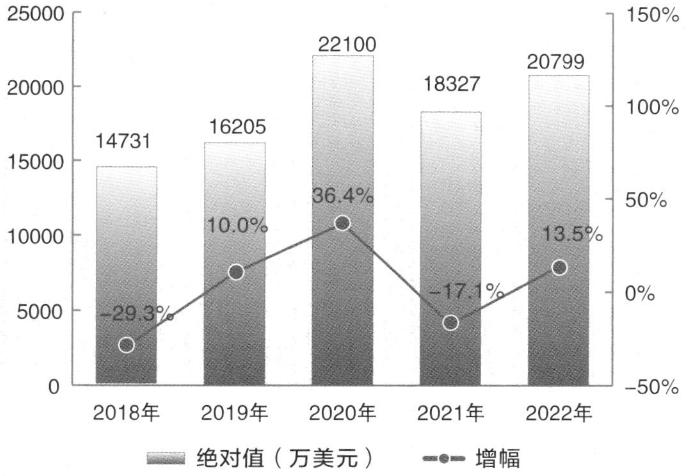

实际利用外资

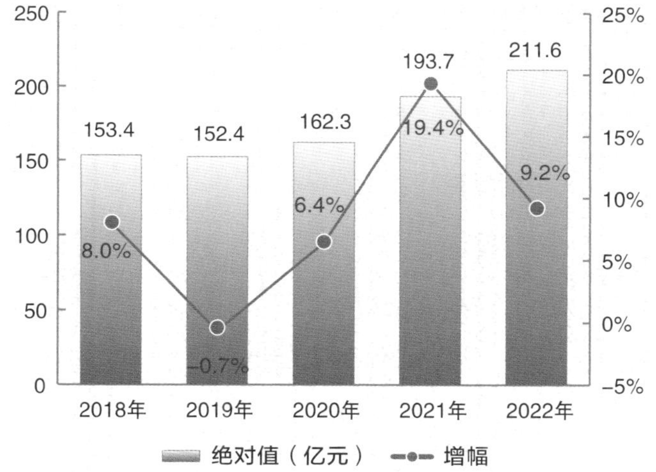

财政总收入

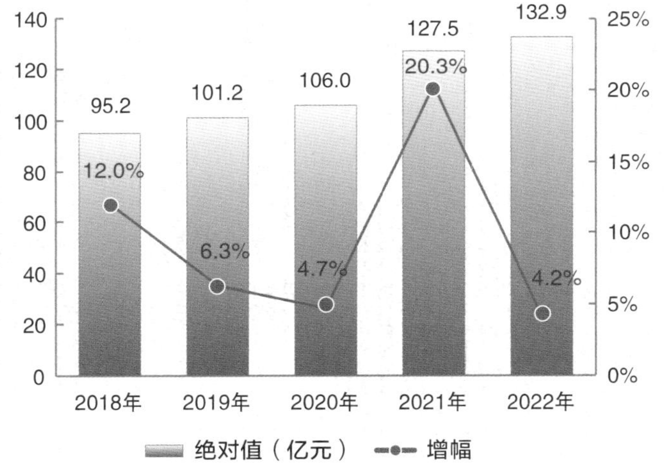

一般公共预算收入

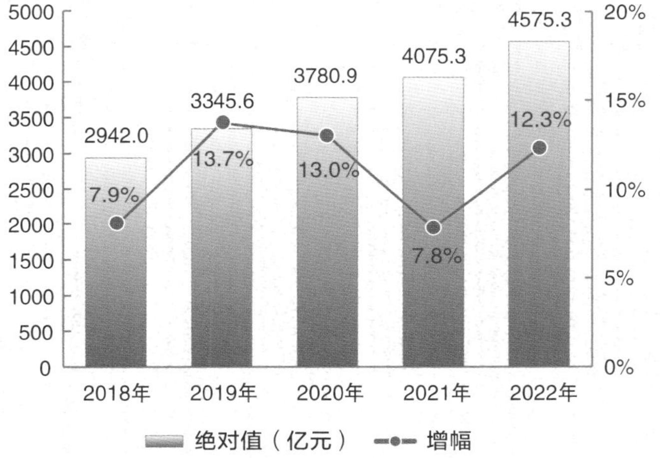

年末金融机构存款余额

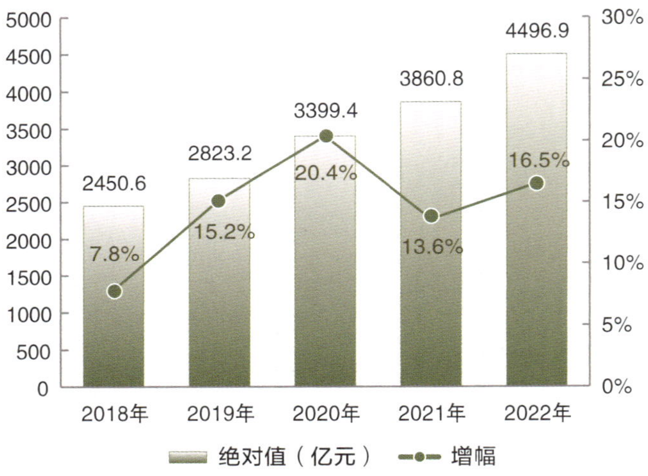

年末金融机构贷款余额

集贸市场成交额

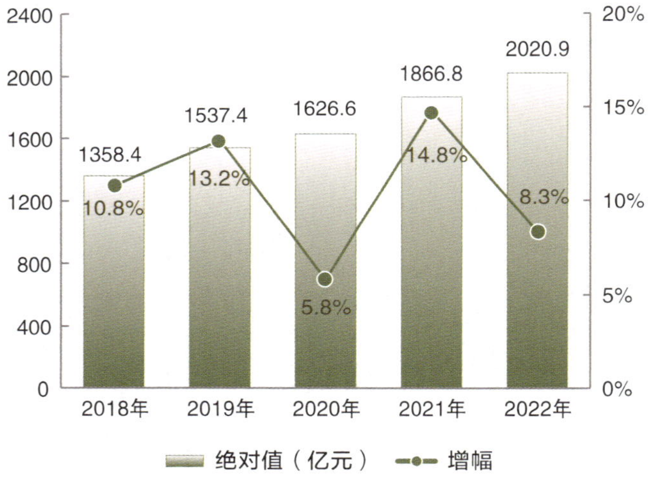

中国小商品城市场成交额

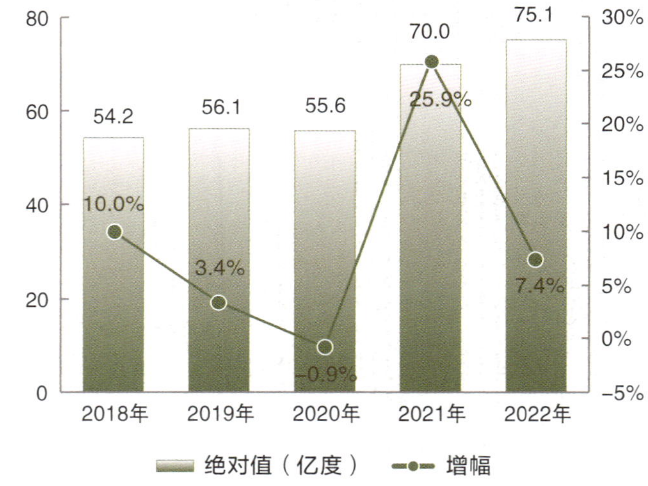

工业用电量

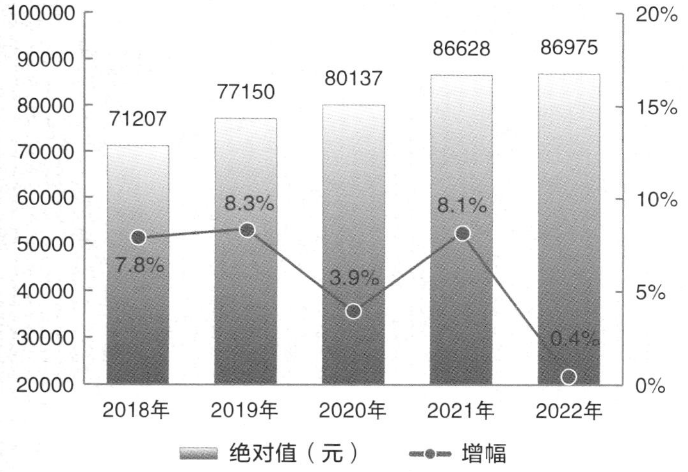

城镇常住居民人均可支配收入

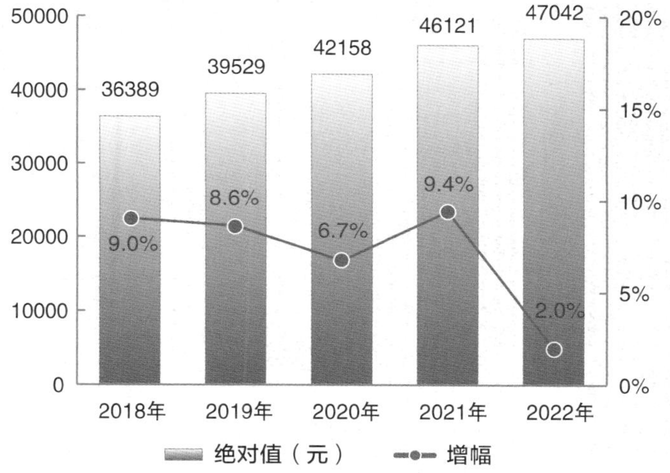

农村常住居民人均可支配收入

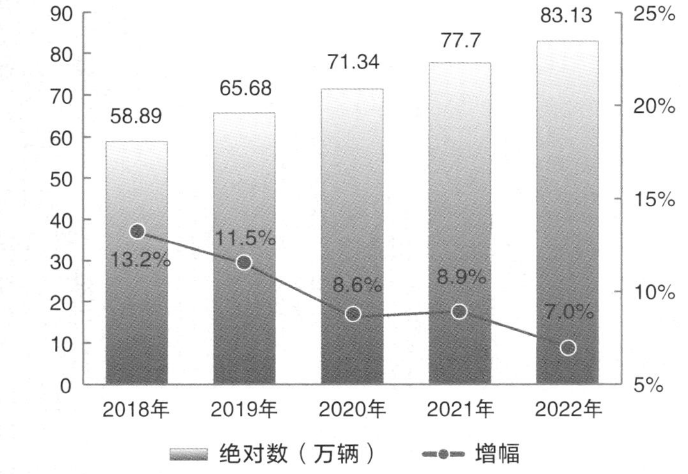

汽车拥有量

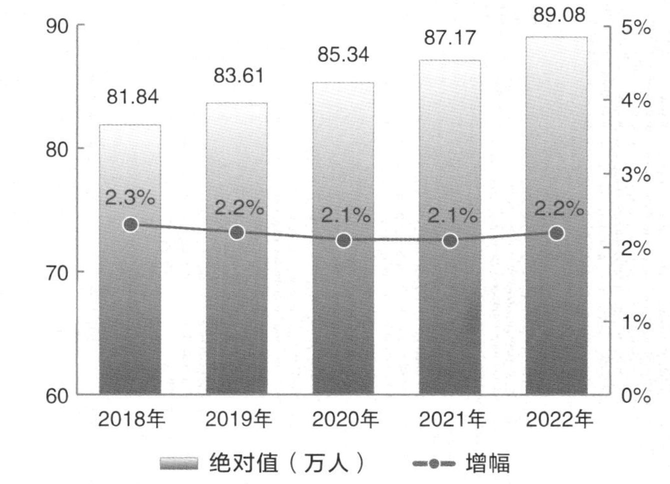

户籍人口

荣誉义乌

2022年1月13日，义乌市被评为“2021年全省数字经济系统建设优秀县（市）”。

2022年1月30日，浙江省经济和信息化厅下发关于2021年度全省中小微企业公共服务绩效考评结果的通报，义乌市被评为“县级优秀”。

2022年4月2日，全省建设平安浙江工作会议上，义乌市被评为2021年度平安市、县（市、区）及2020—2021年度平安浙江建设先进集体，被授予“平安牌”。

2022年4月6日，中共浙江省委全面依法治省委员会印发《关于表扬2021年度法治浙江（法治政府）建设优秀单位的通报》，义乌市被评为“全省法治浙江（法治政府）建设优秀单位”。

2022年4月21日，省食品药品安全委员会发文，命名义乌市为“浙江省食品安全示范市”，系全省首批。

2022年4月24日，浙江省公布2021年全省高质量发展建设共同富裕示范区工作考核评价结果，义乌在全省90个县（市、区）中位列第二名。

2022年5月5日，中国数字经济百人会、众诚智库联合发布《2021年中国投资潜力百强县》榜单，义乌市位居中国投资潜力百强县前三名。

2022年5月26日，2022年度全国县市电商竞争力百佳样本榜单发布，义乌位居第二。

2022年7月8日，在全省建设新时代美丽浙江推进大会暨生物多样性保护大会上，义乌获“五水共治”“无废城市”、美丽城镇建设和水资源管理等工作考核先进集体，被授予“大禹鼎”银鼎。

2022年8月9日，经省政府同意，并报国家六部委备案，义乌市被确定为首批国家典型地区“再生水利用配置试点城市”。

2022年8月29日，根据《国家知识产权局关于确定国家知识产权强县建设试点示范县和国家级知识产权强国建设试点示范园区的通知》，义乌市被评为“国家知识产权强县建设示范县”。

2022年12月18日，浙江省“千村示范、万村整治”工作协调小组办公室公布2022年度全省农村生活垃圾分类处理工作优胜县（市、区）名单，义乌获评“2022年度全省农村生活垃圾分类处理工作优胜县（市、区）”。

2022年12月25日，在“2022中国社会治理百强县（市、区）暨2022浙江省社会治理十佳县（市、区）”发布会上，义乌市入选2022年中国社会治理百强县榜单前十强。

要　目

Main Contents

目 录
CONTENTS

特 载
IMPORTANT NOTES

特 辑
SPECIAL DOCUMENTS

专 记
SPECIAL RECORD

年度聚焦
IMPORTANT EVENTS

大 事 记
CHRONICLE OF MAJOR EVENTS

市情纵览
YIWU OVERVIEW

中国共产党义乌市委员会
YIWU MUNICIPAL COMMITTEE OF THE COMMUNIST PARTY OF CHINA

义乌市人民代表大会
YIWU MUNICIPAL PEOPLE'S CONGRESS

义乌市人民政府
YIWU MUNICIPAL PEOPLE'S GOVERNMENT

中国人民政治协商会议义乌市委员会
YIWU MUNICIPAL COMMITTEE OF THE CHINESE PEOPLE'S POLITICAL CONSULTATIVE CONFERENCE

中国共产党义乌市纪律检查委员会 义乌市监察委员会

YIWU MUNICIPAL COMMITTEE FOR DISCIPLINE INSPECTION OF THE COMMUNIST PARTY OF CHINA AND YIWU MUNICIPAL SUPERVISORY COMMITTEE

民主党派
OTHER POLITICAL PARTIES

人民团体
PEOPLE'S ORGANIZATIONS

外事·侨务·港澳台事务

FOREIGN AFFAIRS · OVERSEAS CHINESE AFFAIRS · HONG KONG, MACAU AND TAIWAN AFFAIRS

法　　治
RULE OF LAW

军 事
MILITARY

应急管理
EMERGENCY MANAGEMENT

数字化改革
DIGITAL TRANSFORMATION

经济监督管理
ECONOMIC SUPERVISION AND MANAGEMENT

农　业
AGRICULTURE

工 业
INDUSTRY

新兴产业
EMERGING INDUSTRIES

产业平台
INDUSTRIAL PLATFORM

特色小镇
CHARACTERISTIC TOWN

民营经济
PRIVATE ECONOMY

商贸服务业
COMMERCIAL SERVICE

对口帮扶·区域合作
PAIRING ASSISTANCE · REGIONAL COOPERATION

对外经贸
INTERNATIONAL TRADE

市　场
MARKET

会 展 业
EXHIBITION INDUSTRY

旅 游 业
TOURISM

城乡建设与管理
URBAN CONSTRUCTION AND MANAGEMENT

环境保护
ENVIRONMENTAL PROTECTION

建 筑 业
CONSTRUCTION INDUSTRY

房地产业
REAL ESTATE

交通运输
TRANSPORT

物流·海关
LOGISTICS · COSTOMS

邮政·通信
POST·COMMUNCATION

金融业
FINANCIAL INDUSTRY

科学技术
SCIENCE AND TECHNOLOGY

教 育
EDUCATION

文 化
CULTURE

卫生健康
HEALTH

体　　育
SPORTS

人力资源
HUMAN RESOURCES

社会生活
SOCIAL LIFE

镇·街道
TOWNS AND COMMUNITIES

人物·荣誉
PEOPLE · HONORS

统计资料
SELECTION OF STATISTICAL DATA

附　　录
APPENDIX

索　　引
INDEX

高水平打造内陆开放样板 在奋进“两个先行”新征程中冲锋在前

——市委十五届二次全体（扩大）会议上的报告

中共义乌市委书记 王 健

（2022年9月28日）

这次全会的主要任务是：以习近平新时代中国特色社会主义思想为指导，认真贯彻落实省第十五次党代会和省委袁家军书记来义调研重要指示精神，以及金华市委八届二次全会部署，总结今年以来工作，研究部署今后一个时期对外开放工作，审议通过《中共义乌市委关于学习贯彻省第十五次党代会精神 高水平打造内陆开放样板的决定》，动员全市上下忠实践行“八八战略”，坚决拥护“两个确立”、坚决做到“两个维护”，牢记使命、实干争先，深入推进市委“138”工作体系，高水平打造内陆开放样板，勇当高水平建设内陆开放枢纽中心城市主力军，在奋进“两个先行”新征程中冲锋在前，为高质量高水平建成世界小商品之都努力奋斗。

下面，我代表市委常委会，向大会作报告。

一、总结回顾今年以来工作

今年以来，面对“需求收缩、供给冲击、预期转弱”三重压力，“新冠疫情、俄乌冲突”两大变量，尤其是“8·2”疫情带来的巨大冲击，全市上下坚决贯彻习近平总书记“疫情要防住、经济要稳住、发展要安全”重要指示要求，以超常规举措打好稳进提质、除险保安、塑造变革组合拳，高质量发展、竞争力提升、现代化先行和共同富裕示范取得了新成效。上半年完成地区生产总值882.1亿元，增长6.5%，1—8月一般公共预算收入增长0.2%，规上工业增加值增长33.2%，固定资产投资增长14.9%，出口增长25.1%，进口实现翻番。央视新闻联播8次报道肯定义乌稳进提质、疫情防控工作。数字化改革等5项工作获得省政府督查正向激励，数量居全省第一。市场发展委获评全国“人民满意的公务员集体”。

（一）彰显政治建设首位度，践行“两个维护”更加坚决。自觉扛起《共产党宣言》中文全译本首译地政治担当，坚定不移做“两个确立”

忠诚拥护者、“两个维护”示范引领者。开展“重温真理味道、寻访信仰之源”活动，重走习近平总书记在浙江工作期间调研考察义乌足迹，重温习近平总书记对义乌的谆谆教诲和殷殷嘱托。严格执行“第一议题”制度，召开市委常委会会议、市委理论学习中心组专题学习会等31次，第一时间推动习近平总书记重要讲话精神和中央、省委、金华市委各项部署落地落实。深入学习贯彻省第十五次党代会精神，开展市委宣讲团上门讲、“千人千场集中讲”等活动500余场，受众超百万人次。动真碰硬做实巡视整改，巡视商贸服务业集聚区党工委反馈问题全部整改清零，完成十五届市委首轮巡察，巡视巡察工作在全省作交流发言。

（二）**巩固稳进提质基本盘，经济运行态势企稳向好**。高度重视市场和传统产业转型，举全市之力、集全市之智研究推进。人大、政协分别聚焦传统产业和市场开展专题调研，举办问政面对面、请你来协商等系列活动。千方百计稳主体，顶格落实国务院和省市稳经济措施，先后出台8方面47项政策、抗疫情稳经济十三条政策，开展稳进提质现场集中办公活动，累计为企业减负148.3亿元。凝心聚力拓市场，与中远海运、普洛斯共建多式联运集疏运网络，落地运营“义陆航”卡航集拼中心，海铁联运发运标箱增长34.8%，义新欧义乌平台发运量逆势增长18%。全力以赴抓项目，引进欣旺达动力电池、正泰光伏、创豪半导体等亿元以上项目43个，建成投产晶澳二期、瞻芯等项目。多措并举促转型，启动建设传统产业园区6个，梦娜袜业、华鼎锦纶入选2022年省未来工厂试点企业。强化保障拓空间，创新房屋安置凭证、产权置换等补偿方式，完成石桥头工业区块、建设二村区块有机更新签约，整治低效工业企业用地296家5168亩，向上争取新增建设用地2678亩。雷娜科技EDA项目实现省“鲲鹏行动”历史性突破，新引进青年博士54名、新增高技能人才6851名，全社会R&D经费投入同比增长37.8%。

（三）**下好塑造变革先手棋，发展动力活力持续增强**。围绕重大需求，突出实战实效，一体推进全面深化改革、共同富裕示范区重大改革和数字化改革，努力将改革红利转化为发展动能。紧盯“1612”体系深化数字化改革，小商品数字自贸应用在全省数字化改革推进会上演示；创新打造“善育宝”智慧婴育服务等重点应用，不动产智治、居家养老服务等应用获国家部委肯定，数字化改革综合评价获全省五星级。深化国贸自贸改革制度创新，全省率先落地铁路进出境双向“快速通关”物流模式，“浙里移民服务集成改革”等11项改革纳入浙江自贸区标志性成果，“市场采购组货人制度”等5项试点做法被评为浙江自贸区最佳制度创新案例。

（四）**打好除险保安主动仗，本质安全基础不断夯实**。深入开展除险保安、夏季治安整治“双百行动”，迭代完善风险闭环管控大平安机制，筑牢防风险、保平安、护稳定的防线。深刻吸取福田物流中心“2·22”案件、北苑前洪村“5·28”危旧房屋顶坍塌事件、佛堂“6·04”刑事案件教训，举一反三全面排查风险隐患，强力推进物流行业、自建房、燃气、交通道路、流动人口等专项安全整治，1—8月交通亡人、火警、安全生产事故同比分别下降23.1%、43.3%和87.2%。开展信访积案大化解攻坚行动，328件信访积案按期清零。迭代升级“141”体系，出台融合型大社区大单元党建11条标准，优化调整网格1936个、微网格7631个，聚合“专兼联”力量2.23万人。推进“大综合一体化”行政执法改革，“1+8”执法队伍人员下沉占比达到61%，制度成果、实践成果均居全省县（市、区）第一。

（五）**绘制共同富裕新图景，公共服务供给提质增效**。聚焦“扩中”“提低”、缩小城乡差距试点等关键领域，持续放大义乌特色优势，加快锻造共同富裕成功案例。“浙有善育”入选共同富裕第二批省级试点、在全省作交流发言，“长护险”试点入选省首批共同富裕最佳实践。推动高质量就业创业，新增首次来义大学生3.8万人、新设市场主体12.2万户。加大优质公共服务共享，顺利完成规范民办义务教育发展工作任务，浙大四院、中医医院、妇保院成功创建“三甲”。高标准承办省运会赛事。获评全省首批三星级“无废城市”，连续五年获评“美丽浙江”建设工作考核优秀市。深化东西部协作和山海协作，建成川东北商贸物流中心，与丽水莲都签约共建1500亩产业飞地。

（六）构建整体智治新格局，全面从严治党纵深推进。树牢“抓党建就是抓全局”理念，强化党建引领，坚持自我革命，奋力打造“真理味道、信仰之源”党建品牌。以“七张问题清单”统领党建整体智治，村社非高频小微权力事项等10个应用成为省级试点，“村务清廉钉办”获评第三届“中国廉洁创新奖”，党建统领整体智治考评、问题管控力指数列全省第一方阵。开展“扛旗争先、冲锋在前”主题活动，推进理论大学习、攻坚大比拼、服务大提升、业绩大晾晒、作风大转变。推进“百镇共建强基”行动，以党建联建助力金华3县14个结对乡镇共同富裕。深入推进党员和村干部整治立规创优行动，党员违法率较去年下降50%。“三不”一体推进正风反腐，深入推进清廉单元建设，开展“廉洁家风进万家”系列活动，监督执纪“四种形态”处理844人次，立案290件、处分210人、移送审查起诉7人。

成绩的取得来之不易，是习近平新时代中国特色社会主义思想科学指引的结果，是省委和金华市委坚强领导、大力支持的结果，是全市上下团结拼搏、冲锋在前的结果。特别是“8.2”疫情突袭义乌，全省首次迎战奥密克戎BA.5.2变异毒株，我们克服全省首日发现病例数最多、全省抗击疫情涉及人数最多、环境最复杂等不利局面，共同经历了一场惊心动魄的抗疫大战，一次艰苦卓绝的时代大考。在全省上下顶格支持下，市委团结带领全市干部群众，坚决贯彻习近平总书记关于疫情防控重要指示精神，毫不动摇坚持“动态清零”总方针，按照“七大机制”“五快循环”指引，勠力同心、背水一战，打赢了这场疫情防控遭遇战、阻击战、歼灭战。在这场战斗中，物资保供235.5万份，在全省首次实施封城不停产，稳住了经济发展基本盘。省委袁家军书记充分肯定义乌“战绩是辉煌的、成绩是不易的、经验是宝贵的”。

经过大战大考的淬炼，我们深深感受到：以习近平同志为核心的党中央的坚强领导是战胜疫情的根本保证，省委省政府、金华市委市政府统筹指挥、科学调度以及兄弟县（市、区）火线驰援、鼎力相助是战胜疫情的坚实后盾，忠诚担当、能战善战的党员干部是战胜疫情的决定力量，忘我付出、冲锋在前的工作作风是战胜疫情的关键因素，顾全大局、众志成城的义乌人民是战胜疫情的力量源泉。经过大战大考的磨砺，全市党员干部群众思想上得到大升华、政治上得到大历练、精神上得到大洗礼、能力上得到大提升、力量上得到大凝聚，为我们积累了宝贵经验、留下了深刻启示。我们要以一往无前的奋斗姿态和永不懈怠的精神状态，积极投身奋进“两个先行”、高质量高水平建设世界小商品之都新征程。

今年以来，全市上下付出了艰苦努力，取得了显著成绩，但我们也要清醒认识到，仍存在不少短板和问题。经济基本面深度承压，稳进提质力度还需加大、效能还需提高；制造业投资、高新技术产业投资等增长乏力，项目签约落地、科技创新培育还需狠下功夫；“扩中”“提低”等共同富裕改革标志性成果还不多，群众获得感还不强；安全生产、信访维稳、社会治安等领域仍存在不少薄弱环节，除险保安的基层基础还需进一步夯实；少数党员干部工作能力、担当意识、奋斗精神还不能适应当前形势要求，“四风”问题仍时有发生。

二、变革重塑、勇当主力，高水平打造内陆开放样板

省第十五次党代会科学擘画了未来五年浙江发展的宏伟蓝图，开启了奋进“两个先行”新征程。省党代会报告通篇体现了一以贯之忠实践行“八八战略”、坚决做到“两个维护”的战略定力，展现了干在实处、走在前列、勇立潮头的使命担当。报告系统总结了五年来感恩奋进、实干争先的9方面历史性成就和8条规律性认识，彰显了习近平新时代中国特色社会主义思想在浙江的真理力量和实践伟力，让浙江发展站上了新的更高起点。报告系统梳理了习近平总书记赋予浙江的一系列重大使命和擘画的一系列重大战略，归集形成了“5大战略指引”和“11方面重要遵循”，相互贯通、一脉相承，承载着习近平总书记对浙江的殷殷嘱托，更是浙江奋进新时代新征程的指路明灯。报告提出了“两个先行”奋斗目标和“8个高地”具体目标，“五大工作导向”和“10个着力”主要任务，具有鲜明的浙江辨识度，形成了制胜未来的战略战术战法“组合拳”，为我们做好各项工作提供了科学指引。

省第十五次党代会赋予金华“高水平建设内陆开放枢纽中心城市”定位。7月12日，省委袁家军书记亲临义乌调研，强调要“推动对外开放向更深层次、更宽领域挺进，加快打造世界小商品之都和内陆开放样板”。金华市委八届二次全会作出了高水平建设内陆开放枢纽中心城市的《决定》，提出了打造“三中心、三高地”的重点任务。省委、金华市委的决策部署为义乌发展进一步指明了前进方向、提出了更高要求。打造内陆开放样板是高水平建设内陆开放枢纽中心城市的核心要义、关键之举，是建设全省第四大都市区的重要支撑、优势所在。义乌作为都市区的核心区之一、内陆开放主平台，必须勇扛使命、实干争先、冲锋在前，勇当高水平建设内陆开放枢纽中心城市主力军。

（一）深刻认识高水平打造内陆开放样板的重要意义

高水平打造内陆开放样板，是高质量高水平建设世界小商品之都的题中之义。习近平总书记高度重视义乌对外开放工作。第一次到义乌调研时指出，建设国际性商贸城市的目标定位准确，是切合义乌实际的；亲自推动义乌国际贸易综合改革、自贸试验区建设，把义乌纳入国家改革开放总体布局；肯定义新欧中欧班列是共建“一带一路”的早期收获，亲自为义乌定位世界小商品之都，为义乌新时代新阶段内陆开放指明了方向，提供了根本遵循。内陆开放是世界小商品之都的重要属性、本质要求，世界小商品之都意味着以更加积极主动的姿态扩大开放，形成全方位、多层次、宽领域的“引进来”“走出去”双向开放新格局。开放“一子落”，发展“满盘活”，只有进一步扩大开放才能倒逼改革。我们必须牢记嘱托、不负使命，始终坚定不移沿着习近平总书记指引的方向奋勇前进，干在实处、走在前列、勇立潮头，不断谱写内陆开放新篇章，在高水平建设内陆开放枢纽中心城市中彰显义乌作为。

高水平打造内陆开放样板，是集成展现奋进“两个先行”的标志性成果。省第十五次党代会把服务和融入新发展格局作为“两个先行”“10个着力”之一，强调要“扩大高水平对外开放，高标准建设自贸试验区，大力培育服务贸易、市场采购等外贸新增长点，深化内外贸一体化和国际贸易综合改革，纵深推进义甬舟开放大通道建设，推动义新欧班列高质量发展。”省委省政府举全省之力支持义乌开放发展，在规划、土地、资金等政策要素保障上给予倾斜；省委袁家军书记亲自协调争取深化新一轮国际贸易综合改革，王浩省长要求义乌加快构筑对外开放新优势。金华市委市政府要求义乌勇当高水平建设内陆开放枢纽中心城市的扛旗手、主力军。我们必须勇挑大梁，为全省稳外贸多做贡献，为国家试制度，着力破解内陆开放世界性难题，打造更多标志性成果。

高水平打造内陆开放样板，是深化“兴商建市”发展战略的必然选择。内陆开放，义乌有基础、有优势。回顾市场建设40年，义乌从一个区域性市场演变为全球小商品市场的龙头，关键就是敢于开放突破，创造性地解决阶段性重大需求。特别是近十年来，我们着力推进国贸改革、自贸区改革，开放平台、开放通道、开放口岸以及开放型经济体制机制等取得了突破性成果，蹚出了一条内陆地区开放发展的新路子。时至今日，开放已经成为义乌鲜明标识。开放是永恒的主题，面对新形势、新要求，义乌有挑战、有机遇。逆全球化思潮和贸易保护主义抬头，特别是受新冠疫情、俄乌冲突等因素影响，全球供应链、物流链受到较大冲击。但危和机总是同生并存的，数字贸易、服务贸易等新业态新模式蓬勃发展，“双循环”新发展格局、“一带一路”建设、长三角一体化等国家开放战略叠加发力，为义乌内陆开放创造了广阔空间。同时，与重庆、西安等地相比，在口岸物流、园区平台等基础设施，以及运行模式、创新人才等方面还有不少差距。我们必须不断赋予内陆开放新的创新、新的内涵、新的提升、新的拓展、新的目标，为深化"兴商建市"发展战略，高水平建设内陆开放枢纽中心城市注入新的活力和动能。

（二）总体要求

今后一个时期高水平打造内陆开放样板的指导思想是：坚持以习近平新时代中国特色社会主义思想为指导，完整准确全面贯彻新发展理念，忠实践行"八八战略"，深度融入全国统一大市场和"一带一路"建设，围绕金华市委"三中心、三高地"任务部署，紧扣"138"工作体系，以数字化改革为牵引，着力推进供应链创新，建设"五大枢纽"，实施"六大升级"，高水平打造内陆开放样板，为奋进"两个先行"新征程，高质量高水平建成世界小商品之都提供强大动力。通过五年努力，开放通道辐射力、开放平台影响力、开放型经济竞争力、开放环境吸引力进一步提升，形成一批具有义乌辨识度、全国普遍意义的重要成果，成为服务和融入国内国际双循环的数据枢纽、贸易枢纽、物流枢纽、产业枢纽、文化枢纽。

一是建设共享畅联的数据枢纽。跨境数据实现安全有序流动，数字贸易、数字口岸、数字物流、数字金融、数字治理等领域规则体系，以及数据共享利用机制基本建立。争取设立国际通信业务出入口局，初步建成贸易大数据中心，实现义乌全球创新中心与全球eWTP枢纽互联互通。到2027年，实现本地政务数据全量归集，"关汇税、运仓融"等领域数据汇聚率达到90%以上，建成商贸应用场景100个以上，小商品自贸应用撮合交易超1000亿元，电子商务交易额超5500亿元，其中跨境电商交易额超2000亿元。

二是建设买卖全球的贸易枢纽。数字贸易、服务贸易成为推动国际贸易增长的新引擎。建成全球数贸中心、跨境电商产业园等新型贸易平台，贸易服务体系在触达全球市场、促进供需匹配、引领产业升级中的作用显著增强，供应链集成服务商成为推动市场转型的主力军。到2027年，培育集聚十亿级贸易企业超100家、百亿级超10家，直接触达各类采购商超1000万人次，跨境人民币结算达到1000亿元，货物贸易进出口额达到7000亿元，新型国际贸易进出口额达到5000亿元。

三是建设货通天下的物流枢纽。以商贸服务型国家物流枢纽为核心的全球集疏运物流网络基本形成，建成义乌（苏溪）国际枢纽港、跨境电商物流园等重大平台，实现货物全球一站式通达。到2027年，义新欧班列义乌平台开行2000列以上，义甬舟海铁联运货运量突破30万标箱，链接国际航空物流专线150条，海外仓面积突破200万平方米，快递业务量突破150亿件，货运量突破1.3亿吨。

四是建设贸工联动的产业枢纽。创新链产业链深度融合，跨区域产业协同联动更加紧密，构筑形成"产业大脑+未来工厂"为引领的新智造体系，成为全球重要的小商品创新策源地。到2027年，形成千亿级产业集群1个、百亿级产业集群10个，规上工业总产值达到2500亿元，R&D经费支出占GDP比重达到3%，数字经济增加值占GDP比重达到70%，服务带动市外产业带销售额超8000亿元。

五是建设多元融合的文化枢纽。城市国际化功能进一步完善，开放包容的城市文化特征更加彰显，"以文促贸、以贸兴文"的贸易与文化深度交融格局初步形成。"世界义乌"知名度、美誉度进一步提升，成为传播中华特色文化的窗口、中外文化交流的驿站、"一带一路"心联通的桥梁，成为国际日用消费品新品首发地和国际商务旅游目的地。到2027年，建成境外商务文化旅游推广中心30个，结对国际友好城市40个以上，文化和旅游国际交流突破100万人次。

（三）主要任务

今后一个时期，我们要紧扣高水平，聚焦重点难点，突出示范引领，重点实施"六大升级"。

1.以数字自贸区为牵引，迭代升级开放制度。深化新一轮国际贸易综合改革，迭代自贸区改革，在数据跨境自由和贸易、金融、运输、投资、人员往来自由等"1+5"领域，形成一系列内陆开放制度标志性成果。聚焦数据跨境自由，在国家数据跨境传输安全管理制度框架下，着力探索既能便利数据流动又能保障安全的跨境数据访问机制。构建数据产权、流通交易、收益分配、安全治理等数据基础制度体系，推动公共、企业、个人等数据分类分级使用。聚焦贸易自由，大力推进多业态“先查验后拼箱”数智化监管改革，落地日用消费品进口正面清单管理制度改革，探索发展离岸转手买卖、新型易货贸易。聚焦金融自由，持续深化金融专项改革，推进跨境贸易投资外汇便利化，试点本外币合一银行结算账户体系，深入推进数字人民币试点工作。聚焦运输自由，深化“一次申报、一次查验、一次放行”改革，探索进口“船边直提”和出口“抵港直装”试点，建设商贸枢纽型国际航运中心。聚焦投资自由，创新完善“设立、经营、注销”全生命周期投资便利制度，做强知识产权快速维权中心，创新包容审慎监管，进一步激发各类市场主体活力。聚焦人员往来自由，优化外国人来华工作许可和人才签证制度，争取实施更加便利的商务人员出入境管理措施。

2.以数字市场为牵引，迭代升级开放平台。引导和支持各类市场主体创新服务体系，拓展数字化营销渠道。聚力建设小商品数字贸易平台。创新迭代小商品数字自贸应用，加快集聚全球优质物流、金融、中介等服务商，统筹布局海外仓和海外分市场，建设推广Chinagoods国家站、海外站50个以上，打造千亿级一站式“关汇税、运仓融”数贸综合服务平台。聚力推进市场主体数字化转型。实施新一轮电商主体培育计划，做大“市场采购+跨境电商”新业态，落地一批第三方电商平台运营服务中心，打造“店开全球”服务体系，到2027年，培育亿元电商企业300家，建成直播基地120万平方米。聚力推动实体市场数字化改造。加快建设全球数贸中心，通过线上线下复合、云网端联动，打造集数字服贸、创新设计、品牌选品于一体的“未来市场”。加快实体市场5G网络、千兆光网全覆盖，线上线下联动办好义博会等重要展会，做好全渠道数字化引流，努力把全球采购商吸引到义乌。

3.以供应链数字化创新为牵引，迭代升级开放主体。大力发展数字贸易、服务贸易，着力在现代供应链等领域培育新增长点、形成新动能。创新发展贸易型供应链。深化市场采购2.0改革，推动组货人、采购商品牌化发展，拓展选品、设计、金融等增值服务，支持传统贸易商向供应链集成服务商转型。建设新CBD等功能平台，吸引更多贸易公司总部、采购中心落地。做大做强物流型供应链。规划建设国际数字物流市场、陆港供应链中心、航空产业园，赋能支持头部物流企业，做大做强公路干线物流，培育发展海陆空“门到门”专线物流，打造全球贸易组货履约中心。加快培育平台型供应链。大力发展“独立站”等海外数字化营销平台，积极布局RCEP和南美洲新兴市场，整合物流、展销、结算等资源，推动“品牌+供应链”整体“走出去”。到2027年，培育发展独立站200个以上，亿元以上跨境大卖家100个以上。

4.以义新欧义甬舟为牵引，迭代升级开放通道。提质扩容“公、铁、空、海”出境通道，做大做强商贸服务型国家物流枢纽。高质量建设义新欧开放大通道。系统化扩容提升铁路口岸，积极拓展跨区域集货合作，主动参与新疆等地区的沿边口岸物流基础建设，加快布局杜伊斯堡等境外物流分拨中心10个以上，构建形成境内组货网络和海外物流分拨网络。着力打造数字班列、精品班列，争创中欧班列集结中心示范工程，义新欧班列稳居全国第一方阵。高质量建设义甬舟开放大通道。深化与宁波舟山港一体化，建成航运服务中心和箱管中心，延伸一代订舱、码头服务、集拼中心等港务功能，到2027年实现船公司、堆场规模、提还箱量等航运要素资源翻番。推进义新欧班列与海铁联运有效衔接，开行海铁联运双层集装箱班列，全程物流服务模式占比提升至70%。实施义甬舟西延，市场化布局物流园区、物流快线、商品分销网络，提升西向集货能级。高质量建设“空中丝绸之路”。完成义乌机场适应性改造，扩容升级国际货站，组建航空货运公司，谋划建设航空物流企业总部基地，做大做强航空货运市场。深化异地货站合作，发展陆空联运、空空转关业务，联动上海、广州等国际枢纽机场，打造面向全球的航空物流网。到2027年培育货运航线10条以上。高质量推动"四港"联动。以信息港为纽带，统筹推进铁路、航空、海运等数字化服务平台建设，打造海陆空国际贸易"单一窗口"，建成智慧物流云平台，实现"一窗办理、四港联动、多式联运、全球直达"，打造"四港"联动示范市。加快建设金甬铁路、杭温高铁、高架站房及金义中央大道、义永公路等互联互通项目，形成一体畅通的轨道交通和都市路网。主动融入沪杭甬，对接引进长三角优势资源，借势推进更深层次开放。

5.以数智制造为牵引，迭代升级开放产业。全面实施科技创新首位战略，着力增强产业链关键环节竞争力，构建现代化开放型产业体系。引育"项目大引擎"。紧盯头部企业、链主企业，精准对接跨国公司、央企民企、顶尖创新人才，创新招商方式，实施"一链一方案"培育行动，落地一批科技含量高、增长潜力大的创新创业项目。每年引进10亿元以上制造业项目10个以上。集聚"产业大集群"。支持信息光电、新能源汽车及零部件、高端芯片及智能终端、医疗健康等四大新兴产业精准补链、壮大规模，支持针织服装等十大百亿级传统产业加快强链、扩大优势。加快规上企业智能化改造、数字化转型，打造"未来工厂"为引领、智能工厂（数字化车间）为主体的智造产业集群。深化"腾笼换鸟、凤凰涅槃"，每年有机更新盘活存量土地1000亩以上。到2027年，建成投用未来工厂5家以上，规上工业企业突破1000家，规上工业增加值年均增长14%以上。做强"园区主阵地"。经开区要提升发展主导产业，高水平建设两大"万亩千亿"平台和双江湖科教园区，打造"世界光明之都"，跻身全国百强开发区。自贸发展区要大力发展国际物流、跨境电商、综合保税标志性产业，加快产城融合，打造国际贸易新城，综保区跻身全国50强。

6.以国际综合服务体系建设为牵引，迭代升级开放环境。高水平建设接轨国际的政务、商务、生活服务体系，持续打造市场化法治化国际化营商环境。打造一流国际政务环境。探索开展移民管理体制改革，加快推进移民事务服务中心建设。深化涉外业务"一件事"改革，创设海外政务服务驿站，持续赋能外籍商友卡，构建全流程管理、全链条服务的涉外管理服务体系。打造一流国际商务环境。支持企业做好国际化合规经营体系建设，培育发展涉外法务、关务、税务、认证、咨询等第三方服务机构，争取增设国际商事法庭，健全多元化商事纠纷解决机制。培育发展商务旅游，拓展提升国际商贸城国家4A级购物旅游区，推动文旅博会提档升级，不断提升国际影响力。打造一流国际人文环境。加强医疗、健康、教育等国际合作，建设一批开放型国际社区。建成大剧院、美术馆等一批城市文化地标，鼓励海外优秀文化及文化产品来义乌展示、交流，推动双林、婺剧等文化海外传播。加强与国际友好城市对接联系，重点与"一带一路"、RCEP、非洲等国家和地区开展交流，积极举办各类国际会议、论坛、赛事等活动，扩大国际朋友圈。

三、实干争先、迎难攻坚，奋力冲刺夺取"全年红"

距离全年收官只有3个月左右时间，已经进入最后冲刺阶段，时间紧、任务重。全市上下要深化学习研究、细化目标规划，项目化推进、清单式管理、闭环式落实，推动高水平打造内陆开放样板开局起势。同时，要坚持全年目标任务不松不变，正视压力、迎难而上，以"时时想第一，事事争第一"的姿态，抢拼每一天，决战全年度。重点抓好7件事：

（一）坚决守住不发生疫情规模性反弹底线。以防为要、防字为先，时刻保持战时状态。扎实推进疫情防控"大排查、大整治、大攻坚"专项行动，压实"四方责任"，推动全社会紧起来、严起来、实起来。严守"中门"、严防输入，坚持"人防+技防"，严格落实来义返义车辆和人员查验管控政策，不漏一车一人。看好"小门"，严格执行"一扫一问三查"，做到防疫码应设尽设、逢进必扫、逢扫必查。严管风险人群，一个不漏核实重点人员数据，扎实做好常态化核酸检测，落实重点行业人群闭环管理。提速提质"无疫单元”创建，做实重点人员健康监测等“九个全覆盖”，年底前实现100%创建，有效提升基层防控能力。

（二）千方百计抢订单拓市场稳外贸。助力企业抢抓订单，继续推广境外“代参展”模式，办好义博会等系列展会。助力企业开拓市场，大力发展“海外仓+直播”“跨境+直播”等新业态新模式，布局海外仓、独立站40个以上，争取获批RCEP示范园区，义新欧义乌平台开行1600列以上，海铁联运量突破8万标箱。做大做强进口贸易，加快综保区二期红线调整，启动药品口岸申报、农产品进口产业园建设。全年实现进出口4200亿元、增速高于全省，进口突破400亿元。

（三）狠抓重大项目建设攻坚。一刻不停抓好招商引资，完成招引落地10亿元以上项目10个以上。抢时争先推进项目进度，开工建设欣旺达动力电池、全球数贸中心、义乌（苏溪）国际枢纽港等项目，建成投产晶诚光伏、彩易达等项目。加速推进城市基础设施建设，启动高架站房主体站房建设，老城区地下环路、疏港快速路延伸工程、商城大道隧道主线通车，双江湖净水厂、苏溪污水处理厂扩建项目投入运行，确保固定资产投资增长15%以上。压茬推进城市有机更新和低效用地整治，完成建设二村、石桥头、湖大塘05地块、后宅老镇区4个区块腾空拆除，启动稠江松门里区块工业有机更新，整治提升低效工业用地7000亩以上。推进房地产市场平稳健康发展，大力支持刚性和改善型住房需求，做好稳地价稳房价稳预期工作。

（四）竭尽所能支持企业发展。强化稳经济政策落实落地，迭代或新增分布式光伏补助、扶持激励企业上市和高质量发展等一揽子政策，扩大政策知晓面和覆盖率，力争为企业减负160亿元以上、兑现奖补资金30亿元以上。加快推进科技创新主体倍增，新增培育省级以上企业研发机构10家以上、高新技术企业65家以上、省级科技型企业200家以上。全力推动传统产业转型提升，加快安置高税无地企业10家以上，全面启动建设9个传统产业园。持续深化“三服务”工作，强化“一对一”帮扶解难，做好年底企业用电用能稳定有序供应。扎实推进稳岗就业，开展职业技能培训4万人次以上，发放创业担保贷款6000万元以上。

（五）全力争取新一轮国际贸易综合改革试点。加强与国家部委对接，在贸易自由、供应链创新等重点领域、关键环节上争取更多授权赋能。力争开展日用消费品进口正面清单改革小范围试单。争取本外币合一银行结算账户体系试点，拓展数字人民币试点范围，跨境人民币结算450亿元以上。要认真总结宣传义乌市场40年建设发展史，成立市场发展研究院，办好纪念大会及主题论坛等活动。推动数字化改革提质扩面，按时保质完成文体宝、未来社区、未来乡村等53个省级试点，“6+1”专题组新谋划重大应用各2个以上，力争获评全省“最佳应用”2个。

（六）加快推动形成更多共同富裕成果。深化缩小城乡差距、“浙有善育”两项省级试点，制定支持“四个镇”跨越式高质量发展意见，出台“扩中”“提低”四类重点群体激励计划，迭代上线“善育宝”智慧婴育平台2.0版，共同富裕考核评价位居全省前列。因地制宜推进农村有机更新，农村建房审批9000户以上。全面完成粮食生产功能区优化调整和粮食生产任务。严厉打击“隐形变异”学科类培训，投用高新区小学、东大门学校。加快儿童医院建设，完成口腔医院迁建，推动全市等级医疗机构医学检查检验结果互认共享。实施新时代文化义乌工程，投用横塘公园新时代文明实践中心，推进双林景区、西门老街等特色文旅项目建设。圆满完成省运会赛事。高标准完成省市县三级140项民生实事。

（七）坚决做好党的二十大维稳安保。全面开展除险保安百日攻坚决胜大会战，坚决守牢政治安全底线，确保“六个零发生”，实现“全面安全、全域安全、全程安全、全量安全”，勇夺平安义乌“十五连创”。强化重点领域风险排查化解，动态清零信访积案，实现“无信访积案县”四连创，坚决做到二十大期间不出事、不添乱。统筹抓好消防、安全生产、道路交通、危旧房等重点领域隐患治理，强化网络空间治理，严厉打击电信网络诈骗和养老诈骗违法犯罪活动。持续推进流动人口系统治理，提升流动人口服务管理能力。做实社会治理中心、“基层治理四平台”，选优配强网格工作力量，加快运用“大综合一体化”执法监管数字应用，提升基层智治系统实战实效。

四、全面从严、全域推进，打造新时代党建高地和清廉建设高地

全面落实新时代党的建设总要求，切实加强党的全面领导，坚决扛起全面从严治党政治责任，全力打造“真理味道、信仰之源”政治高地，为高水平打造内陆开放样板提供坚强保障。

（一）融入灵魂血脉，铸就绝对忠诚的政治品格。常态化落实好“第一议题”制度，持续推动习近平新时代中国特色社会主义思想入脑入心，不断提高政治判断力、政治领悟力、政治执行力，坚决拥护“两个确立”、坚决做到“两个维护”。建立贯彻落实习近平总书记重要指示批示精神工作机制，推动习近平总书记重要指示批示精神在义乌创造性落实。坚决落实意识形态工作责任制，坚守网络舆论阵地。迭代升级以“七张问题清单”为牵引的党建统领问题管控机制，滚动推进整改示范案例梳理，问题管控力指数持续保持全省第一方阵。

（二）聚焦全面过硬，筑牢坚强有力的战斗堡垒。高质量推进“牢记嘱托、强基争先”行动，奋力夺取全省第一批“红色根脉强基鼎”。推进党建统领现代社区建设，深入开展新业态、新就业群体党建，构建“村（社区）—网格—微网格（楼道、楼栋）”三级智治体系。深化党建联建机制助力共富共治行动，创新实施强村公司、飞地抱团、共富工坊等举措，实现村集体经济年经营性收入“百村100万、全部50万”目标。统筹推进机关、国企、学校、医院等各领域党建，推动基层党组织全域建强。深化人才发展体制机制改革，完善企业引才补助机制，强化人才全周期服务。

（三）擦亮干部品牌，营造冲锋在前的干事氛围。锻造过硬作风，练就高强本领，打造能打硬仗、敢于胜利的干部队伍。视野要开阔，树立国际化思维，具备全球化视野，熟练掌握国际贸易规则，在国内国际双循环新发展格局中找准义乌定位。视角要精准，站在全省全国改革开放大局中谋划义乌发展，在服务国家战略全局中体现义乌价值，争取更多资源。视觉要敏锐，在疫情防控、除险保安等领域，不放过一个漏洞，不留下一个隐患。视眼要聚焦，学会用数字化改革手段解决经济社会发展的重大需求，破解一批难点堵点痛点。干事创业时不我待、冲锋在前舍我其谁，要以不获全胜、决不收兵的决心，铆足干劲，冲锋冲刺，奋力夺取经济社会发展高分报表。要关心关爱干部身心健康，积极创造良好条件，切实帮助解决实际困难。

（四）勇于自我革命，构建山清水秀的政治生态。持之以恒推进正风肃纪反腐，坚持惩治震慑、制度约束、提高觉悟一体发力，严肃查处重点领域关键环节腐败问题，系统施治、标本兼治，一体推进“三不腐”。加强“一把手”和领导班子监督，落实落细“19条举措”“13张责任清单”，探索构建公职人员“全周期”监督体系，及时纠治苗头性、倾向性问题。坚持不懈纠“四风”树新风，深化清风护航专项行动，持续纠治形式主义官僚主义等突出问题，持续加固中央八项规定堤坝。纵深推进清廉单元建设，构建清廉建设责任共同体，提升清廉单元颗粒饱满度。

同志们！奋进正当时，砥砺再扬帆。让我们更加紧密地团结在以习近平同志为核心的党中央周围，坚决贯彻中央、省委和金华市委决策部署，踔厉奋发、勇担使命、冲锋在前，高水平打造内陆开放样板，全力谱写奋进“两个先行”、高质量高水平建设世界小商品之都崭新篇章，以优异成绩迎接党的二十大胜利召开！

政府工作报告

——在义乌市第十六届人民代表大会第二次会议上

义乌市人民政府市长　叶帮锐

（2023年2月1日）

各位代表：

现在，我代表义乌市人民政府向大会报告工作，请予审议，并请市政协委员和其他列席人员提出意见。

一、踔厉奋发的2022年

2022年是党的二十大胜利召开之年，也是本届政府开局之年。面对“三重压力”叠加“两大变量”的严峻考验，在市委坚强领导下，在市人大、市政协的监督支持下，全市上下坚持以习近平新时代中国特色社会主义思想为指导，全面贯彻党的二十大精神，认真落实习近平总书记“疫情要防住、经济要稳住、发展要安全”的重要指示，统筹打好稳进提质、除险保安、塑造变革组合拳，经受住了超预期的冲击和挑战，高水平打造内陆开放样板渐入佳境。全年完成地区生产总值1835.5亿元、增长4.6%；财政总收入211.6亿元，首次迈上200百亿元台阶，其中一般公共预算收入132.9亿元、增长4.2%；进出口总额4788亿元、增长22.7%，其中出口4316.4亿元、增长18%，进口471.6亿元、增长93.5%；规上工业增加值增长20.7%，多项主要经济指标增速位居全省17强县市区前列；居民人均可支配收入连续16年位居全省县市第1位。

过去一年，极不寻常、极度承压、极其难忘。

这一年，因信念而屹立。党的二十大吹响了奋进新征程的时代号角，我们高举思想之魂、精神之旗，毅然踏上光荣和梦想的远征，坚实迈向世界小商品之都，经济社会各项事业阔步前行。我们喜迎市场建设40周年，跻身全国百座大城市行列，获批RCEP高水平开放合作示范区，5项工作获省政府正向激励、数量为全省最多，央视新闻联播19次报道肯定义乌。

这一年，因拼搏而精彩。面对风高浪急的国际环境和艰巨繁重的改革发展稳定任务，我们昂扬先行之姿、奋进之志，应对了多重大战大考，办成了系列大事难事，出口额首破4000亿元大关，落地213亿元金华史上制造业投资规模最大项目，体育用品火遍卡塔尔世界杯，小商品数字自贸应用荣获“全省最佳应用”，出口拼箱监管等新模式不断涌现，直播带货等新经济不断壮大。全市上下用力奔跑、努力创新、全力拼抢、尽力奉献，让梦想照进现实，打开了发展新天地。

这一年，因平凡而卓越。面对世纪疫情延宕反复，我们凝聚手足之情、团结之力，8千干部坚守中门，7.4万党员冲锋在前，90万市场主体共克时艰，260万新老义乌人同力同行，看好一扇门、守住一座城，筑牢疫情防控的铜墙铁壁，实现平稳转段渡峰，重燃人间烟火气。抗疫三载，我们守望相助，星火成炬，凝聚起前行路上的最硬底气、最大信心、最强力量，每个人都极不容易，每个人都很了不起，每个人都值得点赞！

过去一年，我们奋力交出了8张成绩单。

（一）改革提级。国贸改革示范引领。14个国贸改革核心事项获国家部委支持。落地全国首个海关监管集拼仓。与沙特完成首单跨境人民币支付业务，获外交部点赞。政务服务辐射至全球55个国家和地区，443个事项实现海外“一网通办”。自贸改革蹄疾步稳。市场采购组货人制度获长三角地区制度创新案例，小商品数字贸易供应链集成创新改革获全省“改革突破奖铜奖”。11项工作纳入全省标志性成果，5项改革获全省最佳制度创新案例。数字化改革纵深推进。海外服务驿站入选数字政府优秀案例，“义乌i人才”入选数字经济系统地方特色应用。重型货车防疫智控、危化品经营使用动态管理系统分别在全国和全省推广使用。“5G未来水厂”获评工信部“绽放杯”特色项目奖。重点领域改革多点开花。深化“大综合一体化”行政执法改革，总检查量下降55%，佛堂、苏溪做法入选全省典型经验。推进国资国企股权结构改革，国企资产总额增长9.1%。农业标准地改革入选全省最佳实践案例。

（二）**市场提质**。全力做精市场。设立9月5日义乌“市场开放纪念日”，成立市场发展研究院，开工建设全球数贸中心、义乌（苏溪）国际枢纽港等“第六代市场”标志性项目。率先推广境外展“代参展”模式，抢先开通境外“商务包机”，推动外贸高质量发展，综保区进口额位列全国新获批综保区第1位。全力做大开放。首座小商品海外市场落户迪拜，海外仓拓展至52个国家，数量达181个。“义新欧”班列开行1569列、增长22.8%，保持全国第一方阵。义甬舟海铁联运增长17.6%。落地运营“义陆航”卡航集拼中心，实现义乌—广州—巴黎“空空转关”。全力做活业态。培育发展数字贸易，Chinagoods平台注册采购商突破310万元、在线交易额超400亿元。完善“店开全球”服务体系，跨境电商综试区入选全国十大优秀综试区，跨境电商出口首次突破千亿规模。全年快递业务量达93亿件，稳居全国第2位。

（三）**项目提速**。强化招大引强。坚持“项目为王”，签约引进重大产业项目47个、总投资超800亿元，其中十亿元以上项目19个，百亿元以上制造业项目3个。经济技术开发区入选全省开发区亩均效益领跑者十强，信息光电高新区通过省级认定，光源科技小镇获评省级特色小镇。强化项目攻坚。义欣新能源动力电池、正泰光伏、爱旭26GW等重大项目开工建设，瞻芯电子、晶澳三期、华灿二期等建成投产。16个省重点建设项目、62个金华市重点建设项目年度投资完成率分别达163.7%、130%，新建重点项目开工率居全省第1位。全年完成有效投资691.4亿元、增长15.8%。强化要素支撑。获批地方政府专项债券35.4亿元，投放政策性开发性金融工具3.7亿元，均居金华第1位。实施贷款延期还本付息402.4亿元，发放低成本资金182.9亿元，存贷款总额超9000亿元、增长14.3%；争取能耗指标72万吨标煤；新增建设用地指标5700余亩，供地保障1.7万亩。

（四）**产业提档**。扩体量。聚焦“万亩千亿”重大产业平台，做大“4+X”产业体系，提升产业链供应链丰富性稳定性，新增工业产值200亿元以上企业2家，规上工业总产值达1639亿元，其中，光伏产业产值872亿元、增长82.8%。优存量。深入实施新一轮“腾笼换鸟、凤凰涅槃”攻坚，出台容积率提升、分类处理开竣工违约等配套政策，整治低效工业用地8254亩，安置高税无地企业14家，省级小微企业园总量保持全省第1位。规上工业亩均税收提高30%。提质量。数字经济核心产业、高新技术产业、战略性新兴产业增加值分别增长59.2%、35.4%、51.3%。入围省级“未来工厂”1家、“未来工厂”试点企业1家。新增国家高新技术企业82家、专精特新企业12家。蕾娜科技EDA项目在金华率先入选省“鲲鹏行动”计划，省“雄鹰行动”培育企业实现零突破。

（五）**城市提能**。承载力持续提升。完成建设二村、石桥头等9个区块城市更新，腾挪发展空间1300余亩。启动农村有机更新30个村，改造提升老旧小区7个，新增省级未来社区3个、未来乡村4个、美丽城镇省级样板镇3个，获评省级城乡风貌样板区2个。双江湖新区年度投资完成率达120%。辐射力持续放大。金义东轨道试运营，金义中央大道义乌段全线开工，江赤公路隧道、商城大道隧道、老城地下环路等工程主体完工，国贸大道义亭段、疏港快速路延伸主线通车。高铁全高架站房首创“边运行、边建设”模式。获评“四好农村路”全国示范县、国家绿色出行城市。创新力持续增强。浙大“一带一路”国际医学院全面建设，复旦大学义乌研究院正式运行，义乌工商职业技术学院获评国家级众创空间。新入选国家级人才7人，新增省级博士后工作站6家，引进青年博士78名，首次来义大学生4.5万名、居全省第2位。全社会研发经费投入增长37.8%，居全省17强县市区第1位。

（六）民生提优。共富有力有效。全力推进“1+7+N”重点工作和“1+5+N”重大改革，深化缩小城乡差距、“浙有善育”两项省级试点，获评农业“机器换人”高质量发展示范县，长护险入选省首批最佳实践，城乡居民收入倍差缩小至1.85。深化东西部协作、山海协作，“百县万品”入选全国首批乡村振兴典型案例，获评全省山区26县结对帮扶工作成绩突出集体。成功承办第九届“西湖论善”活动。服务优建优享。锚定“好学义乌”，中高职一体化人才培养改革全省试点，建成投用中小学、幼儿园40所，新增学位2.92万个，民办在校生占比降至4.7%。

做实“健康义乌”，列入全省中医药综合改革先行区，浙大四院、中医院、妇保院成功创建“三甲”，基层医疗卫生机构绩效考核居全省第1位。深耕“文化义乌”，桥头遗址入选“新时代浙江考古十大发现”，圆满承办第十七届省运会，建成“15分钟品质文化生活圈”130个。生态向上向好。PM2.5平均浓度连续2年达到世卫组织第二阶段标准，空气质量优良率97.3%。县控以上断面、集中式饮用水水质达标率保持在100%，夺得“大禹鼎”银鼎。荣获全省三星级“无废城市”“美丽浙江”建设优秀市。

（七）安全提标。打好疫情防控主动战。义乌作为人口大市、交通大市、物流大市和开放大市，是全国县域疫情防控压力最大的地方之一。我们坚持人民至上、生命至上，用活用好“七大机制”“五快循环”，持续创新“一张桌子”革命、企业“白名单”闭环生产管理等特色“战法”，实现“生产不停、物流不断、产能不减、秩序不乱”。特别是“8·2”疫情期间，全力迎战全省首次的奥密克戎变异毒株，以最短时间、最小范围、最小代价实现社会面清零，创下物资保供等多项全省最大规模纪录，稳住90%以上工业产能，获得省委省政府高度肯定。打好转段渡峰精准战。聚焦“保健康、防重症、遏病亡”，因时因势优化防控举措，超前谋划定点医院亚定点医院，提前储备应急药品和医疗设备，全域完成发热门诊规范化改造，全量发放老年人防疫包18万份，第一时间组建暖心服务小分队1898支、应急机动小分队548支，巡查服务覆盖至每个自然村，最大程度保护人民生命安全和身体健康。打好风险防范攻坚战。强化基层治理，信访积案“动态清零”，群众来访问题数下降43%，圆满完成平安护航党的二十大等重大维稳安保任务。深化安全生产大排查大清底大整治，收官安全生产综合治理三年行动，打造大安全综合监管数智系统，交通亡人、火警、安全生产事故同比分别下降27.5%、29.3%和64.4%。金融贷款不良率降至十年来新低。

（八）政府提效。旗帜鲜明讲政治。把学习宣传贯彻党的二十大精神作为首要政治任务，争当“两个确立”忠诚拥护者、“两个维护”示范引领者，在“六学六进六争先”中夯实政治根基。依法行政显担当。自觉将政府行为纳入法治轨道，主动接受人大依法监督、政协民主监督、司法监督和社会监督，人大代表建议401件、政协委员提案351件全部办结，满意率均为99%。用心用情强服务。全力稳企纾困，上级政策顶格落实，市级政策应出尽出，用真金白银提振市场信心，兑付财政资金30.2亿元，累计减负179.5亿元，惠及企业235万家次。迭代升级“三服务”，开展稳进提质现场集中办公，高效解决各类问题近1.3万个。提质增效优作风。扎实建设清廉政府，“村务清廉钉办”获评第三届“中国廉洁创新奖”。“三公”经费下降10%，压减新增资金需求3.8亿元。省、金华市民生实事提前两个月办结，市级十方面民生实事圆满完成。

同时，民族、宗教、妇女儿童、青少年、优抚、气象、档案、史志、对台、侨务、工会、红十字、慈善、统一战线、人民武装等工作都取得了新进步。

各位代表，事非经过不知难，成如容易却艰辛。这些成绩的取得，得益于习近平新时代中国特色社会主义思想的科学指引，得益于上级党委政府和市委的坚强领导，得益于市人大、市政协的积极支持、有效监督，得益于全市人民的合力拼搏、团结奋斗。在此，我谨代表义乌市人民政府，向全市人民和所有“新义乌人”，向人大代表、政协委员和离退休老同志，向各民主党派、工商联、无党派人士、人民团体和社会各界人士，向驻义部队和“义乌舰”官兵，以及所有关心支持义乌发展的海内外朋友，表示崇高的敬意和衷心的感谢！

在肯定成绩的同时，我们也清醒地看到，义乌发展还面临不少困难和挑战：一是稳的基础有待进一步夯实。世纪疫情对经济社会的深层影响需要一定时间修复，需求收缩、供给冲击、预期转弱三重压力仍然较大，市场主体信心亟需提振，GDP等部分经济指标与预期目标还有差距。二是进的动能有待进一步激发。工业、出口等持续较快增长面临多重考验，新旧动能转换还需加快，资源配置效率还不够高。三是美的向往有待进一步实现。城市功能承载、城乡融合水平与经济发展还不够匹配，优质公共服务供给与群众期待仍有差距，安全生产、综治维稳等领域仍存在薄弱环节。四是拼的劲头有待进一步增强。政府系统少数干部思想解放、担当精神、攻坚能力、争先意识与面临的新形势新任务仍有差距，营商环境还需进一步优化，行政效能还需进一步提升。对此，我们一定直面问题，采取有力措施，切实加以解决。

二、逐梦前行的2023年

2023年是全面贯彻落实党的二十大精神的开局之年，是锻造中国式现代化县域范例的奋进之年，是加快迈向世界小商品之都的蝶变之年。时光无迹、奋斗有痕。今日之义乌，高质量发展的来势正好、斗志正旺、风头正劲，我们必须自信自强、守正创新，当逐梦人、做奋斗者。

*逐梦新征程，站位决定方位。*万山磅礴、必有主峰。新时代十年的伟大变革和历史性成就深刻昭示，“两个确立”是我们应对一切不确定性的最大确定性。我们要始终坚定对习近平总书记的忠诚之心、爱戴之情、追随之志，不断汲取习近平总书记12次来义乌调研指示的精神伟力，朝着世界小商品之都勇毅前行，从胜利走向更大胜利，从辉煌迈向新的辉煌。

*逐梦新征程，格局决定结局。*如果格局小，眼前就是世界，唯有格局大，世界才在眼前。我们要始终坚定地拥抱世界，胸怀“国之大者”、把握“省之大计”、心系“市之大事”，跑出“义新欧”加速度，做实“义甬舟”桥头堡，当好都市区主力军，贡献内陆开放“义乌样板”，锻造共同富裕“义乌案例”，绘就“功成不必在我、功成必定有我”的奋斗图景，呈现大城市应有的胸襟格局，让义乌人骄傲、生意人羡慕、外国人向往。

*逐梦新征程，思路决定出路。*挑战不会凭空消失，优势不会自然产生。我们要始终想人民之所想、行人民之所嘱，充分释放90万强大市场主体的积极性、主动性、创造性。要坚定坚决支持市场、发展市场、繁荣市场，在小商品分工体系中抢占“制高点”、掌握“话语权”，引领全球贸易风尚。要坚定坚决走高质量发展之路，义乌资源要素约束紧，量的增长到了平台期，质的突破还处在酝酿期，唯有通过高质量发展向上突围，才能奔向发展的新蓝海。

*逐梦新征程，起势决定成势。*犯其至难而图其至远。我们要始终瞄准最难处、寻找最优解、干到最极致，一子落而满盘活。聚力数字经济创新提质“一号发展工程”开新局，要在数字新赛道上招大商、育新机、赢未来，实现产业聚变、裂变、蝶变。聚力营商环境优化提升“一号改革工程”走前列，义乌不仅是购物者天堂，更要成为创业者天堂，要对市场主体高看一眼、厚爱三分，让天下商人、全球商机、世界商品共振共赢。聚力地瓜经济提能升级“一号开放工程”作示范，要全面放大市场体系、物流网络、产业集群等传统优势，顶格释放自贸区、综试区、综保区等政策红利，以“义乌之答”回应内陆开放之问。

*逐梦新征程，争先决定领先。*莫道君行早，更有早行人。改革开放以来，义乌人肩挑货郎担、手摇拨浪鼓，走南闯北、一路向前，演绎了“莫名其妙、无中生有、点石成金”的发展奇迹，奠定了义行天下、惠利四方的雄阔器局，形成了千帆竞发、风起云涌的一方热土。义乌的发展实践已雄辩证明，惟创新者强、惟改革者进、惟开放者赢。我们要始终激发义乌人“不争第一、就是落后”的血性，敢闯敢试、敢破敢立、敢为人先，把美好蓝图率先干成现实画卷，在义乌看见更大世界、以义乌展示盛世景象。

基于以上考虑，今年政府工作的总体要求是：

高举习近平新时代中国特色社会主义思想伟大旗帜，全面贯彻落实党的二十大精神，按照中央、省委、金华市委战略决策和市委十五届三次全会部署要求，坚持稳中求进工作总基调，完整、准确、全面贯彻新发展理念，忠实践行“八八战略”，强力推进创新深化改革、攻坚开放提升，在“打造国际枢纽城、奋进现代都市区”中打头阵、当先锋、作示范，坚持“兴商建市”不动摇，改革开放再出发，大站位、大格局、大起势、大争先，高标准推动“四拼四强”，高质量推进“两个先行”，在新征程中开创世界小商品之都建设新局面，干出中国式现代化义乌篇章。

按照这一总体要求，建议2023年全市经济社会发展主要预期目标为：地区生产总值增长7.5%以上；一般公共预算收入增长8%以上；出口增长高于全省平均，进口增长25%以上；社会消费品零售总额增长7%以上；规上工业总产值增长10%以上；固定资产投资增长15%以上；城乡居民收入增长与经济增长基本同步，收入倍差持续缩小；环境和能源指标完成上级下达的任务。

三、奋力开创世界小商品之都建设新局面

为实现今年各项目标任务，我们将对标中共二十大，迭代“138”，开创新局面，奋进现代化，奋力走好“十大赶考路”：

（一）***市场升级之路***。市场是我们最靓丽的风景。要致力打造贸易、业态、服务、消费、实体五大标杆，加速向“第六代市场”跃升，促进市场持续繁荣。

1.实施“全球贸易商”招引行动，开展万名国际采购商义乌行，加快外商、侨商、客商“引进来”，力争入境外商恢复至年均56万人次、国内客商恢复至日均20万人次。

2.实施“万企拓市场”行动，构建“走出去”一条龙服务体系，继续深耕欧美、中东、非洲等传统市场，持续拓展RCEP市场，组织企业出境参展500家次以上。

3.实施“新商代”“新风向”行动，新增大学生实训基地10个以上，培训经营主体2.2万人次以上，制定团体标准5个以上，培育孵化新行业3个以上，打造“国潮风向标”“爆款供应地”。

4.迭代小商品数字自贸应用，打造一站式“关汇税、运仓融”数贸综合服务平台，推动Chinagoods平台注册采购商突破400万元、在线交易额超500亿元。

5.升级“贸义链”平台，做强“一盘好货”数字化供应链体系，布局全球好物集合店5家以上，新增合作品牌1000个。

6.加快第六代市场标志性项目建设，全球数贸中心一期主体结顶，启动二期建设，共建eWTP全球创新中心，投用国际商贸城二区东数字市场，打造全球首个新能源系列产品一站式采购平台。

7.统筹布局海外仓和海外分市场，做强迪拜义乌小商品城，构建集成式海外仓数字网络，推动扩规模、优结构、提质量，新增海外仓50个以上。

8.持续擦亮“义博会”金名片，提升电商博览会、进口展等专业展会质量，全年举办展会45场次以上。

9.打造区域消费中心，加快万象天地等项目建设，投用绿地朝阳门等商业综合体，招引国内外知名品牌首店、旗舰店50家以上，争取跨境进口新零售业务试点。

（二）***开放引领之路***。开放是我们最鲜明的标识。要以更加开放的姿态拥抱世界，加快推进地瓜经济提能升级“一号开放工程”，高水平打造内陆开放样板。

10.以“义新欧”班列开行十周年为契机，更大力度开辟“义新欧”中亚和东南亚新线路，谋划布局杜伊斯堡等“境外集散中心”，争创中欧班列集结中心示范工程，双向对开“中国西班牙建交纪念号”，常态化运行老挝专线，全年开行1600列以上。

11.深化铁路运单物权化改革，推行“物流+贸易+金融”经营模式，服务中小企业融资6000万元以上。

12.全面推进与宁波舟山港一体化，加快义乌（苏溪）国际枢纽港和第六港区集装箱运营中心建设，投用铁轨作业区，建成“四港”联动智慧物流云平台。

13.争取“抵港直装、船边直提”试点，拓展东南亚近洋国际航线，实现船公司“周班列”开行5

家以上，完成海铁联运8.5万标箱以上。

14.加快推进机场适应性改造，启动国际邮件互换局搬迁和多功能新型国际货站建设，争取成立航空货运公司。

15.拓展RCEP国家货运航线，常态化运行大阪线路。深化“异地货站”合作，联动重庆、广州、杭州等地机场，做大“陆空联运”“空空转关”业务。

16.紧扣“全牌照”口岸目标，争取获批进境食用水生动物、粮食等指定监管场地，建成投用铁路口岸二期监管区。

17.深化“1039+9610”跨境电商合规化改革，打通跨境互联网访问便利化渠道，发展“保税+直播”“跨境+直播”等新业态，全年实现电子商务交易额4200亿元以上，其中跨境电商交易额1180亿元以上。

18.打造电子商务总部经济区，加快跨境电商产业园、跨境电商物流园首期工程建设，培育引进年销售额超5亿元电商企业10家以上，新增跨境电商独立站40个以上。

（三）改革示范之路。改革是我们最大的底气和硬气所在。要坚持不破法规破常规，全面深化国贸、自贸和数字化改革，引领撬动各领域改革。

19.全力争取获批新一轮国际贸易综合改革试点，统筹推进十大集成改革，加快16项核心改革事项落地。

20.高水平建设自贸试验区，持续深耕“五大自由”，力争形成省级标志性成果10个以上、制度创新案例4个以上，更高水平“买全球、卖全球”。

21.迭代市场采购2.0版，实施全链路数字化集成改革，深化组货人制度，健全外贸综合服务企业信用管理机制。

22.大力发展“市场采购+保税转口”等中转集拼新模式，促进进口出口转口融合发展，实现进出口超5000亿元，其中进口达600亿元。

23.高水平建设国家进口贸易促进创新示范区，探索开展进口消费品正面清单管理改革试点。

24.加快进口轻奢展销基地、日韩进口药妆中心等建设，推动进境肉类、水果等指定监管场地功能延伸至综保区，培育进口农产品产业园，规划迁建B型保税物流中心。

25.做大跨境人民币业务，推动本外币合一银行结算账户体系试点扩面增量，争取开展“义支付”跨境外汇支付业务。

26.深化国资国企改革，推动国有资本布局优化和结构调整，加快优质资产和重点二级公司证券化步伐，构建国资监管大格局，市属国企资产总规模达3000亿元以上。

（四）环境优化之路。营商环境是我们最看重的事。要全面优化政务、法治、市场、生态、人文五大环境，让市场主体放心投资、安心经营、专心创业，努力打造营商环境最优市。

27.深入实施营商环境优化提升“一号改革工程”，打造更多全省“第一方案”，打响“改革体验官”“特约监督员”“基层站所民主评议”等特色品牌，争取入选省级营商环境十佳案例1个以上，综合评价保持全省第一档。

28.深化市场主体全生命周期管理服务集成改革，全面推广市场主体清退“一件事”改革，力争市场主体突破100万元。

29.深入实施优化国际化营商环境涉外服务十项举措，争取开展外国人来华工作、居留许可“两证合一”省级试点。打造“境内外一体化”服务体系，海外政务服务驿站布局新增5个以上国家和地区。办好世界城地组织亚太区第九届会员大会。

30.深化政务服务2.0示范大厅建设，实现智能化服务场景50个以上，“一件事”数字化迭代10个以上，“一网通办”率达95%以上。扩大跨区通办“朋友圈”，新增通办事项100项以上。

31.深化“合同订立”改革试点，推动租赁、用水、用气等场景使用提质扩面，争创电子证照社会化推广应用典型案例。

32.实施办问协同纳税费服务模式，探索推进“一键申报”改革，实现财务报表和纳税申报表自动申报。

33.加快知识产权强县示范县建设，争取落地全国首个县级知识产权证券化项目，新增家具、化妆品、电工电器等3类外观设计专利受理权限。

34.实施包容审慎监管，做到执法既有力度、又有温度，既依法依规、又人文关怀，深化“一支队伍管执法”攻坚战，构建“无事不扰、无处不在”的“无感式”监管执法体系。

35.健全以信用为基础的新型监管机制，持续深化“信用+专业市场”“信用+融资服务”省级试点。

36.坚持“两个毫不动摇”，大力弘扬企业家精神，推进民营经济高质量发展，加快“创二代”“企二代”成长，全力营造“干部敢为、地方敢闯、企业敢干、群众敢首创”的干事创业氛围。

37.谋划推进新一轮金融专项改革，整合用好第三方支付、商业保理、企业征信等金融牌照功能，加大对市场主体金融支持力度，扩大中长期贷、技改贷规模，新增贷款600亿元以上，普惠小微贷款200亿元以上。

38.坚持能早则早、应出尽出，全面承接国家系列政策、省“8+4”政策，持续迭代“义乌版”政策包，为市场主体减税降费75亿元以上。深入开展“四大双千”活动，着力破解一批影响企业发展和项目落地的突出问题。

（五）产业转型之路。做强实体是我们主攻的事。要牢固树立“项目为王”理念，大力实施数字经济创新提质“一号发展工程”，不断释放发展新动能。

39.全力瞄准世界500强、中国民营经济500强、上市公司、头部企业、“链主型”企业开展招商引资，让更多“高精尖”企业落地义乌，力争招引亿元以上项目37个以上，其中，50亿元以上项目5个、100亿元以上项目2个以上。

40.拓宽“4+X”产业链路，完善招商地图，推进“产业集群清单、重点企业清单、项目清单、政策清单”四单联动，加快形成具有义乌辨识度的现代产业体系。

41.抢抓全球产业链供应链调整、重组机遇，以制造业外迁国家为重点，更大力度吸引和利用外商投资，实际使用外资2亿美元以上。

42.加快打造先进制造业集群，推进绿色动力、智能显示材料两大“万亩千亿”重大产业平台建设，力争产值分别突破100亿元和1000亿元，全市规上工业产值突破1800亿元，全力夺取浙江制造“天工鼎”。

43.加快发展总部经济，依托金融商务区CBD、新CBD、总部经济园，大力扶持本地总部企业，积极引进外地优质总部企业，培育一批百亿级贸易大楼，打造更多全球运营中心、管理中心和研发中心。

44.加快“产业数字化赋能平台”建设，深入实施以“未来工厂”为引领的“个十百千”企业数字化改造工程，新增“未来工厂”1家以上、智能工厂20家以上，数字经济核心产业增加值增长20%以上。

45.打好企业主体培育攻坚战，完善梯次培育机制，力争工业产值百亿元以上企业5家以上，新增上市公司2家，“专精特新”企业5家以上，其中，“小巨人”企业1家以上，新认定国家高新技术企业60家以上，“小升规”企业80家以上。

46.争取启动国家级高新区创建工作，力争亿元以上工业企业研发机构设置率达到90%以上，全社会研发经费投入、高新技术产业投资增长30%以上。

47.深化“亩均论英雄”改革，整治D类企业100家以上，完成低效工业用地整治6000亩以上，规上工业亩均税收达到22万元以上。

48.开展存量工业用地扩容专项行动，探索“零地挖潜”，加快“二次开发”，实施扩容改造50家以上。

49.加快前山服装产业园、钱塘新谷二期等建设，打造小微企业园3.0版，建成四星级以上园区、数字化示范园区2个以上，省级小微企业园总数保持全省首位。

50.加快推进254个实施类市重点项目建设，完成投资350亿元以上；确保新建省、金华市重点项目开工率一季度达到30%、二季度达到60%、三季度达到85%，全年投资完成率120%以上。开工夏能、独立储能等项目21个以上，建成投产义欣新能源动力电池、正泰光伏等项目12个以上。

51.推进国际新型互联网数据专用通道、贸易大数据中心等新型基础设施建设。

52.全力做好要素保障，争取专项债、政策性开发性金融工具获批额度均占金华份额20%以上，完成建设用地供应1.5万亩以上。

53.开展低（零）碳试点建设，规范高耗能行业发展，实施铸造行业改革试点，推动规上工业单位增加值能耗下降10%以上，推进新型电力系统示范项目建设，新增光伏装机4万千瓦。

54.深入推进产教融合“五个一批”工程，开展“百博入企”等系列活动，高水平建设全国青年发展型县域试点，打造青年就业创业首选地，引进培养领军人才25人以上、首次来义大学生3.8万名以上。

（六）能级提升之路。做美城市是我们的不懈追求。要树牢经营城市理念，下足“绣花”功夫，让义乌有山皆绿、有水皆清、有土皆净，不断提高城市承载力、吸引力和辐射力。

55.加快双江湖新区开发，实施项目24个以上，完成投资190亿元以上，蓄水区累计开挖1000万立方米以上，湖区、基础设施、绿化景观等取得实质性形象进度，全力推动“绣湖时代”迈向“双江湖时代”。

56.加快双江湖科教园区建设，支持浙大国际健康医学研究院、复旦义乌研究院打造省级重点实验室，支持全球光伏联合创新中心创建省技术创新中心，争取引进研究院1家。

57.重点推进7个1平方公里以上片区改造项目，完成城市更新投资180亿元以上，拆除建筑面积30万平方米以上。

58.全域推进未来社区建设，新增省级试点6个以上，创成省级未来社区5个以上。加快建设4个城乡风貌区，争创省级风貌样板区2个以上。

59.全力打造一流铁路枢纽，加快高架站房建设，投用站前广场，推进金甬、杭温等在建铁路项目，开工金义三四线。

60.构建“三轴六向”高速大通道，加快义诸、义浦桐、甬金衢上高速前期工作，建设义龙庆高速，实施甬金高速改扩建，完成双江湖涉杭温高铁下穿隧道工程。

61.加快G235龙回至祥贝段、江赤公路、义永公路等建设，义浦二线拓宽工程项目主体完工，机场路立交化改造、县前街南延、老城地下环路、商城大道隧道建成通车。

62.积极创建“绿水青山就是金山银山”实践创新基地，高质量完成国家生态文明建设示范区复核，全力冲刺“大禹鼎”金鼎，实现“美丽浙江”建设考核“六连优”。

63.扎实推进细颗粒物和臭氧“双控双减”，推动$PM_{2.5}$浓度降至26微克/立方米以下，空气质量优良率保持在97%以上。

64.全面建成省水资源集约安全利用示范区，持续改善地表水环境质量，确保国控、省控、跨行政区域交接断面水质Ⅲ类以上。

65.推动“无废城市”升级加星，实现一般工业固废综合利用率100%，危险废物利用处置率98%以上。

（七）乡村振兴之路。城乡融合是我们的特色品牌。要坚持农业农村优先发展，进一步畅通城乡要素流动，奋力开创“三农”发展新局面，全力夺取乡村振兴“神农鼎”。

66.开展“标准地改革+农业‘双强’”集成实践，新增农业标准地5000亩以上、省级“三基地”2个、高品质绿色科技示范基地2个以上，建成10亿元以上农业全产业链1条以上。

67.探索实施“宅基地改革+乡村建设”集成实践，解决五年以上已拆未安置农户住房问题，盘活闲置农房2500宗以上，完成农房抵押贷款累计330亿元以上。

68.狠抓粮食和重要农产品稳产保供，确保粮食安全，推动粮食产量达4.6万吨以上，生猪出栏量稳定在15万头以上。

69.加快浙江乡村大脑贯通落地和推广应用，启动第二批未来乡村建设100个，新增省美丽乡村示范乡镇1个、省级未来乡村2个。

70.持续推进垃圾、公厕革命，完善推广“物业进农村”“日产日清”等长效管护模式，新增省级垃圾分类示范村4个以上。

71.健全强村公司、“飞地”抱团、“百团结百村”等发展机制，统筹实施消薄项目30个以上，确保所有行政村集体经营性收入达50万元以上，其中150个村达100万元以上。

72.加快乡村“四治融合”，迭代推广“村务清廉钉办”“智慧村社”等应用，实现“村民信用一件事”与基层治理四平台贯通。

73.开展乡贤助农、“农村青年致富带头人”等活动，举办农创客创业创新大赛，培育农创客200人以上，完成高素质农民及农村实用人才培训1000人以上。

（八）共富先行之路。民生是我们最牵挂的事。要把公共财政的阳光雨露更多洒向民生，以有限财力尽力改善民生，加快锻造共同富裕成功案例。

74.深化“扩中”“提低”改革，迭代优化九类重点群体个性化增收措施，落实稳就业政策举措，构建常态化帮扶机制，新增就业4万人以上，户籍人口基本养老保险参保率稳定在98%以上，城乡居民收入倍差低于1.82。

75.强化项目布局和要素支撑，加快佛堂小城市培育建设，全力推动上溪、大陈、义亭、赤岸4个镇赶超发展。

76.争创全国义务教育优质均衡发展市、学前教育普及普惠市，确保20%以上城区骨干教师下乡交流，让优质资源惠及更多学生。启动建设高庚职校、柳青区块学校、苏溪中学等学校7所以上，公办幼儿园招生覆盖面提升至51.5%，义务教育段随迁子女就读公办学校60%以上。

77.启动中国计量大学现代科技学院二期、机电技师学院迁建等工程，谋划义乌工商职业技术学院双江湖校区，浙大国际医学院部分投用并开学，全力提高高校毕业生留义率。

78.深化“健康义乌”建设，6个镇全部达到健康镇标准，50%以上的村达到健康村标准。

79.全力打造浙中医疗高地，支持中心医院创建综合类“三甲”、精神卫生中心创建专科类“三乙”，加快儿童医院、浙大四院国保楼等建设。

80.推进“三医联动 六医统筹”集成改革试点，完善分级诊疗体系，加快一体化病房、名医工作室等规范化建设，实现基层院区错位发展。

81.打造文化地标，擦亮“真理味道·信仰之源”金名片，试运行美术馆，启用雪峰文学馆，完成义乌大剧院主体工程，新增“15分钟品质文化生活圈”30个以上，举办各类文化活动4000场次以上。全面开展古村古道古树普查和修复工作，全力做好桥头遗址世界文化遗产中国预备名录申报。

82.打响义乌文旅品牌，实施“领军型、骨干型、新锐型”文旅企业梯度培育计划，加快佛堂省级旅游度假区提档升级，启动建设云黄山健康步道，开工建设西门老街、大陈九寨湾、上溪五七农场等文旅项目，让群众玩有去处，确保文旅投资增长20%以上，旅游收入120亿元以上。

83.聚力“一老一小”，加快创建老年友善医疗机构、老年友好型社区，深化医养结合等服务。加快推进婴幼儿照护服务体系省级试点，建立“1+14+X”服务体系，打造“15分钟托育服务圈”，构建育儿友好型社会。纳入省级儿童友好试点城市建设培育名单。

84.持续打响百县万品、山海协作、巾帼共富工坊等品牌，助力山区海岛县高质量发展。

（九）本质安全之路。安全是发展的底线、红线、高压线。要牢固树立“100−1=0”理念，带着感情、带着责任、带着“乌纱帽”抓安全稳定，加快建设更高水平的平安义乌。

85.加强疫情防控救治体系建设，保障药品市场供给，千方百计满足群众就医需求、用药需求，做到应收尽收、应治尽治，守牢“保健康、防重症、遏病亡”底线。

86.健全“事前预警、事中响应、事后回溯”全流程安全监管机制，打造“政治安全”县域样板。

87.完善社会治理中心建设，强化金融投资、问题楼盘、征地拆迁等涉稳重点领域专项治理。

88.深入开展平安专项行动，常态化开展扫黑除恶、命案防控、全民反诈、根治欠薪等工作，推动电诈发案率和案损率均下降10%以上，传统侵财警情、矛盾纠纷警情下降3%以上。

89.迭代大安全综合监管数智系统，完善风险数字地图，推动安全生产全领域全行业全环节纳入数字化范畴，真正实现“五个一屏”。

90.全域铺开标准化试点，实现出租型企业、电商园、小微园、危化品、燃气、建筑施工等领域全覆盖。

91.强化道路交通、消防、建筑施工、危化品、物流等重点领域专项整治，全力护航亚运会等重大活动，力争安全生产事故起数、死亡人数同比下降20%以上。

92.深化信访源头治理，力争初信初访化解率98%以上。

（十）自我革命之路。干部队伍是谋事之本、干事之要。要切实加强政府自身建设，树牢“干事且干净、干净加干事、干事能成事、干事不出事”理念，努力打造人民满意政府。

93.始终把学习宣传贯彻党的二十大精神作为首要政治任务，坚定捍卫“两个确立”，坚决做到“两个维护”，自觉在思想上、政治上、行动上同以习近平同志为核心的党中央保持高度一致。

94.坚决贯彻市委各项决策部署，让担当实干成为政府系统最鲜明特征，让拼争抢创成为政府系统最突出标志，炼就抓落实的铁肩膀、硬腰杆、真本领，全力打造一支敢担当、快执行、守底线的“义乌铁军”。

95.全面推进依法行政，坚持用法治思维、法治方式深化改革、推动发展、化解矛盾、维护稳定，严格执行重大行政决策程序和政府法律顾问制度，全力争创法治政府建设示范市。

96.自觉接受人大依法监督、政协民主监督以及社会各界监督，认真执行人大决议和决定，高质量办好人大代表建议和政协委员提案。

97.以政务公开“透明度”提升群众“满意度”，做到政府信息应公开尽公开。

98.优化考核体系，强化督查机制，奖优罚劣、奖勤罚懒，做到压力传导与关爱传递同步到位，让不愿担当、不敢担当、不会担当的干部没有地位、没有市场。

99.坚持集中力量办大事，强化市级财政统筹，确保一般性支出、“三公”经费只减不增，全力保续建、保重点、保民生。

100.加强清廉政府建设，坚定不移落实全面从严治党，锲而不舍落实中央八项规定及其实施细则精神，以马不离鞍、缰不松手的定力，持续深化纠治“四风”，营造风清气正的政治生态。

各位代表，民之所忧，我之所思；民之所盼，我之所行。今年我们将聚焦社会各界关注关切，把群众的需求清单，变成政府的履职清单，扎实办好十件民生实事。请大家从以下实事中选出十件或推荐新的项目。

1.改善群众居住条件。保障农民建房用地800亩，新增农民建房8000户，新开工新社区集聚安置房5000套，新建筹集保障性租赁住房1.5万套（间）。

2.提升教育服务水平。建成投用中小学、幼儿园15所，新增学位8000个，多形式改善中小学生校内午休条件，全力保障中小学生心理健康。

3.完善公共基础配套。新增天然气入户1.5万户，实施中高层住宅小区二次供水设施改造2000户，治理道路易积水点30处。

4.打造城乡宜居环境。建设未来社区、未来乡村16个，建成省级高标准生活垃圾分类示范小区50个，建设城乡亲水区域、口袋公园13个，新增体育场地10个。

5.优化卫生健康服务。新（改）建村社卫生服务站11家，在37个偏远山区村试点开展巡回医疗服务，为10万名中小学生免费提供脊柱侧弯筛查，为10万名市民免费提供甲状腺疾病筛查。

6.关心关爱老年群体。新增医养结合机构医疗床位、养老机构认知障碍照护专区床位160张，完成10个村社居家养老服务照料中心智能服务终端配置，实现每万名老人拥有持证护理员30名，完成老年教育1.5万人次。

7.提升公共交通服务能力。加强轻轨配套基础设施建设，新建综合充换电站3座，新增新能源公共充电桩1000个，新建或优化城乡公交候车亭30座。

8.加强食品安全管理。完成农产品定性检测1万批次，确保合格率99%以上，新增外卖餐饮单位“阳光厨房”350家，为消费者提供食品安全免费检测服务。

9.优化婴幼儿照护服务。新增普惠性婴幼儿照护设施22处，增加托位800个，培训保育员3000名，将新生儿遗传代谢性疾病免费筛查项目从4种提升至29种。

10.加大创业就业支持力度。新增创业孵化基地6家，高质量举办创业活动35场次，发放创业担保贷款5000万元，开展各类职业技能培训2.8万人次，新增技能人才1万人，其中高技能人才

4000人。

11.提升帮农促富能力。建设农村共富大棚30个，开展农村妇女共富能力提升培训2000人，新建或提升农村公路10公里，修建环义步道120公里。

12.提升课后服务水平。新增村社青少年宫10个，提供市、镇、村三级青少年宫兴趣课程名额1.6万个，实施小学生暑期科普培训1万人，举办“花开四季”青少年公益文体课外学堂1200场次。

13.提高公共安全水平。在高层住宅小区安装电动自行车电梯轿厢阻止系统2000套，规范化建设避灾安置场所30处，实现山塘水库视频感知系统全覆盖，完成应急救护持证人员培训8800人。

14.提升助残服务能力。实施重要公共场所无障碍改造10个，完成残疾人家庭居住环境无障碍和宜居化改造160户，辅助残疾人就业400人，投放无障碍公交车30辆。

15.优化政务服务水平。建设村级智慧便民服务站30个，完成政务服务智能办理场景20个。

大道至简、实干为要。以上民生实事，待正式确定后，我们将明确时间表、路线图、责任人，实行销号管理，确保每一件民生实事都做细做实做好，言必信、行必果，让群众有更多获得感。

各位代表，道阻且长，行则将至；行而不辍，未来可期。让我们更加紧密地团结在以习近平同志为核心的党中央周围，在市委的坚强领导下，进一步凝聚人心、凝聚智慧、凝聚力量，大干快上、担当实干，为奋进“两个先行”、高质量高水平建设世界小商品之都而不懈奋斗！

《政府工作报告》名词解释

RCEP：指区域全面经济伙伴合作关系协定，由中国、日本、韩国、新西兰、澳大利亚和东盟十国共15方成员制定，是全球最大的区域自由贸易协定。

出口拼箱监管模式：指适应跨境贸易碎片化、高频次、包裹式履约的转变趋势，依托海关监管仓，创新以数字化技术实施“先查验后装运”的集拼模式。

“4+X”产业体系：“4”指信息光电、新能源汽车及零部件、高端芯片及智能终端、医疗健康等四大新兴产业，“X”指服装服饰、袜业、饰品等义乌传统优势小商品制造产业。

“五快循环”：指快检测、快流调、快编组、快转运、快隔离。

“四拼四强”：“四拼”指拼市场转型，全力塑造贸易新优势；拼内陆开放，全力构建开放新格局；拼产业升级，全力厚植发展新动能；拼创新驱动，全力激发科创新活力。“四强”指强营商环境，全力提升服务新高度；强城乡融合，全力打造都市新风貌；强共同富裕，全力绘就民生新画卷；强基层治理，全力构筑平安新高地。

“两个先行”：指在高质量发展中奋力推进中国特色社会主义共同富裕先行和省域现代化先行。

“四大双千”活动：指“大走访、大调研、大服务、大解题，千名干部帮千企”活动。

组货人：指受采购商或者其代理人委托，对市场采购贸易出口货物进行组货装箱的经营主体。

铁路运单物权化改革：指铁路运单具备物权属性，持有铁路运单即拥有货物所有权，可以取得银行金融支持，满足企业融资需求。

本外币合一银行结算账户体系：指只需开立一个本外币合一银行结算账户就可满足多币种服务，实现统一账户系统内的本外币一体化。

“138”：“1”指聚焦世界小商品之都一个总目标，“3”指竞逐“数字化、双循环、共同富裕”三大新赛道，“8”指全力塑造贸易枢纽、开放窗口、智造集群、现代都市、乡村振兴、美丽义乌、民生幸福、善治之城等八大新场景。

“1039+9610”：指“市场采购+集货模式”，引导跨境电商碎片化订单通过市场采购拼箱通道出口货物，推动市场采购与跨境电商业态融合发展。

“8+4”政策：指扩大有效投资、科技创新、“415X”先进制造业集群培育、现代服务业高质量发展、世界一流强港和交通强省建设、扩大内需和对外开放、乡村振兴和城乡一体化发展、保障和改善民生等8个重点领域政策包，财政金融、自然资源、能源、人才等4张要素保障清单。

“三轴六向”高速大通道：“三轴”指沪浙闽、温义合、义甬舟三大综合立体交通走廊，“六向”指沪杭、宁波、温州、安徽、江西、福建6个方向。

“五个一屏”：指风险隐患一屏管控、交办督办一屏协同、提示预警一屏直达、应急救援一屏处置、安全态势一屏掌控。

义乌指数

【指数构成】 “义乌·中国小商品指数”为商务部发布的首批经济监测类指标指数之一，由价格指数、景气指数和若干单独监测指标指数3个部分构成。该指数的编制遵循现代统计学科学原理、指数编制方法和综合评价理论，结合义乌小商品产业特点，对义乌小商品产品科学分类，将小商品种类主要分为工艺品类、首饰类、玩具类、五金及电科类、电子电器类、钟表眼镜类等15个大类，每个大类下又包括一系列中类、小类的细分指数。为不同需求的消费者提供全面的小商品价格信息。该指数由四级分类体系构成，评价模型采取主客观双向加权方式。采用多层双向加权合成指数编制方法。为不同需求的消费者提供全面的小商品价格信息。义乌指数按15个大类、97个中类、525个小类、1964个细类分四级采样，综合各项纬度和检测指标，由指数后台算法模型通过加权平均法自动计算得出。各项指数均以2006年7月为基期，价格指数和分项指标指数基点为100，景气指数基点为1000，于2006年10月在“2006义乌国际小商品博览会”上宣布正式对外发布，至2022年，共发布183期。

（商城集团）

【义乌市场景气指数】 2022年，义乌市场呈稳定恢复态势，景气指数稳步增长。月景气指数平均值为1247.8点，同比增长6.52%，其中，8月初，义乌疫情突起，入场客流持续减少，尤其自8月11日起，义乌全市静默，市场暂停运营，直至8月18日开始分批解除管控，8月景气指数降至全年最低，为1169.61点。商户信心指数月均值为1004.9点，同比微跌0.15%，其中，3月市场商户对后期预判较为谨慎，商户信心指数1001点为全年最低值，此后稳定上涨。2021年涨幅明显的原材料价格，2022年趋于稳定，受新冠疫情影响，月价格指数均值为100.7点，同比微跌0.14%。从具体构成上看，2022年，规模指数月均值为1044.58点，同比上涨13.31%，交易量指数、交易额指数、品种扩张度指数、人气指数同比分别上涨15.28%、13.5%、12.14%和4.4%。2022年，效益指数月均值为1761.66点，同比上涨5.53%，商转指数、户均毛利额指数同比分别上涨45.28%和7.58%，毛利率指数和资转指数同比分别下跌7.27%和5.37%。

（商城集团）

【义乌市场信用综合指数】 2022年，义乌市场信用综合指数呈现出总体平稳、稳中有升的基本特征，从年初的163.35点上涨至年末的218.47点，年均值为179.36点。其中，12月为全年最大值218.47点，3月为全年最小值153.40点。根据市场信用综合指数波动预警子系统的监测，综合指数的变动幅度处于“变好（B）”状态（即波动幅度大于5%）的有6个月；处于“正常（N）”状态（即波动幅度在-5%和5%之间）的有4个月；处于“变差（W）”状态（即波动幅度小于-5%）的有2个月。根据YMCI“五色灯预警子系统”的监测，全年综合指数全部为“绿灯”标识，义乌市场信用状况一直处于“安全级”，义乌市场监管和市场信用建设工作取得显著成效。

（市市场监管局）

2022年义乌市YMCI全年波动预警状况一览表

表1

月份	YMCI分值	YMCI波动幅度	YMCI波动预警标识
1	163.35	-0.09%	正常（N）
2	154.15	-5.63%	变差（W）
3	153.40	-0.49%	正常（N）
4	216.49	41.13%	变好（B）
5	154.00	-28.87%	变差（W）
6	163.06	5.88%	变好（B）
7	185.18	13.57%	变好（B）
8	177.24	-4.29%	正常（N）
9	175.55	-0.95%	正常（N）
10	188.48	7.37%	变好（B）
11	202.92	7.66%	变好（B）
12	218.47	7.66%	变好（B）

2022年义乌市YMCI“五色灯预警子系统”一览表

表2

月份	YMCI分值	YMCI分值区域	五色灯标识
1	163.35	≥110	绿灯
2	154.15	≥110	绿灯
3	153.40	≥110	绿灯
4	216.49	≥110	绿灯
5	154.00	≥110	绿灯
6	163.06	≥110	绿灯
7	185.18	≥110	绿灯
8	177.24	≥110	绿灯
9	175.55	≥110	绿灯
10	188.48	≥110	绿灯
11	202.92	≥110	绿灯
12	218.47	≥110	绿灯

（市市场监管局）

【义乌市场信用综合指数月度特点】2022年第一季度，从季内各月走势来看，综合指数呈现持续下跌态势，从1月的163.35点下跌至3月的153.40点。此季度月均值报收于156.97点，数值大于110，“五色灯预警子系统”显示为“安全（绿色灯）”状况。此季度月均值较上季度上涨0.63%，“波动预警子系统”显示为“正常（N）”状态。第二季度，从季内各月走势来看，综合指数呈现先下跌后上涨态势，从4月的216.49点下跌至5月的154.00点，之后上涨至6月的163.06点。此季度月均值报收于177.85点，数值大于110，“五色灯预警子系统”显示为“安全（绿色灯）”状况。此季度月均值较上季度上涨13.30%，“波动预警子系统”显示为“变好（B）”状态。第三季度，从季内各月走势来看，综合指数呈现持续下跌态势，从7月的185.18点下跌至9月的175.55点。此季度月均值报收于179.32点，数值大于110，“五色灯预警子系统”显示为“安全（绿色灯）”状况。此季度月均值较上季度上涨0.83%，“波动预警子系统”显示为“正常（N）”状态。第四季度，从季内各月走势来看，综合指数呈现持续上涨态势，从10月的188.48点上涨至12月的218.47点。此季度月均值报收于203.29点，数值大于110，“五色灯预警子系统”显示为“安全（绿色灯）”状况。此季度月均值较上季度上涨13.37%，“波动预警子系统”显示为“变好（B）”状态。

（市市场监管局）

【市场分类指数】 商品质量指数。商品质量指数是YMCI的龙头分类指数，商品质量指数反映了市场商品的质量状况。2022年，义乌共制定国际标准8项，国家标准280项，行业标准286项，浙江制造标准85项，浙江省级地方标准16项，团体标准47项。33家企业的40款产品获得“品字标”浙江制造认证，数量居全省前列。国家标准委下达2022年度国家级服务业标准化试点项目，义乌获批“标准进市场”服务标准化试点项目。义乌获批“城市标准化综合试点”省级标准化重大试点、“工业园区服务”省级标准化试点、“基层智慧消防应急服务”省级标准化试点3个项目。产品质量监管处罚率总体呈现下降态势，但波动较为明显，4月升至全年最高点，9月降至全年最低点，10—12月呈现持续下降态势。商品质量监管处罚率与产品质量监管处罚率的变动趋势基本保持一致，4月和9月分别达到全年最高点和最低点，10—12月呈现持续下降态势。企业履责指数。第一季度企业履责指数月均值从上季度的102.83点下跌至102.62点，跌幅为0.20%，处于“正常（N）”状态。下跌原因主要在2月，企业履责指数较1月下跌5.34%，异常名录企业整改率从1月的12.89%降至7.75%，下降5.14个百分点。第二季度企业履责指数月均值从上季度的102.62点上涨至104.71点，涨幅2.04%，处于“正常（N）”状态。第三季度企业履责指数月均值从上季度的104.71点下跌至99.95点，跌幅4.55%，处于“正常（N）”状态。下跌原因主要在8月，企业履责指数较7月下跌8.75%，异常名录企业整改率从7月的12.02%降至3.69%，下降8.33个百分点。第四季度企业履责指数月均值从上季度的99.95点上涨至102.71点，涨幅2.76%，处于“正常（N）”状态。关键指标中，6月达到全年最高点15.04%，8月则降至全年最低点3.69%。安全生产经营事故发生率1—5月基本保持在较低水平，6—7月出现较大跃升，7月达到全年峰值，8—11月呈现持续上升态势，12月则有所回落。（市市场监管局）

【市场活跃指数】 2022年，第一季度市场活跃指数月均值从上季度的214.11点下跌至185.59点，跌幅13.32%，处于“变差（W）”状态。主要原因是2月受到春节因素影响小商品成交额从上月的193.28亿元降至99.33亿元，降幅48.61%，快递日均发货数量从上月的2297万件降至2263.5万件，降幅1.44%。第二季度市场活跃指数季度月均值从上季度的185.59点上涨至213.78点，涨幅15.19%，处于“变好（B）”状态。第三季度市场活跃指数季度月均值从上季度的213.78点下跌至204.78点，跌幅4.21%，处于“正常（N）”状态。主要原因是8月，市场活跃指数较7月下跌23.29%，快递日均发货数量从7月的3087.73万件降至2119.26万件，降幅31.37%，小商品成交额从7月的154.95亿元减少至137.57亿元，降幅11.22%；市场客流量减少一半。第四季度市场活跃指数季度月均值从上季度的204.78点上涨至241.89点，涨幅18.12%，处于“变好（B）”状态。关键指标中快递日均发货数量，2022年度快递日均发货数量呈现“升—降—升”的态势。1—6月呈现上升态势，7—8月则持续下降，8月开始再次呈现持续上升态势。小商品成交额受春节因素影响，小商品成交额在2月降至全年最低点99.33亿元，之后则呈现先下降后上升态势，从3月的197.32亿元降至8月的137.57亿元，之后增至12月的195.05亿元。（市市场监管局）

【市场开放指数】2022年，第一季度至第四季度义乌市场开放指数月均值持续上涨，从2021年四季度的373.48点上涨至662.77点，涨幅77.46%，均处于“变好”（B，Better）状态。关键指标中，快递收发件数，除2月外，国际1—8月基本稳定，8月后则呈现总体上升态势，从8月的233.58万件增至12月的397.34万件。进口总额全年总体呈现增长态势，从33.07亿元增至60.42亿元。出口总额在年初呈现较大波动，从307.96亿元增至497.06亿元，之后降至186.39亿元。之后，出口总额总体呈现稳步增长态势。

（市市场监管局）

【市场满意指数】2022年，第一季度市场满意指数月均值从上季度的92.55点下跌至89.22点，跌幅为3.60%，处于“正常（N）”状态。主要原因是1月，市场满意指数较上月下跌3.11%，消费者投诉率从上月的每亿元21.05件上升至每亿元48.98件，增幅为1.33倍。第二季度市场满意指数月均值从上季度的89.22点下跌至86.32点，跌幅为3.25%，处于“正常（N）”状态。下跌的主要原因是企业平均存续年限从3月的3年缩短至4月的2.87年，消费者投诉率从4月的每亿元48.09件上升至6月的每亿元81.03件，增幅68.50%。第三季度市场满意指数月均值从上季度的86.32点下跌至82.20点，跌幅4.77%，处于“正常（N）”状态。下跌的主要原因是消费者投诉率从6月的每亿元81.03件上升至8月的每亿元117.14件，升幅44.56%。第四季度市场满意指数月均值从上季度的82.20点上涨至82.26点，涨幅0.07%，处于“正常（N）”状态。关键指标中，消费者投诉率呈现先上升后下降的态势，从1月的每亿元48.98件上升至8月的每亿元117.14件，之后降至12月的每亿元105.24件。（市市场监管局）

【风险可控指数】2022年第一季度风险可控指数季度月均值从上季度的81.06点上涨至94.18点，涨幅为16.19%，处于“变好（B）”状态。第二季度风险可控指数季度月均值从上季度的94.18点下跌至89.98点，跌幅4.46%，处于“正常（N）”状态。主要原因是4月市场主体增长率从3月的2.39%降至0.11%，降低2.28%，5月行政处罚案件数从4月的167件上升至301件；行政处罚案件发生率从4月的0.02009%上升至0.0358%。第三季度风险可控指数月均值从上季度的89.98点上涨至93.05点，涨幅为3.41%，处于“正常（N）”状态。第四季度风险可控指数月均值从上季度的93.05点下跌至91.41点，跌幅1.76%，处于“正常（N）”状态。下跌的主要原因是市场主体增长率连续3个月下降，从9月的1.77%降至0.51%，下降1.26%；公安经济案件数连续3个月增长，从9月的11件增至12月的15件；公安经济案件发生率从9月的0.00126%，增至12月的0.00167%。关键指标中，行政处罚案件发生率全年总体呈现下降的态势，从年初的0.07086%降至年末的0.02429%；行政处罚案件数从年初的562件降至年末的218件。市场主体增长率全年呈现较大波动，3月达到全年最大值2.39%，6月达到全年最小值0.11%，在3—6月和9—12月2个时段均呈现出市场主体增长率持续下降态势。（市市场监管局）

经济运行

【工业经济运行情况】2022年，义乌市面对复杂多变的国内外环境，科学统筹疫情防控和经济社会发展，坚持和深化“义乌发展经验”，高质量推进工业经济发展。规模以上工业迈上新台阶。2022年，全市实现规模以上工业总产值1639亿元，增速36.5%；实现规模以上工业增加值247.3亿元，增速20.7%，2项增速位列全省十七强县市第一。光伏行业拉动作用明显。2022年，光伏行业产值872亿元，占规模以上工业的比重53.2%，拉动全市规模以上工业增速32.9个百分点，是规模以上工业增长的主引擎。新兴产业增速可观，2022年，规模以上工业中，战略性新兴产业、高新技术产业、高端装备制造业、数字经济核心产业制造业增加值分别为128.2亿元、183.2亿元、105亿元、94.3亿元，增速分别为45.6%、30.2%、60.2%、52.7%，均居金华第一。 （周茜蒙）

【金融运行形势分析】 2022年，义乌加大稳健货币政策实施力度，为实体经济提供金融支持。全市全年贷款新增636.06亿元，余额4496.86亿元，同比增长16.47%。贷款结构调整力度加大，小微企业、民营企业和制造业贷款增多，全年普惠口径小微企业贷款新增242.76亿元，余额1361.43亿元，同比增长22.13%，高于贷款平均增速5.66个百分点；民营企业贷款新增167.61亿元，余额1243.46亿元，同比增长15.58%。企业贷款利率稳中有降，全年民营企业贷款加权平均利率为4.53%，较年初下降0.36个百分点，小微企业贷款和普惠口径小微企业贷款加权平均利率分别为4.82%和4.67%，较年初分别下降0.23和0.43个百分点。信用风险得到有效控制，年末全市不良贷款余额21.20亿元，比年初下降6.55亿元；不良贷款率0.47%（金华市0.48%），比年初下降0.25个百分点，不良贷款余额和不良贷款率出现“双降”。应对实体企业经营的不确定性，争取央行信贷政策资源。全市全年累计投放再贷款、再贴现182.94亿元；发放央行激励资金2.04亿元，撬动地方法人银行新增普惠小微贷款104.11亿元；全年发放碳减排、科技创新、设备更新改造贷款分别为3.77亿元、89.00亿元、2.99亿元；政策性开发性金融工具累计投放3.65亿元。各类新型抵质押贷款不断增量扩面。全年应收账款质押贷款余额73.12亿元、商标专利权质押贷款4.91亿元、股权质押贷款36.32亿元、排污权质押贷款0.1亿元、农房抵押贷款余额65.67亿元；续贷转贷类产品普惠效果显现。全年办理“转贷通”业务995笔，金额141.43亿元，为827家企业提供转贷，节约转贷成本1.13亿元，有效解决民营企业经营还款压力大的困境。贸易投资便利化持续推进，跨境收支稳中向好，全年跨境人民币收支总额565.58亿元，同比增长56.23%。4月，数字人民币试点落地义乌，全年义乌市数字人民币累计交易125.22万笔，累计交易金额121.33亿元。

（中国人民银行义乌市支行）

【消费市场运行分析】 2022年，义乌市社会消费品零售总额1057.8亿元，比2021年上升2.3%，其中，限额以上消费品零售总额250.23亿元，比2021年上升5.02%。按区域看，城镇限额以上消费品零售总额245.84亿元，比2021年上升4.81%；乡村限额以上消费品零售总额4.39亿元，比2021年上升19.04%。按行业看，限额以上批发业零售总额8.05亿元，比2021年上升1.87%，限额以上零售业零售总额238.25亿元，比2021年上升5.54%；限额以上住宿业营业总额1.79亿元，比2021年下降11.4%；限额以上餐饮业营业总额2.13亿元，比2021年下降16.58%。2022年，全市受监测的10家大型商场超市共实现销售额56.38亿元，其中天华世纪城、华润万家、万达广场业绩较好，销售额分别为4.58亿元、0.6亿元和9.49亿元，分别比2021年上升30.62%、14.36%和8.0%；吾悦广场和富国超市业绩与2021年基本持平，销售额分别为6.94亿元和0.69亿元，增幅比2021年分别为2.03%和-1.48%；世纪联华江东店、物美超市、义乌之心、新光汇和银泰百货业绩下降较多，销售额分别为0.44亿元、0.64亿元、24.29亿元、2.38亿元和6.33亿元，比2021年分别下降21.77%、18.51%、16.89%、15.49%和12.13%。2022年，义乌市成品油共实现销量78.15万吨。其中：汽油销售48.14万吨，比2021年下降8.81%；柴油销售30.01万吨，比2021年上升61.34%。2022年，2家样本酒店实现总营业额1.13亿元。其中：银都酒店实现营业额7433万元，比2021年增长480.25%；海洋酒店实现营业额3874.78万元，比2021年增长26.63%。2022年，家电卖场样本企业新虹家电共实现销售额0.92亿元，比2021年增长5.64%。

（楼东平）

城乡居民收支情况分析

【城镇居民人均收入分析】根据城市居民抽样调查显示，2022年，义乌市城镇常住居民人均可支配收入86975元，同比增长0.4%。在全省17个经济强县市中，义乌市城镇居民人均可支配收入绝对值位居首位。就业形势总体稳定，工资性收入平稳增长。2022年，义乌城镇居民人均工资性收入37103元，比2021年增长0.5%。经营净收入持续平缓增长，但增速趋缓；原材料价格上涨、跨境物流严重受阻、航运、货运价格成倍增长等一系列因素致使企业经营成本快速增长，进一步挤压居民经营利润；人流、客流量受新冠疫情影响明显，均影响居民经营性收入稳定增长。2022年，义乌城镇居民人均经营净收入15247元，比2021年增长0.3%；市场运行压力较大，财产性收入增长乏力。2022年义乌城镇居民人均财产净收入23944元，比2021年增长0.3%；惠民政策持续发力，转移性收入持续增长。2022年，义乌城镇居民人均转移净收入10681元，比2021年增长0.4%。城乡收入差距持续缩小。2022年，义乌城乡收入比1.85，较2021年同期缩小0.03，比金华（1.95）、全省（1.90）分别低0.1和0.05，城乡居民收入连续10年呈缩小态势，共同富裕三大核心目标之一的城乡差距取得实质性成效。

【城镇居民消费性支出情况分析】根据城镇住户抽样调查资料显示，2022年，义乌市城镇常住居民人均消费性支出50167元，比2021年增长1.8%。比金华全市平均水平（45061元）高11.3%；比全省平均水平（44511元）高12.7%。八大类消费支出具体增长为：食品烟酒支出稳定增长，恩格尔系数基本保持稳定。2022年，猪肉价格总体呈现下跌趋势，一定程度上抑制了居民食品支出成本的上涨，同时居民的消费种类更加多样化，食品消费支出占比与2021年同期基本持平。城镇居民人均食品烟酒支出12190元，比2021年增长1.7%，占人均消费性支出比重（恩格尔系数）为24.3%。2022年，尽管疫情进入常态化防控，社会生活得到全方面恢复，但是居民个人防护意识不断增强，“非必要不外出”的影响较大，不愿去人流聚集的商超、集市购买衣服。新冠疫情防控期间，年轻人聚会减少，出门次数降低，“漂亮衣服无人欣赏”，购买意愿降低，造成衣着类消费支出增速放缓。2022年，城镇常住居民人均衣着支出3680元，比2021年增长1.8%。生活用品及服务、其他用品和服务支出较快增长。随着智能家电逐渐普及，烤箱、洗碗机、空气净化器等耐用消费品购买量不断增加。2022年，城镇居民人均生活用品及服务支出为2235元，比2021年增长2.1%。支出增幅居八大类消费支出首位。其他用品和服务支出1017元，比2021年增长2%。住房作为生活的载体，居民更愿意加大投入，追求更好的居住条件，新房装修，住房维修等费用支出显著增加。2022年，城镇常住居民人均居住支出为13395元，比2021年增长1.8%。交通通信支出平稳增长。2022年，政府出台购车补贴等优惠政策，进一步刺激居民交通出行方面的消费需求，城镇居民人均交通通信支出9482元，比2021年增长1.8%。消费支出受新冠疫情影响较为明显。医疗保健消费稳步增长，健康意识逐步增强。2022年，义乌城镇居民人均医疗保健支出3161元，比2021年增长1.7%。城乡娱乐教育文化服务支出增长缓慢。新冠疫情制约消费，校外培训机构、娱乐场所、旅游景区等大部分处于开业不足状态。2022年，义乌城镇居民人均教育文化娱乐支出5007元，比2021年增长1.7%。2022年7月8日，全国县域经济与县域发展研究咨询专业社会智库——中郡研究所完成并发布《2021年全国县域农村居民人均可支配收入监测报告》，揭晓全国县域农村居民人均可支配收入前100名县市名单，义乌以农村居民人均可支配收入46121元，位列全国第二位。

【农村居民收入情况分析】据抽样调查显示，2022年义乌市农村常住居民人均可支配收入47042元，比2021年增长2%，增速较城镇快1.7个百分点。工资性收入占主导，依然是增长主要动力。农村居民工资性收入增长与政府积极促进农村劳动力转移就业，并进一步加强农村劳动力的就业技能培训密不可分。积极鼓励农村劳动力就近就地转移就业；同时，加强农村劳动力就业技能培训，将建档立卡的低收入农户和低保对象中的劳动力、登记失业的农村转移劳动者纳入免费技能培训群体，在组织定点培训的同时加大线上培训扶持力度。2022年义乌农村居民人均工资性收入23003元，比2021年增长2.1%。经营净收入和财产净收入增速趋缓。政府财政助农力度不断加强，农村普惠金融政策落实，乡村振兴工程实施，农村电商的快速发展，农村居民创业群体不断扩大，经营净收入较2021年同期有明显提高。但农村居民经营结构单一，主要集中在自营农业、批发零售、旅游服务等领域，抗风险能力低，乡村旅游方面，不少乡村旅游项目可持续性不够，且同质化严重，加之新冠疫情影响，吸引力仍不足。2022年，农村居民人均经营净收入为14230元，比2021年增长1.9%；农村居民财产性收入途径狭窄，主要是通过转让承包土地经营权租金和出租房屋收入来体现，在扣除必要的消费支出后，用于投资的资金不足，造成投资收益较低。另外，由于缺乏理财意识，理财知识少，承受风险能力差，受金融市场发展缓慢等因素的综合影响，现阶段农村居民财产性收入增长受阻。2022年，农村居民人均财产净收入5556元，比2021年增长1.9%。转移性收入稳定增长。居民得到的养老金或离退休金、社会救济和补助、政策性生产生活补贴、报销医疗费等不断提高，民生保障有力，使得转移性净收入呈现持续稳步增长态势。2022年，农村居民人均转移性收入4253元，比2021年增长2.1%。

【农村居民消费性支出情况分析】2022年，义乌市农村居民人均消费支出增速快于城镇居民。根据农村住户抽样调查资料显示，义乌市农村常住居民人均消费性支出29158元，比2021年增长5.2%，增速较城镇居民快3.4个百分点。食品烟酒支出平稳增长。农村居民人均食品烟酒支出9663元，同比增长5.0%，占人均消费性支出比重（恩格尔系数）为33.1%，较2021年同期下降0.1个百分点。交通通信、生活用品及服务和居住支出快速增长。随着基础设施不断完善，交通更为便利，2022年5月，政府出台购车补贴政策，加快释放消费潜力，农村居民家庭汽车保有量提升。2022年，农村居民人均交通通信支出3470元，比2021年增长5.8%，交通通信支出增幅居八大类消费支出首位。受新冠疫情影响，居民居家时间增加，住房作为生活的载体，居民更愿意加大投入，追求更好的居住条件，家具、家用电器等费用支出增加，人均生活用品及服务支出1813元，比2021年增长5.5%。随着农民户拥有的家用电器数量逐年增加等因素影响，生活用水费、电费、燃气费等生活燃料费用支出快速增加，人均居住支出4476元，比2021年增长5.3%。衣着、其他服务、医疗保健和教育文化娱乐支出较快增长。2022年农村居民人均衣着消费支出2088元，比2021年增长5.2%；其他用品和服务支出665元，比2021年增长5.2%。同时，农村居民的健康意识逐步提升，在疫情防控方面支出有所增加。2022年，农村居民人均医疗保健支出2128元，比2021年增长5.1%。农村居民对子女课外培训支出增加，中高档乐器、健身器材等文娱耐用消费品支出增加，教育文化支出平稳增长，2022年，农村居民人均教育文化娱乐支出4855元，比2021年增长4.9%。

（朱培培）

义乌市场建设40周年

【概况】 2022年是义乌市场建设40周年，从1982年湖清门小百货市场至今已6次易址、10次扩建、5代跃迁，不断发展、壮大。至2022年，全市市场营业面积640余万平方米，商位7.5万个，在册市场主体10余万户，市场从业人员21万余人，日客流量11.29万人次，全市集贸市场成交额2322.83亿元。中国义乌小商品城是国际性的小商品流通、信息、展示中心，中国最大的小商品出口基地之一，2005年被联合国、世界银行与摩根士丹利等权威机构称为"全球最大的小商品批发市场"。习近平总书记在地方工作期间，先后12次到义乌调研，对义乌的发展作出"莫名其妙、无中生有、点石成金"的高度概括。李克强总理曾用"义乌上河图"比喻"买卖全球"、外商云集、热闹非凡的义乌国际商贸城。从"义乌现象"到"义乌发展经验"，义乌以制度型开放为引领，在国际贸易改革、内贸流通体制改革等领域涌现出重大制度创新成果20余项，每年有200多个国家和地区的50余万人次到访义乌，常住义乌外商1.5万人。　（陈金春）

【义乌市场迭代升级】 1982—1984年第一代市场，马路市场——湖清门小百货市场。1982年9月，义乌县委、县政府提出"四个允许"，允许农民经商、允许从事长途贩运、允许开放城乡市场、允许多渠道竞争。市场面积4252平方米，设摊位188个，经营人员600余人，经营品种2740余个，当年市场税收16万元。

1984—1986年第二代市场，商位市场——新马路义乌小商品市场。1984年12月6日义乌新马路小商品市场（第二代）建成投入使用，占地面积1.35万平方米，固定摊位1887个，经营摊位2874个，个体户1.43万户。1985年8月21日，义乌县人民政府批复《关于同意义乌小商品市场扩建第三代市场》的报告，同年11月，第三代市场——城中路义乌小商品市场动工修建。

1986—1992年第三代市场，棚架市场——城中路义乌小商品市场。占地面积7.7万平方米，经营摊位1万余个，经营八大类10万余种商品，辐射区域范围扩大至全国。1991年，义乌市场成交额10.33亿元。1992年3月2日，国家工商总局召开全国十大市场新闻发布会，义乌小商品市场名列全国十大市场榜首。同年8月，国家工商总局正式将"义乌小商品市场"命名为"中国小商品城"。

1992—2002年第四代市场，室内市场——中国小商品城。第四代市场实现升级换代，城中路小商品市场在全国的知名度越来越高，经营户迅猛增多，市场摊位一再增加，却依然无法满足更多经营户的需求。1992年5月27日，首个大型室内市场——篁园市场开业，小商品市场实行化行归市，市场总规模12.8万平方米，摊位1.5万余个，从业人员3万余人，当年市场成交额100余亿元。1995年11月，宾王市场建成开业，总建筑面积28万平方米，在乌鲁木齐、常熟等地兴办分市场，商品远销海外10多个国家。2个市场的启用，义乌市场管理更趋规范化。

2002—2022年第五代市场，世界超市——国际商贸城。经营摊位7.5万个，经营26个大类、210万个单品，全球布局166个海外仓、15个“带你到中国”贸易服务中心，与全球230多个国家和地区有贸易往来。设迪拜义乌中国小商品城。2002年10月，中国小商品城被国家质监总局授予“重质量、守信用”金字招牌。2004年10月、2005年10月，国际商贸城二期一、二阶段市场先后开业，五金、电子、钟表、电器、箱包、雨具、文化用品、文体用品、化妆品、眼镜十大行业搬入经营。2006年创立由商务部负责立项、论证和验收的义乌中国小商品指数，当年10月发布首期指数。自1991年至2007年，连续17年位列中国日用品批发市场成交额榜首。2008年10月，国际商贸城三期市场一阶段竣工投入使用，袜类、日用百货、手套、帽类、针棉、鞋类、线带等14大行业1.9万余户经营户搬入经营。同时，三期市场二阶段破土动工。2022年，义乌市市场营业面积640余万平方米，商位7.5万个，在册市场主体10万余户，全市集贸市场总成交额2322.83亿元，其中中国小商品城成交额2020.86亿元。

第六代市场，数字市场。2022年11月25日全球数贸中心开工建设。项目用地面积37.47公顷，总建筑面积125.6万平方米，总投资83.2亿元。规划建设中央贸易区、科工贸一体化、人才公寓、生活商业配套及科创研发楼等，集聚研发设计、品牌孵化、时尚智造、展示贸易、网红直播、贸易服务、办公生活等功能业态，将打造科工贸一体的“未来市场”。2022年11月，正式实施由商城集团编制、商务部批准的《小商品分类与代码》。

义乌从“马路市场—棚架市场—室内市场”，晋升国内市场十强之首，成为被联合国、世界银行与摩根士丹利等权威机构认定的“全球最大的小商品批发市场”。 （陈金春）

1982—2022年义乌六代市场发展路径一览表

表3

发展进程	年份	名称或地址	建设投资额（元）	摊位数（个）
第一代市场	1982	湖清门路边市场	9000	705
第二代市场	1984	新马路北端	57万	1887
第三代市场	1986	中国小商品城	440万	4096
第四代市场	1994	篁园市场	1739.8万	23000
	1995	宾王市场	4亿	8000
第五代市场	2001	国际商贸城一区市场	7亿	10000
	2004	国际商贸城二区市场	30亿	8000
	2005	国际商贸城三区市场		6000
	2008	国际商贸城四区市场	50亿	16000
	2010	国际商贸城五区市场	14.2亿	7000
	2011	篁园服装市场	14亿	3000
	2011	国际生产资料市场	29.5亿	4200
第六代市场	2022	全球数贸中心	83.2亿	正在建设中

（陈金春）

【兴商建县（市）】 1982年9月5日，义乌第一代小商品市场——稠城镇小百货市场开放，当年，小商品市场成交额980万元。随着义乌小商品市场的快速发展，市场知名度直升，全国各地的客商蜂拥而至，经营户要求安排摊位的呼声也越来越高。1984年，义乌县委、县政府确立“兴商建县”的总体发展战略，将市场摆在义乌经济发展的重要地位。1984年12月6日，义乌第二代市场——新马路市场建成，并正式更名为“义乌小商品市场”，摊主们从油毡布棚，搬进室内，义乌率先获得市场“准生证”。1985年2月，在全省农村工作会议上，义乌县委主要领导以“兴商建县，振兴义乌”为题进行发言，“兴商建县”战略思想首次在全省公开，义乌“兴商建（县）市”的发展战略正式确立下来。1988年义乌撤县建市，“兴商建县”改为“兴商建市”，从市场正式开放，到“兴商建县”“兴商建市”“以商促工”“以商强农”“以商兴城”“以商富民”等一系列发展策略，推动了小商品市场的发展。（陈金春）

【义乌市场改革发展经验】 从“义乌现象”到“义乌发展经验”，义乌以制度型开放为引领，创改革风气之先，在国际贸易改革、内贸流通体制改革等领域涌现出20余项重大制度创新成果。1982年9月5日，义乌开放小商品市场；1992年1月21日，解决信息不对称、假冒伪劣、哄抬物价等违法行为，义乌市委、市政府全力支持“划行归市”，小商品市场分为8个交易区，经营16个大类商品。1993年12月，义乌市政府率先创新市场经营管理体制，义乌市场实行管办分离，组建国有控股企业义乌中国小商品城股份有限公司，负责管理和运营义乌中国小商品城；1995年7月，国家体改委批准义乌市成为浙江省唯一的全国综合改革试点县（市）；2006年10月，“义乌·中国小商品指数”首次对外发布，确立义乌中国小商品城在全球小商品批发行业的龙头和信息中心地位。同年11月，浙江省委、省政府确定将义乌作为进一步扩大县级政府经济社会管理权限的改革试点，赋予义乌与设区市同等的经济社会管理权限。2008年10月21日，义乌国际商贸城进口商品馆开业。同年，义乌被确定为国家改革开放18个典型地区之一。2009年7月，义乌第一代市场“临时营业许可证”被国家博物馆正式收藏。2020年9月21日，国务院发布《中国（浙江）自由贸易试验区扩展区域方案》，义乌成为浙江自贸区金义片区重要组成部分，进入自贸区时代。2010年12月22日，义乌市场信用建设推进会暨义乌民营企业景气指数发布仪式举行，义乌市场信用指数在中国经济网正式上线。2011年3月，国务院批准在义乌开展国际贸易综合改革试点，义乌成为全国唯一开展国家级综合改革试点的县级市，成为全国第10个综合配套改革试验区，在转变国际贸易发展方式上拥有先行先试权。同年8月，浙江省工商行政管理局与义乌市人民政府签署《国际贸易综合改革试点合作共建框架协议书》，义乌启动“权力升格”，成为全国首例。2012年3月，浙江省编制《义乌实施“市场采购”新型贸易方式试点方案》上报国务院。2013年4月，在国家、省、市各级政府部门的共同推动下，商务部、国家发改委、财政部、海关总署、税务总局、工商总局、质检总局、国家外汇局8部委联合发文，同意在义乌市正式试行市场采购贸易方式。同年，海关总署发文，义乌正式推行市场采购贸易监管办法及其监管方式。2014年11月，首趟“义新欧”中欧班列从义乌西站出发，义乌小商品通过铁轨走出了国门，全球最大的小商品市场和欧洲最大的小商品集散地，通过铁路连在了一起。2019年6月19日，义乌与阿里巴巴集团签署eWTP战略合作协议，eWTP全球创新中心落地义乌，线上、线下两大市场，携手助力“数字丝绸之路”建设。同时，义乌企业与阿里巴巴携手，布局卢旺达、埃塞俄比亚等境外数字贸易枢纽，推动更多中国制造商品在eWTP枢纽之间流通。同年11月，义乌中国进口商品城孵化区开业，汇集100多个国家和地区15万种源头商品，开展“保税+转口”“保税+展示”“保税+跨境”等进口商品销售模式，打造境内关外、全渠道进口商品贸易中心。2020年3月，国务院同意设立义乌综合保税区。同年

7月，义乌港直通仓项目开园运营，"把码头搬到市场里"。同年9月24日，中国（浙江）自由贸易试验区扩展区挂牌，义乌正式迈入"自贸试验区时代"。同年10月，由浙江中国小商品城集团股份有限公司打造的"义乌小商品城"平台（www.chinagoods.com）上线。（刘万存）

【每年9月5日设定为义乌"市场开放纪念日"】 为庆祝义乌市场建设40周年，坚定不移实施"兴商建市"发展战略，坚持和深化"义乌发展经验"，推动市场持续繁荣，高质量高水平建成世界小商品之都，通过走访调研市场经营户、查阅档案资料，以湖清门小百货市场正式开放时间和《关于加强小百货市场管理》的第一号通告发文时间为依据，2022年9月21日义乌市第十六届人民代表大会常务委员会第五次会议决定，将每年9月5日设定为义乌"市场开放纪念日"。（陈全春）

【义乌市场建设40周年大会暨2022世界义乌人大会】 2022年11月25日，举办义乌市场建设40周年大会暨2022世界义乌人大会，省委书记袁家军、省长王浩对大会作出批示，商务部副部长盛秋平，国家市场监督管理总局副局长、国家标准化管理委员会主任田世宏以视频方式致辞，300余名与义乌市场关系密切的企业家、侨商、外商、市场经营户代会，曾任义乌市委、市政府主要领导出席，"义乌市场发展研究院"在大会上揭牌成立。大会同期举办"改革先锋"谢高华雕像揭幕仪式、第三届全省国际创客创业创新大赛颁奖仪式、全球数贸中心、义乌（苏溪）国际枢纽港项目开工仪式等7项配套活动，评选"经营模范四十佳"。通过全面考量、科学评审，在市场经营户、与市场紧密联动的工业企业负责人、境内外市场采购商、电商物流会展企业负责人、在外拓展义乌市场渠道的企业负责人群体中，评选出充分体现代表性、先进性和引领性的40名经营模范代表，由市委、市政府授予荣誉称号。义乌市场建设40周年系列活动得到社会各界广泛关注，《人民日报》、新华社、中央广播电视总台、浙江卫视等省级以上媒体刊播（发）主题新闻报道100余篇（条），《北欧时报》《美国侨报》等海外媒体推出报道22篇。（刘万存）

2022年11月25日，市人大常委会丁政在义乌市场建设40周年大会暨2022年世界义乌人大会上，宣读《关于设立义乌"市场开放纪念日"的决定》（市人大 供图）

"8·2"疫情防控

【概况】 2022年8月2日义乌疫情防控，义乌市委、市政府认真落实省委、省政府，金华市委、市政府决策部署，按照"七大机制""五快循环"指引，迅速平战转换，以快制快，全力以赴打好疫情防控歼灭战。期间，"义新欧"中欧班列、义甬舟海铁联运等大型物流正常运行，"义新欧"突破1000列，214家规模以上企业产能保持在疫情之前的90%。

【决策部署】 2022年8月2日，省、市、县三级疫情防控指挥体系即刻激活响应机制，连夜完成市、县两级疫情防控指挥部扁平化运行，快速激活疫情防控"七大机制"，组建15个工作组，与各镇街临时指挥部形成"上下一体、整体联动"作战格局；浙江省、金华市主要领导赶赴义乌，靠前指挥，全民抗疫。8月3日，全省疫情防控调度会议、义乌疫情防控分析研判会议、金华市疫情防控工作视频连线会议在义乌连轴召开。同日，义乌市新冠病毒肺炎疫情防控指挥部发布一系列措施防控疫情发展。

【“三级”领导下沉指挥协同作战】 2022年8月3日，启动“三机制一平台”工作体系，浙江省委、省政府，金华市委、市政府主要领导带领党政班子成员、相关部门负责人及骨干下到义乌，省、市、县三级领导联合建立分工协作、职责明确、统一高效、扁平直达的作战指挥体系，分析疫情演变情势，实时监看研判。8月5日，义乌市市长叶帮锐发表《万众一心，众志成城，坚决打赢疫情防控遭遇战》电视讲话，齐心协力共同抗疫。省委、省政府主要领导时刻关注、亲自指挥义乌疫情处置，省委袁家军书记2次视频连线，10次作出重要批示，关键时刻亲临义乌指导工作；省长王浩多次召开省疫情防控指挥部领导小组会议专题研究，亲临义乌和7次连线指导工作；副省长成岳冲蹲点义乌，把脉指导、统筹协调；省级相关部门领导带队下沉义乌一线倾力指导协调，全省各地顶格支持；金华市委、市政府主要领导以及省市专家全程坐镇指挥、提级管理。

【联动机制环环相扣】 2022年8月2日起，义乌建立风险场景联动机制，按照“先推后录”“分级推送”等模式，将风险场景清单通过公安情指勤一体化平台推送至镇街，推动线上线下、前端后端并联作战，累计研判，发出重大风险场景建议书24份，为斩断传播链条提供有力支撑。成立“省市县”联动督导组，建立一体化监督执纪工作机制，24小时不间断监督，建立分批分类编组，设置5个中转站阻断疫情。疫情期间，全市共发现并督促整改问题2319个，问责11起19人。

【保供物资统筹调配】 2022年8月3日起，义乌市实施“统筹各方资源、集中保供为主、辅以市场保供”的思路，启动“暖心套餐”保供配送，对高风险区发放“暖心物资包”方式开展集中保供。至8月7日，市、镇两级防疫物资保持在800万人次储备水平，并随时通过线上线下快速调拨。8月11日，全市首次启动省、市、县三级联保联供、金华各县（市区）对口保供的保供机制。当日22时，16.2万份生活物资从金华其他县市运抵义乌，陆续分发到市民手中；衢州驰援义乌2600份物资专车抵达北苑街道顺利交接；8月11—12日，全省30万份生活物资运往义乌；8月13日晚，金华市统筹安排明确各县（市、区）对口保供1个义乌镇街；8月15日，金华各县市支援义乌首轮物资63.6万份到达义乌；至8月18日，保供物资203万份。

【全员参与凝聚合力】 2022年“8·2”疫情防控期间，义乌统筹干部力量调配，动员调配机关企事业单位公职人员、村社党员干部、志愿者等投入防疫一线。出台《关爱激励疫情防控一线工作人员八条举措》，充实一线工作力量，严格控制向基层下发与疫情防控不相关的工作任务；发放关心关爱温馨提醒单47张，带动抗疫骨干分批有序开展轮换休息。“暖心八条”传递组织关心关爱，激发义乌全市上下抗击疫情的顽强斗志。突出正面宣传，发动全员战疫，关键节点录制书记、市长电视讲话3次，全平台24小时滚动播报2万余次。充分发挥新媒体“短平快”优势，日均制作推送短视频作品20余个。累计智能巡查信息85.1万余条，处置相关信息4000余条。

【企业恢复生产】 2022年“8·2”疫情防控期间，义乌坚持“疫情要防住、经济要稳住、发展要安全”要求，一手抓防疫，一手抓发展。8月16日，出台《义乌市逐步恢复产业链保供保畅方案》，就市内产业链保供保畅和其他产业链保供保畅提供操作指南。8月11日至24日，累计保障到企货物运输6159车（次），完成货物中转165车（次）。全市821家规模以上企业中805家完成复工复产，工业用电量连续6天环比增长，恢复到疫情前的水平；浙中农副产品物流中心等7家专业市场、23家集贸市场均恢复常态化运营；“义新欧”中欧班列稳定开行，日均发运4.2列、356个标箱，较7月日均分别增长7%和11%；电商物流恢复运行，各大快递品牌分拨中心恢复试运转。9月6日，省经信局对义乌市工业领域抗疫成功经验做总结推广。

（陈金春）

乡村振兴·共同富裕

【概况】 2022年，义乌市农业农村局以习近平总书记“三农”工作重要论述为指导，全面贯彻中央、省委、市委农村工作会议精神，围绕市委“138”战略要求，以共同富裕为出发点和落脚点，全力实施乡村振兴战略。统筹推进强村富民乡村集成改革、农业“双强”行动、全域未来乡村建设等工作，聚力推动农业高质高效、农村宜居宜业、农民富裕富足，迈出推动共同富裕走在前列的坚实步伐。先后制定《义乌市强村富民乡村集成改革工作方案》《义乌市强村富民乡村集成改革实践试点工作实施方案》，“宅基地改革+乡村建设”“标准地改革+农业‘双强’”2项改革被纳入省级试点并取得成效，“农业标准地改革推动农业增效农民增收”案例获城乡区域协调发展先行示范领域全省最佳案例；走深走实“浙农富裕—闲置农房盘活”特色应用场景先试先行工作。2022年，新增盘活6133宗，盘活价值3300余万元。5月，召开市委农村工作会议，部署全年乡村振兴工作。6月9日，召开“千名乡贤助共富”行动推进会，会上举行乡贤助共富爱心捐赠仪式。同月13日，义乌市出台《“百团结百村”共建共富行动方案》。11月，召开市委农村工作领导小组会议，总结汇报年度乡村振兴工作进展情况，部署年度乡村振兴战略实绩考核工作。12月，完成年度乡村振兴战略实绩考核各项工作，金华市副书记蔡永波对义乌市乡村振兴战略实绩考核工作给予批示肯定。

2022年6月9日，“千名乡贤助共富”行动推进会上举行乡贤助共富爱心捐赠仪式

（市委统战部　供图）

【发展村集体经济】 2022年，按照全省深化开展“消薄”攻坚提升行动部署和《关于发展壮大村集体经济深化“消薄”攻坚提升行动实施方案（2020—2022年）》目标要求，立足共同富裕先行示范大场景，紧盯农村这一共同富裕的最大难点，找准发展壮大村集体经济这一关键点和突破口，统筹打好以村集体经济为核心的强村富民集成改革“组合拳”，全力加快村集体经济增收，村集体经济呈现多元发展的良好态势。全力推进市级统筹、国企结对、镇街联建、村级自主谋划项目实施，全市实施消薄项目126个（市级统筹项目4个，国企结对项目12个，镇街联建项目36个，村级项目74个），村集体投资13.52亿元。加大财政金融支持力度，对7个项目和210笔贷款进行补助，2022年共补助1466万元，累计向191个行政村发放“乡村·振兴贷”6.76亿元。启动“百团结百村”共建共富行动，全市组建100个由1家机关事业单位（含国企）、1家企业、1名村“第一书记”、1名科技特派员、1名法律顾问、1名金融顾问组成的“助村帮帮团”新型帮扶团队，结对全市100个集体经济相对薄弱村，常态化开展送思路、送政

策、送资源、送岗位、送技术、送文化服务。制定实施《关于高质量发展强村公司 推动集体经济发展的指导意见》，以镇街为主体，带动所属村集体经济组织，以市场化运营模式成立强村公司，镇街级强村公司18家，实现镇街级强村公司全覆盖。全市442个行政村集体年经营性收入全部达50万元以上，134个村年经营性收入达100万元。全市442个行政村年集体经济总收入7.56亿元，年经营性收入4.29亿元。

【低收入农户帮促】 2022年，义乌市着眼于全面巩固脱贫攻坚与乡村振兴有效衔接，以做好防返贫监测工作为核心，开展低收入农户帮扶工作，巩固“两不愁三保障”。全年发放学前教育到高中阶段补助资金1150.07万元，受助学生7854人。落实每月5立方米水、15千瓦时电免费优惠政策，每月持续动态摸排农村困难家庭住房，累计鉴定出农村困难家庭C级危房15户并全部完成治理改造，其中10户累计拨付市级补助27.09万元。全年全市累计资助困难群众参保基本医疗保险4681人，资助973.52万元；大病资助5188人次，资助155.57万元，合计1129.09万元。开展数字化防扶贫监测工作，结对干部走访率100%，结对干部“浙政钉”使用率100%，农户空间录入率100%，农户“两不愁三保障”照片上传率100%，低收入农户监测码异常处置率100%。

【区域差距缩小】 2022年，义乌市扎实开展缩小城乡差距、“浙有善育”2项省级试点工作，城乡融合义乌样板初见成效。深化“扩中”“提低”改革，推动缩小收入差距。承接中小企业主和个体工商户群体领域的“全面覆盖+精准画像”基础数据库省级试点，重点新业态从业人员职业伤害保障改革获省人社厅肯定并在全省推广，“长期护理保险筑牢失能群体兜底保障”入选省最佳实践。深化对口帮扶，推动缩小区域差距。“来料加工+产业培育”、打造川东北商贸物流中心2项工作入选2021年度全省对口工作模式和典型案例，“百县万品”帮扶项目为金华唯一入选“全国乡村振兴典型案例”名单。聚焦中西部脱贫县农副产品销售难题，打造“百县万品”消费助农模式，建设助农连锁店、专区、农产品直供基地50余个，实现消费助农5.26亿元。依托义乌市场商贸资源，打造来料加工带富模式，与省妇联共建巾帼共富工坊服务中心，累计帮助山区26个县9000余人在“家门口”解决就业问题，达成订单3.7亿元，相关做法获全国妇联党组书记黄晓薇批示肯定。义乌—莲都科创金融飞地（莲都大厦项目）累计完成投资5.7亿元。年度完成投资2.5亿元，南楼、北楼层主体结构已施工至28层。深化城乡一体化发展，推动缩小城乡差距，城乡居民收入倍差缩小至1.85。义乌市场共富效应等获省委书记袁家军批示，“以宅基地制度改革促进共同富裕”案例入选省典型案例清单，市委书记王健在“全省高质量发展建设共同富裕示范区重点工作推进例会”上作交流发言。

【收入差距缩小】 2022年6月，制定出台《义乌市“扩中”“提低”行动方案（2021—2025年）》。聚焦人才群体，为来义乌人才“量身定制”免费食宿、交通补贴、生活补贴等全周期帮扶政策，应届毕业生可享7天免费食宿，各类人才可享20万～140万元购房补贴。聚焦创业群体，实施“创业一件事”等改革，实现一张身份证一日办企，创业1年以上可享受最高50万元个人贴息贷款，2022年，培育新设市场主体16.99万户，市场主体总量90.64万户。聚焦困难群体，建立“一户一策”帮扶机制，稳步提高保障标准，低收入农户人均可支配收入2.19万元，金华第一。

【城乡差距缩小】 2022年，义乌市深化“农村宅基地制度改革”，全国先行先试农村宅基地所有权、资格权、使用权“三权分置”制度设计，改革以来累计启动农村有机更新126个，5.3万户农户获批建造新房，发放农房抵押贷款3.46万笔、302亿元。开展“百团结百村”行动，做大做强村集体经济，在全省首创“农业标准地改革”，累计引进“义亭万亩绿色粮食生产区”等农业标准地项目396个7000公顷，土地产出率提高58.9%（从

5567元提高至8846元)，5年内粮食播种面积增长1173.33公顷，从2018年7533.33公顷提高至2022年8706.67公顷。

【共同富裕“民众四感”监测评价】 为建立群众获得感、幸福感、安全感和获得感反馈机制，把人民群众满不满意作为共同富裕示范区建设的重要评价标准，省委社建委会同省经济信息中心连续两年开展群众“获得感、幸福感、安全感、认同感”（简称“民众四感”）监测工作。2022年，义乌“民众四感”指数85.84，高于金华面上水平1.06，位居金华第二。从总分构成上看，义乌“民众四感”主观评价得分83.98（占比70%），客观评价90.18（占比30%）。从评价细项看，义乌共同富裕知晓情况、就业创业、教育服务、群众办事等5个方面位列金华第一，城乡公交一体化率、养老床位数与当地人口规模匹配度2个指标位列金华第一。民众对生态环境、收入差距感受有待提高，得分分别低于金华2.22、1.81；义务教育阶段公办学位资源与随迁子女匹配度、人均体育场地面积等指标处于金华落后水平，有待进一步提高。

【义乌市社会群体收入调查】 2022年，义乌市统计局联合浙江财经大学李金昌教授团队在义乌市开展群体收入结构专项调查。调查采用抽样调查的方法，以第七次人口普查所有常住家庭户为总体抽样框，以户为单位进行调查登记，调查的标准时点为2022年1月1日零时，调查对象为义乌市范围内居住一年以上的家庭户及其成员，共收回2023户5380份有效问卷。调查结果显示，2021年，户均可支配收入24.14万元，人均可支配收入9万元。从城乡分布上看，城镇户均年可支配收入26.59万元，人均可支配收入9.6万元；农村户均年可支配收入21.31万元，人均可支配收入7.9万元。从户籍类型上看，义乌籍户均年可支配收入26.7万元，人均可支配收入为8.97万元；非义乌籍农村户均年可支配收入22万元，人均可支配收入9.8万元。从地区差异上看，户均可支配收入在第一梯队的镇街是福田街道（31.07万元）、稠城街道（28.29万元）、江东街道（27.65万元）、稠江街道（27.39万元），收入水平相对较低的镇街是赤岸镇（11.8万元）、义亭镇（13.62万元）、上溪镇（16.6万元）、大陈镇（17.37万元）。

（潘　宏）

义乌自贸试验区建设

【概况】 义乌自贸试验区坚持以制度创新推动政府治理能力提升，带动营商环境不断优化，自贸试验区提升发展。2022年，义乌区块在省自贸办通报的自贸试验区建设成效评价中位居第二，投入情况考核、关键量化指标和统计监测考核位居第一。“市场采购出口预包装食品监管创新”等4个试点经验被评为“浙江自贸试验区制度创新案例”，“小商品贸易便利化集成和全球生态体系构建”2项工作被评为“浙江自贸试验区最佳集成创新成果”，“市场采购组货人制度”被评为“长三角自贸试验区第二批制度创新案例”，“小商品贸易数字化转型”等11项工作被评为“浙江自贸试验区标志性成果”。

（方徐翎）

【贸易自由系列改革创新】 2022年，开发小商品数字自贸应用，联动政府管理平台与国企贸易平台，以大数据驱动交易、履约、融资、监管方式重构重塑，实现“一站式”数字通关、数字物流、数字结算等服务，累计服务在线交易400余亿元，被评为全省数字化改革“最佳应用”，获中央广播电视总台《新闻联播》点赞。开展市场采购数字化迭代集成改革，推动市场采购与跨境电商融合发展，创新开展“市场采购+”集拼转口等各类转口模式。在全国率先实施市场采购预包装食品出口监管模式，每年可新增出口1亿元，并向全国推广。义乌贸促会成为全国首个拥有优惠原产地证自主签发权限的基层贸促机构，全年累计签发原产地证21.95万份，同比增长18.52%。开展贸易便利化集成创新，获批建设国家进口贸易促进创新示范区、RCEP高水平开放合作示范区、全国首个出口拼箱货物“先查验后装运”监管模式改革。在迪拜杰贝阿里自由贸易区投用义乌小商品城首个海外市场，服务国内中小微主体低风险、集群式“走出去”。

（方徐翎）

【投资自由系列改革创新】 2022年，义乌市建立市场主体清退“一件事”工作机制，运用大数据分析、智能化比对等技术，在全省创新开发首个市场主体清退“一件事”系统。赋能外资企业注册申请，允许外国投资者以“外籍商友卡”代替护照作为身份证件申请外资企业登记，免除公证认证，大幅节省申请人的时间和费用，降低创业成本。针对信用良好的外国自然人投资者，实施外资登记信用承诺制，免除企业提交材料翻译件2000余件。构建外商“足不出境”办理跨境商事登记服务体系，创设3个海外政务服务驿站，政务服务辐射至全球120多个国家和地区。搭建全国首个县域级国际商事纠纷诉仲调“一站式”解纷平台，促进各类商事纠纷灵活、便捷、高效化解。开展全国首批知识产权纠纷快速处理试点，优化知识产权快速维权程序，大幅压缩维权周期，提高知识产权维权效率。

（方徐翎）

【运输自由系列改革创新】 2022年，义乌市推进宁波舟山港“第六港区”，进入义乌国际陆港货物视同进入宁波舟山港，海铁联运出口集装箱实现“一次申报、一次查验、一次放行”。推进“义新欧”中欧班列高质量发展，创新整合铁路运单和海运提单，实现“铁路多式联运提单物权化”。创新铁路进出境双向“快速通关”模式，“义新欧”物流缩短1天，每个集装箱节省费用200元。打通跨境电商出口包裹“监管中心验放—铁路转关运输—宁波北仑港出境”的出口通道，实现“一次施封、全程通关、抵港直装”，提升转运效率、降低运输成本（比空运节省40%～50%）。探索开展舱位直供，与央企中远海集团合作以“批发”价格直供一手海运舱位。落地浙江首个卡航集拼中心项目，“一站式仓到仓”发运，与空运时效相近，运价仅为空运的三分之一。打通“义乌—宁波—大阪”出口邮路通道，缓解国际邮件出境积压，助力中小企业出口，进一步提升义乌邮政企业的出境运输竞争力。

（方徐翎）

2022年，义乌市推进宁波舟山港“第六港区”，海铁联运出口集装箱实现“一次申报、一次查验、一次放行”

（毛鹏飞　2022年2月1日摄）

【资金自由系列改革创新】 2022年，义乌市在全省率先探索将政府性融资担保汇率避险政策拓展至个体工商户，帮助个体工商户提前锁定换汇成本，有效规避汇率波动风险，实施业务31笔，2197.5万元。落地实施本外币合一银行结算账户体系，7家银行23个网点参与试点，开立试点账户1086户。开展数字人民币试点，落地全国首个全渠道数字人民币免密支付的公交场景、全省最大金额土地出让金缴纳场景、全省首笔住房公积金贷款发放场景等特色场景。金融牌照功能得到进一步释放，第三方支付“义支付”落地贸易跨境人民币收款功能，为义乌市场与中东客商提供更丰富更便捷的支付场景。落地“分离式海关付税保函”金融创新服务，有效解决外贸企业授信难、担保弱、资金紧等瓶颈问题，具有高效率、低费率、优担保、降成本的优势。

（方徐翎）

【人员往来自由系列改革】 2022年，义乌市建设线上移民服务中心，集成126个涉外服务事项。简化外国人申请工作许可和工作居留流程，推行全流程网办，公安和科技2项许可同步申请，工作时效由12个工作日减为5个工作日，申请人网上预审通过后现场办件实现10分钟内办结。持续推进商友卡赋能，年内实现24个场景应用。外国人可凭商友卡进行市场采购贸易境外采购商备案、开立个人外汇结算账户。探索给予常驻义乌的外国人金融服务居民待遇，农商银行率先通过房产抵押办理一笔外国人经营性贷款。落地全省首个境外个人境内移动支付示范场景，实现境外个人的境外银行卡在义乌用支付宝或银联境外钱包的移动支付，总计交易笔数1.03万笔，交易金额178.64万元。（方徐翎）

【自贸试验区建设发展走在全国前列】 2022年，义乌市14个国贸改革核心事项获国家部委支持，落地全国首个海关监管集拼仓、与沙特完成首单跨境人民币支付业务获外交部点赞、政务服务辐射至全球55个国家和地区、443个事项实现海外“一网通办”。义乌自贸试验区带动全市社会经济各领域长足发展，全面赋能国内外“双循环”新发展格局。主动对接、积极谋划，有效发挥深化自贸试验区、国际贸易综合改革两大平台作用，推动贸易领域改革走深走实。制度创新不断取得突破，出口退税备案单证数字化管理、市场采购预包装食品出口2项制度创新上报至国务院，拟全国复制推广。市场采购组货人管理制度、商事登记全流程智能化建设等6项入围浙江自贸试验区制度创新案例专家评选会。“市场采购组货人制度”获“长三角地区制度创新案例”，小商品数字贸易供应链集成创新改革获全省“改革突破奖铜奖”。（陈金春）

【金融领域自由化便利不断深化】 2022年12月6日，义特网络科技有限公司通过“义支付Yiwu Pay”收到来自沙特阿拉伯客户的跨境人民币货款，商城集团旗下的第三方支付公司推出的首单人民币跨境业务成功落地。在跨境电商、市场采购等发展强劲的新外贸形态下，传统Swift和银行等系统所提供的跨境支付服务已无法满足需求，效率低、付款慢、成本高成为通病。商城集团旗下的第三方支付公司开发“义支付Yiwu Pay”跨境人民币支付功能，为义乌市场经营户与中东客商提供更多支付场景。

（陈金春）

义乌综合保税区建设

【概况】 2022年，义乌综合保税区实现进出口额216.8亿元，其中，一线进口204.4亿元，一线出口12.4亿元。进出口额列全国第67名（共157个），浙江省第5名（共11个），在2020年新获批综合保税区中位列第1；进口额居全国第43名，全省第3。

【全国首个保税仓直播“样板间”落户义乌综保区】 2022年1月6日，菜鸟保税仓跨境直播联盟揭牌仪式在义乌保税仓举行，菜鸟全国首个保税仓直播“样板间”落户义乌综合保税区。菜鸟保税仓跨境直播联盟是通过联合菜鸟遍及全国各口岸、海关监管下保税仓、直播机构、跨境商家三大群体，共同打造“物流保障、价格保障、进口保障”的跨境电商销售新模式。通过保税仓联盟构筑的销售新模式，打通从主播选品、仓库备货、主播直播到物流配送的全链路，批量采购提前存放在保税仓内，节约物流和采购成本。消费者从保税仓直播下单的商品，平均2～3天即可收到货。

【首批外贸出口货物进驻义乌综保区】 2022年2月16日，3辆卡车载着义乌晶澳太阳能科技有限公司生产的货值230万元、总重量75吨的光伏组件，从厂区驶入义乌综保区主卡口，义乌综保区迎来封关运行以来的首批外贸出口货物。2021年，招商团队先后前往“晶澳科技”石家庄、义乌基地进行对接，“义乌晶澳”综保仓面积1.4万平方米，设有完善的仓储配套设备及智能管理终端，在综合考虑义乌综保区的地理位置、通关环境等优势后，“晶澳科技”随即决定在义乌综保区内设立料件成品中转仓，开展太阳能光伏组件进出口业务。首批出口光伏组件成功入区，"义乌晶澳"新的供应链通道开启，进一步提高了企业生产经营效率，义乌综保区出口业务步入正轨。

【首笔新型关税担保业务】 2022年3月30日，义乌综合保税区运营管理有限公司举行"分离式海关付税保函"一季度业务集中签约，4家企业负责人拿到了由农业银行开具的关税保函，总额度1100余万元。关税担保类业务的创新产品，"分离式海关付税保函"业务通过引入第三方担保公司，将保函申请人和保函被担保人相互分离，外贸企业仅作为保函的被担保人，无需提供抵押或保证，即可享受银行担保。不仅有效解决了外贸企业授信难、担保弱、资金紧等瓶颈问题，同时帮助外贸企业提升了通关速度，具有高效率、低费率、优担保、降成本的优势。

【首场海外商品线上推介会】 2022年6月30日，义乌综保区举行首场海外商品线上推介会（德国专场），6家海外企业受邀开展线上产品推介，区内企业代表及区外采购商60余人线上参会。海外商品线上推介会以"拓贸易朋友圈 享发展新机遇"为主题，旨在通过直播的方式展示海外合作伙伴国家的特色产品，促进供需两端洽谈，实现便捷贸易配对，进一步集聚海外资源、打通进口链路、加速品牌孵化、拓宽市场渠道、扩大贸易规模。（程培英）

跨境电商综试区建设

【概 况】 义乌市自2018年成功获批跨境电子商务综合试验区以来，坚持改革为先、集群为要、服务为基，加快跨境电商自由化、便利化、规范化发展。在商务部首次跨境电商综试区评估中，义乌跨境电商综试区被列为"全国十大优秀综试区"。2022年，实现跨境电子商务交易额1083.5亿元，同比增长6.9%，其中，跨境电子商务零售交易额424.14亿元，同比增长5.5%，成为稳外贸、促消费的重要引擎。

【义乌市跨境电商服务中心启幕】 2022年4月19日，义乌市跨境电商服务中心正式启幕，义乌市跨境电商服务中心是由市场发展委和商城集团共同谋划、打造的一个集跨境综合服务、企业孵化、人才培育、会议活动、招商运营"五大功能于一体"的综合服务平台，设有跨境电商综合服务大厅、跨境电商平台客服中心、创新创业孵化中心、行业招商中心、行业会议中心等功能区块。义乌市跨境电商服务中心聚焦行业发展和企业需求，汇聚优质企业资源，构建跨境电商产业服务生态圈，打造跨境企业服务平台，致力于帮助个人创业，助力企业成长，推进行业集聚发展，促进贸易数字化转型，助推义乌跨境电商综试区建设，打造义乌跨境电商策源地、模式孵化地、信息汇聚地、产业集聚地。

【首单"跨境电商（9610）+海铁联运"出口业务完成】 2022年6月9日，一批跨境电商包裹在义乌快件（跨境）监管中心以跨境电商（9610）业务模式顺利办结通关手续，通过铁路运输转关至宁波海关，最终在宁波北仑港装船出境。此批货物涉及出口海运跨境小包裹755件，价值38.86万元，主要为服饰、生活用品。包裹通过以跨境电商（9610）清单模式向海关申报，经铁路转关运抵宁波北仑港，直接装船海运出口。跨境电商（9610）海运具有运输成本低、运货量大的优势，通过海路运输跨境电商商品，比空运节省费用40%～50%，为中小跨境电商企业出口低附加值和高货量包裹提供了新选择。

【产业集群跨境电商发展试点获评省级第一档】 2022年7月5日，浙江省商务厅公布2021年度产业集群跨境电商发展试点绩效评价结果，义乌评价等级为A级，位列第一档。"产业集群+跨境电商"是实现跨境电商优势和块状产业集群优势相结合的典型做法。义乌先后于2016年和2019年获批开展省级小商品产业集群、饰品产业集群跨境电商发展试点，2020—2022年，连续3年获省级产业集群跨境电商发展专项激励，数字化贸易平

台RAKUMART被评为“2022年度省级产业集群跨境电商发展专项激励项目”。（陈丹青）

义乌营商环境优化

【概况】 2022年，义乌市聚焦打造“世界小商品之都”总目标，改革中开辟新路，高效能治理中打造国际一流营商环境样板城市，在2020—2022年全省营商环境评价中，连续3年位居全省营商环境评价县（市）第一档。在2022年上半年开展的浙江省营商环境评价中，义乌市继续蝉联全省县（市）第一，18项指标中12项位居全省前列。11月，营商环境国家级标准化试点以优秀的成绩通过验收。

（杨　乐）

【公平竞争的市场营商环境】 2022年，市场监管局紧扣商事登记智能化改革，打造全省首个商事主体全类型全周期智能登记系统，申报内容削减80%，部门审核步骤从5个压缩至1个，企业开办便利度大幅提升。有序推进准入准营“一件事”改革，实现餐馆经营、食品销售等11个高频涉企经营许可事项的“一件事”联办，2022年全市通过“证照分离”改革方式共办理办件2.61万件，同比增长24.88%。（杨　乐）

【便捷高效的政务营商环境】 2022年，义乌市聚焦企业群众的期盼，对标深圳、上海，打造高效便捷的政务环境。在全省率先提出“三环三化”数字审批改革，公积金贷款、不动产抵押注销、用水等60个事项实现全程智能办理。在全国率先对涉企经营许可审批事项实行“承诺即入”改革，首批43个事项实现一表填报、即审即办、当场办结。在全省率先实施企业投资项目承诺制审批改革，实现“区内所有承诺事项当天办结”。推动服务走出去，政务服务辐射至全球55个国家和地区，443个事项实现海外“一网通办”，海外服务驿站入选数字政府优秀案例。不断夯实基层政务服务就近办，创新“村（社）直办”工作，建成40个直办点，月均办件4600余件，改革经验获省委办公厅《浙江信息》刊发。

（骆安静　杨　乐）

【法治营商环境】 2022年，义乌市聚焦公平竞争的基础，对标北京、深圳，打造公正透明的法治环境。创新推出“浙里市场义码治理”应用，线上线下融合，全链条打通纠纷治理流程，提升治理水平，调解成功率从2020年度的26%提升至73%，用时从30天下降至15天，获省高院批示肯定并入选“全省优化营商环境优秀实践案例”。搭建全国首个县域级国际商事诉仲调“一站式”解纷平台并推动其实质化运行。深入推进知识产权保护工作，成功获批全国首个县级国家海外知识产权纠纷应对指导中心地方分中心，并入选首批国家知识产权强县建设示范县。为着力破解商贸合同诈骗发案频发问题，打造“国际贸易综合服务及经济案事件预警平台”，成功预防、处置240起市场重特大合同诈骗案件，累计挽回损失6.16亿元，入选“全省优化营商环境优秀实践案例”。

（杨伎林）

【畅通便利的国际贸易营商环境】 2022年，义乌市聚焦商贸之城的定位，对标深圳前海、上海洋山，打造畅通便利的国际贸易环境。推进宁波舟山港“第六港区”建设，开工建设义乌（苏溪）国际枢纽港，打造全球首条电气化双高箱运输试验线，上线“第六港区”数字服务平台，为每个集装箱节省通关时间24个小时、节约费用80元。率先开展数字化监管集拼仓试点，落地全国首个海关监管集拼仓。实现“先装后检”向“先检后装”转变，避免二次查验。与沙特阿拉伯完成首单跨境人民币支付业务，获外交部点赞。（毛鹏飞）

【企业全生命周期服务环境】 2022年，义乌市推出降融资成本、疫情保险产品、转贷通降费等组合，全年3.1万市场主体发放复工复产贷款62.3亿元、延期还本149.3亿元、降息减负1.14亿元。

（杨　乐）

【更具活力的创新环境】 2022年，义乌市深化人才招引工作，推进“133创新人才工程”“义乌英才计划”，构建“引育留用”全链条服务体系，全年举办各类引才活动170余场，引进大学生4.26万人。6月，义乌市优化“引育留用”全链条服务体系打造高校毕业生就业创业向往城市做法获浙江省副省长徐文光批示肯定。加强知识产权保护及运用水平，推进知识产权质押融资业务，2022年，完成知识产权质押融资19.5亿余元，有效破解企业“融资难”的问题。推进国家海外知识产权纠纷应对指导中心义乌分中心建设，建立健全海外知识产权纠纷应对指导工作体系，发布行业预警信息31篇，指导20家涉诉企业进行维权。9月，义乌市成功入选“首批国家知识产权强县建设示范县”。

（杨　乐）

【开放包容的涉外环境】 义乌市推动服务走出去，2022年9月7日创设迪拜、捷克、西班牙3个海外政务服务驿站，政务服务辐射至全球55个国家和地区，外商投资注册等443项服务事项实现海外“一网通办”。同月29日，“数字扬帆，政务出海”工作在全省数字政府建设例会上作典型交流发言，并于10月成功入选省数字政府系统优秀应用案例（第二批）。

（杨　乐）

【义乌发布优化国际营商环境涉外服务十项举措】 2022年12月30日，义乌市召开优化国际化营商环境涉外服务事项举措新闻发布会，通报义乌市国际化营商环境涉外服务工作情况，发布《义乌市优化国际化营商环境涉外服务十项举措》，“十项举措”包括工作居留便利、外商生产经营、涉外法律服务、国际融合社区、涉外医疗就诊、国际青年创业、信息发布共享、人文氛围营造、政策咨询和政务出海、外国人落地荣誉感10个方面。“十项举措”聚焦外国人在义落地发展的高频需求，包括普遍关注的工作许可、居留签证、设厂办企、融资贷款、医疗保险等民生实事，涉及大量跨领域、跨部门事项。“十项举措”聚焦高频需求、丰富服务平台、彰显国际融合等特点。

（陈金春）

服务贸易创新发展

【概况】 2022年，义乌探索“服务+数字”的服务贸易新业态新模式，打好“数字+自贸区”文章，以《义乌市服务贸易创新发展十大行动实施方案》为指导，全面开展服务贸易创新发展工作，通过数字赋能、优势叠加，提升对“千亿级”贸易、“百亿级”产业、万国客商的服务能力以及对市场、企业的服务水平，助力义乌高水平高质量建成世界“小商品之都”，进一步推进服务贸易改革、开放、创新，赋能义乌市场和贸易高质量发展。2022年，义乌市实现国际服务贸易出口2.09亿美元，其中，服务贸易进出口1.29亿美元，服务外包0.79亿美元。

【小商品数字自贸应用】 2022年，义乌市加快Chinagoods平台建设，推动小商品市场数字化转型，努力构建数字贸易全链路服务生态。迭代推广小商品数字自贸应用，投用采购宝、国际物流专线、犇犇找货、货款宝等15项数字化产品，其中，撮合交易场景直连外贸公司1900余家，归集商户5.8万户，累计服务在线交易500余亿元。全年，Chinagoods服务经营户5.8万余家，注册采购商320余万人；链接外贸公司2500余家，服务在线交易额500余亿元。6月30日，省委召开全省数字化改革推进会，义乌小商品数字自贸应用作为优秀应用作现场演示。

【新业态融合发展】 2022年，义乌市推动政府联网信息平台和国企Chinagoods平台融合，构建小商品数字自贸应用体系。创新“市场采购+跨境电商”出口模式，为跨境电商碎片化订单提供便捷的拼箱出口履约服务。年内实现“市场采购+跨境电商”出口45.4亿美元，同比增长83.81%；9家企业通过省级外贸综合服务企业认定，其中8家列入示范型企业。

【贸易服务网络建设】 2022年，义乌市累计在全球范围运营布局海外仓189个，海外仓运营总面积达180万平方米，覆盖五大洲45个国家的108个城市。在欧洲、非洲、中东等地布局20个“带你到中国”贸易服务中心，上架展示交易2万个SKU产品。建成15万平方米的迪拜义乌商贸城，6月28日正式投用。

【“进口+出口+转口”联动新模式】2022年，义乌保税物流中心创新完成“进口+出口+转口”联动模式，开启转口新通道，依托义乌深厚的出口贸易基础优势，培育进口商品与市场采购货物集拼出口为特色的转口贸易，以进口商品转口免交关税、拼柜物流成本最低来提升价格竞争力。2021年8月，走通全国首单“1039+6033”集拼转口业务，至2022年，转口贸易额28亿余元。

【贸易风险保障】 2022年，完善义乌贸易风险防范体系，实施一般贸易小微企业出口信用保险政府统保，覆盖企业1594家，承保金额13亿余美元。创新市场采购出口信用险，为所有市场商户出口提供托底保障，赔付比例由30%提高至45%，对白名单企业提高至80%。创设海运贷数字融资应用，推出“免抵押、低费率、快速贷”的海运贷数字融资产品。至年底，海运贷产品总授信3.87亿元，累计发放1022笔，放款7800万美元。

【物流通道增强】 建设开放大通道，推动“义新欧”通道做大做强，持续增强贸易功能。2022年，“义新欧”班列开行1569列、发运12.93万标箱，增长22.8%，保持全国第一，带动义乌进出口147.7亿元，同比增长7.5%。全力拓展“义甬舟”开放大通道，打造宁波舟山港“第六港区”，义乌—宁波舟山港海铁联运实现常态化运行，海铁联运增长17.6%，实现义乌国际陆港和宁波舟山港一体化发展，紧密连接全球最大的港口和最大的市场。打通“义乌—新疆—欧洲、俄罗斯、中亚”3条国际卡航公路运输线路，落地首个卡航集拼中心项目，拓展“市场采购+卡航”出口新通道，可直通欧亚大陆国家27个，出口货值3.1亿元。

【金融服务创新】 2022年，义乌市推进金融服务创新，落地“义担·汇率避险保”担保业务方案，率先拓展至个体工商户。全年，汇率避险业务覆盖571家企业，覆盖规模11.29亿美元，其中，通过政府性担保的汇率避险业务3964万美元，为小微企业减少保证金1000余万元。“贸义链”供应链服务平台快速发展，累计签约供应链金融业务12.19亿元，垫资9.8亿元。

【设计服务产业优化提升】 2022年，创新设计服务产业，推进“设计进市场”活动。举办“义乌中国小商品城”杯国际小商品创意设计大赛，以设计驱动产品升级、市场转型，促进小商品贸易持续健康增长。自2018年至2022年，成功举办大赛5届，累计组织140余所高校、1.3万名设计学子、2300余名独立设计师，征集创意作品1.7万件。举办设计集市120余场，整合设计人才2000余人，推出新品1.49万款，有效扩大了市场商户与高校对接合作影响力，市场创新氛围持续优化提升。

【进口贸易发展生态优化】 2022年，义乌市推行政府与海关对接机制，与海关定期会商，研究解决进口通关堵点，合理提升政策兑付效率；拓展新品类通关业务，提升进口通关时效；强化金融配套服务，做大“贸义链”供应链金融服务平台。全年，累计签约供应链金融业务12.19亿元，垫资9.8亿元；义乌海关受理关税保函38份，保函额度1.89亿元。推进正面清单改革试点申报，取得商务部支持，研究制定进口正面清单改革试点操作及综合监管平台建设初步方案。选定试单主体开展0110b模式试单，以试单结果完善改革方案，进一步论证流程、功能、职责等制度设计，为试点申报取得实践依据。 （叶丽梅）

年度聚焦

IMPORTANT EVENTS

上级领导聚焦义乌

【全国人大常委会领导到义乌调研基层立法联系点工作和现代农业发展情况】 2022年7月25—26日，全国人大常委会法工委副主任武增到义乌国内公路港、国际商贸城一区、五区、义乌基层立法联系点调研立法法、监督法立法及基层立法联系点工作，充分肯定了陆港集团基层立法联络站成立一年多来的工作成效。9月8日，全国人大常委会法工委主任沈春耀率全国人大调研组赴义乌基层立法联系点，围绕地方立法及人大工作，到义乌国际商贸城五区、鸡鸣山社区、义乌铁路口岸等地开展调研。听取义乌基层立法联系点情况介绍，就如何加强基层立法联系点工作、提高工作质效，广泛听取基层群众的立法诉求、立法建议。11月13日，全国人大常委会副委员长吉炳轩率调研组围绕“推动小农户和现代农业发展有机衔接”主题，到义亭镇缸窑村、城西街道分水塘村、国际商贸城等地调研，了解义乌共同富裕现代化基本单元建设和古村落保护情况。

【省委、省政府领导到义乌调研经济运行情况】 2022年7月12日，省委书记袁家军在义乌调研，检查指导省第十五次党代会精神贯彻落实情况，调研经济稳进提质工作。在义亭镇缸窑村，考察古龙窑、研学中心、古陶陈列馆、卫生服务站，在党群服务中心听取基层党建情况汇报，详细了解共同富裕现代化基本单元建设、古村落保护情况；在浙江义陆航国际供应链有限责任公司，考察集货中心，听取中欧卡航货运情况介绍，了解高水平建设内陆开放枢纽中心城市情况；在浙江自贸区金义片区一米供应链管理服务有限公司，考察企业展厅，了解国际贸易综合改革和推动贸易高质量发展情况；在义乌晶澳太阳能科技有限公司、浙江瞻芯电子科技有限公司，考察数字化车间、产品展示区等，了解新能源战略性产业发展、半导体芯片领域创新驱动发展情况。11月29日，省长王浩到义乌市调研经济运行情况。其间，考察科创园展示大厅，详细了解园区创建和推动科技强农、机械强农相关情况，并实地调研入园企业德硕科技年产350万套智能集成工具生产线在建项目。12月6—7日，副省长王文序到义乌调研，就质量基础“一站式”服务及企业质量提升工作开展实地调研。调研期间，王文序实地走访爱旭太阳能科技有限公司、森宇控股集团有限公司、华统肉制品股份有限公司，了解企业质量提升、标准化管理工作。在义乌市科创园，王文序走访浙江（义乌）国家标准技术评审中心、义乌市质量基础“一站式”服务平台，详细了解标准评审、质量提升等工作开展情况；到苏溪镇人大代表联络站，王文序主持召开座谈会，与基层人大代表面对面交流。

【省委、省政府领导到义乌调研新冠疫情防控工作】 2022年8月3

日，省长、省新冠疫情防控工作领导小组组长王浩到义乌市检查指导疫情防控工作。在义乌市疫情防控指挥部与金华市、义乌市及省级相关部门负责人、疾控专家会商研判当前疫情形势，研究部署下一步工作任务。在义乌市政府电视电话会议室，王浩主持召开全省疫情防控调度电视电话会议，就“防外溢、防输入，确保不发生疫情规模性反弹”作具体部署。当天下午，王浩先后到义乌市江东街道西谷小区、石塔头村，实地检查指导工作。同月13日，省委书记袁家军到义乌市检查指导疫情防控工作。在义乌期间，主持召开会议对当前疫情防控重点问题进行研究部署；深入重点场所检查指导。

【省政协领导到义乌调研数字市场融合发展情况】 2022年3月31日至4月1日，省政协主席黄莉新率队到义乌绿色动力小镇开展专题调研。在义乌绿色动力小镇，调研吉利发动机项目，仔细询问小镇空间开发、基础配套及入驻项目产能规模、市场前景等情况，勉励企业进一步发挥龙头带动作用，不断补强产业链、打通创新链、整合供应链，做深做强生产生活生态融合发展文章。5月26—27日，省政协主席黄莉新到义乌围绕经济稳进提质健康发展进行调研。在义乌国际商贸城一区、五区，详细了解市场经营状况、疫情影响及政策落地等情况，对商品进出口逆势上扬予以肯定，鼓励进一步坚定信心、开拓创新，在不断提高产品质量品质上下功夫，推动实体市场和数字市场融合发展，进一步提升世界小商品之都国际竞争力影响力。7月13日，省政协副主席裘东耀到义乌调研。在国际商贸城一区，详细考察义乌市场“双循环”等情况。指出政协机关要发挥职能优势，主动加强与商户企业沟通互动，积极帮助商户对接中央、省、市系列惠企政策，做到以更精准的措施、更优质的服务对接企业，为企业发展创造良好的营商环境，为义乌经济社会高质量发展贡献政协力量。（刘航宇）

媒体聚焦义乌

【概况】 2022年，义乌市紧紧围绕干实“八八战略”义乌篇章，坚持和深化“义乌发展经验”要求，开展数字化改革、共同富裕、疫情防控、学习贯彻落实中共二十大精神等主题的对外宣传工作，取得显著成效。全年，省级以上媒体刊播（发）义乌主题新闻报道5000篇（条），其中，《人民日报》（含海外版）51篇、新华社102篇（新华每日电讯10篇）、中央广播电视总台165条（新闻联播19条，焦点访谈2条）、《光明日报》29篇《经济日报》25篇、《浙江日报》196篇（头版27篇）、浙江卫视512条（浙江新闻联播215条）。（陈华栋）

【聚焦中共二十大】 2022年中共二十大召开之际，义乌抢节点、抓重点、展亮点，层层递进推动宣传热潮。其间，邀请中央、省级媒体采访党的二十大代表义乌市委书记王健，深化义乌典型宣传和成就宣传。加强与上级宣传部门的沟通联系，义乌被纳入学习贯彻落实中共二十大精神浙江省唯一基层采访点位。新华社、中新社、《浙江日报》头版、浙江卫视《新闻联播》头条均刊发重要报道，中央广播电视总台《新闻联播》播发时长5分钟的“义乌学习贯彻中共二十大精神”单条报道“浙江：鸡鸣山社区探索基层治理新实践”。（陈华栋）

【聚焦市场建设40周年】 2022年，义乌市精心策划“市场建设40周年”新闻宣传方案，提前谋划布局，邀请上级新闻单位领导、资深记者到义乌调研采访，将宣传贯穿始终。启动“两手理论”专题理论研究工作，澎湃新闻推出一组深度调研报道和评论文章。组织30余家中央级、省级重点媒体到义乌开展市场建设40周年集中采访活动。省级以上媒体刊播（发）义乌市场建设40周年主题原创新闻报道300篇（条），《人民日报》、新华每日电讯、《浙江日报》头版均主题报道义乌市场建设40周年。新华社《瞭望周刊》刊发“‘世界小商品之都’义乌40年再出发”，澎湃新闻刊发“义乌市场40年启示”系列3篇。（陈华栋）

【聚焦疫情防控】 2022年，义乌“8·2”疫情是一场空前的大战大考，新冠疫情防控工作备受全国、全省关注。为打赢“8·2”疫情歼灭战，提供强大的精神动力和支持。在省级以上媒体平台刊发义乌新冠疫情防控相关新闻报道800余篇，其中，中央广播电视总台《新闻联播》《晚间新闻》《朝闻天下》，中央人民广播电台《新闻与报纸摘要》《新闻联播》等中央媒体刊播消息28条，浙江卫视69条、《浙江日报》55篇，浙江之声125条。浙江卫视“新闻联播”连续15天持续关注义乌新冠疫情防控，推出蹲点系列报道15篇；《浙江日报》每日刊发义乌防疫消息，头版17篇。（陈华栋）

【聚焦国际传播建设】 2022年，义乌市加强国际传播能力建设，打造义乌特色国际传播品牌。强化融媒理念，与浙江广电集团开展合作，启动《我在义乌的中国梦》融媒国际传播项目，打造《万国创富潮》等国际传播义乌特色品牌。通过拍摄系列中英双语短视频，以在义乌外国人的视角，向世界展现一个开放、包容、宜商、宜居的义乌。通过在浙江电视台“国际频道ZTV WORLD”“英语传播窗口ZTV NEWS”常态化开设对外宣传窗口，为国际社会了解最真实的中国展示“义乌风采”提供“浙江样本”。系列短视频火爆海内外社交媒体平台，在海外社交平台观看100万人次，全网点击1500余万人次，获得广泛关注和好评。义乌的国际传播工作得到省委宣传部副部长赵磊批示肯定，被评为浙江省“重要窗口”国际传播联盟“优秀合作奖”。针对国际传播工作长期规划，开展义乌打造国际传播品牌的专题调研。（陈华栋）

【聚焦义乌贸易枢纽】 2021年12月9日，义乌市第十五次党代会指出，要以数字贸易为牵引，塑造“内外贸联动、全链条融合”小商品贸易枢纽新场景。要深化国际贸易综合改革，充分发挥自贸试验区等国家战略叠加效应，迭代放大市场优势，建设万亿元小商品贸易枢纽。对未来5年建设万亿元小商品贸易枢纽给出了具体可行的路线图。2022年，《人民日报》《人民日报海外版》《经济日报》《浙江日报》、新华社、中新网围绕打造万亿元贸易规模贸易枢纽的定位，聚焦小商品贸易枢纽新场景刊发消息26条。（陈全春）

义乌改革成效

【概况】 2022年，义乌改革成果亮点频出。不动产智治应用被评为“中国改革2022年度地方全面深化改革典型案例”，被自然资源部作为典型经验做法向全国推广；Chinagoods平台被中央广播电视总台《新闻联播》点赞；居家养老助餐服务改革做法获国家发改委发文推广；“村务清廉钉办”应用，获第三届“中国廉洁创新奖”。首创流动人口清流智控做法被省委主要领导批示肯定；“浙有善育”义乌做法在省高质量发展建设共同富裕示范区重点工作推进例会上做典型发言；长期护理保险、农业标准地改革被评为“全省共同富裕最佳实践案例”；行刑共治应用入选全省检察机关创新成果、全省数字检察创新应用创意设计“十佳方案”，相关理论成果获《检察日报》“新时代优秀检察成果智慧检务论文”一等奖；小商品数字自贸登上《领跑者》专刊；公证改革、不动产登记“一网通办”、涉外营商环境改革等在《竞跑者》刊发。推动省级重大应用实现平台贯通、功能贯通、体制机制贯通，在各领域、各层级、各环节、各主体中实现全覆盖，实现四级联动、四侧打通。参与“一地创新、全省共享”，承接村社非高频小微权力事项、善育宝应用、文体宝应用等全省各类数字化改革试点63个，取得明显成效。“义乌参与试点的建立健全公权力大数据监督机制”获“省改革突破奖金奖”，家庭型共富财税集成改革、物流保畅提效集成改革获省“改革突破奖银奖”，浙有众扶集成改革、浙里外事（港澳）集成改革、“十链万企”学样仿样金华模式等获“省改革突破奖提名奖”。大型综合交通枢纽智治等12个场景应用入选全省重大改革（重大应用）“一本账S2”，“i人才”应用、一码找

律师2个应用入选《全省“一地创新、全省共享”“S0一本账”》。（方徐翎）

【国际贸易综合改革】 2022年，义乌深耕国际贸易综合改革、自由贸易试验区等国家级试验田改革内容获国务院领导圈阅批示，国务院办公厅亲自协调相关部委研究办理意见，数字监管、数字人民币、供应链金融等16项需国家支持授权事项得到部委认同和支持。2022年，义乌进出口总值4788亿元，同比增长22.7%。其中，出口4316.4亿元，同比增长18%；进口471.6亿元，同比增长93.5%。增速分别高于全省9.6、4.0和82.8个百分点，出口占全省份额从11.9%提升至12.6%。（方徐翎）

【国企改革】 2022年，义乌市推进国资国企股权结构改革，国企资产总额增长9.1%。市场采购组货人制度获长三角地区制度创新案例，小商品数字贸易供应链集成创新改革获全省“改革突破奖铜奖”。11项工作纳入全省标志性成果，5项改革获全省最佳制度创新案例。深化铁路运单物权化改革，推行“物流+贸易+金融”经营模式，服务中小企业融资6000万元以上。深化“1039+9610”跨境电商合规化改革，打通跨境互联网访问便利化渠道，发展“保税+直播”“跨境+直播”等新业态，全年实现电子商务交易额3907.28亿元，同比增长5.17%。全市实现网络零售额2272.28亿元，同比增长3.9%，连续6年位居全省各县（市、区）第一。全年快递服务企业业务量累计完成93亿件，同比增长0.1%，全省排名第一，全国城市排名第二。（陈金春）

【共同富裕改革】 2022年，义乌市围绕共同富裕改革目标，出台资格权益有偿调剂、资格权权益质押、宅基地抵押贷款和风险处置等7项政策，构建起较为完善的宅基地制度改革政策体系。全年新增农房抵押贷款6246笔、放贷金额91.01亿元；发放全国首笔宅基地资格权权益质押贷款，总额80万元。资格权探索进一步深化，13个村调剂宅基地资格权权益面积1.28万平方米，调剂金额2.83亿元。宅基地使用权转让更为规范，新增农房不动产转让384宗，其中跨村转让154宗。义乌市《“党建+宅改+共富”助力打造农民共富样板》案例，编入《共同富裕金华实践》书册。（冯建民）

【小商品数字贸易供应链集成创新改革】 2022年，义乌市进一步加强市场采购与跨境电商等业态融合，做强“市场采购+跨境电商、一般贸易”等集货拼箱出口，全年实现出口45.40亿美元，同比增长83.81%。拓展“市场采购+卡航”新通道，落地首个卡航集拼中心项目，实现“一站式”仓到仓发运，直通欧亚大陆国家27个，与空运相比运价仅为1/3，打开了对外贸易的“新路”。（陈新艳）

【“亩均论英雄”改革】 2022年，义乌市深化“亩均论英雄”改革，推进资源要素市场化配置，推动实体经济高质量发展，根据《浙江省人民政府关于深化“亩均论英雄”改革的指导意见》等文件精神，5月，市府办制定《义乌市人民政府关于开展工业企业亩产效益综合评价全面推进“亩均论英雄”改革的实施意见》。完善以亩均税收、亩均工业增加值、单位能耗工业增加值等为主要指标的亩产效益综合评价体系，强化与亩产效益综合评价制度相匹配的资源要素市场化配置、产业创新升级机制，提高全要素生产率。对全市范围内用地面积3亩及以上的工业企业进行评价，除电力、热力、燃气、污水处理及水的生产和供应等公益性企业外。规模以上工业企业评价指标：亩均税收、单位能耗工业增加值、亩均工业增加值、研发费用支出占主营业务收入比重、单位主要污染物排放工业增加值、全员劳动生产率。规模以下工业企业评价指标：亩均税收、单位电耗税收、亩均销售收入、吨排污权纳税额。为做好集约化利用空间和传统产业迭代升级文章，9月，市经信局与市自规局制定出台《关于优化工业用地规划管控要求的意见》，按照城市总体规划、行业准入标准、企业亩产效益等要素综合评价管控工业用地规划，放宽工业用地容积率至4.0，建立容积率提升与税收贡献考核挂钩的规划变更机制。至年底，累计审批工业用地规划变更企业15家，涉及工业用地560亩，新增建筑面积42万平方米，预计新增投资4.6亿元，全部纳入工业用地全生命管理，亩均税收全部提升至每亩15万元以上，预计增加税收4000余万元。（王洪健）

【合同数字化改革】 2022年，义乌市政管办以加强服务供给、推进多跨协同、方便群众办事为目标，建设数字合同综合服务平台，推动全市合同由纸质材料向数字材料转型，推进线下多头无序管理向一体有序管理跃升，为国家电子证照社会化推广探路。2022年6月12日，省大数据局批复义乌为数字合同应用建设省级试点。至年底，完成商位租赁、房屋租赁、用水用气、公积金等8个场景完成开发，完成商位租赁合同推广应用制度制定，全市累计签订电子合同8500余份。（王斌宾）

【农业"标准地"改革】 2022年，义乌持续推进农业标准地改革，制定《深化农业"标准地"改革 实施农业"双强"行动大力推进农业高质量发展行动计划（2022—2025年）》，推动农业标准地与农业"双强"有机融合。年内，新增农业标准地面积1378.67公顷，累计建成农业标准地项目396个7000公顷，带动全市农业科技化、机械化发展。迭代升级农业标准地数字化应用，完成数字化应用二期招投标，申报金华市级农业标准地示范基地5个。义乌"标准地改革+农业双强"集成改革入选全省首批强村富民改革实践试点；"义乌市农业标准地改革推动农业增效农民增收"案例获评省高质量发展建设共同富裕示范区最佳实践。2022年7月，省政府办公厅印发《关于推进农业标准地改革的指导意见》，义乌农业标准地改革做法正式在全省推广。（成丹丹）

【强村富民乡村集成改革】 2022年9月2日，浙江省强村富民乡村集成改革工作专班公布《强村富民乡村集成改革实践试点名单》，义乌市"标准地改革+农业双强"、宅基地改革+乡村建设集成试点成功入选。12月12日，农业标准地改革入选全省共同富裕示范区最佳实践。2022年，义乌农村居民人均可支配收入4.7万元，排名全省前列。（成丹丹）

【不动产登记数字化改革】 2022年，义乌市自然资源和规划局对涉及不动产登记的数据进行全面梳理。完成12.15万条存量历史数据整理；制作房产分层分户图15.67万幅，宗地图8.11万幅；收集、数字化加工和建库9.08万页登记相关材料。采集并排查现状权利人身份证件号为空的数据57万张，理清相关部门6000万余条不动产数据家底。"一表智联"，办事"零跑腿"。以"不动产单元代码"为关联，构建不动产单元表，关联商品房网签、预售、贷款、核税、缴费、转移、抵押、水电气过户等所有事项，实现不动产信息跨系统、跨部门共享服务，以不动产单元表关联汇聚各部门不动产相关信息，实现预售、网签、缴税、抵押、查解封、水电气过户、户籍办理、学位占用等相关事项"一码协同"。不动产登记机构与税务、银保监、法院、住建等7部门实现"一件事"联办，与水务、电力、燃气、教育等13个部门实现与不动产登记业务信息同步推送、协同办理。解决长期以来政府机构内部不通导致的群众"多头跑""折返跑"等突出问题，从"多环节"到"协同办"，极大地方便群众办事，实现跨部门、跨地域、跨系统业务办理"零跑腿"。"一网智办"，服务"零距离"。"不动产智治"应用场景可自动获取申请人办理业务所需材料，通过语音视频双录、人脸识别、电子签名等技术，完成申请人在线身份核验及申请书、询问笔录、交易合同一次性在线签署，在线生成申请材料，实现登记申请"零材料"。应用场景支持多方当事人在不同地方提交在线申请，利用系统与共享数据的智能校验匹配功能，采取电脑智能和人工辅助审核相结合的方式，完成业务全地域、全天候响应，提供"24小时不打烊"服务，实现全时空业务办理"零距离"。11月，义乌与云南镇雄县签订"跨省通办"政务服务战略合作协议，首批166项政务服务事项"跨省通办"，实现两地企业和群众办事"就近办理、一次办成"。

义乌政务服务辐射至全球55个国家和地区，433个事项实现海外“一网通办”。（冯建民）

“一带一路”效应

【概况】 “义新欧”中欧班列坚持以市场为导向的商业模式，服务客户、回馈市场。从货源看，浙江省内货源占比20%上升到2022年的64%，其中义乌市场货源占比45%，运输的商品品类多达上万种。各类小商品，新能源汽车整车及配件、高端机械设备、手机等高货值、高附加值、高科技产品占比明显增加；此外，跨境电商、新能源汽车、中国邮政运邮、国际防疫物资、玩具、棉纱、茶叶、侨商等客户定制精品班列不断开行。义乌市大力推行“义新欧+”精品化班列模式，服务保障“义新欧”班列保持高频次发运。“义新欧”中欧班列自2013年开行至2022年，已开通18个方向的“点对点”国际铁路货运直达班列线路，累计驶出5024次班列、发运量41.6万个标箱，业务范围辐射境外50多个国家和160多个城市，成功打通亚欧大陆“从太平洋直达大西洋、波罗的海、里海、黑海，义乌直达中亚、南亚、东南亚”的互联互通，义乌成为国内开通国际班列最多的城市，开行规模和质量走在全国前列。2022年，“义新欧”班列开行1569列、增长22.8%，开行规模和质量走在全国前列。落地运营“义陆航”卡航集拼中心，实现义乌—广州—巴黎“空空转关”。投用“一带一路”捷克站，物流配送网络覆盖欧亚大陆全境。（陈金春）

【海关高效助推中欧班列驶向“一带一路”市场】 义乌陆港集团紧扣新赛道、新场景，以迭代升级“义新欧”中欧班列、“义甬舟”开放大通道等标志性平台为目标，全力推进“义新欧”中欧班列、海铁联运专列提质增效，不断提升铁路口岸对外贸易能级。2022年1月1日，2022年首趟“义新欧”中欧班列、海铁联运专列从义乌铁路口岸开出，分别驶向白俄罗斯首都明斯克和宁波舟山港。与此同时，西班牙马德里2022年首趟回程班列满载红酒、日用百货等“洋年货”，开启新年“回程”旅行，1月中下旬抵达义乌铁路口岸。根据当天发行计划，义乌铁路口岸计划发运班列10列，其中：“义新欧”中欧班列往返发运5列，去程3列，回程2列；海铁联运专列发运5列，迎来双班列新年“开门红”。3月26日，2022年的第324列列车载着82标准箱日用小商品，从义乌铁路西站海关监管场地鸣笛启程。经由霍尔果斯铁路口岸出境，驶向中亚5国。（陈金春）

【“义新欧”中欧班列“台州号”抵义乌完成转关】 2022年2月28日，从金台铁路头门港货运站首发的“义新欧”中欧班列“台州号”，历时10小时于当晚9时抵达义乌铁路口岸，完成二次转关业务。此趟班列满载着21个标箱的新能源汽车零部件、电动自行车配件、休闲用品、水暖管道配件等产品。班列抵达后，义乌海关对集装箱海关封志进行核验，对这票货物的转关单进行核销，并2次转关至阿拉山口口岸。（陈金春）

【义甬舟全程提单转关班列首发】 2022年3月24日，满载日用小商品出口货物的海铁联运班列从义乌铁路口岸鸣笛启程，驶向宁波舟山港，为首列义乌—宁波舟山港全程提单海铁转关专列，标志着铁路杭向监管卡口正式投入运行，助力“第六港区”建设实现新突破。原海铁联运监管集装箱需经中欧班列监管区装卸线转运至海铁联运监管区，铁路杭向监管卡口投入使用后，优化调整口岸监管区空间布局，海铁联运监管集装箱不再受到中欧班列发运占用通道的限制，进一步简化外贸转关货源的作业流程，提升外贸转关业务的发运能力，提高海铁联运作业效率20%以上。

（毛鹏飞）

【“义陆航”首趟卡航启程赴欧】 2022年3月30日，“义陆航”首趟卡航启程赴欧，9辆满载价值680万元日用百货、电子产品的卡车航班从义乌鸣笛启程，经新疆巴克图口岸、阿拉山口口岸出境，前往哈萨克斯坦、俄罗斯、白俄罗斯，最终抵达荷兰、法国、德国、英国等欧洲国家，全程1.3

万千米，时约18天。标志着浙中地区首个卡航集拼中心项目正式落地运营，为义乌融入“一带一路”建设成功打通国际物流“第四通道”。卡航是一种采用高性能卡车进行货物跨国运输的新兴物流方式，具有货源地直发，省去中间繁琐的倒装环节的优势。（陈金春）

【义乌海铁、中欧班列首次实现“整列中转”】 2022年4月14日，满载着“义新欧”回程班列100标准箱进口纸制品的“义乌—宁波舟山港”海铁联运班列从义乌鸣笛启程前往宁波舟山港，后续将通过水路转运至天津、大连、青岛等地，标志着“义乌—宁波舟山港”海铁联运班列与“义新欧”回程班列首次实现“整列中转”。“整列中转”模式可有效减少中转集装箱在铁路义乌西站编组集货等待的时间，降低15%的运输成本，为外贸进出口企业提供新的物流选择。同时，在各地疫情点状散发的不利影响下，“整列中转”模式有效避免了公路配送不畅情况，有效降低碳排放，为实现“碳达峰、碳中和”战略目标提供动能，缓解了国际物流运转不畅的压力，对稳定国内产业链供应链起了重要作用。（毛鹏飞）

【“义新欧”中欧班列第500列鸣笛启程】 2022年5月1日，满载健身器材、宠物用品、机电设备等商品的X8020次“义新欧”中欧班列驶向西班牙马德里，为“义新欧”班列义乌平台2022年发运的第500列。“义新欧”中欧班列义乌平台“五一”期间，计划完成每天6列，发运超30列开行目标。其中，5月1日义乌平台8列连发，包括去程3列分别通过阿拉山口、二连浩特、霍尔果斯3个口岸出境，前往马德里、明斯克、安员以及中亚五国；回程5列分别将“一带一路”共建国家的板材、钾肥、奶粉、汽车配件等商品运回中国。（陈金春）

2022年6月30日，中欧班列（义乌）2022年度第808列“铁路双向快通”专列从义乌西站启程（义乌市陆港集团 供图）

【海铁联运“韩新海运&晶澳”光伏专列首发】 2022年6月21日11时，义乌—宁波舟山港海铁联运“韩新海运&晶澳”光伏专列首发，载有100个标箱出口货物的81972次货物列车从铁路义乌西站启程，驶往宁波舟山港北仑港站。此趟专列整列装载晶澳太阳能（义乌）公司生产的光伏组件，货值450余万元。货物运抵宁波舟山港北仑港站后，快速驳运至集装箱船舶上，运往西班牙阿尔赫西拉斯港。（毛鹏飞）

【中欧班列实现进出境双向“快速通关”】 2022年6月30日，满载100个标箱各类商品的班列经过义乌海关监管的“义新欧”中欧班列铁路出境“快速通关”专列从义乌铁路西站驶出，经新疆阿拉山口口岸出境，驶向西班牙马德里，为义乌平台首列铁路出境快速通关专列。同期，新疆阿拉山口口岸，一票货物通过铁路进境“快速通关”模式报关，并搭载“义新欧”中欧班列顺利进境。2趟班列的顺利通关，标志着“义新欧”中欧班列（义乌平台）铁路进出境双向“快速通关”物流通道正式打通，口岸验放进入“秒时代”，整体物流通关时间缩短1～2天，每个标箱节省200元左右。（毛鹏飞）

【“义新欧”新增南线通道】 2022年9月30日，中欧班列“义乌—卡德柯伊（土耳其）”铁海公联运班列在义乌首发，为中欧（“义新欧”）班列义乌平台为适应市场需求、提高运输时效、促进市场化高质量发展而开发的第3条南线新线路，也是义乌平台的第18条新线路。此条南线通道从义乌西站出发经新疆霍尔果斯口岸出境，经铁路运输至哈萨克斯坦阿克套港，再通过里海运输至伊朗安扎利港，最后通过公路运输至土耳其卡德柯伊口岸，班列装载的货物在此站可转运南欧各国，新线路运输范围可辐射欧洲全境。至2022年底，“义新欧”中欧班列已辐射欧亚大陆50个国家和160多个城市。

（毛鹏飞）

【“义新欧”中欧班列2022年实现1500列】 2022年12月4日，满载100个标箱的“义新欧”中欧班列从义乌铁路口岸发车，经二连浩特口岸出境驶往俄罗斯首都莫斯科，为“义新欧”中欧班列义乌平台2022年开行的第1506列班列，也是继2019年、2021年义乌平台接连突破500列、1000列大关后，实现1500列的跨越发展。“义新欧”中欧班列自2013年开行至2022年，义乌平台先后开通运行18条线路，联通7个出入境口岸，辐射欧亚50多个国家和地区，到达境外站点101个。（毛鹏飞）

聚焦三大科创高地建设

【概况】 2022年，义乌市坚持抓好“科技创新、人才创新、产业创新”三大发展主线，自主创新力不断提升。新认定省科技型中小企业244家，新培育国家高新技术企业81家，完成国家科技型中小企业备案472家，被评为全省首批科技“小巨人”企业1家。完成金华市级研发中心备案89家，新认定省重点企业研究院1家、省高新技术企业研发中心9家。成功立项国家重点研发计划项目1项、国家自然科学基金项目17项、省“尖兵”“领雁”研发攻关计划项目2项、浙江省自然科学基金项目7项、省软科学研究计划项目1项、省新产品项目491项、金华市级科研项目73项、义乌市级科研项目121项。

【创新承载力稳步夯实】 2022年，复旦大学义乌研究院、浙江大学国际健康医学研究院等省级新型研发机构建设顺利推进。复旦大学义乌研究院集聚管理、项目团队人员112人、工程博士28人，征集义乌产学研项目68个。浙江大学国际健康医学研究院申报国家级人才项目12项，累计招收研究生229人。浙江爱旭科技全球光伏联合创新中心成功创建省重点企业研究院，华灿省第三代半导体材料与器件重点实验室通过验收，义乌信息光电高新区成功认定为省级高新技术产业园区。

【创新策源力显著提高】 2022年，成立由市长任组长、分管副市长任副组长的浙中科创走廊义乌“两城建设”工作领导小组，下设办公室，负责做好“两城”建设日常协调管理、项目推荐、督查通报、信息报送等工作，开展实体化集中办公。科学制定浙中科创走廊义乌段规划，义乌科技城、光电创新城分别制定区块发展规划、产业规划。谋划“三区三线”新增省级重点项目39个，总投资1130亿元。其中：义乌科技城25个，概算总投资642亿元；光电创新城项目14个，计划总投资489亿元。深入实施浙中科创走廊义乌段三年行动计划，科研高校院所、科技产业园等14项入选“浙中科创走廊三年行动计划重点建设项目”。浙江大学“一带一路”国际医学院、晶科太阳能2个建设项目入选“浙中科创走廊十大标志性项目”，入选G60科创走廊产业联盟企业12家。

【人才集聚力更加强劲】 2022年，义乌市发挥企业发布难题、人才发布成果的“双向联动”平台作用，开展千榜进高校“2+4+X”（改造提升纺织服装、五金制造2个传统产业，做大做强芯光电、新能源汽车及零部件、高端装备制造、生物医药4个现代新兴产业，着力培育量子计算等若干未来产业）云对接芯光电产业专场活动等“揭榜挂帅”、科技对接线上线下活动10场，点对点精准对接50余次，发布技术难题162项，发榜金额7000余万元，实施“揭榜挂帅”项目55个，揭榜金额3147万元。依托浙江大学、浙江理工大学、浙江师范大学等单位，组织技术专家入企服务350余家次。通过开展项目路演、校企对接、成果展示等活动，促进技术成果交易和产业化。2022年，促成技术交易额33.8亿元，发布科技成果86项。推荐申报海外优青、火炬等国家级人才计划项目8项，新增省级海外工程师2人。推荐申报省万杰出、科技创新等人才项目56项、领军型创新创业团队2个，入围5个。（王超萍）

聚焦未来社区和未来乡村建设

2022年7月6日，金华市未来乡村建设工作现场推进会在义亭镇缸窑村召开（市农业农村局 供图）

【概况】 2022年，义乌市开展全域未来社区、未来乡村建设，新增省级未来社区命名6个、未来乡村命名4个，其中义亭镇缸窑村获省委书记袁家军现场调研肯定。至年底，义乌未来社区创建总数增至13个。未来乡村建设总数增至4个。

（贯星辰 薛竞一）

【未来乡村建设】 2022年，义乌结合实际，在全省率先启动全域未来乡村建设。2月，制定全域推进未来乡村建设方案、配套政策和创评办法，构建未来乡村达标村、特色村、样板村、精品示范村创建体系，首批市级100个未来乡村启动创建。4月，从场景提升、数字化建设、美丽庭院打造、公共服务配套等方面明确具体建设目标，并以“一统三化九场景”建设为指引，优中选优将全市基础条件较好的27个星级和美乡村列入省级未来乡村试点（含省级试点）储备库，作为年度全域未来乡村培育建设的重点。5月，指导6个省级未来乡村创建村上线“浙里办——我的家园”，并持续保持活跃度；义亭镇缸窑村成功创建全省首批未来乡村。7月6日，全市未来乡村工作现场推进会在缸窑村召开；同月12日，省委书记袁家军现场考察义乌时予以高度肯定。9月，全面贯通“浙里未来乡村在线”应用，其中，数字驾驶舱审核通过率100%，移动服务端开通率100%。10月，义乌“未来乡村试点建设”入选2022年全国农村改革试验区拓展试验任务，并完成集中答辩。11月，根据《浙江省人民政府办公室关于开展未来乡村建设的指导意见》，下发《义乌市全域推进未来乡村建设实施方案》及配套补助政策《关于加快推进新时代美丽乡村建设、打造全域未来乡村的若干意见》。12月，后宅街道李祖村、城西街道分水塘村、义亭镇陇头朱村成功创建浙江省未来乡村。（薛竞一）

【未来社区建设】 2022年11月15日，经浙江省政府批准，省建设厅、省风貌办公布浙江省第六批未来社区创建名单，义乌6个社区入选未来社区创建名单，鸡鸣山社区、丹溪社区、永祥社区通过省级未来社区验收命名；鸡鸣山未来社区被评为浙江省场景运营“最佳”实践优秀案例；鸡鸣山、丹溪、永祥、词林、宾王5个社区列入浙江省首批共同富裕现代化基本单元“一老一小”服务场景名单；鸡鸣山幸福学堂入选2022年未来社区（乡村）教育场景示范案例；宾王幸福学堂入选2022年未来社区（乡村）教育场景优秀案例；鸡鸣山、宾王社区卫生健康站获评五星级。《义乌市城镇社区专项规划》入选省级优秀名单，义乌市未来社区建设工作被省建设厅考核评定为优秀等次。（贯星辰）

1月

1日，《区域全面经济伙伴关系协定》(RCEP)正式生效。当日，义乌海关、义乌市贸促会签发义乌辖区首批RCEP原产地证书。中国与文莱、柬埔寨、老挝、新加坡、泰国、越南6个东盟成员国以及日本、新西兰、澳大利亚正式实施相关关税减让安排。

3日，义乌一体化智能化公共数据平台获全省考核第一，成为县级平台典型示范。

同日，市政府发布《义乌市商品市场优化升级专项行动试点方案》，为全国商品市场优化升级提供"义乌样板"。

5日，杭州医学院附属义乌医院、病理联合会诊中心揭牌成立。

6日，菜鸟保税仓跨境直播联盟揭牌仪式在菜鸟义乌保税仓举行，菜鸟全国首个保税仓直播"样板间"落户义乌综合保税区。

同日，义乌市首个35千伏公路光伏电站并网成功，为金华市第一座35千伏光伏电站。

9日，义乌举行"诚信日"活动，通过线上微信、线下点对点等形式开展。

11日，2021年度国家高新技术企业名单出炉，义乌市95家企业榜上有名，在金华市各区县中位列第一。

12日，义乌市300余名医务人员完成支援永康的战"疫"任务凯旋。

13日，义乌被评为"2021年全省数字经济系统建设优秀县(市)"。

14日，浙江省住房与城乡建设厅公布2021年度浙江省街容示范街评审结果，义乌市雪峰西路(机场路—望道路)、宾王路(义乌江—南山路)2条道路被评为省级"街容示范街"。

23日，位于巴中城区回风北路的义巴国际商品城正式开放营业。

24日，义乌市十六届人大一次会议在义乌剧院开幕，26日，完成预定的各项任务闭幕。

25日，义乌市2个核酸检测基地、3辆移动核酸检测车启用，核酸检测能力由日检测7.2万管提升至日检测24.6万管。

同日，经省美丽城镇办会同相关省级部门年度考核，义乌市被评为"2021年度新时代美丽城镇建设优秀市"。

30日，浙江省经济和信息化厅《关于2021年度全省中小微企业公共服务绩效考评结果的通报》，义乌市被评为县级优秀。

2月

1日，义乌市艾庇供应链管理有限公司通过国际贸易"单一窗口"向义乌海关申请签发RCEP原产地证书，为浙江省签发的首份RCEP项下输韩国的原产地证书。

5日，浙江省民宿等级评定管理委员会评定通过的2021年度浙江省白金级、金宿级和银宿级民宿名单公布，义乌市后宅街道曹村的"点道(曹村印记稠岩里)"被评为"银宿级民宿"。

8日，跨省"就业直通车"开通，6辆云南省怒江州至义乌的"就业直通车"上载着207名到义乌就业的怒江籍务工人员。

11日，从四川巴中恩阳机场起飞的专机抵达义乌机场，110名巴州籍务工人员到义乌就业。

12日，义乌国际商贸城等市场新春开市。开市当日，来自省内外采购商3.9万余人现场采购。

16日，义乌市政府与中国远洋海运集团有限公司、普洛斯投资（上海）有限公司在上海签订三方战略合作框架协议。

17日，浙江省政府新闻办举行中国（浙江）自由贸易试验区建设新闻发布会（第八场），公布浙江自贸试验区新一批"十大"成果。2021年"义新欧"中欧班列提质增效、义乌区块搭建全国首个县域级国际商事纠纷诉仲调一站式解决纠纷平台、义乌率先发布行动纲要打造RCEP高水平开放合作示范区等项目入选"十大"成果。

24日，省商务厅公布2022年度省级境外经贸合作区新成员，迪拜义乌中国小商品城成功入选。

30日，义乌枫叶国际学校与上海申花足球俱乐部举行签约仪式，双方共建青少年足球文化发展基地。

3月

1日，义乌印发《关于促进市场高质量发展的若干意见》，围绕市场及电商、会展、物流、口岸等市场相关领域，出台14条"硬核"举措，大力优化营商环境，激发市场活力，保持市场繁荣发展。

同日，《市场主体登记管理条例》正式实施，是国家制定出台的首部统一规范各类市场主体登记管理的行政法规。

2日，义乌市人民政府与中国工商银行浙江省分行举行战略合作签约仪式。

同日，义乌市首批捐赠新冠病毒检测试剂盒驰援中国香港地区。

同日，泰国浙江商会考察团到义乌就侨服务工作进行考察。

3日，江西省万年县委统战部领导到义乌就新乡贤工作、新联会组织建设及统战之家阵地建设等工作进行调研。

同日，中国计量大学现代科技学院与苏溪镇10家工业企业签订《产教融合发展协议》，并为10家企业的大学生实习实践基地授牌。

4日，义乌生态环境分局与丽水市生态环境局莲都分局签订"山海协作"战略合作框架协议，双方就总体概况、产业特点以及生态环境保护工作的特色亮点、薄弱环节以及合作要点等进行深入研讨与交流。

6日，安徽省六安市党政代表团到义乌考察义乌经济社会发展经验。

同日，九三学社省级社会服务示范基地在义乌后宅街道金城社区揭牌。

8日，义乌市人民政府与中国建设银行浙江省分行举行战略合作签约仪式。

10日，义乌市委、市政府印发首个《义乌市青年发展"十四五"规划》。

同日，经浙江省科协认定的首批18家"浙江院士科普教育基地"正式授牌，义乌中学被列为首批"浙江院士科普教育基地"。

同日，第六届中国创新挑战赛（浙江）暨2021年浙江省技术需求"揭榜挂帅"总决赛成功落幕。浙江工业大学义乌科学技术研究院从5场行业现场赛195个项目中脱颖而出，荣获浙江省唯一一个金点子奖。

10—11日，四川省巴中市党政代表团到义乌考察，交流产业转型升级、营商环境优化等方面工作经验。

14—16日，义乌市先后派出369名医护人员驰援衢州抗疫工作，其中354人为采样人员、15人为检验人员。

15日，义乌工商职院与意大利佛罗伦萨自由美术学院首次启动中外合作办学，属于学历教育，学制为全日制3年。

15—17日，第九届浙江义乌国际智能装备博览会线上举办。

18日，义乌市人民政府和中国银行浙江省分行签署《锻造高质量发展建设共同富裕示范区成功案例战略合作协议》。

同日，中共浙江省委全面依法治省委员会印发《关于表扬2021年度法治浙江（法治政府）建设优秀单位的通报》，义乌市被评为"全省法治浙江（法治政府）建设优秀单位”。

同日，全球规模最大的自由贸易协定《区域全面经济伙伴关系协定》（RCEP）对马来西亚正式生效。生效首日，义乌海关签发浙江省首份RCEP项下输马来西亚的原产地证书。

20日，“义陆航”首趟卡航启程，经新疆巴克图口岸、阿拉山口口岸出境，前往哈萨克斯坦、俄罗斯、白俄罗斯，抵达荷兰、法国、德国、英国等欧洲国家，标志着浙中地区首个卡航集拼中心项目正式落地运营。

21日，义乌市3天赶制2万件“红马甲”直专车发送吉林省长春市。

24日，满载着80标准箱日用小商品的火车从义乌西站鸣笛启程，驶向宁波舟山港，为宁波舟山港“第六港区”海铁联运全程提单转关的第一趟专列。

26日，浙江省经信厅公布2021年度“浙江制造精品”名单，6件“义乌制造”上榜单。

29日，义乌市人民法院与市自规局联合成立耕地保护法官工作室，为浙江省首个此类工作室。

30日，商务部“2021年跨境电子商务综合试验区评估”结果出炉。评估共分为4档，中国（义乌）跨境电子商务综合试验区评估结果为“成效明显”，综合排名第一档，第一档中全国仅10家。

31日，“中巴政企携手，共筑贸易走廊”义乌—卡拉奇交流会以线上方式成功举办。

4月

2日，全省建设平安浙江工作会议在杭州召开，会上宣读表彰2021年度平安市、县（市、区）及2020—2021年度平安浙江建设先进集体、先进个人的通报，义乌被授予“平安牌”。

同日，农业农村部和财政部公布2022年农业产业融合发展项目创建名单，义乌市义亭镇入选农业产业强镇创建名单。

3日，义乌入选浙江省首批体育现代化县（市、区）名单，浙江省体育现代化县（市、区）是经国务院审批并由浙江省人民政府命名的高规格体育领域唯一的创建表彰项目。

3日，义乌市271名医务人员驰援上海等地的核酸检测工作。

7日，2021年度金华市标准创新奖评审结果揭晓，义乌市双童日用品有限公司主导制定的《聚丙烯饮用吸管规范》国际标准获评“2021年金华市标准创新重大贡献奖”，为金华市标准化工作的最高政府荣誉。

9日，2辆满载着54吨蔬菜的集装箱卡车从浙中农副产品物流中心出发，紧急发送上海，援助上海抗疫。

12日，全国人大常委会法工委义乌市基层立法联络点陆港集团联络站在义乌公路港“驿家亲”党群服务大厅正式启用。

13日，2021年全国GDP十强县出炉，新榜单义乌增速最高。

同日，共青团中央公布全国五四红旗团委名单，共青团义乌市委荣膺“全国五四红旗团委”，为浙江省唯一上榜的县（市、区）团委。

18日，浙江省商务厅公布2021年度26家省级直播电商基地名单，义乌美联荟直播基地入选。

19日，市妇联联合义乌工商学院开展的《“智慧小囡”助力银龄跨越数字鸿沟》项目，成功入选国家级“智慧助老”优质工作案例。

同日，浙江省委、省政府办公厅通报2021年度实施乡村振兴战略实绩考核优秀单位，义乌榜上有名。

21日，省食品药品安全委员会正式发文，命名义乌市为“浙江省食品安全示范市”，系全省首批。

23日，2021年金华市人民政府质量奖评选结果揭晓，义乌市企业浙江真爱毯业科技有限公司获“金华市人民政府质量奖”，浙江森宇有限公司获“金华市人民政府质量管理创新奖”。

同日，省农业农村厅公布第二批农业“机器换人”高质量发展先行县名单，义乌入选特色产业（畜牧）农业“机器换人”高质量发展先行县。

24日，浙江省公布2021年全省高质量发展建设共同富裕示范区工作考核评价结果，义乌在全省90个县（市、区）中位列第二。

26日，全国人大与非洲法语国家议会线上研讨会举行，围绕“中非立法机构的民主探索与实践”主题深入交流。期间，线上参观义乌基层立法联系点成为研讨会的一大亮点。

5月

1日，《区域全面经济伙伴关系协定》在中国和缅甸之间生效实施。生效首日，义乌海关签发浙江省首份RCEP项下输缅甸的原产地证书。

5日，中国数字经济百人会、众诚智库联合发布《2021年中国投资潜力百强县》榜单，义乌市位居中国投资潜力百强县前三。

10日，佛堂镇人民政府和中国计量大学现代科技学院战略合作签约暨授牌仪式在文化中心举行，中国计量大学现代科技学院、佛堂镇双方签署乡镇党校共建协议。

11日，义乌出台《义乌市长三角一体化发展"十四五"规划》。

13日，义乌与永康签订"跨市域通办"政务服务战略合作协议，义乌市与永康实现政务服务"跨市域通办"。

15日，义乌市首个企业文明创建基金在大陈镇宣布成立。

19日，义乌市首个电力出口项目成功落地非洲。

20日，全省首个"文旅共富榜"揭晓，义乌市"书香悦城，让精神共富触手可及"和"大陈小集"入选"文旅共富榜"。

同日，中国计量大学现代科技学院与义乌市人民法院，举行知识产权司法保护理论研究与人才培养工作的框架合作协议签约仪式，双方负责人为共建基地揭牌。

23日，义乌联合阿里巴巴国际站推出助企纾困政策12条。

25日，省住建厅、省风貌办公布省级第五批未来社区创建名单，义乌市陆港社区和振兴社区入选旧改类创建名单。

同日，跨境电商退货中心仓落地义乌综保区。

同日，2022年度全国县市电商竞争力百佳样本榜单发布，义乌位居第二。

26日，在全省侨界助力乡村振兴现场会上，义乌市来料加工联合会、福田街道侨联与山区26县签订"侨助工坊"来料加工产业帮扶战略合作协议。

31日，义乌市办理全省首笔政府性融资担保业务。

6月

2日，省政府办公厅印发通报，对在2021年落实有关重大政策措施中，真抓实干、取得明显成效的地方予以督查激励，义乌市入围全省数字经济成效明显县（市、区）激励名单。

同日，义乌成功入选全国青年发展型县域试点（全国99个、全省6个、金华唯一），试点时间2年。

5日，新修订的《中华人民共和国噪声污染防治法》正式施行，义乌基层民警修法建议写入法律条文。

9日，义乌市召开"千名乡贤助共富"行动推进会，集中签约一批乡贤助共富项目，开展一批乡贤助共富爱心捐赠。

同日，由中铁十一局承建的杭温铁路一期义乌段香山岭隧道双线贯通，为杭温铁路一期在义乌境内贯通的最长隧道。

10日，义乌综保区首届保税直播节启动仪式在佰荟供应链保税仓举行。

同日，全省首家电商直播基地消费维权联络站在福田街道北下朱村党群服务中心正式成立。

16日，义乌市公证处通过远程视频连线中国驻哥德堡总领馆，完成国内首例瑞典远程视频公证。

20日，相约"云端"采洽会在中国义乌—菲律宾两地举行，双方达成采购金额39.6万元，意向订单400万元。

21日，义乌—宁波舟山港海铁联运"韩新海运&晶澳"光伏专列在义乌铁路口岸鸣笛启程，晶澳太阳能（义乌）打造的定制化海铁联运专列成功首发。

24日，义乌市发出全省首张吸油纸《工业产品生产许可证》。

同日，义乌小商品"一带一路"团体标准《针织塑身裤》发布会在篁园服装市场举行。

28日，义乌首个外籍税收志愿者团队在江东街道鸡鸣山社区成立。

30日，义乌市社会组织党群服务中心正式启用。

同日，义乌市场首个海外分市场在迪拜杰贝阿里自由贸易区开业运行，辐射中东、北非、欧洲等地10亿人口消费市场。

同日，全市首个回迁房小区党群服务中心在稠城街道通惠社区卿悦府小区党群服务中心正式启用。

7月

4日，武义、磐安两地来料加工经纪人与东盟—中国工商总会浙江代表处，共同签下加工费总额280万元的服装订单，为浙江省“巾帼共富工坊”服务中心在义乌落地后首批签约的来料加工订单。

7日，缅甸最大新能源项目物资专列义乌启程，抵达仰光港后，此批太阳能光伏组件将用于缅甸境内最大的新能源项目——缅甸中部光伏项目群。

8日，在全省建设新时代美丽浙江推进大会暨生物多样性保护大会上，义乌获“五水共治”“无废城市”、美丽城镇建设和水资源管理等工作考核先进集体，连续5年获评“美丽浙江”建设工作考核优秀市，连续6年获评“五水共治”工作优秀市，第三次捧回“大禹鼎”银鼎，被评为浙江省首批三星级“无废城市”。

同日，全国县域经济与县域发展研究咨询专业社会智库中郡研究所完成并发布《2021年全国县域农村居民人均可支配收入监测报告》，义乌位列全国第二位。

同日，浙江省公布首批通过2021年度全域“无废城市”建设评估名单，义乌达到三星级标准，被授予“清源杯”。

11日，第三届“中国廉洁创新奖”入围项目名单公布，在全国21个入围名单中，义乌市申报的《打造“村务清廉钉办”数字化应用》名列其中。

13日，全省数字经济高质量发展大会召开，会上义乌荣获“浙江省大力发展数字经济成效明显督查激励县（市、区）”

14日，浙江省现代服务业发展工作领导小组办公室公布第二批浙江省现代服务业创新发展区名单，义乌国际陆港上榜省创新发展区。

同日，省商务厅公布2021年度产业集群跨境电商发展试点绩效评价结果，义乌评价等级为A级，位列第一档。

20日，北京大学思想政治实践课教育基地签约仪式在义乌市委党校举行，北大思政实践课教育基地落户义乌。

同日，义乌市农创客发展联合会成立。

同日，省发展和改革委员会公布2022年上半年全省优化营商环境十佳创新案例，义乌市报送的“浙里市场义码治理”成功入选，为金华地区唯一入选的案例。

21日，中国精品年鉴《义乌年鉴（2021）》首发。中国精品年鉴是全国年鉴类优秀地方志成果评比中的最高荣誉，《义乌年鉴（2021）》从全国四五千部年鉴中脱颖而出成功入选，成为16部2021年中国精品年鉴之一。

26日，省发展和改革委员会公布2022年上半年全省优化营商环境十佳创新案例，义乌市报送的“浙里市场义码治理”成功入选，为金华地区唯一入选的案例。

30日，浙江省第17届运动会上，金华代表队义乌运动员杨恬浩在象棋比赛男子乙组比赛中获个人金牌，为义乌斩获的第一块金牌。

8月

2日，义乌市在集中隔离点发现4例新冠肺炎阳性感染者，系省外阳性感染者的密接和次密接人员。义乌市第一时间启动应急响应机制，组织开展流调溯源、隔离管控、核酸检测等工作。

9日，经省政府同意，并报国家六部委备案，义乌市被确定为首批国家典型地区再生水利用配置试点城市。

11日，0时起，义乌全市实施3天静默管理。

同日，省民政厅出台《关于持续深化全省婚俗改革工作的通知》，义乌市入选全省第二批“婚俗改革实验县”。

24日，49名印度、巴基斯坦的外商携订单到义乌国际商贸城采购，为义乌市场迎来的首批包机外商采购团。

26日，全省政务公开指数报告（第4期）义乌评估得分96.8分，在浙江省县级政府中排名第一位。

30日，全国“人民满意的公务员”“人民满意的公务员集体”表彰大会在北京举行，义乌市市场发展委员会荣获全国“人民满意的公务员集体”称号。

31日，省经信厅公布全省首批中小企业数字化改造试点县（市、区）创建名单和全省第二批中小企业数字化改造试点县（市、区）创建培育名单，义乌市入选第二批创建培育名单。

9月

2日，义乌市人民政府与中国人保财险浙江省分公司举行战略合作签约仪式，在地方经济建设与金融保险发展的良性互动、互惠共赢。

5日，省经信厅公布全省首批中小企业数字化改造试点县（市、区）创建名单和全省第二批中小企业数字化改造试点县（市、区）创建培育名单，义乌市入选第二批创建培育名单。

7日，通过视频连线方式，义乌市举行“海外政务服务驿站”授牌仪，首批位于迪拜、捷克、西班牙的3个海外服务驿站正式授牌启用。

13日，省“三改一拆”行动领导小组办公室通报《浙江省2021年度无违建创先争优示范名单》，义乌市入选“2021年度浙江省无违建创先争优示范县（市、区）”，佛堂镇获评“全省治违控违示范乡镇街道”。

同日，商务部对141家国家电子商务示范基地和各地新推荐的72家优秀电子商务园区进行综合评价，中国小商品城·网商服务区被评定为“2022年综合评价成绩突出国家电子商务示范基地”，为全省唯一上榜的电商园区。

16日，菜鸟“卡塔尔世界杯”海运专线在义乌开通。

21日，义乌市第十六届人民代表大会常务委员会第五次会议决定，将每年9月5日设定为义乌“市场开放纪念日”。

同日，浙江开放大学义乌学院正式揭牌成立，系金华地区首个挂牌的县市电大。

23日，浙江省第17届运动会火炬传递义乌站启动仪式在国际商贸城举行。

25日，第三届“中国廉洁创新奖”评选结果揭晓，义乌市委申报的《义乌市打造“村务清廉钉办”数字化应用》项目获殊荣，成为浙江省唯一一个获奖项目。

30日，中欧班列“义乌—卡德柯伊（土耳其）”铁海公联运班列首发，为中欧（义新欧）班列开发的第3条南线新线路，也是义乌平台的第18条新线路。

10月

10日，经省政府同意，并报国家六部委备案，义乌市被确定为“首批国家典型地区再生水利用配置试点城市”。

10—14日，世界城地组织（UCLG）第七届会员大会在韩国大田召开，会议进行管理机构换届选举，义乌市获2023年世界城地组织亚太区会员大会举办权，成功连任世界城地组织执行局和理事会成员。

11日，全市首家社区嵌入式小微养老机构在北苑街道丹溪康养中心开业。

17日，“媒眼看浙中 聚焦新发展格局”两岸媒体联合采风团走进义乌，深入义乌铁路口岸、国际陆港电商城、后宅街道李祖村等地，采访记录义乌在交通枢纽建设、电商发展、美丽乡村打造等方面情况及经验做法。

26日，在陕西进行的全国第11届残运会暨第8届特奥会上，义乌运动健儿骆冰洋在S4级男子50米蝶泳比赛中获得第一名，并打破全国纪录。

27日，浙江省工业转型升级领导小组公布第三批“雄鹰行动”培育企业名单，义乌晶澳太阳能科技有限公司、天合光能（义乌）科技有限公司名列其中，实现义乌“雄鹰行动”培育企业“零”突破。

11月

4日，经自主申报、指标评审、自主评审等环节，浙江省外贸工作领导小组办公室正式设立浙江（义乌）RCEP高水平开放合作示范区，是全省唯一获批的县级市。

7日，义乌市与云南镇雄县签订“跨省通办”政务服务战略合作协议，首批166项政务服务事项“跨省通办”，实现两地企业和群众办事“就近办理、一次办成”。

9日，义乌市首个国企党校水务集团党委党校揭牌成立。

24日，“中国义乌市与韩国海南郡友好交流备忘录签约仪式”以视频连线方式举行，共同签订两市友好交流备忘录，双方约定将在贸易、文化、旅游、人才等领域优先开展合作。

同日，国家市场监督管理总局以视频连线的方式在义乌举办以“标准提升高品质生活”为主题的国家标准专题新闻发布会，发布食品接触金属容器、潜水表、跨境电子商务系列标准等17项重要标准，其中13项由义乌企业主导或参与修订。

25日，义乌市场建设40周年大会暨2022年世界义乌人大会召开，大会宣读《关于设立义乌“市场开放纪念日”的决定》，为义乌市场建设40周年“经营模范四十佳”颁奖，为义乌市场发展研究院揭牌。

26日，以“砥砺奋进四十载，标准赋能新时代”为主题的第五届中小企业标准化（国际）大会在义乌召开。

30日，中央广播电视总台浙江总站共同富裕示范区义乌观察点揭牌，该观察点是总台浙江总站在浙江设立的10处共同富裕示范区观察点之一。

12月

1日，义乌“市场采购组货人制度”案例成功入选长三角自贸试验区第二批制度创新案例，成为浙江自贸区3个获评案例之一。

4日，110千伏巧溪变电站综合自动化改造工程投运，为金华首座全系列“国产芯”试点站。

12日，浙江省高质量发展建设共同富裕示范区领导小组办公室公布第二批全省共同富裕最佳实践案例，“义乌市农业标准地改革推动农业增效农民增收”入选城乡区域协调发展先行示范领域全省最佳案例。

15日，金华市十大“婺风乡韵”乡村文化样板村和乡村文化特色村出炉，义乌市后宅街道李祖村入选“乡村文化样板村”、义亭镇缸窑村入选“乡村文化特色村”。

18日，新疆生产建设兵团、义乌市政府兵地交流会在幸福湖国际会议中心举行，中新建物流集团有限责任公司、国家级霍尔果斯经济开发区兵团分区管委会和义乌自由贸易发展区管委会签订战略合作协议。

同日，浙江省“千村示范、万村整治”工作协调小组办公室公布2022年度全省农村生活垃圾分类处理工作优胜县（市、区）名单，义乌被评为“2022年度全省农村生活垃圾分类处理工作优胜县（市、区）”；上溪镇宅山村、义亭镇缸窑村、赤岸镇神坛村、福田街道洛店村4个村入选“2022年度省级高标准农村生活垃圾分类示范村”。

21日，义乌市上溪镇、义亭镇、赤岸镇在2022年度全省美丽城镇建设工作考核中被评为“2022年浙江美丽城镇省级样板”。

23日，省农业农村厅公布第二批农业“机器换人”高质量发展先行县名单，义乌入选特色产业（畜牧）农业“机器换人”高质量发展先行县。

25日，浙江大学社会治理研究院在杭州举行“2022中国社会治理百强县（市、区）暨2022浙江省社会治理十佳县（市、区）”发布会，义乌市入选“2022年中国社会治理百强县榜单前十强”。

同日，“李渔杯”首届全国清廉戏曲优秀作品展演活动，义乌市婺剧保护传承中心选送的廉政小戏《我是门神》被评为“李渔杯”首届全国清廉戏曲“优秀剧目”。

28日，金义东市域轨道交通工程义东线首通段开通试运营。

29日，市长叶帮锐率队前往莲都区对接推进山海协作工程，并召开义乌市—莲都区山海协作联席会议。会上，签订义乌—莲都高质量发展促共富示范县（市）结对创建合作协议、义乌市陆港集团—莲都区政府战略合作框架协议。

30日，义乌市举行“优化国际化营商环境涉外服务十项举措新闻发布会”，通报义乌国际化营商环境涉外服务工作情况，并发布10项举措内容。

（陈金春）

自然地理

【位置面积】 义乌市位于浙江中部，金衢盆地东缘，地理坐标为北纬29°02′13″～29°33′31″，东经119°48′52″～120°16′25″。东与东阳市接壤，西与金华市金东区、兰溪市相接，西北与浦江县毗连，南与永康市、武义县相邻，北与诸暨市交界。全市南北长58.15千米，东西宽44.41千米，境界总长309.75千米。地域总面积1104.53平方千米。

（陈金春）

【地质地貌】 义乌市大地构造位置位于扬子准地台和华南褶皱系的接合部位，以江山—绍兴深断裂为界，北西属江南地层分区，南东属华南地层分区。市域以白垩系火山岩和紫红色碎屑岩广泛分布为特征，中元古界陈蔡群、上三叠统乌灶组呈构造窗出露于断裂带中。燕山期强烈的火山活动造就了义乌东北部芙蓉山金银萤石成矿远景区（部分）和义乌东南部武义—东阳萤石金银多金属矿成矿区（北东段）；义乌盆地周边大面积分布的火山碎屑岩，是丰富的建筑石料矿资源；在义乌盆地内形成的巨厚的白垩系红色碎屑岩，是砖瓦泥页岩的重要来源；全新统鄞江桥组河流相砂砾层则是建筑用砂的来源之一。（冯建民）

【矿产资源】 至2022年，义乌市域内已发现的矿产有20种，其中，金、银、铜、钼、钴、锰金属矿产6种；萤石、重晶石冶金及化工原料非金属矿产2种，石墨、石膏、花岗岩、云母、大理岩、凝灰岩、建筑用砂、砖瓦用黏土等非金属矿产8种，煤、地热、铀能源矿产3种，水气矿产（矿泉水）1种。已查明资源储量（甲类）的矿产有3种，无烟煤1处，水泥用凝灰岩1处，萤石矿7处。市域内金属矿均为矿点或矿化点，尚无开发利用价值。（冯建民）

【土地资源】 2022年，义乌市土地总面积11.05万公顷，其中，耕地1.70万公顷，园地4217.34公顷，林地5.45万公顷，草地526.71公顷，公共管理与公共服务用地2.12万公顷，交通运输用地5448.1公顷，水域及水利设施用地6297.54公顷，湿地36.94公顷，其他土地1229.29公顷。

（冯建民）

【森林资源】 2022年，义乌市土地总面积11.05万公顷，林地面积5.47万公顷，森林面积5.54万公顷，森林覆盖率50.16%。林木蓄积量388.93万立方米。阔叶林及针阔混交林面积2.70万公顷，占森林面积比重48.74%。乔木林地面积4.90万公顷，竹林面积3769.76公顷，疏林地面积12.21公顷，灌木林地面积2587.99公顷（均为一般灌木林地）；未成林造林地面积3.25公顷。义乌域内植物资源丰富。高等植物迄今已发现的有156科、1258种，其中森林植物107科、337属、636种。针叶树种主要有马尾松、杉木、水杉等；阔叶树种主要有木荷、青冈栎、枫香、苦槠等；竹种以毛竹、哺鸡竹、早竹、雷竹为主；灌木树种有映山红、马银花、乌饭、盐肤木、茅栗、檵木、化香等。属于国家一级保护的植物有南方红豆杉，国家二级保护的植物有银杏、榧树、长叶榧、七子花、香果树、樟树、榉树、厚朴、凹叶厚朴、浙江楠、花榈木、杜仲、金钱松、鹅掌楸14种。（冯建民）

【水资源】 2022年，义乌市地下水资源量1.46亿立方米，地表水资源量7.8亿立方米，产水系数0.53。地表水资源空间分布与降水量空间分布基本相似，总体趋势呈自南向北递减，至北部山区逐步增加。全年义乌市用水总量2.87亿立方米，按常住人口计算，人均水资源量413.04立方米，用水总量比上年增加2.9%，万元地区生产总值用水量为15.65立方米，万元工业增加值用水量为11.95立方米。（崔冬冬）

【生物资源】 义乌地处亚热带季风气候调节区，地貌类型多样，森林植被良好，为野生动物的栖息、活动和繁衍提供了适宜的生态环境，尤其是义乌地处浙江中部，处于东洋界和古北界的交替部位，兼有两界动物的种群和混合种。因此，野生动物种类繁多，资源较丰富。根据全市野生动物调查结果，主要脊椎野生动物有28目77科274种，无脊椎野生动物主要有蛛形纲10科17种、多足纲1科1种、昆虫纲116科233种。两栖纲主要有义乌小鲵、大鲵（娃娃鱼）、东方蝾螈、虎纹蛙等8科19种。义乌小鲵（Hynobius yiwuensis Cai）别名山鲶鲐，英文名Lesser salamander。爬行纲主要有乌龟、鳖、多疣壁虎、北草蜥等，以及五步蛇（蕲蛇）、眼镜蛇（老鸦扑）、竹叶青、蝮蛇（犁头蝮）、黑眉锦蛇、两头蛇、赤链蛇（火辣蛇）、乌游蛇、乌梢蛇（乌蛇、乌风蛇）等8科39种。鸟纲主要有草鹗、红角鸮、黑枕黄鹂、画眉、鸳鸯、绿翅鸭、花脸鸭、黑枕绿啄木鸟、斑啄木鸟、发冠卷尾、八哥等，还有池鹭、棉凫、水雉、红尾伯劳、白鹳、鸿雁、小天鹅等41科156种。哺乳纲主要有穿山甲、青鼬、水獭、獐等20科60种。（冯建民）

【气候特征】 2022年，义乌气候总体特征为气温偏高，年平均气温18.7℃，年降水量1261.1毫米，降水日数141天；年日照时数1626.1小时。极端最高气温和高温日数均历史罕见；出梅后气象干旱严重，加上异常高温影响，造成全市气象干旱达中度到重度。年初多低温雨雪冰冻和连续阴雨寡照天气，1月21日至2月23日，日照时数较常年同期偏少89.2%，打破历史最少纪录；11月底寒潮及伴随强对流天气近年少见。2022年年平均气温18.7℃，较2021年偏低0.5℃。全年8个月平均气温较常年偏高，其中，8月偏高最多，达3.7℃。年内日最高气温≥35℃的天数有67天，较2021年偏多25天。日最低气温≤0℃的天数有11天，较2021年偏少4天。年极端最高气温41.8℃（8月23日），较2021年偏高3.4℃，历年极端最高气温值42.0℃（2003年）。年极端最低气温-3.6℃（1月9日），较2021年偏高3.1℃，历年极端最低气温-10.7℃（1977年）。月平均气温的年较差27.6℃，较2021年偏高4.7℃。2022年总降水量1261.1毫米，较常年偏少14.2%，较2021年偏少167.9毫米。时间分布很不均匀，4—5月、7—10月和12月较常年偏少，尤其8月偏少7成；1月与常年同期相同，其余月份偏多，其中11月较常年偏多7成。2022年，日照时数1626.1小时，较2021年偏多30.4小时。7—10月较常年偏多，其中8月较常年偏多2.1成；其余月份均较常年偏少，2月较常年偏少4.8成。（杨知非）

【水文特征】 2022年，全市平均降水量1261.1毫米，比2021年偏少17.7%。6月10日入梅（常年6月13日入梅），6月26日出梅（常年7月3日出梅），梅期16天（常年梅雨期20天）。梅雨期平均降雨量163.0毫米，比上年偏少19.1%。梅期最大雨量站点为古寺水库210.0毫米，最小雨量站点为东塘水库119.0毫米。台汛期主要受11号台风“轩岚诺”和12号台风“梅花”外围影响。11号台风“轩岚诺”9月2—5日影响义乌市，据全市水文监测系统50个站统计：全市过程平均降水量26.5毫米，最大大岭下站130.5毫米，大陈面雨量72.4毫米，最小六都溪3.5毫米。受12号台风“梅花”9月

13—15日外围影响，全市过程平均降水量37.7毫米，最大大岭下站102.5毫米，最小航慈溪11.5毫米。2022年，义乌江佛堂水文站断面、义乌水文站断面均未出现超警戒水位。10月15日汛期结束后，全市中型水库蓄水量8535万立方米，正常蓄水率62.19%，比入汛前减少库容2192万立方米。（王 丹）

【湖泊河流】 义乌市境内河流数量众多。金华市级河道3条，分别为义乌江、南江、大陈江。义乌江在义乌市境内长度38.39千米，从上而下布设有白沙湖、清波湖、月亮湖；南江在义乌市境内长度13.5千米；大陈江在义乌市境内长度14.71千米。义乌市有航慈溪、铜溪、吴溪、洪巡溪、八都溪市级河道5条，境内长度分别为航慈溪16.5千米、铜溪24.5千米、吴溪18.1千米、洪巡溪11.7千米、八都溪8.73千米。其他主要河流17条，包括城南河、城中河、城西河、城东河、洪溪、六都溪、东青溪、青口溪、鲇溪、赤塘溪、石溪、杨村溪、香溪13条城市内河及环溪、缸窑溪、后溪、前溪4条农村河道。（叶俊飞）

【重大气候事件】 2022年，义乌市极端天气气候事件多发，主要气象灾害有强对流、暴雨、寒潮、梅雨、高温、干旱、低温冻害等。5月29日夜里后宅街道出现能见度小于500米的雨雾天气，对交通等造成较严重影响。6月29日下午，廿三里街道联五村附近遭极端暴雨袭击，3小时累计雨量134.7毫米，60分钟最大雨量112.5毫米，并伴有最大直径3厘米的冰雹和8～10级雷雨大风等强对流天气，廿三里街道最低洼处溪水漫过路面，2个自然村部分被淹，40余户进水，树木倒伏近百棵。出梅后气象干旱严重。7月1日至11月13日，全市累计降水量162.8毫米，较2021年同期偏少63.3%，雨日为26天。最高气温和高温天数均历史罕见，其中极端最高气温41.8℃，出现在8月23日；日最高气温35℃及以上天数达67天，位居历史第二；日最高气温40℃以上的达13天，其中，佛堂塔山、义亭枧畴最高气温高达44.0℃，长时间的连续晴热高温天气造成水稻、猕猴桃等农产品一定程度的减产、部分果蔗绝收。为缓解干旱，降低森林火灾风险，增加水库蓄水，开展人工增雨作业，全年开展人工增雨作业12次，发送56枚火箭弹。11月29日凌晨起受寒潮影响，义乌市出现剧烈降温、明显降雨、部分雨夹雪等天气，日平均气温的过程降温幅度达16.4℃，并在寒潮即将到达时出现强雷电、短时暴雨、雷雨大风和局地冰雹等强对流天气。此次寒潮过后，义乌市一改前期偏暖状态，气温明显下降，以上极端情况均为近年同期罕见。（杨知非）

【义乌市发现6种国家重点保护野生动物】 为系统掌握全市物种多样性、特有物种及珍稀濒危物种状况，评估物种保护成效，检验保护是否有空缺，金华市生态环境局义乌分局于2022年6月29日，启动全域生物多样性调查工作；7月14日，首轮夏季野外调查工作已基本完成。调查按照《县域生物多样性调查与评估技术规定》要求，以华溪森林公园、德胜岩森林公园、望道森林公园、大寒尖森林公园和南江湿地公园、福田湿地公园等区域为重点调查区域，对全域两栖爬行动物、鸟类、哺乳动物、昆虫、大型真菌等类群的本底情况进行调查，各类群分别布设调查样线30条、17条、28条、29条和15条。经技术团队初步鉴定，此轮调查共发现两栖动物22种、爬行动物13种、鸟类58种、哺乳动物5种、昆虫100余种。此外，技术组拍摄收集到大型真菌物种照片1000余张，采集、制作真菌标本100余份。在全域生物多样性调查工作中，发现国家二级重点保护两栖动物中国瘰螈，及国家二级重点保护鸟类短尾鸦雀、红嘴相思鸟、画眉、凤头鹰、领角鸮共6种国家二级重点保护野生动物。（冯建民）

人文历史

【建置沿革】 义乌古为于越所聚居，春秋战国时迭属越、楚。秦王政二十五年（前222）秦灭楚后，平定楚江南地，降百越之君，建县名乌伤，属会稽郡。西汉因秦制，王莽篡汉建立新朝，改县名乌伤为乌孝。东汉建武初复名乌伤，属会稽郡。东汉初平三年（192）分割西部辖境，设置长山县（辖今婺城、金东2区及兰溪市）。三国吴赤乌八年（245），析县南一部分辖区置永康县。吴宝鼎元年（266），原会稽郡西部分出设东阳郡（郡治在长山），乌伤县属东阳郡管辖。历经晋和南朝的宋、齐二朝270余年，隶属关系未变。隋开皇九年（589），废吴宁县时5个乡并入乌伤县。隋开皇十三年（593），分吴州置婺州。大业三年（607），婺州复为东阳郡。唐武德四年（621），东阳郡改称婺州，废乌伤设稠州，分置乌孝、华川2县。州署故址为今义乌四中所在地。武德七年（624）废稠州，乌孝、华川2县合而为一，改称义乌，隶属婺州，义乌县名自此起沿袭至今。元代，义乌隶属婺州路。元至正十八年（1358），朱元璋部攻取婺州，义乌归附，婺州路一度改置宁越府。元至正二十年改名金华府。明清仍旧，义乌隶属关系未变。辛亥革命后废府制代以道制，义乌属金华道。民国初，撤销府一级建制，义乌县直属于省。民国3年（1914）以道代府，义乌县属金华道。民国16年（1927），废道制改为省县两级制，义乌直属浙江省。民国24年（1935），省下设行政督察专员公署，义乌属第四区。民国36年（1947），属第五区。民国37年（1948）4月，属第三区；同年7月，属第八区。1949年5月8日，义乌解放，中国共产党领导下的义乌县人民政府在稠城镇建立，隶属金华专区。1959年浦江县并入义乌，1968年5月，析复浦江县。1970年起，义乌属金华地区行政公署。1985年7月起，属金华市。1988年5月，经国务院批准，义乌撤县设义乌市，仍隶属金华市。（陈全春）

【行政区划】 2022年，义乌市下辖建制镇6个，街道8个，行政村432个，居委会10个，社区居委会102个。其中：佛堂镇辖村委会54个，社区居委会7个；赤岸镇辖村委会42个，社区居委会2个；义亭镇辖村委会38个，居委会5个；上溪镇辖村委会45个，社区居委会2个；苏溪镇辖村委会43个，社区居委会5个；大陈镇辖村委会31个，居委会1个；稠城街道辖社区居委会15个；福田街道辖村委会31个，社区居委会13个；江东街道辖村委会36个，社区居委会16个；稠江街道辖村委会24个，社区居委会13个；北苑街道辖社区居委会16个；后宅街道辖村委会30个，居委会2个，社区居委会6个；廿三里街道辖村委会28个，居委会2个，社区居委会4个；城西街道辖村委会30个，社区居委会3个。（季国政）

【人口变迁】 2022年，全市市外迁入18337人，其中，省内迁入5069人，省外迁入13268人；迁出市外2353人，其中，迁往省内1562人，迁往省外791人；机械增加15984人，机械增长率18.14‰。在册流动人口1767740人，比2021年增加23584人，增幅1.35%。16～59岁（劳动年龄）流动人口1527743人，占总人口86.42%；16岁以下186932人，占总人数10.58%；60岁以上53065人，占总人口3.00%。流动人口中男性1021532人，占总人口57.79%；女性746208人，占总人口41.21%。居住时间6个月以下462691人，占总人口26.17%，居住时间半年以上1305049人，占总人口73.83%。（陈国华）

【市树】 2002年7月30日，义乌市第十一届人民代表大会常务委员会第三十三次会议审议决定，命名“香樟”为义乌市市树。义乌市是香樟的主要栽种地之一，香樟遍布全市，市内有千年以上树龄香樟1棵，800年以上树龄香樟4棵，200年以上树龄香樟103棵，百年以上树龄香樟近千棵。香樟树势雄伟，四季常青，象征着兴旺发达、吉祥如意，作为义乌市市树最具代表性，象征着义乌的发展前景，欣欣向荣。种植在义乌道路两旁、公园河岸的香樟勃勃生机，彰显义乌城市气质和特色。（陈全春）

【市花】 2002年7月30日，义乌市第十一届人民代表大会常务委员会第三十三次会议审议决定，命名“月季”为义乌市市花。义乌市是月季的主要栽种地之一，自古为广大群众喜爱并被广泛栽种，具有悠久的种植历史和良好的栽培技术。月季花容秀美，艳丽多姿，四时竞放，寓意义乌市经济社会各项事业的红火兴旺。命名月季为义乌市市花，有利于义乌市人民发扬朝气蓬勃、奋发向上的精神；激发全市人民

热爱义乌、热爱家乡的感情。展望义乌城乡各地，市花月季处处盛开，遍布各个角落，成为义乌鲜明的城市风光特色。（陈金春）

【义乌民俗文化传承——锣鼓班】 义乌锣鼓班起源于明末清初，距今有400多年的历史。到清末民国初期，在义乌各地曾发展到80余个，其中福成会锣鼓班最负盛名。“一副箩担装十响，吹拉弹唱喜洋洋”，是锣鼓班的前身和写照。锣鼓班由当地农民自发组成，8～13人，多的可达二三十人。是古时农民们为迎神赛会、庆贺丰年、操办红白喜事、自我娱乐而创办的，现代多服务于企业、商铺开张庆典等活动。义乌全市正常开展活动的锣鼓班有50余个，成员500余人，一直活跃在民间的喜庆活动中。（陈金春）

【义乌民俗文化——义乌徽戏】 徽戏源于安徽，清代雍正、乾隆年间，进入义乌。清乾隆年间（1736—1795），四大徽班进京，而受京班倒流影响，徽戏逐渐改变了原有面貌直到失传，流传到金华一带的徽戏未受影响，保持了原貌。徽戏传统剧目有72本，1000余首曲牌，是中国地方戏曲单声腔曲种保留最完整的曲种之一。徽戏在义乌有着深厚的历史文化基础，生动地体现着义乌地区的文化传承，从发展的轨迹和现实意义上都决定了这份文化遗产的独一无二、不可替代和不可再生。义乌徽戏不仅是戏曲的珍贵文化遗产，而且在语言学、民族学、人类学等方面均有很高的研究价值，是义乌人民文化生活的重要组成部分、义乌文化的重要标志、义乌精神的重要诠释。（陈金春）

【桥头遗址保护利用】 桥头遗址是迄今所知东亚大陆最早最完整的环壕聚落，是一处上山文化中晚期遗址，距今约9000年，是义乌市迄今发现最早的新石器时代遗址，桥头彩陶被称为“世界最早的彩陶”，出土了距今8000多年的男性人骨，被称为“浙江第一人”，在国内外考古界产生了广泛的影响力。2022年，义乌桥头考古遗址的保护、利用研究和宣传等项工作扎实推进，取得了阶段性成果。5月13日，浙江省上山文化遗址保护和申遗工作专班举行第一次例会，义乌、浦江等6个上山文化遗址分布所在地签订联合申遗合作协议，上山文化遗址群联合申遗工作正式启动。6月10日，由浙江省文物局指导、浙江省考古学会举办、《钱江晚报》支持的“新时代浙江考古十大发现评选”结果揭晓，义乌桥头遗址位列“浙江考古十大发现”第五名，成为“圈粉”最多的考古发现。9月26日，组织桥头遗址重要考古成果参加由浙江省文物局及金华市委宣传部联合举办的上山文化考古特展暨2022年度“让文物走进百姓生活”活动。11月3日，配合浙江卫视到桥头开展现场融媒互动直播拍摄工作，对桥头遗址进行重点介绍，形成有影响力的宣传报道。为及时让社会各界了解“上山文化”和桥头遗址考古成果，建成具备展厅、考古书吧、会议等功能的遗址游客服务中心，展厅内设立“文明曙光——讲述桥头遗址9000年前的故事”陈列展览，并组织教育研学活动，推进桥头遗址的

2022年5月13日，浙江省上山文化遗址保护和申遗工作专班第一次工作例会上，举行“上山文化”联合申遗城市签约仪式

（市文广旅体局　供图）

宣传工作。同月16日，在杭州召开上山文化遗址保护和申遗工作专班第二次工作例会。申遗文本由浦江上山遗址管理中心牵头统一委托中国建筑设计研究院历史建筑研究所编制，至年底，《上山文化遗址群申报中国世界文化遗产预备名单文本》完成。桥头考古遗址公园总体规划委托中国建筑设计研究院历史建筑研究所陈同滨团队编制。开展考古发掘和勘探调查，发掘面积500平方米，修复器物15件，出土小件器物3件；展开对吴坎头村后坟头山、桥头西下盛殿等区块的发掘工作。开展系列保护研究，与浙江大学地球科学学院合作开展《义乌桥头遗址区域古河道分布——地貌环境格局勘察分析研究》，取得阶段性成果，11月25日通过专家评审；开展《义乌桥头遗址展示利用策略研究》《义乌桥头遗址博物馆可行性研究》等研究，11月28日通过专家评审；桥头遗址推荐申报第八批省保单位。推进遗址考古工作站建设，完成项目立项和工程招标、地面老旧房子拆除、地块平整及建筑放样等工作。启动遗址周边环境整治工作，完成项目立项和工程招标和展示宣传。

（王妍春）

【特色精品村义乌上溪镇苦竹塘村】 2022年，苦竹塘村荣获浙江省美丽乡村特色精品村、浙江省清廉村居建设示范村等荣誉。苦竹塘村位于义乌市上溪镇西南部，地势平坦，三面环山，东眺虎山、西靠落鹤山、北靠东山，南临苦竹大塘，风景秀丽，具有优越的自然环境。公元1465年前后，吴氏祖先吴文全携族人迁居于此，繁衍生息而成村落，有着500多年的悠久历史。因村前有一大塘，遍生芦苇（芦苇又称苦竹或水竹），名苦竹塘，村名由此得来。苦竹塘村文化底蕴深厚，是著名历史学家吴晗的家乡、浙江省传统村落、义乌的红色旅游景点、上溪镇金萧共富路的起点。苦竹塘村有索面、泥塑、棕床等传统手工艺，素有“串串蓑衣种种田、弹弹棉花过过年”之说。“勤耕、忠孝、信义”的吴氏祖训写进了村规民约，代代相传。1985年，义乌县人民政府给苦竹塘村颁发“文明村”荣誉称号。苦竹塘村成为改革开放初期义乌有名的“先进工业村”“乡镇企业先进单位”“乡镇超百万村”。2022年，苦竹塘村全村总人口1342人，642户，在册党员47人，有8个村民小组，村民代表50人，外来暂住人员2000余人，小加工企业、电商80余家。苦竹塘村先后获浙江省善治村、浙江省民主法治村、浙江省卫生村、浙江省健康村等荣誉。

（吴　帆）

2022年9月，浙江省爱卫办公布苦竹塘村为2021年度浙江省省级健康村　（上溪镇　供图）

经济与社会发展

【经济建设】 2022年，义乌市实现地区生产总值（GDP）1835.54亿元，按可比价计算，比2021年增长4.6%。其中：第一产业增加值26.91亿元，增长1.5%；第二产业增加值616.28亿元，增长8.2%；第三产业增加值1192.35亿元，增长3.0%。全市按户籍人口计算人均GDP到达208291元（按年平均汇率折算为30968美元），增长2.4%，按常住人口计算人均GDP达到97299元，增长3.9%。三次产业结构由上年的1.4∶32.0∶66.6调整为1.4∶33.6∶65.0，第二产业比重比上年提高1.6个百分点。全市完成农林牧渔业总产值40.26亿元，比上年增长1.8%；实现增加值27.43亿元，按可比价增长1.7%。全年实现工业增加值561.2亿元，增长8.7%，其中，规模以上工业增加值247.3亿元，增长20.7%。全年实现电子商务交易额3907.28亿元，同比增长5.2%，其中：电子商务内贸交易额2823.78亿元，比2021年增长4.5%；跨境电子商务交易额1083.5亿元，比2021年增长6.9%。全市实现网络零售额2272.28亿元，同比增长3.9%，连续6年位居全省各县（市、区）第一。全年实现进出口总额4788亿元，增长22.7%。其中：出口4316.4亿元，增长18.0%；进口471.6亿元，增长93.5%，进口消费品224.7亿元，同比增长22.7%，占全市进口总值的47.6%。全年完成财政总收入211.6亿元，增长9.2%，完成一般公共预算收入132.9亿元。一般公共预算收入中，税收收入127亿元，占一般公共预算收入的95.5%。完成一般公共预算支出159.7亿元，增长3.5%。全市共有银行业机构金融机构31家，小额贷款公司9家。年末全市金融机构本外币存款余额4575.3亿元，比年初增加500.03亿元，比2021年增长12.3%。有证券营业部36家。辖区内证券公司全年两市总交易量1251.88亿元，下降25.99%。有期货公司8家，全年总交易额611.92亿元，下降7.43%。有保险公司分支机构40家，其中，财产保险公司23家，人寿保险公司17家。全年实现保费收入73.99亿元，同比增长3.6%。

（赵　斌）

【政治建设】 2022年，义乌市委、市政府坚持以习近平新时代中国特色社会主义思想为指引，坚定捍卫“两个确立”、坚决做到“两个维护”。第一时间推动习近平总书记重要讲话精神和中央、省委、金华市委各项部署落地落实，开展“重温真理味道、寻访信仰之源”等活动，坚持把深入学习习近平总书记重要讲话精神和重要指示批示作为市委常委会会议“第一议题”，召开市委常委会41次、理论中心组学习会7次。把学习宣传贯彻中共二十大精神作为首要政治任务，深入开展“六学六进六争先”学习实践活动，各领域各阶层开展宣讲4500余场，确保中共二十大精神传达到每个支部、每名党员。对标对表中共二十大和省委十五届二次全会、金华市委八届三次全会工作部署，坚持“兴商建市”不动摇，改革开放再出发，迭代升级“138”工作体系，奋力开启中国式现代化义乌篇章。全面落实意识形态工作责任制，坚决守牢网络意识形态阵地。深化东西部协作和山海协作，与四川巴州共建川东北商贸物流中心，与丽水莲都合作共建100公顷产业飞地，建成世界侨商大厦。巡视商贸服务业集聚区党工委反馈问题全部整改清零，完成第十五届市委首轮巡察，巡视巡察工作在全省作交流发言。充分发挥总揽全局、协调各方作用，全力支持和保证人大及其常委会依法履职，支持政协发挥专门协商机构作用，人大代表建议401件、政协委员提案351件全部办结，满意率均为99%。支持法检“两院”依法行使职权，切实做好统战、群团、党管武装等工作。开展“五整治五提升”专项行动。持之以恒加固中央八项规定堤坝，查处违反精神各类问题104起129人。一体全域推进清廉建设，开展“廉洁家风进万家”系列活动，持续放大“三不”一体叠加效应，立案371件、党纪政务处分324人、留置11人、移送司法机关9人，“村务清廉钉办”获第三届中国廉洁创新奖，风清气正政治生态持续巩固。党建统领整体智治系统综合评价和“七张问题清单”问题管控力指数始终处于全省第一方阵。完成十五届市委首轮巡察，巡视巡察工作在全省作交流发言。市市场发展委、市商务局分别被评为全国、全省“人民满意的公务员集体”。

（刘航宇）

【文化建设】 2022年，义乌市全年统筹谋划教育项目134项，完成教育基建有效投资21.7亿元，建成望道小学、大塘下幼儿园等40所中小学、幼儿园，新增学位2.9万余个。全年新认定省科技“小巨人”企业1家；新培育国家高新技术企业81家，新认定省科技型中小企业244家；新培育金华市备案众创空间2家；新认定省重点企业研究院1家，省高新技术企业研发中心9家。全年专利授权量1.03万件，同比下降0.07%，其中发明专利授权量583件。完成省民生实事"浙文惠享"130个"15分钟品质文化生活圈"、2个城市书房、1个文化驿站、9个乡村博物馆建设并通过省厅验收，完成率均100%；金华市民生实事14个镇街图书分馆及255个"e家书房"挂牌，完成率100%。"花开四季"课外公益学堂完成265个班级、1900场课程，服务3.7万余人次；"蒲公英群文课堂"完成593个班级，服务7.34万人次；图书外借105.63万册次，服务读者244.47万人次。举办浙江省第17届运动会足球、羽毛球、排球、武术套路4个大项7个小项比赛和省运会火炬接力传递活动；完成浙江省青少年女子排球（甲乙丙组）锦标赛、浙江省青少年足球（男乙）锦标赛、浙江省青少年羽毛球锦标赛、浙江省第六届"长青杯"中老年篮球赛等赛事。全年新建健身路径45条，新建灯光水泥篮球场3个，新建灯光塑胶篮球场11个，3个笼式足球场、1个村级健身广场、1个多功能运动场，下拨小康健身工程补助经费352万元。全市有医院、卫生院数55个，其中三级以上医院4个；核定床位数8835张，其中三级以上医院床位数3320张。

（赵　斌）

【社会事业建设】2022年末，城镇职工基本养老保险参保76.2万人，职工基本医疗保险参保71.29万人，失业保险参保40.53万人，工伤保险参保62.66万人，生育保险参保人数57.9万人，城乡居民基本医疗保险42.16万人。强化基层治理，信访积案动态清零，群众来访问题数下降43%。深化安全生产大排查大清底大整治，收官安全生产综合治理三年行动，打造大安全综合监管数智系统，交通事故死亡人数、火警、安全生产事故同比分别下降27.5%、29.3%和64.4%。浙江省、金华市民生实事提前2个月办结，市级十方面民生实事圆满完成。民族、宗教、妇女儿童、青少年、优抚等工作都取得新进步。

（赵　斌）

【生态文明建设】2022年，义乌市谋划不断完善美丽战略，聚力推动绿色高质量发展，印发《义乌市"绿水青山就是金山银山"实践创新基地建设实施方案》，申报创建"两山"实践创新基地，作为金华地区唯一城市纳入省级储备库。"义乌市全域治水发展美丽经济惠民生"案例被评为"第二批全省生态环境系统共同富裕最佳实践案例"。成功申报纳入1个省级减污降碳协同试点和10个省级低（零）碳镇、村（社区）试点。打好"清新空气"巩固提升战。印发《义乌市2022年清新空气行动实施计划》，统筹推进三大结构调整。完成56千瓦以下老旧非道新能源替代80台，非道上牌7901台。深化挥发性有机物治理，完成66个低效挥发性有机物治理设施改造升级、42个源头替代项目和华义医药LARD项目，全面淘汰每小时35蒸吨以下燃煤锅炉，建成金华地区唯一废活性炭回收利用"绿岛"项目。打好"碧水提质"攻坚战。推进污水处理扩容提质，双江湖净水厂通水调试，污水处理能力年底达每日75万吨，居全省县级市首位。义乌信息光电高新技术园区纳入省级"污水零直排"标杆园区培育名单，园区小散企业整治做法入选"2022年生态环境部工业园区水污染防治典型案例"，义乌市治水经验入选《人民日报》"奋进新征程建功新时代·非凡十年"专题栏目，义乌工业园区污水零直排主要做法在《全国水污染防治简报》刊发，八都水库2021年度县级以上集中式饮用水水源地安全保障评估等级获评为优。打好"净土清废"安全保卫战。深化全域"无废城市"创建，明确28项"无废城市"建设任务和11个重点建设项目。实施危险废物源头管控，小微危废企业产废收集全覆盖，全力抓好危险废物"动态清零"。提升固废处置能力建设，废机油壶机油滤芯技改项目，污泥干化焚烧二期项目建成投用。完成74个"无废细胞"单元建设、3个"无废城市"建设优秀案例入选省级建设巡礼。2022年，义乌市再次夺得浙江省五水共治"大禹鼎"银鼎；连续五年获评"美丽浙江"建设工作优秀市；全省公众生态环境满意度创历史新高。

（刘佳苗）

领导人员名单

中共义乌市委员会

市委书记

王　健

市委副书记

叶帮锐

唐剑刚（2022年11月新任）

胡作滔（2022年8月离任）

市委常委

王　强（2022年11月离任）

虞秀军（2022年11月离任）

谢国才

蒋　涛

喻新贵

傅晓辉（2022年11月新任）

贾以鸣

朱有清

许建正

王　炜（挂职）

丁艳丽（女）

陈峻峰（2022年11月离任）

葛巧棣（2022年11月新任）

杨　献（2022年11月新任）

义乌市人大常委会

主　任

丁　政

副主任

傅春明（2022年1月离任）

董利明（女，2022年1月新任）

骆　亘（2022年1月离任）

颜新香（女）

胡爱芬（女）

朱位松（2022年1月离任）

贾文红（女，2022年1月新任，2022年8月离任）

金有富（2021年1月离任）

斯基根（2022年1月新任）

鲍建锋（2022年1月新任）

义乌市人民政府

市　长

叶帮锐（2022年1月当选）

副市长

喻新贵

虞秀军（2022年1月新任，2022年12月离任）

王　炜（挂职）

杨　献

宋寅寨

骆小俊（女）

葛巧棣（2022年12月离任）

贾文红（女，2022年1月离任）

张　超（挂职，2022年12月离任）

罗祖盘

王　宇（挂职，2022年12月新任）

邵春洪（2022年12月新任）

汤振农（2022年12月新任）

政协义乌市委员会

主　席

陈小忠（2022年1月新任）

葛国庆（女，2022年1月离任）

副主席

季金甫（2022年1月离任）

蒋令树（2022年1月新任）

朱　斌（兼，2022年1月离任）

王　迎（女）

何文飞（2022年1月离任）

王建新

王亦民

鲍建平

刘瑜君（女）

丁光海（2022年1月新任）

中共义乌市纪律检查委员会

书　记

傅晓辉（2022年11月新任）

王　强（2022年11月离任）

副书记

王庆明

陈国强

义乌市监察委员会

代主任

傅晓辉（2022年11月新任）

王　强（2022年11月离任）

副主任

王庆明

陈国强

义乌市人民法院

法院院长

吴传档（2022年1月当选）

义乌市人民检察院

检察院检察长

陈　新

中国共产党义乌市委员会

YIWU MUNICIPAL COMMITTEE OF THE COMMUNIST PARTY OF CHINA

综 述

【政治建设走深走实】 2022年，中国共产党义乌市委员会（简称“市委”）全面学习贯彻中共二十大精神，组建中共二十大精神宣讲团，市四套班子领导带头深入一线、深入群众，各领域各阶层开展宣讲4500余场，推动中共二十大精神在义乌落地生根。深入开展“六学六进六争先”学习实践活动、“重温真理味道、寻访信仰之源”活动，重走习近平总书记在浙江工作期间调研考察义乌足迹，重温习近平总书记对义乌的教诲和嘱托。严格执行“第一议题”制度，召开市委常委会会议、市委理论学习中心组专题学习会等会议48次，第一时间推动习近平总书记重要讲话精神和中央、省委、金华市委各项部署落地落实。深入学习贯彻省第十五次党代会精神，开展市委宣讲团上门讲、“千人千场集中讲”等活动500余场，受众100余万人次。加强“一把手”和领导班子监督，落实落细“19条举措”“13张责任清单”，探索构建公职人员“全周期”监督体系，及时纠治苗头性、倾向性问题。坚持不懈纠“四风”树新风，深化清风护航专项行动，持续纠治形式主义官僚主义等突出问题，持续加固中央八项规定堤坝，以优良党风引领社风民风，推动作风建设持续走深走实。

【改革蹄疾步稳】 2022年，义乌市以数字化改革为统领引领系统性变革，紧盯“1612”体系深化数字化改革，全力攻坚53个数字化改革省级试点，创新打造“善育宝”智慧婴育服务等重点应用，培育发展数字贸易，有序推进数字人民币试点，数字化改革双月绩效评价连续3次获评五星级，不动产智治、居家养老服务等应用获国家部委肯定，小商品数字自贸应用在全省推进会上演示、获评全省“最佳应用”，“村务清廉钉办”应用获评第三届“中国廉洁创新奖”。深化国际贸易综合改革，向上争取新一轮国际贸易改革试点，16项核心事项中14项得到相关部委支持。创新出口拼箱货物“先查验后装运”监管模式，实现“先装后检”向“先检后装”转变，避免二次查验。启动建设全国首个境外个人境内移动支付示范区，义支付（Yiwu Pay）和沙特阿拉伯完成首单跨境人民币支付业务，获外交部肯定。创设3个海外政务服务驿站，政务服务辐射至全球55个国家和地区。全力推进自贸区义乌区块建设，10项工作获全省标志性成果，5项改革获全省最佳制度创新案例。“浙里移民服务集成改革”等11项改革纳入浙江自贸区标志性成果，“市场采购组货人制度”等5项试点做法被评为“浙江自贸区最佳制度创新案例”。

【市场拓展繁荣】 2022年，义乌市对标对表中共二十大战略部署和省市全会工作要求，坚持和深化“义乌发展经验”，细化世界小商品之都发展目标和路线图，坚持“兴商建市”不动摇，改革开放再出发，深入谋划实施“迭代八大新场景、开创八大新局面”，奋进“两个先行”和现代化都市区建设。以超常规的力度和举措打好稳进提质、除险保安、塑造变革组合拳，在大战大考中交出高分报表。跨境电商出口首次突破千亿元，直播电商增长15%，快递业务量稳居全国各大中城市第二。全力支持企业保订单、抢订单、拓市场，推动企业赴境外参展、“代参展”，境外“商务包机”接回外商564人、带动采购订单2.6亿美元，常驻外商疫情以来首次突破1万人。搭建开放平台，累计在全球48个国家市场化布局海外仓160家、“带你到中国”展厅20个，迪拜义乌中国小商品城开业。拓宽开放通道，获批省RCEP高水平开放合作示范区，与中远海运、普洛斯共建多式联运集疏运网络，落地运营“义陆航”卡航集拼中心，“义新欧”新开通土耳其“铁海公”联运班列，义乌平台开行1569列、发运12.9万标箱，义甬舟海铁联运发运量增长17.6%。

【产业集群培育】 2022年，义乌市全力招大引强，着力培育新智造产业集群。围绕“4+X”（“4”为聚焦信息光电、新能源汽车及零部件、高端芯片及智能终端、医疗健康四大新兴产业培育，“X”为加快推动服装服饰、袜业、饰品、纺织、拉链、化妆品、工艺品、日用品、印刷包装等小商品制造业数字化转型升级）产业体系，签约引进重大产业项目47个。总投资801亿元，开工建设欣旺达新能源动力电池、正泰光伏、爱旭26吉瓦等项目，其中投资213亿元的欣旺达义乌动力电池项目是金华史上制造业单体投资规模最大的项目。建成投产瞻芯电子、晶澳三期、华灿二期等项目；启动新一轮制造业“腾EDA项目”实现省“鲲鹏行动”历史性突破。落实助企纾困、国务院和省市稳经济政策措施，出台《战疫情抢发展20条》等51个政策文件，为企业减负179.5亿元。开展稳进提质现场集中办公活动，为160家企业限期解决土地、融资等问题235个，全年“三服务”解决各类问题1.29万个。出台留义乌过年政策10条，促进保产能、抢工期，助推2022年一季度“开门红”。

【市域一体化发展】 2022年，义乌市推动共同富裕，统筹加快城乡融合发展。全力推进“1+7+N”（“1”指一套指标体系，“7”指经济高质量发展、收入分配制度改革、公共服务优质共享、城乡区域协调发展、社会主义先进文化发展、生态文明建设、社会治理等7个先行示范跑道，“N”指一系列具有引领示范作用和普遍意义的突破性抓手）重点工作和“1+5+N”（“1”指扩中提低、收入分配的发展方向，“5”指缩小地区发展差距、缩小城乡发展差距、公共服务优质共享、精神生活共同富裕、共同富裕现代化基本单元5层基础，“N”指一系列具有引领示范作用和普遍意义的重大改革）重大改革，深化缩小城乡差距、“浙有善育”2项省级试点，“百县万品”入选全国首批乡村振兴典型案例，长期护理保险、农业标准地改革入选全省最佳实践案例，大学生就业创业工作和新就业形态劳动者社保集成改革全省推广，承办第九届“西湖论善”活动。推进城乡融合发展，新增省级未来社区命名3个、未来乡村命名4个、美丽城镇省级样板镇3个，启动农村有机更新30个村。完成建设二村、石桥头等9个区块城市有机更新，腾挪空间86.71公顷。开工建设全高架站房、甬金高速双江湖涉杭温铁路下穿隧道等交通项目，疏港快速路延伸和国贸大道义亭段主线通车。推动公共服务提质扩面，新建成投用中小学、幼儿园40所，“公参民”学校全部转公办学6所，浙大四院、中医医院、妇保院成功创建“三甲”。深化东西部协作和山海协作，与四川巴州共建川东北商贸物流中心，与丽水莲都合作共建产业飞地，建成世界侨商大厦。

【绿色发展理念践行】 2022年，义乌市加强生态保护，践行绿色发展理念。全市可吸入肺颗粒物平均浓度24微克每立方米，空气质量指数优良率97.3%，6项指标全面稳定达标，地表水达到或优于Ⅲ类水质100%达标，获评“美丽浙江”建设工作优秀市，连续3年获得“五水共治”工作优秀市县“大禹鼎”银鼎，夺得全省首批“无废城市”建设“清源杯”。“义乌市全域治水发展美丽经济惠民生”案例入选第二批全省“生态环境系统共同富裕最佳实践案例”。省委生态环保专项督察交办信访件同比下降66.7%，组织历轮环保督察信访件整改问题“回头看”4轮，交办信访231件全部完成整改。

【平安底线筑牢】 2022年，义乌市守牢平安底线，抓实抓细除险保安各项工作。全面开展“除险保安百日攻坚决胜大会战”，迭代完善风险闭环管控大平安机制，圆满完成中共二十大等重大安保任务，反恐数字化改革、无邪教“三级联创”“除险保安”晾晒等工作在全省作典型交流。深化安全生产大排查大清底大整治，强力推进物流行业、自建房、燃气、交通道路、流动人口等专项安全整治，交通事故死亡人数、火警、安全生产事故同比分别下降27.5%、29.3%和64.4%。抓实积案攻坚和源头化解，信访积案按期实现动态清零。高标准推动基层智治系统建设，科学合理划分网格、微网格，充实网格力量，探索健全融合型大社区大单元治理路径，鸡鸣山社区探索基层治理新实践工作在中央广播电视总台《新闻联播》5分钟单条播放。纵深推进“大综合一体化”行政执法改革，全面推行“综合查一次”，总检查量下降55%。坚决有力抓实抓细疫情防控，以“七大机制”“五快循环”为指引，组织7.4万名党员干部奋战在酒店、卡口、转运等一线，守牢“中门”、看好“小门”，打赢“8·2”等系列疫情防控阻击战，实现生产不停、物流不断、产能不减、秩序不乱，得到省委、省政府充分肯定。疫情政策优化调整后，加强医疗保障体系建设，实现“由防到治”转段平稳有序。

【净化政治生态】 2022年，义乌市全面从严治党，打造风清气正政治生态。以“七张问题清单”牵引党建统领整体智治，村社非高频小微权力事项等10个应用成为省级试点，整体智治系统综合评价和“七张问题清单”问题管控力指数始终处于全省第一方阵。加强作风建设，部署“扛旗争先、冲锋在前”主题活动，开展双月攻坚竞赛、机关部门科室和基层站所民主评议活动，推进理论大学习、攻坚大比拼、服务大提升、业绩大晾晒、作风大转变，选树疫情防控表现突出个人2649人。开展“五整治五提升”专项行动，以80个相对复杂和后进村社为重点，持续深化党员整治立规。持之以恒加固中央八项规定堤坝，查处违反精神各类问题104起129人。保持惩治腐败高压态势，持续放大“三不”一体叠加效应，立案371件、留置11人、移送司法机关9人，风清气正政治生态持续巩固。推进“8+1”（“8”为机关、国企、民企、村居、学校、医院、交通、文化8个领域清廉单元建设，“1”为义乌市创新实施的清廉金融建设）清廉单元建设，开展“廉洁家风进万家”系列活动、基层站所腐败和作风问题专项整治，“村务清廉钉办”获评第三届“中国廉洁创新奖”，风清气正政治生态持续巩固。完成第十五届市委首轮巡察，巡视商贸服务业集聚区党工委问题全部整改清零，巡视巡察工作在全省作交流发言。 （刘航宇）

重要会议

【概况】 2022年，义乌市委围绕全面学习贯彻中共二十大精神，以超常规的力度和举措打好稳进提质、除险保安、塑造变革组合拳，先后召开系列重要会议，奋力推动党史学习教育、内陆开放、产业发展、疫情防控等工作，在奋进“两个先行”新征程中冲锋在前，为高质量高水平建成世界小商品之都努力奋斗。

【全市党史学习教育总结会议】 2022年1月22日，全市党史学习教育总结会议召开，市委书记王健讲话，各镇街、市机关各单位党组织负责人共120人参加会议。会议强调，要更加紧密地团结在以习近平同志为核心的党中央周围，坚决贯彻中央、省委和金华市委部署，继续把党史学习教育引向深入，更好把握和运用党的百年奋斗历史经验，全力谱写世界小商品之都建设新篇章，以优异成绩迎接中共二十大胜利召开。

【全市领导干部警示教育大会】 2022年1月22日，全市领导干部警示教育大会召开，市四套班子领导、集聚区管委会主任、法检两长，其他副县处级以上领导干部，市机关各单位党政主要负责人，市人大工委主任、政协专委主任，各镇街党委和政府主要负责人共180人参加会议。会上，通报2021年典型案例情况，与会人员观看警示教育片《歧途勿入》。会议强调，全市各级党组织和广大党员干部要进一步筑牢思想防线，在新的"赶考"路上始终不变质、不变色、不变味，奋力谱写"清廉义乌"建设新篇章，为高水平高质量建成世界小商品之都做出更大贡献，以全面从严治党的新成效迎接中共二十大胜利召开。

【全市民营经济发展大会】 2022年3月2日，全市民营经济发展大会召开。会议以视频会议形式召开，市机关各单位、各镇街设分会场。市四套班子领导、集聚区管委会主任、法检两长，其他副县级以上干部、担任过副县级以上实职的老领导，各镇街、市机关各单位主要负责人，国有企业、垂直部门、金融机构主要负责人，义乌工商职院、中国计量大学现代科技学院、浙大四院、市中心医院、义乌中学等单位主要负责人，市委各巡察组组长，市纪委派驻纪检监察组组长，各民主党派主要负责人，受表彰的部分单位、企业主要负责人和先进个人，部分党代表、人大代表、政协委员等350人在主会场参加会议。会议表彰2021年度国家级专精特新"小巨人"企业、省级隐形冠军企业、省"放水养鱼"企业，义乌市纳税先进企业，工业50强企业，政府质量奖，"十佳"农业龙头企业，市委、市政府记功嘉奖集体和个人，2021年度金融机构考核、镇街、市机关单位考绩优秀单位。会上，2021浙江省新时代中国特色社会主义事业优秀建设者、商贸行业突出贡献单位、百亿元企业、疫情防控先进个人代表、佛堂镇作发言。会议强调，要以习近平新时代中国特色社会主义思想为指导，深入学习贯彻习近平总书记重要讲话精神，全面落实中央、省有关民营经济发展会议工作部署和金华市第八次党代会精神，扛旗争先，崛起浙中，着力推动民营经济高质量发展，深入实施"138"发展战略，为高质量高水平建成世界小商品之都努力奋斗，以优异成绩迎接中共二十大胜利召开。

【"8·2"疫情防控总结暨"无疫单元"创建推进会】 2022年9月6日，义乌市举行"8·2"疫情防控总结暨"无疫单元"创建推进会。会议以视频会议形式召开，各镇街、市机关各单位设分会场。市四套班子领导，集聚区管委会主任、法检两长、其他副县级以上干部，各镇街、市机关各单位主要负责人，国有企业、垂直部门、金融机构主要负责人，义乌工商职院、中国计量大学现代科技学院、浙大四院、市中心医院、义乌中学等单位主要负责人，先进代表等共280人在主会场参加会议。会议宣读"8·2"疫情防控个人记功、嘉奖及战疫冲锋手等文件，并对先进代表进行颁奖；市妇保院、市公安局刑侦大队、上溪镇等单位先进代表发言，民政局、江东街道、福田街道下骆宅社区作"无疫单元"创建单位表态发言。

【市委十五届二次全体（扩大）会议】 2022年9月28日，市委十五届二次全体（扩大）会议在市委党校举行。会议以视频会议形式召开，各镇街、市机关各单位设分会场。市委委员、市委候补委员，市纪委委员，市四套班子领导、集聚区管委会主任，法检两长，其他副县级以上干部，各镇街党（工）委书记，市机关各单位党组织主要负责人，国有企业、垂直部门党组织主要负责人，义乌工商职院、中国计量大学现代科技学院、浙大四院等单位主要负责人，担任过副县级以上实职的离退休老领导，各民主党派主要负责人，部分党代表共210人在主会场参加会议。会议以习近平新时代中国特色社会主义思想为指导，认真贯彻落实省第十五次党代会和省委书记袁家军到义乌工作调研重要指示精神，以及金华市委八届二次全会部署，总结2022年，研究部署对外开放工作；审议通过《中共义乌市委关于学习贯彻省第十五次党代会精神 高水平打造内陆开放样板的决定》，动员全市上下忠实践行“八八战略”，坚决拥护“两个确立”、坚决做到“两个维护”，牢记使命、实干争先，深入推进市委“138”工作体系，高水平打造内陆开放样板，勇当高水平建设内陆开放枢纽中心城市主力军，在奋进“两个先行”新征程中冲锋在前，为高质量高水平建成世界小商品之都努力奋斗。

（刘航宇）

重要决策和部署

【概况】 2022年，义乌市委坚持以习近平新时代中国特色社会主义思想为指导，认真贯彻落实中共二十大、省第十五次党代会、金华市第八次党代会精神，迭代升级“138”工作体系，先后出台高水平打造内陆开放样板、开展“扛旗争先 冲锋在前”主题活动等一系列重大决策部署，勇当打造国际枢纽城、奋进现代都市区主力军，加快高质量高水平建设世界小商品之都。

【义乌市青年发展“十四五”规划】 为促进青年更好成长、更快发展，落实培养担当民族复兴大任的时代新人的战略任务，2022年3月8日，义乌市委印发《义乌市青年发展“十四五”规划》。规划聚焦青年新需求、新期待，以打造“青年发展友好型城市”为引领，坚持数字赋能，搭建青年成长成才平台，优化青年发展环境，提出青年思想政治引领等10个方面发展任务与举措、“望道红色铸魂”品牌工程等10项重点工程，激发青年建功新时代的内生动力和奋斗激情。到2025年，与全市经济社会发展水平相适应的青年发展事业格局全面形成。

【全国科普示范市创建】 为提升公民科学文化素质，实施创新驱动发展战略，促进经济社会高质量发展，2022年3月11日，义乌市印发《义乌市全国科普示范市创建工作实施方案（2021—2025年）》。方案以践行社会主义核心价值观、弘扬科学精神为主线，深化科普供给侧结构性改革为重点，按照“两年创建、三年示范”的要求，分4个阶段推进全国科普示范市创建活动，在全社会倡导和形成科技兴业之风、科技致富之风、科学生活之风，在全市形成爱科学、学科学、讲科学、用科学的浓厚氛围。

【“扛旗争先 冲锋在前”主题活动】 为坚决打赢稳进提质攻坚战，全力推进市委“138”战略实施，2022年6月8日，义乌市印发《义乌市“扛旗争先 冲锋在前”主题活动实施方案》，开展“扛旗争先 冲锋在前”主题活动。活动坚持以习近平新时代中国特色社会主义思想为指导，深入贯彻“疫情要防住、经济要稳住、发展要安全”明确要求，开展理论大学习、攻坚大比拼、服务大提升、业绩大晾晒、作风大转变，推动经济稳进提质，力争各项工作居金华第一、全省前列。

【高水平打造内陆开放样板】 2022年9月28日，中国共产党义乌市第十五届委员会第二次全体会议通过《中共义乌市委关于学习贯彻省第十五次党代会精神高水平打造内陆开放样板的决定》，着力推进供应链创新，建设“五大枢纽”，实施“六大升级”，高水平打造内陆开放样板。通过5年努力，开放通道辐射力、开放平台影响力、开放型经济竞争力、开放环境吸引力进一步提升，形成一批具有义乌辨识度、全国普遍意义的重要成果，成为服务和融入国内国际双循环的数据枢纽、贸易枢纽、物流枢纽、产业枢纽、文化枢纽。

【全省婚俗改革试点工作】 为进一步深化婚俗改革，加强新时代公民道德建设，树立良好社会风气，促进婚姻幸福、家庭和谐、社会稳定，2022年10月5日，义乌市印发《义乌市全省婚俗改革试点工作实施方案》。方案大力推进婚姻领域移风易俗，深入开展婚姻家庭辅导服务，积极倡导简约适度的婚俗礼仪，着力培育文明向上的婚俗文化，持续传承良好家风家教，倡导全市形成正确的婚姻家庭价值取向，不断提升社会文明程度和群众精神面貌。

【全域推进未来乡村建设】 为持续深化“千万工程”，迭代升级新时代美丽乡村建设，促进农村农民共同富裕，2022年11月23日，义乌市印发《义乌市全域推进未来乡村建设实施方案》。方案集成美丽乡村、数字乡村、共富乡村、人文乡村、善治乡村建设，全域建设未来产业、风貌、文化、邻里、健康、低碳、交通、智慧、治理等乡村振兴应用场景，按照未来乡村达标村、特色村、样板村、精品示范村4个等次，有序实施全域未来乡村建设，全面完成“四个一”：绘制一幅蓝图，编制全域未来乡村建设规划；集成一个平台，打造市、镇、村三级纵向贯通、社区乡村横向共享的标准化智慧服务平台；构建一张网络，实现包含公共交通、医疗、养老等基本公共服务的全覆盖；组建一个联盟，鼓励乡村抱团经营、片区发展，形成未来乡村产业“蜂群”矩阵。至2025年，全市所有行政村实现未来乡村应创尽创，建成未来乡村特色村100个以上，未来乡村样板村50个以上，高质量建成省级未来乡村10个以上。

【青年发展型县域试点】 为推进青年发展型城市建设，进一步增强城市对青年承载力、吸引力、凝聚力，提升青年对城市的参与感、推动力、贡献度，2022年12月5日，义乌市印发《义乌市青年发展型县域试点实施方案》（简称《方案》）。《方案》以“省域示范、全国标杆、国际一流”为目标，实施“义青春·青年望道”“义青春·青年善育”等10项工程，构建服务成长需求、维护发展权益的青年发展全方位体系，打造“青春义乌·众创之都”。到2024年5月，青年友好度明显提升，青年人口占城市总人口比例突破40%，青年发展型县域可复制、可推广的“义乌模式”基本形成。 （刘航宇）

重要活动

【概况】 2022年，义乌市委团结带领全市上下深学笃行习近平新时代中国特色社会主义思想，坚持统筹发展和安全，先后组织开展习近平新时代中国特色社会主义思想进修班、义乌人大会、招商引资项目集中签约仪式等系列重大活动，全力谱写奋进“两个先行”、高质量高水平建设世界小商品之都崭新篇章。

【2021年“大落实 大比拼”活动】 2022年1月15日，义乌2021年“大落实 大比拼”活动举行，14个镇街、4个平台接受“检阅”。市委书记王健、代市长叶帮锐分别带队，与四套班子领导、部分市直机关单位和镇街党（工）委、平台主要负责人组成的考评团，实地察看18个具有代表性的项目，现场打分评比。

【季度招商引资项目集中签约仪式】 2022年3月29日，2022年一季度招商引资项目集中签约仪式举办，涉及重大招商引资项目25个，总投资304亿元，预计带动进出口额260亿元以上。此次集中签约的重大招商引资项目包含芯片、光伏、新材料等制造业项目9个，物流供应链、数字贸易、进口贸易等商贸类项目16个。浙江派芯半导体科技有限公司董事长黄庆丽、东芯微电子有限责任公司总经理梁轶、浙江天派针织有限公司董事长王晋围，市领导王健、叶帮锐、丁政等7人参加线上集中“云签约”仪式。6月28日，2022年二季度招商引资项目集中签约仪式举行，涉及重大招商引资项目18个，总投资265亿元。正泰集团董事长南存辉、洋码头（重庆）科技有限公司总裁曾碧波，市领导王健、叶帮锐、丁政等8人参加签约仪式。

【“廉洁家风进万家”活动】 2022年6月16日，义乌市启动“廉洁家风进万家”活动，旨在以清廉家风涵养清朗党风政风社风，筑牢反腐倡廉家庭防线，为义乌高质量发展激扬精气神，汇聚正能量。市委书记王健为仪式致辞并宣布活动正式启动，市长叶帮锐主持启动仪式。市领导丁政、陈小忠、胡作滔等7人参加活动。启动仪式上，市四套班子领导、全市正科级领导干部家属、部门镇街相关人员，以及部分廉洁家风宣讲员代表进行《树清廉家风·创廉洁家庭》宣誓。启动仪式后，市委常委、市纪委书记、市监委主任王强作题为《与领导干部家属说说“廉”心话》专题讲座。

【中青年干部培训班】 2022年7月4日，2022年习近平新时代中国特色社会主义思想进修班暨中青年干部培训班在市委党校开班。市委书记王健作开班动员并讲授第一课，市委常委、组织部部长蒋涛主持开班式。习近平新时代中国特色社会主义思想进修班学制1个月，中青年干部培训班学制2个月，重点围绕中共理论和党性教育、省第十五次党代会精神、市委“138”发展战略等内容进行培训。通过专题讲座、专题辅导、现场教学、分组讨论等方法，帮助学员淬炼党性修养、夯实理论基础、锤炼意志品质、提升专业素养。来自全市各单位的120名市管干部、优秀中层正职和年轻骨干参加培训。

【校地党建共同体成立】 2022年7月6日，义乌市委与义乌工商职业技术学院党委校地党建共同体成立。市委书记王健，义乌工商职院党委书记李昌祖，义乌工商职院院长、党委副书记马广，市委常委、组织部部长蒋涛出席成立仪式。仪式上，与会领导共同启动“中共义乌市委、义乌工商职业技术学院党委校地党建共同体”，相关集群的牵头单位负责人为党建集群揭牌；福田街道党工委与马克思主义学院直属党支部签订“新时代文明实践中心协议”，江东街道党工委与人文旅游学院党委签订未来社区建设协议，国际商贸学校党总支与创意设计学院党委签订“中高职一体化协议”，双童日用品有限公司党支部与经济管理学院党委签订“校企合作项目协议”；部分共建单位代表作表态发言。 （刘航宇）

组织工作

【概况】 2022年，全市发展中国共产党党员604人。其中：女党员192人，占31.8%；35岁以下340人，占56.3%；大专以上430人，占71.2%。全市有中国共产党党员6.72万人。其中：35岁以下1.78万人，36～60岁3.11万人，61岁以上1.83万人；农村党员2.77万人，城市社区党员1.41万人，“两新”组织党员0.92万人，机关事业单位党员1.33万人，国有企业党员2900人；大专以上3.65万人，高中（含中专）1.29万人，初中及以下1.78万人。全市有各级党组织3740个，其中，党（工）委265个，党总支120个，党支部3355个。 （孙 鹏）

【“百镇共建强基”行动】 2022年，义乌市全域开展“百镇共建强基”行动，以50个强村党组织为龙头，牵引带动周边村党组织联建、发展联促、治理联抓、服务联享，一体推进实施125个共富项目。引领培育乡村共富实践样板50个，打造共富党建示范带4条、“共富工坊”67个，“百县万品”入选全国首批乡村振兴典型案例、“红色信仰”党建联建入选首批全省实践案例。高标准落实“百镇共建强基”行动，落地共建项目65个，计划总投资3.88亿元。 （孙 鹏）

【党建统领网格智治体系】 2022年，义乌市科学规范设置网格1936个、微网格7638个，考录、转任社工1326人，聚合“专兼联”力量2.23万人。打响“有事找社区、就近找网格”服务品牌，1902支小分队服务解难20.5万余次，助力疫情平稳转段渡峰，《网格智治赋能疫情防控》在中组部《组工信息》刊发。 （孙 鹏）

【现代社区建设扎实推进】 2022年，义乌市承办全省现代社区建设领导小组办公室第二次主任会议，一体推进“六大改革”“十大行动”，全面构建现代社区“1512（义乌有爱）”工作体系，实施微网格长全链条管理等13个“揭榜挂帅”项目，打造一批现代社区建设标志性成果。融合型大社区党建11条标准在金华全市推广，鸡鸣山社区探索基层治理新实践在中央广播电视总台《新闻联播》5分钟单条报道。 （孙 鹏）

【基层组织战斗堡垒建强】 2022年，义乌市聚力争创“红色根脉强基示范市”，推进“强基指数领跑全省”等揭榜项目落地。会同市纪委部署开展“五整治五提升”专项行动，靶向施治“镇村党组织管党治党责任递减”等三大类16项关键问题，解决基层急难愁盼205个，以点带面推动全域整改提升。持续整顿软弱涣散党组织，“一村一策”有序完成22个后进村党组织整顿提升。压茬推进51个村（社）党群服务中心规范化改造，整合优化党群服务中心综合服务设施布局，推动形成“15分钟服务圈”。（孙　鹏）

【锻造过硬基层党员干部队伍】2022年，义乌市持续深化党员整治立规，追责问责基层党组织书记、第一书记、联系领导等204人，联动开展村干部“六不”行为专项整治，直接“下”掉不胜任村干部9人。全年党员违法68人，同比下降50.72%，村干部实现“零违法”。平稳有序完成发展党员排查整顿工作，“一村一策”破解多年未发展党员问题，5年以上未发展党员村实现销号清零。（孙　鹏）

【新业态、新就业群体党建】2022年，义乌市推进外卖行业党建破题增效。6月27日，成立全市首个外卖骑手行业综合党委，组建“商城骑兵”志愿者服务队，打造市外卖骑手党群服务中心、“饿了么”标准化站点。探索货车司机党建，11月，成立市交通运输行业党委，制定货车司机党建工作整体方案，明确货车司机“六个一”关爱标准，新建“义港通”等50辆车以上的重点货运企业党组织3个，推进5个重点物流园区党组织全覆盖，打造公路港物流园区、“义港通”货运企业、货车司机“爱心加油站”示范点3个。创新直播电商行业党建品牌，制定电商园区党建“五联五共”运行机制，推行“七个一”工作标准，高标准打造7个党建示范点。（傅祖健）

【电商党建联建机制】2022年，义乌市聚焦电商直播式共富工坊标准化建设，建立“1+5+N”农村电商党建联建机制，即统筹建立农村电商联盟，整合推动机关部门、国企、院校、行业协会、龙头企业五大领域16项资源下沉，支持各镇街因村制宜打造“N”个农村电商党建示范点。依托农村电商党建联建优势，引导32家电商企业和直播平台与102个村党组织结对互助，成功打造直播电商式共富工坊12个，逐个落实“三个一”联系机制，相关做法11月25日获金华市委组织部主要领导批示肯定。（傅祖健）

【流动党员有效纳管】2022年10月，承接全省流动党员全链条闭环管理试点，全面开展连心织网、走心铸魂、凝心扎根、暖心关爱、同心筑家“五心汇流”行动，制定流动党员分级分类纳管、“十二分制”管理、灵活性组织生活8条意见等系列机制，有序推动1.6万余名流动党员报到纳管，以流动党员精准管理，带动社会精准治理。（傅祖健）

2022年6月27日，义乌市成立首个外卖骑手行业综合党委，组建“商城骑兵”志愿者服务队（市委组织部　供图）

宣传工作

【概况】2022年，市委宣传部紧扣中共二十大、市场建设40周年、数字化改革等工作主线，营造“扛旗争先　冲锋在前”的浓厚干事氛围。全年策划推出“奋进新征程　建功新时代”等系列重大主题报道45组，原创报道1.5万余篇。新闻作品获浙江省新闻奖14项，其中一等奖作品4件，创10年历史新高。高标准完成省运会宣传报道任务和火炬传播义乌站直播，融媒体中心荣获“上送央广十强”等省级以上荣誉8项。深入推进媒体融合改革，融媒指数稳居金华第一、全省前十名，抖音指数排名迅速跃升至全省第一。

【聚焦义乌媒体报道】 2022年，中央、省级主流媒体刊发涉义乌报道5000篇（条）；央视《新闻联播》报道数19条，《人民日报》《新华每日电讯》均围绕市场建设40周年刊发长篇报道；连续17天登上《浙江日报》头版。中央广播电视总台浙江总站“共同富裕观察点”落地义乌，“共同富裕国际传播体系区域品牌化建设”课题研究深入开展。“魅力义乌”平台矩阵深化拓展，三大国际传播品牌着力打造。正能量短视频《风雨袭来的一瞬间，大白们齐刷刷做的第一件事是……》登上《人民日报》微信公众号头条，总阅读量1000余万人次。

【文化精品工程】 2022年，义乌市深入实施文化精品工程，全年扶持奖励文化精品项目44个，累计175万元。其中，纪录片《义乌：解码奇迹之城》入选中宣部扶持项目，纪录片《重走坦赞铁路》获省“五个一工程”奖，《超级英雄美猴王：齐天儿》获第35届中国电影金鸡奖最佳美术片提名奖，纪录片《我到非洲去》在央视国际频道播出，工艺美术作品《保家卫国》入选省文艺基金项目，积极筹备电影《望道》上映。加速推进大剧院等标志性大型公共文化设施建设进度，“15分钟品质文化生活圈”初具规模，累计开展“商城文艺大观园”等文体活动4000余场，服务20余万人次。新增省级五星级农村文化礼堂12家。

【新时代文明新风创建】 2022年，市委宣传部纵深推进新时代文明实践国家试点建设，擦亮文明品牌，高标准建成新时代文明实践中心（横塘公园），实现14个镇街新时代文明实践所全覆盖。投入财政资金1200余万元，引进社会组织团队60余支，建设村社文明实践场馆社会化运营服务站点62个。公民道德水准不断提升，被评为“中国好人”2例，“浙江好人”6例，“金华好人”13例。持续巩固文明城市创建成果，扎实推进数字文明建设，“全域文明数智通”工作经验在全省作交流发言。开展“宋韵中秋月满圆、浙风有礼人团圆”等活动20余场，投放市民文明宣传册8万余份。

【网络环境创优】 2022年，市委宣传部做强网络舆论引领，全面提升数字应用质效。围绕重大主题创新打造“望道微宣讲”“音乐思政课”等传播品牌，高质量承办中央网信办“2022中国有约”网络国际传播活动。创新“E路说法”“E路守护”“E路公益”等网络文明活动品牌，网络信用“十二分制”管理模式获省委办公厅肯定。强化网络安全防护，完善信息发布工作机制，全面开展历史数据自查自纠“去存量”。统筹推进系列网络专项治理行动，坚定打谣辟谣，清理有害信息。组织开展2022年义乌市网络安全宣传周活动，“网络安全知识盲盒答题”等活动内容丰富，广受好评。

【数字文化项目创新】 2022年7月4日，《云上社科微讲堂》被评为省社科普及创新项目。同月26日，市委宣传部“义网智靖”应用被评为全省数字文化优秀应用，“书码通”“文体宝”等数字文化项目获批省级试点应用。创新工作实现新突破，11月2日《“一带一路·金枢纽”网络国际传播项目》《打造新时代文化高地的“三个直播间”》2项创新工作同时入选金华市宣传思想文化工作十大创新项目，其中“一带一路·金枢纽”项目与金华宣传部联合申报，入选全省宣传思想文化工作创新项目。

【学习宣传贯彻中共二十大精神】 2022年10月16日，中共二十大召开后，市委宣传部迅速兴起中共二十大精神学习宣传贯彻热潮，策划开展“六学六进六争先、十百千万大宣讲”等实践活动3800余场。鸡鸣山社区成为浙江省学习贯彻中共二十大精神主题报道的唯一采访拍摄点位，学习做法在11月26日《新闻联播》单条报道时长达5分钟。“真理的味道”理论宣讲名师工作室被评为“全省首批理论宣讲名师工作室”，《习近平县域治理重要

论述在义乌实践创新》课题获中央党史和文献研究院立项并顺利结题。（王啸 金鑫）

统一战线工作

【概况】 2022年，义乌市统一战线凝心聚力，同心抗疫、义同共富，持续推动统战工作走前列、创佳绩。2022年，陈望道故居被评为“中国华侨国际文化交流基地”，四季社区被评为“全国民族团结进步示范单位”，锦都社区、民促会被评为省级“示范培育单位”。议政直通车和基层宗教风险防控应用双双入围全省数字统战首批8个“好应用”，占全省四分之一。“义同助农”“创新民主党派联合调研机制”“民主党派基层组织规范化建设”等工作得到浙江省委、金华市委统战部主要领导批示肯定。义乌统战工作先后5次在全省、全市重要工作会议上作典型发言。全年，中央、省级媒体宣传报道460余篇。

【统战工作机制优化】 2022年，义乌市委统战部办公室重新梳理统战工作领导小组工作机制，新增卫健、文广旅体2个成员单位，召开领导小组会议1次、联席会议16次，基本形成“领导小组议大事、联席会议抓日常”的工作形态。年内，市委常委会研究统战工作5次，市委理论学习中心组学习统战内容4次，召开党外人士通报会、协商会6次，邀请党外人士列席市级会议活动17次。

【宗教中国化和治理现代化纵深推进】 2022年，市委统战部民宗局持续深化“五教同行 和合义乌”特色品牌，开展佛教中国化展、宋韵文化展等主题活动30余场；挖掘新时代宗教中国化内涵，编印《义乌市基督教中国化文集》；挖掘傅大士、吴越等传统文化资源，重点打造双林禅寺标杆场所，全面完成寺院规制建设、生态环境改造等提升工作。以数字化改革推进宗教精准治理，宗教领域数字化改革应用获评“全省数字化改革突破奖”铜奖。

【暖心志愿服务活动】 2022年，市委统战部组织统战部党员干部及统一战线人才开展送文化、送健康、送法律、送科技、送政策“五下乡”活动36场，服务群众1500余人次。推进“千个侨团帮千村”工作，6个侨团与村社开展结对，按照“一村一品一特色”进行帮扶。深化“红色同心”品牌打造，开展“义同”系列服务活动80余场。新冠疫情期间，全体党员干部下沉一线组成“红色同心”志愿者服务队开展公益抗疫心理援助500余次；统战成员赴疫线走访慰问240余次，累计捐赠物资1000万元。

【爱心助农行动】 2022年，市委统战部依托同心助农共富联盟，通过“爱心认购、公益直采、社区团购”等形式，搭建农户和消费群体供需桥梁，形成消费助农携手同行、人人参与、人人可为的浓厚氛围。5月12日，市委统战部得知上溪镇100余吨土豆滞销，立即组建“同心助农共富联盟”，广泛发动统一战线成员，发出“爱心认购”倡议，至同月15日，订购25吨土豆，缓解农户滞销困境。2022年，通过爱心认购农产品300余万元，受益农户200余户。发挥乡贤导师品牌运营优势，深挖全市农产品资源，由乡贤牵头先

2022年5月12日，市委统战部组织统一战线成员助力上溪滞销土豆销售

（市委统战部 供图）

后在上溪镇、大陈镇、赤岸镇打造“上溪八味”“大陈小集”“蒲墟南货”等农产品区域品牌，搭建完整产品体系和农产品销售运营体系，带领小农户抱团闯市场，带动农民增收致富。至年底，通过“大陈小集”等基地销售农产品846万元，带动500户农户增收。

【全市统战工作会议】 2022年5月16日，义乌市召开全市统战工作会议，学习贯彻全国、全省和金华统战部长会议精神，深入落实义乌市第十五次党代会精神，全面总结回顾2021年工作，系统部署推进2022年主要任务。会议邀请浙江省政协常委、浙江省社会主义学院（浙江中华文化学院）原巡视员隗斌贤解读《统战工作条例》及省委实施细则精神。市机关各单位分管领导，各镇街分管领导、统战干事，市委统战部、市侨联、市工商联班子成员，各民主党派、统战团体负责人150余人参加会议。

【“义乌鸡毛换糖文化传承”主题活动】 2022年5月31日，世界义商总会、新生代企业家联谊会在龙发不锈钢企业有限公司联合举办青蓝接力、新老传承暨“义乌鸡毛换糖文化传承”主题活动。市委统战部、城西街道相关领导，世界义商总会、新生代企业家联谊会新老企业家50余人参加活动。活动中，世界义商总会和新生代企业家联谊会签订共建协议书；酵母团队负责人作《传承中进化》的主题讲座。

【实施“同心共富”工程】 2022年，义乌统战工作聚焦市委“138”发展战略，通过“千名乡贤助共富”“侨助共富·侨促发展”“百会千企共富”和民族共富等行动，同心助力共同富裕。6月9日，义乌市召开“乡贤助共富”行动推进会，全面动员新乡贤积极投身家乡建设，为高质量建设共同富裕示范区成功案例贡献统战力量。会上举行交流发言、工作部署、签约捐赠仪式及领导讲话4个环节。义乌市“千名乡贤助共富”行动工作专班成员单位分管领导，市委统战部、市侨联、市工商联班子成员，各镇街分管统战工作领导、统战干事；各民主党派、统战组织负责人，各镇街乡贤会、基层商会、基层侨联负责人及部分乡贤代表110人参加会议。3—12月，义乌市开展“千名乡贤联百村助共富”行动，依托各镇街乡贤会、基层商会、基层侨联，建立“乡贤小组+村（社区）+低收入农户”结对的帮富创富帮共体100个，形成帮扶举措200余条；组建“同心助农共富联盟”开展“爱心助农”活动，助力特色农产品的种植培育、销售推介和品牌建设；建立乡村振兴和乡贤回归投资项目库，招引乡贤或乡贤牵线搭桥项目17个，投资总额15.3亿元；成立镇街新乡贤爱心基金3个，乡贤个人捐赠设立公益慈善项目10个，捐赠总金额3亿元。与仙居、淳安等地建立常态化联系，举办侨助工坊经纪人培训会3期，达成意向订单1亿元，惠及5000余人。组织在义乌企业与巴州10个村结对，送去帮扶资金30万元。参与义乌—磐安共建共富和“百团结百村”活动，67家民企与67个薄弱村结对帮扶；为兰溪水亭畲族乡柳家村提供帮扶资金10万元。

【义乌统一战线2022年信息宣传培训班】 2022年6月15—16日，义乌统一战线2022年信息宣传培训班在市社会主义学院举办。此次培训坚持理论与实践相结合，学习与联谊两手抓，课程包括信息宣传、统战业务等专业知识讲解，学员交流研讨和户外采风实践等方面。义乌各镇街统战委员、统战干事，各民主党派、市工商联、市侨联、各统战组织、相关新阶层基地等信息宣传工作负责人共50人参加培训。市委统战部坚持以训促学，以学促优，连续4年举办统一战线信息宣传培训班，以大统战工作格局，组建统一战线信息宣传人才队伍；立足“义乌统战”微信公众号，形成微信宣传矩阵，在中央统战部官方网站、《中国统一战线杂志》《浙江日报》、浙江统战等媒体平台刊登义乌统战信息100余篇。

【“千侨帮千村”活动推进会】 2022年6月17日，义乌市委统战部、市侨联“千侨帮千村”活动推进会在侨商大厦举行，市侨联主要领导，上溪镇、大陈镇、赤岸镇、稠江街道、后宅街道统战委员，6个结对村负责人及6个侨团负责人共30人参加会议。会上，稠岩村和薛乔村负责人分别介绍2021年结对情况；义乌侨商联合会与结对的稠岩村就项目投资和困难帮扶等方面开展沟通交流，用实际行动助力乡村发展。会议期间，市侨爱会就薛乔村村情，开展以“助学、助医、助困”和“送温暖、送医疗、送服务”为主题的“三助三送”活动，重点帮扶薛乔村的困难人群。

2022年7月29日，佛堂镇新的社会阶层人士统战工作实践创新基地——鸿新荟在佛堂镇鸿语医疗产业园揭牌成立

（市委统战部　供图）

【统战工作实践创新基地建设】 2022年7月29日，佛堂镇新的社会阶层人士统战工作实践创新基地——鸿新荟在佛堂镇鸿语医疗产业园揭牌成立，为义乌成立的第7个新的社会阶层人士统战工作实践创新基地。鸿新荟主要由辖区内民营企业管理技术人员为主体，广泛联系服务辖区内各类新的社会阶层人士，在市委统战部的指导下，紧紧围绕市委、市政府中心工作和苏溪镇工作重点，服务中心、服务大局。全力打造乡贤会客厅标准示范，新增乡贤会客厅10处。

【民族工作标准化试点】 2022年9月8日，浙江省铸牢中华民族共同体意识经验交流暨社区民族工作标准化推进会在金华召开，会上，义乌市委统战部作铸牢中华民族共同体意识经验交流。2022年，义乌市委统战部民族科完成全省社区民族工作标准化试点工作，总结形成“1+3+3+N”（“1”指的是社区民族工作的总体要求，第一个“3”指的是“石榴红”家园、驿站及工作室等3个阵地管理规范，第二个“3”指分别是“石榴红”工作者、志愿服务队及宣讲团3支队伍的管理规范，最终形成N个工作机制）工作体系，制定并发布9个管理规范。打造“石榴红”家园、驿站、工作室、志愿者服务队、宣讲团等12个平台阵地，鸡鸣山社区“各族群众互嵌式社区环境建设”入选全国30个、浙江省唯一的国家民委“三项计划”试点示范项目。开展民族团结进步宣传月活动，线下参与500余人，线上参与42万余人次。

【民营经济统战工作创新推进】 2022年，义乌统战工作全力推进清廉民企建设，2家民企被评为“金华市级示范企业”，10家被评为“标准型企业”，津义建设利用数字化手段监控招投标全过程的做法得到省纪委刊发。12月14日，举办首届新生代企业家创业创新发展论坛，聘任首期10名新生代企业家导师。全年举办“亲清直通车·政企恳谈会”2期、新企联大讲堂3期、“三服务”活动20余场。11月7—11日，由义乌市委组织部、统战部联合在厦门举办2022年义乌市民营企业负责人高质量发展专题研修班，来自义乌各行业骨干企业负责人、商协会会长、新生代企业家、市场经营户代表等50人参加培训。12月13日，义乌市举办新生代企业家创业创新发展论坛。160余名新老企业家围绕“传承促新生、创新领未来”主题，以“线下+线上”互动的方式，共话传承与创新，共商未来与发展。论坛由义乌市工商业联合会（总商会）主办，义乌市新生代企业家联谊会承办，设“传承”“创新”“展望”3个篇章。

【“六学六进六争先”学习实践活动】 2022年11月17日，市委统战部举办学习宣传贯彻中共二十大精神义乌统一战线“六学六进六争先”学习实践活动，义乌市委常委贾以鸣围绕深刻领会把握中共二十大精神核心要义和丰富内涵、结合中共二十大精神深刻理解习近平总书记关于做好新时代党的统一战线工作的重要思想、团结最广泛的统战力量助力高水平打造内陆开放样板方面，深入浅出的系统宣讲。市委统战部常务副部长陈东主持会议，并传达中央、省委、市委关于学习宣传贯彻中共二十大精神的相关文件要求；九三学社义乌市委会主委丁光海、新生代企业家联谊会执行会长张康分别围绕如何学习贯彻中共二十大精神表态发言；义乌市民族团结进步促进会会长朱小亚、义乌侨商联合会会长王慧斌分别围绕如何结合自身优势开展中共二十大精神宣讲作交流发言。义乌各民主党派、民族宗教界人士、商会代表、新阶层人士代表、港澳台侨代表及各统战组织负责人等60余人参加会议。2022年，义乌各民主党派、统战组织等统一战线成员多形式开展学习实践活动80余次。

【义乌市台胞台属联谊会换届】 2022年11月22日，义乌市台胞台属联谊会（简称“市台联会”）召开第八次会员代表大会，大会审议通过《义乌市台胞台属联谊会第七届理事会工作报告》《义乌市台胞台属联谊会财务工作报告》，审议通过《义乌市台胞台属联谊会章程（草案）》《义乌市台胞台属联谊会财务管理和会费收取办法（草案）》《义乌市台胞台属联谊会选举办法（草案）》，选举产生新一届理事会班子。义乌市台联会自1989年成立至2022年，历经七届理事会，围绕市委、市政府中心工作，认真履行各项职责，台联工作获上级肯定和表彰。

【“国际创客”创业创新大赛】 2022年11月24日，“浙里”数智赋能·“义同”创享未来——浙江省第三届“国际创客”创业创新大赛在义乌银都酒店举行颁奖仪式。大赛以“‘浙里’数智赋能，‘义同’创享未来”为主题，聚焦传统产业转型升级、人工智能、互联网经济、直播电商、新业态创业及乡村振兴等领域，面向全球吸引一批带技术、带项目的高层次人才和团队到义乌创新创业，20个创业项目入围总决赛。浙江省“国际创客”创业创新大赛自2019年至2022年，已成功举办2届，共征集各类创业创新项目319个，参赛选手覆盖美国、巴西、土耳其、伊朗、孟加拉国、哥伦比亚等39个国家，参赛项目涉及传统产业转型升级、新兴产业发展、互联网经济、直播电商、新业态创业、青年创业、创业金融服务、创新设计、乡村振兴等领域。（郑海洋）

机构编制

【概况】 2022年，全市共设立市委、市政府工作部门44个，其中，人大、政协机关2个，党委工作部门10个，政府工作部门28个，市级派出机构4个（义乌自由贸易发展区管理委员会、义乌经济技术开发区管理委员会机构规格为副处级，义乌市政务服务管理办公室、义乌市场发展委员会机构规格为正科级）。省政府派出机构1个（义乌国际贸易综合改革试验区管理委员会，机构规格未定级；在该机构下设综合协调局和政策法规局，机构规格暂定为正科级），金华市级部门派出机构1个（金华市生态环境局义乌分局）。群团机关12个（含合署2个，分别为义乌市计划生育协会与义乌市卫生健康局合署，义乌市社会科学界联合会与中共义乌市委宣传部合署）；法检机关2个；镇街14个，其中，镇党委政府6个，街道党工委办事处8个。事业单位392个，其中，市级直属正科级事业单位8个，部门所属副科级事业单位11个，副厅级高校1所。全市有行政编制4157名，其中，党政群编制2470名（含执法局411名），政法专项编制1687名。事业编制1.31万名（含参公1032名），事业单位报备员额编制核定9421名。

【“大综合一体化”行政执法改革】 2022年2月8日，义乌市出台系列批复，整合现有专业执法队伍，统一规范设置“1支综合行政执法队伍+8支专业执法队伍”。3月16日，印发《义乌市综合行政执法保障中心机构编制规定》，统筹配置综合执法资源，完善行政执法体系。6月9日，下发《关于设立镇街综合行政执法队的通知》，全域推进镇街“一支队伍管执法”。6月30日，下发《关于调整市综合行政执法局机构设置的批复》，增设内设机构综合指导科，加强行政执法统筹协调指挥。

【机构编制管理创新】 2022年2月8日，义乌市印发《关于调整市人力资源和社会保障局所属事业单位机构编制的批复》，整合设立副科级事业单位就业和人才管理服务中心，新设股级事业单位企业退休人员社会化管理服务中心。6月28日，出台《关于规范市中心医院等5所公立医院机构编制管理的通知》，规范5所公立医院机构编制管理，全面落实党委领导下的院长负责制，对院级领导职数、中层职数和管理机构设置进行规范，推动义乌市医疗卫生事业高质量发展；创新编制资源管理，为市政协办提供事业编制支持。强化公安、统计、政法、文保、司法等领域的事业工作力量。为城西街道、市科技局、市水务局等部门所属事业单位核定周转编制，优化部门梯队建设。

【机构编制体制机制保障】 2022年，义乌市理顺重点领域机构编制体制机制。2月8日，下发《关于调整市司法局内设机构的批复》，单独设置市委全面依法治市委员会办公室秘书科，进一步加强依法治市办工作机制。下发《关于调整义乌市应急管理局及所属事业单位机构编制事项的批复》，市应急管理局增设内设机构，加强安委办工作力量。加强重点民生领域机构编制资源倾斜。围绕“浙中医疗高地”建设，强化医疗、疾控机构编制支持力度。3月16日，下发《关于调整医共体基层院区报备员额的批复》，核增全市14个医共体基层院区报备员额。围绕“教育强市”发展战略，精准投放各学段教职工编制，完成各学段编制分配。完成8所幼儿园、11所学校的审批设立，完成4所民转公学校审批设立；用活“党政群行政编制周转池”。2022年配合组织部完成6批次人员周转，鼓励超编满编部门利用“周转池”解决部门无编可用的压力，21个单位54人转入，“周转池”人员进出有序，运行状态良好。12月1日，下发《关于设立中共义乌市委教育工作委员会的批复》，设立市委教育工委，强化党对教育工作的全面领导。下发《关于调整市委办公室及所属事业单位机构编制的批复》，从改革办划转政研室和财经办回归市委办，明确由市委办承担党委系统信息化建设相关职责。下发《关于调整市行政服务中心管理委员会及所属事业单位机构编制的批复》，行政服务中心管委会更名政务服务管理办公室，进一步理顺“放管服”改革职责分工。

【基层管理体制改革】 2022年2月22日，市委编办会同市委政法委、市委改革办、市民政局、市司法局、市综合执法办、市行政服务中心、市数管中心联合印发《义乌市贯通镇街事项管理机制》，规范镇街贯通事项（含下沉、转移、延伸）的承接运行，建立完善分级授权、权责一致、精准分工、纵向协同的权责体系。6月29日，出台《义乌市构建镇街基层治理组织体系和运行模式的实施方案》，构建党委领导、党政统筹、平台运行、岗位管理的组织体系和运行模式；出台《关于设立镇街综合信息指挥室的通知》，单独设立镇街综合信息指挥室，综合信息指挥室主任由镇街党（工）委书记担任，第一副主任由镇街党（工）委副书记担任，另设专职副主任1名，作为关键岗位管理。7月11日，市委编委批复将市社会矛盾纠纷调处化解中心迭代升级组建市社会治理中心，进一步推进基层智治系统建设。8月31日，出台14个镇街模块化运行平台职责、人员配备和岗位设置细化方案。12月1日，市委编委出台《义乌市关于加强镇街编制统筹管理助力基层治理体系建设实施方案》，进一步强化全市镇街编制统筹管理。

【编外聘用人员管理】 2022年，开展义乌市编外聘用人员管理数字化改革工作。4月，义乌市编外聘用人员管理系统上线运行。7月，通过编外聘用人员管理系统实现对编外人员核编、用工、核编、招录、使用、管理、退出等全流程线上办理。11月，完成《义乌市机关事业单位编外聘用人员管理办法》及公开招聘、劳务派遣、薪酬待遇、奖励激励、人员问责5个方面配套制度初稿并发送全市各部门征求意见。11月9日，在市委全面深化改革委员会第12次会议上，中共义乌市委机构编制委员会办公室（简称“市委编办”）主任王志坚作义乌市编外聘用人员数字化管理应用演示汇报。12月，根据《浙江省重大决策社会风险评估实施办法》相关要求，在对接市委政法委及相关风险评估机构基础上，开展改革项目社会风险评估相关工作。

【机构编制刚性管理】 2022年，市委编办做好实名制系统日常维护，台账及时更新。拟定核查计划，对全市所有单位进行信息查看，发现问题及时调整，定期集中校验机构编制批复、人员信息变更等数据，确保实名制数据的完整度和准确度。9月22日，下发《关于做好全市各单位机构编制实名制管理系统信息维护工作的紧急通知》，督促各单位做好自查维护。2022年在编变更信息5000余条；落实机构编制法定化。同月26日，下发《关于开展2022年全市事业单位法人“双随机”抽查工作的通知》，启动开展2022年全市事业单位法人“双随机”抽查工作，检查11家事业单位，发现16个问题，所涉事业单位均在规定时间内落实整改。10月25日，下发《关于开展机构编制政策执行情况专项检查的通知》，开展机构编制政策执行情况专项检查，通过对部门自查表和机构编制重要事项报告的审核，核清义乌市各类机关和事业单位机构编制基础数据，拟写机构编制重要事项报告，建立问题台账并督促整改；扎实做好事业单位法人登记管理、年度报告公示等工作。全年办理事业单位法人设立登记15件，变更登记217件，注销登记5件，证书补换领67件，章程审批11件；应申报2021年度事业单位法人年度报告公示的单位393家，审核通过393家，完成率100%。公示年度报告事业单位391家，因申请不公示年度报告事业单位2家。完成全市机关、群团统一社会信用代码赋码换证工作，至年底，办理证书初领1件，证书换领2件，证书变更39件；完成429个中文域名注册费的支付工作。

（何程伟）

干部工作

【概况】 至2022年底，全市有市管干部1050人，其中，机关部门班子成员370人（机关正副职319人，正股党委委员51人），镇街班子208人，国有企业班子成员82人，其他正副局级干部114人（含纪检组、巡察组），“三员”〔副镇（局）级组织员，纪检员、信访干部〕28人，退出现职干部248人。机关部门班子成员平均年龄45.6岁，镇街班子成员平均年龄43.1岁，国企班子成员平均年龄46.5岁。全市市管干部中（不含退出现职领导），35周岁及以下42人，女干部121人，党外干部23人。全年调整市管干部246人，其中提拔或进一步使用干部145人。

（季俊峰）

【干部选优选配】 2022年，市委组织部坚持“干中换、换中干”原则，分3批次集中开展机关部门“一把手”、国有企业、机关部门副职人事调整，逐单位逐人次分析研判，好中选优选配“一把手”、配强整体班子，推动领导班子结构功能全面优化。对国企干部队伍进行分析研判，全市28个专业性较强部门中，专业型干部比例均达到50%的配备要求。综合考虑班子年龄、经历、专业结构，以实现经验能力互补、性格气质相容、增强班子整体功能为目标，完成市属国企领导班子调整。全年，完成职业技能培训4341人次，技能人才考证3931人次，其中高技能人才3300人次，机关部门35周岁及以下领导班子比例从年初1.9%提升至8月的7.8%，国企班子平均年龄下降4.3岁。

（陈　超）

【镇街干部管理考评机制】 2022年，义乌市根据“县乡一体、条抓块统”县域整体智治改革工作部署要求，完善镇街派驻人员管理机制，经多轮征求意见，形成《机关派驻镇街机构管理考核办法初稿》，选取佛堂、苏溪2个较为有代表性的乡镇进行试点，总结试点经验，形成管理考核办法，在全市面上进行推广，提升镇街统筹协调能力。对现任镇街班子进行“五维”指数评价，通过谈心谈话、现场走访、业绩采集等形式了解和掌握干部表现情况，从镇街领导班子融合度、人岗匹配度、专业契合度、年轻干部成熟度、群众满意度5个维度进行综合评判，分析研判换届以来班子表现、存在问题，提出意见建议，梳理出重点关注、重点培养的优秀干部名单，以及不适宜、不称职的帮扶对象名单。

（陈　超）

【疫情防控典型选树】 2022年，市委组织部建立全市新冠疫情防控应急力量储备池，组建涵盖集中隔离、道路卡口暖心服务、封控、随车转运、核酸检测、流调溯源等十大类500余支2000余人的党员突击队，保障疫情防控平急衔接。全年抽调机关企事业干部支援一线防疫10余万人次，为快速打赢义乌“4·25”“8·2”疫情遭遇战提供组织保障。开展大考大赛专项考察，精准掌握领导班子和领导干部现实表现。加强疫情防控典型选树，其中，“8·2”疫情防控记功103人、嘉奖474人，选树战疫冲锋手1985人，颁发纪念证书、纪念章12万份，激励干部担当作为。

（陈　超）

【干部教育培训】 2022年，市委组织部举办市委主体培训班27期，培训领导干部3250人次，推动36名本地领导干部上讲台授课。“8·2”疫情防控期间，选派81名学员参与疫情防控，让干部在实践中得到思想淬炼、实践锻炼。9月，浙江义乌干部学院通过中组部考核评估，作为全省4家干部学院之一予以保留。《学习时报》《浙江日报》刊登义乌市干部教育相关做法，《义乌市聚焦“贸易+物流”优化外贸全链条发展》入围省委组织部优秀干部教育案例。年内，累计选派23名年轻干部赴国家部委和省直机关实践锻炼；组织15名省直机关在义挂职的“新百人计划”干部开展常态活动，参与自贸改革、新冠疫情防控、教育文旅等中心工作；组织12名新提拔副科级干部由到市信访局实践改为参与疫情防控工作，在关键时刻重点岗位发挥作用。

（陈德明）

人事管理

【概　况】 至2022年底，义乌市有公务员4860人，其中，女性公务员1151人，参公人员863人，乡镇公务员668人。全年录用公务员102人，其中，通过四级联考考录公务员（含参公）71人，选调生6人，公安院校毕业生录用25人，市外调入2人，调往市外5人，辞职4人。

（刘　帆）

【公务员职务与职级并行制度全面推进】 2022年，市委组织部立足义乌市实际，完善公务员职级晋升“一统三励（力、历）”办法，开发公务员职级三维智选系统，进行职级晋升流程重塑和再造，有效破解职级晋升工作量大、差错率高、工作周期长等问题。全年累计完成552人次晋升。

（刘　帆）

【双满意公务员评选】 2022年，市委组织部突出正向激励，选树全国、全省人民满意的公务员集体和人民满意的公务员，经过10余轮次排摸研判、上下对接等工作，市市场发展委被评为“全国人民满意的公务员集体”；市商务局、江东街道的虞宝强分别被评为“浙江省人民满意的公务员集体”“浙江省人民满意的公务员”，被评数量为金华市第一。

（朱杨威）

【公务员招考录用】 2021年11月3日，义乌市公务员局发布《2022年义乌市各级机关单位考试录用公务员公告》启动公务员招考工作，面向社会公开招聘71人公务员（含1名人武专干、2名紧缺职位）。2022年7月9—10日，在义乌市城镇职业技术学校、浙江省机电技师学院、宾王中学3个考点130个考场进行笔试，3789名考生参加公务员考试。经笔试、面试、体检，确定71名拟录用人员，经向金华市公务员主管部门请示报批录用71人。受新冠疫情影响，2022年公务员招考笔试工作经历2次推迟，面试工作在“8·2”疫情防控的严峻形势下组织，首次在异地组织面试、首次采用视频面试等，相关做法在全省公务员工作推进会上予以肯定。（朱杨威）

【县乡机关选调生招录与培养】 2022年3月，市委组织部按照省委组织部统一部署和安排，组织开展2022年面向全国“双一流”和省内12所重点建设高校择优选调应届毕业生工作，经笔试、面试、考察等环节，招录6名选调生。在“选好”的基础上，健全培育链条，设立成长档案，通过一人一场现场会、一人一本工作指南、人人参与经验分享会等互学互比机制，实行“一周两单”跟踪管理，定期发布选调生微信息，让选调生在基层一线淬炼成长，做到“培养好、使用好”。8名选调生对应安排市纪委监委、市委组织部、市委宣传部等工作单位。（刘　帆）

【聘任制公务员】 2022年，市委组织部完成第3批1名聘任制公务员签约，启动第4批2名聘任制公务员招聘工作，义乌市9名聘任制公务员的保有量居全省县级市第一。率先制定“1+6”（1个总的管理规范，6个分类别的管理规范）义乌市聘任制公务员标准化管理规范，4月28日，义乌市聘任制公务员工作在金华市公务员工作推进会上作典型发言。（朱杨威）

【事业单位考试录用】 2022年，义乌市部分事业单位计划招聘104人。5月29日，4871人参加公开招聘考试，在义乌市城镇职业技术学校、浙江省机电技师学院、义乌市国际商贸学校163个考场进行笔试。7月2—3日，258名入围考生在市委党校进行面试。同月5日，158名考生在金华市健康体检咨询中心进行体检。20日，经体检、复查、复检，104名考生体检合格入围考察。8月17日，考察结束后进行公示。同月底办理聘用手续，实际聘用103人。（杨　英）

人才工作

【概况】 至2022年底，全市人才资源总量38.2万人，每万名就业人员中R&D人员87.57人，高技能人才占技能劳动者比例为26%。全职省部级以上高层次人才64人，新增大学生3.88万人，其中青年博士76人。全市累计引进浙江大学“一带一路”国际医学院、复旦大学义乌研究院等院地合作平台8个，其中省级新型研发机构2家。人才企业15家，分布在数字经济、生物医药、新材料等行业占73%。

【建立青年大学生“引育留”全链条服务体系】 2022年，义乌市优化人才购房、大学生生活补贴等人才政策，充分发挥政、校、企、介“四位一体”人才供应链作用，促进人岗精准匹配，分高校、分企业、分行业举办“线上+线下”引才活动196场，其中“直播带岗”活动127场，430万人次观看。全年招引大学生4.4万人，居全省县、市、区首位。

【芯片领域顶尖团队招引】 2022年，义乌市通过招商协同、政策引导、平台支撑、资本助力，探索“以才引产”“以产育才”发展新路径，打造芯片半导体产业链条，先后引进设计、测试、材料及封装等环节项目18个。1月，雷娜科技EDA项目1名核心专家入选省第5批“鲲鹏行动”计划，团队已集聚高端人才5人、研发人员23人。

【“揭榜挂帅”助力企业转型升级】 2022年，义乌市着力构建企业出题、政府立题、人才破题的“揭榜挂帅”人才工作体系，为化妆品、纺织、光电等行业一批共性难题找到技术攻关团队。全年，开展芯光电产业专场活动等线上线下活动10场，点对点精准对接50余次，发布技术难题166项、7000余万元，实施揭榜项目55个、3147.58万元。吸引来自中国科学院、浙江大学的50余名专家、教授到义乌对接，为30家企业找到技术解决方案，相关做法在4月21日《中国组织人事报》刊登报道。

【数字化人才服务平台集成打造】 2022年，义乌市立足浙里人才之家应用开发“义乌i人才”数字服务平台，针对人才创业、工作和生活，一站式提供智慧化、全流程掌上服务。平台集成54项服务事项，实现业务无感智办、智能匹配等功能。开发购物、旅游等人才码应用场景30个，吸引10万人领码、用码。自2021年2月1日上线至2022年底，线上办件量7万余件，覆盖人才40余万人。“义乌i人才”数字平台被评为全省“一地创新、全省共享”“S0一本账”，入选全省数字经济系统地方特色应用，相关做法在6月23日《浙江信息》刊发报道。

【探索打造人才创新创业综合体】 2022年8月3日，义乌市依托国家级科技企业孵化器——义乌科创园，与国内人才服务领军企业——安歆集团市场化合作，打造人才创新创业服务综合体。投用129间酒店式公寓，设立社群创业、生活所需的共享会议室、读书角、轻食吧、共享厨房、影音厅、健身房等，满足青年人才食宿、岗位对接、创业培训、项目孵化等方面需求。定期举办单身青年人才联谊派对、创业分享会等活动13场，累计230余名大学生入驻。

（马振操）

党校工作

【概况】 2022年，市委党校立项省委党校课题14项，立项数居全省县级党校第2位；立项省社院招标课题3项，居全省县级社院首位。论文获省政协优秀成果二等奖1项，全省党校系统理论研讨会一等奖1项、二等奖2项、三等奖3项。围绕“一个总目标、三大新赛道、八大新场景”，在学术期刊和党报上发表《未来乡村建设开启全域共富新征程》《数字孪生助推基层治理新蝶变》等20篇理论文章。《义乌缩小城乡差距亟待破解的几个问题与对策建议》等15项咨政成果获市领导批示肯定，与省委党校研究室合作完成《疫情之下我省五大行业的忧与盼》《贯彻落实省十五次党代会的困难与对策建议》决咨课题，咨政成果获全省党校系统一等奖1项。深化校园建设，荣获国家级“节约型机关”、浙江省三星级（优秀）绿色学校称号。完成校史馆工程建设和70年校志编写，设立“改革先锋谢高华”雕塑，开展建校70周年校庆，建强红色基因。着力加强镇街党校工作指导，抓实各镇街全年培训计划落实，14个镇街完成各类班次培训346期，开展基层党员培训26万余人次。

【党校系统数字化改革】 2022年，市委党校纵深推进全省县级党校数智党校系统试点任务。5月12日，市委党校数智党校系统试点工作相关做法在全省党校系统数字化改革工作推进会上作汇报。同月31日，《浙江党校通讯》第8期刊出市委党校撰写的《以数字化改革推进党校规范化建设》。7月13日，开发完成教学、科研等十大应用场景，创新开发“一码通”重点应用和教学管理自动预警机制，全省县级党校公共基础业务应用模块通过省委党校验收。建成录播教室8个，录播报告厅2个，智慧视频中心1个，虚拟演播厅1个，微格教室1个。

【理论宣讲】 2022年5月18日，“真理的味道”理论宣讲名师工作室挂牌成立。9月，“真理的味道”理论宣讲名师工作室被评为2022年度全省党校系统机关党建最佳创新项目。10月，入选全省首批理论宣讲名师工作室。11月16—17日，“真理的味道”理论宣讲名师工作室联合绍兴忠哥宣讲工作室，走进中国轻纺城国际会展中心、柯桥区驻村指导员制度传承馆、越城区“契约化”共建活动中心和诸暨市枫桥镇枫源村文化礼堂，向市场经营户、市民、村民和青年大学生宣讲中共二十大精神。2022年，市委党校围绕中共二十大、省十五次党代会，组建宣讲团，推出宣讲专题31个，面向基层干部群众开展宣讲268场7万人次，被评为“浙江省基层理论宣讲成绩突出集体”。

【干部学院办学质量评估】 2022年，根据中共中央组织部关于干部学院办学的指导意见和《干部学院办学质量评估办法（试行）》精神，浙江义乌干部学院办学体制作调整。5月23日，成立浙江义乌干部学院工作领导小组。7月13日，金华市委决定，李唯任浙江义乌干部学院院长，蒋涛任浙江义乌干部学院副院长。同月18—19日，由中共中央组织部干部教育局二级巡视员赵莫辉带领的中共中央组织部干部学院办学质量评估工作组赴浙江义乌干部学院开展现场评估。9月，中共中央组织部印发《关于发布省（自治区、直辖市）党性教育干部学院目录的通知》，浙江义乌干部学院通过中共中央组织部办学质量评估验收，成为全国72家党性教育干部学院之一。11月30日，根据中共中央组织部关于干部学院办学质量评估情况的反馈意见精神，金华市委对浙江义乌干部学院管理体制和运行机制进行优化调整。

【干部教育】 2022年7月4日至9月15日，2022年义乌市中青年干部培训班在市委党校举办，41名学员参加培训，师资力量上统筹浙江省委党校、浙江师范大学、宁波市委党校等全省优质资源。培训安排党的理论教育、党性教育、实践锻炼（疫情一线锤炼）、能力提升、市情教育、专题调研、学习总结与考核评估7个阶段内容，开设57个教学专题，综合采用专题讲座、案例教学、访谈教学、情景模拟、现场教学、实践锻炼、微型党课、互动研讨等方式开展教学。培训中，学员围绕市委、市政府中心工作，完成了7篇调研报告获得市领导重要批示6次。7月21日，浙江大学组织第四期新疆干部专修班50名学员到市委党校开展现场教学。义乌市自由贸易区管委会党工委副书记毛湘宏作题为《从鸡毛换糖到世界小商品之都——义乌发展经验解读》专题讲座，与学员交流分享义乌从农业小县蝶变为商贸都市的鲜明发展特色，具体阐释“莫名其妙、无中生有、点石成金”义乌发展经验的深刻内涵及内在逻辑，以及在义乌发展经验引领下义乌再创发展的新优势新举措。2022年，市委党校开展主体班次教学27期5908人次，承接全省团委书记培训班等异地班次34期2228人次。

2022年7月4日，2022年习近平新时代中国特色社会主义思想进修班、中青年干部培训班在市委党校开班 （市委党校 供图）

【从严治党核心课程开发】 2022年，市委党校推进全面从严治党核心课程开发，《党员干部意识形态能力建设》课程入选全省党校系统“浙里好课”。紧扣“扛旗争先、崛起浙中”要求，精心打造“大都市区建设战略、内陆开放新高地战略、先进制造业崛起战略、共同富裕先行示范战略、数字化改革争先战略”特色课程体系。7月15日，《学习时报》刊登《打造彰显基层特色的干部教育课程体系》，系统介绍市委党校着眼于新时代干部教育建设核心课程体系的经验做法。9月，市委党校编写的《改革之城》由中央党校出版社、国家行政学院出版社正式出版。全书计14章、20万字，系统梳理总结了义乌改革实践中的好经验、好做法，全面展示了义乌改革创新的丰硕成果，为全国干部学习义乌发展经验提供活教材。

【思想政治实践课教育】 2022年7月20日，北京大学思想政治实践课教育基地签约揭牌仪式在市委党校举行。北大外国语学院、市外事办、市委党校共同签订《共建北京大学思想政治实践课教育基地战略合作协议》。依托义乌独特的红色资源和开放发展优势，依托北京大学优质的教育资源和人才储备优势，北京大学思想政治实践课教育基地以"共同教育，互惠双赢"为原则，为北大师生深入了解国情、社情提供学习实践机会。（黄丹妮）

机关党建

【概况】 至2022年底，市直机关共有基层党委83个、党总支44个、党支部880个、党员1.68万人。其中，在职党员1.4万人，退休党员2898人。2022年，市直机关工委深入学习宣传贯彻中共二十大精神，坚决落实中央和省委、市委决策部署，坚持围绕中心、建设队伍、服务群众，深入推进"双建争先"工程，12月在"双建争先"工程特色亮点集中展示活动中评选9个机关党建工作最佳案例和9个优秀案例，20个党支部（党总支）新晋金华市星级品牌党支部，15家单位确定为2022年度义乌市标准型清廉机关。

【迭代升级机关部门"服务力指数"】 2022年，市直机关工委"服务力指数"围绕共同富裕、疫情防控等中心工作设置5类15项指标体系，贯通市改革办、社会治理中心、市统计局等13家部门业务，多跨义起督、数字督考、民情快递等系统，无感抓取基础数据，对56家单位综合工作开展季度考评。全年共评出红旗26面，黄旗7面，充分发挥考核指挥棒作用，激励机关各单位以全局视野谋划推进党建工作。

【"双建争先 共富有我"主题活动】 2022年4月8日至12月31日，市直机关工委组织开展"双建争先 共富有我"主题活动，深挖机关部门组织、资源、人才优势，系统推行机关党建助力"共富十招"，促进18家机关部门加快构建"农村电商共富""金融系统共富""红色同心促共富"等党建联建机制，推动86个部门党组（党委）书记领办共富项目落地见效。"共富十招"获省直机关工委宣传推广，相关经验做法先后获《人民日报》（海外版）、《光明日报》《农民日报》《浙江日报》等中央和省级媒体关注宣传。

【"双建争先 无疫机关"创建活动】 2022年5月19日至12月31日，市直机关工委组织开展"双建争先 无疫机关"创建活动，确定"四零、四强化、四带头"工作标准，对79家机关部门开展合格型、标准型、先锋型"无疫机关"创建。开通机关干部离义返义线上报备通道，每日督促各单位跟进管理离义人员。开设"义乌组工"公众号宣传专栏，发布36篇机关战疫报道。（陈 鸪）

老干部工作

【概况】 至2022年底，全市有离休干部65人，其中，易地安置在义乌市离休干部3人，垂直管理3人，军干所3人，本市离休56人（含易地安置在外省市3人）。享受县处级32人、科级33人。行政28人，事业14人，企业23人。抗日战争时期参加革命工作9人，解放战争时期参加工作56人。90岁以上62人，年龄最大的103岁。平均年龄93.2岁。曾担任副县级以上实职离退休干部45人（包括2名离休干部）。

【老年教育】 2022年，义乌市集成15个部门单位和14个镇街老年教育机构组建义乌老年教育联盟，建立联席会议、交流研讨、信息互通、师资共享等机制，结合地方特色、教育需求、师资力量等，研究精品课程，打造佛堂军鼓班、廿三里婺剧班、城西道情班、何斯路村晨读班等6门精品课，制定《老年学校建设与管理规范》义乌市地方标准。《党建统领、聚合赋能，不断激发老年教育资源整合新合力》入选2022年全省老干部工作创新案例。

【惠老服务】 2022年，市委老干部局坚持季度走访老干部，帮助解决实际困难，协调医疗部门为老干部集中注射新冠疫苗、流感疫苗，为行动不便老干部上门做核酸。从浙一医院邀请10名主任专家，为老干部精准体检；与高德打车合作开展适老化交通出行服务。建成首批11座助老打车暖心车站，覆盖老年大学和10个社区，10项服务工作被列入全省服务重点特色亮点工作。

【银龄互助平台】 2022年，市委老干部局紧贴服务中心大局，打造银龄建言平台，组织老领导“走看促”4次，开展“建言二十大”“老同志讲述市场建设40年故事”等活动。打造银龄互助平台，以“党建+治理”模式，组织引导离退休干部党员主动参与社区管理，开展惠老服务等服务。打造银助共富平台，整合涉老团体开展送医下乡、果树种植培训、贫困村居帮扶、困境儿童关爱等活动。全年组织各类活动48场次，3000余人参加活动。

（邵显明）

信访工作

【概况】 2022年，全市信访总量1.46万件次，同比增长0.5%。其中群众来信事项2266件次，同比增长1.3%；网上信访1.16万件次，同比增长12.9%。四级走访762批986人次，人次同比下降51.9%。6月，市信访局成功承办全省办信质效业务培训会并做经验交流，被评为2022年度人民网网上群众工作“民心汇聚单位”。迭代初信初访“两必须、四必核”机制，对群众集中来信来访反映问题主要集中在旧村改造、城乡建设、劳动社保、涉法涉诉、自然资源及新冠疫情防控等问题开展核查，压实化解责任，4452件初信初访化解4290件，化解率96.4%。办理信访复查申请41件，申报省信访局终结入库38件。加大依法信访宣传和违法上访依法查处力度，开展信访秩序规范行动，确保中共二十大、北京冬奥会、各级“两会”及本市重大活动期间的信访稳定。

【信访积案清零攻坚】 2022年，义乌市以信访积案攻坚年“三大战役、九大行动”为抓手，按照一个积案、一名领导、一套班子、一个方案、一抓到底“五个一”要求，扎实推动积案清零攻坚，于9月底实现动态清零目标。全市1144件信访积案，化解审核通过1140件，化解率99.65%，复访率0.35%。

【热线服务受理】 2022年，义乌市热线总话务341.46万通，其中呼入298.03万通，呼出26.03万通，接通154.24万通；受理工单135.37万件，办结率100%，满意率99.76%。咨询类主要涉及疫情防控、医疗社保、职工养老、医保、劳资纠纷、个人权益保护等问题。投诉类主要涉及新冠疫情防控政策措施、健康码、相关人员求助、消费者权益保护、噪声污染、预付卡退费、快递及货运等方面问题。全力做好新冠疫情防控政策咨询和投诉举报专线服务，受理涉疫电话48.8万通，办结率100%，满意率99.68%。

【迭代升级“智哨”指挥应用系统】 2022年，义乌市迭代完善预警指征体系，增设层级、次数、时间、批次、来访类型五大维度的分值和系数，指征项从117个增至159个，提升预警精准度。全年，预警风险事项1270件，办结率96.7%；预警劳资风险企业429家，实地排查处置率100%。针对信访领域质效评价难、问题分析难、风险预警难等现实问题，在省“民呼我为”综合应用总体架构下，依托“智哨”指挥平台迭代开发“信访预警分析”应用场景，完成省“民呼我为”综合应用83万条数据清洗，形成全流程评价、全要素分析、全领域监测三大子场景九大模块。“智哨”指挥应用系统被列为义乌市首批基层治理“一件事”改革项目和金华市首批事业单位数字化改革试点应用，义乌市信访局被省信访局纳入作为金华唯一一个“民呼我为核心应用”揭榜认领中的县级市配合单位，在全省“民呼我为”统一平台推进会上，得到省委领导的表扬肯定。

【组建义乌市社会治理中心】 2022年7月15日，经金华市编办批复同意，将义乌市社会矛盾纠纷调处化解中心迭代升级组建义乌市社会治理中心，挂牌的义乌市智慧治理综合指挥中心更名为义乌市综合信息指挥中心。调整后，义乌市社会治理中心挂义乌市综合信息指挥中心、义乌市8890便民服务分中心、义乌市12345政务服务中心牌子。由中共义乌市委办公室统筹管理，承担义乌市基层治理委员会日常工作。负责协调跨层级、跨地域、跨领域、跨业务、跨部门的重大矛盾纠纷化解和案（事）件办理，指导进驻部门开展社会矛盾纠纷调处化解工作，负责入驻平台、部门的综合督查考核等具体工作，负责12345（96150）热线、8890便民服务热线等相关工作。全年累计接待群众4.5万批5.2万余人次，其中受理矛盾纠纷5100余件，化解率94.3%。（舒东阳）

精神文明建设

【概况】 2022年，市文明办围绕巩固提升全国文明城市创建成果总目标，大力培育和践行社会主义核心价值观，统筹推动文明培育、文明实践、文明创建，着力推动“浙江有礼 信义义乌”全域文明新实践，广泛开展群众性精神文明建设活动，社会文明程度稳步提升。迭代升级建设横塘公园第二代义乌市新时代文明实践中心，提升国际商贸城四区等27个文明实践阵地建设，168个实践站（所）落实物理埋点，建成新时代文明实践市民平台，在金华市文明系统赛马比拼活动中位列各县（市、区）第一。“习近平县域治理重要论述在义乌实践创新”课题，被中央党史和文献研究院立项并顺利结题。打响“望道”宣讲品牌，“真理的味道”理论宣讲名师工作室被认定为“浙江省首批理论宣讲名师工作室”。开展文明细胞培育，评出义乌市文明单位30家、义乌市文明村11个。常态巩固提升全国文明城市创建工作，开展镇街、部门和社区文明创建考核，优化城乡环境秩序，推动全域文明创建。

【“全域文明数智通”平台】 2022年2月10日，市文明办承接贯通浙江省“全域文明数智通”应用平台，推进文明创建领域数字化改革，利用数字化手段为全域文明创建赋能。抽调3名工作人员组建平台运维专班，录入主次干道、集贸市场、社区、农村等全国文明城市实地考察点位1373个，实现城乡创建信息全覆盖，为常态长效推进文明创建工作提供基础数据支撑。镇街“乡风文明指数”测评、部门实地模拟测评考核、社区考核等过程中发现的问题，全部上传至该平台，落实责任单位实行整改销号制，实现闭环管理。5月19日，义乌市在浙江省文明城市创建工作培训会上作经验交流。至12月底，协调组织镇街部门累计开通账号578个，上传交办基础设施、公益宣传、环境卫生等各类问题18.52万个，整改18.29万个，整改率98.8%，义乌市在该平台活跃度排名全省95个县（市、区）中排名第一。

【“红黄旗”社区竞赛】 2022年2月22日，市文明办印发《关于开展“红黄旗”社区竞赛活动的通知》，部署稠城、福田、江东、稠江、北苑、后宅街道79个社区开展“红黄旗”社区竞赛，从第二季度开始，每季度开展一次。市文明办组织“五水共治”办、“三改一拆”办、垃圾分类办、市建设局、市公安局、市行政执法局、市卫健局（爱卫办）、市市场监管局、市财政局等单位联合参与，“两代表一委员”、市民代表、网民代表监督的实地考评工作。年内，评出红旗社区11个、黄旗社区8个，开展对黄旗社区挂牌重点整治，提升整体创建水平。

【“浙江有礼 信义义乌”文明新实践】 2022年6月28日，市文明办印发《关于推进“浙风有礼 义乌有礼”市域文明新实践的实施方案》的通知，全力推进“浙风十礼”市域文明实践工作。7月，市文明办组织开展“浙江有礼”文明知识竞赛，参与5万人次。8月始，征集并使用“浙江有礼 信义义乌”主题公益广告65组，在全市各类公共场所投放1.5万处，投放市民文明手册、折页8万份。至年底，《真理的味道非常甜》入选全省首批“浙江有礼”文明实践案例，培育义乌市2022年度“有礼窗口”20个，建成有礼公园、有礼市场等20个，评出首批“有礼单元”建设最佳实践案例30个；推广《有礼亲子讲堂 我为有礼代言》等原创短视频30余条，居民日常学礼行礼活动获《浙江日报》报道。（赵剑强）

义乌市人民代表大会

YIWU MUNICIPAL PEOPLE'S CONGRESS

综　述

【人大常委会履行职权】 2022年是义乌市十六届人大常委会依法履职的开局之年。市人大常委会紧紧围绕义乌改革发展大局，主动作为，履职行权，扛旗争先，顺利完成了市十六届人大一次会议确定的目标任务。全年召开市人大常委会会议9次，依法作出重大事项决定决议17项，任免国家机关工作人员154人次，听取和审议专项工作报告24个，开展视察、督查和执法检查12次，交办审议、视察意见21份，有力推动了全市经济社会发展和民主法治建设。全国人大调研组到义乌专题调研3次；义乌基层立法联系点上报的调研报告，得到全国人大常委会法工委的充分肯定；践行全过程人民民主、数字化改革、基层单元建设等经验做法在全省、金华人大系统相关会议上作经验交流。

【发挥基层立法联系点工作】 2022年，义乌市人大常委会作为全省唯一的国家级基层立法联系点，开展23部法律法规草案的意见建议征求工作，2.3万人次参与立法联系活动。上报全国人大、省人大立法意见建议1053条，在已出台的法律法规中被吸收采纳76条。4月26日，全国人大与非洲法语国家议会民主立法研讨会上，通过视频连线，90余名非洲议员线上参观义乌基层立法联系点，向世界展示中国式基层民主。相关经验做法被中央广播电视总台《新闻联播》、焦点访谈等国家级媒体、栏目报道7次。

【人民民主基层单元建设】 2022年，义乌市人大常委会打造全过程人民民主基层单元建设样板，将24项核心业务下沉基层单元。国家机关工作人员进站2500余人次，收集、交办群众意见建议1.4万条。提升“人大民情快递”实战实效，全年，该应用收集民情民意1.6万条，推动解决问题和答疑解惑1.1万件次；专题征集市人大常委会年度监督重点、审议议题、民生实事等意见建议136条。推进人大工作向开发区延伸，作出《关于推进开发区人大工作的决定》，建立健全开发区人大工作机制，着力推进对开发区工作监督和法律监督，强化对开发区预决算审查及预算执行、国有资产监督的制度化、规范化。

（朱滇峰）

重要会议

【概况】 2022年，义乌市举行人大常委会会议7次，围绕全市经济社会发展大局的重大问题深入调研，作出关于设立义乌“市场开放纪念日”等重大事项决定决议17项。围绕中心工作，听取和审议乡村振兴、基层卫生、安全生产和重大项目等专项工作报告24个。

【市十六届人民代表大会第一次会议】 2022年1月23—26日，义乌市第十六届人民代表大会第一次会议在稠城举行。会议听取和审议《义乌市人民政府工作报告》《义乌市人民代表大会常务委员会工作报告》《义乌市人民法院工作报告》《义乌市人民检察院工作报告》；审查《关于义乌市2021年国民经济和社会发展计划执行情况及2022年国民经济和社会发展计划草案的报告》(书面)、《关于义乌市2021年预算执行情况和2022年预算草案的报告》(书面)。经过审议，通过上述各项报告，并作出相应决议。会议审议《关于义乌市2021年环境质量状况和环境保护目标完成情况的报告》(书面)，确定《大力推进城乡融合，锻造共同富裕义乌样本》《贸工联动、数字赋能，加快传统产业转型升级》2件议案作为大会议案，收到代表提出的议案建议416件。会议以无记名投票的方式，依法选举丁政为义乌市第十六届人民代表大会常务委员会主任；选举叶帮锐为义乌市人民政府市长；选举王强为义乌市监察委员会主任；选举吴传档为义乌市人民法院院长；选举陈新为义乌市人民检察院检察长。选举董利明、颜新香、胡爱芬、斯基根、贾文红、鲍建锋为义乌市第十六届人民代表大会常务委员会副主任，丁小娟等34人为义乌市第十六届人民代表大会常务委员会委员；喻新贵、虞秀军、宋寅寨、骆小俊、葛巧棣、罗祖盘、杨献为义乌市人民政府副市长。会议以无记名投票的方式，选举义乌市出席金华市第八届人民代表大会代表。会议以按表决器方式，通过市十六届人大各专门委员会组成人员名单。会议对13项候选民生实事项目进行差额投票表决，确定改善群众居住条件、提升教育服务水平、完善公共基础配套等10项实事项目为市政府2022年度民生实事项目，并进行公布。

【市十六届人大常委会会议】 2022年，市人大人大常委会紧紧围绕市委、市政府中心工作，召开常委会会议9次，听取和审议专项工作报告24个，作出重大事项决定决议17项。

2022年义乌市人大常委会常务会议情况一览表

表4

会议名称	时　间	地　点	参加人员	会议内容
市十六届人大常委会第一次会议	3月31日	市委党校	市人大常委会主任丁政，副主任董利明、颜新香、胡爱芬、斯基根及委员共39人出席会议。市委常委、常务副市长喻新贵，副市长宋寅寨，市政府党组成员、义乌国际贸易综合改革试验区管委会，市检察院，市监委、市法院。市府办、市委组织部、市发改局等部门单位负责人共31名人大代表列席会议	会议审议通过有关人事事项，会议听取和审议《关于全市2022年度新建重大基础设施和公益性项目计划安排情况的报告》；会议审议并表决通过新修订的《义乌市人民代表大会常务委员会议事规则》；会议审议并表决通过了市人大常委会2022年工作要点
市十六届人大常委会第二次会议	6月1日	市委党校	市人大常委会主任及委员共40人出席会议。市监委、市法院、市检察院相关负责人列席会议。市府办、义乌工商职院、市发改局、市教育局、市公安局、市民政局、市司法局、市财政局、市自规局、市建设局、市农业农村局、市文广旅体局、市卫健局、城投集团、水务集团等部门单位负责人，市人大各专门委员会副主任委员、市人大常委会各委办副主任和部分市人大代表共39人列席会议	会议听取和审议《义乌市2022年国民经济和社会发展计划的报告》，表决通过《义乌市人大常委会关于批准调整义乌市2022年国民经济和社会发展计划的决议》；听取和审议《关于全市2022年第二批新建重大基础设施和公益性项目计划安排情况的报告》《关于未来社区和城乡风貌整治提升工作情况的报告》《关于开展法律监督工作情况的报告》

续表 4

会议名称	时 间	地 点	参加人员	会议内容
市十六届人大常委会第三次会议	8月25日	浙政钉线上会议	市人大常委会主任及委员共40人参加会议。市委常委、市监委、市法院、市检察院相关负责人共4人列席会议	会议审议并表决通过市人大常委会主任会议关于提请接受贾文红辞去义乌市第十六届人民代表大会代表职务的议案
市十六届人大常委会第四次会议	8月30日	幸福湖国际会议中心国际厅	市人大常委会正副主任及委员共37人出席会议。市委、市人民法院、市人民检察院、市监察委员会、市府办、自贸区管委会、市发改局、市经信局等部门单位负责人、部分义乌市人大代表共40人列席会议	会议审议并表决通过有关人事事项，听取和审议法院半年工作报告，市检察院检察长陈新所作的检察院半年工作报告；会议审议了市政府《关于义乌市2022年上半年国民经济和社会发展计划执行情况的报告》
市十六届人大常委会第五次会议	9月21日	市政府通信技术大楼四楼会议室	市人大常委会正副主任及委员共32人出席会议。市政府、市监察委员会、市人民法院、市人民检察院、市府办、市委编办、市发改局、市民政局、市财政局等部门单位负责人，部分义乌市人大代表36人列席会议	会议听取和审议《关于市十六届人大一次会议议案和代表建议办复工作及重点建议办理进展情况的报告》《关于提请设立义乌"市场开放纪念日"的报告》《关于基层卫生服务情况的报告》《关于乡村振兴促进工作情况的报告》《关于乡村振兴"一法一条例"执法检查情况的报告》；会议审议并表决通过了市十六届人大常委会代表资格审查委员会组成人员名单
市十六届人大常委会第六次会议	12月9日	市政府通信技术大楼四楼会议室	市人大常委会正副主任及委员共36人出席会议。市委、市政府、市法院、市检察院、自贸区管委会、经济开发区、市发改局等部门单位负责人、部分义乌市人大代表共54人列席会议	会议听取和审议《关于2022年全市第四批新建重大基础设施和公益性项目计划安排情况的报告》《关于义乌市2022年第二次预算调整方案（草案）的报告》；会议审议并表决通过了《义乌市人大常委会关于推进开发区人大工作的决定》
市十六届人大常委会第七次会议	12月23日	市政府通信技术大楼四楼会议室	市人大常委会正副主任及委员共21人出席会议。市委、市政府、市公安局、市监察委员会、市人民法院、市人民检察院、市经信局等部门单位负责人、市人大各专门委员会副主任委员共25人列席会议	会议审议并表决通过《关于召开义乌市第十六届人民代表大会第二次会议的决定》《关于义乌市2022年第三次预算调整方案（草案）的报告》《市政府年度法治政府建设工作情况报告》《关于规范性文件备案审查工作情况的报告》《关于我市安全生产综合治理三年行动工作情况的报告》《关于2021年度全市国有资产管理情况的综合报告》《关于2021年度市属企业国有资产管理情况的专项报告》

（朱滇峰）

国家机关人事任免

【概况】 2022年，市人大常委会坚持党管干部原则和人大依法任免相统一，以数字化改革为载体，规范人事任免各个环节工作，切实强化任免工作的严肃性和规范性，增强国家机关工作人员的法律意识和公仆意识，依法任免国家机关工作人员154人次。

2022年市人大常委会人事任免情况一览表

表5

日期	会议	任免	姓名	任免职务	文号
3月31日	市十六届人大常委会第一次会议	任命	朱向阳、朱福生、杨熙恩、陈红建、陈苏美、赵岚	市人大常委会稠城街道工作委员会委员	义人大常〔2022〕10号
			王旭红、王伟平、王和平、朱宝林、骆剑峰、罗光耀、朱丹萍	市人大常委会福田街道工作委员会委员	
			王婷婷、马艳、王凡坚、毛苏华、何必文、吴东红、虞宝强	市人大常委会江东街道工作委员会委员	
			丁国钦、冯畅怡、朱庆宝、朱庆宝、翁荣弟、沈财昌、龚文冲	市人大常委会稠江街道工作委员会委员	
			朱建林、朱婷婷、吴鲜花、何德樟、金丹俊、施泽涌	市人大常委会北苑街道工作委员会委员	
			方华弟、吴泽锋、张更生、金允敏、龚响春、楼林菊、缪晨昊	市人大常委会后宅街道工作委员会委员	
			朱昂青、李正浜、吴教强、陈永生、陈庆华、骆渭清、傅子逸	市人大常委会廿三里街道工作委员会委员	
			何杰、何小林、何苏钱、何德兴、楼瑾、楼军龙、俞娇艳	市人大常委会城西街道工作委员会委员	
		决定任命	邵春洪	市人民政府办公室主任	义人大常〔2022〕8号
			毛建华	市发展和改革局局长	
			朱金弟	市经济和信息化局局长	
			朱建富	市教育局局长	
			李湛	市科学技术局局长	
			宋寅寨	市公安局局长	
			胡润	市民政局局长	
			陈根清	市司法局局长	
			俞华忠	市财政局局长	
			王国成	市人力资源和社会保障局局长	
			楼辉腾	市自然资源和规划局局长	
			毛应斌	市住房和城乡建设局局长	

续表 5

日期	会议	任免	姓名	任免职务	文号
3月31日	市十六届人大常委会第一次会议	决定任命	龚剑锋	市交通运输局局长	义人大常〔2022〕8号
			翁一兵	市水务局局长	
			周建平	市农业农村局局长	
			杨忠宏	市商务局局长	
			张凤德	市文化和广电旅游体育局局长	
			陈惠宇	市卫生健康局局长	
			万里城	市退役军人事务局局长	
			刘洪强	市应急管理局局长	
			陈国平	市审计局局长	
			吴丹	市人民政府外事办公室主任	
			王承刚	市人民政府国有资产监督管理办公室主任	
			吴朝晖	市市场监督管理局局长	
			何愫洪	市人民政府金融工作办公室主任	
			王正	市统计局局长	
			骆华飞	市医疗保障局局长	
			朱跃平	市综合行政执法局局长	
			朱竣文	市人大常委会办公室主任	义人大常〔2022〕9号
			黄镇	市人大常委会法制和监察司法工作委员会主任	
			吴唯一	市人大常委会人事代表工作委员会主任	
			邵元龙	市人大常委会财政经济工作委员会主任	
			方霞	市人大常委会教育科技文化卫生工作委员会主任	
			骆嵘	市人大常委会城建环保工作委员会主任	
			陈溪光	市人大常委会农业农村工作委员会主任	
			许贞党	市人大常委会社会建设工作委员会主任	
6月1日	市十六届人大常委会第二次会议	免去	刘榕政	市人民法院审判员	义人大常〔2022〕17号
			李刚、徐海香	市人民法院审判员职务	
			郭翔峰	市人民法院行政审判庭副庭长、审判员	
8月30日	市十六届人大常委会第四次会议	接受辞去	王哲怀	市第十六届人民代表大会代表职务	义人大常〔2022〕26号
		决定任命	楼建明	市司法局局长	义人大常〔2022〕22号
		决定免去	陈根清	市司法局局长	
		任命	傅永平	市人大常委会城西街道工作委员会主任	义人大常〔2022〕23号
			骆钦	市人大常委会办公室副主任	
			方寒英	市人大常委会人事代表工作委员会副主任	

续表 5

日期	会　议	任免	姓　名	任免职务	文号
8月30日	市十六届人大常委会第四次会议	任命	吴永华	人大常委会教育科技文化卫生工作委员会副主任	义人大常〔2022〕23号
			方海明	市人大常委会城西街道工作委员会主任	
			朱高民	市人大常委会人事代表工作委员会副主任	
			黄昌武	市人大常委会财政经济工作委员会副主任	
			王晓萍	市人大常委会教育科技文化卫生工作委员会副主任	
			王宁、龚益卿	市人民法院审判委员会委员	义人大常〔2022〕24号
			季东勤	市人民法院廿三里人民法庭庭长	
			王亚萍	市人民法院国际商贸城人民法庭庭长	
			夏大伟、何桥、朱友先、查园花、龚捷	市人民检察院检察委员会委员	义人大常〔2022〕25号
		免去	季东勤	市人民法院民事审判一庭庭长职务	义人大常〔2022〕24号
			王亚萍	市人民法院民事审判四庭庭长	
			毛滨	市人民法院审判员	
			王舟洋、王宏德	市人民检察院检察员	义人大常〔2022〕25号
12月9日	市十六届人大常委会第六次会议	接受辞去	王科、吴厚军	金华市第八届人民代表大会代表职务	义人大常〔2022〕37号
			朱刚露	市第十六届人民代表大会常务委员会委员	义人大常〔2022〕38号
			曹耿	市第十六届人民代表大会代表	义人大常〔2022〕39号
			王强	市监察委员会主任	义人大常〔2022〕46号
		决定任命	王宇	市人民政府副市长	义人大常〔2022〕43号
			邵春洪	市人民政府副市长	
			汤振农	市人民政府副市长	
		决定免去	虞秀军	市人民政府副市长	
			葛巧棣	市人民政府副市长	
			张超	市人民政府副市长	

续表 5

日期	会　议	任免	姓　名	任免职务	文号
12月9日	市十六届人大常委会第六次会议	决定任命	万里城	市交通运输局局长	义人大常〔2022〕44号
			李志强	市退役军人事务局局长	
		决定免去	龚剑锋	市交通运输局局长	
			万里城	市退役军人事务局局长	
		任命	傅晓辉	市监察委员会副主任，代理市监察委员会主任	义人大常〔2022〕45号 义人大常〔2022〕47号
			吴双舟、胡玲燕、刘婷、叶璐莎	市人民法院审判员	义人大常〔2022〕48号
			黄以军	市人民检察院副检察长、检察委员会委员、检察员	义人大常〔2022〕49号

（朱滇峰）

督查、视察和调研

【概况】 2022年，市人大围绕农田水利基础设施、农业“双强行动”、重点工程建设、无障碍社区建设、退役军人服务站建设运行、外卖餐饮行业食品安全、非遗保护传承等工作开展视察7次，交办视察意见7份。

【视察农田水利基础设施情况督查】 2022年3月18日，市人大常委会组织部分人大代表对市农田水利基础设施进行督查。督查组先后赴赤岸镇雅端村和义亭镇前屋村、王莲塘村开展实地调研，听取市水务局、市农业农村局等单位相关负责人情况的汇报，并进行座谈讨论。督查组就当前的农田水利设施，与新形势下保障农业生产能力的要求不相适应，部分农田无法耕种等问题，提出要从“稳住农业基本盘、守好‘三农’基础”的高度，认真贯彻落实“农田就是农田，而且必须是良田”的要求，增强“扛旗争先”意识、制订规划，加快建设。全面排查全市农田水利设施的现状，摸清底数，全域、系统谋划，尽快完成《义乌市城乡水网规划建设实施方案》编制工作。加大提高农业综合生产能力、加强耕地保护、确保粮食安全等方面的宣传力度，从严查处随意损毁农田水利设施的单位和个人，在全社会营造重视农田水利设施、重视节约用水、重视粮食安全的浓厚氛围。

【科技强农、机械强农“双强行动”实施情况督查】 2022年5月27日，市人大常委会组织部分人大代表对市科技强农、机械强农“双强行动”实施情况先后赴佛堂镇蔬菜产业园、廿三里街道飞扬农机合作社和廿三里街道东莲塘村开展实地调研，听取科技局、农业农村局等单位负责人汇报，进行座谈讨论。督查组认为，义乌市“三农”工作总体上基础好、潜力大，但也存在农业投入不足，农业科技支撑不够、先进农业技术和农业机械推广力度有待加大等问题；提出市政府及相关职能部门要从“稳住农业基本盘”的高度，把实施农业“双强行动”作为提高农业综合生产能力的关键举措，作为提升农业效益和农民收入的必由之路，高质量推进乡村振兴，实现共同富裕、强化招商，做优项目。围绕市“全域未来乡村”“众创和美乡村”定位，充分发挥城乡交通便捷、工商资本雄厚、城乡融合发展基础良好等优势，主动谋划农业项目。强化改革，数字引领。深化农业"标准地"改革，迭代升级农业"标准地"数字化应用，完成与浙农促富、浙食链对接，提升"标准地"全流程精细化管控水平，打好"标准地改革+农业'双强'"组合拳等建议。强化服务，完善机制。针对市政府出台的一系列助农惠农举措，各相关部门要积极谋划，统筹协调，全程做好服务工作，确保扶持政策落地见效。要着力健全基层农业科技推广体系，切实解决农技人才短缺问题。

【重点工程建设情况视察】 2022年6月30日，市人大常委会组织部分人大代表对义乌市重点工程建设情况进行视察。实地察看义乌高架站房工程、苏溪国际枢纽港、商城大道隧道PPP等工程项目建设情况，听取市建设局、铁路指挥部、自贸区管委会、城投集团、陆港集团等部门相关工作情况汇报。视察组认为，市政府及相关单位按照全年工程建设计划，克服疫情影响等不利因素，精心组织，加强管理，攻坚破难，各重点工程建设总体进展良好，取得了阶段性成效。但部分工程项目在建设过程中也存在资金缺口较大、建设用地指标落实困难等问题，一定程度上影响了项目的推进。对此，视察组提出要抢工期，加快工程项目进度。科学组织施工，高效率推进项目建设，确保完成年度目标任务。牢固树立"百年大计、质量第一"的意识，破解重点工程建设中存在的难点问题。要紧盯工程建设领域关键环节，完善内控机制，把重点项目工程建成精品工程、民心工程、清廉工程。

【市无障碍社区建设情况视察】 2022年7月7日，市人大常委会组织部分人大代表对市无障碍社区建设情况进行视察。实地察看鸡鸣山公园、鸡鸣山社区居家养老服务中心和市文化广场无障碍设施建设、无障碍社区服务以及信息无障碍建设等情况，听取市府办、市残联等有关工作情况汇报，并进行座谈讨论。视察组认为，近年来，市政府及相关部门按照"五个无障碍"工作理念，建立机制、落实任务、强化统筹，积极推进无障碍社区建设，取得较好成效。但还存在无障碍社区创建推进不平衡、改造标准要求不够高、运维管理机制不完善等问题。视察组提出加快无障碍社区建设贯彻落实"两个先行"具体举措，将无障碍社区建设一系列政策、措施落地落细。完善机制、长效管理。建立无障碍社区创建扩面工作推进机制，制定计划，分解任务，落实责任，形成各部门各司其职、各负其责、相互配合、紧密协作切实提升无障碍设施建管养的工作质效的建议。

2022年6月30日，市人大代表视察苏溪枢纽港项目建设

（市人大　供图）

【市退役军人服务站建设运行情况调研】 2022年10月31日，市人大常委会组织部分人大代表对义乌市退役军人服务站建设运行情况进行调研。实地察看北苑街道拥军社区退役军人服务站、佛堂镇退役军人服务站，详细了解基层服务站在人员配备、拥军优抚、权益维护、服务保障等方面工作情况，听取市府办、市退役军人事务局等部门相关工作情况汇报，并进行座谈讨论。调研组充分肯定了2019年以来，各级政府及相关部门以法律为遵循，高标准推动服务站建设工作，完成市、镇、村（社区）三级退役军人服务中心（站）全

覆盖，健全体制机制，提升服务水平，突出工作重点，打造特色亮点，退役军人服务站建设运行成效明显、走在前列，但还存在认识不到位、建设不平衡等问题。提出要深化认识，强化责任，让军人成为“全社会尊崇的职业”工作目标，加强组织领导和考核激励，以高度的政治责任感和历史使命感，倾情倾力做好做优退役军人服务保障工作。依托数字化手段，建好基础信息库、制定服务清单，深化退役军人服务保障体系建设，聚焦就业安置、教育培训、帮扶解困、医保养老等退役军人急难愁盼的问题，为退役军人提供更加便利的全方位服务等建议。

【外卖餐饮行业食品安全工作督查】 2022年11月3日，市人大常委会组织部分市人大代表对义乌市外卖餐饮行业食品安全工作进行调研督查。调研组实地视察稠城街道义驾山小区外卖骑手党群服务中心及2家餐饮单位，听取市市场监管局关于义乌市外卖餐饮行业食品安全监管工作情况汇报，并进行座谈讨论。调研组认为近年来，市政府及相关部门高度重视外卖餐饮行业食品安全工作，通过抓好平台规范、“阳光厨房”、基础整治、投诉处理、外卖党建、示范引领6方面重点工作，外卖餐饮食品安全监管取得明显成效，工作走在前列；同时就市外卖餐饮行业食品安全工作仍存在一些问题和薄弱环节，提出加大线上餐饮“阳光厨房”网络巡查监管力度，推动线上线下监督有机结合，提高食品安全工作治理效能等建议。

【非遗保护传承工作调研】 2022年12月16日，市人大常委会组织部分人大代表、特邀委员对市非遗保护传承工作进行调研。实地察看义亭镇缸窑古村落、稠江街道义乌市非遗馆，听取市文广旅体局关于市非遗保护传承工作情况汇报，并进行座谈讨论。调研组认为，市政府及相关部门以法律为遵循，高标准做好非遗保护传承工作，健全非遗保护传承体系，夯实非遗传承基础，开展非遗展示活动，打造非遗品牌，工作成效明显；就工作推进过程中存在认识有待提高、扶持奖励力度不够、非遗人才比较匮乏等问题，提出建立健全非遗保护传承机制，加强对濒危项目、代表性传承人的保护，注重对传承人的培养，加快推动义乌特色非遗文创产品的研发等建议。

（冯　康　朱滇峰）

议案办理

【概况】 2022年，市十六届人大一次会议确定大会议案2件，代表意见建议401件。经研究，确定2件大会议案和13件重点建议由市政府领导领衔办理和市人大领导分工督办，并下发督办工作方案。开展代表建议办理工作“回头看”活动，研究分析正在解决的建议，分线开展局长、代表“面对面”活动，督促各承办单位加大办理力度，对不满意件实施二次办理并注重考核检查，开展实地调查和跟踪督办，修订代表建议办理工作考核细则，以解决率为导向，推动问题的真正化解。12月底，2件大会议案办理工作取得较好成效。代表对401件建议办理答复情况表示满意356件，表示基本满意47件，满意率100%；所提建议已解决152件，列入计划逐步解决155件，需要创造条件解决80件，受条件限制留作参考16件。大会所有代表建议具体内容和承办单位答复意见均在“中国义乌网”公开。

【关于加快全球数贸中心建设的议案】 2022年3月31日，市十六届人大二次会议审查通过《关于加快全球数贸中心建设，加速向“第六代市场”跃升的议案》。提出要强化统筹协调，聚力全球数贸中心主体工程建设；加快数字赋能，全力推动市场数字化转型发展；提前谋划布局，聚力抓好市场主体招引培育；坚持系统变革，聚力厚植数字贸易发展优势。

【奋力打造内陆开放样板的议案】 2022年3月31日，市十六届人大二次会议审查通过《关于高水平建设国际枢纽港，奋力打造内陆开放样板的议案》。提出要加快建设苏溪国际枢纽港，提升枢纽港基础能级；加快建设义新欧义甬舟开放大通道，提升枢纽港辐射能级；加快建设试验区自贸

区开放大平台，提升枢纽港创新能级；加快建设"走出去、引进来"开放大网络，提升枢纽港空间能级的建议。（张顺凯）

专委会工作

【概况】 2022年，义乌市人大法制和监察司法委员会、财政经济委员会、社会建设委员紧扣市委重大决策部署，坚持围绕中心工作，依法开展司法执法监督；坚持依法履职尽责，做好计划、审计和预决算审等法定审查监督事项；坚持以"共同富裕"主题主线，持续助力保障改善民生、创新社会治理。全年开展规范性文件备案审查42件，审查重大投资项目4批20个，审查核减投资估算4.4亿元。

【法制和监察司法委员会】 2022年，义乌市人大常委会法制和监察司法委共提交常委会审议议题4个，主任会议议题2个，开展专题视察1次。义乌基层立法联系点接到全国人大常委会法工委征求的法律草案8部，立法调研任务3次，立法计划征求建议1次，与全国人大常委会法工委业务室远程视频连线征求意见2次，先后组织调研、座谈会30余次，收到各部门和个人提交的意见建议1200余条，上报全国人大意见建议828条。接到省人大常委会法工委征求的地方性法规草案15部，上报意见建议225条。审查市政府报送文件22件、市法院13件、市检察院7件。强化司法监督，推动省人大常委会《关于进一步加强新时代检察机关法律监督工作的决议》在基层落细落实。推动市总工会开展线上线下公益普惠、职工学堂500余场，推动市行政执法局提升改造公厕100余座。

【财政经济委员会】 2022年，义乌市人大财经委提请常委会、主任会议听取审议计划（调整）、预决算、审计、政府债务管理等监督议题10个，组织人大代表开展部门预算审查1次。聚焦传统产业转型升级，组织开展"代表+大会议案+专题调研+专题问政"系列主题监督活动，全方位推进传统产业提质增效。加强重大投资项目监督，提请主任会议专题听取关于政府专项债项目情况汇报，组织代表、专家开展重大投资项目审查4批20个，审查核减投资估算4.4亿元，全力推动经济稳进提质。关注市场持续繁荣发展，提请常委会依法作出设立"市场开放纪念日"决定。开展盘活国企存量资产专题调研，促进提升国有资产管理水平。加强食品安全工作监督，组织代表督查全市外卖餐饮行业食品安全，督促责任部门加大监管力度、创新监管方式、完善监管机制、推进共享共治，切实守护好人民群众"舌尖上的安全"。

【社会建设委员会】 2022年，义乌市人大社会建设委员会围绕保障改善民生、创新社会治理两大领域，组织实施监督项目5项，开展专题调研2项，督办政府民生实事项目2项、重点代表建议2件。强化普惠性、基础性、兜底性民生保障项目监督，对关心关爱老年群体、加大创业就业两大民生实事项目，通过上门督办、实地走访、听取代表群众意见等方式，监督推动民生实事项目高质量完成。将《关于提高失智症人群服务能力的建议》《关于大力推进大应急大安全立体防御体系建设的建议》确定为2件重点督办的代表建议，加大督办力度，促进建议问题有效办理、取得良好进展。推动新法实施，配合上级人大及相关部门做好相关法规立法调研工作，促进《中华人民共和国家庭教育促进法》相关法律法规的宣传贯彻实施，先后配合省、金华市人大开展《金华市居家养老服务条例（草案）》《浙江省安全生产条例（修订草案）》《推进长三角区域居民服务一卡通若干规定（草案）》等法规条例征求意见工作，共收集整理并反馈意见建议43条。（郑　琦　朱滇峰）

综　述

【高水平打造内陆开放样板】 2022年，面对“三重压力”叠加“两大变量”的严峻考验，全市上下认真落实习近平总书记“疫情要防住、经济要稳住、发展要安全”的重要指示，统筹打好稳进提质、除险保安、塑造变革组合拳，经受住超预期的冲击和挑战，高水平打造内陆开放样板新高地。全年完成地区生产总值1835.5亿元，同比增长4.6%。财政总收入211.6亿元，其中，一般公共预算收入132.9亿元，同比增长4.2%。进出口总额4788亿元，增长22.7%，其中，出口4316.4亿元，增长18%，进口471.6亿元，增长93.5%。规模以上工业增加值增长20.7%，主要经济指标增速位居全省17强县（市、区）前列。居民人均可支配收入连续16年位居全省县（市）第一位。

【国贸改革示范引领】 2022年，义乌市14个国贸改革核心事项获国家部委支持。落地全国首个海关监管集拼仓。与沙特完成首单跨境人民币支付业务，获外交部肯定。政务服务辐射至全球55个国家和地区，443个事项实现海外“一网通办”。自贸改革蹄疾步稳，市场采购组货人制度获长三角地区制度创新案例，小商品数字贸易供应链集成创新改革获全省“改革突破奖铜奖”；11项工作纳入全省标志性成果，5项改革获全省最佳制度创新案例。海外服务驿站入选数字政府优秀案例，“义乌i人才”入选数字经济系统地方特色应用。重型货车防疫智控、危化品经营使用动态管理系统分别在全国和全省推广使用。“5G未来水厂”获评工信部“绽放杯”特色项目奖。深化“大综合一体化”行政执法改革，总检查量下降55%，佛堂、苏溪的“最小综合执法单元”做法入选全省典型经验。推进国资国企股权结构改革，国企资产总额增长9.1%。

【市场高质量发展】 2022年，义乌市全力做精市场。设立9月5日义乌“市场开放纪念日”，成立市场发展研究院，开工建设全球数贸中心、义乌（苏溪）国际枢纽港等“第六代市场”标志性项目。率先推广境外展“代参展”模式，抢先开通境外“商务包机”，推动外贸高质量发展，综保区进口额位列全国新获批综保区第一位。全力做大开放，首座小商品海外市场落户迪拜，海外仓拓展至52个国家，数量达181个。落地运营“义陆航”卡航集拼中心，实现义乌—广州—巴黎“空空转关”。全力做活业态。培育发展数字贸易，Chinagoods平台注册采购商突破310万人，在线交易额400亿元。完善“店开全球”服务体系，跨境电商综试区入选全国十大优秀综试区，跨境电商出口首次突破1000亿元规模。全年快递业务量93亿件，稳居全国第二位。

【项目建设提速】 2022年，义乌市强化招大引强。坚持“项目为王”，签约引进重大产业项目47个，总投资800亿元，其中，10亿元以上项目19个，100亿元以上制造业项目3个。经济技术开发区入选全省开发区亩均效益领跑者十强，信息光电高新区通过省级认定，光源科技小镇获评省级特色小镇。强化项目攻坚。义欣新能源动力电池、正泰光伏、爱旭26吉瓦等重大项目开工建设，瞻芯电子、晶澳三期、华灿二期等建成投产。16个省重点建设项目、62个金华市重点建设项目年度投资完成率分别达163.7%、130%，新建重点项目开工率居全省第一位。全年完成有效投资691.4亿元，增长15.8%。强化要素支撑。获批地方政府专项债券35.4亿元，投放政策性开发性金融工具3.7亿元，均居金华第一位。实施贷款延期还本付息402.4亿元，发放低成本资金182.9亿元，存贷款总额9000余亿元，增长14.3%。争取能耗指标72万吨标煤，新增建设用地指标380.19公顷，供地保障1133.9公顷。

【产业提档扩体量】 2022年，义乌市聚焦“万亩千亿”重大产业平台，做大“4+X”（信息光电、新能源汽车及零部件、芯片传感器及智能终端、医疗健康四大战略产业和若干个传统优势小商品制造业）产业体系，提升产业链供应链丰富性稳定性，新增工业产值200亿元以上企业2家。规模以上工业总产值1639亿元，其中，光伏产业产值872亿元，增长82.8%。深入实施新一轮“腾笼换鸟、凤凰涅槃”攻坚，出台容积率提升、分类处理开工竣工违约等配套政策，整治低效工业用地553.02公顷，安置高税无地企业14家，省级小微企业园总量保持全省第一位。规模以上工业亩均税收提高30%。数字经济核心产业、高新技术产业、战略性新兴产业增加值分别增长59.2%、35.4%、51.3%。入围省级“未来工厂”1家、“未来工厂”试点企业1家。新增国家高新技术企业82家、“专精特新”企业12家。蕾娜科技EDA项目在金华率先入选省“鲲鹏行动”计划，省“雄鹰行动”培育企业实现零突破。

【城市承载力提升】 2022年，义乌市完成建设二村、石桥头等9个区块城市更新，腾挪发展空间87.1公顷。启动农村有机更新30个村，改造提升老旧小区7个，新增省级未来社区3个、未来乡村4个、美丽城镇省级样板镇3个，获评《省级城乡风貌样板区》2个。双江湖新区年度投资完成率120%。辐射力持续放大。金义东轨道试运营，金义中央大道义乌段全线开工，江赤公路隧道、商城大道隧道、老城地下环路等工程主体完工，国贸大道义亭段、疏港快速路延伸主线通车。高铁全高架站房首创“边运行、边建设”模式。获评“四好农村路”全国示范县、国家绿色出行城市。生态环境向上向好，细颗粒物平均浓度连续2年达到世卫组织第二阶段标准，空气质量优良率97.3%。县控以上断面、集中式饮用水水质达标率保持在100%，夺得“大禹鼎”银鼎。荣获全省三星级“无废城市”“美丽浙江”建设优秀市。

【社会民生提优深化】 2022年，义乌市共富有力有效。全力推进“1+7+N”（即建立1套指标体系，从经济发展、收入分配、公共服务、协调发展、文化建设、生态文明、社会治理7个先行示范领域，谋划N项重点工作）重点工作和“1+5+N”（即以扩中提低改革为牵引，重点从经济高质量发展、公共服务优质共享、缩小城乡差距、缩小地区差距、文化生态和社会治理5个重点领域开展改革，并结合实际开展N项改革拓面）重大改革，深化缩小城乡差距、“浙有善育”2项省级试点，被评为农业“机器换人”高质量发展示范县，长护险入选省首批最佳实践，城乡居民收入倍差缩小至1.85。深化东西部协作、山海协作，“百县万品”入选全国首批乡村振兴典型案例，获评《全省山区26县结对帮扶工作成绩突出集体》。锚定“好学义乌”，中高职一体化人才培养改革全省试点，建成投用中小学、幼儿园40所，新增学位2.92万个，民办在校生占比降至4.7%。创新力持续增强。浙大“一带一路”国际医学院全面建设，复旦大学义乌研究院正式运行，义乌工商职业技术学院被评为国家级众创空间。新入选国家级人才7人，新增省级博士后工作站6家，引进青年博士78名，首次到义乌的大学生4.5万人，居全省第二位。全社会研发经费投入增长37.8%，居全省17强县市区第一位。做实“健康义乌”，列入全省中医药综合改革先行区，浙大四院、市中医医院、市妇保院成功创建“三甲”，基层医疗卫生机构绩效考核居全省第一位。深耕“文化义乌”，桥头遗址入选“新时代浙江考古十大发现”。

【安全提标】 2022年，“8·2”疫情防控期间，义乌市全力迎战全省首次奥密克戎变异毒株，以最短时间、最小范围、最小代价实现社会面清零，创下物资保供等项全省最大规模纪录，稳住90%以上工业产能，获省委、省政府高度肯定。打好转段渡峰精准战，聚焦“保健康、防重症、遏病亡”，因时因势优化防控举措，超前谋划定点医院、亚定点医院，提前储备应急药品和医疗设备，全域完成发热门诊规范化改造，全年发放老年人防疫包18万份，第一时间组建暖心服务小分队1898支、应急机动小分队548支，巡查服务覆盖至每个自然村。强化基层治理，信访积案动态清零，群众来访问题数同比下降43%，圆满完成平安护航中共二十大等重大维稳安保任务。深化安全生产大排查大清底大整治，收官安全生产综合治理三年行动，打造大安全综合监管数智系统，交通事故死亡人数、火警、安全生产事故同比分别下降27.5%、29.3%和64.4%。

【政府决策提效】 2022年，义乌市人民政府（简称“市政府”）将学习宣传贯彻中共二十大精神作为首要政治任务，争当“两个确立”忠诚拥护者、“两个维护”示范引领者，在“六学六进六争先”中夯实政治根基。依法行政显担当，自觉将政府行为纳入法治轨道，主动接受人大依法监督、政协民主监督、司法监督和社会监督，人大代表建议401件、政协委员提案351件全部办结，满意率均为99%。全力稳企纾困，全年兑付财政资金30.2亿元，累计减负179.5亿元，惠及企业235万家次。迭代升级“三服务”，开展稳进提质现场集中办公，高效解决各类问题1.3万个。提质增效优作风，扎实建设清廉政府，“村务清廉钉办”获评第三届中国廉洁创新奖。“三公”经费同比下降10%，压减新增资金需求3.8亿元。

（刘　岱）

重要会议

【市政府全体会议】 2022年，市政府召开市政府全体会议2次。5月7日，市政府第一次全体（扩大）会议，深入贯彻省政府第十次全体会议精神，全面落实金华市“战疫情抢发展双月攻坚”行动要求和市委决策部署，紧扣“138”发展战略，抓准、抓实、抓细二季度经济工作，确保经济稳进提质、社会稳定有序，以优异成绩向省第十五次党代会献礼。8月26日，市政府第二次全体（扩大）会议贯彻落实习近平总书记“疫情要防住、经济要稳住、发展要安全”重要指示精神和中共中央、国务院决策部署，全面落实省第十五次党代会、省政府第十一次全体（扩大）会议和金华市第八次党代会、金华市政府全体（扩大）会议精神，总结上半年政府工作，分析研判当前形势，部署下半年重点工作，高效统筹疫情防控和经济社会发展，突出稳进提质、除险保安、塑造变革，深化落实经济稳进提质攻坚行动，确保经济运行在合理区间，确保社会平安稳定，以高分报表迎接中共二十大召开。

【市政府常务会议】 2022年，市政府召开市政府常务会议15次，审议通过议题、事项170项。市长、副市长、相关党组成员、市人武部部长、市府办主任、相关单位负责人参加历次会议。

【全市安全工作会议】 2022年4月10日，市政府召开全市疫情防控、安全生产、道路交通安全工作会议，部署相关工作。会议以视频形式召开。会议强调，疫情防控和安全生产工作“100减1等于0”，以超常规思维、超常规举措、超常规力度、大开大合、大治大安筑牢坚固防线。市长、市有关领导、有关部门负责人75人参加会议。

2022年义乌市政府常务会议情况一览表

表6

时　间	会议名称	会议内容
2月18日	市政府第1次常务会议	审议并原则通过城镇有机更新近期实施规划、《关于促进市场高质量发展的若干意见》《义乌市人才购房补助实施办法》等议题
3月18日	市政府第2次常务会议	审议并原则通过加快发展保障性租赁住房实施办法、商城大道（雪峰东路—浙医四院）隧道工程景观绿化工程PPP项目变更等问题及规划方案、2022年义乌市人民政府重大行政决策事项目录等议题
3月23日	市政府第3次常务会议	审议并原则通过义乌国际枢纽港一期工程苏溪集装箱办理站项目、义乌国际数字物流市场（义东北仓储）工程项目、义乌陆港供应链中心项目等议题
4月7日	市政府第4次常务会议	传达学习上级有关新冠疫情防控、安全生产等会议精神，审议并原则通过建设二村区块房屋征收工作等议题
5月6日	市政府第5次常务会议	审议并原则通过推进“大综合一体化”行政执法改革实施方案、2022年一般性工程投资项目建设计划、政务服务数字化试行办法等议题
5月25日	市政府第6次常务会议	审议并原则通过关于促进服务业领域困难行业恢复发展的政策意见、战疫情抢发展若干政策举措、2022年购房契税补贴政策等议题
6月16日	市政府第7次常务会议	审议并原则通过义乌市贯彻落实扎实稳住经济一揽子政策措施实施方案、市级财政扶持政策管理办法、正泰高效光伏电池、组件生产基地及分布式电站项目等议题
6月27日	市政府第8次常务会议	审议并原则通过莱汰跨境进口电商总部项目、代塔大进口智慧供应链中心项目、青木股份华东区域总部项目等议题
7月6日	市政府第9次常务会议	审议并原则通过关于分类处理工业项目开竣工违约责任事宜、2021年高税企业项目招选入围企业、湖大塘05地块有机更新事宜等议题
7月20日	市政府第10次常务会议	传达学习全国、全省安全生产会议精神，审议并原则通过大安全综合监管数字智治系统、有机更新及高税无地（少地）入围企业安置工作方案、医保个人账户划转和长护险征缴方式调整事宜等议题
8月31日	市政府第11次常务会议	审议并原则通过关于优化工业用地规划管控要求事宜、传统产业发展提升方案（2022—2025）、给予“义乌—大阪”国际货运航线第四年度财政扶持事宜等议题
9月29日	市政府第12次常务会议	传达学习全省加快高水平交通强省建设推进会、全省能源绿色低碳发展和保供稳价工作三年行动实施部署会等会议精神，审议并原则通过春风大道与诚信大道交叉口东南侧地块（全球数字自贸中心）规划建筑方案、西门老街历史文化开发项目规划设计方案、义乌市与浙大一院合作有关事宜等议题
10月28日	市政府第13次常务会议	审议并原则通过公布2020年规模以上服务业企业亩产效益综合评价结果事宜、义乌市基本公共服务标准（2021年版）、关于扶持激励企业上市和高质量发展的若干意见等议题

续表6

时　间	会议名称	会议内容
12月1日	市政府第14次常务会议	审议并原则通过贯彻落实国务院稳经济一揽子政策接续政策措施重点举措和责任分解事宜、市教育局和教育发展公司开展合作办学事宜、给予王小贵等7名同志记功嘉奖事宜等议题
12月30日	市政府第15次常务会议	审议并原则通过四个加快发展镇跨越式高质量发展实施方案和关于支持四个加快发展镇跨越式高质量发展的十条意见、"十四五"中心城区海绵城市建设实施方案、《义乌市抢开局稳增长全力夺取2023年一季度"开门红"工作方案》《义乌市强保障优服务全力助推经济"开门红"政策措施》等议题

（刘　岱）

十大民生实事

【概况】 2022年，市政府认真践行以人民为中心的发展思想，紧盯目标，用心、用情、用力办好十大民生实事，切实做到言必信、行必果。市政府常务会议专题研究2022年度民生实事项目，专题听取半年度民生实事工作情况汇报，推动工作落实。精准发力，将十大民生实事细化分解为40个子任务，分别交由21个牵头单位、42个配合单位和14个镇街协同办理；各牵头单位按项目组建工作专班、制定工作方案，明确每个项目的具体点位、建设内容、完成时间和责任人，做到"项目到点、时间到天、责任到人"，按下"快进键"、跑出"加速度"，全力拼抢项目进度，于11月底提前完成全年任务。

【高频督办】 2022年，市府办强化督导，通过"线上+线下"方式，开展十大民生实事跟踪督办、现场检查，每半月在民生实事工作群晾晒实施进度和完成率，对进度滞后单位下发提醒单、督办单4期；每季度召开工作调度会，向市领导汇报工作进展，约谈滞后项目责任单位，将推进中的问题纳入重大督查问题清单予以整改落实，有效形成督查整改工作闭环；优化年度考绩办法，从数量、质量、进度和典型案例4个维度精准设置考核指标，提升考核的科学性；加强信息公开和宣传，在市政府门户网站公开民生实事办理进度，在《义乌商报》头版开设"民生回响暖人心"专栏，集中展示民生实事办理成效，大力营造"争先创优、比拼赶超"浓厚氛围，确保各项民生实事落实到位。

2022年义乌市十大民生实事完成情况一览表

表7

序号	实事内容	完成情况	牵头单位
1	改善群众居住条件。启动农村有机更新（含微改造）30个村，新增农民建房9000户，新开工新社区集聚安置房5000套，新建、改建、转化保障性租赁住房1.8万套（间）	启动31个村有机更新（含微改造），其中上溪镇五塘村、江东街道潘村、廿三里街道深塘村等16个村启动整村改造，大陈镇凰升塘村、赤岸镇南旺溪村、稠江街道春联村等15个村启动微改造。完成农民建房分户审批9549户，其中佛堂镇535户、苏溪镇1496户、上溪镇1230户、大陈镇411户、义亭镇485户、赤岸镇166户、福田街道423户、江东街道803户、稠江街道425户、北苑街道221户、后宅街道1060户、廿三里街道574户、城西街道1720户。开工建设苏溪镇春风大道与好派路交叉口西南侧地块、江东街道毛店二期地块、后宅街道镇中东侧地块和城西街道开创社区地块项目新社区集聚安置房5002套；完成新建、改建、转化保障性租赁住房1.82万套（间）。红狮物流园蓝领公寓1252套（间）、凯创智慧公寓740套（间）、派对服饰公寓478套（间）、和意电商园322套（间）、安歆青年社区131套（间）	市自规局 市建设局 社区建设办

续表7

序号	实事内容	完成情况	牵头单位
2	提升教育服务水平。建成投用中小学、幼儿园20所，新增学位1万个，新建25所学校“上下学接送区”，优化义务教育段学校课后托管服务供给	建成投用20所中小学、幼儿园，青岩书院、树人中学二期（迁建）、江东中学（扩建）、绣湖小学岭头校区、望道小学、万家风华幼儿园等；新增学位1.39万个。望道小学新增学位2160个、福田二小新增学位1890个、后宅三小新增学位1620个。完成25所学校“上下学接送区”建设，如佛堂幼儿园、状元里小学、楂林小学、东洲小学、绣湖中学等。优化“5+2”课后托管服务供给，制定“一校一案”，各校结合实际创新开展“1+X”课后服务模式，探索建立涵盖体艺、科技、信息、益智、劳动、诵演、礼仪等内容供给丰富、走班形式灵活、充分满足学生需求的校内拓展型服务课程体系，惠及16.36万名学生，占义务教育段学生总数的94.1%	市教育局 城投集团
3	完善公共基础配套。新增天然气设施配建村（社区）30个，完成天然气入户1.5万户，实施10个中高层住宅小区二次供水设施改造，新增或改造提升公厕30个，推广智慧停车平台应用	完成江东街道曲江风荷、稠江街道龙海家园、后宅街道下畈村、城西街道溪干村等30个村（社区）天然气设施配建工作。完成天然气入户1.69万户，其中，佛堂镇2308户、苏溪镇2142户、稠城街道2679户、福田街道1130户、江东街道4090户、稠江街道1084户、北苑街道3198户、廿三里街道68户、城西街道229户。完成稠城街道解放新苑、福田街道茂盛家园、北苑街道望湖家园、后宅街道九州小区等10个中高层住宅小区二次供水设施改造工作。完成乌伤驿站公厕、佛堂老街公厕、福田路与大通路交叉口公厕、大陈镇西岸村公厕等新建或改造提升公厕30座。完成智慧停车平台建设，上线“义停车”停车导航小程序，接入停车泊位2.1万余个	市公安局 市建设局 市水务局 市农业农村局 市行政执法局 城投集团 水务集团
4	优化卫生健康服务。新增社区卫生服务站8个，完成发热门诊规范化改造4家，深化二级及以上医院检查检验结果区域内互认共享	新增苏溪镇翁界村社区卫生服务站、赤岸镇神坛社区卫生服务站、稠城街道词林社区卫生服务站、稠城街道雪峰社区卫生服务站、福田街道联港社区卫生服务站、江东街道鸡鸣山社区卫生服务站、稠江街道香溪官清畈社区卫生服务站、北苑街道丹溪社区卫生服务站8个社区卫生服务站。完成中医医院、妇幼保健院、第二人民医院、復元医院和稠州医院5家发热门诊规范化改造；实现全市8家二级及以上医疗机构及14家镇街卫生院之间检查检验结果信息互通；上传检验结果392.78万份、检查结果30.09万份，互认共享14.29万次，涉检金额949.57万元	市卫健局
5	关心关爱老年群体。试点建设3家村（社区）小微养老机构，建设5家老年友善医疗机构，完成2家医院老年医学科规范化建设，为全市60周岁以上户籍老年人免费接种流感疫苗10万剂次，开展“银龄跨越数字鸿沟”专项培训1.5万人次	完成佛堂镇倍磊村、赤岸镇毛店村和北苑街道丹溪社区3家村（社区）小微养老机构建设；完成中心医院、大陈镇卫生院、义亭镇卫生院、赤岸镇卫生院和稠江街道社区卫生服务中心5家老年友善医疗机构建设；完成浙大四院和復元医院2家医院老年医学科规范化建设；为60周岁以上户籍老年人免费接种流感疫苗10万剂次，其中，佛堂镇1.11万剂次、苏溪镇6700剂次、上溪镇7100剂次、大陈镇4900剂次、义亭镇7200剂次、赤岸镇5200剂次、稠城街道4000剂次、福田街道6500剂次、江东街道1.15万剂次、稠江街道8000剂次、北苑街道8900剂次、后宅街道7000剂次、廿三里街道6100剂次、城西街道5800剂次。完成“银龄跨越数字鸿沟”专项培训2.6万人次，其中，佛堂镇1641人次、苏溪镇2486人次、上溪镇2583人次、大陈镇1052人次、义亭镇1010人次、赤岸镇2060人次、稠城街道1804人次、福田街道2218人次、江东街道2320人次、稠江街道1215人次、北苑街道2324人次、后宅街道2120人次、廿三里街道2192人次、城西街道958人次	市民政局 市卫健局 市科协

续表 7

序号	实事内容	完成情况	牵头单位
6	提升公共交通服务能力。新建或优化公交候车亭100个(其中农村80个),新增或优化公交接驳轻轨线路20条,新建或提升农村公路30公里,新增新能源汽车公共充电桩300个	完成153个(含农村106个)公交候车亭建设,其中佛堂镇9个、苏溪镇8个、上溪镇8个、大陈镇9个、义亭镇11个、赤岸镇9个、稠城街道8个、福田街道9个、江东街道8个、稠江街道12个、北苑街道8个、后宅街道8个、廿三里街道9个、城西街道7个、恒风集团30个;新增或优化25条公交接驳轻轨线路,如接驳秦塘站6条,国际商贸城站、春晗站各5条,浙大四院站、凌云站各4条等;完成农村公路新建或提升30.99千米,如板坞至湖山5.15千米、平望至湾塘2.11千米、溪华至乔里何1.9千米等。安装新能源汽车公共充电桩538个,其中佛堂镇26个、苏溪镇23个、上溪镇18个、大陈镇36个、义亭镇12个、赤岸镇6个、稠城街道60个、福田街道114个、江东街道106个、稠江街道22个、北苑街道40个、后宅街道24个、廿三里街道24个、城西街道27个	市发改局 市交通局 恒风集团
7	加强食品安全管理。创建省级"放心农贸市场"3家,建立定点保供放心蔬菜基地30处,建成外卖餐饮单位"阳光厨房"300家	完成上溪综合市场、伏龙山菜市场和凌云菜市场3家省级"放心农贸市场"创建;完成30处定点保供放心蔬菜基地建设,其中,佛堂镇坑口村4处,上溪镇溪田村7处、沈宅村5处、周村2处,赤岸镇柏峰村6处、神坛村6处。建成燕章咖啡厅、拌川餐饮管理有限公司、西维烘焙店等外卖餐饮单位"阳光厨房"300家	市市场监管局 供销联社
8	加大文体服务供给。举办青少年科技小课堂、"花开四季"文体课外学堂1500场次,开设"公益普惠·职工学堂"500场次,新增百姓健身房、足球场15个,将国民体质健康测试纳入居民健康体检,建立居民个人体质健康档案2万人次	完成青少年科技小课堂385场次,其中森山小镇研学教育营地240场次、华川森能环保有限公司34场次、枣文化科普馆24场次、气象文化科普馆20场次。举办硬笔书法、声乐、中国舞、竹笛、古筝等青少年"花开四季"文体课外学堂1580场次,其中佛堂镇59场次、苏溪镇90场次、上溪镇44场次、大陈镇88场次、义亭镇69场次、赤岸镇86场次、稠城街道104场次、福田街道142场次、江东街道80场次、稠江街道122场次、北苑街道91场次、后宅街道121场次、廿三里街道123场次、城西街道117场次、文化馆167场次、图书馆77场次;开设"公益普惠·职工学堂"535场次,其中佛堂镇职工培训基地28场次、苏溪镇职工培训基地20场次、大陈镇职工培训基地20场次、义亭镇职工培训基地24场次、赤岸镇职工培训基地25场次、稠城街道职工培训基地27场次、福田街道职工培训基地28场次、江东街道职工培训基地20场次、后宅街道职工培训基地20场次、廿三街道职工培训基地22场次、总工会职工学校301场次。完成上溪镇红桥头村、福田街道荷塘社区、北苑街道迎宾社区等百姓健身房建设11个;"五人制"足球场建设4个,分别位于江东街道下傅村、北苑街道丹溪路国贸桥下(2个)和城西街道五一村;将国民体质健康测试纳入居民健康体检,建立居民个人体质健康档案2.03万人次	市文广旅体局 市卫健局 市总工会 市科协
9	加大创业就业支持力度。新增创业孵化基地5家,高质量举办创业活动30场次,发放创业担保贷款5000万元,开展各类职业技能培训1.8万人次	新增跨界·好物园、跨界园·稠州大厦、国际陆港电商城云创·孵化基地、今日网红直播基地、八戒工场、吉成文体小微企业创业园创业孵化基地6家。举办高质量创业活动41场次,其中:创业沙龙24场次、创业大赛17场次;发放高校毕业生5562万元、退役军人700万元等创业担保贷款6503万元。开展各类职业技能培训2.04万人次,其中企业适岗类9593人次、职业技能等级证书类8540人次、安全生产技能类1824人次、创业类473人次	市人社局

续表 7

序号	实事内容	完成情况	牵头单位
10	优化婴幼儿照护服务。全面实施幼儿园晚托、暑托服务，新增3岁以下婴幼儿托位800个，规范化提升婴幼儿照护服务成长驿站30个，培训保育员3000人	全市幼儿园按照公益普惠原则，开设晚托班、暑托班1492个，参托幼儿3.03万人；新增3岁以下婴幼儿托位1116个，其中，佛堂镇80个、苏溪镇80个、上溪镇40个、大陈镇20个、义亭镇20个、赤岸镇20个、稠城街道296个、福田街道80个、江东街道120个、稠江街道60个、北苑街道40个、后宅街道140个、廿三里街道60个、城西街道60个。规范化提升婴幼儿照护服务成长驿站30个，其中，佛堂镇2个、苏溪镇3个、上溪镇4个、大陈镇2个、义亭镇6个、赤岸镇1个、稠城街道3个、福田街道1个、江东街道2个、北苑街道4个、后宅街道1个、城西街道1个；完成保育员培训3650人	市教育局 市卫健局

（朱力鸣）

行政审批

【概况】 2022年，市行政服务中心围绕市委“138”工作体系，聚焦高水平打造内陆开放样板和世界小商品之都建设目标，深化“放管服”改革，着力构建“线上线下、城乡社会、市内市外、境内境外”四个“一体化”政务服务体系，奋力打造全国最优政务服务环境。“海外政务服务驿站”应用入选“省数字政府系统优秀应用案例”（第二批）。“数字合同”入选“省级电子证照社会化应用试点”。《浙江政务信息》3次刊登义乌市政务服务数字化改革经验，肯定义乌“一地创新、全省受益”探索“为民办事智能速办”改革成效。《义乌市政银合作助推政务服务再提升》被省委办公厅《浙江信息》刊发。打造优质涉外营商环境和不动产登记改革2项工作入选《竞跑者》、金华市2022年度有礼示范窗口。2022年，全市办件量550万件，“一网通办”率达98.5%，公共资料交易全流程电子化率达100%。

（许颖珍）

【跨区域通办】 2022年，义乌市打造本地人、外地人“无差别”服务环境，不断丰富跨区通办“四张清单”内涵，扩大跨区通办朋友圈，在通办中推动两地改革理念共进，改革成果共享。与江宁、镇雄、怀化等20个地方完成“跨区通办”合作，推动全市“跨区通办”朋友圈38个，基本事项在义乌1万人以上区域全覆盖，“跨区通办”办件29.5万件。积极融入长三角“一网通办”建设，义乌退休提取公积金争取到长三角高频事项“一网通办”试点，赋能银行自助终端提供政务服务、新生儿入户、首次申领身份证、社保卡一卡通等18个项目实施贯通。

（许颖珍）

【迭代升级“同年哥来帮忙”平台】 2022年，推进“同年哥来帮忙”基层代办新模式，形成“一张精准的服务清单、一套规范的服务流程、一支能干的服务队伍、一个好用的应用平台、一张高效的协同网络、一批标准的配套机制”的“六个一”村级便民服务工作规范和制度体系。不断优化平台功能，打造在线申请、在线办理、统计分析、在线评价全链条闭环，被列入金华市政务服务协同管理平台“政务点单”试点，服务端覆盖至浙里办、微信和钉钉三端。全面推广平台应用，利用广播、电视、线下等各种推广手段，群众知晓度显著提升，平台自1月正式上线，至12月，办件达到7.4万件，群众申请类占比由30%提升至63%。强化人员配置，全市618名村级代办员，人员更换比例32%。

（徐倩云）

【政务服务数字化改革】 2022年，政务服务数字化改革成效显著。自建系统不断升级，217个事项实现数字化迭代。“不动产智治”应用全省推广；商事智能登记全国领先，80%以上办件智能审核。上级系统优化路径全省推广，省大数据局以义乌模式上线政务服务“一地创新、全省共享”应用，省厅采纳义乌改革建议3046条，助推全省160个事项实现“智能速办”，推动全省271个高频事项完成优化，22个事项优化结果入选全省最佳工单。率先建立改革制度成果，5月9日，下发《义乌市政务服务数字化试行办法》，成为全省全国政务服务数字化改革方面的第一个规范性文件。（许颖珍）

【海外政务服务驿站】 2022年9月7日，通过视频连线方式，义乌市举行“海外政务服务驿站”授牌仪式，首批位于迪拜、捷克、西班牙的3个海外政务服务驿站授牌启用。此举措为在境外的中国公民和外籍采购商提供政务服务“直通车”，实现政务服务向海外跨境延伸，向构建“境内外一体化”服务体系上新台阶。同月29日，义乌市“数字扬帆，政务出海”工作在全省数字政府建设例会上作典型交流发言，获高度肯定，认为改革有“含金量”。打造“云上跨国政府”，推动双循环，是数字政府向新阶段的努力方向。10月17日，浙江省数字政府系统优秀应用案例（第二批）公布，市行政服务中心“数字扬帆，政务出海”工作案例成功入选。（骆安静）

机关政务信息

【概况】 2022年，义乌市持续深化全国基层政务公开标准化规范化试点，牢牢把握深化公开内容、规范公开流程、创新公开形式、增强公开效果4个关键环节，全面推进公开目录标准化、公开流程规范化、公开模式常态化。2022年，全市主动公开政府信息8万余条，其中政府门户网站发布信息6.29万篇，通过微信微博发布政府信息2.59万条；通过不同渠道和方式回应解读信息1345条，其中发布“政风行风热线”在线访谈节目37期。

【稳进提质系列政策落实】 2022年，义乌市19个部门发布涉企补助政策259篇，权威解读127篇，惠及企业5.49万家，开展政策培训、宣讲等活动157场。颗粒化分解政务公开事项，全面完成“26个试点领域+42个市政府部门+14个镇街+537个村社”的政务公开标准目录编制，形成“横向到边、纵向到底”的政务公开标准目录体系。

【矩阵式打造政务公开平台】 2022年疫情防控期间，义乌市通过政府网站主平台、政务新媒体等，及时、动态、密集发布防控政策、防疫知识、复工复产政策信息4500余条。发布推送新增病例、疫情防控重要工作提示等通报通告380条，直播连线新闻发布会11场，推送防控提示短信每日200万条，电视滚动播出防疫宣传内容每日3600次，12345政府服务热线日均咨询答复每日8600次，有力推动疫情防控和复工复产工作。义乌市府办被金华市府办推荐为浙江省“2022年度政务公开工作成绩突出集体”候选集体。

（朱加鸣）

2022年9月7日，通过视频连线方式，义乌市举行“海外政务服务驿站”授牌仪式

（市政管办　供图）

电子政务

【概况】 2022年，义乌市集约化推进政务外网局域网建设，围绕全年中心工作，以反映工作动态、突出经验交流为重点，高质量完成电子政务云资源自动开

通省试点，通过云资源自动开通，实现资源配置最优化。全年通过一体化数字资源系统新增云资源实例550个，同比增长33%；释放服务器83台，共回收CPU资源525核、内存资源1200G、存储资源54T，每年可节省财政资金110余万元。推进政府门户网站和政务新媒体建设，深化政务公开规范化标准化建设、政务新媒体集中清理，规范市政府门户网站总访问量达3420余万次，日均9.3万次以上，全省（县市区）第一，在浙江省第4期政务公开指数评估中位列县级市第一。

【数字基础设施夯实】 2022年，义乌市推动政务外网、视联网和感知网三网建设，谋划推进物联感知平台建设，归集雨量计、火灾探测器、水浸探测器、可燃气体报警控制器等16类70余万个感知设备，产生安全风险感知预警事件9.7万条。全年，新增视联网会议系统、政务外网、防汛防旱视频监控线路、环保专线等各类网络光纤线路105条，为全市信息化系统运行、视联网会议连线提供基础网络支撑。强化视联网会议保障及视频共享应用，推动全市各视联网接入单位终端设备软件升级，升级率99%。对接市委宣传部、市民宗局、市自规局、市建设局等单位业务场景需求，通过提供国标视频码流的方式，支撑各单位视频综合集成应用。全年召开保障疫情防控等各级视频会议600余场。

【织密安全防护网】 2022年，会同市委网信办、市公安局，建立监测、检查、通报、约谈等工作机制，持续完善网络安全监管体系，累计现场检查机关单位113家。提升数据分类分级、数据脱敏、态势感知等数据安全防护能力，开展《浙江省公共数据条例》宣讲，强化数据安全管理，实现数据权限100%可管控、数据访问100%可追溯，逐步构建并完善覆盖云、网、端、应用、数据、行为的安全防护体系，进一步提升政务外网及数据安全防护水平。针对电子政务外网领域比较突出的“三高一弱”问题，开展全市政务网络安全漏洞扫描30余次，督促全市完成风险隐患整改9000余个，成功抵御各类网络攻击6700余万次，完成中共二十大、全国“两会”等重要时期安保工作。

【资源统筹持续增强】 2022年4月，义乌市开展云资源自动开通试点，实现云资源ECS、RDS、OSS、堡垒机等35个产品自动开通。推进部门业务系统上云48个，整体上云率95%。强化电子政务项目统筹，8月，编制《义乌市电子政务项目建设指南》，进一步加强和规范电子政务项目统筹管理，提高项目管理水平、项目建设质量、资金使用效益。10月，探索电子政务项目评价机制，梳理评价指标52项，评价维度13个，以“全量化+多节点”为评价范围，以“智能化+多模型”为评价方法，构建体现项目之间、单位之间以及全市总体的电子政务项目评价全景图，形成评价、整改的闭环机制，实现以评提效、以评促用。全年，申报电子政务建设类项目122个，申报资金2.57亿元；审核通过93个，核定资金1.33亿元，核减率48%。

（傅铁民）

政务督查

【概况】 2022年，市督考办围绕义乌市中心工作和重大决策部署，先后赴宁波江北、余姚，金华东阳、兰溪等地学习考察考核工作的先进经验和做法，修订完善2022年考绩办法。研究制定《义乌市机关部门科室和基层站所民主评议方案》，从主动服务、依法履职、工作效能、作风纪律、清廉建设5个维度，对全市198个机关部门科室和基层站所组织开展评议，推动机关部门科室和基层站所提高“三服务”工作意识、能力和水平。围绕中心工作任务，全年下发交办单21期、警示单7期、督办单9期、通报21期。会同市纪委、作风办等部门摄制作风大会相关视频用于全市观看学习；对作风建设大会涉及的37项任务予以交办，解决群众急难愁盼的突出问题26个。在“特别关注”栏目曝光进度严重滞后项目4项，通过《晾晒赛马机制》通报26家落后单位，推动工作作风转变，促进工作效能提升。

【经济稳进提质督进】 2022年，市督考办针对“开门红”“半年红”及三季度经济稳进提质等工作，下发交办、警示、督办、通报共26期，力促各行业主管部门落实“抓行业就要抓经济”。针对“除险保安”工作，会同市安委办、市应急局等部门下发交办、通报8期，整改各类安全隐患314项。针对重点项目落地，会同市发改局赴实地查看项目进展，下发督办单5期，协调相关镇街、部门处理政策问题30余项，推动了重大项目落地投产。

【民生难题督查】 2022年，市督考办对作风建设大会的37项任务予以交办跟踪，解决一批群众急难愁盼的突出问题，有力督促部分镇街、部门切实转变工作作风。新冠疫情发生后，市督考办先后负责佛堂镇、稠城街道等10个镇街的新冠疫情督查，提出167项建议，112条纾困解难建议被市防控专班采纳。

【重点工作督查】 2022年4月20日，市督考办制定《重点工作任务“清单式”闭环管理督查机制》，将494项市主要领导交办任务、510项市委、市政府重点工作纳入“清单式”闭环管理。年度分别销号376项、409项，并针对79项推进较慢事项，赴责任单位调研或项目现场实地督查，推动重点工作有效落实。

（陈新宇）

市直机关事务管理

【概况】 2022年，市机关事务管理局有行政和事业编制人员46人，临聘人员74人。承担12个行政大楼的机关后勤物业管理、会务服务、安全保卫等服务工作，物业面积35万平方米。经营8家机关食堂，其中1家委托酒店管理，7家自行管理。市机关事务管理局出台《义乌市机关事务管理局垃圾分类实施方案》《义乌市机关事务管理局分质供水管控工作方案》，进一步完善《义乌市机关事务管理局自行采购管理办法》《义乌市机关事务管理局雇员考核管理办法》等制度，严格执行“三重一大”会议决策制度，提交“三重一大”会议研究的议题451个。

【设施设备更新改造】 2022年，市机关事务管理局先后完成行政四、九号楼会议系统改造、地下室会议室改造、三楼高清会议系统改造、疫情防控指挥部LED大屏采购安装，行政四、五、六号楼油改气项目，七号楼A座空调更新改造、合同能源管理项目落地等工作。完成各行政楼内空调、电梯、会议等设施设备的保障，通信技术大楼水电接入，各行政楼螺杆机大修项目，行政三、四、九号楼电梯大修项目。全年，各行政楼共收到报修电话4456次，高质量保障会议服务400余次，完成各类零星项目工程维修600余次。

【公共机构节能管理】 2022年，实现义乌市节约型机关、垃圾分类示范单位、节水型单位创建全覆盖。完成市机关事务管理局所属9处行政楼能源体系认证，长三角地区三星级绿色数据中心认证工作，协助开展绿色学校、绿色食堂创建工作。全面推进节能数字化改革，完成全市公共机构年度能耗线上统计报送，实现上报率100%。推动义乌市行政楼合同能源管理，开展行政楼内节水改造，完成行政一号楼雨水收集池、分质水管网铺设和智能绿化自动喷灌系统改造。开展节能宣传周活动、节水日宣传、垃圾分类宣传和光瓶行动宣传等宣传活动，全年开展各项活动10余场。

【车辆安全保障】 2022年，义乌市58辆公务用车总行驶里程59.34万千米；出车次8925次，其中社会化服务用车105次；维修费用55.39万元。保障“两会”“义博会”等重要会议活动用车14场；指导并完成事业单位车辆审批更新3批次；完成公务用车管理平台的并网工作，成功接入全省“一张网”平台。完成年度公务用车更新工作，更新公务用车5辆，其中首次购买新能源车2辆。

（杨俊华）

中国人民政治协商会议义乌市委员会

YIWU MUNICIPAL COMMITTEE OF THE CHINESE PEOPLE'S POLITICAL CONSULTATIVE CONFERENCE

综　述

【围绕党政履行政协职能】 2022年，中国人民政治协商会议义乌市委员会（简称“市政协”）及其常委会坚持以习近平新时代中国特色社会主义思想为指导，把迎接中共二十大召开、学习宣传贯彻中共二十大精神作为贯穿全年的重大政治任务。全年组织开展重大视察协商活动31次，立提案351件，报送调研报告、专题纪要37件，中国共产党的建设、数字政协、理论研究等工作在金华政协相关会议上作典型发言，请你来协商、民生议事堂、委员工作室等经验做法被省级以上媒体报道肯定。

【党建工作品牌建设】 2022年，市政协深入贯彻落实《关于加强和改进新时代市县政协工作的意见》，开展“同心向党”党建工作品牌建设，建立党员委员履职临时党支部21个，常态化开展活动84次，实现2个全覆盖。通过开展学习宣传贯彻中共二十大“矢志不渝跟党走、同心奋进新征程”系列活动、建立健全习近平新时代中国特色社会主义思想学习座谈会制度、深化“书香政协”建设、开展文史交流活动等方式，支持民主党派和无党派人士在政协履职，将党委的各项决策部署转化为社会各界人士的思想共识和行动自觉。

【聚焦中心任务建言献策】 2022年，市政协围绕市场建设40周年，举办“促进市场繁荣”请你来协商活动，组织义乌市场发展专题调研，确定1号重点提案，创办纪念专刊，“一协商一报告一提案一专刊”助力巩固市场“龙头”地位。紧扣产业迭代发展，举办“走进中小微企业”请你来协商活动，开展创意设计、文化用品产业调研，专题协商企业数字化改革，推动传统产业转型、新兴产业培育。聚焦共同富裕，开展“推动四个镇加快发展”请你来协商活动，组织新一轮城市有机更新视察，开展山水林田湖草生态保护修复和无废城市建设专项民主监督，助力物质富裕、精神富有。

【协商民主向基层延伸】 2022年，市政协以人民为中心，充分发挥桥梁纽带作用，推动协商民主向基层延伸，倾力推动解决群众急难愁盼问题。围绕社会普遍关心的养老、医疗、教育等领域，组织“加快推进社会适老化改造”请你来协商活动、“医养结合”专项视察，义务教育“双减”工作、中小学放学后托管服务专题协商；开展智慧教育建设调研，推动百姓操心事、烦心事、揪心事早日解决。以数字化改革为牵引，启用“义事即办”平台，为民意反映提供便捷高效的全天候途径。全年，处理民情事项2036条，推动城市管理、交通治理、科学防疫等民生事项的解决，《促进医院护工规范管理》等社情民意信息获市政府领导批示。

【深化务实创新】 2022年，市政协理论研究文章《民主协商赋能

"亲""清"政商关系构建的机制与机理》获省政协论文征评二等奖，3个民生议事堂议事活动入选全省典型案例。抓巩固、促深化、创特色、出实效，为委员会客厅创造履职条件，"义新欧"新丝路政协委员会客厅成功晋升四星级。以"助发展、惠民生、聚共识"为宗旨，分2批建成24家委员工作室，上线工作室13家。推进数字政协建设，推动"义事即办"平台、提案网上办理系统与省政协统建应用的融合贯通，推动实现"指尖上的协商民主"。 （陈　婧）

2022年1月23—25日，中国人民政治协商会议第十四届义乌市委员会第一次会议召开 （市政协　供图）

重要会议

【概况】 2022年，市政协围绕中心、服务大局，以协商促发展，以团结聚共识，为高质量高水平建设世界小商品之都不懈努力。全年召开全体会议1次，常委会会议4次，主席会议10次。

【市政协十四届一次全体会议】 2022年1月23—25日，市政协十四届一次会议在稠城召开，参会政协委员299人。根据新冠疫情防控工作要求，邀请16人全程列席会议，其他304名列席人员通过收看电视直播、新闻报道、阅读会议资料等方式列席会议。收到提案382件，经审查立案346件，研究确定5件提案为重点提案。开幕会上，6名政协委员上台发言，3名政协委员书面交流。陈小忠当选为政协第十四届义乌市委员会主席，蒋令树、王迎、王建新、王亦民、鲍建平、刘瑜君、丁光海当选为副主席，骆照明当选为秘书长，王正等54人当选为常务委员。

【市政协常委会会议】 2022年，市政协常委会会议聚焦重大项目建设、农村有机更新、数字化改革推动传统产业转型升级、民生实事等工作开展协商，围绕市委决策部署，积极建言、广献良策，确保市委有部署，政协见行动。全年共召开常委会会议4次。

2022年义乌市政协常委会会议一览表

表8

时间	会议名称	参加人员	会议内容
1月11日	十三届二十四次常委会会议	市政协，市委组织部有关领导，市政协机关各办委正副主任	协商通过有关人事事项，审议通过《关于政协第十四届义乌市委员会界别设置和名额的决定》、政协第十四届义乌市委员会委员名单、《关于召开政协第十四届义乌市委员会第一次会议的决定》《政协第十四届义乌市委员会第一次会议议程草案》等事项3项

续表8

时间	会议名称	参加人员	会议内容
3月30日	十四届一次常委会会议	市政协、市政府、市委组织部、市委统战部、市发改局、市财政局、市自规局、市交通局有关领导，市政协机关各办委正副主任	学习中共中央办公厅《关于加强和改进新时代市县政协工作的实施意见》、全国“两会”及金华市党代会精神，听取重点项目建设情况通报，协商通过政协全体会议工作规则、常务委员会工作规则、专门委员会通则，协商通过有关人事事项
6月2日	十四届二次常委会会议	市政协、市政府、市财政局、市自规局、市建设局、市农业农村局有关领导，市政协机关各办委正副主任	学习5月27日中共中央政治局会议精神(《中国共产党政治协商工作条例》)、中共浙江省委办公厅印发《关于加强和改进新时代市县政协工作的实施意见的通知》，听取农村有机更新情况通报，协商通过政协委员履职考核办法
11月14日	十四届三次常委会会议	市政协、市政府、市委组织部、市委统战部、市经信局、市科技局、市人社局、市市场监管局、市金融办有关领导，市政协机关各办委正副主任	学习中国共产党第二十次全国代表大会精神，听取数字化改革推动传统产业转型升级情况通报，审议通过有关人事事项

【市政协主席会议】 2022年，市政协主席会议围绕市委、市政府中心任务，聚焦推进快递业高质量发展情况、“大综合一体化”行政执法改革情况、义务教育“双减”工作落实情况、城镇有机更新实施规划、义乌苏溪国际枢纽港概念规划等6个方面开展协商。围绕自身建设，协商讨论政协全体会议工作规则、常务委员会工作规则、主席会议工作规则、专门委员会通则、“义事即办”社情民意综合平台建设等方面。召开主席会议10次。

2022年义乌市政协主席会议一览表

表9

时间	会议名称	参加人员	会议内容
1月10日	十三届五十五次主席会议	市政协、市委组织部、市委统战部有关领导、市政协机关各办委正副主任	协商讨论关于政协第十四届义乌市委员会界别设置和名额的决定(草案)、政协第十四届义乌市委员会委员名单(草案)、政协第十四届义乌市委员会常务委员会组成人员建议名单、关于召开政协第十四届义乌市委员会第一次会议的决定(草案)、市政协十四届一次全会日程(草案)、议程(草案)6项，听取“义事即办”社情民意综合平台建设情况
1月14日	十三届五十六次主席会议	市政协、市政府、市委组织部、市委统战部、市经信局、市自规局、市征收办有关领导，市政协机关各办委正副主任	听取义乌市城镇有机更新实施规划(2021—2026)通报，协商通过市政协十四届一次会议主席团、秘书长建议名单、市政协十四届一次会议主席团常务主席、主席团常务主席会议主持人、副秘书长、大会执行主席分组建议名单、市政协十四届一次会议列席人员名单、市政协十四届一次会议分组办法及召集人名单、市政协十四届一次会议提案审查委员会建议名单，审议通过2021年度政协工作先进个人名单

续表 9

时间	会议名称	参加人员	会议内容
1月29日	十四届一次主席会议	市政协领导，市政协机关各办委正副主任	学习习近平总书记在1月24日中共中央政治局会议上的重要讲话精神，协商讨论市政协主席会议成员分工、市政协领导联系机关部门单位及政协委员履职小组（讨论稿），协商通过十四届政协专委会设置原则
3月3日	十四届二次主席会议	市政协领导，市政协机关各办委正副主任	学习《关于加强和改进新时代市县政协工作的意见》，协商讨论《市委、市政府、市政协2022年度协商工作计划（代拟稿）》《政协义乌市委员会2022年工作要点（草案）》、界别活动小组制度及市政协领导联系界别活动小组安排（讨论稿）、政协全体会议工作规则、常务委员会工作规则、主席会议工作规则、专门委员会通则、《政协义乌市委员会关于建立习近平新时代中国特色社会主义思想学习座谈会制度的通知》
3月28日	十四届三次主席会议	市政协、市委组织部、市委统战部有关领导，市政协机关各办委正副主任	学习习近平总书记在3月17日中共中央政治局常务委员会上的重要讲话精神，传达《中共金华市委办公室关于会风会纪"一严格两必须六不准"要求的通知》，协商讨论有关人事事项，协商通过市政协十四届一次常委会会议议程（草案）、日程及分组名单
5月19日	十四届四次主席会议	市政协、市政府、市发改局、市财政局、市自规局、市交通局、市商务局、市市场发展委、双江湖指挥部、商城集团有关领导，市政协机关各办委正副主任	学习全市一季度主要经济运行指标情况及二季度经济形势研判情况，听取进口市场布局和全球数贸中心项目方案，听取甬金高速双江湖段拓宽改造项目方案，协商讨论《关于深入开展"书香政协"委员读书活动的通知》《中国人民政治协商会议义乌市委员会委员履职考核办法》《政协义乌市委员会社情民意联络员产生及管理办法》，通过市政协十四届二次常委会会议议程（草案）、日程及分组名单
6月27日	十四届五次主席会议	市政协、市委市政府、市委办、市府办、市委政法委、市编办、市教育局、市财政局、市人社局、国资运营公司、城投集团有关领导，市政协机关各办委正副主任	学习省第十五次党代会精神，听取义乌市规范民办义务教育发展工作通报
8月31日	十四届六次主席会议	市政协、市政府、市委组织部、市委办、市编办、义乌经济技术开发区管委会、市司法局、市金融办、市行政执法局、产投集团有关领导，市政协机关各办委正副主任	学习《求是》杂志发表习近平总书记重要文章《全党必须完整、准确、全面贯彻新发展理念》，听取"大综合一体化"行政执法改革情况通报、义乌市经济技术开发区管委会关于XWD义乌新能源动力电池生产基地项目情况汇报

续表 9

时间	会议名称	参加人员	会议内容
9月20日	十四届七次主席会议	市政协、市府办、市委组织部、市委统战部、市经信局、市农业农村局、市市场发展委、市邮政管理局有关领导，市政协机关各办委正副主任	学习《求是》杂志发表习近平总书记重要文章《坚持和发展中国特色社会主义要一以贯之》，传达金华市委八届二次全体（扩大）会议和市委常委（扩大）会议精神，听取重点提案办理情况通报，研究有关人事事项，协商通过市政协十四届三次常委会会议议程（草案）、日程及分组名单
10月14日	十四届八次主席会议	市政协、市政府、自贸区管委会、市自规局、市市场发展委、陆港集团、市海关和义乌港有关领导，市政协机关各办委正副主任	学习中国共产党第十九届中央委员会第七次全体会议公报，听取宁波舟山港“第六港区”——义乌苏溪国际枢纽港概念规划通报，研究2023年民生实事推荐事项

（金　波）

协商议政

【概况】 2022年，市政协积极推动发扬民主和增进团结相互贯通、建言资政和凝聚共识双向发力，组织开展重大视察协商活动31次，立提案351件，报送调研报告、专题纪要37件，有力助推了新冠疫情防控、自贸区建设、有机更新等中心工作，为高质量高水平建成世界小商品之都发挥了提案的独特作用。

【全力助推市场持续繁荣】 2022年6月29日，市政协在国际商贸城举办“请你来协商——促进市场繁荣”专题协商活动，市委书记、市长等市领导和部门负责人30余人与100余名政协委员和社会各界代表面对面协商，发展直播电商、加强贸工联动、招引优质采购商等建议得到采纳。全年组织义乌市场发展专题调研29场，广泛听取意见，提出合力兴市、创新立市、强链助市、智造强市等8个方面38条建议。将《数字赋能激发市场新活力 创新引领再造贸易新优势》确定为1号重点提案，常委会会议视察综合保税区，主席会议听取全球数贸中心、苏溪国际枢纽港项目方案，多渠道助力市场新发展。

2022年6月29日，市政协在国际商贸城举办“请你来协商——促进市场繁荣”专题协商活动　（市政协　供图）

【深入助推产业迭代升级】 2022年6月，开展创意设计、文化用品产业调研，提出实施“创意设计+”战略、推动区域协作发展创意设计产业，强化线上线下融合、发挥专业展会作用壮大文化用品产业等建议助推产业迭代升级。9月27日，市政协举办“请你来协商——走进中小微企业”专题协商活动，对提升企业数字化水平、支持品牌创新等9个方面14个问题开展协商，推动日用品行业知识产权快速确权等工作落地。11月14日，市政协十四届三次常委会会议专题协商数字化改革推动传统产业转型升级，提出深化数字技术全过程应用、构建数字化产业融合发展体系等15条建议。主席会议专题听取市政府重大招商项目情况通报，提出完善风险评估、注重要素保障等6条建议。

【"请你来协商"活动】 2022年，市政协围绕加快推动重点项目建设、助力农村有机更新、促进市场繁荣、重点提案办理、中小微企业发展等方面，举办"请你来协商"活动7场。

2022年9月27日，市政协在鸿语医疗产业园举办"请你来协商——走进中小微企业"专题协商活动　（市政协　供图）

2022年政协义乌市委员会"请你来协商"活动一览表

表10

活动名称	时间	地点	参加人员	活动内容
请你来协商——加快推动重点项目建设	3月30日	市委党校313教室	市政协领导、常委，市政府相关领导，市府办、市委组织部、市委统战部、市发改局、市财政局、市自规局、市交通局有关领导，市政协机关各办委正副主任	围绕商城大道（雪峰东路——浙大四院）隧道工程、综合保税区等重点项目建设情况进行专题协商
请你来协商——助力农村有机更新	6月2日	市委党校313教室	市政协领导、常委，市政府相关领导，市财政局、市自规局、市建设局、市农业农村局有关领导，市政协机关各办委正副主任	围绕农村有机更新进行专题协商
请你来协商——促进市场繁荣	6月29日	义乌国际商贸城四区南大门五楼多功能厅	市委书记、市长等市领导，市政协全体班子，政协委员、社情民意联络员代表、市场经营户代表、电商企业代表、物流企业代表、外贸进出口企业代表、报关行及货代企业代表等100余人，市商务局、市市场发展委、商城集团等22个部门单位相关负责人	围绕数字贸易中心建设、进口市场、数字贸易、市场招商、传统市场改造提升方面进行专题协商

续表 10

活动名称	时间	地点	参加人员	活动内容
请你来协商——加强农业基础设施建设，做好“两非”整治后半篇文章	7月28日	市政协会议室	市政协分管领导，市政府分管领导，市政协委员、农业种植户代表与市财政局、市水务局、市农业农村局等部门单位相关负责人	在保障粮食安全作为国家战略的大背景下，围绕如何保护利用好现有耕地资源，提高农田水利基础设施保障水平进行专题协商
请你来协商——走进中小微企业	9月27日	义乌市鸿语医疗产业园	市政协分管领导，市政府分管领导，市政协委员、企业代表与市发改局、市经信局、市科技局、市人力社保局、市市场监管局、市金融办、国资运营公司、市场集团、供电公司等单位有关负责人	围绕提升企业数字化水平、支持品牌创新等9个方面14个问题，进行专题协商
请你来协商——加快推进社会适老化改造	11月17日	市政府通信技术大楼一楼会议室	市政府分管领导，市政协领导、秘书长，市政协委员、市政协港澳台侨社法委成员，市残联、市公安局、市民政局、市建设局、市交通局、市卫健局等单位有关负责人	围绕解决老年人就医困难、打造老年宜居环境、满足老年人专业照护需求等方面进行专题协商
请你来协商——推动四个加快发展镇跨越式高质量发展	12月14日	市政协会议室	市政协领导，市政协委员，市委办、市改革办、市发改局、市经信局、市财政局、市自规局、市农业农村局、市文广旅体局、市国资办、上溪镇、大陈镇、义亭镇、赤岸镇相关部门单位有关负责人	围绕如何推动上溪、大陈、义亭、赤岸4个镇跨越式高质量发展进行专题协商

（余　超）

调研与考察

【概况】 2022年，市政协围绕中心、服务大局，聚焦市场持续繁荣、产业迭代升级、助推共同富裕等各方面，凝心聚力，建言资政，高效履职，报送各类调研报告、专题纪要37件，为高质量高水平建成世界小商品之都履职尽责。

【助推高质量发展专题调研】 2022年，市政协组织义乌市场发展专题调研，围绕数字贸易中心建设、进口市场、数字贸易、市场招商、传统市场改造提升等10个市场发展领域协商建言。3月30日，实地调研考察市综合保税区，关注全球数贸中心、苏溪国际枢纽港建设，多渠道助力市场新发展。7月21日，开展创意设计、文化用品产业调研，提出实施“创意设计+”战略、推动区域协作发展创意设计产业，强化线上线下融合、发挥专业展会作用壮大文化用品产业等17条建议。9月27日，聚焦中小微企业高质量可持续发展，对提升企业数字化水平、支持品牌创新等问题开展协商，11月14日，围绕数字化改革推动传统产业转型升级开展专题调研和协商，提出深化数字技术全过程应用、积极构建数字化产业融合发展体系等建议。

【助推高水平建设调研考察】 2022年，市政协专项调研考察优化营商环境工作，建议打造“办事更高效”的政务环境、“企业更满意”的政策环境、“发展更有序”的市场环境、“公权更阳光”的法治环境。6月16日，开展山水林田湖草生态保护修复和无废城市建设专项民主监督，助力义乌人居环境持续改善。7月28日，聚焦乡村振兴，围绕“两非”整治、农村有机更新、美丽乡村精

2022年7月28日，市政协聚焦乡村振兴，组织委员在佛堂镇倍磊村开展调研
（市政协　供图）

品线，组织委员在佛堂镇倍磊村开展调研，从资源整合、人才培养、产业融合等8个方面提出意见建议30余条。9月22日，围绕中小学放学后托管服务和医养结合工作开展专项调研，就做好课后服务增量提质和进一步提升医养结合养老服务水平提出意见建议10条。10月14日，开展未来社区建设调研，提出结合义乌实际制定建设标准、立足可持续发展探索运营模式、发挥社会力量实现良性互动等5条建议。11月4日，开展新一轮城市有机更新调研，建议注重整体开发、落实生态理念、保护历史文物推动有序实施。（金　波）

提案工作

【概况】 2022年，市政协强化质量导向，突出工作重点，全力推进提案工作高质量发展，实现了新一届市政协提案工作的良好开局。全年，立提案351件，其中，迭代放大市场优势、打造内陆开放样板方面64件，深化数字经济与先进制造业融合、打造新智造产业集群方面66件；城市功能完善、打造现代化高品质生态宜居都市方面87件，城乡融合全域共富、打造新时代美丽乡村方面55件；推进公共服务提质增效、打造民生幸福家园方面79件。

【提案办理协商】 2022年，市政协不断强化协商理念，在提案工作各个环节组织开展协商活动，对重点提案办理提出意见25条。对重点提案《加强农业基础设施建设　做好“两非”整治后半篇文章》，市政府分管领导及相关单位负责人与委员们进行面对面协商。针对《数字赋能激发市场新活力　创新引领再造贸易新优势》重点提案，市政协常委会会议组织视察综合保税区建设情况，主席会议专题协商全球数贸中心、苏溪国际枢纽港项目规划方案。注重将提案办理协商与请你来协商、民生议事堂等有机融合，进一步拓展协商广度和深度，推动提案建议落地见效。

【提案审查】 2022年1月21—25日，市政协十四届一次会议期间，政协委员、政协各参加单位和各镇街政协委员履职小组，围绕市第十五次党代会“一个总目标、三大新赛道、八大新场景”的决策部署，聚焦全市中心工作和群众普遍关注的热点难点问题，积极通过提案建言资政、凝聚共识。会议共收到提案382件，经提案审查委员会审查，立案346件，并案13件，转为意见和建议23件。在立案提案中，委员个人提案334件、集体提案12件。

【重点提案】 2022年1月25日，市政协将《数字赋能激发市场新活力，创新引领再造贸易新优势》《深化贸工联动战略，做大做强传统优势制造业》《全面建设未来乡村，扎实推进全域共富》《加快打造全国快递重要枢纽，推进快递业高质量发展》《加强农业基础设施建设，做好“两非”整治后半篇文章》5件提案，确定为重点提案。9月20日，市政协十四届七次主席会议听取重点提案办理情况通报，提出意见建议，推动提案办理工作。重点提案《数字赋能激发市场新活力　创新引领再造贸易新优势》，提出打造数字

化未来市场，推动服贸、选品、设计、双创、研发、配套6个方面数字化改革，得到有关部门采纳并融入到全球数贸中心项目的设计方案之中。有关部门通过办理《加快打造全国快递重要枢纽 推进快递业高质量发展》重点提案，积极推动建立价格监测机制，保证义乌市快递价格维持全国“洼地”优势，助推快递行业健康有序发展。关于《加强农业基础设施建设 做好“两非”整治后半篇文章》重点提案，有关部门编制城乡水网规划建设实施方案，统筹解决“非粮化”整治后地块水资源调配问题，全年共建成高标准农田3106.67公顷。

（胡泽峰）

专门委员会·镇街履职小组·界别活动小组

【概况】 2022年，义乌市政协立足新时代新使命，适应新形势新要求，着力加强各专委建设，健全工作机制，支持各界别活动小组开展特色履职，鼓励各镇街履职小组创造性开展工作。全年，政协各专委会开展中共二十大精神宣讲6场，各镇街履职小组收集反馈群众诉求700余条，各界别活动小组开展公益座谈、培训234场。

【提案委员会】 2022年7月28日，为推动重点提案《加强农业基础设施建设，做好“两非”整治后半篇文章》办理，提案委与农业农村委联合开展“请你来协商”活动，实地考察标准农田改造情况，听取承办单位提案办理情况介绍，与市政府分管副市长及市府办、市农业农村局、市水务局、市财政局负责人，就农田改造质量、水网规划建设、水资源调配、基础设施管护等问题，进行互动交流。9月20日，市政协十四届七次主席会议听取重点提案办理情况通报，对重点提案办理提出意见，进一步推动了提案的办理落实。提案委组织部分委员到市执法局、市建设局等承办单位，就相关提案开展协商讨论。

【镇街履职小组】 2022年2月16日，江东街道履职小组为缓解新冠疫情对电商产业带来的危机，破解青岩刘发展困境，在青岩刘党群服务中心开展“走进青岩刘”座谈会。委员们分别从仓储、物流、环境改善等5个角度，深入阐述分析青岩刘电商方面存在的问题和短板，并就“助推电商发展，谋划未来发展方向”提出意见和建议9条；青岩刘电商导师周东亮委员为青年创业者进行电商培训。3月15日，苏溪镇履职小组围绕“深化校企合作 促进产教融合”，委员们通过协商，促成苏溪企业与中国计量大学现代科技学院合作，挂牌成立10个校企实践基地。6月，义亭镇履职小组组织委员13人参与缸窑村“未来乡村”建设考察，实地参观缸窑村古窑、新窑、乡村图书馆、非遗馆、亲子乐园、研学中心等建设项目，听取村农文旅发展规划、基础设施配套等情况介绍。9月30日，义亭履职小组组织围绕“义亭镇农村水利设施建设情况”开展专题调研，共同协商农村水利基础设施建设工作，合力推进全镇水利事业加快发展，让民生水利惠及更多人民群众，打造更好的农村人居环境，为全镇经济发展奠定坚实的基础。

2022年9月30日，义亭履职小组围绕“义亭镇农村水利设施建设情况”开展专题调研

（市政协 供图）

【文化文史和学习委】 2022年3月24日，市政协副主席王迎在医药卫生界宣讲金华党代会精神。11月18日，会同医卫界8名委员在大陈镇北山村文化礼堂开展医疗义诊与健康宣传。同月30日，会同体育界2名委员前往义亭铜溪小学开展“送体育下乡”，为外来建设者子弟送去体育用品。

【界别活动小组】 2022年4—5月，工商联界别活动小组10人会同市税务局、市商务局分别举办以“全面落实减税降费 优化税收营商环境”和“稳外贸、拓市场”为主题的2期“亲清直通车·政企恳谈会”，与会的25名企业家提出的25个问题和建议均得到答复和承办并办理到位。7月22日，工会、共青团、妇联界别活动小组邀请全国五一劳动奖章获得者、浙江省第十五次党代表史小娟为委员们宣讲省第十五次党代会精神。9月28日，市政协教育界别送教暨学前教育委员工作室活动在赤岸镇第二幼儿园举行，委员毛茹芬作题为《读懂孩子 滋养童年 做新时代智慧好教师》的讲座；委员傅丽芳就“校园如何预防新冠感染”“校园常见防疫措施”等方面对幼儿园防疫工作进行指导；委员王巧玲则通过钉钉直播为幼儿园300名大班家长做“幼小衔接”主题分享；教育界委员就推进园所发展和教师队伍建设献计献策。

【农业和农村委员会】 2022年4月，农业和农村委员会成立调研组，启动调研课题，开展“完善精品线运维机制，打造共同富裕示范带”课题调研，完成《乡村振兴引领美丽乡村精品线高质量发展 全域旅游打造义乌城乡共富示范带》调研报告，报送市委、市政府。6月，组织开展“推进山水林田湖草生态修复省级试点工作”专项民主监督活动，听取市生态环境分局《关于省级山水林田湖草生态保护修复试点工作相关情况》介绍，进行座谈讨论，委员们从提高政治站位，加强顶层设计、加强宣传、打造生态文明城市3个方面提出意见建议。9月，组织考察农业创新工作，就义乌市农业创新发展开展讨论、建言献策，与会委员围绕农产品安全、农业政策等方面精准建言。11月，组织专委会委员与政协农业界别活动小组委员20人走进义亭镇，实地考察“红糖飘香”美丽乡村精品线、组织宣讲中共二十大精神。

【港澳台侨与社会法制委员会】 2022年5月，港澳台侨与社会法制委员会组织法治义乌建设开展对口协商活动，委员围绕普法宣传、数字赋能、公共法律服务等5个方面提出意见建议。6月，与金华市政协联合调研民族工作，走访四季社区、鸡鸣山社区，与义乌统战部共同完成《坚持文化浸润，义乌扎实推进宗教》《中国化和义乌市城市民族工作调研》，2份调研报告报送金华市政协民宗委。10月，开展医养结合工作专项视察，走访上溪和稠城养老服务中心，提出创新多种形式“医养结合”服务模式等建议15条，并形成调研纪要。11月17日，开展专题“请你来协商”活动，就老年人生活问题进行协商。同月18日，开展送法律下乡活动，为村民提供法律咨询服务，深入基层群众将法律服务送到群众手中。

【城市与市场委员会】 2022年6月，组织无废城市建设专项民主监督，围绕源头分类、关键领域、中转终端、危险废物、综合利用5个方面，开展“全面提升生活垃圾分类处理质量，推进无废城市建设”专项民主监督活动，形成监督报告。6月29日，专委会邀请5名市委、市政府领导、22个部门、42名政协委员、80名市场经营户及行业代表走进市场，针对第六代市场、数字贸易、小微企业、自主品牌、快递物流、会展行业等12个方面议题开展面对面协商讨论，获市委、市政府领导肯定，得到“学习强国”微信平台、省政协同心苑公众号、《义乌商报》等主流媒体报道。9月15日，实地考察市行政服务中心，召开协商座谈会，参会委员从深化审批制度改革、提高政务服务水平、探索扩大跨区域通办事项范围等6个方面发言。10月14日，实地考察丹溪未来社区、北苑中心幼儿园，提出要加强未来社区教育场景建设，充分整合社区内已有资源，塑造彰显未来理念，达到居民满意的社区教育样本。11月4日，实地考察北苑石桥头工业有机更新区块，围绕城市有机更新，尤其是推进过程中的难点与瓶颈问题，深入

2022年10月14日，市政协城市与市场委组织政协委员实地视察丹溪未来社区，视察过程中走访北苑中心幼儿园　（市政协　供图）

调查研究，建言献策，为政府科学决策提供参考，助力推动城市有机更新工作更加科学高效。

【工业与科技委员会】 2022年6月，工业与科技委员会开展“文化用品行业转型发展”的专题调研活动。围绕做大做强义乌文化用品产业，组织工商联界、科协科技界、经济界委员12人赴文化用品行业协会开展调研，形成《创新赋能助推文化用品行业高质量发展》调研报告。9月27日，举办“请你来协商——中小微企业健康发展”活动，首次应用“协商一件事”应用平台。线下，委员和企业代表们就营商环境、惠企政策等13个方面，与市政府多角度、多维度进行协商；线上，通过直播共发动170余名政协委员参与互动提问，累计观看1万余人次，点赞700次，“学习强国”学习平台、浙江政协同心苑、金华政协等媒体进行报道。11月17日，在苏溪至尊宝红木家具召开专委会会议，会上宣讲中共二十大精神，以“木雕文化”为主题开展专题讲座。

【市政协各专委会重要建议】 2022年，市政协各专委会围绕义乌市场发展、创意设计、文化用品产业、美丽乡村精品线、未来社区建设和智慧教育建设开展调研，就创建“放心农贸市场”、卫生健康领域数字化改革和场景应用、推动制造业高质量发展等工作开展对口协商，全年形成重要建议9篇。

2022年义乌市政协各专委会重要建议一览表

表11

序号	建议形式	建议人	主　题	内　容
1	调研报告	城市与市场委、教育文化卫生体育与文史委员会	义乌市场发展调研报告	建议市委、市政府带动，及时解决市场发展中的重点难点问题，强化市场发展要素保障；加强相关部门联动；市场主体要切实承担起市场发展主体责任，以做强做优市场为使命，加大建设投入，提升管理服务水平
2	调研报告	提案委	关于大力发展义乌创意设计产业的调研	建议不断完善创意产业园功能，建设功能健全、带动示范效应明显的新型创意产业园；建设创意成果展示平台；建立创意产业合作联盟；充分发挥创意社会组织功能，吸引各创意平台和专业设计公司参与，建立产业合作联盟，构建“产学研”一体化合作格局。与高校对接，推动校企“产学研”深度合作
3	调研报告	工业与科技委	关于做强做大义乌文化用品产业的调研	建议强化线上线下融合，营造行业发展新生态，引导行业协会牵头成立文具科技智造园，整合众多文具企业，走绿色环保低碳路子；赋能企业品牌建设，建设文化用品行业品牌服务中心，加强知识产权服务，提供知识产权相关知识培训、法律宣传咨询服务；鼓励展会模式创新，开展云推广、云对接、云洽谈、云签约等活动，推进展会业态创新

续表 11

序号	建议形式	建议人	主 题	内 容
4	调研报告	教育文化卫生体育与文史委员会	关于深化智慧教育建设的调研	建议要完善框架，要以人、财、物、事4要素为方向，要整合端口，整合各类数据；抓改革试点，全力推进“校园及周边安全防控一件事”“城乡义务教育共同体”两大试点，打破数据信息“孤岛”，确保试点成果管用实用；抓智慧校园，推进“精准教学”智慧化，个性化推送学习资源和题库；抓门户建设，明确“浙里办”作为家校协同的统一应用平台，做深做实“浙里办”教育门户
5	调研报告	农业和农村委	关于完善精品线运维机制的调研	建议全域优化资源配置及系统规划，强化乡村旅游规划与乡村建设、土地利用、环境保护等各类乡村建设与发展规划有效衔接；推进业态及运营模式创新，构建乡村旅游发展新载体，大力发展乡村民宿和田园综合体；全面拓宽融资及人才渠道，积极改革创新乡村旅游投资融资模式，引导金融机构和民间资本对乡村旅游项目融资支持，鼓励支持私营企业、民间资本与政府进行合作
6	调研报告	城市与市场委	关于义乌市未来社区推进工作情况的调研	建议衔接落实专项规划提出的配套公共设施建设要求；制定义乌未来社区建设标准，聚焦公共服务配套完善、基础设施提升、运营机制探索等重点；降低数字化成本，重视运维，积极推动建立技术平台，避免多部门多业务重复建设；开展未来社区运营探索，加强与省内未来社区运营机构对接；加强部门协同，制定考核标准，加强部门间工作协同
7	协商纪要	农业和农村委	关于开展创建“放心农贸市场”协商纪要	建议建立“属地管理、部门联动、镇街落实、确保长效、严格奖惩”的工作机制。加强部门联动，共同推进创建工作；将数字化平台融入市场管理，将放心市场创建与文明城市创建、平安义乌创建工作有机结合；要加大宣传力度，通过各类宣传媒介，多渠道、多形式开展宣传，让社会各界知晓“放心农贸市场”，引导消费者走进农贸市场
8	协商纪要	教育文化卫生体育与文史委员会	关于卫生健康领域数字化改革和场景应用对口协商纪要	建议要深入领会习近平总书记关于医疗卫生健康发展的重要指示精神，深刻理解推进数字化改革的重大意义；进一步做好顶层设计，强化系统思维，通过综合运用大数据、人工智能、区块链、物联网等新技术，融合应用医疗服务、公共卫生和健康管理等医疗健康全要素数据；聚焦“一老一小”两大群体，拓展应用场景、延伸服务触角；加快系统打通，做好基础信息系统对接、基础数据录入等工作
9	协商纪要	工业与科技委	关于“请你来协商——走进中小微企业”专题协商纪要	建议进一步发挥政府职能，要调整传统产业规划，科学合理布局，实现产业集聚发展，要稳外贸，继续支持中小微企业参加境内、境外展会，有力有序疏通海空港铁等集疏运，保障货运物流畅通；拓内销，加快实体制造和线上市场融合，大力培育发展直播经济，协助中小微企业对接线上平台，帮助引流并提供政策支持；坚持创新驱动发展，加快开发建设双江湖科教园区，依托科研院校资源，加快关键核心技术攻关，集中力量攻克一批产业发展共性难题

（胡飞鹏）

中国共产党义乌市纪律检查委员会 义乌市监察委员会

YIWU MUNICIPAL COMMITTEE FOR DISCIPLINE INSPECTION OF THE COMMUNIST PARTY OF CHINA YIWU MUNICIPAL SUPERVISORY COMMITTEE

综 述

【政治监督】 2022年，中国共产党义乌市纪律检查委员会、义乌市监察委员会（简称“市纪委监委”）统筹抓好共同富裕示范区建设、保障粮食安全、生态环境保护、推进长三角一体化发展战略、碳达峰碳中和目标落实、强化除险保安等政治监督。全力抓好新冠疫情防控督导，健全“平战转换”等10项机制。全年，累计走访点位9.3万个，发现并督促整改问题2.4万个；通报219期，问责434人，助力打赢一系列疫情防控。指导督促集聚区党工委整改销号巡视反馈的24个问题，市委书记王健在全省巡视巡察工作会议上作整改经验介绍。

【清廉义乌建设】 2022年，市纪委监委迭代建设清廉单元，制定出台清廉单元建设实施方案，在全省率先探索清廉金融建设，做精做优机关、学校、医院等重点领域清廉建设。设立清廉项目50个，创建省级清廉单元4个、金华市级清廉建设突出单元18个，数量居金华第一。开展影响亲清政商关系突出问题、涉企奖补资金领域、基层站所腐败问题专项整治，深化“三清理一规范”行动，处理违规借贷、违规持股8人。注重发挥廉洁文化浸润作用，开展贯穿全年的“廉洁家风进万家”系列活动，高标准打造市级清廉阵地10余处。讲好义乌正风反腐好故事，唱响纪检监察好声音，全年各类报道刊发299篇，居金华第一。

【不正之风和腐败问题专项整治】 2022年，市纪委监委高标准推进基层“五整治五提升”专项行动，推动全市80个整治村社整改问题636个，批评教育和帮助处理481人，党纪政务处分63人，追回集体资金233.7万元。开展基层办信“创优争先年”活动，重复检举控告“清零”专项行动化解率94.4%。建立重大节点期间信访突发状况应急处置机制，开展“办信质效提升月”“信访举报政策宣传月”等活动，确保重大节点期间平安稳定。专项治理漠视侵害群众利益问题，部署推进新能源汽车充电难、电信诈骗、物业管理等11个突出问题治理项目，查处群众身边腐败和作风问题151起185人，推动建立完善制度12个。

【纪检监察体制改革和数字化改革】 2022年，市纪委监委强化“四项监督”融合，新设驻自贸区、驻经开区纪检监察组和4个市属国企纪委，统筹划分7个片区协作组，持续推动“室组地”协同监督、协力办信、协作办案。扎实推进监督数字化改革，承接村社非高频小微权力事项省级试点和民政、涉企奖补领域金华试点，总结形成“五维建模法”，构建监督模型57个，归集数据386万条，产生红色预警信息2460条，预警信息查实率74.5%，处理606人。民政领域公权力大数据监督场景入选全省最佳场景，义乌市纪委监委被评为“全省最佳建模单位”。

【纪检监察干部队伍建设】 2022年，市纪委监委以高标准、严要求锤炼队伍思想作风、能力素质，2人获得全省纪检监察系统先进工作者嘉奖。市纪委常委会把政治建设摆在首位，完善理论学习中心组制度，严格落实“第一议题”制度，组织开展“以案为鉴严约束、护航窗口铸铁军”警示教育活动，增强全市纪检监察干部忠诚核心、拥戴核心的自觉性。强化能力建设，开展全员培训，深化每周夜学、每月测试制度，安排26名干部到纪委机关顶岗，选送11名优秀干部赴上级纪委跟岗学习。做细关心关爱，每季度评选“红黄旗”单位和十佳“敢担当、有作为”纪检监察干部，在全省率先出台《纪检监察干部依法履职保护制度》。强化内部监管，排摸市管纪检监察干部及其亲属从业及从事经营活动情况，“关键少数”、重要岗位干部谈心谈话全覆盖，处置信访举报、问题线索10件。（于　谦）

重要会议

【概况】 2022年，义乌市纪委监委强化统筹协调，紧扣义乌党风廉政建设和反腐败斗争新情况新特点，专题召开各类全市性工作会议13次，市纪委常委会会议39次，研究部署重点任务、推进解决难点问题、提升工作创新水平。

【市纪委十五届二次全会】 2022年2月19日，中国共产党义乌市第十五届纪律检查委员会第二次全体会议举行，市纪委委员25人出席会议，列席244人。市委书记王健就学习贯彻习近平总书记重要讲话和上级纪委全会精神，纵深推进全面从严治党作重要讲话。审议通过王强代表市纪委常委会所作的题为《汲取真理伟力推动“两个革命”以正风肃纪反腐新成效迎接党的二十大胜利召开》的工作报告，回顾总结2021年纪检监察工作，部署2022年工作任务。

【十五届市委巡察工作会议暨第一轮巡察工作动员部署会】 2022年4月7日，义乌市召开十五届市委巡察工作会议暨第一轮巡察工作动员部署会，参加会议人员57人。市会议传达学习上级巡视巡察工作会议精神，宣布巡察组长、副组长授权任职和任务分工决定。市委常委、市纪委书记、市监委主任、市委巡察工作领导小组组长王强出席会议并讲话。会议充分肯定了十四届市委巡察工作成效。会议强调，2022年是中共二十大召开之年，也是贯彻落实义乌市第十五次党代会精神和十五届市委巡察工作开局之年，做好首轮巡察工作，意义十分重大。要强化数字赋能，打造具有义乌辨识度的“数智巡察”新场景；要深化“重大巡视巡察问题清单”管控机制，取得具有义乌辨识度的“以巡促治”新突破；要强化统筹谋划，形成具有义乌辨识度的“村社巡察”新优势；要充分发挥巡察综合监督平台作用，打造具有义乌辨识度的“贯通融合”新格局。经市委批准，十五届市委第一轮巡察将对5家单位党组织和169个村级党组织开展常规巡察。

2022年4月7日，义乌市召开十五届市委巡察工作会议暨第一轮巡察工作动员部署会　　（市纪委监委　供图）

【义乌市基层“五整治五提升”专项行动现场会】 2022年7月14日，义乌市基层“五整治五提升”专项行动现场会在上溪召开，会上，上溪镇、苏溪镇、后宅街道、市农业农村局、市建设局分别作汇报交流。会议指出，开展基层“五整治五提升”专项行动，是夯实基层基础、补齐基层短板的一项重要举措。要紧扣工作重点，深入排查找准问题，高质高效抓实整改，加强监督严肃问责，加大审查调查力度，标本兼治规范行权，稳步推进专项行动取得实效。会后，与会人员来到上溪镇毛塘楼村，学习该村在基层“五整治五提升”专项行动工作中的经验与做法。自5月启动专项行动至7月，梳理市场层面问题44个，整改措施115条；各镇街梳理问题1134条，完成整改627条，整改完成率55.3%。共发现问题162条，采取批评教育帮助和处理110人，党纪政务处分30人，追回资金17.74万元。　（于　谦）

巡视巡察

【概况】 2022年，市纪委监委贯彻落实上级关于巡视巡察工作的新精神新部署新要求，全面贯彻中央巡视工作方针，坚守政治定位、坚持问题导向、秉持“归零”心态，准确把握工作要求，奋勇争先、周密部署，全力以赴打好十五届市委巡察“开年之战”。部署开展3轮常规巡察、1轮村社巡察，发现问题1528个；给予党纪政务处分22人；督促被巡察单位催收、追缴资金4535万元，建立完善规章制度332项。

【巡视整改督导落实】 2022年，市纪委监委协助集聚区党工委抓好巡视整改工作，指导制定《落实省委巡视组反馈意见的整改方案》，围绕反馈意见对4个方面、24个具体问题，形成86项具体整改措施。至6月，巡视反馈的24个问题已全部完成整改，完善制度54项。巡视整改工作在7月29日，全省巡视巡察工作会议暨十五届省委第一轮巡视动员部署会上作经验介绍，在交流发言的5家单位中义乌市是唯一的县级市。

【“重大巡视巡察问题清单”高质量完成】 2022年1月6日，市纪委监委组建巡察监督工作专班，召开推进会，建立清单管控机制和三级联审工作机制，推动巡察问题清单整改有序推进。至12月，全量问题库共有问题1834个；纳入“重大巡视巡察问题清单”问题库问题91个。6月，《义乌市村社“三资”规范化管理案例》入选省级典型示范案例。“重大巡视巡察问题清单”管控力指数在省里排名第五名、金华排名第二。

【新一届市委巡察工作】 2022年4月，根据金华“百村巡察”工作部署，对4个镇街和其下辖169个村社党组织开展巡察，接访706人次，走访现场2115处，谈话3459人次，发现问题1156个，其中推动解决立巡立改问题99个。6月，市纪委监委科学制定《义乌市委巡察工作规划（2022—2026年）》和每轮巡察工作方案。6月2日，市纪委监委根据金华“百村巡察”工作部署，对李祖村开展巡察走访。8月26日，召开十五届市委第二轮

2022年6月2日，市纪委监委根据金华“百村巡察”工作部署，对李祖村开展巡察走访　（市纪委监委　供图）

巡察工作动员部署会，市委书记王健作重要讲话，为新一届市委巡察工作指明了方向。

【推动巡察监督贯通融合】 2022年6月26日，市纪委监委出台《义乌市巡察监督贯通融合实施意见》，完善巡前深度交互融合、巡中沟通协作响应、巡后整改监督协同等机制，推动系统集成、协同高效。迭代升级“巡察+审计”监督模式，选取双江湖集团、国资运营公司2家国有企业开展试点。

【巡察整改立行立改】 2022年6月28日至7月1日，市纪委监委对未完成整改的问题开展“回访检查”和督导检查，推动了63个问题的整改销号。至12月，上一届市委巡察整改率99.59%，十五届市委巡察整改率87%，切实发挥了政治监督作用。紧盯普遍性、共性问题，推动职能部门开展村社集体资产大清理行动，排查整改问题784个，清缴资金1765万元。（楼威强）

党风政风监督

【概况】 2022年，义乌市纪委常委会制定年度政治监督工作方案，抓好共同富裕示范区建设、保障粮食安全、生态环境保护、推进长三角一体化发展战略、碳达峰碳中和目标落实、除险保安等政治监督项目12个。推进“清风护航”专项行动，严肃查处违反中央八项规定精神问题104起129人，其中党纪政务处分57人。加强对“一把手”和领导班子监督，以落实“5+4+4”（市委“5张责任清单”、市机关部门“4张责任清单”，镇街党工委“4张责任清单”）责任清单为抓手，常态化开展主体责任分析研判、履责述评、基层评议、“一把手”话清廉等工作，严肃问责欣旺达项目落地、高新区小学建设等重点工作进展迟缓背后的履职不力问题54起63人，其中“一把手”23人，推动领导干部严格自律、知责担责。

【聚焦短板开展专项整治】 2022年，义乌市纪委常委会同市委办、市作风办、市督考办等有关部门高质量谋划实施全市“扛旗争先、冲锋在前”主题活动，创新“干部作风我来评”等载体，推动全市上下形成争先创优、比学赶超的良好态势。5月，开展临时性机构正风肃纪专项检查，发现问题43个，问责46人，提出规范性建议3条。每月开展二级单位正风肃纪专项检查，重点对学校、医院、国企、基层站所等进行检查，实行“一月一查”“即查即改”，检查单位41家，发现问题59个，问责14人。抓好中共党员违法问题专项整治，严格落实“九个一律”“十条举措”，全年违法党员数同比下降50%。

【基层“五整治五提升”专项行动】 2022年5月，义乌市纪委常委会聚焦镇村党组织管党治党责任递减及村务混乱等5类突出问题，开展“五整治五提升”专项行动，推动全市80个整治村社整改问题636个，批评教育和帮助处理481人，党纪政务处分63人，追回集体资金233.7万元，建立和完善制度37个，义乌市党员整治立规、“村务清廉钉办”等做法纳入金华市“五整治五提升”专项行动重大成果展示。

【疫情防控督导】 2022年，义乌市纪委常委会面对形势严峻、任务艰巨的疫情防控工作，全员全程投入到新冠疫情防控工作，始终与市防疫指挥部保持同频同向，做到令处纪随、无缝跟进，坚持战时“每日一督一通报”，“9·23”以后同步跟进“每日问责、次日通报”，为打赢“4·25”“8·2”“9·23”等疫情防控遭遇战提供坚强保障。全年督查点位9万余个，发现并督促整改问题2.4万余个，累计问责228起431人，下发督查通报213期、问责通报28期。督导工作受到省、金华市和义乌市委、市政府领导的充分肯定，入选金华市“政治监督十大典型案例”。

【村务清廉钉办】 2022年，村务清廉钉办专班增量开发党员发展模块、农村建房模块等非高频事项模块，收集并解决基层运行技术问题60余个，不断推动系统好用管用。3月，制定《关于从严推行村务清廉钉办工作规定》。9月，制定《关于加强村级工程建设管理的通知》制度，强化“明规矩”“硬约束”。紧盯村监会监督、智能预警、红色预警的处置工作，每周梳理突出性、系统性问题，进行严查快办，整治一域、巩固一域。村务清廉钉办被评为“第三届中国廉洁创新奖”，金华市数字化改革“双月最佳应用”。

【全面全域深化清廉建设】 2022年，义乌市纪委常委会坚持清单化落实、项目化推进，做实做细八大清廉单元建设，创新实施清廉金融建设，精心培育清廉市场、清廉班列、清廉站所。全年，共培育“标准型”清廉单元229家、金华市“示范型”清廉单元20家，4家单位获评省级“清廉建设”先进单位，11月，义乌市委作为唯一县级代表在清廉金华推进会上作经验交流发言。（于　谦）

纪律检查和案件审理

【概况】 2022年，市纪委监委坚持严的基调不动摇，深化系统施治、标本兼治，切实遏制增量、清除存量，“三不腐”叠加效应持续释放。树牢“全周期管理”理念，深化“惩、治、防”有机统一，针对国企投资、村社资产管理等腐败易发多发领域，制定下发纪检监察建议书99份，推动建立健全教育收费管理规范、镇街平台政府投资项目财政评审监督规程等制度109项。

【腐败惩治】 2022年，市纪委监委保持高压态势，运用4种形态处理1037人次，其中：第一、第二种形态占91.2%，处置问题线索990条，立案371件；党纪政务处分324人，留置11人，移送司法机关9人；查办严重违纪违法典型案件2起，查处涉黑涉恶“保护伞”8人，惩处粮食购销、农村乱占耕地建房等领域腐败问题38人。

【锻造审理队伍】 2022年，市纪委监委加强审理队伍建设。“以案促训”，分批次将镇街、派驻、国企的纪检监察干部安排在审理室跟班学习，通过实战办案提高审理水平。“以会促训”，先后召开国企纪委、派驻纪检监察组、镇街纪委审理工作会议，深入开展问题答疑。“以学促训”，办好“纪法思享”业务公众号，成为快速检索和高效学习的“掌上智库”；每月确定一个学习主题，编印电子期刊《业务参考》56期。9月22日，在金华市纪委召开的“审训协同”工作体系推进会上，作为典型代表作交流发言。11月，在全省纪检监察案件审理业务培训班的模拟案卷实践教学课程中，荣获全省第二名，被评为“优秀审理组”。

【挖掘审理富矿】 2022年，市纪委监委充分发挥审理业务研究的“富矿优势”，形成“边学习、边调研、边工作、边总结”的“四边”工作法，9月，撰写的《叶某某严重违纪违法案》被省纪委推荐上报中纪委；《“三个全覆盖”推动案审质效大提升》《纪法的温度》在省纪委网站发表；《鲍某某行贿案案例剖析》被推荐上报省纪委。12月，撰写的《义乌市用好问责利器保障打赢疫情防控遭遇战》在浙江省纪委《浙江纪检监察信息》发表。

（于　谦）

信访举报工作

【概况】 2022年，市纪委监委坚持以人民为中心的工作理念，在齐抓共管、基层治理、清淤清零、规范秩序等方面持续发力，做深做细做实纪检监察信访举报工作，营造风清气正的政治社会环境。全年检举控告208件，同比上升5.1%；初次举报149件，重复举报59件，重复举报量同比下降18.1%；涉村（社）举报130件，在检控量中占比62.5%，同比下降2.1%。

【四责协同】 2022年，市纪委压实“两个责任”，市纪委与各镇街党（工）委、纪（工）委分别签订《纪检监察信访举报工作责任书》，明确减少存量、控制增量、提升办信质效等具体目标，将纪检监察信访举报工作作为“两个责任”考核的重要内容。与市信访局、市委政法委等单位构建齐抓共管格局，将业务内外交织、重复信访突出的涉纪信访纳入大信访治理清单。

【源头预防】 2022年，市纪委监委开展“两问大走访”、领导下访接访、干部夜访回访等活动，排查可能引发异常上访和群体性事件的苗头隐患、矛盾纠纷。全年开展夜访、回访858人次，帮助解决群众急难愁盼事项158个。开展镇街重大项目事前教育提醒，将土地征迁、拆迁安置、有机更新、城乡新社区集聚等廉政风险高、易引发信访问题的事项全部纳入提醒范畴。全年，开展重大项目事前提醒备案93个，对在建工程教育警示133个，谈话提醒370人，备案项目中违纪违法案件和信访发生率均为零。

【清淤清零】 2022年，市纪委监委严格落实初信初访“71530”工作机制，全年提醒督办87件，其中发函11件，纳入领导包案6件。完善矛调中心“1+14”（在市矛调中心及全市14个乡镇街配置视频连线设备）云视频接访机制，将群众来访情况每天通报给属地镇街，确保当天夜访到位，将矛盾化解在萌芽状态。构建“一名包案领导、一个纪检室、若干纪检组”的“1+1+N”协作体系，实行“蜗牛件”办理进度周通报月排名，约谈8名进度较慢的镇街领导干部，倒逼责任落实。集中开展重复举报治理，创新设立市纪委副书记和镇街党（工）委书记“双组长”工作机制，全市29件重复检举控告“清零”件实名举报息访率94.4%，位列金华第二。 （楼卓剑）

反腐倡廉宣传教育

【概况】 2022年，市纪委监委努力构建具有义乌特色的廉洁文化体系，充分发挥宣传教育、廉洁文化建设在“三不腐”一体推进中的基础性作用。拍摄专题警示教育片《歧途勿入》，编印发放《义乌市党员干部公职人员违纪违法警示教育录（六）》3000余册，各类报道在国家级媒体刊发197篇，省级媒体刊发102篇，为全市党风廉政建设和反腐败斗争提供思想保障和舆论支持。

【多载体开展警示教育】 2022年，市纪委监委注重多渠道形式开展警示教育，充分发挥警示教育治本功能，通过“清廉义乌”微信公众号及时发布中纪委权威信息、通报曝光典型案例，推送法律释义、解读。配合漫画、微视频等手段，拍摄《这就完了吗？》《网络赌博危害有多大？》等警示类动画短片，丰富廉政警示教育载体。1月2日，召开警示教育大会，受教育200人次。

【开展“廉洁家风进万家”系列活动】 2022年3月，市纪委监委印发《“廉洁家风进万家”活动实施方案》，部署开展“八个一”活动（转发一次廉洁家风倡议、上一堂廉洁教育课、开展一次廉洁家访、举办一系列“廉洁家风传颂”主融活动、寄一封廉洁家书、开辟一系列廉洁家风教育阵地、举办一次廉味创意集市、参观一次警示教育基地）。市委、市政府主要领导参加启动仪式，全市150余名正科级领导干部家属及部门镇街相关领导到场并宣誓。为营造浓厚氛围，摄制《廉洁家风进万家》宣传片，《简·爱》《爸爸的承诺》《配偶收礼，自己不知道就没事？》等系列小视频，在各大媒体平台播放。

【廉洁文化建设】 2022年，市纪委监委为加强廉洁文化建设，夯实“三不”机制、党员干部防腐拒变的基础性工程，投入1000余万元，规划建设清廉义乌警示教育基地，占地1200平方米。12月，清廉义乌教育基地进入收尾阶段，是弘扬义乌市廉洁文化及党员领导干部接受警示教育的主阵地。充分挖掘区域廉洁文化因子，精心提炼宗泽、徐侨、骆宾王等义乌廉吏先贤以及“现代三杰”陈望道、冯雪峰、吴晗的“廉味基因”，建好用好徐侨馆、信仰角和冯雪峰故居、吴晗史学馆等一镇一品廉洁文化阵地。结合“名人廉味小故事”打磨视频脚本，摄制《主播带你廉廉看》系列廉洁文化打卡视频，将各镇街廉洁文化旅游资源串联起来，为市民提供“清风之旅”游览指南。 （黄静雯）

民主党派

OTHER POLITICAL PARTIES

中国国民党革命委员会义乌市基层委员会

【概况】 2022年，中国国民党革命委员会义乌市基层委员会（简称“民革义乌市基层委”）共有党员77人，党员中担任浙江省人大代表1人，金华人大代表2人，金华市政协委员3人；担任义乌市人大代表3人，义乌市政协委员17人，其中，政协副主席1人，政协常委4人。担任金华市市管干部1人，义乌市市管干部7人。年内，民革义乌市基层委被评为“2022年度民革全省社会服务工作先进集体”，民革义乌市基层委员会第四支部荣获“2022年度金华先进基层组织”称号。11人荣获“2022年度金华民革优秀党员”称号，党员李昶华的“喜迎中共二十大，乘风破浪，与时代同频”主题演讲在民革金华市委会“喜迎中共二十大，讲述非凡这十年”演讲比赛中荣获二等奖；党员应小涵的《愿你所愿的永远，写你未写的诗篇——与祖国双向奔赴，喜迎二十大》在民革金华市委会“喜迎中共二十大 同心奋进跟党走”主题征文活动中荣获一等奖。

【党派联合调研活动】 2022年3月10日，经市委统战部统筹协调，成立民主党派联合调研组，民革义乌市基层委牵头调研快递资费上涨影响电子商务业发展情况。至3月25日，调研组牵头召开专题碰头会5次，细化出电商企业、快递网点、快递小哥、电商园、云仓、政府部门6类调研对象，24项细化调研任务，走访联系市内外企业46家和调研对象100余人，形成《关于解决快递物流行业限制竞争问题的建议》“直通车”建议。4月，由市市场发展委牵头，向调研组专题汇报“直通车”建议的落实情况，党派联合调研活动取得显著成效。

【民革义乌市基层委第三次党员大会】 2022年12月20日，民革义乌市基层委员会第三次党员大会在义乌市委党校召开。会议听取并审议通过周灯荣代表民革义乌市第二届基层委员会所作的工作报告，选举产生民革义乌市第三届基层委员会。陈洵敬、王静、骆钦、吴永建、何彦、吴志民、虞小江、鲍江花、余俊当选第三届基层委员会委员。其中，陈洵敬当选民革义乌市第三届基层委员会主委，王静、骆钦、吴永建当选副主委；主委陈洵敬代表新一届班子作表态发言。

（钱　程）

中国民主同盟义乌市基层委员会

【概况】 2022年，中国民主同盟义乌市基层委员会（简称“民盟义乌市基层委”）有盟员65人。“两会”期间，民盟“两会”代表提交《关于大力挖掘和弘扬义乌传统文化的建议》《关于加快推进小商品批发业务全产业链数字化建设的建议》等提案11

件，申报完成2022年课题《精准滴灌小微企业 聚焦破解融资难题》《国企如何在物流领域更好发挥作用》《聚力乡村振兴 推进共同富裕》《共同富裕示范区建设背景下社区公共服务优质共享研究》4个。全年，“美美同心”宣讲团接待各级各类参观考察团20余批，为900余名参观考察游客做讲解。

【优化有机更新改造建议】 2022年7月20日，民盟义乌市基层委成立吴光东为团长的10人民主监督团。8—10月，民主监督团对市自然资源和规划局、市农业农村局、五一村、雅治街村、北站小区等部门（单位）展开调研，在总结前期农村旧村改造、有机更新取得巨大成效的基础上，发现更新改造工作推进不平衡，农民建房需求未得到满足等潜在问题。提出优化有机更新改造，让更多的村庄能够启动改造；给予办理宅基地审批，每年安排一定的用地指标，专门用于解决该部分人群的住房问题。

【民盟义乌市基层委一届二次盟员大会】 2022年12月21日，民盟义乌市基层委一届二次盟员大会在义乌党校召开。金华市政协相关领导、义乌市相关领导出席大会，义乌市各民主党派主委、工商联负责人、民盟义乌市基层委全体盟员65人参加大会。会议补选王正为民盟义乌市基层委主委，成胜、冯剑为委员，叶月飞为副主委。会议对新当选的民盟义乌市基层委班子提出加强“五大建设”，提升“五种能力”希望和要求。 （骆士珍）

中国民主建国会义乌市基层委员会

【概况】 2022年，中国民主建国会义乌市基层委员会（简称“民建义乌市基层委”）共有会员133人。设9个支部，有支部正副主委25人。民建会员中担任金华市人大代表1人，金华市政协委员1人，义乌市人大代表4人，义乌市政协委员19人（其中担任人大常委会副主任1人）。年内，提交社情民意信息18篇、提案建议41篇、建言直通车5篇、调研课题5篇。“两会”期间，委员王焕英代表民建义乌市基层委作题为《数字赋能 助推快递行业高质量发展》的口头发言，委员何海舟代表经济界别作题为《建设进口产业园 培育百亿级优势产业》的书面发言。黄洪鸣、方剑华在建言直通车提出的《关于利用数字化赋能管理打造全民健身公共服务体系“义乌样板”的建议》提案，获市长批示，由市文广旅体局牵头推进项目落地。9月12日，举行的“梅湖空中彩虹跑道启动跑仪式”入选2022金华市政协“民情一点通”优秀案例和十佳应用案例。统战课题数量列六大民主党派第一，其中，张淼荣获一等奖，俞锋荣获二等奖，陈汉勋、毛赛妮荣获三等奖。全年报送社情民意信息18篇，其中，全国政协采用1篇，省政协采用3篇，省委统战部采用2篇，金华政协采用5篇，民建中央采用5篇，民建省委会采用5篇。2022年，民建义乌市基层委被民建金华市委会评为“2022年参政议政先进集体”“2022年宣传工作先进集体”“2022年社会服务先进集体”，在义乌六大民主党派中各项工作成绩位列第一。

【基层组织建设】 为提高民建各项工作打好组织基础，2022年，民建义乌市基层委大力开展组织建设。按先定事、后定人原则，完成8个支部主委换届。1月3日，民建义乌市基层商贸支部成立，是民建义乌基层委第9个支部，在第一次会议中选举产生支部主委。成立商贸支部，旨在关注商贸领域建设，紧密联系义乌经济界。年内，民建义乌基层委新发展会员5人，其中，民建企业家联合会会员4人，考察入会积极分子5人。

【社会服务活动】 2022年，义乌民建围绕中心，服务大局，开展各类社会服务活动，助力新冠疫情防控。期间，基层委与各支部组织开展新冠疫情防控慰问38次，捐款捐物331万元。关爱重点群体，1月20日，慰问大陈镇宦塘村困难家庭、前洪村抗战老兵、新光实验学校特殊儿童、大陈“向阳花行动”贫困儿童等特殊群体。推进共同富裕走向深入，7月29日，走进国际商贸城开展“义同·服

2022年7月29日，民建义乌市基层委走进国际商贸城开展“义同·服务”公益咨询活动（民建义乌市基层委　供图）

务”公益咨询活动，为市场商户解答法律、税务、金融等方面问题。8月31日，启动“点亮书房·照亮童年”公益活动，为20余名困难家庭儿童捐赠书桌等学习设施，与义乌二中共建“尚学有我”服务基地，取得良好社会效果。

【打造全民健身公共服务体系建议】 2022年3月，民建商贸支部主委黄洪鸣、副主委方剑华在义乌全民健身事业发展情况调研中发现，梅湖体育馆部分露天塑胶跑道出现老化、地胶破损，存在一定安全隐患。通过建言直通车提交了《关于利用数字化赋能管理打造全民健身公共服务体系“义乌样板”的建议》。4月17日，该建议获市委领导批示，由市文广旅体局牵头推进项目落地，经多方努力，9月上旬，完成基础跑道施工，安全隐患消除。（楼舒莹）

中国民主促进会义乌市基层委员会

【概况】 2022年，中国民主促进会义乌市基层委员会（简称“民进义乌市基层委”），共有会员55人，新发展会员3人，下设机关、教育、综合、艺卫4个基层支部。大学以上学历43人，硕士研究生学历10人；中级以上职称26人，高级职称13人。“两会”期间，向义乌市政协提交《关于拥抱数字经济新业态新模式　打造数字化未来市场的建议》《关于加快推进我市模具产业集群发展的建议》《关于优化小学课后托管服务的建议》3件集体提案，委员个人提案17件，人大议案2件，其中《关于拥抱数字经济新业态新模式　打造数字化未来市场的建议》被选为重点提案。邓鹏辉在政协会议就《关于加快推进我市模具产业集群发展的建议》作大会发言。向金华市人大政协提交议案、提案5件，调研文章4篇，社情民意10余篇，被浙江省、金华、义乌市政府采用的提案、信息10余篇。至年底，民进义乌市基层委结合自身实际和特点，以教育、医疗、文化、法律下乡、扶贫济困、捐资助学为主要形式，开展活动20余次，受益2万余人。民进义乌市基层委荣获“2021年度民进全国反映社情民意信息工作先进集体”“民进浙江省优秀基层组织”等荣誉。

【社会矛盾化解】 2022年1月25日，民进义乌市基层委联合浙江稠州律师事务所，成立“劳动争议人民调解委员会”。劳动争议人民调解委员会在市社会治理中心设立工作站，开展日常性纠纷接待处理。至年底，办理劳动纠纷调解案件2200余件。

【关于加快推进模具产业集群发展的建议】 2022年1月26日，义乌市政协第十四届一次会议上，民进义乌市基层委主委陈永福提交的《关于加快推进我市模具产业集群发展的建议》，选为大会发言材料。该建议由主委陈永福带领民进调研组分别走访上溪模具城、廿三里模具城调研形成。民进调研组同当地企业家代表、上溪镇政府领导、市场发展集团、义乌模具行业协会代表进行座谈，对小商品市场内的外商代表进行采访，了解义乌市模具产业发展中所遇到的问题，提出加大模具产业发展支持力度、促进产业集群集聚、增强行业创新驱动、多方招才引智借脑等方面的建议。建议由市经信局、市商务局、市场集团等单位承办。

【“义同·助农”活动】 2022年7月，民进义乌市基层委与上溪镇乡贤会、镇人大、政协、上溪商会、老干部支部等24家单位组成上溪镇乡村振兴党建共富联盟，年内发起公益助农活动10余次。联合电商平台、工业设计公司、快递公司等单位，打造“上溪八味”农产品品牌。民进义乌市基层委带动社会各界，认购滞销土豆16.5吨，认购里阳西瓜2.5吨，帮农户解决农产品滞销问题。年内，基层委参与“百镇共建强基”行动，发挥基层委内人才优势，开展“电商共富”短视频直播技能公益培训，培训农户200余人次，助力农户掌握农产品销售技能。

（邓鹏辉）

中国农工民主党义乌市基层委员会

【概况】 2022年，中国农工民主党义乌市基层委员会（简称“农工党义乌市基层委”）共有党员99人，其中医卫界53人，教育和其他界别46人。“两会”期间，向大会提交《加强垃圾分类规划与回收能力建设的建议》《关于改进浙中生态廊道夜间照明，改善鸟类生存环境的建议》等政协提案、人大议案22篇。调研课题《关于扩大核酸采集辅助人员培训范围，提升我市新冠疫情应急处置能力的建议》上报市长直通车。年度，农工党义乌市基层委中心医院支部被评为“浙江省社会服务先进基层组织”，农工党义乌市基层委综合支部被评为“金华市社会服务先进基层组织”。

【“中国环境与健康宣传周”与“义诊”活动】 2022年6月7日，农工党义乌市基层委发挥界别优势，组织30余人在后宅街道起航社区开展“中国环境与健康宣传周”活动。向民众普及环保和健康知识，增强广大群众的生态环保意识，15名专家开展健康讲座和义诊，受益群众220余人次，发放健康宣传资料230份，环保袋350个。11月1日，组织市中心医院12名专家送医下乡到上溪镇余车村，宣传健康知识，解答群众提出的健康问题，免费为群众测量血压、血糖，针对行动不便的村民，专家上门开展义诊。现场进行血压测量及血糖测定等检查60余人次，提供健康咨询150余人次，发放健康教育资料70余份。

【义乌市基层委员会第三次党员大会】 2022年12月30日，中国农工民主党义乌市基层委员会第三次党员大会在统战之家“同心苑”召开，农工党义乌市基层委全体党员参加会议。大会听取并审议通过吴亦代表农工党义乌市第二届基层委员会所作的工作报告；选举产生农工党义乌市第三届基层委员会，胡润当选为主任委员，楼国梁、曹海宾、冯春梅当选为副主任委员，华枫红、杨锦、余兵华、陈金弟、黄颖等当选为委员。

（陈金弟）

2022年6月7日，农工党义乌市基层委在后宅街道起航社区开展“中国环境与健康宣传周”活动

（陈金弟　摄）

九三学社义乌市委员会

【概况】 2022年，九三学社义乌市委员会发展新社员9人，共有社员131人。向市政协十四届一次会议提交提案26件，录用26件，其中《优化养老机构服务 营造幸福颐养之家》在大会上发言。向市人大十六届一次会议提交建议5件，选送的5篇社情民意信息被“统战建言直通车”采用。年内，开展各类调研10余项，《建议将颈动脉斑块筛查纳入农民体检，降低卒中发生风险促进共同富裕》被九三学社浙江省委员会评为优秀参政议政成果三等奖；申报义乌统战课题4个，获一等奖1项、二等奖2项、三等奖1项。开展“推动经济高质量发展先行示范，构建现代商贸服务产业”专项民主监督，形成《关于进一步放大义乌市场优势构建优质平台经济生态的建议》民主监督成果，得到市商务局、商城集团等部门单位高度重视。修订《九三学社义乌市委员会制度汇编》《九三学社义乌市委员会履职效能评价方案》，对支社、社员的工作进行量化考核，提高党派成员的工作积极性和履职实效。

【“义乌九三”订阅号】 2022年，九三学社义乌市委员会选派7名骨干社员参加各级统战、九三的信息宣传培训班，壮大微信订阅号运维、编辑及管理团队。建立“三审三校”制度，加强对“义乌九三”微信订阅号的管理。丰富订阅号内容，以宣传国内外重大时事政治、报道九三学社义乌市委员会的工作方针和重大活动为主，将订阅号打造成展示党派建设的重要窗口。年内，通过订阅号发布文章45篇，21篇稿件被上级部门采用，其中“浙江统战”微信订阅号转载的《邵娟平：心不止爱不停的“义工妈妈”》，阅读量突破3000人次。

【“德赛同心”社会服务基地】 2022年，九三学社义乌市委员会整合九三学社中央委员会、九三学社浙江省委员会资源，以“1+3+3+X”（即打响“1”个品牌——德赛同心；创建“3”个项目，社区服务项目、康养服务项目、科技服务项目；采用“3”种形式，提供菜单式的社会服务清单、组建社会服务宣讲团、成立社会服务专家库；“X”为多点社会服务模式打造多功能、可持续、综合性、示范性的社会服务基地和多党合作政治制度展示窗口，在社会服务过程中展示党派贡献和多党合作制度优势。3月6日，九三学社省级社会服务基地“德赛同心”社区服务基地在后宅街道金城社区举行揭牌仪式。基地以共同富裕为主题，打造共同富裕基本单元、创设共同富裕最佳实践。根据市委统战部“同心社会服务”要求，结合《义乌市千名乡贤助共富行动方案》，开展系列社会服务活动。至年底，共开展社会服务活动16次，170余名社员参加服务，收到捐款5.12万元，受益群众3万余人。

【九三学社浙江省委调研组到义乌调研】 2022年7月13日，九三学社浙江省委员会调研组一行12人到义乌走访调研。调研组参观走访义乌统战之家“同心苑”，观看图文展陈，聆听讲解介绍，了解义乌统战工作概况及九三学社义乌市委员会的发展历程、特色亮点工作，与九三学社义乌市委员会班子成员和代表进行交流。听取工作汇报，了解九三学社义乌市委员会在组织建设、参政议政、信息宣传、社会服务等方面工作情况及面临的困难。调研组就社员代表反映的意见和建议，与义乌市委统战部有关负责人会谈，就如何推动九三学社地方组织发展交换意见。 （张　凌）

人民团体

PEOPLE'S ORGANIZATIONS

义乌市总工会

【概况】 2022年，义乌市总工会新建基层工会105家，其中新业态工会30家。强化新业态群体服务工作，打造户外劳动者服务站点101家，服务新业态群体20余万人次，慰问新业态群体4200余人次，推动新业态群体参保职工医疗互助保障3200余人。《义乌市总工会创新服务模式，深化新业态群体“三服务”》入选市“三服务”优秀案例。弘扬劳模、工匠精神，推荐全国五一劳动奖章1名、“浙江工匠”7名、“八婺金匠”25名，评选2022年义乌市级劳动模范50名、模范集体20个。

【护航防疫一线】 2022年，义乌市总工会全体干部职工护航防疫一线。为抗击新冠疫情，8批72人次轮流支援福田、湖门、佛堂高速卡口；10人一组支援赤岸镇“清村扫楼”等活动，以“工会蓝”之力守好“中门”，顾好“小门”。全年7次慰问27个暖心服务点等2万余名一线防疫工作人员。“8·2”疫情防控期间，为14个镇街送去慰问金95万元，划拨市经信局储备全市防疫物资采购金2000万元，累计投入抗疫和慰问资金2330万余元。年内，2名工会干部被评为“全市抗疫正面典型个人”，1名工会干部被评为“战役冲锋手”。

【关爱职工活动】 2022年，市总工会开展“两节送温暖”“工会进万家·新就业形态劳动者温暖行动”等帮扶活动。走访、慰问、救助困难职工和新就业形态劳动者1625人，发放救助金40.45万余元。“留义过年”活动发放慰问金40余万元。引导职工市内疗休养，全年完成疗休养3.72万人次，消费1.08亿元。做实一线职工免费疗休养工作，组织575名职工开展免费疗休养，其中新就业形态劳动者63名。加强与浦江、东阳合作，带动基层工会4万余名职工参加春游。加强非公企业一线职工免费体检工作，完成职工免费体检3.51万人次。开展转岗再就业职工技能培训，112名学员实现转岗再就业。超额完成浙江省“农民工学历和能力提升行动”补助工作，累计补助76人。年内，打造工资集体协商示范企业152家、工资集体协商典型企业5家、创建7家金华市和谐企业、5家职工生活品质塑造幸福生活环境“五满意”企业。

【职工公益培训】 2022年，市总工会组织开展的“公益普惠·职工学堂”公益培训被列为义乌市十大民生实事。全年开设课程233门，累计开展525场次，46.26万名职工参训。为满足周边职工的精神文化需求，发挥职工培训基地作用，通过“三送”下基层、订单式送课等方式，开设35门课程，开展176场次，共5357人次参训。以线上课程为补充，加大培训覆盖面，开展培训28场次，45万人参与培训。

2022年3月10日，“公益普惠·职工学堂”春季班开班

（市总工会　供图）

【劳动技能大赛】 2022年3—12月，市总工会组织开展义乌市第16届劳动技能大赛。其中，市级层面设6个竞赛项目，职业技能等级认定企业设置10个竞赛项目。全年共进行65场技能竞赛，培育“技术标兵”26人。7月20日，赤岸镇总工会举办“汽车动力系统发动机装调工职业技能竞赛”，该项目被评为2022年“全省百场最受好评的乡镇街特色职工职业技能竞赛”。强化职工“技能培训大风车”活动，制订49个项目订单式培训内容，全年完成25场，1550名职工参加的活动。全市36个重点工程开展立功竞赛活动，其中参加省立功竞赛项目11个、省立功竞赛示范项目1个。义乌综合保税区项目被评为2022年度“忠实践行‘八八战略’、奋力打造‘重要窗口’”重点建设项目立功竞赛省级示范项目；义乌市双江湖建设开发有限公司被评为2020—2021年度“忠实践行‘八八战略’、奋力打造‘重要窗口’”立功竞赛先进集体。

【“当一周工人 体工会初心”活动】 2022年3月14日，市总工会开展“当一周工人 体工会初心”活动，组织干部职工深入鸿业饰品、梦融袜业等企业，走进车间，了解职工需求，收集到问题20余个。年内，落实“5100工程”及工会干部“蹲点下基层”要求，收集基层问题60余个。开展“守好红色根脉·班前十分钟”“六学六进六争先”活动300余场，2.83万名职工参加。11月15日，“义乌市南苑社区工会户外劳动者服务站点”被全国总工会评为“最美工会户外劳动者服务站点”。

【推动非公企业产改试点】 2022年，市总工会推进非公企业产改试点工作，打造32家非公企业产改文化墙，总结非公企业产改经验10余篇，在《浙江工人日报》《金华日报》等媒体推广。浙江森宇有限公司被浙江省委、省政府授予“改革成绩突出集体单位”，华灿光电（浙江）有限公司被评为浙江省2022年“幸福共同体企业领头雁行动”企业；国际陆港电商城、义乌晶澳太阳能科技有限公司等5家单位被推荐为第二批金华

2022年3月14日，市总工会开展“当一周工人 体工会初心”活动

（吴世斌　摄）

市产改试点单位。5月30—31日，市总工会在全省镇街（园区）产业工人队伍建设改革工作现场推进会中以"创新方法深化维权帮扶 推动产业工人共享改革发展成果"为主题的典型发言，得到大会充分肯定。2022年义乌市成功入选省"推进非公企业产改十大样板"。

（吴　婷）

共青团义乌市委员会

【概况】 2022年，共青团义乌市委员会（简称"团市委"）共有基层团委101个，派出团工委8个，下属团（总）支部2233个，在册团员4.27万余人，专职团干部14人。市委出台《义乌市青年发展"十四五"规划》，推出"十大青年民生微实事"工作机制。增设青少年宫村社分宫5个，开展公益活动107场，服务青少年10万人次。年内，义乌团市委荣获"全国五四红旗团委"称号，是全省县级团委中唯一一个获此荣誉的县级市；在共青团基层组织改革评估中获全国优秀，全省第一；"一个平台四项机制"项目化工作法被《团建头条》作为典型案例采用；"一村一青年委员"机制化推进农村青年干部队伍建设被评为"金华市高质量发展推进共同富裕先行示范市级最佳案例"。2022年，共青团义乌市委先后4次在全国、全省共青团工作会议上作典型发言。

【望道青年宣讲】 2022年，团市委开展"学习二十大、永远跟党走、奋进新征程"主题教育实践活动、中共二十大精神宣讲系列活动，将落实好习近平总书记重要讲话精神与主题教育实践活动紧密结合，做强望道青年学院，组织望道青年宣讲团43支，深入国际商贸城、陈望道故居等地开展主题活动，通过乡音大喇叭、网上直播间、历史情景剧等形式，累计开展主题宣讲500余场，覆盖青少年17万余人次，相关工作被中央广播电视总台《新闻联播》《光明日报》（头版）、《中国青年报》（头版）、《浙江新闻联播》《浙江日报》等中央媒体、省媒体报道。

【少先队工作亮点纷呈】 2022年，团市委贯彻落实《中共中央关于全面加强新时代少先队工作的意见》精神，建立导师"帮带制"，聘请不同领域不同年龄段的"义乌市红领巾学院特聘辅导员"20人。推进少先队名师工作室建设，举办"红领巾争章"辅导员培训班，开展少先队优质课评比，择优挑选10个"少先队活动课"列入市级优秀课程库。举办义乌市"红领巾奖章"四星章颁章仪式，开展"队旗飘飘心向党 童心喜迎二十大"绘画征集等形式主题系列教育活动200场，覆盖12万名少先队员。少先队工作获得省级荣誉3项，金华市级荣誉40余项。

【"留'义'过年'乌'限幸福"活动】 2022年1月13—14日，市委组织部、团市委联合市志愿者协会党支部、市邮管局、环境集团开展"留'义'过年'乌'限幸福"——党团关爱在身边主题活动，为200名留义乌的环卫工人、快递小哥以及他们在家乡的亲人送去爱心书包。1月26日，举行义乌市第九届环卫工人爱心年夜饭暨2022春节慰问留义环卫工人活动，100名志愿者到环境集团各下属单位，为2800余名环卫工分发新年福袋。

【全国青年发展型县域试点】 2022年，义乌市委、市政府专题研究青年发展型县域试点工作3次，市委书记和市委常委作指示批示2次，将试点工作列入市委重点工作清单。3月10日，出台首个《义乌市青年发展"十四五"规划》，召开义乌市青年发展型城市全域建设推进会。6月2日，团市委入围全国首批共青团基层组织改革和青年发展型县域试点城市，是全省唯一一个"双试点"城市。12月5日，印发《义乌市青年发展型县域试点实施方案》，确保青年发展工作高效协同、一体推进，获团中央肯定。聚焦在义青年最关注、最关心的"关键小事"，推出"2022年十大青年民生微实事"，涉及全市25个部门36个服务事项，此举措受到了团省委书记的肯定。

【第二届公益博览会"云"上开展】 2022年3月12日，团市委举办"百年征程 益心向党"第二届公益博览会，博览会汇集义乌60余家慈善公益类社会组织、团队、青少年服务项目，10家公益类社会组织“云”上亮相，10个优秀志愿服务项目“云”上推介。线上展会围观网友30万人次，签订协议项目105万元。推出公益博览会志愿项目直播活动，全市新增注册志愿者5.2万人，总数达到25.13万人，总数和增幅均居金华市首位。全年线下组织320次“公益训练营”培训，吸引新媒体领域、网络写手、播音口才等1000余名专业人员，1.34万人次青年组织核心成员参与培训。

【引领青年助力共富】 2022年，团市委持续完善“一村一青年委员”工作体系，实施“振兴有我 青春共富”专项行动。6月7日，举行首届义乌市“振兴有我 青春共富”专项行动暨“红雁领航 雏雁争先”青年委员创新创业擂台赛。大赛推动76个创业项目落地，牵动资金978万元，掀起农村青年创新创业热潮，获《浙江日报》《浙江组工》等媒体对此进行报道。

【青春助力志愿服务】 2022年7月24日，团市委举行“聚青春合力 扬义乌风貌 祝省运赛事 建众创之都”浙江省第十七届运动会义乌赛区志愿者出征授旗仪式，来自义乌工商职业技术学院、义乌市城镇职业技术学校、义乌市国际商贸学校以及返乡义乌籍大学生共170名志愿者代表参加出征授旗仪式。全年组织5000余名志愿者完成“义博会”“森博会”等系列展会志愿服务工作，服务时长3万余小时。

2022年7月24日，浙江省第十七届运动会义乌赛区志愿者出征授旗仪式
（团市委　供图）

【青年委员强基工程培训】 2022年12月15日，团市委举行全市青年委员强基工程培训班，为全市689名青年委员提供理论学习、现场教学、基层治理等方面的培训。培训班学员分成不同批次先后在江东街道鸡鸣山社区、城西街道陈望道故居、义亭镇缸窑村等地参观学习，并就乡村振兴、村社基层治理、青年委员创新创业等方面进行研讨交流。

（黄超炜）

义乌市妇女联合会

【概况】 2022年，义乌市妇女联合会（简称“市妇联”）建设星级妇女儿童驿站72家、儿童之家553家。牵头完成《义乌市妇女发展“十四五”规划》《义乌市儿童发展“十四五”规划》编制，2022年3月22日市政府正式下文实施。开展“巾帼心向党”系列宣讲活动，线下宣讲112场，覆盖受众7269人次；线上宣讲41场，覆盖受众4477人次。推动儿童友好城市建设，发起“妇女儿童友好，让义乌更美好”倡议活动，启动“共建儿童友好，共赴城市未来——首届儿童友好月”活动，全市申报首批儿童友好空间试点单位61家，收到儿童友好城市相关建议830条，儿童友好LOGO、宣传语、儿童画876件，儿童友好公园提升工程被评为省妇女儿童发展规划2023年示范项目。该项目作为义乌市建设妇女儿童友好城市的主题式建筑，通过义乌市人大常委会审议，项目概念性规划已通过市政府规审会评审。举办直播电商人才孵化培训班等培训15场；开办“云”上美食课堂8期，累计观看40万人次。完成镇街妇联换届，选举产生镇街妇联主席

14名，副主席88名，妇联执委268名。线上线下联动落实“四必访”联系妇女群众制度，全年开展常态化走访1.97万人次、建立家庭档案9362份；上传走访、特殊家庭登记数据4316条，妇联阵地数据570条。妇联工作信息报道刊载在国家级媒体30篇、省级媒体17篇、市级媒体18篇、义乌级媒体64篇。申报2022年度省级最美家庭2户、金华级最美家庭10户、最美婆媳各2名，评选义乌市级最美家庭30户、义乌市级文明家庭100户。通过寻找10家礼遇最美爱心单位，推出“礼遇十条”。联合市文广旅体局持续开展“文艺健身进家庭”流动课堂，开展木兰系列及形体舞培训20场，面对面指导2760人。积极发挥“浙江省巾帼共富工坊服务中心”平台作用，坚持“走出去”“引进来”并举，打造巾帼共富工坊走在前列，相关经验做法得到全国妇联领导、浙江省领导、浙江省妇联领导签批肯定。《“智慧小囡”助力银龄跨越数字鸿沟》项目成功入选国家级“智慧助老”优质工作案例，市妇联荣获省“平安家庭建设优秀单位”称号。浙江省巾帼共富工坊服务中心落户义乌，承接省妇联“巾帼共富工坊”数字化改革试点项目，在义乌上线发布。

【助推中西部“妇字号”产品销售】 2022年，市妇联累计走访对接22个省446个欠发达地区，线下展销中心累计上架产品1.28万款，其中山海协作馆实现省内山区26县农产品全覆盖，上架销售340余款。在上溪镇等地菜市场开设大米销售专区8个，组建市场经营户分销联盟10个。召开产品产销对接会8场，线上线下累计实现消费助农规模6.78亿元。

【巾帼志愿服务助力疫情防控】 2022年，各级妇联组织9700余名巾帼志愿者下沉一线，通过开展“格姐”结对、“巧娘”轮值、“巾帼志愿者”助力“大喇叭+小喇叭”宣传、家庭关爱“五大行动”，惠及家庭500余户，为义乌市防疫工作贡献巾帼力量。

【推动来料加工高质量发展】 2022年，市妇联健全完善“巾帼共富工坊”应用场景各项功能，发布义乌市场来料加工发单资源信息400余条。实地走访山区26县，首批挂牌11个县，帮助对接形成8000余万元订单。发放来料加工费4.3亿元，带动9000余名妇女，特别是低收入农户月均增收4000余元。

【反家暴行动】 2022年，市妇联优化“家事调解中心+基层治理四平台+全科网格”社会治理体系，建立村社区“家事和姐”队伍，设立“一户一姐”联系制度，全市有1026名“家事和姐”。至年底，共排查出红色家庭23户、黄色家庭40户、蓝色家庭209户，落实“一对一结对”帮扶机制，排查化解婚姻家庭矛盾纠纷400余起。充分利用“和睦e家”数字化平台，核实受理婚姻家庭纠纷事件910起，核实率达100%。联合公安对警情数据分析出的3次以上的140户重复家暴报警家庭，开展橙色火炬接力行动等15场，辐射3万人。

【家庭家教家风建设】 2022年2月，义乌被列为全省首批家庭教育试点县（市、区）。9月，以“义行天下、治家有则”为主题，投资200万元启动义乌市首个市级家风馆建设。家风馆位于义乌市横塘公园义乌市新时代文明实践中心，占地200平方米，分设“义行天下　治家有则”主展厅，及“家国情怀”“乌伤家训”“最美家风”3个专题展厅，设有活动互动区。2022年，义乌市为32个家庭提供个性化家庭教育指导服务，打通家庭教育指导服务“最后一公里”。全年共开展线上线下家庭教育主题活动62场，累计辐射1.5万户家庭，全力推动《中华人民共和国家庭教育促进法》落地见效。12月，打造“幸福义家种子计划”，开展幸福在“义”起——家庭教育种子计划爱DE特别行动，累计为450余名新婚夫妇、备孕夫妇、孕产妇普及科学、文明、进步的婚育观念和家庭教育意识。同月，打造“幸福义家向阳花开”，以中小学困境家庭儿童为主要服务对象，组建家庭教育指导师、社会爱心人士“商城妈妈团”，弥补缺失的家庭教育并给予学费补助，助学结对297人，爱心捐赠21.77万元。

【“廉洁家风进万家”系列活动】 2022年3月28日，市委下发《义乌市“廉洁家风进万家”活动实施方案》，组建14支廉洁家风宣讲队伍，6月16日，联合市纪委、市委组织部策划开展“廉洁家风进万家”系列活动，全年开展“廉洁家风传颂”活动5场。

【省巾帼共富工坊服务中心落户义乌】 2022年6月14日，省妇联、省农业农村厅、省乡村振兴局联合在义乌召开浙江省巾帼共富高质量发展来料加工推进会，发布“巾帼共富工坊”应用场景，成立浙江省巾帼共富工坊服务中心，并在义乌市国际小商品城五区为浙江省巾帼共富工坊服务中心揭牌。浙江省巾帼共富工坊服务中心以义乌中国小商品城为依托，连接全国巾帼助农创业浙江基地，为浙江省内山区26县以及全国欠发达地区的妇女提供展示展销、供需对接、技能培训、创业孵化、政策咨询、公共服务等全方位的服务。自从浙江省巾帼共富工坊服务中心在义乌落地，义乌市妇联聚焦省内山区26县打造“巾帼共富工坊”，开展需求对接、服务下沉、指导培训和推进项目孵化等精准服务。6月，浙江省巾帼共富工坊服务中心挂牌以来，共发放浙江省内山区26县加工费4.3亿元，相关工作先后获国家、省、市妇联组织领导的肯定。

（杨丽菲）

2022年6月14日，浙江省巾帼共富高质量发展来料加工推进会在义乌召开

（市妇联　供图）

义乌市科学技术协会

【概况】 2022年，义乌市科学技术协会（简称“市科协”）通过第二批全国科普示范市创建现场验收。全年开展“百名院士专家义乌行”活动15场次，院士专家到访100余人次，举办院企对接16场，院士咨询讲座、科技沙龙、报告会9场。新建企业科协26家，组织开展“一学会一品牌”及建立学会科普讲师团活动，共推出17个科普特色品牌，建立18支科普讲师团。举办银龄跨越数字鸿沟培训280场次，服务老年人4.6万人次。组织“科技小课堂”助力“双减”活动385场，吸引学生10万余人参加活动。全年，开展涉外科普系列活动10场次，受益外国人4000余人。联合中国森山铁皮石斛博物馆等10家科技（普）场馆组建“科技（普）场馆联盟”；完成科普地方人才标准制定；有序推进“三长”带“三会”融“三生”省级试点；走访学会、企业、学校、农业基地等105家，了解需求50项、解决森恬农业开发有限公司抗性淀粉系列产品应用等问题48项，困难化解率达96%。

【“乡村振兴科技服务”系统上线】 2022年义乌市科协全力推进“乡村振兴科技服务”系统扩大应用、迭代升级。1月14日，义乌市科协数字化改革项目“乡村振兴科技服务”系统上线。9月26日，“乡村振兴科技服务”平台进入省科协数字化改革应用首批入库项目名单。多跨协同运维科研院所、义乌市专业技术人员库、“三服务”科技团、院士专家团队、省科协专家库、科技志愿者等资源数据，陆续推出“科技服务市场”“科技志愿者管理”“助农商城”等新应用场景，实现科技服务助力乡村振兴的全数字化功能。

【10家科技（普）场馆成立联盟】2022年4月14日，信息光电产业创新综合体科普馆、中国森山铁皮石斛博物馆、义乌市枣文化主题馆、义乌市气象局科普基地、义乌市春晗学校航天航空展览馆、锦都社区科普展览馆、浙江华川深能环保有限公司环保宣传教育中心、义乌市绣湖小学爱“视”界小屋、民间中草药学会中草药展览厅、义乌市飞扬农机耕耘馆10家科技（普）场馆负责人到义乌科创园院士智创服务中心，签下共建“科技（普）场馆联盟”框架协议，形成义乌科普资源“一盘棋”模式，建立科普资源共建共享新机制，形成科技（普）场馆间叠加联动、综合协同效应。

【院士专题科普报告会】2022年6月17日，中国工程院院士、浙江大学求是特聘教授、博士生导师谭建荣专题科普报告会在义乌中学艺术楼多功能厅举行。谭建荣为义乌中学师生作《求是创新 上下求索——在追求科学的道路上》的科普报告。市科协、市教育局、义乌中学领导以及师生200余人参加报告会。9月16日，中国科学院院士、发展中国家科学院院士、美国工程院外籍院士杨卫受邀到义乌中学举行科普报告会，详细解答学生们提出的“关于机械、流体力学、固体力学”等方面问题。市科协、市教育局、义乌中学部分师生共300余人参加报告会。

【全国科普日义乌主场活动启动】2022年9月14日，“喜迎二十大 科普向未来”2022年全国科普日义乌主场活动在线上举行。市委办、市府办、市委组织部、市委宣传部、市委统战部、市督考办、市文明办、市科协、融媒体中心、电信公司、联通公司、机电技师学院相关负责人在市政府主会场参加会议；各部门、各镇街设分会场，各单位相关负责人、联络员、各镇街科协秘书长、“三长”、各学会（协会、研究会）会长、授牌企业代表共80余人参加分会场会议。会上宣读最新评定的省级博士创新站、义乌市级博士创新站、义乌市级专家工作站授牌名单和2022年度金华市级科普教育基地、义乌市级科普教育基地、科普示范单位授牌名单。期间，义乌市科协联合创建全国科普示范市各成员单位，采取“传统+创新”“线上+线下”等方式，集中开展“六大”系列联合行动、“一起云科普”、中国科学院老科学家巡回演讲报告、科技特派员送技术、应急科普护未来、低碳生活宣传倡导、茶叶科普百问百答、首届“青草杯”环保创意大赛、“气象万千”科普宣传系列活动等48类303场（次）宣传推介、展教研学科普活动及赛事。

【全国科普示范县（市、区）创建】2022年9月27日，全国科普示范县（市、区）创建省第二检查验收组一行10人到义乌市检查验收。省检查组深入到苏溪镇新时代文明实践中心、应急安全宣教体验馆、中心幼儿园实地检查验收。召开创建工作验收汇报会，观看义乌市创建工作汇报短片，听取义乌市创建工作开展情况汇报，市国资办、苏溪镇分别作经验交流发言。查阅义乌市创建台账，并进行提问与交流，省检查组对义乌的创建全国科普示范市表示满意。

（毛应勇　郑　捷）

义乌市归国华侨联合会

【概况】2022年，义乌市归国华侨联合会（简称“市侨联”）主动承担“侨助工坊”对接活动，年内有仙居、磐安、淳安等县（市）10余个团队到义乌对接洽谈工作，举办3期“侨助工坊”经纪人培训会。为“侨助工坊”提供订单，带领中国来料加工产业联盟协会会员单位、义乌市场经营户先后赴仙居、武义、淳安等地为当地“侨助工坊”送订单、送服务，累计达成意向订单的劳务费1亿余元，惠及5000余人。推动“侨助工坊”实现迭代升级，发动企业、市场经营户线上发单、下单，通过数字化手段拓宽信息发布和接收渠道。

【开展“侨小二”服务】2022年2月6日，开展“助企开门红”活动，做好新冠疫情防控期间侨企生产、生活保障工作，协助解决生产经营中存在的问题，至年底，累计走访企业35家次，发现问题10个，协调解决问题8个。3月15日，市侨联设立“周五侨商服务日”，定期下沉一线开展为侨服务。8月，开展银行账户冻结账户专项调查，相关数据上报省侨联，在上级部门共同努力下，部分账户得到解冻，侨胞合法权益得到保护。

【规范基层组织建设】 2022年5月5日，墨西哥义乌商会完成换届。8月2日，留联会完成换届。11月8日，成立义乌市留联会杭州分会。12月8日，乌干达义乌商会完成换届。打造侨界人才成长服务平台，9月21日，设立义乌市留学人员创业创新服务中心，开展培训讲座3期。完成基层侨联统一社会信用代码赋码工作，为镇街侨联财务专户设立提供文件依据。（张瑞君）

义乌市台胞台属联谊会

【概况】 2022年，义乌市台胞台属联谊会（简称“义乌市台联会”）围绕抗击新冠疫情、参政议政、联络交友、服务台商台属等方面开展工作20余次，组织成员参加“云团拜”、春节送温暖、中秋联谊、创业沙龙等活动100余人次，组织会议讲座4次，学习新形势下如何更好地开展台联工作。全年参与各类公益活动7项，累计捐资、捐物10余万元。

【参政议政】 2022年，台联界别有义乌市政协委员9人，金华市政协委员1人。义乌市“两会”期间，台联界别政协委员们围绕全市中心工作和群众普遍关心的热点难点问题，深入基层，替群众建言发声，提交议案10件。

【捐款捐物抗击疫情】 2022年，义乌市台联会积极响应倡议，动员协会成员捐款捐物、奉献爱心。“五一”期间，先后前往苏溪、后宅、湖门、廿三里、义亭等高速路口捐赠物资3万余元。

【第二届端午民俗文化交流活动】 2022年6月7日，义乌市台联会骨干成员与在义乌台商台胞等50余人欢聚在李祖村，开展“粽情重义·义台同心”第二届端午民俗文化交流活动。通过体验包粽子、制香囊等传统民俗，感受村庄“礼”文化和浓厚节日氛围，共叙两岸亲情友情。

2022年6月7日，义乌市台联会开展第二届端午民俗文化交流活动

（义乌市台联　供图）

【两岸青年创业交流沙龙】 2022年7月9日，义乌市台联会20余名台属青年参加由义乌市台办主办的“义台同心·共创未来”两岸青年创业交流活动。此次创业沙龙活动，搭建了一个创业交流与经验分享的平台，进一步推动在义乌的台属青年了解义乌新的发展机遇，更好地融入义乌经济社会生活，让更多在义乌的两岸青年一起凝聚共识、携手共进、共谋发展。

【义乌市台联第八次会员代表大会召开】 2022年11月22日，义乌市台联会第八次会员代表大会在银都酒店举行，义乌市统战部，金华市台办、金华市台联会、市委办（台办）等部门领导出席会议并讲话致辞。大会审议通过《义乌市台胞台属联谊会第七届理事会工作报告》《义乌市台胞台属联谊会财务工作报告》《义乌市台胞台属联谊会章程（草案）》《义乌市台胞台属联谊会财务管理和会费收取办法（草案）》《义乌市台胞台属联谊会选举办法（草案）》，重新修订《章程》《会费标准及管理办法》等规章制度。12名全员代表参会，选举出第八届理事51人，监事会监事3人。

（黄建辉）

义乌市青年联合会

【概况】 2022年，义乌市青年联合会（简称“市青联”）开展“学党史、强信念、跟党走”“学习新思想·共筑中国梦”“青年大学习”等主题宣传教育活动1520余场。开展韩国、土耳其、中东欧、非洲等地的青年文化交流活动22场。完善青少年综合服务中心、青年之家建设，全市有青少年综合服务中心1家，青年之家583家。结合青少年知识拓展、婚恋交友、创业创新等实际需求，设计开发97个标准化服务项目，满足青少年工作、生活、成长需求。履行预防青少年违法犯罪领导小组、未成年人保护委员会办公室单位的职责，开展“法治教育进校园”“安全自护营”“法治夏令营”等活动110场，增强青少年自护意识和法治观念。完善“共青团与人大代表、政协委员面对面”制度，举办“面对面”活动10场次，进一步畅通青少年利益诉求表达渠道，向有关部门反映青少年成长问题270条，及时关注和准确回应青少年诉求。

【“关爱流浪汉，活动暖人心”活动】 2022年1月27日，团市委组织20余名中小学生开展“关爱流浪汉，活动暖人心”主题公益活动。志愿者们到稠江街道附近的城市公园、桥洞等地，找到露宿的流浪人员后进行信息登记，赠予棉被、军大衣、手套等过冬保暖物资，并劝导流浪人员到救助站或回家过年，共劝导流浪人员8人。

【“青年友好主题公交专线”上线】 2022年6月30日，由共青团义乌市委主办，恒风集团、商城集团团委承办的移动青年之家运营中心暨青年巴士发车仪式在国际商贸城一区启动。以9路、21路、413路公交和BRT1快速公交为载体的“青年友好主题公交专线”上线。随着义乌市入选全国青年发展型县域试点，扎实开展各项工作，其中“青年友好主题公交专线”是打造“青春义乌·众创之都”的重要阵地，此次专线贯穿义乌各大主体市场，串联青年集聚地，通过青春洋溢的车体广告和标识突出的站点建设，加快形成“青年让城市更美好，青年让城市更有为”的全民共识，为义乌市建设青年发展型城市汇聚青春力量、营造青春氛围。

（黄超炜）

义乌市工商业联合会

【概况】 2022年，义乌市工商业联合会（简称“市工商联”）共有行业商会2个，基层商会、义乌外地商会、异地商会等商会115个，会员2.12万人。新组建商会5家，完成8个商会的换届，新增会员213家。市工商联参与开展义乌市场建设40周年系列活动，践行“四个第一”工作理念，被评为全国“五好”标杆县级工商联、全国民营企业调查点工作先进基层单位。

【光彩公益事业】 2022年新冠疫情防控期间，市工商联建立14支商会党员志愿服务队。所属各商协会积极参与疫情防控工作，开展捐赠物资行动。“8·2”疫情防控期间，发动全市民营企业、商协会及会员企业，向慈善总会捐赠抗疫资金3000万元。31家商会参与助学助老以及救灾等公益事业，助学助老1003人次，捐赠物资180.69万元。

【市工商联组织建设】 2022年，义乌市按照“三强一好”标准，完成义乌市工商联换届，选举产生新一届执委会，164名执委中新生代占比40%，金华市级人大代表4名、政协委员2名，义乌市人大代表19名、政协委员25名。完成宁波商会、乐清商会、餐饮协会等党支部换届，义乌市安徽商会党支部被评为“五星级党组织”。完成义乌市湖北、遂昌、台州、盐城、瑞安、山西、四川、缙云8家商会换届，新成立义乌市商丘、上饶、宜春、弋阳4家商会，新增会员213家。义乌市路桥商会被评为2022年度全国“四好”商会。

【“清廉民企”建设】 2022年，市工商联扎实推进“清廉民企”建设工作，落实工作专班、市级专家指导组、属地镇街和企业四方责任，全面开展“清廉民企”达标单位创建工作。双童吸管清廉文化融入企业文化的做法，得到清华大学党委副书记、廉政与治理研究中心主任过勇高度评价。津义建设利用数字化手段招投标环节全程清廉监控的建设经验在省纪委监委官网进行刊发。全年创建“清廉民企”标准型企业50家、示范型企业10家，其中金华市级“清廉民企”示范点1个、标准型点10个。

2022年8月1日，市工商联组织义乌企业家赴巴中市投资考察
（市工商联　供图）

【市工商联对口帮扶、东西部协作】 2022年8月1日，市工商联组织浪莎袜业、晶澳太阳能等10余名知名企业家赴四川巴中市巴州区投资考察，参与新增引导13家东部企业赴川投资落地，累计完成投资6.25亿元，吸纳农村劳动力998人，圆满完成东西部协作考核任务。8月1日，开展“万企兴万村”行动，在巴州区赵家湾村举办“万企兴万村”捐赠签约活动，动员义乌市罕美服饰有限公司等27家企业与巴州15个脱贫村结对，帮扶资金60万元，其中民企帮扶资金30万元。发动宜春商会赴巴州开展书包漂流活动，捐赠学生学习用品，价值4.4万元。

【服务民营经济发展】 2022年，市工商联领衔组建专项民主监督团，全年走访调研商会、企业126家，为优化营商环境、促进民营经济高质量发展建言献策。自3月25日开展“法治体检”活动以来，共有45家商会的163家民营企业完成“法治体检”。至年底，工商联所属商会调解委员会受理调解矛盾纠纷120起，涉及金额6700万元。6月10日，联合市人民法院在安徽商会举办《企业劳动用工风险和控制》法律讲座，帮助企业进一步转变用工观念，增强风险防控意识和能力。参与义乌市场建设40周年系列活动，牵头举办新生代企业家创业创新发展论坛，聘请10名企业家导师，助力新生代企业家成长成才。

【亲清直通车·政企恳谈会】 2022年4月、5月、7月、11月，市工商联会同相关部门分别举办“全面落实减税降费·优化税收营商环境”“稳外贸，拓市场”“科技三服务·亲清直通车”“融入新格局，共助山区二十六县高质量发展”为主题的4期“亲清直通车·政企恳谈会”，与会的55名企业家提出的29个问题和建议均得到答复和承办并办理到位。（楼继灵）

外事・侨务・港澳台事务

FOREIGN AFFAIRS・OVERSEAS CHINESE AFFAIRS・HONG KONG, MACAU AND TAIWAN AFFAIRS

外　事

【概况】 2022年，义乌市接待外宾来访团组10批91人次。协调6批14人次外媒记者到义乌采访有关事宜。审核审批因公出国（境）团组6批13人次。审批邀请函464批660人次。受理APEC商务旅行卡20批32人次，受理领事认证20批34本，接听咨询电话1531个。举办（参加）国际会议、论坛、大型活动32场。24小时外语服务热线累计响应1.1万余次，稳妥处置涉外突发事件1000余起，持续保持整体平稳态势。

2022年义乌市外事活动一览表

表12

时　间	活动名称	主办单位	参加人员	活动内容
1月19日	2022韩国青年就业创业政策云上说明会	义乌市人民政府、韩国驻华大使馆	3000余名韩国青年	提供就业信息，引导韩国留学生留在义乌就业创业
3月31日	卡拉奇交流会	义乌市人民政府、巴基斯坦贸易发展署	中巴政府、商会、企业代表	推动义乌市与巴基斯坦最大城市及重要港口卡拉奇市开展重点交流，为双方企业深化合作搭建桥梁，便利中小微市场主体贸易往来，助力落实中巴联合声明成果
5月13日	“友情友义　国际同行”友诚商务沙龙活动	市外事办，商城国际	坦桑尼亚中国商会、奥中企业交流协会、马来西亚巴生中华商会	马来西亚、奥地利、摩洛哥、南非的友城开拓。和深化工作与义乌市外事办进行现场交流
6月3日	iYiwu义家人——端午友好雅集活动	市外事办、市文广旅体局	也门、德国、芬兰等15个国家，20余位外国友人	iYiwu“蒲公英”中国传统文化友好雅集涵盖了茶道、陶艺、古琴等课程
6月28日	“助企纾困　服务外商”外国人学习大讲堂	市外事办、市税务局、江东街道鸡鸣山社区	10余个国家，30余名驻义乌外商	为驻义乌外商讲解税收政策和涉外法律援助知识

续表 12

时　间	活动名称	主办单位	参加人员	活动内容
7月1日	“友情有义品真味 共富厨房叙佳话”活动	市外事办、市场集团	芬兰、墨西哥等国家6名国际友人	外国友人通过参观百县万品消费助农展销中心，品尝共富菜品等，体检来自中国各地的优质农产品
8月19日	义乌市常住外国人形势吹风交流会	市外事办	来自16国的19名义乌常住外国人，义乌市副市长	介绍义乌市新冠疫情防控工作最新形势及复工复产复市有关情况，传递义乌“外贸强、市场稳、商机多”的信心，跑出复工复产复市“加速度”
8月23日	中日友城“虚拟互访”活动	义乌市外事办、日本友城淡路市	义乌市外事办、日本淡路市政府相关负责人	围绕如何开展“虚拟互访”展开，双方就参与对象、开展形式等进行交流谈论

【2022中外友人迎新春联谊会】 2022年1月29日，由市外事办、市文学艺术界联合会、市文广旅体局联合主办，市融媒体中心、商城集团、陆港集团予以支持的第七届“中外友人迎新春联谊会”通过“爱义乌”客户端线上直播的方式举行。新春联谊会分为3个篇章，分别以“乌伤逐梦 万象更新”“喜迎冬奥 相约亚运”“其乐融融 暖‘义’融融”为主题，联谊会上中日韩书道连线，展演中外少儿婺剧、中外乐器合奏、歌舞、合唱，组织在义外国人学习制作义乌传统过年点心等活动，线上观看量7.2万余次。

2022年1月29日，在义外国人学习制作义乌传统过年点心

（市外事办　供图）

【义乌市与西班牙阿拉贡大区首场“云”对话】 2022年4月27日，义乌市与西班牙阿拉贡大区开启首场“云”对话。市外事办与阿拉贡对外局以及阿拉贡驻上海代表处首席代表Rafael Llopis Baeza通过视频连线方式进行交流。义乌市外事办负责人表示愿同阿拉贡对外局通力合作，继续为两地人民和企业增进互相了解、增强合作而努力。希望在义乌市场建设40周年和中西建交50周年等时间节点，双方在物流、文化、教育等方面开展交流合作。通过此次视频会议，双方就展开电商培训、“义新欧”中欧班列、人文交流等方面合作达成初步共识。

【非洲好物网购节直播活动】 2022年5月9日，由市市场发展委、市外事办及浙江中国小商品城集团股份有限公司共同举办的非洲好物网购节直播活动在Chinagoods官方账号直播间开播。活动除义乌主会场外，设卢旺达基加利、刚果（金）南基伍、布隆迪布琼布拉、金华职业技术学院4个分会场，进行4国9地视频连线直播。活动旨在依托商城集团“带你到中国”卢旺达贸易服务中心海外站点的协作网络和渠道，深化丝路电商，推广非洲好物好地，扩大浙非经贸合作优势，开辟中非共同富裕之路。30余家对非贸易企业参与互动，吸引观众2万人，通过在线采购商—供应商洽谈下单，助推以卢旺达咖啡、高山茶叶、辣椒、牛油果油等为代表的非洲好物实质性成交，达成成交额12.3万元，意向成交额300万元。

【iYiwu“蒲公英”中国传统文化友好雅集开班】 2022年6月7日，为打造更好的国际营商环境，传播中国传统文化，以文化为载体，推动更多“身边的国际社会”和外国友人了解中国、了解义乌、融入义乌，实现中外民心联通，iYiwu“蒲公英”中国传统文化友好雅集在义乌市文化馆澄心学堂举行开班仪式。活动由市外事办、市文广旅体局联合主办，市友协秘书处、市文化馆承办。来自意大利、法国、墨西哥等15个国家20余名外国友人参与开班仪式。本次iYiwu“蒲公英”中国传统文化友好雅集涵盖了茶道、陶艺、古琴等课程。

【中韩青年双创对话会】 2022年7月19日，由市外事办、市人社局、商城集团共同举办的中韩青年双创对话会在义乌国际商贸城四区一楼采购商服务中心举行。对话会以“友情有义，共谋发展”为主题，围绕青年创业创新、中外友好交流开展分享互动。义乌市委、北京大学外国语学院、市外事办、市人社局、商城集团等部门和企业有关领导和人员共50余人出席对话会。

【中国（义乌）—巴哈马贸易合作论坛云端举行】 2022年8月9日，由义乌市人民政府、中国驻巴哈马使馆、巴哈马贸易委员会、巴哈马商业和雇主联合会共同主办的中国（义乌）—巴哈马贸易合作论坛以线上方式举行。此次论坛为巴哈马商界和义乌企业之间跨越国界、时区和语言差异进行交流合作搭建了平台。巴哈马经济事务部长哈尔基蒂斯、贸易委员会主席加拉尼斯、商业和雇主联合会副主席英格拉汉姆、驻巴哈马大使戴庆利、巴哈马驻华新任大使贝瑟尔等致辞，义乌市委常委、副市长王炜主持，义乌、巴哈马2地相关部门、商会和企业代表100人参会。

【在义韩国商人恳谈会】 2022年8月24日，义乌市外事办和义乌韩国人商会共同举办“喜迎中韩建交30周年——在义韩国商人恳谈会”，分享中韩友好故事，听取韩商对义乌市场发展的建议。义乌韩国人商会会员等50余名嘉宾云端与会，韩国驻沪总领馆和友城、友好团体代表在线出席。

【校际交流合作】 2022年，义乌市外事办发挥外事渠道优势，积极联系新加坡驻华大使馆、驻沪总领事馆，大力支持义乌市中小学开展国际交流活动，成功牵线新加坡北岸小学与稠江小学开展友好交流，促成两校结好。9月1日，稠江小学教育集团与新加坡北岸小学开展友好校合作视频会议，双方就两校的基本情况、办学特色、培养路径等方面进行了线上交流，就今后的合作方式进行深入探讨。

【APEC商务旅行卡推介会】 2022年9月22日，为助力义乌市企业在复杂严峻的国际国内经济形势下扬帆“出海”，推动“走出去”便利化举措落地落实，省外事服务中心调研组到义乌调研并举办APEC商务旅行卡推介会，推介会上，省外事服务中心负责人介绍APEC背景情况，着重就APEC商务旅行卡功能特点、适用范围、申请条件、申办程序等进行宣介。浙江华鸿控股集团、浙江威特电梯有限公司、义乌文渊文具有限公司3家企业负责人用实例，分享用卡的便利和收获。

【义乌元素亮相“中韩共同繁荣论坛”】 2022年9月29日，为纪念中韩建交30周年，由韩国贸易协会、中国亚洲经济发展协会、韩国产业通商资源部、中国商务部、韩国驻华大使馆、中国驻韩大使馆和韩中文化友好协会等机构共同举办的“韩中共同繁荣论坛”在北京、首尔2地以分设主会场连线互动的形式举行，论坛以“中韩供应链合作”和“中韩经贸合作（RCEP，韩中FTA等）”2个主题进行深入探讨，中韩两国经济界人士200余人参加论坛。

2022年10月10—14日，世界城市和地方政府联合组织第七届全体会议在韩国大田市召开，义乌市出席会议（市外事办　供图）

【义乌市成功连任世界城地组织执行局和理事会成员】 2022年10月10—14日，世界城市和地方政府联合组织（简称"世界城地组织"，英文UCLG）第七届全体会议在韩国大田市召开。义乌市委常委、副市长王炜，义乌市外事办党组书记、主任吴丹线上出席。会上，义乌市获2023年世界城地组织亚太区会员大会举办权，并成功连任世界城地组织执行局和理事会成员。

【外国友人感知义乌发展成就之旅暨中共二十大精神宣讲活动】 2022年11月18日，外国友人感知义乌发展成就之旅暨中共二十大精神宣讲活动在义乌举行，吸引了来自德国、喀麦隆、也门、伊拉克、印度等17个国家（地区）的40名在义乌外商、外籍专家和留学生参加。会后，外国友人前往双江湖水利枢纽工程、吉利动力总成义乌基地、赤岸镇南旺溪露营基地实地参观，亲身感受义乌科教兴市、产业转型、创新驱动、乡村振兴、共同富裕的高质量发展之路。

【第三届浙江省国际友城交流展在义乌开展】 2022年11月24日，由浙江省人民对外友好协会和义乌市人民政府联合主办的第三届浙江省国际友城交流展在义乌国际博览中心开幕。来自韩国、日本、加拿大、越南等15个国家、18个省市代表参展。展区特设外事会客厅，展示世界城地组织和"One City，One Life"外国人摄影作品。本届友城展推出的"一杯咖啡连世界"友好咖啡品鉴活动吸引了许多"网红"、市民前来打卡。友城展推介了世界各地独具特色的产品、产业、投资环境，展示了各个城市独特的风土人情，为参会各方搭建起集城市交流、经贸推广、文化互鉴于一体的互动合作平台。

【《义乌市与海南郡建立友好交流关系备忘录》签署】 2022年11月24日，义乌市市长叶帮锐、韩国海南郡郡守明炫官分别代表两市签署《义乌市与海南郡建立友好交流关系备忘录》，"世界小商品之都"义乌的国际友好朋友圈同步增至五大洲20国34个城市。

【中国义乌—阿富汗东南省份交流会】 2022年11月24日，由市外事办主办的"阿富汗松子结缘商都"中国义乌—阿富汗东南省份交流会在义乌举行。交流会现场连线中国驻阿富汗大使王愚、阿富汗商工部代理部长努尔丁·阿齐齐、阿富汗霍斯特省省长比斯米拉·阿卜杜拉和帕克蒂卡省省长阿卜杜拉·胡赛尼·穆赫塔尔。与会人员表示，中国同阿富汗是山水相连的友好邻邦，近年来"松子空中走廊"更是成为双方友好交流和经贸往来的重要纽带。希望以此为契机，发挥各自优势，加强交流合作，助力扩大阿富汗松子进口规模，为深化中阿经贸往来作出义乌贡献。

【义乌RCEP经贸合作对话会】 2022年11月25日，市外事办携手市商务局主办RCEP经贸合作对话会，对话会以"拥抱RCEP新机遇，共话合作新未来"为主题，通过"线上+线下"联动的方式，加强对话交流，共话发展机遇。对话会邀请了RCEP国家驻沪外交官代表，经贸领域专家及工商界企业代表共50余人参会。市委常委、副市长王炜出席会议并致辞。（王银萍）

侨 务

【概况】 2022年，义乌市有常驻侨商11万人，涉侨群体30万人，侨商对义乌外贸贡献度65%。义乌市侨务部门深入学习领会习近平总书记关于侨务工作的重要论述，坚持“以人为本、为侨服务”宗旨，凝聚侨心、汇集侨智、发挥侨力、维护侨益，持续深入挖掘整合侨商资源，积极助力高水平建设内陆开放枢纽中心城市。设立“周五侨商服务日”，定期下沉一线开展为侨服务。开展“助企开门红”活动，做好新冠疫情防控期间侨企生产、生活保障工作，协助解决生产经营中存在的问题。全年累计走访侨企50余家次，开展助企服务120余次，协调解决生产经营方面困难问题89个。通过为侨服务“全球通”应用审核认定华侨、归侨、“三侨生”身份8份。围绕具体工作落地，提出建设性意见30余条。发动侨界组织开展物资转运和慰问捐赠等活动47次，捐赠物资价值65万余元。

【海外侨胞帮扶】 2022年，义乌市侨务部门累计解答出入境、新冠疫情防控、子女就学等问题400余个，帮助联系部门20人次，协调解决问题12个。开展海外侨情紧急调查工作，及时推送风险预警信息，协助寻找浙江籍阿尔及利亚侨胞、联系斯里兰卡侨胞和留学人员，协助营救在尼日利亚被困义乌籍侨胞2人。紧急开展义乌籍乌克兰侨胞联络工作，协助15名侨胞顺利回国或撤往安全区域。

【侨法宣传系列活动】 2022年，义乌市侨务部门开展为侨服务系列活动，统筹利用各平台资源，宣传和普及侨法知识和侨务政策，通过“义乌统战”微信公众号发布侨法宣传系列，每月推出一期侨法宣传系列，全年开展侨法宣传系列活动12次。印发《浙江省华侨权益保护条例》《侨法侨政》等侨法侨政宣传资料2000余份，通过各种活动载体进行宣传发放，帮助侨界群众提升“知侨法、学侨法、用侨法”的能力和意识。

【海外服务驿站设立】 2022年，义乌市侨务部门与市行政服务中心合作，建成海外服务驿站55个，通过视频连线、电子签名等数字化手段，“三侨生”身份审核、商事登记、工作许可等443项服务事项实现海外“一网通办”，不用“漂洋过海”即可了解义乌以及自贸区的最新政策，享受投资咨询、政策兑现等服务，节省海外侨胞的资金和时间成本，有效解决办事国际国内“来回跑”的难题。

【陈望道故居被确定为华侨国际文化交流基地】 2022年9月，陈望道故居被确定为中国华侨国际文化交流基地。义乌侨务部门通过组织“追望大道”“重温‘信仰的味道’”“追寻真理的味道”“侨联四海心向党 · 情系中华共筑梦”等系列活动，累计1000余名侨界人士参加活动。依托浙江中华文化海外传播促进会等平台资源，先后开展海外义乌高层次人才等文化交流活动，累计参与活动的华侨华人200余人。

【成功举办第三届“国际创客”创业创新大赛】 2022年11月24日，义乌市举行2022浙江省第三届“国际创客”创业创新大赛，大赛共征集各类创业创新项目319个，参赛选手覆盖美国、巴西、土耳其、伊朗、孟加拉国、哥伦比亚等39个国家和地区。其中，华侨及侨属侨眷、出国和归国留学生、外国人报名项目53个，有力推动创业创新人才向义乌集聚。 （郑海洋）

港澳事务

【概况】 2022年，义乌与澳门特别行政区进出口额5.33万美元，同比增长469.44%。其中，出口5.33万美元，无进口额。至2022年底，澳门特别行政区在义乌设立的外资投资企业2家，澳门特别行政区临时入境义乌87人次。义乌与香港特别行政区进出口额7551.54万美元，同比增长36.18%。其中，出口4334.62万美元，同比减少10.6%。进口3216.91万美元，同比增长696.44%。香港特别行政区在义乌设立的外商投资企业290家，外资合伙企业450家，代表处468家。2022年，香港特别行政区临时入境义乌

803人次。义乌港澳办接待香港特别行政区、澳门特别行政区官方代表团4批19人次。

【金华市首届港澳台青年创新创业交流活动在义乌举行】 2022年6月14日，“同缘同心 共创共富”——金华市首届港澳台青年创新创业交流活动在义乌工商职院创业园举行。香港特别行政区政府驻浙江联络处、澳门贸易投资促进局驻杭州代表处等负责人出席活动，在金华求学、就业的30余名港澳台青年参观国际创客村李祖村及义乌工商职院创业园，召开“共创共富”主题沙龙暨创业故事分享交流会，义乌工商职院台湾师生代表和大陆创业学子向交流团分享各自在义乌的创业创新历程。

2022年6月14日，在金华求学、就业的30余名港澳台青年参观国际创客村李祖村 （市外事办 供图）

【在义乌港澳台侨代表人士共同庆祝香港回归祖国25周年】 为庆祝香港特别行政区回归祖国25周年以来所取得的辉煌成就，展望义港两地的美好未来，增强在义乌港澳人士对祖国的认同感，2022年7月1日，“同心创前路 把握新机遇”庆祝香港特别行政区回归祖国25周年活动在世界侨商大厦侨商会客厅举办。市委统战部、市侨联，市港澳办相关领导参加活动。活动现场视频连线在香港特别行政区的义乌港澳总商会会长洪俊伟及香港特别行政区义乌同乡会的乡亲们，共100余名义港两地同胞一起欢聚“云”端，共庆回归。

【市外办与香港特别行政区政府驻沪办开展线上交流】 2022年12月6日，义乌市港澳办与香港特别行政区政府驻上海经济贸易办事处举行线上工作交流会，市港澳办，香港特别行政区政府驻沪办事处相关负责人共6人参加线上交流。交流会上，义乌市港澳办介绍义乌经济社会发展、义乌与香港特别行政区近年来的贸易往来和交流合作等情况，并表示义乌市港澳办将进一步加强与香港特别行政区政府驻沪办的交流联络，不断加强两地文化、教育、旅游、商贸、医疗等方面合作。香港特别行政区政府驻沪办巩连全、林景富认为，香港特别行政区与义乌各具特色、各具优势，合作潜力巨大。希望随着防疫政策的不断优化，香港特别行政区和义乌能加强多领域的交流合作，邀请义乌青年人才去香港特别行政区创业，邀请义乌企业通过香港特别行政区平台拓展国际市场。同时，香港特别行政区驻沪办将到义乌举办服务业、贸易、科技等行业性沙龙活动，向义乌企业推介香港特别行政区的贸易优势，推动双方贸易往来。 （王银萍）

对台工作

【概况】 2022年，全市有台资企业、贸易机构和个体工商户300余家，常住台胞400余人。到义乌探亲访友、旅游观光、考察访问和贸易洽谈台胞5000余人次。

【花灯入岛交流】 2022年1月29日至2月20日，应南投县政府邀请，义乌市精心制作以国际商贸城和“义新欧”中欧班列为主题的“义乌·一城一世界”大型组灯参加南投灯会，吸引岛内民众300万人次观展，赢得观展台胞普遍好评，深入巩固了“义乌记忆”，增进了两岸同胞的情感共鸣，得到省委领导肯定。此次参展的灯组长10米，宽5米，高5米，描绘了一个现代化的世界“小商品之都”，诠释了“勤耕好学、刚正勇为、诚信包容”的义乌精神，体现了义乌自强不息、勇于创新的发展历程。

【“两岸同心·E路同行”电商创业创新研习营】 2022年6月25—26日，“两岸同心·E路同行”电商创业创新研习营开营，义乌、宁波2地台湾青年代表40余人参加活动。其间，台湾青年进一步了解义乌发展概况尤其是电商行业发展历程，学习了短视频电商模式相关知识；走进义乌数字直播产业孵化中心，实地了解电子商务产业在义乌的发展。

【金华市首个涉台检察联络站在义乌成立】 2022年8月24日，义乌市人民检察院涉台检察联络站在义乌市台协挂牌成立，为金华市首个涉台检察联络站。涉台检察联络站成立后，将全面充分发挥刑事、民事、行政、公益诉讼四大检察职能，具体履行受理涉检信访、发现案件线索，提供检察服务，实行案件通报，开展分析研判等职责。

【“义乌市台湾同胞投资企业协会”换届】 2022年9月9日，义乌市台湾同胞投资企业协会第十一届第一次会员大会暨换届选举会议在义乌台协会会议室举行，此次换届大会采取线上线下结合方式举行，线上线下共100余名会员参加，大会选举产生第十一届理事会理事30人、监事会监事3人。召开第十一届第一次理事会，选举产生会长、常务副会长、副会长、常务理事和秘书长，监事会上选举产生监事长。陈俊雄连任义乌市台协会第十一届会长、陈健甫当选为义乌市台协会第十一届监事长。大会审议通过第十届理事会、监事会工作报告和财务工作报告；审议通过《章程》修改案（草案）和《财务管理和会费收取办法》修改案（草案）。

【台湾同胞抗日英雄事迹走进义乌市宗泽小学】 2022年9月16日，金华市台办到义乌市宗泽小学开展以“学习英雄事迹 弘扬民族精神”为主题的涉台爱国主义教育宣讲活动，用照片和视频，重现台湾义勇队的历史。金华市海峡两岸交流中心宣讲师曹建杉向学生讲述了台湾义勇队抗战历程中发生的抗战故事。同时勉励学生，要珍惜现在，牢记过去，树立正确的世界观、人生观、价值观，传承红色基因，做自强少年。

【第14届森博会台湾农林精品展】 2022年11月5日，以“绿色低碳 共同富裕”为主题的第15届中国义乌国际森林产品博览会在义乌国际博览中心开幕，同期举办第14届森博会台湾农林精品展，共设41个展位，30家台资企业参展，参展的台湾农林精品900余种。

【“台商大讲堂”政策宣讲沙龙活动】 2022年11月10日，由市台办、市人力资源和社会保障局、市人民检察院、市医疗保障局、市住房公积金管理中心和市台湾同胞投资企业协会等单位共同主办，市就业和人才管理服务中心和市台协会青年委员会共同承办的“台商大讲堂”在市台协会会议室举行。市台办宣讲中共二十大精神，市人民检察院宣讲台商台企在企业经营过程中可能遇到的风险点和合规性，相关部门就办理社保、医保和公积金等政策问题与台商面对面交流并现场答疑释惑。此次活动，通过宣介涉台惠台政策法规，围绕台商台企在义乌生产生活和工作中的难点、痛点问题解疑释惑，积极为台胞办实事、做好事、解难事，推动台胞更好融入义乌经济社会生活。50余名台商通过线上线下参加此次政策宣讲沙龙活动。

【“义乌市台胞台属联谊会”换届】 2022年11月22日，义乌市台胞台属联谊会第八次会员代表大会在银都酒店举行。大会审议通过《义乌市台胞台属联谊会第七届理事会工作报告》《义乌市台胞台属联谊会财务工作报告》《义乌市台胞台属联谊会章程（草案）》《义乌市台胞台属联谊会财务管理和会费收取办法（草案）》《义乌市台胞台属联谊会选举办法（草案）》。123名会员代表参会，选举出第八届理事会理事51人，监事会监事3人。

（张　飞）

法　　治

RULE OF LAW

政法委及综治

【概况】 2022年，全市政法战线全面开展除险保安，深入推进平安建设，有效应对风险挑战，实现平安义乌“十四连创”；护航中共二十大和省运会胜利召开，实现社会面和谐稳定，守牢暴恐“零发生”底线，未发生暴恐事件。全市1144件信访积案认定化解1140件，化解率99.7%，居金华第3位。发生交通事故63起死亡66人，同比分别下降27.59%、27.47%。火灾事故692起，同比下降29.32%。培育“望道”迎检线路1条，义乌市政治安全中心、鸡鸣山社区等点位5个，其中义乌市政治安全中心作为金华市“防范化解政治安全风险”板块重点点位培育。江东街道鸡鸣山社区被评为全省首批“未来社区”精心培育并择优选推12个“五强基层党组织”、88个“五优党员”、8个重点党建品牌；积极推动“陈望道故居红色教育基地”入选为第二批浙江省政法系统思想政治教育基地。政法系统40个集体和62名个人获省级以上荣誉，其中，国家级先进集体11个，先进个人11个。义乌市公安局侦破经济案件108起，刑事拘留311人，挽损1.6亿余元。

【涉外法律纠纷调解】 2022年，市法学会打造“一带一路法治保障”工作品牌，开展涉外法律纠纷调解。完成554个“共享法庭”建设，在金华市率先实现市域全覆盖。义乌市法院创新打造“浙里市场义码治理”数字应用，实现市场商贸纠纷治理全周期跟踪、全流程管控、高质效解纷。应用共受理商贸纠纷1.11万件，调解成功率由2020年的26%提升至66.79%，调解平均用时从30天下降至15天。义乌市司法局率先在金华地区培育“城市有爱”“亲青帮”“社会组织总会”“义点爱”等公益性调解组织，共调解矛盾纠纷174件。

【大平安工作例会暨信访工作联席会议】 2022年1月10日，义乌市召开大平安工作例会暨信访工作联席会议，相关单位汇报大平安百日攻坚、信访化解等工作情况。会议强调，要深入推进“大平安百日攻坚”行动，拿出攻坚的气势和措施，推进重点难点问题突破；要加快推进“三张清单”的问题清零、任务清账；要积极运用数字化改革成果开展平安建设工作；春节前要全面排查、及时消除欠薪隐患；要认真开展火灾和燃气隐患排查和治理，并做好宣传和引导；要进一步加强“141”体系建设，更好地对接新冠疫情防控六大机制，合力打赢疫情防控整体仗。市委政法委主要领导、各镇街和相关单位负责人共40人参加会议。

【市委政法工作会议暨全市维护国家政治安全工作会议】 2022年3月1日，市委召开政法工作会议，全面总结2021年的政法工作，分析当前政法工作面临的多重挑战，并指出，2022年，义乌市政法战线要坚持统筹发展与安全，牢牢把握稳进提质、除险保安、塑造变革要求，更好发挥数字化改革的引领、撬动作用，以平安护航中共二十大、杭州亚运会为主线，一体推进平安义乌、法治义乌建设，奋力推动义乌市政法工作高质量发展。会议强调，要深化对“两个确立”的认识；要落实“除险保安”晾晒机制；要迭代升级“141”体系；要重视重点应用场景谋划建设；要全面贯彻“十个严禁”。市委政法委副书记、委员，政法各单位及市信访局班子成员，各镇街分管副书记、有关单位负责人142人参加会议。

【在海外设立公证处审查起诉阶段律师辩护全覆盖】 2022年3月，义乌市全面推开审查起诉阶段律师辩护全覆盖。4月，市公证处获批司法部首批海外远程视频公证试点单位，在捷克、德国、西班牙、迪拜、卢旺达设立海外公证服务点，与市外事办联合签署“义路有我”涉外法律服务合作备忘录。6月，办理首例驻瑞典使领馆与国内的海外远程视频公证，全年办理海外远程公证6件。

【获“平安义乌”表彰】 2022年4月2日，在全省建设平安浙江工作会议上，省委、省政府授予义乌市“2021年度平安市”称号，这是义乌连续第14年荣获“平安市”称号，且“平安指数”等主要指标创历史最好成绩。义乌全面推进“平安义乌”建设，不断健全“党委领导、政府负责、民主协商、社会协同、公众参与、法治保障、科技支撑”的社会治理体系，积极应对发展中的突出问题，促进经济社会的持续健康发展，百姓生活水平和幸福指数稳步提升。平安义乌建设的安全感满意度始终保持在96%以上，实现“无积案县”，省、金华交办重大矛盾及涉稳风险实现100%化解。

【政法干部综合素能培训】 2022年6月1日，市委政法委在市委党校举办全市平安综治政法干部综合素能提升培训班。市委副书记、政法委书记胡作滔作开班动员，政法委副书记骆中昌主持开班仪式，180人参加培训。培训主要围绕作风纪律、维护稳定、平安建设、社会治理等内容开设专题课程，邀请省市委政法委、市防范办领导和专家授课。通过学习，进一步抓好基层社会治理体系创新和建设，提高做好执法、司法工作的实际本领和推进政治工作创新发展的领导能力，推动平安义乌建设不断向纵深发展。

【村级调解组织规范化建设试点】 2022年7月，在赤岸镇开展村级调解组织规范化建设试点，在各镇街建立2个村级人民调解规范化示范点。组织人民调解员成功协助化解信访矛盾纠纷71起，其中信访积案36件。9月21日，联合浙江开放大学义乌学院建立“社区矫正教育帮扶基地”。全市在册社区矫正对象“零脱管漏管”，实行安置帮教对象“四色”管理，建立“一人一档”，落实重点安置帮教对象“必接必送”。建好矛盾纠纷化解网。建立完善市、镇、村三级行业性专业性调解组织网络，坚持“抓早抓小、应调尽调”，开展村级调解组织规范化建设，加强调委会与社会治理中心、“共享法庭”工作融合，在各镇街建立2个村级人民调解规范化示范点。2022年，全市各级调解组织排查矛盾纠纷1.21万余件，调解成功率99.84%。建好法律顾问服务网。组织161名律师组建14个农（社区）法律顾问团，实现全市537个村（社区）“一村（社）法律顾问”全覆盖。

【中共义乌市委政法委员会全体（扩大）会议】 2022年12月27日，中共义乌市委政法委员会全体（扩大）会议在市政府通信技术大楼一楼召开。会议指出，2022年，全市各镇街各部门全力推进除险保安、深入开展平安创建，圆满完成中共二十大、省运会安保维稳工作任务，平安指数全省排名稳步上升，平安指数95.59，安全事故发案率下降68.97%，“三无人员精密智控”做法得到省委书记袁家军的批示肯定，“行刑共治”应用获评省“数字法治好应用”。会议强调，要紧盯形势，头脑始终保持清醒；要聚焦重点，行动要更加精准有力；要建强队伍，坚持中国共产党对政法队伍的领导。会上观看警示教育片，相关单位作工作汇报。市委政法委、市公安局、市检察院主要领

导、各镇街和相关部门负责人共50人参加会议。（杨将来）

法治政府建设

【概况】 2022年，义乌市司法局审查市政府出台行政规范性文件25件，向金华市和义乌市人大常委会报备24件，出台重大行政决策事项3项。受理行政复议案件1054件，审结1156件（含上年结转225件），其中调解终止案件356件，调解率为30.8%。全市行政诉讼收案356件，结案388件，败诉23件，败诉率5.9%，调撤率30.41%。处置各类监督线索3547起，发放行政执法监督通知书16份；开展行政执法案卷评查4次，发现各类问题110余个并督促整改到位。

【镇街法治化综合改革】 2022年3月，市司法局编印《政府法制工作手册》，加强镇街合法性审查。9月29日，制定全面推进镇街法治化综合改革实施方案，全市14个镇街建立法律顾问选聘和管理制度。12月，大陈镇红旗村被评为“全国民主法治示范村”；命名省级民主法治村（社区）14个，“后陈式”法治村227个，创建金华市级民主法治村（社区）100个，全市“法治带头人”“法律明白人”实现100%全覆盖。

【行政复议工作规范化】 2022年，开展行政复议“以案治本”专项行动。3月9日，针对基层群众组织（村委会及股份经济合作社）为被告案件败诉率高问题，市司法局与市法院联合印发《进一步规范我市村级组织行政应诉工作的若干意见》。5月25日，针对信息公开复议案件阶段性纠错率高问题，制定《政府信息公开行政复议诉讼规范》。9月27日，针对镇街《其他法定途径处理决定书》普遍存在的问题，市司法局与市信访局联合印发《关于规范信访事项导入其他法定途径处理的通知》。至年底，建立行政复议滥诉行为甄别规制，规制明显滥用行政复议权利的职业投诉举报人16人，不予受理和驳回500余件。

【行政执法规范化】 2022年4月，对全市45家执法主体进行名称规范及主体清理。6月，制定《义乌市行政执法评议办法（试行）》《义乌市镇街综合行政执法行政处罚程序规定（试行）》。9月，完成《浙江省新增综合行政执法事项统一目录（2022年）》划转工作。10月，实现全市各执法单位执法信息统一在集中公示平台上定期更新。12月，进行全市503名行政执法人员行政执法证件的换证工作。至年底，全市申领省政府制发的执法证1100本，全市行政执法持证率达95%。推广教科书式执法优秀案例2个、说理性执法优秀案例3个。建立检察监督与行政执法监督协调机制，相互通报监督工作情况36次。（余璐琦）

公　安

【概况】 2022年，义乌市公安局设内设机构36个、直属单位4个，下辖派出所18个，所属事业单位机构4个。在职局领导14人；中层正职106人，中层副职236人；实有民警1227人、职工19人、聘任制公务员2人、事业人员48人、辅警4192人。年内，共接报有效警情41.92万起，同比上升4.2%，其中：刑事警情9582起，同比下降9.1%；治安警情4.77万起，同比下降6.9%；侵财类警情1.37万余起，同比下降11.6%；刑事案件立案9384起，同比下降2.51%；破案2534起，采取刑事强制措施4572人，移送起诉4188人；受理行政案件5.95万起，行政处罚1.06万人次，同比上升8.96%。受理交通事故19.54万起，死亡66人，同比下降27.47%；查处各类交通违法75万余起，其中酒驾1778起；机动车保有量91.47万辆，增长8.95%。市公安局协助其他公安机关押解犯罪嫌疑犯人12人次。持续保障义乌机场安全稳定运行。2022年，市公安局机场分局共接报有效警情65起，同比下降5%，查处行政案件3起，行政处罚3人，其中行政拘留1人、罚款1人。当场处罚轻微危害民航秩序类违法人员2人，教育训诫24人。年内，市公安局被评为“浙江省平安护航建党100周年成绩突出集体”“全省公安机关执法质量优秀单位”，被中共中央政法委评为“优秀政法新媒体先进单位”；1个集体立一等功，1个集体立二等功，10个集体立三等功；2人立个人二等功，52人立个人三等功。

【涉企挂案清理】 2022年，市公安局以落实政法工作8个跨领域跨区域突出问题相关制度为抓手，全面推动涉民营企业刑事诉讼挂案清理，依法保障和服务民营企业健康发展。全年，排查涉企案件1792件，完结1720件，疑似涉企挂案72件。先后邀请市检察院会商3次，破案48件，撤案24件，涉企挂案清理率达100%，营造了市场化法治化营商环境。

【“公安大脑”建设】 2022年，市公安局全面推进“公安大脑”建设，将改革办数改办大脑办合署办公，组建13个工作专班和“1+2+7”保障体系（1个工作方案，2本工作台账，7项工作制度），制定《义乌市公安局公安大脑建设整体试点工作方案》《义乌市公安局承接试点任务一本账》（105项）和《义乌市公安局“公安大脑”建设特色亮点项目一本账》（22个），制定领导小组会议工作周报项目评审等制度7项。全年，市公安局承接省厅、金华公安47项试点任务，其中“三无人员”智控项目得到省委书记袁家军批示肯定；买单配票骗税犯罪治理项目得到副省长、公安厅厅长王成国批示肯定；外国人服务管理、大型综合交通枢纽智治等5个项目入选全省数字法治“S2一本账”，指尖侦查、行政复议诉讼模块2个项目，由省厅申报加入“S3一本账”，做法有50余次被上级简报、专刊录用，被各级纸媒、平台宣传报道10余次，公安大脑建设年终测评在金华公安位列第一。

【做实“户籍云上服务+智能窗口”】 2022年，市公安局依托“户籍云上服务+智能窗口”，引导群众网上办理户政业务，落实好网上办、自助办、部门联办、上门服务等系列便民举措，打通服务群众的“最后一公里”。全年，办理户政网办业务5.5万余笔，为200余名群众上门服务，无感智办7.48万件。

【推进户口迁移区域通办便民举措】 2022年，义乌市公安局推进户口迁移区域通办便民举措，紧紧围绕公安部“跨省通办”和浙江“全省通办”建设目标，充分发挥“全城通办”先行优势，户籍业务向14个基层站点延伸服务，实现户籍业务全城覆盖，为群众提供一站式一窗式政务服务；从金华市内业务通办，到杭州、温州、湖州、金华、衢州5市通办，再到长三角区域通办、身份证全国通办，全年义乌异地办理户籍业务10万余件。

【市车管所获评“全国一等县级车辆管理所”】 2022年，市公安局坚持以人民为中心的发展理念，在人文车管、智慧车管上持续发力，推进延伸服务，实现“少跑就近办”，全市设41家机动车登记服务站、116家非机动车登记服务点、33个邮政服务点，做好91.5万机动车、60万驾驶人、23.6万电动自行车的车驾管工作。12月，市车管所荣获公安部授予的“全国一等县级车辆管理所”称号。

【减量控大成效显著】 2022年，义乌市公安局以交通安全大会战及除险保安行动为抓手，紧盯事故预防、减量控大目标，开展货车清雷、电动车排雷、面包车除雷、危化品车辆铁拳整治及双百行动，精准打击炸街违法行为，投入经费4300万元，完成省、市级38处事故黑点挂牌治理、137处道路安全隐患治理，实现全年交通事故亡人数不超80人的目标，交通事故亡人数同比下降26.66%，降幅居金华全市前列。

【义乌市火车站安全体系打造】 2022年，义乌火车站旅客吞吐量1072万人次，为守牢反恐领域不出事底线，市公安局充分发挥路地融合优势，打造反恐智能指挥体系，实行24小时巡逻机制，组织反恐演练培训16次，接受各级暴恐测试抽调23次。做好新冠疫情防控措施，强化安检力度，保障旅客安全，登记境外人员1.20万人次、关注群体346人次，接报有效警情2264起，查处扰序人员581人次，处置预警人员2.87万人次，处理违法犯罪人员33人次，义乌火车站总体安全防范工作和反恐应急处突能力进一步提升。

【"国门利剑2022"专项行动】 2022年，市公安局海关缉私分局开展"国门利剑2022"专项行动，严厉打击洋垃圾走私，野生动物、假冒伪劣疫情防控物资走私，象牙等濒危物种走私，成品油等重点涉税商品走私，粮食、冻品、食糖等农产品走私，涉枪涉毒走私，严密防控新型走私风险。全年，立案刑事案件13起；办理一般程序行政案件立案125起（其中走私行为案件2起），指导"两简"案件立案342起，案值计1963.01万元。其中：查办仿真枪案件1起，查获涉案仿真枪4310把；立案濒危物种类案件2起，查获象牙1.27千克、西洋参1.41千克；立案违规出口禁止出口货物类案件2起，查获淫秽图片1.73万张、淫秽扑克1.47万副；跨境电商违规案件16起，案值1679.27万元，涉及税收87.05万元。

【强化涉酒纪律监督检查】 2022年，市公安局多措并举开展违规宴请饮酒、酒（醉）驾问题专项整治，深入推动全警严格执行公安部六项规定，常态化、制度化、机制化开展工作日饮酒督导检查工作。全年组织开展工作日饮酒情况检查34次，检查基层单位292个次，民警、职工、辅警1565人次，未发现违反涉酒纪律情况。

【公安新媒体矩阵建设】 2022年，市公安局进行新媒体宣传矩阵建设，建立协调机制，争取舆论支持。1月，市公安局知乎号、义乌警队抖音号获评中央政法委"四个一百"优秀政法新媒体账号，矩阵粉丝量突破650万，全年被中央级媒体宣传报道51次，形成强大宣传声势。加强随警作战，深入挖掘基层鲜活人物故事，在"4·21""8·2"疫情防控中，制作各类推文180余条，短视频400余个，音乐MV5个，播放量2.3亿余次，获得好评。

【破获生产销售不符合安全标准猪肉案】 2022年1月5日，市公安局联合市农业农村局、市市场监管局开展零点行动，侦破林某生产销售不符合安全标准猪肉案。经查，犯罪嫌疑人林某自2021年10月起，从山东省兰陵县一公司购入问题猪肉，加工后由员工配送至义乌、永康、东阳、兰溪等140余家早餐店，用于制作肉包售卖。此次行动抓获犯罪嫌疑人15人，查获猪肉3.3吨，经浙江省动物疫病预防控制中心检测，涉案猪肉非洲猪瘟病毒呈阳性。该案被列为省厅督办案件。

【破获伪造、变造出入境证件案】 2022年2月，市公安局在国家移民管理局、省厅出入境管理局的指挥下，成功破获"2·25"伪造、变造出入境证件案。抓获境内犯罪嫌疑人4人，通缉督捕境外主犯1人，捣毁制假窝点3处，查获伪造签证127张。伪造签证受理回执单76张。该案受到公安部副部长、国家移民管理局局长许甘露，副省长、公安厅厅长王成国批示肯定。

【维护民警执法权威力度加大】 2022年3月25日，市公安局成立督察委员会和依法履职保护工作办公室，完善指挥联动、救助帮扶、法律援助、舆情引导、维权正名、风险预警等工作机制，进一步推动履职保护工作落地落实落细。全年办理涉及侵犯民警执法权威案件45起，其中，行政案件22起，刑事案件23起；追究刑事责任24人，看望慰问因公受伤民警、辅警54人次，累计发放慰问金6.2万元。

【三能指数评价体系建立】 2022年4月，市公安局紧扣三能要求，通过平常时、关键时、危急时3个维度，重点推进"1+3+5+N"（即1套三能指数评价体系，平常时、关键时、危急时3个一级指数，结合三能指数同步开展的五大工程竞赛活动，N条评分细则）为主要内容的三能指数评价体系建设，用以体现民警优势短板和对全局性工作的贡献程度。至12月31日，该系统共上传评分数据8000条，分值80分以上156人，70～80分1037人，60～70分12人，经过比对积分情况，能够科学、客观地体现民警的实际工作表现。

【锻造公安铁军】 2022年，市公安局搭建民警、辅警大练兵5个擂台，每月进行体能技能、理论法律、内务纪律、勤务实战及文字比拼考核比武。全年，开展案件回访3起；局领导带队对1起案件实施现场督察，办理案件后续督察随访2人次。2022年义乌“4·21”“8·2”疫情防控期间，市公安局机场分局全警增援各辖区派出所。先后投入警力60余万人次，参与全市11个高速路口、机场、铁路查验工作，其间，日均查验8万余人次，破获各类涉疫案件345起；全局采购防护服25万余套，投入疫情防控经费6358.39万元。年内，1人荣立三等功，2人荣获个人嘉奖，4人登上战时红榜，1人荣获二等治安荣誉奖章，2人荣获三等治安荣誉奖章。

【生产销售伪劣防护服案破获】2022年5月，义乌市公安局根据省厅总队传递线索，破获一起生产、销售伪劣一次性防护服案件。犯罪嫌疑人薛某在接到上海客户订单后，在义乌市雇用临时工在不具备医疗器械生产资质、生产环境的情况下，生产2万余件存在质量问题的一次性防护服。查扣防护服2万余件，涉案价值200余万元。该案被列为省厅督办案件，副省长、公安厅厅长王成国对该案作出批示。

【特大制售假冒商标案破获】2022年6月，市公安局成功侦破特大制售假冒CANADA GOOSE（加拿大鹅）等品牌羽绒服案。年初，市公安局根据线索在义乌市抓获销售假冒加拿大鹅商标羽绒服的犯罪嫌疑人王某等人，并顺藤摸瓜，先后在福建莆田、南平，浙江温州、宁波，山西运城等地打掉制售假冒注册商标商品的窝点8个，抓获犯罪嫌疑人25人，查扣假冒CANADA GOOSE（加拿大鹅）牌、The North Face（北面）牌等品牌羽绒服137万余件，假冒Dyson（戴森）牌吹风机300余台，涉案价值1.2亿元。该案被列为省厅督办案件。

【空防安全宣教基地揭牌】2022年6月15日，浙江省公安厅机场公安局在市公安局机场分局举行机场空防安全宣教基地揭牌仪式暨进一步加强新时代浙江机场公安建设交流活动。空防安全宣教基地将作为民航行业的教育基地，不断提高从业人员的安全管理能力，同时通过研学、研教等方式向社会开放，进一步提升全民空防安全意识，共筑空防安全防线。至年底，基地共接待参观团队6批次200余人次。

【30年沉尸积案破获】2022年，市公安局对所有未破命案重新梳理，通过重新查看档案、分析案发现场、利用DNA检测新技术再复检、再比对，从而明确2009年发生的杀人沉塘案中死者身份，为破案提供了突破口，6月，办案民警先后在江苏南通、广东广州、浙江杭州、贵州息烽县抓获犯罪嫌疑人4人。4人对当年因感情纠纷共同杀人沉尸的犯罪事实供认不讳。该案获浙江省副省长王成国的批示肯定。

【特大跨国生产销售假冒商标案破获】2022年，义乌市公安局成功侦破销售假冒注册商标商品案，该案由金华铁路公安处于2021年10月移送。经查，犯罪嫌疑人通过微信接到格鲁吉亚客户手机电板等订单后，在国内采购原材料并送到广东省茂名市一工厂内，假冒华为等国内外知名商标品牌进行加工，后运

2022年6月15日，机场空防安全宣教基地揭牌仪式在市公安局机场分局举行

（陈国华　摄）

到义乌市装箱发往格鲁吉亚。2022年7月，义乌市公安局收网抓获犯罪嫌疑人14人，扣压假冒国内外知名品牌手机电池、手表、耳机等侵权商品2.1万余件共10余吨，各类加工设备和模具200余件（套），涉案价值3亿元。该案系典型的外商联系采购、国内加工生产、仓库组货装柜、海关申报出口的外贸模式案件，也是知识产权类案件中全链条、全环节打击的成功案例，列入公安部督办案件。该案获公安部副部长杜航伟批示肯定。

【夏季整治百日行动】 2022年7月22日，市公安局开展夏季整治百日行动，主要领导指挥，抽调10人组建工作专班，设立一类重点整治区域17个、二类重点区域35个、三类重点区域44个，实施重点整治。投入警力3.3万余人次，发动群防群治力量3.1万人次，成立夏夜巡查宣防队伍166支，排查人员3.2万余人次，检查重点区域、部位1.2万余处次，发现并整改隐患711处。至年底，全市有效警情同比下降5.2%，黄赌警情同比下降30.7%，纠纷警情同比下降26.3%，传统侵财警情同比下降10.7%，未发生影响恶劣的案件。

【中共二十大安保攻坚战】 2022年7月28日，市公安局组建中共二十大安保维稳基地指挥部及安保维稳办公室，召开安保维稳动员部署会，建立每日视频调度机制，全面落实“党建+单元+警务巷战”体系建设，补足配强“一村一辅警”796人，在全市构建4个层级作战单元8万余个，发动群众60余万人，有力保障中共二十大的召开。

【护航城市轨道交通】 2022年8月，市公安局为加强金华至义乌城市轨道交通日常巡防和反恐防突能力，设置轨道交通派出所，配置民警14人，辅警60余人，注重最小作战单元打造，每趟车配置警力2人，提升见警率、管事率。全年开展日常巡查1.4万余次，开展各类应急演练110次。

2022年7月22日，全市公安机关夏季整治百日行动启动仪式

（陈国华 摄）

【飙车违法行为严厉打击】 2022年9月，市公安局纵深推进“除险保安百日行动”，开展整治非法改装车、炸街车行动。深入辖区汽修厂、改装点进行暗访检查，摸清飙车非法改装现状；充分借助大数据平台对重点车辆开展分析研判，摸清车辆动态行驶轨迹等信息，多警种密切配合，联合打击。查获非法改装汽车154辆，非法改装摩托车40辆，走私车12辆，查处非法改装汽车美容店、修理厂4处。

【错误违法信息整治】 2022年10月，市公安局开展错误录入公民违法犯罪信息问题专项清查整治工作，结合近3年来群众举报或者信访反映情况，对检查发现104个错误录入公民违法犯罪信息问题进行屏蔽或纠正，问责处理民警2人次。

【构筑平安共同体】 2022年10月，市公安局升级平安互联机制，坚持党建引领，以平安志愿者联盟为基础，深挖群防群治效能，迭代升级空港各驻场单位平安互联机制，构筑平安共同体。期间，联合巡特警大队、机场公司应急保障部、平安志愿者等人员开展联勤联动武装巡逻，协同机场公司、边检、海关、南航等9

家单位联合发起“安保有我，我为机场站一天岗”活动，参与机场新冠疫情防控、治安巡查、安保突击等治安保卫工作，实现义乌机场警力翻番，共出动警力540人次，发动社会共治力量720人次。

【党建联建协议】 2022年11月17日，市公安局与市烟草专卖局机关党委签订党建联建协议。签约仪式在市烟草专卖局会议室举行，双方代表在党建联建协议上签字，共同开展学习贯彻中共二十大精神的联学活动，就查验线索移交、情报技术互通、案件协作办理等方面议题进行沟通交流。根据协议，双方将进一步发挥党建联建效能，促进党建和业务的深度融合，持续激发党建新活力，加强党组织联创联建，增强凝聚力和创造力，实现共建、共享、共赢目标。

【线上移民服务中心建立】 2022年12月3日，市公安局线上移民服务中心系统投入使用，该系统开通签证申请、外国人投资、工作许可居留等12项联审联办业务，可实现外汇结汇、子女就学、小额支付、城市泊车、医院就诊等24项应用。投入使用后，至12月底，网上办理相关事宜4673件。该系统纳入省委政法委数字法治“S3一本账”系统并荣获“省改革突破银奖”。

【治安大巡防】 2022年12月31日，为进一步提升社会治安动态管控能力，全力震慑各类违法犯罪行为，确保“双节”“两会”及冬奥会期间社会治安平稳有序，全市公安机关启动岁末年初治安大巡防。即日起，大巡防每日投入警力1274人，巡逻车辆349辆，点线面、全时空、网格化、科学精准巡逻执勤，提升见警率、管事率、覆盖率，震慑打击各类违法犯罪行为。（陈国华）

2022年12月31日，全市公安机关岁末年初治安大巡防启动仪式

（王荐斐　摄）

检　察

【概况】 2022年，义乌市检察院（简称“市检察院”）共受理提请批捕案件512件715人，批捕440件570人，受理移送审查起诉案件2825件4339人，起诉2122件2958人。常态化开展扫黑除恶，依法办理涉黑涉恶犯罪14人。全年受理职务犯罪案件6人。严惩故意杀人、故意伤害、绑架等严重暴力犯罪201人。打击抢劫、抢夺、盗窃等多发性侵财犯罪1028人。聚焦优化法治营商环境，起诉电信网络诈骗以及非法买卖银行卡、电话卡等犯罪789人，起诉涉金融领域犯罪53人，稳妥办理涉企犯罪229人，惩治知识产权相关犯罪283人。监督立案138人，其中，被判处5年以上有期徒刑10人，监督撤案10件，纠正漏捕漏诉6人。提前介入、引导侦查重大案件97件，一份引导侦查意见书获评全国检察机关优秀法律文书。加强刑事审判监督，提出抗诉6件。监督看守所收押人员1779人次，监督看守所释放各类人员1741人次；监督市司法局收监执行23件23人，检察监督暂予监外执行17件17人，开展重大案件讯问合法性核查10件12人。开展“判实未执”专项监督，落实收监执行109人，依法审查起诉职务犯罪4人。办理民事检察案件157件，对民事裁判提请抗诉34件，经当事人申

请向法院支持起诉2件。办理行政检察案件32件，其中非诉执行案件20件。实行院领导包案制，妥善化解行政争议5件。办理公益诉讼案件49件，对2起污染环境犯罪提起刑事附带民事公益诉讼，生态损害赔偿1800余万元。

【民事生效裁判监督】 2022年，市检察院持续做强民事检察，全年办理民事生效裁判监督案件55件，民事审判、执行活动监督案件102件，为当事人挽回经济损失700万元。开展司法网络拍卖、涉车辆查封扣押等专项监督，加强惩治被执行人隐匿财产逃避执行等行为；协同市法院、市公安局等部门建立健全虚假诉讼、“拒执”犯罪快速追究衔接机制，依法从严打击，形成整体合力，共破“执行难”。

【检察队伍建设】 2022年，市检察院打造特色文化品牌，开展“扛旗争先我先行”活动，以“三大文化”为统领，实施青年干部、业务标兵等“五个重点培养”计划，夯实检察履职根基。自觉接受人大监督，深入贯彻省人大常委会《关于进一步加强新时代检察机关法律监督工作的决定》，向市人大常委会专题报告法律监督、行政检察和公益诉讼检察等工作，认真落实审议意见。统筹做好新冠疫情防控和检察办案，1人获嘉奖，5人获“战疫冲锋手”称号。加强理论调研工作，30余篇调研成果在省级以上刊发、获奖，全省检察理论研究年会在义乌市召开，经验获全省推广。依托实训队开展实践活动，薪火相传，涌现出全省优秀公诉人、全省检察专业人才等省级以上业务标兵11人。取得省级以上荣誉表彰51项，入选全国、全省精品、典型案事例11件，在省级以上检察工作会议上交流发言5次。被浙江省人民检察院评为“全省检察工作成绩突出基层检察院”“全省数字检察示范院”，并荣记集体二等功。“香山思辨”品牌荣获“全省检察机关文化品牌金奖”，涌现出全省优秀公诉人、全省检察专业人才等省级以上业务标兵11人。

【助推市域社会治理】 2022年，市检察院全面贯彻少捕慎诉慎押刑事司法政策，扎实推进认罪认罚从宽制度适用，不捕率8.9%，不起诉率25.5%，诉前羁押率从35.6%降至15%，认罪认罚从宽适用率达87.2%。坚持和发展新时代“枫桥经验”检察版，严格落实群众信访“件件有回复”，及时办理来访来电2705人次，健全首次信访案件院领导包案办理机制，注重抓前端治未病，制发有关毒品防控、虚拟货币司法处理等《检察白皮书》，向党委政府报送法律监督年度报告，推动网络直播、虚假诉讼等16项问题整治。省、市、县三级检察机关联动化解1起多年信访积案。针对违法寄递打火机、气罐等危险品行为，会同市公安局、市邮政管理局等部门出台快递行业安全监管协作机制，推进寄递安全问题系统治理。协同市法院、市公安局等部门建立健全虚假诉讼、“拒执”犯罪快速追究衔接机制，依法从严打击，形成整体合力，共破“执行难”。

【司法规范化水平提升年活动】 2022年2—12月，市检察院深入开展检察工作“质量建设年”活动，重点案件必查与常规案件抽查相结合，评查案件838件，流程监控1628件。办结人大代表建议和政协委员提案4件，报送不起诉决定书等终结性法律文书715份，严格落实规范性文件报送人大备案审查制度。邀请人大代表参加检察开放日、公开听证等活动39人次，向民主党派、工商联、无党派人士通报检察工作，聘请8名党外人士担任特约检察员。严格执行防止干预司法“三个规定”，做到“有问必录”。强化监督执纪问责，对苗头性、倾向性问题，以“第一种形态”及时予以处理，使强化监督执纪问责成为监督常态。

【优化“行刑共治”应用】 2022年2—12月，市检察院开展“数字检察提升年”活动，着力打造“行刑共治”应用，实现义乌市域25个执法部门多跨协同，纳入全省重大改革“S2一本账”，获评全省数字法治好应用、金华市数字化改革最佳应用、义乌市共同富裕最佳实践，推动出台《义乌市行政执法与刑事司法衔接工作办法》等9项机制，形成智慧检察问题探究、“行刑共治”体系研究等6项理论成果。

【为高质量发展建设共同富裕示范区提供司法保障】 2022年，市检察院为深入贯彻最高检《关于支持和服务保障浙江高质量发展建设共同富裕示范区的意见》，全面落实省委、金华市委、义乌市委和上级检察院决策部署，4月28日，出台《关于服务保障高质量发展建设共同富裕示范区八大行动方案》（简称《方案》）。《方案》主要以“对标物质富裕走在前列，助力形成共同富裕的数字架构”“深入贯彻绿水青山就是金山银山理念，用法治手段保护区域环境建设”“对标城乡共富走在前列，深入推动城乡融合发展”等“八个对标”为抓手，坚持5条履职路径，聚焦八大新场景塑造，开展八大行动，通过“工作项目化、项目清单化、清单责任化”，从严从实从细抓好各专项行动的落实，以数字化改革锻造高质量发展建设共同富裕示范区成功案例提供司法保障。

【重拳打击养老诈骗】 2022年，市检察院开展打击整治养老诈骗专项行动，5月31日，联合市民政局走进义乌市怡乐新村养老服务中心，结合办案实际，向老年人宣传诈骗防范手段，6月，联合主流媒体推出检察官“方言防诈”系列视频，开展进社区、进养老院等宣传活动，普法受众2万人次。至年底，1起冒充国家工作人员骗取养老金案被评为全国检察机关典型案例，严厉打击养老领域非法集资犯罪的相关做法，获中央政法委长安剑报道。

【未成年人权益保护落地落细】 2022年，市检察院呵护未成年人成长。依法严惩侵害未成年人犯罪，起诉92人。坚持教育为主、惩罚为辅，依法不起诉140名涉罪未成年人，同步跟进观护帮教，让126名“迷途”少年返校、就业。6月1日，金华家长大学、义乌人民检察院举行签约仪式，成立全省首个检校共建“一心守护”家庭教育指导基地，为96个涉案家庭提供指导。至年底，开展团体心理辅导、智慧父母课堂活动80场，制发“督促监护令”15份，督促落实家庭教育责任。开展“法治进校园”巡讲等普法活动20场，把未成年人权益保护落地落细。

【检察机关护航民营经济发展】 2022年，市检察机关以企业“最需要什么样的法律服务”为出发点和落脚点，充分发挥检察职能，优化细化政策措施，创新完善工作机制，把服务保障民营经济作为检察工作的重要任务。常态化运行“服务民营讲师团”，深入浙江爱旭太阳能科技有限公司等企业开展法治宣讲20余次。针对企业员工提出的“如何提高企业员工的法律风险防控意识”等问题，检察官们分别做出回答。优化“一企一档”制度，开发“线上企业档案”，6月10日，出台《企业合规操作指南》，助力企业合规经营。制定“八个一”行动方案，涵盖四大检察，通过30项具体举措，为经济稳进提质提供切实有效的检察服务、检察产品。发布知识产权刑事案件证据指引，统一办案标准。会同市公安局、人民银行等部门建立反洗钱合作机制，形成打击合力，谢某某与莫某某洗钱案被列为“全省典型案例”。

【数字检察专项监督】 2022年，市检察院全面落实安全生产、空壳公司治理等44个专项监督。

2022年6月1日，金华家长大学、义乌市人民检察院举行签约仪式 （宣惠珲 摄）

安全生产领域，安全生产专项监督数字监督模型被评为“首届全国大数据法律监督建模比赛优秀奖”，市检察院被列为浙江数字检察“S2一本账”“危化品类案专项监督”先行单位，监督案件被省院评为精品案例。数字检察专项监督工作获金华市委主要领导的批示肯定，在省院落实最高检“八号检察建议”典型事例中被肯定，9月27日，在最高检举办的“检察实务大讲堂”上作专题交流；在《人民日报》《检察日报》《今日浙江》等媒体上专题报道10余项成果。私人诊所违规诊疗类案监督入选全省数字监督办案指引，知识产权行刑衔接类案监督入选全省大数据法律监督办案指引。

（宣惠珲）

法　院

【概况】 2022年，义乌市人民法院（简称“市人民法院”）新收各类案件3.1万件，同比下降24%；结案3.4万件，同比下降17%，收结案分别居全省第二、第一。法官人均结案417件，是全省平均数的1.8倍。审结刑事案件1788件，判处犯罪2533人。审结民商事案件1.96万件，解决争议标的额97.2亿余元。审结行政诉讼388件，对22件行政机关违反法定程序案件判决确认违法或撤销。执结执行案件1.7万件，执行到位标的46.6亿元。

【“助企纾困保民生”专项集中执行行动】 2022年，市人民法院为充分发挥执行职能作用，进一步加大对中小微企业保护力度，激发企业活力和发展动力，常态化开展“助企纾困保民生”专项集中执行行动，加大对被执行拒不履行生效法律文书行为惩戒力度，切实保障胜诉当事人合法权益，全年开展“助企纾困保民生”专项集中执行行动6次，出动执法人员240余人，助困企业62家，通过行动累计执行完毕1115件，到位标的额2311.3万元。

【全国首个县域级国际商事纠纷诉仲调一站式解纷平台】 2022年1月6日，市人民法院会同中国国际经济贸易仲裁委员会浙江分会、中国国际贸易促进委员会浙江省义乌市委员会签订《关于诉讼、仲裁与调解一站式纠纷解决合作协议》，共同搭建全国首个县域级的国际商事纠纷诉仲调一站式解纷机制。2月17日，中国（浙江）自由贸易试验区建设新闻发布会召开，义乌法院与贸仲委、贸促会共同搭建的全国首个县域级国际商事纠纷诉仲调一站式解纷平台入选浙江省自贸试验区十大成果。

【全省首个“个人债务集中清理系统”上线】 2022年2月，市人民法院福田金融法庭对标省高院提升破产办理便利度要求，推出具有自主知识产权的“义乌法院智破平台”，并在上半年实现2.0版本的迭代升级、破产办理流程节点的全量线上迁移。当事人可通过微信、浏览器、钉钉等具备扫一扫功能的任何App进入“义乌法院智破平台”，实现免安装、高便利的线上破产事务办理，解决了疫情常态防控形势下，债权人尤其外地债权人参与破产办理难和线上债权申报及审核法院监督难两大难题。11月，开发全省首个“个人债务集中清理系统”，为“诚信而不幸”的债务人重获新生创造机会。至年底，办理个人债务集中清理案件2件。

【全省首家“耕地保护法官工作室”在义乌揭牌】 2022年，为进一步发挥生态环境审判职能作用，健全涉田行政执法与行政、刑事审判司法协同，3月29日，市人民法院与市自规局成立“耕地保护法官工作室”，为浙江省首个“耕地保护法官工作室”。工作室由3名法官和4名自规局工作人员组成，协同办案，推动当地涉耕类案件审理。工作室成立后，市人民法院为市自规局土地类行政处罚案件提供法律帮助，梳理执法流程，从源头规范行政执法行为。市自规局为市人民法院的审判案件就耕地毁损、地类认定、修复评估提供专业咨询和技术支持，协助开展耕地修复损失标准金额研究。市人民法院定期通过“耕地保护法官工作室”向市自规局通报镇街未按生效法律文书组织实施恢复土地原状的情况，并由市自规局联合督促镇街执行落实。构建“问题共研、数据共享、多元解纷、普法宣传”工作新模式，11月30日，该

2022年3月29日，全省首家“耕地保护法官工作室”在义乌市揭牌 （市人民法院 供图）

模式入选2022年度“浙江自然资源重要法治建设成果”。

【知识产权司法保护新闻发布会】2022年，为强化知识产权司法保护，营造全民尊重知识产权、激励和保护创新的良好氛围，4月19日，市人民法院召开新闻发布会，向社会发布《知识产权司法保护白皮书（2019—2021）》，对2019—2021年，义乌法院的知识产权司法保护工作进行全面回顾，同时发布《2021年度知识产权审判十大典型案例》。2019—2021年，义乌法院累计受理各类知识产权案件4694件，其中，民事案件4499件，刑事案件187件，行政案件8件；累计受理著作权纠纷2794件，占知识产权民事案件总数的62.10%；商标权纠纷1500件，不正当竞争纠纷118件，特许经营51件，其他类型纠纷36件，当事人分布24个国家和地区。受理知识产权刑事案件187件，其中，假冒注册商标罪86件，销售假冒注册商标的商品罪70件，非法制造注册商标标识罪20件；侵犯著作权罪案件11件。犯罪类型从传统的盗版光盘、盗版出版物犯罪，转为新型的网络游戏私服犯罪案件、网上深度链接犯罪案件，新类型、疑难案件增多。

【打造院校共建基地】2022年5月15日，市人民法院先后与中国计量大学现代科技学院和义乌工商职业技术学院签订《关于开展知识产权司法保护理论研究与人才培养工作框架合作协议》《关于共建法治教育基地的合作协议》，在理论研究、司法实践、教学提升、人才培养等方面的合作。通过推动知识产权法学教育和司法实践深度融合，实现双方优势互补、资源共享、共同发展，为打造知识产权司法保护高地提供理论基础和司法实践。共建基地设立后，市人民法院紧扣服务青年主线，依托法治讲座、法律沙龙、模拟法庭、庭审旁听等载体，帮助学生提高法律保护意识和风险防范能力。 （刘丹妮）

司法行政

【概况】 2022年，义乌市司法局（简称“市司法局”）审查市政府出台行政规范性文件25件，向

2022年5月25日，义乌法院与义乌工商职业技术学院签订《关于共建法治教育基地的合作协议》 （市人民法院 供图）

金华和义乌市人大常委会报备24件，出台重大行政决策事项3项。受理行政复议案件1054件，审结1156件（含上年结转225件），其中调解终止案件数为356件，调解率为30.8%。全市行政诉讼收案356件，结案388件，败诉23件，败诉率为5.9%，调撤率为30.41%。全年处置各类监督线索3547起，发放行政执法监督通知书16份，开展行政执法案卷评查4次，发现各类问题110余个并督促整改到位。2022年，全市共有人民调解组织537个，调解员3315人。调解矛盾纠纷1.22万件，调处成功率99.8%，挽回经济损失1.53亿元。全市共有律师事务所63家，执业律师845人，实习律师110人，公职律师84人；基层法律服务所8家，基层法律服务工作者40人。全市律师办理业务3.19万件，律师业务收费3.6亿元；市公证处办理公证1.4万件，业务收费1645万元。全市在册社区矫正对象1366人。市法律援助中心接待来电来访1.74万人次，办理法律援助案件4078件，挽回经济损失2539万元。全年开展各类法治宣传活动552场，宣传教育144.57万人。

【司法行政队伍建设】 2022年，市司法局参与新冠疫情防控。加强“两新”行业党建，深化“律·先锋”党建大联盟，新增培育党建品牌14家，新设立党建联盟服务站点30个。启动公证司法鉴定行业党建工作强基提质三年行动，优化公证处、司法鉴定所党支部规范建设。指导完成市律师协会换届工作。

【法治和司法行政工作获佳绩】 2022年，义乌市法治金华（法治政府）建设考核位列金华第一。3月，知识产权“一件事”服务平台被评为“2021年度全省县乡法治政府建设‘最佳实践’”；义乌市司法局被浙江省司法厅评为“全省司法行政系统法治建设工作成绩突出集体”，被金华市委、市政府评为“2021年度社会综合治理成绩突出集体”，苏溪司法所被浙江省司法厅评为“省级‘枫桥式’司法所”，赤岸司法所被金华司法局评为“金华市级‘枫桥式’司法所”，稠江新伍调解工作室被评为“省级金牌调解室”。

【“法援惠民生·群团在行动”品牌活动】 2022年7月，为深入贯彻《中华人民共和国法律援助法》，义乌市司法局联合群团组织共同开展“法援惠民生·群团在行动”品牌活动，助推“法助共富 法护平安”建设。团市委通过建立以青年律师为主体，村社青年委员为观察员的法律志愿队伍，开展法律援助志愿服务进学校、进企业、进村社等青少年权益维护公益活动，使青少年法治宣传教育、专业服务、权益维护等工作实现常态化、全覆盖。义乌市司法局、团市委同步建立未成年人法律援助案件协作机制，招募25名青年律师组建未成年人法律援助专业团队，对涉及未成年人校园欺凌、交通事故、医疗、监护权、抚养权、人身损害赔偿和财产继承纠纷以及其他主张相关权益的案件，由团市委向义乌市法律援助中心发出为当事人提供法律援助的建议函并附案件相关材料；义乌市法律援助中心在收到建议函及相关材料后，指派未成年人法律援助专业团队成员承办，并将援助指派情况函复团市委。全年，义乌市法律援助中心共受理涉及未成年人法律援助案件23件，解答未成年人法律来电来访咨询1000余人次。

【公民法治素养提升】 2022年8月，市司法局启动开展全面提升公民法治素养专项行动，建立公民法治素养观测点4个，制定58个单位国家工作人员384项重点法律法规学法清单，针对青少年、企业经营管理人员、新居民、在义乌外国人等重点对象、重点行业领域中的外贸企业主（市场经营户）、物流从业管理人员、网络订餐配送人员、快递从业人员、电商主播等新业态从业人员制定应知应会法律清单，印制应知应会法律知识手册3.5万册。全年开展法治宣传活动552场次，覆盖群众144万人次。

（余璐琦）

义乌市人民武装部

【概况】 2022年，义乌市武装工作坚持以习近平新时代中国特色社会主义思想和习近平强军思想为指导，学习贯彻中共二十大精神、中央军委开训动员令要求，抓好备战打仗重难点问题攻关，以联合作战、国防动员为主要内容开展国防动员演练。组织民兵应急分队围绕新冠疫情防控、防汛抗台、安保维稳等任务开展群众性岗位练兵比武，有效检验应急应战水平。凝聚军地合力促发展，圆满完成兵役征集、疫情防控、武警安保执勤等工作任务。累计出动7万余人次参与新冠疫情防控工作（出动1.2万余人次协助处置“8·2”疫情）。义乌市人民武装部（简称“市人武部”）组织出动1万余人次参与配合市公安局夏季治安打击整治“百日行动”，27人受到专项立功或嘉奖。

【情报侦搜】 2022年，市人武部依托“火眼”系统开展情报信息工作侦搜和研判等情报侦搜工作，上报辖区的社情情报，位列金华第二名。

【民兵训练】 2022年，市人武部始终把推进军事斗争准备作为党委第一要务，立起实战标准，严格按纲施训，注重规范“基础、轮训、联训、比武”4类民兵分队训练模式，完成6个专业17支分队基地轮训和在岗训练。开展群众性岗位练兵比武活动7场次，有效检验各镇街应急队伍的应急应战水平。

【双拥共建】 2022年，市人武部高质量落实军官和士官转业安置、随军家属就业安置和军人子女优先入学入托、中考降分录取等政策，为年度入伍新兵购买人身意外保险，为驻义部队官兵发放租房补贴，开展重大疾病现役军人慈善救助，全市14个镇街、12家国有企业与部队实现结对共建。春节、建军节等重要节日，市“四套班子”领导带头走访驻甬、驻金、驻义等部队及军干所。各镇街慰问退役军人和优抚对象，建立关爱功臣、暖心戎耀、惠军优待、临时援助4项机制，发动社会组织丰富各类社会化服务项目，“拥军商城多跨场景应用”项目列入省厅数字化改革试点项目，吸纳联盟单位265家，困难退役军人救助实现“全覆盖”。维护国防利益办公室依托法律援助部门，全年解决9起涉军维权问题。

【发布“八一光荣榜”】 2022年，根据习近平总书记关于让军人成为社会上最受尊崇的职业的要求，开展对立功受奖官兵大力宣扬的活动。市人武部利用“八一建军节”，为荣立三等功以上的义乌籍现役官兵，在《义乌商报》上发布“八一光荣榜”。 （王 华）

武警义乌中队

【概况】 2022年，武警义乌中队（简称“中队”）坚持走“特色建队、精细管理、内涵发展”道路，年内被总队评为执勤先进单位，连续10年被评为“四铁”先进中队。执勤班班长丘鑫被总队评为执勤先进个人，军械器材员上官伟凯被总队评为装备管理先进个人。全年共发展党员3名、团员3名，选晋警士7人。

【按纲施训】 2022年，中队分2个阶段完成了20个科目的军事训练任务，军事训练考核成绩总评良好，“六化转型”评估为优秀。全年中队共选送教练员、预提指挥警士培训人员6人次。10月，在支队军械器材员集训中，军械员上官伟凯获个人第一名。

【兴趣小组“团队+”模式】 2022年，中队为丰富官兵业余文化生活，营造良好的成长成才环境，归纳总结兴趣小组“团队+”活动模式。3月，中队承办总队书香军营建设培训会，6篇文章、视频被人民武警、东部战区等公众号采用。5月，组织入团仪式、“赞赞我身边的战友”活动和“青春与成长”主题沙龙活动，协调义乌市文化馆每周2次到中队上课。8月，“致青春”乐队亮相新兵连“八一晚会”，中队参加支队卡拉OK大赛，荣获基层组第二名。

【后勤保障】 2022年，中队以正规化建设为抓手，规范库室场所设置，投入30余万元优化营区环境，翻新改造荣誉墙、大门屏风，开辟官兵谈心角，完成军营广播安装、外线电话开通等工作；完成岗楼瓦片加固等一系列项目建设，添置豆浆机、消毒机、甩干机、烙饼机、和面机等设备，官兵生活和执勤环境得到进一步改善。 （徐建新）

武警金华支队机动大队特战中队

【概况】 武警金华支队特战中队（简称“特战中队”）经过历届官兵的不懈努力，连续8年获得“四铁”先进单位。支部凝聚力和官兵集体荣誉感强，军事训练成绩突出，育人成才氛围浓厚。2022年，共推荐参加武警部队集训4人、浙江省总队教练员集训2人，发展预备党员5人，巅峰比武立功2人，年度嘉奖3人，年终评比优秀“四有”个人12人。

【比武竞赛】 2022年6月24日，特战中队参加浙江总队“巅峰—2022”狙击比武，5名参赛队员凭着顽强的战斗精神和不服输的韧劲，为金华支队斩获团体第二名的好成绩。8月，浙江省总队举办创破纪录比武竞赛，参赛队员官兵克服气温高、温差大、科目难等困难，全程训练氛围浓厚，2人分获400米障碍和18米抓绳上单项第一名。

【军事演习】 2022年6月和11月，特战中队坚持向实战要成绩。在“魔鬼周”极限训练中，按照“真、难、实、严”要求，完成了区域清剿暴恐分子、低层建筑物反劫持、重要目标防袭击等战斗演练。8月，担负建筑物反劫持战斗任务，圆满完成。 （邓洪杰）

人民防空

【概况】 2022年，义乌市人防项目审批办件144项，其中，面积核定项目43个、功能等级确认32个、易地核实32个、质量监督

2022年6月24日，武警金华支队特战中队参加浙江总队“巅峰—2022”狙击比武现场 （邓洪杰 摄）

26个、竣工验收线上办理11个。验收通过人防工程33个，竣工面积28万平方米，全市总人防面积166.4万平方米，人均掩蔽面积0.88平方米。

【人防产权制度改革】 2022年，义乌市推进人防产权制度改革，按照《浙江省实施〈中华人民共和国防空法〉办法》《浙江省防空地下室管理办法》，存量人防工程方面完成40个人防项目产权收归国有，产权登记面积18万平方米，体量位于金华第一。存量人防工程和增量人防工程（新出让地块）两方面产权制度改革持续推进。

【人防警报器防护】 2022年5月12日和9月18日，义乌市完成警报试鸣工作，完好率、统控率、鸣响率达100%，试鸣日前后对全市59台警报器进行巡检维修，情况良好。9月10—15日，义乌市结合省数字化管理平台对59名维管员开展警报培训，学习人防警报器日常维护管理知识等。

（李 迪）

国防教育

【概况】 2022年，义乌市国教办着眼纵深推进大国防教育，突出重点，狠抓落实，贯彻《中华人民共和国国防教育法》和上级的有关文件精神，围绕“国防教育普及和深化”这个中心，以重大的节日、纪念日为契机，开展国防教育普及、国防知识培训11场，接受教育1万余人，以丰富的教育形式，营造全社会关心支持国防建设的浓厚氛围。发布“八一光荣榜”，通过媒体宣扬立功受奖的官兵，鼓励踔厉奋发、再立新功。加强征兵动员工作宣传报道，进一步激发广大青年参军入伍热情，圆满完成了年度各项任务，推动了全市国防动员和后备力量建设创新发展。

2022年7月10日，义乌中学的新生进行军训 （王振华 摄）

【全民国防教育宣传普及活动】 2022年，义乌市持续推进全民国防教育宣传普及活动。4月5日，举行“奋进2022·清明祭英烈”活动和向烈士敬献花篮仪式。8月1日，开展建军95周年庆祝活动，选树首届“最美退役军人”“最美军嫂”“最美退役军人事务工作者”，30人上榜。9月17日，开展“全民国防教育日”活动，开设“征兵宣传”等专栏专题14个、国防专刊18个，普及国防教育，使全民增强国防观念，掌握必要的国防知识和军事技能，自觉履行国防义务，关心、支持、参与国防建设。

【国防军事训练】 2022年7月2—11日，市人武部遴选部分优秀退伍军人，在市国防训练基地进行为期10天的培训。建立军训教官数据库，为中国计量大学和全市11所学校1.2万名学生开展军事训练，巩固广大师生国防观念。

（王 华）

退役军人事务

【概况】 2022年，义乌市退役军人事务局聚力构建“1+4+N”（即实施1项全覆盖的崇军慰问活动，建立4项关爱机制，建立N个社会化服务项目）崇军关爱体系，推动退役军人优待政策落实到位。由镇街、村（社区）服务主要工作人员对全市面上的退役军人及其他优抚对象开展全员走访慰问，送去慰问信、慰问年画等价值100元的慰问物品；常态化开展“情系功臣、关爱老兵”活动，为每名服务对象提供生活、医疗、困难帮扶等服务。深化“八个一”暖心荣耀机制，先后在廿三里街道、大陈镇组织2022年认定为享受60周岁农村籍老年生活补助的退役老兵。举行“致敬老兵，花甲荣耀”活动。义乌市基层服务站建设、数字化改革、关爱协会运行、退役军人作用发挥等工作成效得到省领导高度评价，肯定义乌市退役军人事务工作走在全省前列。

【服务保障体系建设】 2022年，义乌市全面开展新时代“枫桥式”退役军人服务中心（站）创建。2月24日，制定下发《义乌市2022年度“枫桥式”退役军人服务中心（站）创建工作方案》，组织人员赴14个镇街检查，指导做好基层服务站创建工作，强化服务站末端功能发挥，促进各镇街服务站建设提速增效。至年底，全市创建成省“枫桥式”退役军人服务站78家。4月9日，《解放军报》刊登“义乌市民间紧急救援协会退役军人救援突击队纪事——‘义乌红’老兵心”义乌市退役军人志愿服务文章。11月17日，全省退役军人志愿服务大赛在杭州举行，义乌市参赛项目“商城老兵”获银奖。

【烈士陵园祭奠与管护】 2022年，组织开展全市英雄烈士纪念设施整修工作，对市、镇两级10座烈士陵园开展检查整修，市内50座零散烈士墓搬迁至市长城公园内集中管理，5座零散烈士墓在镇街烈士陵园集中管理，29座零散烈士墓原地保护。4月，通过代祭扫和网上祭扫方式开展“奋进2022·清明祭英烈”活动。9月，组织“山河锦绣，英雄回乡”活动，将义乌籍抗日烈士傅红德遗骸从牺牲地绍兴嵊州市接回义乌，安放在义乌市长城公园（革命烈士陵园）。9月30日，组织“向革命烈士敬献花篮”活动，义乌市党政军领导和社会各界代表在长城公园革命烈士纪念碑前举行敬献花篮仪式，祭奠革命先烈，追忆不朽功勋。

【退役军人事务数字化改革】 2022年5月，义乌市牵头省厅“拥军联盟”数字化改革项目。8月18日，省厅调研组到义乌市调研数字化改革等相关工作，听取义乌市关于退役军人事务工作开展情况的汇报，重点了解60周岁农村籍退役士兵身份认定和待遇发放“无感智办”的业务办理流程，该项业务数字化改革中存在的困难问题，并对下一步更好地开展相关工作进行了指导。11月，实现“浙里办”上线运行，推动“拥军联盟多跨场景应用”项目，通过“老兵码”应用场景，部分退役军人申领了“老兵码”，招募“拥军商城”联盟单位265家，实现退役军人凭“老兵码”乘公交免费、停车7折、购物优惠。

【拥军共建】 2022年7月29日，为庆祝中国人民解放军建军95周年，在市文化馆举行“双拥情深 共创一流”军地共建文艺晚会。晚会设置义乌市首届“最美退役军人”“最美军嫂”“最美退役军人事务工作者”颁奖环节。年内，义乌安置部分随军家属21人、由政府安排工作的退役士兵若干人、营以下及军转干部安置若干人；协调市教育局为58名现役军人子女实现优质入学、入托，若干名现役军人子女实现中考降分录取；协调市卫健局为1名现役军人家属实现工作调动；协调慈善总会为若干名患重大疾病的现役军人慈善救助5万元；为义乌入伍的义务兵购买人身意外保险；为全市义务兵父母及享受定补的烈属提供免费健康体检。至2022年，义乌市连续六届荣获全国“双拥模范城”称号，连续七届获得浙江省“双拥模范城”称号，退役军人事务和双拥工作走在全省前列。

【退役军人事务就业创业党建联盟创建】 2022年6月2日，市退役军人事务局与市工商职业技术学院、市农商银行、市跨界园签约成立“与军共富”退役军人就业创业党建联盟，发挥各方优势，搭建资源平台，打通创业资金链，开展多形式培训，全力解决退役军人就业创业瓶颈；推行退役军人创办企业入驻跨界园，享受场地租金、水电费用减免等优惠政策，共同推动退役军人实现高质量就业创业。9月16日，举办2022年度退役士兵现场就业推介会，提供就业职数

2022年9月16日，义乌市举行2022年退役士兵返乡欢迎会暨就业专场招聘会 （陈燕玲 摄）

2000余个。组织若干名退役军人通过培训取得职业技能证书，若干名退役士兵和部分由政府安排工作的退役士兵完成适应性培训。全年，举办退役军人招聘会5期，其中线下1期、线上4期，成果孵化退役军人创办企业8家，招引退役军人创办企业16家。

【退役军人褒扬】 2022年7月，开展义乌市首届“最美退役军人”“最美军嫂”“最美退役军人事务工作者”选树活动，经逐层推荐、联合评审、政治核查、网络公示等环节，共评选产生马忠德等10人为“最美退役军人”，王丝竹等10人为“最美军嫂”，丁靓等10人为“最美退役军人事务工作者”。义乌市赛宝塑胶制品厂党支部书记吴功俊荣获浙江省首届“最美拥军人物”，义乌退役军人傅恒超荣获2022年度福建省“最美退役军人”称号，海军义乌舰中校舰长石玉军荣膺“奋斗新时代海军十杰青年”。

【双拥工作】 2022年春节、“八一”期间，义乌市对全市优抚对象开展走访慰问。9月1日，制定《义乌市困难退役军人临时性援助办法》，按因病、因灾、因事故及其他情形，明确救助标准和操作流程，分类开展救助。深化“1+3+X”（1名关爱帮扶对象由1名村或社区退役军人服务站站长、1名党员、1名家庭医生和若干社会力量结对，组团响应关爱帮扶对象生活、医疗服务）关爱功臣机制，家庭医生每周分别为部分老兵上门问诊，支付护理费230.3万元。提升社会化优抚新举措，联合社会组织常态化开展“烈属长关爱”“高龄伤残退役军人关爱”“特困、低保、低边等困难退役军人关爱”“飞行员遗属关爱”“抗日老兵常态化关爱”等活动。11月22日，举行“致敬老兵，花甲荣耀”为主题的“八个一”暖心活动，推进“八个一”暖心荣耀机制，关爱认定满60周岁的农村籍退役军人，组织社会团体走访关爱满60周岁农村籍老兵2000余人次，为老兵过生日1000余人次，参加临终关怀57人次。

【“拥军联盟”上线运行】 2022年11月18日，浙江省义乌市“拥军联盟”上线运行，仪式上，市退役军人事务局与市交通局、邮政公司、邮储银行、恒风公交公司、万方公交公司、城投集团、城建资源公司签订退役军人优抚优待战略合作协议。义乌“拥军联盟”是基于省退役军人事务厅“老兵码”平台，开发建设的多跨场景应用平台，构建了涵盖“乘车停车、邮储商超、旅游购物、消费娱乐”等面向退役军人及其他优抚对象的多方面、多渠道、全方位数字化应用服务，有265户商家入驻平台。

（陈燕玲）

综　述

【应急救援装备】 2022年，义乌市有各类应急队伍63支，共3750人，有应急物资储备单位20余个，物资40余万件，遍布全市各个点位。有风力灭火机、高压水泵等重要应急装备1000余件，指挥车、云梯车等大型装备200余辆（台）；规范化建设避灾安置场所237个、可视化197个。544个村（社区）全部实现“三大件”（卫星电话、发电机、排水泵），2620个应急广播接入市应急指挥中心。

【智慧应急体系建设】 2022年，义乌市深入推进“1+14+135+X”（“1”指义乌市综合应急救援指挥中心，统筹调配全市应急队伍力量，“14”指14支镇街综合应急救援队，“135”指分布在各镇街的第三方智慧应急安全站队伍，“X”指包括民间紧急救援队、民兵救援队、专家队伍、外国人志愿应急救援队在内的村或社区企业等社会力量）的市级和镇街、区域间协调联动应急体系，基本形成重点防范区域3分钟、中等防范区域5分钟的智慧应急救援圈。全年，累计有效处置初起火灾462起。

【大安全大应急数字智治系统建设】 2022年，义乌市开展大安全大应急数字智治系统架构设计，推进系统开发，完成安全生产九大领域、自然灾害六大类型16个系统综合集成，打造智能预警模型96个，推动安全各领域系统迭代升级和智能预警，逐步实现“风险隐患一屏管控、交办督办一屏协同、提示预警一屏直达、应急救援一屏处置、安全态势一屏掌控”。危险化学品经营使用动态管理被评为浙江省“一地创新、全省共享”应用。

【应急救援规范化、标准化建设试点】 2022年3月，义乌市成为全省应急救援规范化建设试点。获批试点后，坚持“既高点站位、又因地制宜”的建设原则，在提炼总结原有体制的基础上，全面改革突破推进全省应急救援规范化试点工作。6月26日，成立义乌市应急救援工作规范化建设试点工作领导小组，组织24家有关单位开展应急救援队伍规范化、预案体系规范化、应急处突规范化、数字化应用规范化、应急保障规范化五大项内容建设，针对自身存在的短板问题自加压力，不断完善应急救援规范化建设的“细枝末节”，高标准交出全省试点成绩单。9月22日，浙江省应急救援工作规范化建设试点现场会上，义乌作为全省应急救援工作规范化建设的2个试点之一，介绍经验做法，为全省应急救援工作规范化建设提供可借鉴经验。

【应急安全宣教体验馆】 2022年6月2日，苏溪镇应急安全宣教体验馆建成开馆。体验馆位于苏溪镇光源科技小镇，占地面积2300平方米，由苏溪镇政府于2021年斥资830余万元建设，涵盖安全文化、生活安全、交通安全、安全生产、消防安全、人防安全、自然灾害、综合逃生自救、国家安全、卫生防疫十大安全主题，有60分项区块，100余个安全知识点，将安全学习体验融于民众日常生活之中。其中，“逃生体验区块”将事故情节与体验过程相结合，开创了国内安全场馆逃生体验新模式。12月19日，经逐级申报，专家评审，苏溪镇应急安全宣教体验馆被浙江省消防救援总队命名为2022年度“浙江省应急消防科普教育基地”。2022年，市应急管理局在苏溪镇应急安全宣教体验馆组织开展全市危化品企业安管员和宗地企业安管员项目制培训，2000余名学员学习体验，至2022年底，累计接待各类人员3万余人，较好地发挥了安全教育、业务培训、应急体验等作用。

【现代社区应急管理体系建设】 2022年，义乌市强化四项能力推进现代社区应急管理体制机制改革，理顺市本级应急管理体系。7月19日，成立义乌市应急管理委员会，设防汛防台抗旱指挥部等4个专项指挥部，建立镇街应急管理机构，组建镇街应急管理委员会，办公室设在应急管理中心。明确村（社区）、网格应急管理职责，成立应急管理工作小组，村（社区）党组织书记为主要负责人，同时建立三级作战体系，即一级“网格”；二级“企业（园区、宗地企业）”；三级“班组（承租企业）”。全域建设现代社区“135”应急救援圈，有效提升社区应急处突能力，完成浙江省级试点的社区应急体系改革工作，义乌市全面建成“市—镇—村—企”四级安全生产全覆盖责任体系，全市1.3万余家企业全部明确四级责任人，构建常态化“履职尽责”一本账，建设成果列金华第一。11月1日，浙江省社区应急体系改革现场会在湖州市举行，义乌市江东街道鸡鸣山社区作为全省社区应急体系改革先进典型作交流发言。（虞嘉豪）

自然灾害应急抢险

【概况】 2022年4月，入汛以来义乌市启动Ⅳ级应急响应5次，Ⅲ级应急响应2次，Ⅱ级应急响应1次；发布明传电报37期，发布气象灾害预警信号125次，其中，暴雨蓝色预警信号3次，暴雨黄色预警信号10次，暴雨橙色预警信号9次，暴雨红色预警信号1次，台风蓝色预警5次，台风黄色预警2次，其他预警95次。梅汛期和台汛期，义乌市防汛防台抗旱指挥部先后组织召开工作部署会议62次，对每轮强降雨和台风期间的工作进行重点部署。组织镇街和市防指成员单位先后开展检查2万余人次，查出隐患75处，均在梅汛前完成整改或落实相应整改措施。成功应对台风“轩岚诺”“梅花”及梅汛期多轮强降雨，实现自然灾害零伤亡。

【Ⅳ级应急响应启动】 2022年1月29—30日，义乌中到大雪，局部暴雪，低温雨雪冰冻天气影响义乌市，并与新冠疫情防控、春运返乡高峰相互交织叠加，事故灾害风险防控形势更趋严峻复杂。为此，义乌市Ⅳ级应急响应启动，市防指发布《关于进一步做好低温雨雪冰冻天气的紧急通知》，要求各镇街全力做好低温雨雪冰冻天气防范应对工作。面对低温雨雪冰冻天气的影响，相关部门立足本职、强化责任，落实各项防御措施，各镇街通过“党建+单元”微信塔群、“基层党建+应急管理标准化”作战体系及时预警，及时排除各类隐患。全年极端天气下未发生安全事故。

【避灾安置场所规范化建设】 2022年，义乌市全力推进40个避灾安置场所规范化建设。3月31日，市应急管理局发布《关于做好2022年度避灾安置场所规范化建设的通知》，进一步加强临时避灾安置场所建设与管理，切实提高避灾安置场所服务保障能力和利用效率。根据计划安排，各镇街10月底完成了40处避灾安置场所规范化建设，市应急管理局11月底完成了实地验收工作。相比上级15个建设任务数，实现完成率267%，并全部成功接入省级避灾场所可视化系统。

【义乌市第一次全国自然灾害综合风险普查完成】 2022年6月，义乌市应急管理局完成国家级承载体和减灾能力质量核查、国家级历史灾害质量核查的数据修正工作。8月，义乌市应急管理局配合浙江省、金华市级普查办开展各类风险评估，完成县级指标权重打分；编写义乌市历史灾害评估报告、义乌市社区减灾能力评估报告、义乌市县级乡镇街减灾能力评估技术报告和义乌市综合减灾能力评估报告等。11月，义乌市应急管理局以线上与线下相结合的方式，多形式、多渠道扎实开展风险普查宣传工作。线上通过政府微信公众号、电视等形式，线下发动各镇街、村（社区）张贴海报、发放宣传材料，将普查宣传深入群众生活方方面面。结合“5·12”全国防灾减灾日及国际减灾日，开展普查宣传活动。发放普查宣传环保袋200只、宣传围裙340条、宣传海报1000套、普查宣传手册1600本、普查宣传折页1.3万张，全面提升普查工作群众知晓率，形成全社会参与支持普查的浓厚氛围。义乌市风险普查应急管理部分提前完成调查任务。共上报调查数据总量3779条，其中，外业核查数据3047条，历史年度自然灾害数据706条，重大历史自然灾害数据26条。一般自然灾害数据240条。完成义乌市全国第一次自然灾害综合风险普查（应急管理部分）的验收工作。

【市防指发布强对流天气风险提示单】 2022年6月24日，义乌市有一次较明显的雷阵雨天气过程，有雷雨地区可伴有强雷电、短时暴雨和局地6~8级雷雨大风，最大雨量每小时30~40毫米。6月24日11时，市防指发布《强对流天气风险提示单》要求各地各有关部门加强风险研判分析，切实做好防范工作，按照市防指印发的《关于转发〈金华市强降雨期间“六问”抽查工作机制〉的通知》对重点村主要负责人开展“六问”抽查工作。大陈镇通过防汛工作“六问”抽查，督促各村防汛负责人落实防汛职责，通过抽查落实山塘、河道、危旧房、风险防范区等每天巡查2次以上等措施；苏溪镇迅速通过“党建+单元”作战塔群发布预警信号、气象信息，并在苏溪镇、村两级加强24小时值班值守和信息报送，村级防汛责任人到岗履职打卡，及时反馈巡查处置情况。

【成功应对“6·29”突发强降雨】 2022年6月29日下午，义乌市廿三里街道联五村附近遭遇极端暴雨袭击，3小时累计雨量达134.7毫米，60分钟112.5毫米。市政府防汛指挥部、廿三里街道防汛指挥部、市气象局、义乌市消防救援支队等单位协同作战，因预警处置及时有效，成功应对此次突发性强降雨，小流域山洪重点村鲍寺、里居、外居等山区自然村落401人成功避险转移，实现“不死人、少伤人、少损失”的目标。

【森林火灾零发生】 2022年，义乌市开展野外火源治理、森林火灾隐患排查整治和查处违规用火、林区输配电设施火灾隐患排查治理、“六清六防”（清坟边防坟火、清路边防路火、清地边防地火、清林边防林火、清房前屋后防家火、清防火隔离带防野火）等专项行动，对林场、森林公园、景区、公墓等111处森林火险重点治理区域进行全面排查，对跨越林区的12条30千米输电线路和48条80千米配电线路例行季度巡视。全年排查整改隐患86处，查处违规用

2022年10月2日，义乌市驰援永康市“10·1”森林火灾扑救现场

（义乌市消防救援支队　供图）

火21起，清理可燃物93公顷；组织开展森林草原防灭火业务大讲堂7期，培训镇街森林消防队员100余人。10月2日，义乌市森林防灭火指挥部组织佛堂、苏溪、上溪、赤岸、城西5支森林消防队伍共96人驰援永康市“10·1”森林火灾扑救，成功完成任务，被评为金华市级首批“森林消防联防联控精兵”队伍。全年，接报森林火警42起，由于信息传达准备迅速，镇街处置及时得当，未引起一场森林火灾，受到浙江省厅和金华市领导的高度肯定，苏溪镇森林防灭火工作经验在《浙江应急管理》杂志第50期刊发推广。

（虞嘉豪）

消防救援

【概况】 2022年，义乌市消防救援支队共有各类消防车57辆，其中，全进口消防车16辆、进口底盘消防车31辆、国产消防车6辆、消防摩托车4辆。有灭火类消防车17辆，举高类消防车14辆，专勤类消防车10辆，战保类消防车12辆。有消防器材1.69万件（套），个人防护装备1.15万件（套），灭火救援装备3338件（套），地震地质灾害救援装备740件（套），洪涝灾害及水域救援装备638件（套），空中救援装备（无人机）6架，各类灭火泡沫81吨。2022年，监督执法检查单位3027家，办理行政处罚案438起，拘留90人；临时查封35处，办理投入使用营业前安全检查565个，火灾调查127起。全市共发生火灾911起，直接财产损失1340.38万元；未发生死亡人火灾事故。全市消防救援队伍出动车辆1465辆次，抢救财产477.77万元；出动警力1.80万人次，抢救被困人员27人，全市火灾起数同比下降6.94%。

【首批“消防员之家”光荣牌颁发】 2022年1月19日，义乌市消防救援支队在上溪镇金傅宅村文化礼堂举办首批“消防员之家”光荣牌颁发仪式。上溪镇、市人力社会保障局领导，上溪镇金傅宅村党员、干部，义乌消防救援人员代表及家属代表共45人参加仪式。仪式上，与会领导为义乌消防救援人员代表及家属代表授“光荣牌”。

2022年1月9日，“消防员之家”光荣牌颁发仪式在上溪镇金傅宅村文化礼堂举行

（义乌市消防救援支队 供图）

【先进政府专职队】 2022年2月10日，市应急管理部消防救援局下发《关于表彰2021年度执勤训练工作先进单位和个人的通报》，对执勤训练工作先进单位和个人予以通报表彰，义乌市北苑街道专职消防队在2021年度全国消防救援队伍执勤训练工作中成绩突出，被评为先进政府专职队。同月16日，义乌市消防救援支队为获得应急管理部消防救援局表彰的北苑街道专职消防队送上消防救援局颁发的“先进政府专职队”荣誉证书。义乌市北苑街道专职消防队成立于2005年，主要担负北苑街道辖区的防火宣传和灭火救援工作，有事业编制干部2人，消防队员41人；装备消防车辆7辆、豪沃水罐消防车、曼重型水罐消防车、奔驰举高喷射消防车、曼城市作战消防车、五十铃水罐消防车、大通宣传消防车，尼桑战勤保障消防车；总载水量36.5吨，B类泡沫3吨。2021年，北苑街道专职队共接警出动521起，出动消防车926

辆次、指战员6911人次，抢救疏散被困人员107人，抢救群众财产价值200余万元，组织消防安全宣传17场次，开展消防场馆体验活动25次参观人数2115人。先后成功参与处置“5·29”北苑街道汽修厂火灾，抗击台风“烟花”等急、难、险、重的灭火救援任务。在2021年义乌市消防队伍业务技能竞赛中，获得单杆项目第二名、理论项目第三名、初战快速出水控火操第一名、团体总分第三名的好成绩。

【大型商市场建筑火灾实战拉动演练】 2022年2月23日，义乌市消防救援支队在爱琴海购物公园开展大型商场建筑火灾实战拉动演练，支队全勤指挥部、廿三里救援站、东洲路小型站及福田专职消防队、江东专职消防队、廿三里街道专职消防队12车70人参加演练。演练采取先熟悉后演练形式，针对熟悉过程中发现的消防安全隐患，要求单位相关责任人立即整改到位，并就规范消防救援窗口、防火卷帘、排烟系统的设置等提出意见和建议。演练假设爱琴海购物公园3楼F3015店面库房因电缆短路发生火灾，火势迅速向周围店铺蔓延，有2名店员被困，周边儿童活动场所因防火卷帘下降有3名儿童被困，未及时逃生，过火面积200余平方米。发生事故后，单位微型消防站第一时间开展处置初起火灾扑救、疏散人员等应急措施。义乌市消防救援支队指挥中心接到报警后，立即调集廿三里救援站、东洲路小型站等5辆消防车到场处置，支队全勤指挥部遂行出动，同时将灾情向市政府汇报，启动应急联动预案，对公安、应急管理、交警、医疗、电力、水务、气象等社会应急联动力量进行模拟拉动。各参演力量到场后，有序开展火情侦察、现场警戒、应急通信、内攻灭火、人员搜救等演练科目。经过1个小时的奋力扑救，大火被全部扑灭，并将所有被困人员安全救出。

2022年2月23日，义乌市消防救援支队在爱琴海购物公园开展大型商场建筑火灾实战拉动演练　（义乌市消防救援支队　供图）

【轻轨站灭火救援实战拉动夜间演练】 2022年3月16日晚，义乌市消防救援支队在金义东市域轨道交通义乌官塘站举行灭火救援实战拉动夜间演练。演练模拟义乌轻轨官塘站因二楼电缆引入间电路设备短路导致火灾发生，火势迅速蔓延，现场浓烟较大，站内还有人员未疏散。值班人员收到报警信息后立即派人进行查看，在确认火情后，现场人员立即启动应急预案进行灭火救援工作。义乌市消防救援支队紧急启动交通枢纽灭火救援预案，调派辖区消防站、政府专职队前往现场，调集临近力量增援，成功处置了险情。演练检验消防救援人员对火情侦查、警戒划分、人员疏散、排烟降温、堵截灭火等科目的掌握程度和辖区力量初战控火能力。根据作战训练安全工作的要求，演练设置人员紧急撤离、人员失联等科目，有效检验各参演单位在应对城市轨道交通事故情况中的应急协同联动和应急处置的能力。公安、医疗、电力、水务等联动单位共80人参加演练。

【快递物流行业消防安全专项检查】 2022年4月，为全面贯彻落实金华市危险物品安全整治工作部署会的精神，切实做好义乌市快递物流行业的消防安全管理工作，义乌市消防安全委员会在全市范围内开展快递物流行业消防安全专项检查。针对建筑使用面积大于1000平方米的快递物流企业，制定《义乌市快递物流企业消防安全指导意见》，提供检查参考依据。组织各镇街、各行业每天派出检查力量对快递物流企业开展消防安全检查。对检查发现的火灾隐患和消防安全违法行为，单位自身能整改的，依法督促整改到位；自身难以整改的，逐个进行研究，落实“一企一策”措施。市消安委办成立市级督导组，每周开展2次以上督导检查，至4月30日，开展督导检查12次，督改问题52项，督查结果纳入镇街年度安全生产和消防安全目标责任制考核。建立健全快递物流企业消防安全“红黑名单”制度，将自查整改存在弄虚作假、隐患久拖不改等行为的企业纳入信用监管体系。联合检查行动开展以来，排查快递物流企业648家，发现并整改隐患1016处。

【消防救援队伍建设】 2022年5月19日，为加强消防救援队伍建设，更好地服务平安浙江建设，深化“消校共建”机制，义乌市消防救援支队联合义乌工商职业技术学院举行“消防员招录工作站”挂牌仪式。仪式后召开座谈会，双方就学院办学规模、对口专业、学生情况及消防救援队伍现状、消防员优待政策、工作模式、岗位需求、消防安全宣传教育、教育培训、科研项目合作等方面进行交流，表达了双方长期深入开展合作共建的意愿，并就未来的合作方式等具体事项进行深入讨论。11月9日，义乌市消防救援支队在中国计量大学现代科技学院举办“消防员招录工作站”揭牌暨消防宣传进高校活动，市消防救援支队与中国计量大学现代科技学院签署党组织结对共建协议，并为“消防员招录工作站”揭牌。双方将以党建为统领，拓展思政教育、文化建设、安全培训、人才培养等方面的交流合作，不断深化“消校共建”机制，实现优势互补、互利共赢。活动期间，开展应急疏散联合演练、消防器材装备演示互动、消防知识理论宣讲及灭火器材使用培训等系列活动，中国计量大学现代科技学院900余名新生参加各项活动。

【机场消防能力共建协议签约】 2022年6月27日，为加强消防业务合作，提升机场消防救援作战能力，义乌市消防救援支队、义乌机场驻场部队、义乌机场公司三方举行机场消防能力共建协议签约仪式，旨在通过消防能力共建，进一步推进三方深层次、多维度、全方位的交流合作，努力推动机场消防队伍的专业水平和实战能力迈上新台阶。签约仪式后，三方举行航空器货舱起火应急救援实战演练，三方领导现场观摩演练科目，并就如何更好地统筹消防力量提出指导意见。

【2022年突发环境应急事故演练】 2022年9月26日，为进一步检验处置突发环境事件的应急响应、分级指挥、部门联动、应急处置等实战能力，义乌市2022年突发环境应急事故演练在展宏表面处理科技有限公司举行。金华市生态环境义乌分局、义乌市生态环境保护行政执法队、义乌市应急局、义乌市消防救援支队、义乌市佛堂镇主要负责人观摩演练。演练第一阶段假设厂

2022年6月27日，义乌市消防救援支队、义乌机场驻场部队、义乌机场公司三方举行机场消防能力共建协议签约仪式

（义乌市消防救援支队　供图）

内6号楼一楼喷漆车间有机废气净化设备突然浓烟外冒，车间现场瞬间烟雾弥漫，且有人员被困。企业力量先期处置，同时调集就近佛堂小型站前往现场处置，铺设水带稀释泄漏的废水，成功"救出"被困人员，转移到安全地带。专家组针对泄漏情况进行环境、水质实时监测，并制定相应方案。历经1个小时，废水全部收集完毕，任务完成。通过此次演练，进一步检验了队伍应对危化品灾害事故专业处置和社会单位协同作战能力。义乌生态环境分局、义乌市消防救援支队等单位共30余人参加演练。（楼 颖）

安全生产监督管理

【概况】 2022年，义乌市大力推动国务院安委会安全生产15条重要措施和省委、省政府安全生产25条实施意见落实，坚决防范和遏制各类生产安全事故发生，安全生产事故指标平稳可控，各项指标同比均有较大幅度下降。全年全市上报各类亡人生产安全事故7起，死亡7人，同比前三年平均数分别下降64.39%。发生各类火灾事故692起，同比下降29.32%。"除险保安"月度攻坚竞赛5次列金华第一，其中，3次进入全省前5名，1次全省第一。安全生产重大问题清单指数6次金华第一，3次全省前三。严重安全生产违法查处起数和罚没款均列金华市第一，非事故行刑衔接办案数排全省第一。（虞嘉豪）

【履职监管职责】 2022年，义乌市安委办创新举措实化安委办职能，不断强化约束机制，压实安全生产责任，确保各项安全防范工作落地见效。全年，累计向部门和镇街编发工作交办单17份、工作提醒单32份、工作督办单13份、督查通报13份、警示函5份，联合市督考办对7个专委会工作推进情况开展督查，有效地推动了部门和镇街履职监管职责。（虞嘉豪）

【重点领域安全生产治理】 2022年，义乌市聚焦重点行业领域，确定十大阶段性项目，成立16个检查督导组，开展重点领域安全生产隐患滚动督办，加快推进安全生产综合治理三年行动。抓实基层安全生产检查标准化，形成15项日常检查加5项特殊检查的"15+5"安全生产日常检查标准；落细落实《镇街安监员规范管理指导意见》，制定印发《安全生产检查人员行为规范》等举措，推动监管标准化。全覆盖"六个有""七个一"建设，推进完成全市各乡镇街"六个有"（有组织、有应急预案、有信息化系统、有应急队伍、有物资装备、有宣传培训）、各村（社区）"七个一"（一张责任网格清单、一张人员避险转移图、一套简易监测预警设备、一处避灾安置场所、一批紧急避灾物资、一组警示标识、一次培训演练）体系建设。推进"一码一图"闭环式数字监管，检查人员通过手机扫描"企业监管二维码"，实时开展隐患自查自纠和安全监督检查工作，实时向企业和综合监管中心推送隐患情况，督促及时整改；并在进一步的数据分析及安全指标综合评价后，构建区域"红、橙、黄、蓝"四色动态风险图，助力基层分级分类分区精准管控各类风险隐患。全年，累计执法检查企业1080家次，排查隐患1758处，立案处罚388起，行政处罚856.11万元，2处省级挂牌、20处金华市级挂牌，64处义乌市级挂牌，均已完成整改。（虞嘉豪）

【重大安全生产问题清单成效】 2022年，义乌市应急管理局抓好"重大安全生产问题清单"工作，完善隐患问题常态发现、动态管控、闭环整改的工作机制，强化重点管控，将"问题清单"加快转化为"制度清单""成效清单"。年内，纳入重大安全生产问题清单管理54项，其中，纳入省级清单1项已办结，纳入市级清单18项，已办结18项，纳入县级清单54项，已办结54项。发布多跨疑难问题54个，入选金华市级清单18个，入选省级清单1个，2个问题入选金华示范案例。迭代形成管理制度41项，"强化出租厂房安全管理"案例入选金华整改示范案例；"七张问题清单"指数获6次金华第一、2次全省第二、1次全省第三、1次全省第六。（虞嘉豪）

【民爆行业安全生产安保】 2022年1月4日，义乌市应急管理局制定安全生产工作计划并组织企业签订安全生产责任书，全年开展安全生产全覆盖检查12次，发现并整改隐患6处。开展防疫情、防盗抢、防破坏和消防专项应急演练10次共340人，指导民爆企业提高防范意识，提高民爆行业防灾、逃灾、避灾和企业基层自救互救能力。（李 迪）

【义乌市“除险保安”工作专项督查启动】 2022年1月28日，市安委会发出紧急通知，决定从28日至3月15日，在义乌市范围内开展“除险保安”工作专项督查，确保春节和全国“两会”期间社会安全稳定。此次行动分蹲点督查、抽查督查、暗访督查3个阶段进行，主要督查春节期间安全防范工作落实、重点行业领域风险研判及安全生产百日攻坚专项执法工作组织开展情况，重点检查交通运输安全、文旅安全、燃气使用安全、消防安全、危化及工贸企业生产安全及假期应急值班值守情况等。督查暗访采取专业组加督导组相结合的方式进行。期间，由公安、建设、交通、应急、市场监管、文广旅体、市场发展、消防等部门组成7个督导组，并邀请市纪委监委工作人员参加，每个督导组由1名局领导带队，蹲点开展安全生产工作督查。督导组人员组成按既定方案执行，行程及检查对象由督导组组长确定，各督导组在检查过程中一旦发现问题隐患，当日清单式反馈给被检查镇街，及时落实整改闭环。问题清单同步报送市工作专班办公室，并落实跟踪督办。（陈金春）

【安全生产“除险保安”工作系列制度】 为确保安全生产“除险保安”行动取得实效，2022年8月19日，义乌市安委会制定《安全生产“除险保安”工作系列制度》，要求各镇街、部门抓好落实。此次出台的系列制度中涉及每日信息通报机制、每周例会研究机制、暗访督查销号机制、每周晾晒排名机制、典型问题曝光机制、每月研究推进机制六大工作机制。义乌安全生产“除险保安”工作3次进入全省前五名，1次全省第一名。发布每周晾晒9期、每日要情71期，曝光35起安全生产违法典型案例，义乌电视台《特别关注》栏目曝光安全生产违法问题14期，入选省厅文件曝光1起。（虞嘉豪）

【公共娱乐场所消防安全专项检查行动】 2022年9月20—23日，为切实抓好娱乐场所消防安全管理，全面推进消防安全大检查工作扎实开展。义乌市消防救援支队成立10个检查小组，联合媒体开展公共娱乐场所消防安全专项检查行动。期间，检查组详细查阅各娱乐场所灭火应急疏散预案、日常防火巡查检查记录等台账资料，重点对消防安全责任落实、安全出口和疏散通道畅通、消防设施器材配备、消防控制室值班人员持证上岗、微型消防站运行、用火用电管理等情况进行检查，并现场对从业人员灭火器材的操作使用、消防安全知识和火灾扑救常识的掌握情况进行随机抽查。至年底，共检查各类公共娱乐场所40家，发现火灾隐患80余处，现场督促整改隐患50余处。（楼 颖）

【第二轮安全生产综合治理三年行动】 2022年，义乌市全力推进第二轮安全生产综合治理三年行动。成立工作专班，实行集中办公和实体化运行，严格执行“日碰头、周会商、月例会”制度。采取挂图作战、销号管理，第二轮三年行动注重问题、效果、智控和闭环导向，重点采用“3+10”工作体系。“3”是指学习贯彻习近平总书记关于安全生产重要论述、落实企业安全生产主体责任、提升安全监管信息化水平3个专题；“10”是指涉及危险化学品、加工制造类小微企业和非煤矿山、消防、道路运输、交通、城市建设、工业园区、危险废物、特种设备、电商和物流园区等领域的安全专项整治，每项专项整治细化分工，明确主要牵头部门。根据计划安排，第二轮三年行动分4个阶段推进。2022年，相关的专项方案均已设置工作进度控制表，共细化任务措施549项。308项年度任务全部完成，完成率100%。

（虞嘉豪）

数字化改革

DIGITAL TRANSFORMATION

综 述

【综合评价持续领跑】 2022年，义乌深入贯彻落实习近平总书记关于数字化改革的重要论述，紧扣党建统领整体智治、数字政府、数字经济、数字社会、数字文化、数字法治六大领域，通过改革破除发展瓶颈，汇聚发展优势，增强发展动力，加速生产方式、生活方式、治理方式,实现基础性、全局性、根本性改变。建设具有义乌特色的数字化改革样板，打造数字化改革新高地。全面深化改革考评全省优秀。全省数字化改革双月综合评价连续3次居全省五星级；小商品数字贸易供应链集成创新改革获省改革突破奖铜奖；小商品数字自贸应用获评全省“最佳应用”。

（方徐翎）

【改革成果亮点频出】 2022年，义乌市“不动产智治应用”被评为“中国改革2022年度地方全面深化改革典型案例”，被自然资源部作为典型经验向全国推广；Chinagoods平台被中央广播电视总台综合频道《新闻联播》栏目点赞；居家养老助餐服务改革获国家发改委发文推广。省级层面，首创流动人口清流智控做法获省委主要领导批示肯定；浙有善育义乌做法在省高质量发展建设共同富裕示范区重点工作推进会上做典型发言；长期护理保险、农业标准地改革获评“全省共同富裕最佳实践案例”；行刑共治应用入选全省检察机关创新成果、全省数 字检察创新应用创意设计“十佳方案”，相关理论成果获《检察日报》“新时代优秀检察成果智慧检务论文”一等奖；小商品数字自贸登上《领跑者》专刊，公证改革、不动产登记“一网通办”、涉外营商环境改革等在《竞跑者》刊发。（方徐翎）

【试点任务落实有力】 2022年，义乌市数字化改革推动省级重大应用实现平台贯通、功能贯通、体制机制贯通，在各领域、各层级、各环节、各主体中实现全覆盖，实现四级联动、四侧打通。参与“一地创新、全省共享”，承接基层（村社）领域非高频小微权力事项、善育宝应用、文体宝应用等全省各类数字化改革试点项目63个，取得明显成效。义乌参与试点的“建立健全公权力大数据监督机制”项目获省改革突破奖金奖，家庭型共富财税集成改革、物流保畅提效集成改革获省改革突破奖银奖，浙有众扶集成改革、浙里外事集成改革、“十链万企”学样仿样金华模式等获省改革突破奖提名奖。立足义乌实际，开发地方特色应用，“谁该帮”精准画像、儿童健康报告、大型综合交通枢纽智治等12个场景应用入选全省重大改革（重大应用）“S2一本账”，一码找律师“i人才”应用。（方徐翎）

【义乌被评为“2021年全省数字经济系统建设”优秀县（市）】 2022年1月11日，全省召开数字经济系统建设工作会议，对2021年全省数字经济系统建设工作进行全面总结并公布年度考核评价结果和第一批优秀应用名单。义乌被评为2021年全省数字经济系统建设优秀县（市）。自2021年2月省委召开全省数字化改革大会后，义乌市经信部门第一时间牵头谋划制定全市数字经济系统建设方案，明确市数字经济综合应用门户总体框架、主要栏目和主要呈现内容。谋划改版门户3.1，加快数据归集、应用集成；完善省级9大跑道以及24个子跑道的相关素材和内容。同时，谋划建设工业经济分析、亩产效益评价、小微园建设、数字商贸等场景应用。义乌市数字经济系统共承接5项省级重大应用试点建设工作。其中浙里探馆（数字贸易服务在线）、远程异地多点评标（公共资源交易服务）、区域取水分析（浙水减碳）等应用入选第一批优秀省级重大应用。针织服装新智造产业集群试点稳步推进，全市已完成6个智能车间和12条智能产线建设，14个智能车间和4条智能产线建设正在建设中，智能制造方面已申请相关发明专利14个，外观专利6个，软件著作权8个。市场采购贸易“货款宝”、浙里探馆、远程异地多点评标等入选省级重大应用，采购贸易“货款宝”、远程异地多点评标已上线数字经济。围绕“产业大脑+未来工厂”，积极推进企业数智化转型。至2021年底，共推进智能工厂、数字化车间项目29个，涉及针织、化妆品、食品、仪表、光伏等行业，棒杰针织、晶澳科技、迪元仪表等数字化改造标杆示范企业已初步培育形成。梦娜袜业入选省级新一代信息技术与制造业融合发展试点示范企业名单；晶澳科技、棒杰针织入选省级智能工厂（数字化车间）企业名单。（陈金春）

党政机关整体智治

【概况】 2022年，义乌市党建统领整体智治系统工作取得特色亮点25条，其中，省级及以上领导肯定5次，中央部委通报表扬1次。总结形成理论成果35项，受到省级以上媒体宣传35次，形成制度成果30项。

【整体智治系统综合评价】 2022年，义乌市紧紧对牢“1612”体系构架和省定跑道，全力争取“最系列”成果，数字化改革双月综合评价、年度考核均居全省前列。年内，全省党建统领整体智治系统进行统一综合评价3次，义乌市党建统领整体智治系统保持金华市第一、全省前列，是全省唯一一个3次评价均为五星级的县市区。

【大数据监督应用】 2022年，义乌市挖掘数据价值，重点关注省级重大应用贯通工作，重视“七张问题清单”等应用的贯通使用实效，提升重大应用贯通率及贡献率，做好数字化改革成果的转化。根据上级统一部署，年内，完成公权力大数据监督应用、浙里好干部应用和人大代表履职应用等12个重大应用的贯通使用工作，大安全智控应用、智能文稿服务应用等3个应用，上级贯通任务下达后第一时间做好承接工作。“七张问题清单”、浙里好干部、公权力大数据监督、“浙统云”等重大应用贯通工作高标高效推进，其中，“突发快响”获五星级，“七张问题清单”问题管控力指数获金华市第一9次，第二1次，全省排名分别位列第三、第四、第一。8月，受新冠疫情等因素影响，排名全省第九。在三季度星级评定中，义乌市被评为金华市唯一一个五星级。

【党建统领整体智治领域】 2022年，义乌市构建党建统领基层整体智治新格局，通过解决问题推进党建工作，利用“一地创新、全省共享”机制推广改革亮点，按期完成省级改革试点任务。巾帼共富工坊、公权力大数据监督（民政系统）等省级试点4个，其中村务清廉钉办、议政建言直通车和基层宗教风险防控等省级试点应用为浙里公权力大数据监督、“浙统云”“浙里宗教智治应用”等省级重大应用的开发建设作出积极贡献。“村务清廉钉办”应用纳入“浙江省基层公权力数字化监督应用”，成为子应用，为“公章模块”“监督一点通”等模块提供经验做法，被评为全国第三届“中国廉洁创新奖”；“基层宗教风险防控应用”在全省民宗数字化改革推进会上演示，成为“浙里宗教智治应用”的子应用，并以此为模板在全省复制推广。

【人才服务数字化管理】 2022年，义乌市以最佳应用为标尺，突出“实战实效、管用好用”，打造一批应用成果。累计谋划公务员职级三维智选、义乌i人才、编外人员数字化管理等数字化应用17个，提升管理效能和智治水平。义乌i人才应用整合54项涉人才服务事项，搭建“主动感知”的人才服务体系，访问量1539.9万人次，累计线上办件1.29万件，人才服务享受率同比增长255%。《优化“引育留”全链条服务体系，打造高校毕业生就业创业“向往城市”》在《浙江信息（每日简报）》刊发，获常务副省长徐文光批示肯定，被评为省人社厅系统“最佳应用”、金华市最佳应用，纳入“一地创新全省共享”推广应用。公务员职级三维智选应用从“资历、能力、激励”3个维度重塑职级晋升评价体系，解决“谁能晋升”和“如何智选”两大核心问题，做到数据自动抓取、量分一键完成、多跨协同线上直达、信息回流自动更新，让基层干部“零计算”，7天工作量压缩到30秒，省委组织部《组工情况》刊发《义乌市以赋分管理提升公务员职级晋升规范化水平》，介绍应用特色亮点做法。

（刘航宇）

数字政府

【概况】 2022年，义乌市数字政府对照市委、市政府“全省第一方阵、走在前列”的工作要求，谋划实施小商品数字自贸、海外服务驿站、不动产智治等18个特色应用，5次得到省数字政府专班肯定并安排会议演示推广，年内考核排名全省第二，并获“五星级”评价。

【重点应用获佳绩】 2022年，义乌市数字政府建设专班谋划实施2个重点应用，其中“小商品数字自贸应用”在6月30日全省数字化改革推进会上演示，被评为“全省数字化改革最佳应用”，同时入选“第一批省数字政府优秀应用案例集”；“不动产智治应用”在7月26日省数字政府专班例会上演示，被评为“金华数字化改革最佳应用”。

【演示汇报名列前茅】 2022年，义乌市数字合同等应用先后5次在省数字政府例会、双周学习会上演示，数量排名全省县市区第一。其中9月29日在省数字政府建设专班例会上汇报的“海外服务驿站应用”，获省政府高度肯定，成功入选《第二批省数字政府系统优秀案例集》。

【应用试点获省厅肯定】 2022年，义乌数字政府系统对接省级部门，梳理承接试点的重大任务、重大需求，获29个省级试点（建设类试点17个，贯通类试点12个），其中，市审计局的“审计整改一体化智能管理”、市应急管理局的“应急指挥和应急救援规范化应用”等试点情况获省厅肯定。

【推广复用成效显著】 2022年，义乌市危化品全生命周期管理、污水泵站安全管理、不动产智治应用3个应用纳入“一地创新，全省共享”应用，在全省范围内推广复用。“重型货车防疫智控应用”由浙江省副省长高兴夫在全国大会上演示汇报，并被国务院物流保通保畅工作领导小组办公室、省防控办下文在全国、全省进行推广复用，“重型货车防疫智控应用”获评全省交通数字化改革基层和社会最佳实践。

【理论制度成果丰硕】 2022年，义乌市数字合同、污水泵站安全管理2个重点应用上报评选“全省第四批数字政府系统优秀案例集”；清流智控、城市内涝监测预警系统、农业标准地等9个应用上报“全省数字政府地方优秀应用”，得到省数字政府专班好评与认可。

（何伟超）

数字经济

【概况】 2022年，义乌市推进企业数字化改造提升，依托浙企智造在线等平台对全市803家企业开展在线智能诊断和能力成熟度评估。至年底，98家企业进行数字化改造，94个数字化改造项目实施，其中，“两化”融合项目45个，企业“上云”项目21个，数字化车间、智能工厂项目28个。浙江棒杰控股集团股份有限公司、浙江曼姿袜业有限公司、浙江智嘉服饰有限公司、浙江华川实业集团有限公司完成项目验收。义乌华鼎锦纶股份有限公司入选浙江省“未来工厂”试点企业，义乌市易开盖实业公司、义乌市中力工贸有限公司等5家企业入选省数字化车间培育名单。加速产业数字赋能，推进企业数字化改造，数字经济综合评价双月考核居全省前列。小商品数字自贸应用入选全省数字化改革最佳应用、数字经济系统最佳应用，围绕针织服装行业推进轻量化改造工作，完成5家试点企业遴选。推进5G基站建设，建设5G基站4001个，优化全市5G信号覆盖。2022年，义乌市被列入“全省数字经济成效明显县（市、区）激励名单”。入选“未来工厂”试点2家，正式认定1家；入选省级数字化车间（智能工厂）培育6家，正式认定1家。实现数字经济核心产业制造业增加值94.3亿元，累计增速52.7%，位居金华各县市第一。

2022年5月6日，梦娜袜业股份有限公司入选2022年浙江省“未来工厂”试点

（市经信局　供图）

【智能光伏先进制造业】 2022年，义乌集聚全球光伏组件出货量前7位企业有5家，落地全球电池出货量第2位爱旭科技。全市光伏产业电池规划产能83吉瓦、组件规划产能65吉瓦。光伏规模以上产值900亿元，超过全部规模以上产值的一半。产值100亿元以上企业4家，即浙江爱旭太阳能科技有限公司、义乌晶澳太阳能科技有限公司、晶科能源（义乌）有限公司、天合光能（义乌）有限公司，其中爱旭太阳能科技有限公司、晶澳能源（义乌）有限公司200余亿元。围绕光伏产业开展补链强链招商，引进义乌晶诚光伏材料有限公司、九天（义乌）光伏材料有限公司、义乌威克新材料有限公司等光伏辅材、配件企业，产值均达10亿元以上。光伏产业实现上下游全贯通，降本增效明显，上游企业仓储成本下降50%。

【制造业智能改造】 2022年，义乌市围绕饰品、服装等十大传统制造业的智能化改造提升，推进工业企业在线智能诊断，实施“产业大脑+未来工厂”新智造，至年底，累计立项智能工厂和数字化车间重点项目28个，25个项目通过专家评审，列入数字化改造升级试点。华鼎棉纶股份有限公司、梦娜袜业股份有限公司入选2022年浙江省“未来工厂”试点，其中梦娜袜业股份有限公司通过省级“未来工厂”认定。晶澳科技股份有限公司、棒杰有限公司、天合光能股份有限公司入选“省级智能工厂（数字化车间）”。推动无缝、针织等行业“N+X”轻量化改造建设，确定5家试点企业与2家数字化改造总包商。

【数字贸易】 2022年，义乌电子商务蓬勃发展，内外贸网商密度分列全国第一、第二，快递业务量位居全国各大中城市第二，跨境电商业务量位居全国第三批的跨境电商综试区第一。市场发展领域工作取得较好成效，市市场发展委获全国“人民满意的公务员集体”称号。2022年，电商交易额3900亿元，同比增长8%；实现跨境电子商务交易额1080亿元，同比增长8%。全市开展“网红”直播带货50万场，完成零售额368亿元，同比增长14%。深圳DPD、易佰供应链等跨境电商企业落地义乌。打造跨境电商服务中心，集聚速卖通、亚马逊、Shopee等5家跨境电商第三方平台，构建“店开全球”的服务体系。培育5亿元以上电商企业9家。电商村222个，电商镇13个，省级电子商务示范村95个，领跑全国。

【数字经济系统建设】 2022年，义乌市被评为全省数字经济系统建设考核优秀市。浙里探馆、远程异地多点评标、浙水减碳、市场采购贸易“货款宝”等应用入选第一批优秀省级重大应用，义乌i人才等5项应用入选全省数字化改革门户优秀应用，小商品数字自贸、义乌i人才入选数字经济地方特色应用。6月，小商品数字自贸应用在全省数字化改革推进会上现场演示，得到省委书记袁家军的点评肯定，被《新闻联播》、新华网、人民网等主流媒体报道。数字经济系统相关应用，注重制度创新与方法总结，归纳提炼出15项制度成果及12项理论成果。

【信息设施完善】 2022年，义乌市推进5G基站建设。全年新增5G基站983个，累计4001个，解决疑难站点197个，全市5G信号覆盖情况进一步优化。国际互联网数据专用通道开通运行，成为全国第二条在县级城市开通的专用通道。跨境电子商务蓬勃发展，跨境电商主体集聚，跨境电商主体12万余户，密度居全国第二，国际互联网数据专用通道采用基础电信运营商（电信、移动、联通）独立于公众网的专用网络，直通北京、上海、广州3个国际通信业务出入口局，专用通道国际方向的访问时延下降10%，丢包率下降50%。

（叶志星）

数字社会

【概况】 2022年，义乌争取到“浙有善育”等省级应用试点14个，新增丹溪、永祥等“未来社区”5个，分水塘、李祖等“未来乡村”5个。形成理论成果2个，制度成果12个。儿童健康报告、公积金贷款结清一件事和老年人评估3件事列入省关键小事新增迭代清单，“善育宝”列入数字社会案例集，荣获金华最佳应用。数字社会工作连续3次在全省数字社会双月考核中县级市排名第一。（杨　乐）

【“15分钟公共服务圈”应用】 2022年，市发展改革局制定《“15分钟公共服务圈”标准配置清单》《“15分钟公共服务圈”评价标准》。通过“算清四本账”“测好三个度”“梳理两个体系”“画好一张图”，建立义乌市“15分钟公共服务圈”评价模型，按照省标实现14个镇街、556个社区（乡村）三级贯通式指数评价测算，形成业务报告，完成《义乌市“15分钟公共服务圈”综合评估报告》编制，为未来社区（乡村）的公共服务配套设施建设提供支撑依据。“15分钟公共服务圈”工作获省数字社会专班高度认可，并受邀参与浙江省《“15分钟公共服务圈”建设指南》编制。

【全域未来社区（乡村）平台应用】 2022年，市发展改革局探索银行和国企等社会第三方力量参与数字社会建设，形成由市农商银行出资建设，商城集团运营管理的未来社区（乡村）可持续发展“义乌模式”。按照“1N93”顶层架构，打造“未来义家”义乌市全域未来社区（乡村）智慧服务平台。实现市、镇、村三级驾驶舱贯通和全市社区端的应用集成，为单个未来社区（乡村）创建节省时间和成本。

（杨　乐）

【数字社会系统建设】 2022年，义乌市采取针对性举措，推进数字社会各项工作。根据托育、教育、就业、居住、健康、救助、养老、便民利民8条跑道和“善育宝”“两慢”病管理、老年人能力评估等新应用，迭代更新数字社会专班成员单位。3月，下发《2022年义乌市数字社会系统建设工作要点》《数字社会系统建设综合评价办法》，根据浙江省数字社会专班考核节奏对成员单位进行双月考核排名。在门户建设方面，根据省数字社会系统架构的迭代，谋划门户改版更新，完成省、市共25项重大任务拆解，达到100%贯通；推动“困难群众救助一件事”“网吧智慧管理一件事”等试点应用，全面接入数改门户，丰富门户数据、组件、模块等资源。组建177人的“关键小事”体验员队伍，开展小事体验，促进小事应用迭代优化。迭代更新宠物犬证服务、图书一键借阅等县级自建应用，儿童健康报告、公积金贷款“不见面”等新小事列入省级关键小事迭代清单。

【特色重大应用推进】 2022年，义乌市“善育宝”应用上线“浙里办”。8月，该应用列入数字社会案例集，入选“金华最佳应用”名单，相关做法全省推广。至年底，用户突破12.3万户，服务111万人次，覆盖目标人群80%以上，5万户家庭受益。儿童健康报告办结量4.2万份，实现检查结果互认，节省群众医疗费用400余万元，让群众少跑8.5万余次，节省时间16万小时。公共卫生受益从户籍儿童2万户覆盖到常住儿童4.6万户。早期异常发现率从0.4%提高至1.5%，规范康复服务率从50%提高至75%。减少妇幼人力成本15%，减少经济支出300余万元。儿童健康服务满意度从80%提高至95%，养育小组活动参与率从75%提高至90%以上。（杨　乐）

【数字生活新服务特色镇】 2022年12月1日，浙江省商务厅公布第二批浙江省数字生活新服务先行市、样板县、特色镇名单，义乌市北苑街道和赤岸镇成功入选浙江省数字生活新服务特色镇。北苑街道着力构建“1+1+N”数字产业服务生态圈（打造1个街道电子综合商务数字管理平台，建设1个电子商务公共服务中心，聚集N个第三方服务机构），推进平台孵化、人才梯队建设、品牌价值赋能、销售渠道拓宽与民生服务全面融合，通过“数字经济”技术应用和模式迭代，打开创业通道，加速产业转型，改善居民生活。共建成市级小微电商产业园区10个，创建五星级电商村10个，电商园区内企业达到955家，实现电子商务年交易额96亿元；11个电商村企业2200家，实现电子商务年交易额16亿元。赤岸镇构建“1+3+X”生活类服务业数字化转型体系（即搭建1个数字生活新服务平台；打造3项数字生活新服务品牌；构建“山里货云上销”、旅乡人变新乡人、百姓服务掌上办等X个数字生活特色场景）。率先建成全国首个邮快共配中心，创新“快递到镇、邮政到村、党员到户”快递接力配送模式，整合进村末端邮路，实现寄递降本增效。打造“山里云销”3000平方米的电商直播基地，通过专业直播带货企业入驻。义乌工商学院电商创业团队智力支持，持续做强“蒲墟南货”品牌价值，推动特色农产品和小商品网络销售，年销售额突破500万元。全力打造“山里货”“云上卖”产业链条，拓宽农村创业就业新渠道，丰富农村生活消费新场景，为乡村振兴注入强劲动能。（陈金春）

数字文化

【概况】 2022年，义乌市深化文旅数字化改革，提升文旅智治能力。深化对数字化改革理论、思路、方法、机制的认识，用好系统观念、系统方法，以“数智文旅”为目标，聚焦市民需求和核心业务，打造一批应用场景。实施改革和创新求突破。围绕“数字文化”主跑道，突出重点，推进公共文化体育服务应用场景建设和关键小事速办应用建设，迭代升级“文有所化”“体有所健”“游有所乐”微门户应用。对接资源，紧盯目标，“文体宝——品质文体智达惠享”应用、网吧智慧管理“一件事”应用、智慧旅游+未来社区、图书一键借阅等项目列入省文旅系统试点项目，应用场景服务群众100余万人次。开发系统数据主题仓、报送主题仓，提高文旅系统数据归集、分析、共享、资源整合能力。打通系统内部、省市线上资源、IRS编目，推进数据动态采集管理，数字化改革双月评比3次获五星级单位称号。（全淑娴）

【义乌市数字文化系统建设工作专班成立】 2022年，市委宣传部围绕市委、市政府中心工作，聚焦理论引领、舆论引导、文化惠民、文旅融合、文明培育五大赛道，深化文化体制改革。5月27日，成立由市委常委、宣传部部长任组长的义乌市数字文化系统建设工作专班，办公室设在市委宣传部。6月10日，制定

《数字文化系统建设工作推进方案》，根据方案指导督促相关部门落实责任分工，研究工作落实情况和各应用的开发建设情况。（江 婷）

【重点数字文化应用】 2022年，义乌市聚焦数字文化领域重大需求谋划多跨场景，推动应用开发与改革突破一体融合。在迭代升级、推进实施、谋划推进等多个维度进行应用建设。其中："书码通""文体宝""信仰之旅"3个应用获省级试点；"义网智靖"应用获省数字文化系统第三批优秀应用；小商品"艺创宝"应用被评为省文联系统特色应用；"信仰之旅"获省社科联省市县三级共建项目。（江 婷）

【数字文化提炼理论制度成果】 2022年，义乌市开展数字文化经验做法总结、理论制度创新、模式流程再造等工作，《浙江义乌运用"三全战法"坚决打赢涉疫网上联防联控战》《义乌市创新"义网智靖"数字化应用 牢牢守住网络舆情安全底线》等工作信息，在中央网信办信息刊物《网信动态》上刊发；《义乌市上线"义网智靖"应用 提升网络舆情联防联控能力》在省《数字化改革》工作简报上刊发；《浙江义乌探索疫情防控和观影人数统计相结合，"一机一码"安全观影》在《中国电影报》、"学习强国"学习平台刊登；《浙江义乌升级"图书一键借阅"让书香对准群众"胃口"》在人民网、浙江新闻客户端等省级以上媒体刊登；《一键借书送到家》在《浙江日报》刊登；《农村电影放映服务规范》成为省级团体标准。（江 婷）

数字法治

【概 况】 2022年，义乌市数字法治系统按照"四横四纵"模式（"四横"为重大应用贯通建设体系、应用支撑体系、数据资源体系、基础设施体系，"四纵"为政策制度体系、标准规范体系、组织保障体系、网络安全体系），形成浙政钉、浙里办、浙法治三大入口，平安基础工作、风险识别与管控、执法与司法、监督制约与服务四大主跑道的义乌数字法治架构图。运用一体化智能化公共数据平台及省数字法治工作台，挖潜本地业务系统数据资源，建成多种场景、动态指标、实时数据、多级页面集成展示的数字法治门户。实现重大任务模块100%上线；重点场所、人口、平安指标100%展示；"五统一"（统一用户、统一埋点、统一搜索、统一设计规范、统一数仓建设）省级贯通要求100%完成。以"三张清单"为抓手，形成"行刑共治""公安大脑""浙里市场义码治理""律师在线""智哨指挥"等多跨场景应用。"行刑共治"应用获省数字法治好应用。全省重大改革（重大应用）"S2一本账"，义乌数字法治系统7个应用入账，入选数位居金华各县市第一，全省前列。"一码找律师"应用入围全省"一地创新 全省共享""S0一本账"。"浙里义码解纷治理"应用被评为浙江省2022年"政法工作现代化创建"项目，检察院的数字化改革经验在最高人民检察院的重罪检察实务大讲堂发言。

【"行刑衔接闭环管理"数字应用平台】 2022年，义乌市检察院贯彻落实《中共中央关于加强新时代检察机关法律监督工作的意见》提出的关于健全行政执法和刑事司法衔接机制的部署和回应"数字赋能监督，监督促进治理"这一法律监督模式变革要求，以数字化改革为牵引，建设"行刑衔接闭环管理"数字应用平台，健全执法司法信息共享机制，促进行政执法与刑事司法有效衔接，以4个"全面"助推法治政府建设和市域社会治理现代化。全面规范案件流转，依托"行刑衔接闭环管理"数字应用平台，推动全市25个行政执法部门建立横向协同，实现政法一体化办案和"大综合一体化"行政执法的融合。行政机关和司法机关通过平台网上协同办案、实时动态监管，掌握案件流程和处理结果，案件移送和实体处理形成双向衔接闭环，确保案件依法及时处理、全程公开透明。推进数字监督，为提升"个案办理—类案监督—系统治理"数字检察工作的实战实效，厘清行刑衔接业务架构，从程序和实体两方面建立监督模型，以便第一时间发现监督线索，及时纠正有案不立、以罚代刑、遗漏处理等问题，促进严格执法、公正司法。2022年，义乌市检察院在知识产权、安全生产、生态环境资源保护、食品药品安全等领域研发数字监督模型20余项。全面推进信息研判，聚焦落实最高检“八号检察建议”，梳理安全生产领域行政处罚和刑事案件的多发点位、违法情节、危害后果等要素，经数据画像分析发现监管盲区和重大风险，形成专题分析报告，推动危险化学品、物流运输等重点行业全链条溯源治理。牢固树立“行刑共治”理念，利用联席会议、同堂培训、轮岗交流、联合发布典型案例等工作机制，增进检察干警对行刑交叉领域的专业认知，让检察机关在案件移送、信息共享、证据收集、统一执法标准、规范业务流程等方面发挥引导作用，推进监督体系升级，打造更大范围的“法治共同体”。着眼多元化协同治理机制，在社会矛盾调处、公开听证、少捕慎诉慎押、行政争议化解及公益保护协作、生态修复治理、知识产权保护、企业合规建设等方面，形成部门协同、多元履职、一体融合的“行刑共治”新格局。

【“公安大脑”助推公安数字化改革】 2022年，义乌市公安局按照“三明”原则，提炼出义乌公安“中心+平台+机制”三维互通的整体架构体系，做到全纳入、零遗漏。依托金华市公安局的预警中心和平台，组建义乌模块。以情指勤舆一体化合成作战中心为龙头，建设与5条跑道相对应的5个实体化分中心。在横向上促进合成作战提档升级，纵向上贯通下穿至派出所，实现由警种牵引到中心牵引的转变。合成作战中心、侦查中心、基础管控中心、网办中心等中心建成，并投入实战。

【数智赋能助力基层治理】 2022年，市人民法院利用“共享法庭”点位优势，推进执源治理。深化“法院+公安”的协作机制，运用“浙政钉”云工作平台，将执行110值班与公安110相结合，形成工作闭环。坚持善意文明执行理念，建立智慧执行“云档案”，实现“一企一档案”，根据企业行为动态更新信用值，对信用良好的62家被执行企业，依法灵活适用“活封、活冻”等执行措施，执行到位资金2201.5万元。

【司法行政数字化改革】 2022年，市司法局紧扣各项数字化改革工作部署，立足问题导向、需求导向，打造现代化司法行政数字化运作体系。强化数字服务输出。3月，编印《政府法制工作手册》。6月，“律师职业素养综合评价”“律师行业管理”“数智普法”“公证在线”4个数字化改革项目被列入全省数字化改革重大改革（重大应用）“S2一本账”。8月，“一码找律师”应用入选全省“一地创新、全省共享”“S0一本账”并实现全省共享。开展镇街法治化综合改革。9月，制定《全面推进镇街法治化综合改革实施方案》，全市14个镇街建立法律顾问选聘和管理制度。年内，大陈镇红旗村被评为“全国民主法治示范村”；命名省级民主法治村（社区）14个，“后陈式”法治村227个；创建金华市级民主法治村（社区）100个，实现应创尽创。全市“法治带头人”“法律明白人”实现100%全覆盖，“律师在线”应用试点工作获省司法厅副厅长王兰青批示肯定，“律师职业素养综合评价”“律师行业管理”“公证在线”3个试点项目列入“S3一本账”，义乌市社区矫正中心被评为“省级智慧矫正中心”，义乌司法行政数字化改革工作位列金华司法行政系统第一。

【数字法治应用】 2022年2月9日，义乌“反恐数字化改革”在全省会议上交流发言。4月，“浙里义码解纷治理”应用被评为省2022年“政法工作现代化创建”的项目，市检察院的数字化改革经验在最高检的重罪检察实务大讲堂发言。8月1日，市政法战线行刑共治应用获省数字法治好应用和金华市数字化改革最佳应用。同月30日，“一码找律师”入选一地创新全省共享“S0一本账”；“外国人服务管理”“律师在线”等7个应用入选全省重大改革“S2一本账”，入选数位居金华市第一、全省前列。常态化推进扫黑除恶斗争，打掉2个有组织犯罪团伙，抓获成员15人，破获刑事案件8851件，警情数同比降8.05%，侦破4起命案积案。9月10日，省委政法委主要领导对义乌市侦破暴恐案件作出批示肯定。2022年，“智哨”指挥应用预警风险事项1834件，处置1788件，处置率97.49%。

【"行刑共治"应用获评"全省数字法治好应用"】 2022年，市检察院围绕执法司法监督制约体系改革和严密法治监督体系改革，融合政法一体化和大综合一体化行政执法体系，开发行刑共治应用。该应用通过梳理规范办案、精准研判、治理能效3方面9项需求，构建案件协同、信息研判、多元共治3个核心场景，破解行刑衔接工作存在的案件移送不顺畅、执法信息不透明、双向衔接不闭环、法律监督不到位、分析预测不精准、类案治理不深入等问题。其中：案件协同场景通过核心业务梳理、算法模型应用，及时发现和纠正应移未移、应罚未罚等问题，形成执法司法双向衔接闭环；信息研判场景通过数据解析、画像分析，及时发现和闭环处置社会治理风险隐患，提升"法治大脑"数据治理效能，实现以数据流驱动业务流、决策流；多元共治场景通过流程再造、机制重塑，构建部门协同、多元履职、共建共融的行刑共治体系。该应用实现行刑办案协同、风险感知预警、类案系统治理，打造"行政执法监管+检察法律监督"新模式，构建"数字赋能监督、监督促进治理"的行刑共治新格局，助推市域社会治理现代化。5月9日，该应用被评为"第二批金华市数字法治好应用"；同月12日，被评为金华市数字化改革第二批双月"最佳应用"；8月1日，被评为"浙江省第四批数字法治好应用"。

【数字应用平台"一站式"建设成效】 2022年，市人民法院立足"世界小商品之都"定位，联合市市场监管局、商城集团、市公安局、市出入境管理局等部门，围绕市场商贸纠纷治理中存在的市场交易不规范、调解资源碎片化、市场协同保护不强等突出问题，坚持"把非诉讼纠纷解决机制挺在前面"，创新打造"浙里市场义码治理"数字应用平台，从事前、事中、事后全链条打通市场商贸纠纷治理流程，实现市场商贸纠纷治理全周期跟踪、全流程管控、高质效解决，提升"一站式"建设成效，发挥司法服务和保障地方高质量发展和优化营商环境的职能作用。全年，成功化解各类市场纠纷4290件，调解成功率56.57%；涉及标的额4.75亿元，为市场主体节约诉讼费用240万元。平台被评为2022年浙江省数字法治系统重大应用子应用场景建设、全省数字化法治系统建设成果展、2022年浙江省政法委现代化创建项目、2022年上半年浙江省优化营商环境十佳创新案例。

【"执行一件事"综合集成改革】 2022年12月8日，市人民法院"执行一件事"应用《浙江省义乌市人民法院：以数字化改革助推执行工作"质制智治"四重蝶变》在《光明日报》上刊发。市人民法院充分发挥改革的撬动和牵引作用，以数字化改革助推执行规范化、高效化，加速当事人胜诉权益兑现与保障，实现执行工作的"现代化先行"。以数字化倒逼执行规范，改革攻坚推动机制破题。通过数字化改革倒逼执行流程节点的细化与制度规范化，实现由"事"向"制"转变。依托办公办案系统、智慧执行2.0、移动微法院等信息化平台，以数字化倒逼流程标准制度化、案款管理制度化、监管制度化。拓宽数字场景覆盖领域，平台迭代提升实战实效。与市公安局等部门共建"失信联合惩戒"平台，实时掌握被执行人子女上高收费私立学校、入住星级以上酒店宾馆等高消费信息。至2022年底，限制被执行人子女就读高收费私立学校36人次，案款执行到位126.58万元。 （吴敬伟）

一体化智能化公共数据平台

【概况】 2022年，义乌市围绕全省数字化改革决策部署，按照建设"先进完备、支撑有力"要求，全力推进一体化智能化公共数据平台建设，完成数字资源自动开通等省级试点6项，义乌平台上半年综合评估位列全省县（市、区）第一，下半年双月绩效评价连续3次获评五星级，金华市综合考评优秀，平台综合能力走在全省前列。

【"不动产智治应用"首期子场景通过省级验收】 2022年3月8日，"不动产智治应用"首期子场景项目验收会在义乌召开。义乌首期子场景建设完成“国有土地及商品住宅产权全链智治”“不动产信息集成应用”“不动产智治应用”数据仓（专题库）建设，形成“不动产智治应用”理论和制度成果。项目以不动产单元码和单元表为核心，进行多跨协同和业务贯通，重塑国有土地及商品住宅产权全链条流程，实现信息集成应用的智查、智判、智管，达到减环节、减材料、减时间等业务目标。首期子场景在义乌市上线运行，取得阶段性成效。自2021年10月15日“不动产智治应用”首期子场景上线试运行至2022年，义乌市公众访问量10.93万件，数据共享量32.66万次，群众零跑腿和办理零材料的比例分别达到90.1%和95.6%。义乌通过首期子场景建设实现不动产产权及相关事项“一表智联、一网智办、一链智管、一屏智判”，达到群众办事更便捷，产权交易更安全，部门办事更高效，政府治理更精准的目的。

【应用集成平台】 2022年4月，“浙里办”App“义乌城市频道”正式上线，建成全省通办、热门服务、“义”系列等七大板块；完成“海外服务驿站”“营商环境”“长辈版”等专区建设，提升政务服务能力和群众体验感，累计上线应用37个，个人注册用户127万户。优化“浙政钉”赋能能力，浙政钉累计新增注册用户1.1万户，浙政钉应用可用性99%。

【平台能力持续增强】 2022年6月，义乌市推进数据共享系统迭代升级，完成全市49个部门775个接口迁移切换，新增数据接口监测预警、密钥管控、可视化开发等能力，提升数据共享的安全性、稳定性和定制能力。依托IRS数据管理工具，完善数据归集闭环管理机制。全年，新增数据归集系统53个，累计归集165个；新增数仓44个，数据资源深度开发案例12个；入选金华市公共数据深度开发利用优秀案例集8个；“不动产智治应用”“义乌i人才”等入选省级数据产品优秀案例集3个；数据共享需求满足率100%，高效支撑省级试点应用53个。

2022年3月8日，“不动产智治应用”首期子场景项目验收会在义乌召开

（市数管中心 供图）

【精密智控平台实战实效】 2022年，市数管中心助力精密智控实战实效，用好省“精密智控平台”，精准支撑疫情防控工作。推进“一地创新、全省共享”，危化品管理、不动产智治等4个应用分别上升为省级与市级统建应用，其中“危化品管理应用共享”案例在全省数改例会上作为典型案例引用。

【数据赋能基层智治】 2022年，义乌市数据管理中心推动“162”体系与“141”体系贯通，支撑“七张问题清单”、社区矫正、防汛防台、“e行在线”4个省级应用贯通，完成水域监管一件事、“智哨”指挥等4个自建应用贯通，开发建设事件专题库和事件地图，整合城市管理、基层智治等11类事件数据，实现事件闭环处置。推进“一网统管”全量任务试点，梳理城市指标、事件流转闭环、特色应用场景开发等，累计对接数字驾驶舱指标1249个，提炼智能要素1214个。12月，城市治理“一网统管”全量试点获金华市县市区第一，协同建设金华“城市大脑”，被评为全省最强“大脑”。

（傅铁民）

经济监督管理
ECONOMIC SUPERVISION AND MANAGEMENT

发展改革管理

【概况】 2022年，义乌市完成固定资产投资691.4亿元，同比增长15.8%。其中：民间项目投资171.1亿元，同比增长14.5%；制造业投资105.2亿元，同比增长5.3%；交通投资89.4亿元，同比增长4.7%；生态环保、城市更新和水利设施投资75.9亿元，同比增长41.1%；高新技术投资70.1亿元，同比下降7.9%，267个市重点工程和重大工业项目年度投资完成112.8%。 （胡亮男）

【新产业平台培育】 2022年，义乌新型智能显示材料产业平台实现规模以上工业总产值947亿元，同比增长117%。平台内晶澳科技、天合光能成功被评为"省级智能工厂"，天合光能（义乌）科技有限公司被认定为"省级数字化车间"、国家级智能制造优秀场景。光源科技小镇通过省特色小镇联席会议办公室命名验收。义乌国际陆港创新发展区被评为第二批省级现代服务创新发展区。义乌红狮物流园、公路港物流园通过省级提质增效试点验收，佰川物流有限公司通过新业态新模式物流试点验收，浙江画之都文化创意有限公司、浙江卡游动漫有限公司列入省现代服务业重点行业"亩产效益"领跑者名单。 （杨　凯）

【重大项目建设】 2022年，义乌市新增省重大产业项目3个，6个产业项目列入省市县长工程，开工落地项目4个，落地率66.7%。义乌市城市有机更新下车门社区回迁房地块工程、义乌市双江湖净水厂工程、义乌市新社区集聚稠江街道喻宅南侧地块工程项目等21个项目获地方政府专项债项目资金35.42亿元。4个项目列入政策性金融工具项目，获投放金额3.65亿元。通过国家发展改革委审核的制造业中长期贷款项目16个，贷款需求59.14亿元。通过国家发展改革委审核贴息贷款项目21个，贷款需求12.36亿元。抓好重大项目复工复产。2月15日，全市13个省重点续建项目和34个金华市重点续建项目全部复工。2月17日，全市重点和一般性项目100%复工。62个金华市重点项目2022年度计划完成率135%。新增省重点建设项目6个（5个实施类，1个预安排），16个项目列入省"4+1"重大项目计划，26个项目列入省"六个千亿"计划。省重点、"4+1""六个千亿"项目2022年度投资完成率均超过120%。 （胡亮男）

【重大项目推进】 2022年，市发展改革局坚持特色发展，通过资源要素保障推进重大项目建设。推动可再生能源应用，超额超前完成光伏发电项目和充电桩项目建设任务。新增光伏并网装机容量17.58万千瓦，年度任务指标完成率440%；新增公共充换电站42座、充电桩538个，年度任务完成率269%。4月19日，国际商贸城二区东综合楼智慧能源示范项目通过省第一批新型电力系统示范项目评审论证并获得省发展与改革专项资金（新型电力方向）400万元。5月25日，义乌万里扬苏溪变独立储能项目列入浙江省“十四五”第一批新型储能示范项目。12月20日，义乌市文渊文具有限公司“源网荷储一体化”项目被评为“第二批省级新型电力系统示范项目”，并获省奖补204万元。（楼佳韵）

【惠企政策落实】 2022年7月11日，义乌市印发《义乌市电力接入工程费用分担机制实施办法》，减轻全社会电力接入环节负担。出台《关于战疫情抢发展的若干政策举措》《促进服务业领域困难行业恢复发展的政策意见》《关于深化经济稳进提质的政策措施》《义乌市贯彻落实扎实稳住经济一揽子政策措施方案》等政策，统筹推进全市惠企政策落实。全年累计兑付财政资金29.5亿元，为企业减负179.5亿元。落实组合式税费扶持政策，实现退税、减税、缓缴等计105.3亿元。制作义乌市政策汇编，包含国家、省、市、县四级层面稳住经济政策措施和45项市级部门实施细则。（杨 凯）

国有资产监督管理

【概况】 2022年，义乌市有市属国企12家，其中，上市企业1家，资产超200亿元企业7家。拥有二级企业201家，其中，控股及以上147家，参股54家。国有企业有从业人员2.2万人（含劳务派遣工），党组织193个（不含“两新”党组织和临时党组织），党员2864人。2022年，义乌市国有企业合并口径资产总额2660.70亿元，同比增长9.07%；所有者权益总额678.59亿元，实现营业收入295.58亿元，实现利润总额3700万元，缴纳税费33.39亿元，同比增长47.42%。全市国企中信用评级AAA级国企1家（商城集团），AA+级6家（国资运营公司、交旅集团、市场集团、城投集团、商城控股、产投集团），AA级4家（水务集团、建投集团、双江湖集团、开发区公司）。2022年，市属国有企业合并口径累计账面融资余额1383.26亿元，其中，间接融资余额573.73亿元，占比41.48%；直接融资余额809.53亿元，占比58.82%。

【国企有效投资完成】 2022年，义乌市国企完成有效投资247.06亿元，占全市691.4亿元的35.7%。参投IDG、韦豪创芯等基金38支，累计认缴165.89亿元，实缴133.99亿元。招引华灿光电、瑞丰光电、爱旭能源三期、晶科能源、天合光能、旭高太阳能等项目落地义乌。面对房地产困难形势，统筹好资金盘，确保国企市场化参与12个地块招标，占地53.33公顷，投资金额124.17亿元。

【国资国企疫情防控】 2022年新冠疫情防控期间，义乌市国资国企下沉一线开展支援镇街社区等疫情防控工作。全年，累计参与抗疫4.5万人次，对承租义乌市国有房屋的非国有小微企业、个体工商户及其他市场主体减免租金16.2亿元，惠及9.09万户。

【投资监管】 2022年，义乌市加强投资监管，规范投资行为，修订完善《义乌市国有企业投资监督管理办法》，规范国企机构和干部管理，给国企机构“定编定职”，参照编办的管理模式，确定市委组织部、市政府、市委的层级管理。用好监事监督，日常监督与专项监督两手抓。全年，召开监事列席股东大会、董事会、总经理办公会等重要会议684次，参与审议重要议题2674项，提出非书面提醒265项，收回应收款3309.81万元。协同市审计局等部门，开展内控自查、资产出租等专项检查。（黄 琛）

土地资源管理

【概况】 2022年，义乌市自然资源与规划局争取新增建设用地指标417公顷，调剂和落实耕地占补指标222.5公顷，各类林地指标115.2公顷。完成消化批而未供土地628.9公顷，盘活存量建设用地308.8公顷，保障了50余个市重点项目用地供应。各项重点任务均完成既定目标，不动产智治应用场景通过验收并在全省推广，土地集约节约工作获省政府重大督查激励，土地储备工作经验获省自然资源厅肯定，空间规划“三区三线”获部批复并正式启用。

【优化调整工业用地助企纾困】2022年，义乌市积极应对新冠疫情不利影响，多措并举减轻企业负担。先后出台《关于优化调整工业用地规划指标管控条件的意见》《市工业有机更新房屋安置凭证管理办法（试行）》《关于分类处理建设用地项目开竣工违约责任的实施意见》，合理提高工业用地容积率等规划控制指标，通过安置凭证更好保障被收储企业的合法权益，细化企业开竣工违约责任处理，累计为9家企业办理因疫情等原因免除违约金申请，减负8404.2万元。

【宅基地制度改革政策体系完善】2022年，义乌市围绕共同富裕改革目标，出台资格权益有偿调剂、资格权权益质押、宅基地抵押贷款和风险处置等7项政策，构建较为完善的宅基地制度改革政策体系。全年新增农房抵押贷款6246笔，放贷金额91.01亿元；发放全国首笔宅基地资格权权益质押贷款，总额80万元。资格权探索进一步深化，13个村调剂宅基地资格权权益面积1.28万平方米，调剂金额2.83亿元。宅基地使用权转让更为规范，新增农房不动产转让384宗，其中跨村转让154宗。义乌市《“党建+宅改+共富”助力打造农民共富样板》案例，编入共同富裕金华实践书册。

【国土空间规划】2022年，义乌市高质量、高标准完成国土空间规划“三区三线”划定，划定全市城镇开发边界32.1万公顷、永久基本农田1.31万公顷、生态保护红线2.08万公顷。完成“十四五”期间城镇有机更新规划，谋划全市17.32平方千米拟开展更新区域的总体方案。通盘推进区域协同，开展高铁南北广场、金义临港产业区、万亩千亿产业平台、第六港区、双林寺等规划方案编制，推动规划“一本账”落地。

【耕地保护】2022年义乌市构建“市、镇街、村+巡查员”三级管理体系，组织各级田长巡查1.47万次，闭环处置“两非”图斑188起。全力遏制耕地“非农化”，出台《严格耕地保护坚决制止耕地“非农化”的若干意见》《耕地保护田长制实施方案》等4项制度，完成“非粮化”整治1733.33公顷、“非农化”处置476.6公顷。制止各类土地资源违法违规行为15起，查处土地违法违规案件17起。土地整治类项目推进，全年实施全域土地综合整治工程10个，优化59个村的空间布局，解决村民安置落地5288户。新启动“百千万”永久基本农田连片整治项目10个，总规模900公顷，整治后可形成连片耕地647.5公顷。

【地灾风险防范】2022年，义乌市健全“市、乡镇街、村、点”四级地灾防治体系，组织排查全市地质灾害隐患点、风险防范区等重点场所3143次，开展地质灾害点位巡查3万余次，完成问题整改8处、灾害隐患整治9处。全市累计建成自动化监测点位39处，开展宣传培训5场、培训1200余人；发布预警信息1.45万余条，转移受威胁群众204人，成功应对“6·29”极端强降雨、“9·14”梅花强台风等极端天气，全市未发生因地质灾害造成人员伤亡情况，实现地灾“零伤亡”。

【不动产智治改革】2022年3月，义乌市“不动产智治应用”项目通过验收；4月，省厅发文在全省推广义乌市“不动产智治改革”；5月，“不动产智治”应用场景获评金华市数字化改革“最佳应用”；12月，获评省域空间治理数字化平台“最优场景”。全年累计访问84.16万次，网办14.52万件，智能审核3.51万件，实现首次登记、查封、异议、抵押注销等事项即时办理，让群众“最多跑一次”变为“一次都不跑”。

【土地管控获省政府重大督查激励】2022年6月，义乌市因“集约节约土地成效好”获省政府重大督查激励。全年，完成供而未用工业用地整治75.67公顷，工业用地临时改变房屋用途整治44.82万平方米。在全省率先充分实践“涉嫌闲置依法收回、未缴纳租金依约定收回、低效整治依政策收回、项目变动依协商收回、司法处置依拍卖收回”5种土地收回方式，共收回土地58宗101.52公顷，是目前全省唯一采取5种方式收回低效工业用地进行再开发，并建立规范程序和操作模式的县市。“土地五法收回”实践获省自然资源厅肯定，11月7日，义乌在全省会议上做典型发言。（冯建民）

财　政

【概况】2022年，义乌市完成财政总收入211.60亿元，同比增长9.2%。其中：一般公共预算收入132.90亿元，扣除留抵退税因素后增长13.9%，按自然口径计算增长4.2%；税收收入126.97亿元，扣除留抵退税因素后增长12.3%，按自然口径计算增长2.2%；非税收入5.93亿元，增长83.9%。全年一般公共预算收入占GDP的7.2%，占财政总收入的62.8%。一般公共预算支出159.69亿元，增长3.5%，其中民生支出122.20亿元，占一般公共预算支出比重为76.5%。

【惠企政策】2022年，市财政局落实落细各项惠企政策，在总体财力大幅减收增支背景下，出台各类政策45个，保障惠企政策落地生效，累计兑付资金30.23亿元。联合市税务局建立会商制度，减税降费政策落实到位，办理留抵退税52.39亿元，确保市场主体不因资金问题影响退税。推进国有房屋减租，9月，出台《义乌市财政局关于明确2022年减免房租部分政策的通知》，对减租范围、期限、流程等进行明确，打通政策落地的“最后一公里”，完成国有房屋减租工作，国有房屋减免303户经营户租金2732万元。

【政府采购管理】2022年，市财政局优化政府采购营商环境，落实203个政府采购项目专门面向中小企业，所涉采购预算4.79亿元，累计为1348家企业节省投标保证金7301万元，企业提前获得采购预付款支持金额4.90亿元。11月，印发《义乌市财政局关于进一步发挥政府采购政策功能全力推动经济稳进提质的通知》，优化政府采购领域营商环境。贯彻落实省委、省政府关于促进经济平稳健康发展重大决策部署，推动财政政策提质增效、政府采购治理变革，打造一流营商环境，激发市场主体活力，促进经济健康发展。

【支持生育养育的财税政策】2022年，市财政局开展“探索支持生育养育的财税政策，降低家庭生育养育成本”改革试点。在全省率先开展儿童医疗保健服务体制机制创新试点，设立儿童健康管理中心。优化生育养育财政政策供给，贯穿提升婴幼儿医疗、保健、养育服务，塑造普惠生育养育新场景，委托第三方机构开展政策事前绩效评估。11月25日，印发《义乌市社区普惠托育机构建设及运行补助办法》，改革成果列入全省财政系统共同富裕三张“小切口”改革清单中的复制推广清单，在全省财政局长会议上作经验交流发言。

【支持城乡融合发展财力保障】2022年，市财政局完善市镇财政分成体制，按照加大基本财力保障、完善收入分成机制、强化专项激励引导、开展土地互助补偿等原则。12月，出台《关于完善镇街（平台）财政管理体制的意见》，为城乡协调发展提供财政制度保障，落实各项农村综合改革财政奖补资金4245万元。支持乡村产业融合，推进未来乡村创建，打造美丽乡村精品线，带动沿线区域农村产业联动发展，安排美丽乡村建设补助资金5686万元，支持村集体经济发展，安排扶持资金1466万元。

【财政收支管理】2022年，市财政局加强财政收支管理，全年征收各项非税收入269.57亿元，同比下降63.6%；新增一般债券额度1亿元，专项债券额度35.42亿元。12月28日，印发《关于加强“三公”经费管理严控一般性支出的通知》，从严从紧安排“三公”经费和一般性项目支出，确保年度预算数“只减不增”。严格政府投资项目稽核，全年累计审核项目715项，核减造价12.26亿元。加强财政监督检查和绩效评价，财政专项资金检查项目9项，直接追缴财政资金10万元。组织对2400个项目和70个单位开展绩效自评，选取134个项目开展抽查复评，对市交通局、市水务局等10

个单位及10个政策（项目）开展重点评价。（吴 娇）

税 务

【概况】 2022年，市税务局完成各项税费收入579.73亿元。其中，税收收入202.46亿元，剔除留抵退税因素后同比增长14.76%，按自然口径计算同比增长2.38%；非税收入266.13亿元，同比下降26.02%；社保收入111.14亿元，同比增长20.49%。完成一般公共预算收入132.90亿元，同比增长4.2%。落实退税减税政策，至年底，兑现组合式税费支持政策红利76.27亿元，其中增值税留抵退税50.57亿元。

【税收执法体系优化】 2022年，市税务局推进税务和法院系统数字化协作项目，税务端和法院端系统完成开发。完善跨部门执法联动机制，收到法院或律师税务所分配及执行款78笔，入库4.32亿元。深化运用自贸区市场主体风险动态监管平台，实现亩产效益评价、产业园管理、“e税直达”服务、新办纳税人监控、行业监控五大应用场景。推行出口企业“三三智检”预警管理，实现以“信用+风险”为基础的监管创新，创建“外贸企业买单配票”“敏感商品出口”“生产企业产能异常”3个专项风险预警模型，及“生产企业”“外贸企业”2个通用风险预警模型。

【税收营商环境优化】 2022年，市税务局推广“掌上办”，商品房交易、车购税申报缴纳、自然人社保费缴纳及证明开具等项目走在全省前列。2月，开设“易办通道”为特殊人群提供“一站式”便捷服务。3月，打造“数字员工”智能助手，受理发票领用等后台业务，办理业务20万余件；建立涉税医保、社保业务“一窗”集成办理工作机制，累计减少群众“两头跑”1万余次。5月，上线“e税直达”服务平台，延伸智慧税务服务触角，实现14个镇街涉税民生事项就近办、网上办。6月，组建义乌首个外籍税收志愿者团队“蓝雁BlueGoose”，打造更优的国际化税收营商环境。征纳沟通平台活跃度稳步提升，从71.2%提升至91.37%，激活率从84%提升至99.64%。全年“银税互动”累计放贷84.19亿元，推进“企业社保贷”扩面增量，助力732户企业获批银行贷款7.25亿元。加强涉税专业服务机构信用管理，125家机构评为TSC5级，占比超过全省四分之一，数量位居全省第一。

【税务党建共建】 2022年，市税务局开展“我与二十大”主题联学等活动，通过领导干部示范学、主题党日集中学、丰富载体创新学等方式夯实学习基础。与青海省民和县税务局结对共建帮扶大库土村，相关做法在《中国税务报》、总局公众号等媒体刊载，获得省局主要领导的肯定。3月，开展基层分局（所）“党建工作优、业务工作优”的“双优站点”建设，明确5方面18条建设任务清单，相关内容入选省局党建十大金点子。6月，与义亭镇对接加入“未来乡村党建联盟”，领办“税惠政策学堂”“助企纾困行动”两大重点工作项目，推动乡村共富。深化党内监督，对组合式税费支持政策落实、常态化疫情防控等工作开展监督31次，开展日常检查500余次，与纪委合作明察暗访3次，推进各项决策部署落地见效。

义乌“蓝雁BlueGoose”志愿者团队协助税务干部翻译最新税惠政策
（市税务局供图 2022年11月2日摄）

【税务服务地方中心工作】 2022年4月，市税务局在全省率先实现自然人补缴出让金网（掌）上办，累计减少表单填报量96%，为缴费人节约办理时间1400余小时。落实综保区增值税一般纳税人试点政策，24户贸易企业认定增值税一般纳税人，全年实现销售收入2.14亿元。深化出口退税备案单证便利化改革，在省内全面复制推广，惠及出口企业5.72万户，覆盖面达100%。全年办理出口退（免）税105.17亿元，同比增长41.06%。开展税源专题研究，撰写《传统制造业转型升级有关情况汇报》《义乌和柯桥税收发展差异分析报告》《增值税留抵退税效应分析报告》等税收经济分析报告，为地方党委政府提供决策参考。

【税收征管改革深化】 2022年，市税务局深化应用5C监控评价体系，累计清理票种异常等类别数据6.7万余条。5月，配合经信部门开展2021年度工业企业亩产效益综合评价，对全市4700余户企业税收数据进行取数统计。7月，开展"园区经济"调研，夯实数据、排查风险，覆盖全市46个制造业小微园。做好全电发票受票扩围试点工作，通过政策推送和"一对一"辅导等方式，提升纳税人的认知度和接受度。10月，配合义乌市发改局开展服务业亩产效益评价，提供2600余户企业税收数据。配合市委组织部等部门，在"两代表一委员"等评优评先工作中把好"纳税信用关"，开展涉税违法行为审查3万余户次；土地增值税31个，年内必清项目全部完成清算。加强成品油消费税管理，对5户新办成品油经销企业进行风险分析核查，配合省局"成品油智治"应用建设，夯实有关基础数据。 （卢玫玎）

审　计

【概况】 2022年，义乌市审计局完成审计项目16个，查出问题金额6.83亿元，其中违规金额8476万元、管理不规范金额5.98亿元。审计处理金额6.67亿元。移送司法机关、纪检监察机关和有关部门处理事项17件，移送处理人员42人，移送处理金额495万元。审计督促整改落实有关问题金额233万元；出具审计报告和专项审计调查报告52篇。审计提出建议47条，被采纳47条。促进被审计单位制定、完善规章制度64项。提交审计信息65篇，被批示、采用48篇，向社会公告审计结果4篇。

【财政审计】 2022年，市审计局围绕财政管理、专项资金使用等开展审计，督促深化财政管理改革和财政资金提质增效。在市本级2021年预算执行审计等项目中，揭示2833个预算项目未完成终审仍予以安排预算、455.93公顷储备地块未按规定建账核算等管理不到位等问题，督促相关单位上缴财政、收回或拨付资金1000余万元。在稠城、福田2个街道经济责任审计及上溪镇财政决算审计中，揭示无预算长期挂账未处理、预算调整随意、劳务外包未公开招标、资产出租租金未按时收取等28个财政类问题，督促镇街清理长期挂账的无预算支出、严格执行招投标程序、及时收取租金，推动镇街财政管理进一步规范。

【重大民生事项审计】 2022年，义乌市审计局，围绕重大民生事项开展审计。在省政府2022年"十大民生实事"推进情况审计项目中，核查市教育局、市民政局等10个部门27个事项推进情况，督促相关部门出台《普惠托育服务机构建设及运行补助实施办法》，推进3个镇街完成"残疾人之家"建设。在长期护理险基金管理审计项目中，揭示1914名家庭护理员未接受过医保部门相关护理培训等问题，推进滞留的77名参保人3.81万元长护险待遇及时发放到位。在农业高质量发展专项审计调查中，揭示耕地地力补贴发放不够精准、高标准农田建设管理不规范等问题，收回财政资金4.5万元。在公租房补贴审计中，督促相关单位清理不符条件的公租房对象148户，收回补助资金5.14万元。在"异地奔小康"专项资金审计中，督促佛堂镇上缴市财政被旧村改造占用补助资金979.78万元。

【国有企业审计】 2022年，市审计局聚焦国有企业资产资源等重要生产发展要素开展审计。在“国有企业经营性房产管理情况”专项审计调查中，揭示经营性房产出租管理不规范、疫情防控期间国有房屋租金减免政策落实不到位等问题，发现8家国企未及时收取的租金、物业费等金额1.1亿元。在内河水系激活工程的建设及运维审计中，揭示内河水系激活主管部门不明确、职责不清，运维管理方案、机制不完善等问题，促进节支工程运维费898万元。

【经济责任审计】 2022年，市审计局加大经济责任审计和自然资源资产离任审计力度，对领导干部开展常态化“经济体检”，促进领导干部全面履职尽责。年内，完成7家单位10名主要领导干部任期经济责任审计，对2个街道同步开展自然资源资产离任（任中）审计，对上溪镇、双江湖集团等3家单位开展财政（务）决算（收支）审计。报告指出问题51个，反映需整改金额7304.88万元，审计结果和专报信息等获市领导批示9次。配合组织部开展离任交接工作，开展35个单位39名领导离任交接工作，其中对12名国有企业领导人员实行集中离任交接。

【政策跟踪审计】 2022年，市审计局开展深改会改革事项落实情况专项审计调查，揭示重议题数量轻会后落实、未建立议题落实协调机制等问题11个，推进出台深改会会议工作细则等3项规章制度。开展市储备粮管理情况专项审计，移送骗取粮食订单补贴等违法违纪问题线索14起，涉及资金401.69万元，涉及人员41人。揭示储备粮管理制度体系建设不够完善、部分储备粮订单不真实等问题，促进相关部门及时完善管理制度。开展双江湖水利枢纽工程、公共工程结算管理专项审计调查，完成工程结算抽查复审项目25个，促进节约公共建设资金452.87万元。

【审计数字化改革】 2022年，市审计局对标“两年大变样”目标要求，建立“专班+例会”推进机制，以积极争取省审计厅应用试点为抓手，开展审计数字化改革工作。参加省厅整改一体化智能管理系统应用第一批、第二批试点，在线上传2020—2022年的37个项目计591个问题；参加省厅社保智审试点应用建设，通过数据管理部门归集7家单位35张标准表数据；参加接入国家审计大数据中心浙江分中心试点，在全省县级审计机关率先建成审计数据分析室。全力推进大数据审计，1篇大数据审计案例获省厅优秀表彰，4个大数据审计模型入选省厅模型库。

【审计整改】 2022年，市审计局建立义乌市重大审计问题清单应用工作机制和考核评价细则，全年发现56个问题纳入义乌市级问题清单，7个问题纳入金华市级问题清单，4个问题纳入省级问题清单。对“两非”等7个问题在全市层面开展“举一反三”整改，完成“金华市级整改示范案例”申报1项，出台义乌市级制度7项。对审计发现问题全面落实挂号销号、跟踪督促、催办督办。

【审计成果运用】 2022年，义乌市坚持审计“治已病防未病”原则，深化审计发现问题成果运用。用好经济责任审计结果会商研判机制，针对2021年度开展的10个单位13名党政主要领导的履职特点、单位风险点等，向组织部门报送会商研判建议表；梳理财政管理等7个领域188个典型问题，编制成审计发现问题清单，分发全市各部门单位参考学习；对新发现的共性问题，编发审计提醒2篇，进行全市面上警示。

【审计机关自身建设】 2022年，市审计局把从严管党治党要求落实到审计业务、疫情防控的各领域、各环节。落细落实党风廉政建设主体责任，精心制定党风廉政建设工作计划，每季度召开廉情分析例会，及时查漏补缺。抓好干部党风廉政档案、重大事项申报、“一家两制”等日常管理，强化党风廉政建设。围绕审计质量、改革创新等6类重点领域设置指标，建立干部赛马机制，年度晾晒干部赛马“一榜一码一图”比拼成效3次。市审计局以“赛马”机制提升审计工作成效的做法入选“市级机关党建工作十大优秀案例”。对照习近平总书记“三个立”的审计机关自身建设标准，通过上挂锻炼、常态学习等方式培养锤炼干部。

（朱晗庭）

统　计

【概况】2022年，市统计局全力做好统计信息发布与解读，深挖数据规律，发挥“智库”作用。累计撰写统计分析、专报30余篇，反映经济运行中趋势性、苗头性问题。其中《规下工业面临增长乏力亟需关注》一文得到义乌市委书记批示，促进工作落实。开展社会群体收入结构调查分析，形成《2021年义乌市社会群体收入调查报告》，为全市共富工作提供决策依据。

【统计公报和统计年鉴编印】2022年，市统计局整理编辑《2022年义乌市国民经济和社会发展统计公报》《2022年统计年鉴》《2022年义乌市国民经济和社会发展统计公报》，从综合、农业和新农村建设、工业和建筑业、固定资产投资、国内贸易等12个方面全面分析回顾2022年义乌市经济社会取得的成就。《2022年统计年鉴》以图文并茂形式，从公报、综合、农村农业、工业、投资建筑房地产市政建设环保、商贸旅游工商服务、劳动力与工资、财政金融保险证券、教育科技文化卫生计生民政福利、能源交通邮电科技、人民生活、横向资料12个方面，集中记载义乌市2021年社会经济建设各方面取得的成就。

【电子台账路径省级试点改革】2022年，市统计局探索电子台账路径“最多报一次”省级试点改革。自2021年10月列入全省改革试点单位后，市统计局成立领导小组，领导亲自谋划、靠前指挥。2022年完成“最多报一次”系统功能模块建设，实现“一个系统，三种取数路径（直连企业财务软件自动抓取、规范表单自动映射归集、基础核算资料导入功能），三大主要功能”。3—4月，完成试点镇街200余家规模以上工业企业的测试推广，实现统计台账数字化赋能高质量发展。

【基层统计治理新模式】2022年，市统计局创新推行大统计理念，重塑统计业务流程，构建“1+2+3+N”网格化治理改革工作架构（“1”是1张统计网格体系，“2”是单一产业和多元产业镇街两种模式试点先行，“3”是“大专业、大综合、大执法”三位一体统计管理体制，“N”是N个工作运行机制），“数字化、标准化、网格化”推进基层基础规范化建设。5—6月，稠江街道、廿三里街道试点先行。6月30日，义乌市组织召开全市基层统计网格治理专项改革工作推进会，总结试点经验，各镇街、部门全面实施推广，形成“可复制、可推广、见实效”的基层统计治理体系“义乌样板”。至年底，全市划分网格122个，配备三级网格长、网格指导员159人，建设统计之家场所14个，各镇街累计走访调研、现场检查指导企业1375家次，开展培训、普法、数据联审等统计活动148场次。

【统计数据质量管控体系建设】2022年，市统计局抓好统计数据质量管控体系建设，完善统计监督机制。6月，与市纪委联合下发《义乌市统计造假不收手不

2022年3月9日，浙江省统计局赴赤岸走访调研企业，对企业用工、产能利用等情况进行现场核实　　（市统计局　供图）

收敛问题专项纠治工作方案》，坚持问题导向、目标导向，上下联动、内外协同、多管齐下推进统计造假不收手不收敛问题专项纠治。7月4日，出台《义乌市统计通报提示警示约谈工作实施办法（试行）》。将统计工作纳入市委巡察内容，加强工作协调和统计监督结果运用。8月，抽取30家企业（项目）集中开展“双随机”执法检查，对2018年以来的26个立案查处案件进行复查和评议，确保案件处罚依法公平公正。开展“回头看”，全面排查出入库企业（项目），对2017年以来入库升规企业开展自查，累计自查企业1803家、项目259个。对2017年以来退库企业、项目开展自查，累计自查企业1308家、项目32个。全方位消除数据质量风险隐患，一级预警企业累计422家，全部核查核实到位。

【迭代完善统计诚信体系建设】 2022年，市统计局完善统计信用评分办法，将社会组织与企业同等化管理，纳入义乌市公共信用评价体系管理。对全市镇街、企业进行点对点规范化建设指导，开展星级企业评定。8月29日，印发《义乌市统计单位星级评定实施办法》，发布政策解读，量化评分，好中选优。2020年至2022年，全市共评定“五星统计单位”254家次，“四星统计单位”447家次。

【基层统计队伍建设】 2022年，市统计局开展“统计进党校”工作，加强全市各级干部对经济工作、统计业务知识和统计法律法规的培训。7月12日，请浙江财经大学教师为全市中青班干部、统计局全体干部、各镇街统计负责人作共同富裕统计专题授课。开设《统计“小”课堂》《统计“大”课堂》，通过“引进来”“走出去”，相互讲解统计专业知识。全年开展线下培训1160余人次，线上开展专业培训7场1600人次。集中整理企业报表报送过程中易错问题，制作易错清单下发给各镇街和企业，针对性做好业务指导。

【服务基层能力提升】 2022年，市统计局以高质量统计数据服务经济高质量发展，做好“四上”企业、项目入库工作，聚焦新开工企业、新上项目，“一对一”现场入企指导，做到“颗粒归仓”。全年走访企业690余家。组织6个助企服务团，服务企业统计问题。9—12月，运用“统计e家”直播功能，云培训企业2500余家次。

【十大场景的贯通应用推进】 2022年，市统计局推进“统计大脑”十大场景的贯通应用。收集整理企业基本情况、地区执法监督、案件处理等数据，实现全省法治监督数据智览。加快系统推广应用，推进统计数字化改革成果在基层工作的运用。“统计e家”平台2169家企业激活率达100%，至11月中旬，平台记录走访调研280次，活动管理39次。运用“统计e家”平台直播功能，开展统计法宣传和“最多报一次”应用培训，单次直播参与1900余人。针对供给端的“八大”应用场景，督促各企业结合工作实际会用、常用、善用，每月活跃率均达100%。（应　虹）

价格管理

【概况】 2022年，受新冠疫情反复、“俄乌冲突”、需求放缓等多重因素影响，不同商品结构性波动明显，物价水平总体稳中略涨。根据国家统计局义乌调查队统计数据，居民消费价格指数同比上涨2.6%。

【居民消费价格指数总体稳定】 2022年，义乌市居民消费价格指数同比上涨2.6%，涨幅较上年同期上涨0.5%。构成居民消费价格指数的八类商品及服务价格同比呈“七涨一降”，其中，医疗保健价格上涨7.7%，交通通信价格上涨5.0%，生活用品及服务价格上涨4.8%，食品烟酒价格上涨2.4%，其他用品及服务价格上涨1.9%，居住价格上涨1.1%，衣着价格上涨0.6%，教育文化娱乐价格下降0.8%。食品烟酒价格方面，主要食品价格上涨3.1%，其中：鲜果价格上涨13.3%、鲜菜价格上涨6.8%、蛋类价格上涨6.3%、水产品价格上涨5.4%、畜肉类价格下降4.1%（猪肉价格下降4.6%）。

【粮食收储价格逐年提高】 2022年，国家继续对粮食实行保护价收购政策，义乌市粮食最低收购价格为每50千克小麦115元，同比上涨2元；早籼稻每50千克128元，同比上涨3元；晚籼稻每50千克133元；粳稻每50千克135元，同比上涨2元。早籼稻订单收购结算价格为每50千克163元，其中：收购价格128元、政府奖励30元、种粮大户补助5元；晚籼稻订单收购结算价格均为每50千克147元，同比持平，其中政府奖励14元。向江西基地采购早籼稻、晚籼稻每50千克价格分别为143.5元、149元，向永康、武义以市内余缺调剂方式采购晚籼稻每50千克价格分别为149元、147元。销售方面，早籼稻出库竞拍均价为每50千克116元，同比上涨1元；晚稻出库竞拍均价为每50千克117元，同比下降2元，小麦出库竞拍均价为每50千克146元，同比上涨24元。

【粮食销售价格总体平稳】 2022年，稻谷产量因极端天气影响产量小幅下滑，但仍连续12年稳定在2亿吨以上。库存充裕，消费相对稳定，大米进口量大幅增长，创历史新高，大米市场供需整体宽松，批发价格总体稳定。义乌粮食批发市场成交量价总体平稳，全年成交量41.07万吨，成交额18.5亿元，同比分别下降2.47%、0.6%，其中：大米交易量28.66万吨，交易额12.83亿元，同比分别下降0.08%、2.6%；面粉交易量10.68万吨，交易额4.11亿元，同比分别下降5.95%和上涨7.71%。12月底，东北长粒香米价格为每500克2.90元，同比上涨每500克0.02元，涨幅0.69%；安徽粳米价格为每500克2.06元，同比下跌每500克0.12元，跌幅5.5%；江苏粳米每500克1.92元，同比下跌每500克0.12元，跌幅5.88%。2022年面粉自2月开始价格上涨并高位运行。12月底，江苏特一粉价格为每500克2.16元，同比上涨8%；安徽特二粉价格为每500克1.88元，同比上涨18.24%。市场零售价格方面，富国超市、江南菜市场大米价格全年无波动，江南菜市场特一级面粉零售价格为每500克2.50元，同比上涨4.55%，特二级面粉零售价格为每500克2.20元，同比上涨10%。

【食用油价格继续上涨】 2022年，受疫情反复、南美干旱及“俄乌冲突”等因素影响，马来西亚棕榈、巴西大豆及加拿大油菜籽减产，造成全球油料供应紧张，叠加黑海地区葵花籽油出口受限、印度尼西亚限制棕榈油出口、阿根廷限制豆油出口、国际资本炒作、全球海运费用高企等因素，带动全球食用油价格继续上涨并创新高。中国食用油对外依存度高，国内食用油价格持续承压上涨。义乌粮食批发市场2022年食用油交易量5120吨，交易额6797万元，较上年分别下降13%、3%，平均批发价每千克13.28元，较上年的每千克11.91元上涨11.5%。12月底5升桶装金龙鱼调和油批发价为每桶71.25元，同比上涨7.25元，涨幅11.33%。12月底富国超市5升桶装金龙鱼大豆油、菜籽油、1∶1∶1调和油零售价分别为72.9元、78.8元、89.9元，同比分别上涨17.58%、12.73%、12.51%。

【蔬菜价格上涨】 2022年，浙中农副产品物流中心蔬菜年成交量84.80万吨，成交额29.69亿元，成交均价每千克3.50元，较上年的82.90万吨、26.70亿元，3.22元1千克分别上涨11.20%、2.29%、8.70%。1—2月，市场内蔬菜供货充足，走货速度一般，库存消化压力大，成交均价同比下降。3月后，受疫情多点散发、极端高温等因素影响，蔬菜生产成本和运输成本大幅增加，产量下降供应减少，蔬菜价格普遍上涨并持续高位运行。新马路菜市场12个蔬菜价格监测品种的全年算术平均零售价格为每500克4.25元，其中12月平均零售价格为每500克4.04元，较上年同期上涨5.53%。

【猪肉价格波动明显】 2022年上半年，新马路菜市场监测显示，生猪产量总体呈现供大于求局面，猪肉价格延续2021年下半年的低位水平并进一步探底。前腿肉零售价格从2021年12月的每500克27元降低到2022年3月的每500克10元，4—6月小幅反弹到每500克13元。7月起，受猪肉进口减少、政府启动收储影响，养殖企业生猪出栏意愿下降，供需处于阶段性偏紧状态，价格上涨，前腿肉零售价格稳定在每500克17～20元。2022

年全年算术平均价为每500克15.25元，同比下跌7.6%。鲜牛肉价格全年稳定在每500克50元，较上年下跌0.84%。

【禽蛋价格上涨明显】 2022年，新马路菜市场监测显示，白条鸡价格全年基本在每500克7.5～12.5元波动，全年价格算术平均为每500克8.83元，较上一年的每500克7.63元上涨15.7%。鸡蛋价格全年在5～7元间高位运行，全年价格算术平均为每500克5.98元，较上一年的每500克5.58元上涨7.2%；鸭蛋价格全年平均为每500克8.17元，同比上涨19.98%。

【淡水鱼价格小幅上涨】 2022年，受疫情多发影响，淡水鱼消费急剧下降，销量减少。浙中农副产品批发中心大宗淡水鱼总成交量3.62万吨，成交额7.16亿元，较上年分别下降11.62%、3.09%；成交均价为每千克19.80元，较上年上涨9.70%。新马路菜市场监测显示，1—4月，受治水等环境保护政策影响，淡水鱼养殖面积有所减少，供应量减少，加上疫情防控造成运输成本增加，零售价格上涨，明虾由上年底的每500克23元上涨到最高每500克40元，鲫鱼由上年底的每500克12元上涨到最高每500克15元。5—7月，下游终端需求表现不佳，零售价下降，明虾回落到每500克30元，鲫鱼回落到每500克11元。8—12月，受持续高温、新冠疫情防控造成运输成本增加等因素影响，市场供货量减少，养殖成本增加，零售价上涨，鲫鱼在8月上涨到每500克15元，后逐步回落到每500克12元。

【能源价格大幅上涨】 2022年，在“俄乌冲突”、通胀加息等背景下，国际原油价格在2022年经历过山车行情，从2021年12月到2022年3月初，大幅攀升接近历史最高点，2022年3月7日，国际油价创下2022年最高价，其中1桶布伦特原油为139.13美元，纽约原油1桶为130.5美元，随后高位盘整。6月中旬开始，油价震荡下跌，到11月下旬，整体跌至“俄乌冲突”前水平。12月30日，布伦特原油收于每桶85.91美元，纽约原油收于每桶80.47美元。从全年平均收盘价格看，布伦特原油为每桶98.86美元，纽约原油为每桶94.33美元，较2021年的每桶70.95美元和每桶68.01美元分别上涨39.34%和38.7%。受国际原油和液化天然气价格大幅上涨影响，国内液化天然气价格大幅飙升，全国液化天然气均价为每吨6468.76元，较2021年上涨31.57%，其中年内最低点为1月28日的每吨3859.72元，最高点为3月1日的每吨8605.64元。2022年动力煤中长期合同全年均价为每吨722元，同比上涨每吨73元，年内峰谷差为每吨9元，煤炭市场现货价格向合理区间回归。在零售环节，国内油价整体处于上涨趋势，在全年25轮油价调整中，出现“14次上涨、10次下跌、1次搁浅”的局势，油价整体涨多跌少，浙江省92号汽油零售价从2021年底的每升7元上涨到2022年底的每升7.55元，涨幅7.86%，2022年内最高价为6月15日的每升9.29元。非居民用管道天然气年初的最高销售价格为每立方米4.69元，11月1日起调整为每立方米4.62元；居民生活用管道天然气销售价格全年保持每立方米2.95元不变。瓶装液化石油气（14.5千克装）2021年底价格为每瓶120元，2022年底上涨到每瓶130元，涨幅8.33%，其中3—4月价格最高为每瓶135元，全年算术平均价为每瓶130元，较上年的每瓶113.3元上涨14.74%。

【规范民生价费】 2022年，义乌市对受疫情防控影响暂时出现生产经营困难的小微企业和个体工商户实行用水、用电、用气欠费不停供政策，免收1—6月缓缴期间欠费滞纳金，7月11日，市发改局、市财政局等5部门出台《关于印发〈义乌市电力接入工程费用分担机制实施办法〉的通知》，明确在城镇规划建设用地范围内，供电企业的投资界面延伸至用户建筑区划红线，除法律法规和相关政策另有规定外，不得由用户承担建设项目区划红线外发生的任何费用；建立政府、供电企业共同承担的电力接入工程费用分担机制，低压小微企业电力接入工程由供电企业承担，储备土地项目（含土地征收项目）电力接入工程费用按规定由属地政府或其授权做地主体承担并纳入土地储备成本。9月27日，市教育局、市发改局等4部门出台《关于义务教育阶段学校课后服务财政补贴和服务性收费的指导意见》，明确义务教育阶段学校课后服务收费标准为每生每学期600元，公办寄宿制学校不提供拓展服务的不得收费，民办寄宿制学校不得收取课后服务费。

【社会民生资金保障】 2022年，疫情防控、元旦、春节等重大节日、台风灾害天气期间，市发改局启动应急价格监测预警，设立7个应急监测点，对44个重要民生商品开展90次应急价格监测，密切关注重要民生商品的供求形势和价格状况，开展价格巡查，规范经营者价格行为，确保重要民生商品保供稳价。9月14日，省发展改革委等7部门下发《关于阶段性调整价格补贴联动机制 加大对困难群众物价补贴力度的通知》，明确2022年9月至2023年3月（对应2022年8月至2023年2月物价指数），将领取失业补助金人员纳入价格补贴联动机制保障范围，将启动条件中的全省SCPI单月同比涨幅达到3%调整为2.5%，将全省CPI单月同比涨幅达到3%纳入启动条件，并保持全省CPI中食品价格单月同比涨幅达到6%的启动条件不变，满足任一条件即启动价格补贴联动机制，同时明确价格补贴标准和资金保障渠道。7—10月，市发展改革局牵头并及时足额向城乡最低生活保障对象、特困供养人员、享受国家定期抚恤补助的优抚对象、领取失业保险金人员、全日制普通高校在校大学生等困难群众发放价格临时补贴8.97万人次459.13万元，有效缓解物价上涨对困难群众基本生活的影响。

（季完根）

公共资源交易监管

【概况】 2022年，义乌市累计完成公共资源交易3071项，成交666.43亿元。其中，工程建设项目招投标873项，预算价403.62亿元，中标价345.08亿元，节约58.54亿元，让利率14.50%；政府采购413项，预算价9.95亿元，中标价8.85亿元，节约1.1亿元，让利率11.02%；国企采购33项，预算价1.84亿元，中标价1.65亿元，节约1963万元，让利率10.65%；国有产权交易903项，成交价10.74亿元，增值金额6481万元，增值率6.42%；农村产权交易544项，成交价1.01亿元，增值金额2504万元，增值率32.87%；土地交易305项，出让金额299.1亿元。

【全域深化“评定分离”改革】 为进一步规范与创新招标投标试点，省发展改革委于2017年4月批复同意义乌市在工程招投标领域进行评定分离改革试点。至2022年12月底，义乌市累计完成国有投资工程项目定标1880个标段，定标金额890余亿元。2021年，省发改委批复同意义乌开展全域深化工程建设项目招投标评定分离试点，义乌探索在镇街和村级工程项目进行招投标评定分离试点。2022年全市招标项目442个，其中评定分离384个，占86.9%、同比增长22%；招标项目成交额285.26亿元，其中定标282.2亿元，占98.9%、同比增长8%；59个镇街和村级项目实行评定分离，中标总额44.5亿 元。2022年3月28日，省发展改革委印发《浙江省工程建设项目招标投标“评定分离”试点定标操作指引（试行）》，义乌《工程建设项目招标评定分离工作规程》地方标准向全省推广复制。

【投标保证金减免力度加大】 2022年，为进一步优化营商环境，让企业“轻装上阵”，义乌市在政府采购项目、3000万元以下工程建设项目中推行免收投标保证金。信用等级最高的企业参投3000万元以上的工程建设项目可以免缴投标保证金。2022年，全市免缴投标保证金项目759项，占比86.52%；享受免缴投标保证金政策的企业30.23万余家次，占比98.09%，累计释放企业流动资金150余亿元，降低企业交易成本1.2亿余元。

【招投标全程不用跑】 2022年，义乌市依托公共资源交易系统开发“不见面开标大厅”，实现企业参与招投标全程无跑腿、无纸化，交易无收费。全市824个工程建设项目实现“不见面开标”，

占项目总数的94.01%；参与的投标企业30.23万家次，累计减少跑腿60万余次、降低交易成本6000万元。（朱　俊）

市场监督管理

【概况】 2022年，义乌市新设市场主体18.06万户，同比下降8.64%，其中，新设企业4.66万户，新设个体工商户13.4万户，主体总数89.82万户，同比增长13.64%。新设外资主体619户，其中，外资公司600户，港澳台个体户17户。至年底，义乌市共有外资主体8558户，占全省的六分之一，同比增长4.42%。其中，外资合伙企业1863户，外资公司4838户，常驻代表机构1640户，港澳台个体户215户，外国（地区）企业在华从事经营活动2户。

【重点领域监管】 2022年，市市场监管局立案2765起，结案2711起，其中：大要案839起，罚没款4170.06万元；移送公安机关追究刑事责任75起。查处侵犯冬奥会标志案件67起，案值35.68万元，罚没款130.26万元，移送公安部门追究刑事责任4起。查处涉疫违法案件11起，其中3起案件入选金华市局涉疫典型案例并予以公开发布。查处药械领域案件191起，罚没款418万元，移送5起。立案查处养老诈骗案件25起，涉案金额675.9万元，罚没款627.6万元。

【价格执法检查】 2022年，义乌市加大价格执法力度，联合教育部门对校外培训机构、义务教育阶段中小学开展双随机价格检查，检查培训、办学主体42家，查处办结民办小学价格违法案件1起，罚没款25.48万元。查办重点领域反不正当竞争案件9起，罚没款24.06万元。落实公平竞争审查，组织全市部门开展自查，清理存量政策规范性文件及招投标文件109份，审查新增政策规范性文件10份，废止1份，未发现存在妨碍、限制公平竞争的情况。

【"放心消费"创建】 2022年，义乌市推进"放心消费"行动，培育创建"放心消费"单位8316家，其中，无理由退货单位2204家，放心工厂2226家，"放心消费"示范街区4家。组织热心市民、义工开展放心消费单位消费体验评价306家，普通放心消费单位合格率100%，无理由退货单位合格率98.5%。

【"3·15"消费者权益保护活动】 2022年，义乌市加强市场监管和宣传教育引导，制作消费维权电视节目，开展"3·15"放心消费大声说暨首届企业代表诚信承诺活动，共制作32期短视频、2期长视频。编制专刊，发布2021年度义乌市消费投诉举报分析报告、2021年度义乌市消费维权十大案例。14个基层市场监管所开展全域性的消费知识宣传，佛堂市场监管所组织开展放心消费进校园、学生闯关活动；后宅市场监管所开展汽车销售行业"5G"放心消费创建启动仪式；小商品分局举行"义维队"新成员入列、颁发"消费者信得过单位"、各类维权服务进市场活动。

【网络直播执法协作推进会】 2022年，为更好地梳理、规范直播行业。7月18日，市市场监管局对接北京微播视界科技有限公司（抖音公司）召开专题座谈会议，围绕直播领域新问题、新现象以及如何开展执法协作办理网络直播案件开展交流。会上，市市场监管局向"抖音"公司通报"治漠"网络直播专项行动期间办理的直播案件；双方就当前热门的"知识输出"培训虚假宣传、直播"刷流"、反向"刷流"、网络欺诈等网络直播中遇见的新问题、新情形进行深入交流。市市场监管局对"抖音"平台实行的商品、服务信息审核、监控、处置等内部机制提出监管新要求。

【外卖配送行为规范建设】 2022年，市市场监管局加强外卖配送行业组织建设、行业规范建设及关爱服务建设，打造"义骑"系列双向服务党建品牌。7月4日，成立由市市场监管局、市公安局、市人力社保局等8个部门单位及外卖递送服务企业代表和党员骑手代表为成员的外卖骑手行业综合党委，在全市外卖骑手中开展"组织找党员、党员找组织"行动，研发上线"义乌'骑'迹骑手"小程序；深入网络餐饮企业、外卖递送服务企业、网络餐饮服务企业以及外卖骑手群体，开展专题实践活动，为外卖行为提供“政务服务一站办”“休息充电有专区”“党课学习有去处”“法律维权有途径”“风采展示有场地”“技能提升有支持”的“六有服务”，建成全市首家标准化外卖骑手配送站，在全市建成“驿家亲”红色驿站常态化服务点448个，提供休息充电、便民药箱等常规服务。8月，制定《义乌市外卖骑手“五美”自律公约》，充分发挥外卖骑手流动宣传员、需求速递员、困难纾解员、城市观察员的作用，建成“义骑先‘蜂’”志愿服务队伍，打通联系服务群众“最后一百米”。（陈丽娜）

质量技术监督管理

【概况】 2022年，市市场监管局开展口罩、车用汽柴油、燃气灶具、消防产品等23类重点产商品专项监督，抽检301批次；对重点行业生产企业开展定期监督抽查190批次；开展合金饰品、口罩风险监测217批次。对503批次不合格产品生产企业、销售单位开展约谈，指导企业查找问题，促进企业产品质量提升。至年底，义乌市有效注册商标18.3万件，同比增长3.75%，位居全国县级市前列；浙江省人民政府发文表彰2022年浙江省标准创新贡献奖获奖项目和获奖组织，市市场监管局成为全省首批5家标准创新贡献奖组织奖获奖单位之一。

【质量品牌建设】 2022年，义乌市33家企业40款产品获“品字标”浙江制造认证、3家企业获评义乌市政府质量奖、2家企业获评质量管理创新奖。森宇控股集团、春晗建设2家企业分别获金华市人民政府质量奖和质量管理创新奖。累计36家次企业获得各级政府质量奖，92家企业获“品字标”浙江制造认证。

【启动备案非标电动自行车改革】 2022年，义乌市启动备案非标电动自行车改革。10月，成立市电动自行车综合治理改革专班，制定《义乌市关于鼓励备案非标电动自行车提前淘汰置换实施方案》。通过传统媒体、宣传手册、海报、微信、短视频等方式开展政策宣传。实施政府消费券补贴推动淘汰置换，采取“企业让一点”“回收抵一点”“运营商惠一点”“金融机构助一点”的政策优惠，推进非标电动自行车淘汰置换工作。义乌创新“一二三”工作法高效推进备案非标电动自行车淘汰置换工作获省局领导批示肯定。

【质量基础设施一站式服务平台建设】 2022年，义乌市根据浙江省市场监管局要求，全力打造“1+2+4+X”质量基础“一站式”服务平台的“义乌模式”（“1”即围绕“浙江质量在线”的数字化改革应用；“2”即打造光电产业、饰品产业两个质量基础设施“一站式”服务平台；“4”即充分发挥国家标准技术审评中心、义乌市产品质量检验研究院、义乌市知识产权维权中心、义乌市标准化研究院4家机构资源集聚优势；“X”即通过以点带面，建立“一站式”服务站），引导动员100余家饰品、光电企业和3000家其他中小微企业、个体户完成平台注册。在园区、行业协会、特色小镇建立质量基础“一站式”服务站5个，组建由18名专家构成的服务团队，帮扶

义乌市“一站式”服务平台专家于质量“一站式”服务站帮助企业答疑解惑　（市市场监管局供图　2022年5月15日摄）

企业200余家次，累计惠及主体1000余家。

【企业质量人才培养】 2022年，义乌市市场监管局与省质量协会对接，制定个性化培训课程和培训团队，为政府质量奖、“品字标”、小微和规模以上企业提供质量战略管理、质量文化、品牌管理、首席质量官制度等知识的线上培训。323人获首席质量官任职证书，培训人数位列全省各县（市、区）前列。

【标准研制】 2022年，推动义乌市企业制定国际标准3项，国家标准24项，行业标准9项，浙江制造标准13项（主导11项），义乌市地方标准2项，发放标准化战略奖励资金1366万元，数量居全省前茅。义乌市双童日用品有限公司主导制定的《聚丙烯饮用吸管规范》国际标准获评“2021年金华市标准创新重大贡献奖”。指导化妆品行业开展对标达标提升行动，20家企业通过国家平台完成对标。至2022年底，全市制定国际标准8项，国家标准280项，行业标准286项，浙江制造标准85项，浙江省级地方标准16项，团体标准47项。

【标准化试点项目】 2022年11月8日，受国家标准化管理委员会委托，浙江省市场监管局组成专家评估组，对义乌优化营商环境国家级标准化试点项目进行终期考核评估。经现场考核评估，项目高分通过验收，评议等次为优秀。项目总结提炼义乌优化营商环境工作经验，构建覆盖全市营商环境的各个环节和主要功能的标准体系，在重点领域形成全国、全省性的示范推广效应。12月27日，浙江省市场监管局下达2022年度省级标准化试点重大项目和省级标准化试点项目，义乌市获批“城市标准化综合试点”省级标准化重大试点、“工业园区服务”省级标准化试点、“基层智慧消防应急服务”省级标准化试点3个项目。12月30日，国家标准委下达2022年度国家级服务业标准化试点项目，义乌“标准进市场”项目获批服务标准化试点项目。

【第五届中小企业标准化（国际）大会】 2022年11月26日，第五届中小企业标准化（国际）大会在义乌召开。会议由浙江省市场监督管理局、义乌市人民政府共同主办，浙江省质量协会、义乌市市场监督管理局共同承办。会议采用线上线下相结合的方式举行，发布17项国家标准和《浙江省质量发展报告》《浙江省标准化白皮书》等重要成果，同时举办“全域标准化发展与实践”主题论坛，有关专家就“双碳”目标下标准化工作、标准促进金砖国家互联互通、疫情背景下标准化赋能中小企业出海等主题进行主旨演讲。

【“标准城市”建设】 2022年，义乌市完成“标准城市”建设第一个三年行动计划（2019—2021年），完成33项标准提升工作、89项具体项目，涵盖经济社会发展各领域，形成5个方面24条可复制推广的典型经验，相关报告获国家市场监督管理总局、国家标准化委员会主要领导批示肯定。12月，市政府发布《义乌市“标准城市”建设行动计划（2022—2025年）》，明确新一阶段“标准城市”建设重点工作任务。

【义乌入选全国商标品牌建设优秀案例】 2022年12月26日，国家知识产权局公布商标品牌建设优秀案例，义乌市市场监管局关于“深入实施商标品牌战略高质量建设世界小商品之都”的案例成功入选政策措施类优秀案例，系全省唯一。义乌以商标注册便利化改革为突破口，以商标品牌有效运用和依法保护为重点，创新工作举措，整合资源优势，打造国际贸易领域商标品牌发展和保护的新高地；知识产权“一件事”服务平台，在国际商贸城设立义乌市知识产权维权服务中心，集成商标注册、马德里商标国际注册、版权登记等34项国内外服务事项，为市场主体提供全方位的知识产权保护和服务。至年底，义乌全市有效注册商标总量18.3万件，拥有中国驰名商标24件。

（骆庆华　喻能能）

食品药品监督管理

【概况】 2022年，市市场监管局加强食品安全风险隐患治理，推动食品安全治理能力现代化建设，成功创建全省首批省级食品安全示范市。强化食品安全监督抽检，完成各类食品检测3221批次，不合格率3.73%。健全食品安全工作制度，修订《义乌市食品安全事故应急预案》，健全应急管理体系，结合省运会筹备工作组织开展省运会食品安全事故应急演练。

【食品安全专项行动】 2022年5月，市市场监管局开展食品安全“守查保”专项行动，按照“守查保”专项行动要求，突出“9+12+N”（即九大类对象+2022年食品安全风险治理“一月一行动”+N个本地自选隐患）重点，制定义乌市“守查保”行动方案，成立专项行动领导小组，部署食品安全领域“守查保”行动，摸清底数，强化监管，消除隐患，守护“舌尖安全”。专项行动期间，检查各类食品行业单位7.2万户，检查覆盖率100%；发现并整改规范4430个，处置率100%。

【“无疫餐饮店”创建和评价标准发布】 2022年，义乌市以全面落实疫情防控“七大机制”为基础，发布“无疫餐饮店”创建评价标准，在全市范围内开展中大型餐饮单位“无疫餐饮店”创建行动。“无疫餐饮店”创建标准个人防护举措落实到位、经营场所常态消杀等方面。创建考评设立组织管理、人员管理、场所管理、人防、物防5个一级指标、13个二级指标和1项疫情零发生否决项，总分设置100分，70分以上的认定为达标单位。

【铁皮石斛“药食同源”管理】 2022年，市市场监管局为推动义乌市铁皮石斛行业发展，按照全省统一要求，对义乌市森宇集团开展“铁皮石斛”药食同源物质管理试点生产的注册、备案、许可等方面帮扶。森宇集团的森宇公司、森山健康产业公司分别于6月和8月取得省试点许可，开展铁皮石斛膏、铁皮石斛（固体饮料）以及铁皮石斛浆饮品（植物饮料）、铁皮石斛露饮品（植物饮料）4种产品的试点生产，顺利完成产品食品安全性跟踪评价。

【农村假冒伪劣食品三年整治行动完成】 2022年，义乌市完成市场监管总局等六部门下发的《农村假冒伪劣食品整治行动方案（2020—2022年）》。2020年至2022年义乌市累计出动检查人员2.95万人次，检查食品生产企业280家、食品经营主体6652家、农村农贸市场168户次、网络第三方平台提供方25家次。查处假冒伪劣食品行政处罚案件41件，食品案件罚没金额121.48万元。2022年11月，专项整治工作圆满结束。

【在产企业“阳光工厂”建设全覆盖】 2022年，市市场监管局深化食品生产企业“阳光工厂”建设，规范“阳光工厂”企业生产，建立“阳光工厂”长效机制。通过指导、培训，6月底，实现在产企业“阳光工厂”全覆盖。至12月底，共建设食品生产企业“阳光工厂”203家，建设率100%，完成省、金华市建设任务和要求。

【推进化妆品美丽消费“百千万”示范工程建设】 2022年，义乌市开展浙江省化妆品美丽消费“百千万”示范工程建设。通过召集示范商场、示范街内经营户及示范单位开展动员培训，宣讲化妆品相关知识、解读创建标准，提高经营户创建主体责任意识。组织示范创建单位开展互查活动，由监管人员现场演示“化妆品监管”App和国家药监局网站查询的技巧，对照创建标准开展检查，推进经营单位主体责任落实。开展化妆品经营领域跨部门联合检查，强化案件查办，对监督检查中发现的问题追根溯源，对违法经营者予以查处。至12月4日，出动检查人员1628人次，开展监督抽检195批次，检查企业796家，发现问题产品77个，责令改正企业67家，立案查处155件，罚没款金额305.8万余元。建成示范街1条、示范商场4家、示范经营单位27家。12月4日，市市场监管局以满分成绩通过浙江省化妆品“百千万”美丽消费提升工程验收。（陈丽娜）

农 业
AGRICULTURE

综 述

【实施稳粮保供行动】 2022年，义乌市农业农村局抓好农产品稳产保供，实施农业“标准地”改革和农业“双强”行动，向农业高质量发展迈出坚实步伐。全市完成农林牧渔业总产值40.3亿元，同比增长1.8%，实现农林牧渔业增加值27.43亿元，扣除价格因素，同比增长1.7%。实施稳粮保供行动，农业底盘更加稳固。实施粮食安全战略，强化种子储备调度，确保重要农产品供给。完成水稻种子储备90吨、油菜种子储备0.35吨。新增省级以上健康养殖示范场2家，养殖水产品抽检合格率98.72%，16家规模以上养殖主体完成渔业增殖放流1709.31万尾，创建省级渔业健康养殖示范县。

（成丹丹）

【高标准农田建设】 2022年，义乌市推进高标准农田建设，编制完成《义乌市高标准农田“十四五”规划》，谋划实施新（补）建项目7个，新建高标准农田607.86公顷。完成建设面积3300公顷。其中：新建项目1个，面积266.86公顷；新建类补建项目18个，面积2223.86公顷；结转类补建项目6个，面积660.26公顷；调整项目5个，面积157.46公顷。加快农村土地规模流转，流转总面积1.16万公顷，流转率79.88%。（成丹丹 吴卓奇）

【耕地地力保护稳步实施】 2022年，义乌市实施“肥药两制”改革，创建省级低碳生态农场3家，建成省级绿色防控示范区（肥药定额施用示范区）1个，市级绿色防控示范区19个；培育示范性植保服务组织1家。推广配方肥和按方施肥4990吨，完成土壤—农产品重金属协同监测2000批次，建成受污染耕地安全利用千亩示范区1个。加强生态沟渠及环境监测，新建佛堂镇后阳村生态沟渠1条，义亭镇缸窑村建成全省首条数字化农田氮磷生态拦截沟渠。启动第三次全国土壤普查工作。

（成丹丹）

【农业“双强”行动】 2022年，义乌市实施农业“双强”行动，农业综合生产能力持续增强。制定出台科技强农、机械强农行动计划及配套政策，专班化、项目化推进农业高质量发展。推进科技强农、机械强农。加快农业科技创新应用，联合省农科院进行战略合作，设立金华市农科院义乌分院，新增省级高品质绿色科技示范基地3家（雅荷、宏富、农开公司），金华市级农业“双强”示范基地1家（飞扬农机），认定科技示范户166户。加强农业新品种推广应用，首次试验早稻新品种8个，建立本土种质资源保护基地5处。加快农业机器换人，完成农机购置补贴机具238台（套），新增省级未来农场1家（森宇）、省级农机创新试验基地1个（正康）、省级农机服务中心2个（飞扬、碧波）、省级全程机械化应用基地7个（义宝、农开公司、青肃、正康、平望、下

水碓、道人峰），创建省级特色产业（畜牧业）农业“机器换人”高质量发展先行县。（成丹丹）

【农业高能级平台打造】 2022年，义亭镇成功入选全国农业特色产业强镇创建名单。2个万亩农业综合园区、10个千亩农业“双强”示范畈启动建设。引进农业项目30个，计划投资14.6亿元；储备农业农村项目35个，计划投资13.67亿元；开工建设省级农业农村重大项目6个，计划投资1.97亿元；完成年度投资2.53亿元（其中建安投资1.77亿元），形成“1（农业强镇）+2（万亩平台）+10（千亩示范畈）+N（农业项目）”的农业发展格局。（成丹丹）

【农业优品提升加快】 2022年，义乌市强化新型农业主体培育，新增省级农业龙头企业1家、示范性家庭农场10家。推动农产品品牌发展，新增“义乌红糖”“义乌枣”“义乌蜜枣”等涉农地理标志证明商标3件。探索农产品线上营销模式，22家农企产品参加“网上农博”展销。（成丹丹）

【农产品质量安全监管】 2022年，义乌市加强农产品质量安全监管，农产品1.23万批次定性检测合格率100%，541批次定量检测合格率99.6%；319家规模主体农产品全部实现可追溯管理，开具农产品合格证42.68万张，涉及上市农产品2350.38吨。开展“治违禁、控药残、促提升”三年行动，消除农产品质量安全隐患。（成丹丹）

【耕地地力补贴发放】 2022年，完成耕地地力保护补贴资金发放。经村级上报、镇街农业农村办审核公示，农业农村局资料审核，确定2022年度全市享受补贴农户10.6万余户，补贴面积1.04万公顷，补贴标准每公顷61.26元，发放农业生产发展资金950.7万元。（傅雨晴）

【受污染耕地安全利用监测】 2022年，义乌市农业农村局开展水分管理措施对不同镉浓度土壤安全利用的研究、不同钝化剂对稻米重金属吸附能力的研究、不同时期不同钝化剂撒施次数对稻米重金属吸附能力及土壤养分影响的研究3项试验，对土壤改良效果进行监测，建设受污染耕地安全利用技术千亩推广区。加强基本农田18个监测点的土壤重金属污染状况例行监测和评价，开展土壤和农产品协同监测评价，构建受污染耕地安全利用长效机制，全市受污染耕地安全利用率93.28%。（宋肖琴）

【“新农匠”工作室】 2022年，为加快乡村振兴人才队伍建设，义乌市农业农村局根据《浙江省农业农村厅办公室关于组织开展2022年浙江“新农匠”遴选工作的通知》《关于做好义乌市级“新农匠”遴选工作的通知》等文件精神，经过个人申报、镇街初审、市级审评，在全市范围内遴选出首批义乌市级“新农匠”30人，“新农匠”工作室5个。11月，义乌市农业农村局公布《首批义乌市级“新农匠”及“新农匠”工作室名单》。冯泽宝等30人被评为义乌市“新农匠”，周建龙、金靖、骆红卫、冯泽宝、张爱珍5家工作室被评为义乌市“新农匠”工作室。（陈凯航）

种植业

【概况】 2022年，全市粮食生产保持增长。粮食播种面积8704.31公顷，总产量4.66万吨；油料作物播种面积1496.6公顷，总产量4071吨；蔬菜播种面积8640.4公顷，同比下降0.70%，产量23.05万吨，同比下降1.20%；水果种植面积3715.8公顷，同比下降1.0%，采收水果5.90万吨，同比下降8.65%；茶园面积403.53公顷，同比下降2.89%；茶叶总产量444.20吨，同比下降31.64%；甘蔗种植面积672.67公顷，同比下降7.30%，产量5.48万吨，同比下降14.60%。食用菌栽培规模373万袋，产量2122.5吨，同比分别下降14.8%和6.0%。铁皮石斛、益母草和覆盆子等中药材种植面积166.53公顷，同比持平，产量1847.5吨，同比增长3.4%。

（张涵辉　王园珍）

【粮食扩面增产】 2022年，义乌市粮食生产大幅增长，粮食播种面积8704.31公顷，产量4.66万吨，同比分别增长7.3%和4.3%。

其中：早稻播种面积2600.3公顷，同比增长10.7%；中晚稻播种面积3424.57公顷，同比增长3%。创建省级早稻绿色高产创建千亩示范片8个，亩产量最高达到729千克。（张涵辉）

【实施药肥减量增效工程】2022年，义乌市农业农村局实施药肥减量增效工程，全市测土配方施肥技术覆盖率90.2%。推广商品有机肥1.1万吨，不合理施用化肥减量182吨，农药减量3吨。病虫害统防统治面积7930公顷，绿色防控技术应用推广面积8930公顷。完成主要农作物免费取土测土服务112个。建立1个省级农作物病虫害绿色防控示范区。（宋肖琴）

【粮食生产功能区整治优化】2022年，义乌市农田新“三区三线”划定，新划定永久基本农田面积从原来1.83万公顷调减为1.31万公顷。原粮食生产功能区不在新划定永久基本农田范围内的面积有2293.33公顷。根据《浙江省人民政府办公厅关于坚决制止耕地“非农化”防止耕地“非粮化”稳定发展粮食生产的意见》等文件要求，义乌市将粮食生产功能区“非粮化”整治优化与新划定的“三区三线”相衔接，重新制定粮食生产功能区“非粮化”调整优化方案，对全市6728.8公顷粮食生产功能区重新进行调整优化。至11月15日，调整优化后6728.8公顷新粮食生产功能区通过省级审核，粮功区整治优化进度为100%，义乌市粮食生产功能区“非粮化”整治优化工作全面完成。（张涵辉）

【蔬菜产业园建设】2022年，义乌市大力推进蔬菜产业化进程，培育出义亭蔬菜产业园、苏溪蔬菜产业园、佛堂蔬菜产业园3家现代科技农业产业示范园。佛堂蔬菜产业园面积29.73公顷，总投资5000万元。2021年1月开建，2022年7月投入运行，同年9月完成第一批种植大棚5.27公顷建设，预计年产蔬菜5000吨，年产值900万元。是一个集生产示范、惠农生产、农资农机服务、仓储冷链物流、种苗培育、亲子研学、观光采摘等多功能于一体的现代科技农业产业示范园。义亭蔬菜产业园于2021年12月24日在义亭镇包西塘村开工，用地33.33公顷，大棚设施面积20公顷，投资3000万元，主要种植茄果类、叶菜类蔬菜。园区内温室种养、种植繁育、科教观光、采摘体验一应俱全，是全市第二个现代化蔬菜产业园。苏溪蔬菜产业园，2022年5月16日，市场集团与苏溪镇人民政府签订战略合作协议，利用后店村流转的24.8公顷土地，大棚设施面积20公顷，投资3000万元。通过引入现代农业管理经验和技术，打造一个集种植、采摘、科普、技术推广于一体的示范性蔬菜种植产业园。（王园珍）

畜牧业

【概况】2022年，全市生猪存栏11.03万头（其中能繁母猪1.67万头），同比增长53.41%；生猪出栏16.36万头，同比增长9.50%。猪肉产量1.47万吨，同比增长37.38%。家禽存栏119.04万羽，同比下降14.19%；家禽出栏1038.55万羽，同比增长17.63%。禽肉产

2022年7月，佛堂蔬菜产业园投入运行

（市农业农村局　供图）

量1.51万吨，同比增长0.03%。全市牛饲养量82头，羊饲养量1671只，较2021年基本持平。全年肉类总产量2.99万吨，禽蛋产量176.45吨。

【非洲猪瘟防控】 2022年，义乌市推进非洲猪瘟防控常态化监管，加强防控措施落实督导和隐患排查，指导养殖、屠宰等企业做好科学防范工作，严格落实生猪屠宰企业执行非洲猪瘟自检制度，全年完成入场生猪非洲猪瘟PCR检测样品2.71万个，结果全部阴性。兽医实验室全年抽取猪肉、饲料和环境等样品检测非洲猪瘟病原3950份，结果均合格。

【重大动物疫病防控】 2022年，市农业农村局部署全市重大动物疫病防控工作，组织开展春、秋季集中免疫行动，指导养殖场做好程序免疫和疫病防控，开展免疫抗体和病原监测，开展人畜共患病排查行动，组织动物诊疗机构和屠宰场等场所从业人员开展布鲁氏菌病、结核病筛查。全年监测口蹄疫、猪瘟、禽流感、布鲁氏菌病等血清抗体5674份；监测高致病性猪蓝耳病、口蹄疫、禽流感等病原1550份，结果为阴性。

【畜产品质量安全监管】 2022年，市农业农村局强化源头生产管理，把好畜产品质量安全关、畜禽产地检疫和屠宰检疫关。全年完成动物及其产品调运备案4289批次、落地审核2087批次；

2022年华统家禽屠宰场采样监测动物疫病

（市农业农村局供图 2022年3月16日摄）

屠宰检疫生猪26.79万头、家禽769.55万羽。加强畜禽养殖和屠宰环节无害化处理监管，全年处理病死猪1.93万头、病害畜禽及产品907.82吨。加强畜产品质量安全抽检，抽取畜禽产品及饲料、兽药等样品108批次送检。生猪养殖和屠宰环节"瘦肉精"抽检1.4万份，结果均为阴性。

【畜牧业改造提升】 2022年，义乌市全面推进生猪增产保供工作。8月，组织义乌市星科家庭农场、义乌市浩康猪场等4家畜禽养殖场和2家无害化处理中心实施畜牧业改造提升项目。11月，正康（义乌）禽业有限公司青肃鸡场成功创建农业农村部畜禽标准化示范场，为义乌市畜禽养殖场建设起到示范引领作用。

【兽用抗菌药使用减量化和饲料环保化试点三年行动】 2020年12月起，义乌市组织开展兽用抗菌药减量化和饲料环保化试点（简称"两化"）三年行动，制定计划创建"两化"试点场和示范场18家，其中兽用抗菌药减量化试点场12家，示范场2家，饲料环保化试点场3家，示范场1家。2021—2022年，组织养殖场参加"两化"创建培训，指导建立规范的养殖档案，日常检查畜禽养殖投入品安全使用情况，抽取饲料、猪肝、粪肥等样品送省质检中心检测，组织省、金华市"两化"评估专家进行评审。至2022年底，全部完成创建任务，其中，2021年完成创建"两化"试点场和示范场12家，2022年完成创建6家。（陈韶青）

水产业

【概况】 2022年，义乌市着力推进渔业绿色高质量发展，提升水生生物经济物种种群资源量，改善和优化放流水域的水生物种种群结构，发挥生物治水功能，有效改善水域3320公顷，其中，禁养区、限养区渔业水域面积2220公顷，养殖区渔业水域面积1106.67公顷。2022年，水产养殖产量4075吨，同比增长1.34%；渔业总产值1.39亿元，同比增长1.80%。

【渔业健康发展】 2022年，义乌市加快构建全市生态绿色高质量渔业发展新格局，成功创建省级渔业健康养殖示范县。义乌市义宝农庄和义乌市陇头朱农业科技发展有限公司被认定为“浙江省水产健康养殖示范场”。至年底，义乌市累计创建完成9家省级以上水产健康养殖示范场。大力推广稻渔综合种养、配合饲料替代冰鲜鱼等生态养殖模式，至年底，推广稻渔综合种养面积44.56公顷，义乌市陇头朱农业发展有限公司被评为“浙江省稻渔综合种养基地”。多跨协同推进渔业产业链数字化改革，全市24家规模以上养殖主体均接入浙江省渔业产业大脑应用。养殖水产品抽检合格率98.72%，24家规模以上养殖主体均实现养殖尾水零直排。

【渔业增殖放流】 2022年，义乌市根据全市水生生物资源状况和水域生态环境状况，开展水生生物增殖放流活动。2月24日，在岩口水库、长堰水库放流5吨黄尾密鲴冬片16.21万尾。6月20日，在岩口水库、长堰水库、雪峰水库放流白鲢、花鲢、黄尾密鲴夏花1693.1万尾。12月1—2日，在岩口水库、长堰水库、八都水库完成冬片放流64.34万尾。全年增殖放流夏花、冬片1773.65万尾。通过渔业增殖放流，提高广大民众资源保护意识。 （傅雨晴）

2022年12月1日，市农业农村局在岩口水库放流冬片

（市农业农村局 供图）

林 业

【概况】 2022年，全市新建和改造绿化面积141.67公顷，完成造林落地上图103.6公顷，完成义乌市千万亩森林质量精准提升工程实施方案（2021—2025年）编制，完成中幼林抚育、美丽生态廊道建设、松林主动改造211.24公顷。苏溪镇杜村、义亭镇陇头朱村创建成为“一树万树”示范村。做好生态公益林、天然林保护管理工作，完成公益林调整报批工作。因佛堂镇上村采石场自然生态环境综合治理工程等34个项目建设需要，调出国家级公益林3.37公顷、省级公益林11.76公顷、市级公益林11.07公顷；按照公益林建设规模总量平衡要求，将佛堂镇石壁村3.37公顷林地调入为国家级公益林；廿三里街道联五村11.76公顷林地、26.2公顷林地分别调入为省级公益林和市级公益林。做好日常野生动物救护，实施野生动物救援169次。组织开展森林、草地、湿地生态系统外来入侵物种普查，查清外来入侵物种发生种类、分布、发生面积、危害程度、寄主等基本情况。2022年，全市发现入侵有害生物16种。

【松材线虫病除治】 2022年，义乌市各镇街组织专业清理队伍开展枯死松树清理，清理枯死松树1.23万株，完成除治面积1.44万公顷，完成省林业局下达的2022年度松材线虫病除治任务。在全市范围内采用打孔注药技术预防松材线虫病，使用松材线虫病免疫制剂6.02万支，保护义乌市重点区域松树2.65万株。组织全市各镇街开展房前屋后疫木清缴专项行动，开展检查38次、参加人员136人，检查村庄数123个，发现疫木村庄数16个、收缴疫木数量7.6吨，收缴疫木实行统一销毁。

【珍贵彩色树种培育】 2022年，义乌市争取到省调控珍贵彩色树种苗4.3万株，占金华市的26.54%。1月29日，完成省级种质资源圃——义乌市华秀枣类研究所义仁大枣、早金脆枣、伏脆蜜枣3个品种信息的收集登记，包括地理、物种、植株、生活环境方面的信息，录入到"浙江省林木种质资源智能化管理系统"平台，并通过审核。3月20日，完成2022年油茶生产保供任务20.68公顷。完成"一亩山万元钱"基地新建培育67.37公顷，辐射推广100.05公顷，巩固深化343.04公顷。发展林下旅游、林蜂养殖、林下种植等林下经济面积60.03公顷，实现林农增收1000万元。3月30日，完成全部提取任务。对2009—2021年义乌市获省赠珍贵彩色树种苗69.2万株，种植面积493.37公顷的红豆树、浙江楠、南方红豆杉樟、榉、浙江树、光皮桦等树种的植树成效开展"回头看"。省赠珍贵彩色树苗植树成效显著，其中2012年大陈镇樱落山庄6.67公顷浙江楠，2012年上溪镇古塘下村双尖山6.67公顷光皮桦，2014年赤岸镇大桥村6.67公顷闽楠，2017年义乌市林场10.67公顷红豆树，2019年城西街道圣寿寺2.33公顷榉树等植树基地成效明显。通过赠送苗的植树造林，绿化了荒山荒坡，增加了森林色彩，带动了广大市民绿化植树积极性和保护森林意识。

【《义乌市千万亩森林质量精准提升工程实施方案》通过评审】 2022年2月，义乌市林业局组织进行《义乌市千万亩森林质量精准提升工程实施方案（2021—2025年）》（以下简称《方案》）编制工作，并与委托单位共同成立方案编制工作组，按照相关法律法规和技术要求，研究制定义乌市森林质量精准提升工程实施方案。工作组结合义乌市林业现状，落实林业"十四五"发展规划，在选取潜力地块、完成现地调查的基础上，根据区位特点与经营目标对各工程区的实施目标、实施任务和建设方案提出合理建议。4月，征求义乌市各相关单位意见并修改完善，5月最终形成《方案》。5月27日，金华市自然资源和规划局组织召开《方案》评审会。评审会上，与会专家和领导在审阅方案文本、听取编制单位汇报后认为，《方案》基础资料翔实，建设内容全面，投资估算合理，保障措施有力，符合千万亩森林质量精准提升工程建设相关政策要求，经讨论，专家组一致同意通过《方案》。

【油茶产业发展帮扶】 2022年，义乌市新建油茶基地20.01公顷。为推进油茶产业的发展，义乌市林业局加强技术培训与技术指导帮扶，助推油茶产业基地建设。2月16日，义乌市林业局组织镇（街）林技人员、全市油茶种植大户到金华市婺城区东方红林场、琅琊镇滕村油茶示范基地现场观摩培训，学习油茶种植中的选地、种植、整形修剪、抚育管理、病虫防治、深加工等技术。3月初，义乌市林业局林技人员到大陈上坑仁村、上溪溪华村现场指导新建油茶基地整地、种植、施肥及杂草防控等。林技人员与油茶种植户建立日常联系制度，农户的种植管理作业情况可及时传递给林技人员，林技人员也可随时解答种植户的咨询和问题。至3月20日，全市完成新种植油茶13.34公顷，另有6.67公顷已选定地块计划种植。

【林长制改革】 2022年是义乌市全面推行林长制改革之年。为进一步推深做实林长制改革，推动全市林业高质量发展，3月7日，义乌市政府召开第一次市级林长会议暨全市林长制工作推进会，安排部署全市林长制工作。同月4日，印发《2022年义乌市林长制重点工作清单和任务清单》，明确四大类16项重点工作任务，将新增国土绿化面积、林地保有量、森林覆盖率、森林蓄积量、森林火灾受害率、古树名木保护、产业发展、自然保护地体系建设、重点公益林建设等重要指标进行细化量化，通过主要指标数字化考核，建立目标责任清单。通过量化考核目标，压实乡镇任务，将林长制工作落到实处。

【野生动植物保护工作成效显著】 2022年，义乌市加大野生动植物保护力度，实施濒危野生动物救护、生态公益林建设、湿地和矿山生态修复等工程。设立南江省级湿地公园、华溪省级森林公园、德胜岩省级森林公园、望道省级森林公园、松瀑山省级森林公园，保护面积6326.9公顷，占市域面积5.73%，涵盖全市重点保护野生动植物种类。4月15日，市野生动物保护队在华溪森林公园将巡查中收缴上来的野猪夹等进行集中销毁处理。至2022年，义乌市域国家、省重点的野生动物有云豹、黑麂、穿山甲等17种；重点保护的野生植物有15种，其中：一级保护的有南方红豆杉；二级保护的有榧树、长叶榧等14种。全市有古树名木1230棵，古树名木群9个，分别在佛堂团力村，赤岸湾塘村、乔溪村、雅端村，苏溪楼存傅村、双溪村，大陈红峰村、大畈村，后宅全备村。

【森林生态保护】 2022年，义乌市自然资源和规划局严格林地用途管制和林地定额管理，做好林地预审及报批前各项工作。全年办理林地等级调整9批次，涉及99个项目，676个地块，320公顷林地。完成苏溪2条、大陈1条森林步道立项工作；完成《义乌松瀑山省级森林公园规划方案（初稿）》和可行性研究、《华溪省级森林公园规划方案修编（初稿）》。4—5月，联合公安、市场监管对全市花鸟市场开展清风行动巡查。累计出动执法车136车次，执法人员165人次，收缴非法猎捕工具23个，张贴禁猎公告2000份，发放宣传资料2000份。4月，组织开展"爱鸟周"和"国际生物多样性日"等宣传活动，通过新媒体、电子显示屏、展板和横幅宣传等形式，提高公众对野生动植物的认知和保护意识。开展野生动物肇事保险，累计接到农户报案25起，已决赔案1起，赔款额5013元，未决赔款额6万元。完成拨付森林生态效益补偿资金1.32亿元、天然商品林停伐补偿资金45.29万元、国有天然林生态保护恢复资金24.6万元，惠及全市584个村集体经济合作社农户1.8万户。

2022年4月15日，市野生动物保护队在华溪森林公园将日常巡查中收缴的野猪夹等进行集中销毁处理 （市自规局 供图）

【生物多样性调查】 2022年5月，为系统掌握全市物种多样性、特有物种及珍稀濒危物种状况，评估物种保护成效，检验保护是否有空缺，义乌市启动全域生物多样性调查工作，至10月完成首轮夏季野外调查工作。义乌市在全域生物多样性调查工作中，发现6种国家II级重点保护野生动物，即国家II级重点保护两栖动物中国瘰螈和国家II级重点保护鸟类短尾鸦雀、红嘴相思鸟、画眉、凤头鹰、领角鸮。此次调查按照《县域生物多样性调查与评估技术规定》要求，以华溪森林公园、德胜岩森林公园、望道森林公园、大寒尖森林公园和南江湿地公园、福田湿地公园等区域为重点调查区域，对全域两栖爬行动物、鸟类、哺乳动物、昆虫、大型真菌等类群的本底情况进行调查，各类群分别布设调查

样 线30条、17条、28条、29条和15条。经技术团队初步鉴定，本轮调查发现两栖动物22种、爬行动物13种、鸟类58种、哺乳动物5种、昆虫100余种。此外，技术组还拍摄收集到大型真菌物种照片1000余张，采集、制作真菌标本100余份。

【外来生物有害入侵调查】 2022年，为摸清义乌市外来生物有害入侵基本信息，8月29日，义乌市自然资源和规划局委托浙江农林大学相关技术团队开展外来生物有害入侵调查。此次调查对义乌市每个乡镇及街道随机选择2～3个地方，选取踏查点37处，总踏查距离大于200千米。通过实地踏查，发现入侵有害生物有菟丝子、粉绿狐尾藻、南美天胡荽、喜旱莲子草、加拿大一枝黄花、水葫芦、大花鬼针草、大狼杷草、反枝苋、刺苋、大薸、马缨丹、三裂叶甘薯、土荆芥、落葵薯、白花曼陀罗16种。外来物种入侵会严重破坏生物多样性，并加速当地物种灭绝。外来物种入侵是威胁生物多样性的头号敌人，入侵物种被引入异地后，由于其新生环境缺乏能制约其繁殖的自然天敌及其他制约因素，其后果便是迅速蔓延，大量扩张，形成优势种群，并与当地物种竞争有限的食物资源和空间资源，直接导致当地物种的退化，甚至被灭绝。对外来入侵物种采取人工防治、机械去除、替代控制方式，将有害生物种群密度控制在生态和经济危害水平之下。

【森林消防技能比武】 2022年9月21—22日，金华市国有林场和自然保护地森林消防技能比武在义乌市佛堂镇塔山村举行。此次比赛由金华市森林防灭火和地质灾害应急指挥部、金华市自然资源和规划局、金华市应急管理局主办，义乌市森林防灭火和地质灾害应急指挥部办公室、义乌市自然资源和规划局（林业局）、义乌市应急管理局、佛堂镇人民政府承办，来自金华各县市国有林场和自然保护地系统的20支队伍400余人参加森林消防技能比武。此次比武向应用性、实战化延伸拓展，着重检验各参赛森林消防队伍扑火装备实操技能和团队协作配合能力。设置“引水灭火”高扬程森林消防水泵和便携式风力灭火机比赛2个项目。经过2天实战演练比武，义乌南江省级湿地公园代表队获得一等奖。

【“浙江省生态文化基地”红峰村】 2022年11月24日，省林业局、省文化和旅游厅、省生态文化协会联合发文公布2022年新命名的55个“浙江省生态文化基地”，义乌市大陈镇红峰村榜上有名。大陈镇红峰村历史悠久，文化底蕴深厚，金氏宗祠、厅堂、古民居历史建筑群等众多历史文化古迹富集于该村，其中6处被公布为义乌市文物保护单位。全村有森林面积426.9公顷，其中毛竹林182.9公顷，林木覆盖率83%；有千年银杏、罗汉松、香樟群和马尾松群等古树名木自然景观。其中千年银杏是义乌唯一的孑遗植物，也是义乌“树王”。直径1.5米，树高30余米，枝繁叶茂，每年挂满银杏果，非常罕见。红峰村充分发挥资源优势，将勾嵊山优美自然生态资源和丰厚古越文化资源有机结合，把传统古村落打造成人文气息浓厚的乡村旅游精品村，2022年，接待游客8万人次。

【省级森林人家、浙江森林氧吧】 2022年12月12日，浙江省林业局公布《2022年度浙江省现代林业经济示范区、浙江森林氧吧名单》，由义乌市自然资源和规划局（市林业局）推荐申报的义乌市大陈镇大畈村成功入选“省级森林人家”，浙江栖隐大安小镇森林氧吧成功入选“浙江森林氧吧”。至2022年，义乌市有“省级森林人家”7处，“浙江森林氧吧”6处。义乌市大陈镇大畈村是义乌九都溪源头的最高村庄。村庄四周群山环绕，全村有林地面积621.78公顷，其中毛竹289.74公顷。依托自然资源和红色旅游资源优势，开设竹山公园、系列景观小品及红色旅游景点，村内民宿、餐饮等服务产业蓬勃发展，逐步成为一个宜居、宜游、宜业的美丽乡村。2022年，接待游客12万人次。浙江栖隐大安小镇位于义乌市赤岸镇杨盆村，地处义乌第一高峰大寒山（又名大安山）半山腰。小镇内有森林氧吧延伸带和景观绿色延伸带，开发建设坚持以自然为基理念，采用竹子、石头等自然

2022年11月24日，义乌市大陈镇红峰村被评选为“浙江省生态文化基地”（大陈镇　供图）

材料，修葺构缮自然村落，原封保存古朴粗雅风貌。2022年，接待游客10万人次。（冯建民）

农田水利

【概况】2022年，义乌市巩固农村饮用水达标提标工作成果，全面提升点片状农村饮用水工程，创建农村供水规范化水厂。至年底，全市农村供水达标人口覆盖率100%，专业化管理率100%，供水保证率98%，水质达标率96.43%，规模化供水工程覆盖率98%以上。2022年，完成水利投资8.4亿元，完成率105%。其中双江水利枢纽工程投资6亿元。2022年，义乌获上级补助资金9109万元，其中，中央补助资金1251万元，省补助资金7858万元。谋划7个水利项目，列入专项债项目储备清单，债券需求10.1亿元；已到位专项债总金额6.22亿元，其中，双江水利枢纽工程6亿元，金义新区联网供水工程义乌段2200万元。根据《义乌市病险水库三年清零行动方案》，新建项目2项，续建项目5项，完工5项，前期项目1项；完成山塘除险加固22座，完成除险加固99座，实现病险水库清零，461座山塘实现第一轮清零。推进义乌江、南江干堤加固工程，通过河道综合治理，解决水安全隐患，美化沿江环境。完成义乌江环城南路至江南村段干堤加固工程。推进美丽河湖建设，完成九都溪、大陈江苏溪段、航慈溪义亭段的美丽河湖创建，义亭镇、江东街道、城西街道、后宅街道4个水美乡镇建设，大陈江翁界村段美丽河湖工程建设。完成望湖家园、新城吾悦广场等10个小区的二次供水改造惠民工程。（崔冬冬）

【农业水价综合改革】2022年，义乌市以“农田水利灌溉工程更新升级”为抓手，深化农业水价改革工作。全年完成农田水利灌溉工程更新升级120座，其中：纳入省政府民生实事59项；创建“五个一百”示范项目17项，7个项目被评为全省示范性工程，其中，白塘机埠、关帝庙机埠入选全省示范机埠泵站，联合村灌片入选全省示范灌区灌片，石塔二村农民用水管理小组入选全省示范农民用水管理主体，枧畴村入选全省示范村；完成335个行政村“八个一”考核台账动态更新。2022年，义乌市农田有效灌溉面积1.68万公顷，农田灌溉用水量5654.10万立方米。全市农田灌溉水有效利用系数为0.59，农业用水效率得到进一步提高。义乌市农业水价综合改革工作年度绩效被评为全省优秀。（崔冬冬）

【蜀墅塘水库除险加固工程完工】2022年4月13日，佛堂镇蜀墅塘水库除险加固工程完工验收。蜀墅塘水库位于佛堂镇下洋村西南面1.5千米，属钱塘江流域义乌江水系。坝址以上集雨面积20.23平方千米，主流长10.41千米，校核洪水位71.84米，设计洪水位71.39米，正常水位70米，正常库容67.52万立方米，是一座以灌溉为主，兼顾防洪等综合利用的小（1）型水库。工程于2020年8月15日开工，对大坝套井回填和基岩帷幕灌浆防渗加固，迎水坡、背水坡重新护坡处理，溢洪道加固，新建放水

2022年4月13日，佛堂镇蜀墅塘水库除险加固工程竣工验收

（佛堂镇 供图）

设施、管理房及上坝道路等。

（张志鹏）

【里冬岩水库除险加固工程完工】 2022年4月13日，上溪镇里冬岩水库除险加固工程完工验收。里冬岩水库位于义乌市上溪镇上新塘村，属钱塘江流域义乌江水系，坝址以上集雨面积3.85平方千米，校核洪水位198.27米，设计洪水位197.99米，正常水位197.2米，是一座以灌溉为主，兼顾防洪等综合利用的小（2）型水库。水库枢纽建筑物包括大坝、溢洪道及放水涵管等。工程于2020年6月15日开工，对大坝套井回填和基岩帷幕灌浆防渗加固，迎水坡、背水坡重新护坡处理，溢洪道加固，新建放水设施、管理房及上坝道路等。

（张志鹏）

【深塘水库除险加固工程完工】 2022年4月13日，佛堂镇深塘水库除险加固工程完工验收。深塘水库位于佛堂镇稽亭村，属钱塘江流域义乌江水系，坝址以上集雨面积0.25平方千米，校核洪水位74.15米，设计洪水位74.01米，正常水位73.67米，是一座以灌溉为主，兼顾防洪等综合利用的小（2）型水库。水库枢纽建筑物包括大坝、溢洪道及放水涵管等。工程于2020年8月10日开工，对大坝套井回填和基岩帷幕灌浆防渗加固，迎水坡、背水坡重新护坡处理，溢洪道加固，新建放水设施、管理房及上坝道路等。

（张志鹏）

【节水项目建设】 2022年6月，稠江工业水厂二期扩能项目完工，供水规模达到每日3万吨。7月，武德工业水厂再生水投运，设计供水规模每日2万吨。11月，印发《义乌市工业企业分质供水管控工作方案》等5项行业用水管控制度；12月，印发《义乌市分质供水工程建设导则》。2022年，全市分质供水总规模达到每日11万吨，管网覆盖范围内的5个专业市场、2个公园、1家医院、5所学校、4个行政机构、8个居民小区、17家企业实现分质供水。成功创建节水型标杆企业3家、标杆酒店1家、标杆小区1个、标杆校园1个，省级节水型居民小区5个，省级节水型单位7家，通过省级节水型城市验收。

（崔冬冬）

【江东5G未来水厂】 2022年9月，由义乌市水务建设集团与金华电信联合打造的全省首座“5G+未来水厂”（简称“江东5G未来水厂”）落地义乌，标志着全省“5G+未来水厂”时代正式开启。“5G+未来水厂”项目不同于传统数字化改造项目，江东5G未来水厂的建设在传统PLC有线光纤网基础上，融合了大带宽、低时延、高可靠、高安全的“5G定制组网技术+边缘计算”和云计算的融合方案，部署“5G定制切片专网+5项工艺寻优”决策算法，实现水厂生产的无人化自动控制，依托472套在线传感器将SCADA和视频图像数据低时延采集，采集结果由60台5G智能终端呈现达到“口袋中的中控室”的理念标准。9月30日，该项目荣获第五届“绽放杯”5G应用征集大赛智慧工业专题赛特色项目奖。

（蒋丹琪）

农业机械

【概况】 2022年，义乌市推进机械强农行动，实施农业“机器换人”，被评为省级特色产业农业“机器换人”高质量发展先行县（市）。2022年，全市有各类农业机械2.52万台（套），农机总动力17.16万千瓦。完成机耕面积1.31万公顷，机收面积7087公顷，机播面积5387公顷，水稻耕种收农机化水平90.26%。全市有乡村农机从业人员1.18万人。其中执证拖拉机驾驶员1215人，联合收割机驾驶员148人，农机维修人员88人，其他农机从业人员1.03万人。有省级农机示范合作社3家，省级“机器换人”示范镇4个，“机器换人”示范基地5个；省级农机服务中心3家，全程机械化应用基地7个，农机创新试验基地1个，市级“机器换人”示范基地19个，数字农机应用基地4个。有育秧中心7个，粮食烘干中心21家（批烘干能力15吨以上），粮食加工中心7家，农机专业服务合作社15家，专业户870户。设施农业面积3375公顷，农用大棚910公顷，喷滴灌设备687套。全市有省级“平安农机”示范镇9个，村2个，合作社1个；市级示范村123个，专业合作社7个。全年办理农业机械注册、补换和注销登记179台次，拖拉机驾驶证申领、补换证和注销34人次。组织做好农机安全生产宣传和检查指导，开展“农机3·15”“稳粮保供，提质护农”消费者权益日宣传；开展掌上执法专项检查和农机维修网点“双随机”工作3次，完成48家主体单位、69台纯农田作业机械检查，发放宣传资料300余份。

2022年义乌市农业机械拥有量一览表

表13

序号	名　称	数量（台，套）	动力（千瓦）
1	拖拉机及配套机械	2364	22254
	其中：大中型拖拉机（22.1千瓦以上）	341	13728
	小型拖拉机（22.1千瓦及以下）	816	8526
2	种植业机械	9931	28183
	其中：水稻插秧机	172	1842
	田园管理机	373	2282
	联合收割机	61	4266
	动力植保机	2427	5698
3	农产品初加工机械	1697	15503
	其中：粮食烘干机	187	2546
	冷藏保鲜设备	290	5986
4	畜牧机械	3042	9307
5	水产机械	916	2038
6	农田基本建设机械	502	48560

续表 13

序号	名 称	数量（台，套）	动力（千瓦）
7	其他机械	6830	45741
	合计	25282	171586

【农机扶持项目】 2022年，义乌市实施农业领域“机器换人”项目24个，扶持资金409.37万元，其中，钢架大棚、喷滴灌建设项目19个，资金233.49万元。农机应用示范基地建设项目3个，资金144.78万元；农业“标准地”数字化配套设备安装项目2个，资金31.1万元。

【农机购置补贴】 2022年，义乌市补贴农业机具448台（套），补贴资金294.37万元。其中，中央资金278.17万元，省级资金6.84万元，市级资金9.36万元。受益农户267户。

【农机年检】 2022年8—12月，市农业农村局深入镇街开展农田作业机械年检，年检农机321台，其中，联合收割机55台，拖拉机266台，年检率达99%。

【农业“机器换人”高质量发展先行县创建】 2022年，义乌市以“一县三基地”创建为抓手，加快机械强农行动落地落实。根据《浙江省农业农村厅关于公布第二批农业“机器换人”高质量发展先行县等名单的通知》，12月义乌市被评为省级特色产业（畜牧业）农业“机器换人”高质量发展先行县（市），成功创建省级农机服务中心2家、省级全程机械化应用基地7家、省级农机创新试验基地1家。 （陈 伟）

农村产业化经营

【概况】 2022年，义乌全市有县级以上农业龙头企业51家，其中，国家级3家、省级3家、金华市级18家、义乌市级27家。年度农业龙头企业销售额205.25亿元。启动百家农业龙头企业培育计划，建立健全逐级培育、动态管理制度体系，建立农业龙头企业培育名单库，摸排重点培育对象38家。

【农家乐】 2022年，全市有农家乐和休闲农业经营主体160家，其中星级农家乐（民宿）55家，全年接待游客372万人，实现营业收入2.2亿元，同比分别增长0.3%和19.56%。拥有省级休闲农业和乡村旅游精品线路、休闲农业和乡村旅游秋冬精品线、“浙里田园”休闲农业与乡村旅游精品线路各1条，省级休闲乡村和农家乐集聚村各1个，省级农家乐特色村4个，省级农家乐特色点4个，金华市级农家乐特色村3个，金华市农旅融合示范点1个；新认定三星级农家乐经营户4户。

【义乌大枣产业发展项目】 2022年，实施义乌大枣产业发展项目，对连片种植义乌大枣面积3.34公顷及以上的农业龙头企业、农民专业合作社、农业种植大户和家庭农场予以补助133.4元每公顷（分2年拨付），对2021年立项扶持的5个新开发大枣基地2021年补助22公顷，第二年拨付37.15万元；枣园面积基本稳定在333.33公顷，青枣产值4000万元。

【绿色食品创建】 2022年，义乌市鸽溪桥头家庭农场、义乌市森峰农庄2家农场获中国绿色食品发展中心颁发的“绿色食品证书”。义乌市鸽溪桥头家庭农场成立于2013年4月，提供水稻种植、水果采摘、粮食生产及粮食深加工服务。鸽溪桥头家庭农场位于义乌市大陈镇马畈村，猕猴桃基地占地8公顷，自然生态条件较为优越，四周无工矿基地，无任何污染，有利于猕猴桃生产。基地获“浙江省示范性家庭农场”“浙江省科技示范户”“金华市示范性家庭农场”“农业龙头企业”“无公害猕猴桃基地”等荣誉。义乌市森峰农庄成立于2007年，种植面积6.67公顷。农庄位于义乌市大陈镇大畈村，海拔600米以上，是猕猴桃自然生长的最佳地，山高水清，空气环境优美，在方圆10千米内没有水源污染和空气污染。该基地种植的猕猴桃为“义边”注册商标，在2011年义乌市第五届猕猴桃推荐会上被评为一等奖。2013年被评为“浙江省无公害猕猴桃基地”。

【国家级农业产业强镇创建】 2022年4月27日，义亭镇《农业产业强镇建设方案》农业农村部和财政部评审，被列入2022年国家级农业产业强镇创建名单，创建期限2年（2022—2023年），项目规划总投资8400万元。通过农业产业强镇创建，进一步做大做强红糖产业，培育一批新型农业经营主体，强化市场带动，拓宽农民增收渠道，延长红糖产业链条，将红糖产业打造成为义亭镇农业领域辐射范围广、科技含量高、竞争能力强、经济效益好的支柱产业之一。

（王永杭）

农村经济管理

【概况】 2022年，义乌全市经工商注册登记并备案的各类农民专业合作社165家，年内，新增6家，注销6家，吊销7家。其中，种植业131家，林业10家，畜牧业6家，渔业5家，农机服务业13家。义乌市规范化建设考核（监测）合格合作社18家，金华市级示范性合作社9家，省级示范性合作社4家。全市在义乌市市场监督管理局注册登记的家庭农场累计485家。新增家庭农场80家，其中，粮食种植业（其他稻谷种植3家）10家，其他水果种植27家，渔业（内陆捕捞和内陆养殖）3家，蔬菜种植18家，中草药种植1家，其他农业专业及辅助性活动7家，茶叶种植4家，其他种养结合型10家。新增省级示范家庭农场2家，金华市级示范家庭农场3家，义乌市级示范家庭农场5家。

【义亭省级现代农业园区】 2022年1月28日，义乌市义亭省级现代农业园区通过省级专家组验收，认定为第二批省级现代农业园区。园区规划总面积45平方千米（不含集镇区），核心区面积1806.9公顷，涉及耕地面积2541.27公顷，标准农田2287.81公顷。园区在稳定粮食生产基础上，突出生态畜牧、铁皮石斛、红糖三大主导产业，全面完成基础设施建设，基本形成"一线两心三园"的发展格局，即"红糖飘香"美丽乡村精品线、农业公共服务中心、农产品电商物流中心、森山铁皮石斛可持续发展示范园、生态畜牧可持续发展示范园、红糖产业示范园，完成总投资11.21万元。

【农经队伍业务培训】 2022年3月20日，为全面提升全市农村集体"三资"人员数字化应用能力、两大系统融合后的实际操作能力，适应数字化管理需要，市纪委召开协调会，要求各镇街再增配1～2名代理会计，切实保障人员需求。6月6—17日，组织全市代理会计76人分2批，开展为期5天的数字化应用两大系统融合后的实际操作业务能力培训。6月13—27日，组织全市661个经济合作社报账员1007人分镇街开展业务培训，学习优化后的流程及浙农经管系统的实际操作，并对重新制定的《报账员手册》进行讲解辅导。

【村社集体资产清理专项行动】 2022年7月，义乌市贯彻落实基层监督"巩固深化年"活动的总体部署，健全完善规范村级"三资"管理长效机制，开展村经济合作社运行和村集体"三资"管理突出问题专项行动，整治群众反映集中的经合社机构设置、民主决策、章程制定、收益分配、资金管理、资产处置等"三资"领域突出问题。专项行动中全市清理出问题369个，整改完成369个；清理村老年协会等村级以下组织全纳管金额84.23万元，追缴拖欠村级承包款146.14万元，违规支出等退赔金额22.10万元；查处腐败和作风问题8起，其中党纪政务处分7人。主要涉及村级重大事项履行民主决策程序不规范问题197个（含会议签到代替会议表决81个，一次表决108个，村级事项未通过民主决策程序或者会议记录作假8个）；资产资源租赁、承包未公开招投标问题13个；合同签订不规范问题（未签订书面合同、低价合同、长期合同等）34个；村集体资金（老年协会资金等）应纳未纳28个；村级日常事务支出不规范12个；村级小微工程未按照规定程序进行问题5个、"浙农经管"各功能模块应用不规范（不规范账套清理、资产合同模块应用、基础数据准确性、财务及时结账）等问题27个；"村务清廉钉办"未应入进入47个；其他方面（财务未公开、采购程序不规范等）6个。（陈安仙）

工 业
INDUSTRY

综 述

【工业经济持续发展】 2022年，义乌市有规模以上工业企业823家，实现工业产值1639亿元，同比增长36.5%；实现规模以上工业增加值247.3亿元，增长20.7%，2项增速位列全省十七强县市第一。信息光电、绿色动力两大平台实现规模以上工业总产值900余亿元，同比增长200%。2022年，金华市制造业产值规模十强企业中，义乌占50%（爱旭、晶澳、晶科、天合光能、东方日升）。战略性新兴产业、高新技术产业、高端装备制造业、数字经济核心产业制造业增加值分别为128.2亿元、183.2亿元、105亿元、94.3亿元，增速分别为45.6%、30.2%、60.2%、52.7%，均居金华第一。

（王 谦）

【工业企业提质增效】 2022年，义乌市建立"小升规"、创新型、专精特新、"小巨人"企业梯度培育体系，全年"小升规"企业98家；入选省专精特新企业12家。天合光能义乌科技有限公司、义乌晶澳太阳能光伏科技有限公司入选省第三批"雄鹰企业"培育名单，实现零突破。"两百亿级"企业实现零突破，2家光伏企业跨入200亿元产值规模，"百亿级"企业4家，占金华"百亿级"企业比重为57.1%。"亿元级"企业实现增产，产值超1亿元企业137家，较2021年增加11家，占规模以上工业企业数16.6%；完成产值1399.02亿元，较2021年净增456亿元，占规模以上产值比重85.3%，较2021年提高4.4%。

（赵江英）

【企业效益有所好转】 2022年，全市规模以上工业实现利润总额83.2亿元，同比增长110.4%；实现营业收入1807.7亿元，同比增长43.5%；营业收入利润率4.6%，同比增长2.2%，高于金华平均值0.8%。规模以上工业29个行业大类中，19个行业利润率较前三季度提升。其中，通用设备制造业利润率为9.2%，同比增长3.1%；汽车制造业利润率同比增长0.1%。规模以上工业企业195家出现亏损，同比减少167家。至12月末，全市规模以上工业企业亏损面为23.7%。

（王 谦）

【亩均效益评价】 2022年，义乌市开展亩均效益评价，根据企业2021年各项指标数据，分规模以上企业、规模以下企业两类，按纺织服装、日用品、机械电子制造、其他四大行业进行排序，将每个行业内企业分成A、B、C、D四档，对照科学发展要求，对企业细化打分，根据等级进行资源要素差别化配置，精准发力助推集约集聚发展。全市参评工业企业1924家，其中，浙江锋锐发动机有限公司、华鸿控股集团有限公司、浙江仁派服饰有限公司等102家企业被评为A类。全市3亩以上工业用地2394宗，评价面积同比增长5.6%。在国家减税降费的大背景下，纳入评价的工业企业合计纳税总额同比增长29.9%；均税收同比增长17.4%。其中，A类企业102家、6678.9亩，占5.3%；B1类企业219家、4184.5亩，占11.4%；B2类企业781家、1.06万亩，占40.6%；C类企业582家、6458.6亩，占30.1%；D类企业240家、3912亩，占12.6%。

（陈金春）

【商标品牌战略实施】 市市场监督管理局推进商标品牌战略实施，建立商标品牌、培育、发展、保护工作机制，形成一批具有较强市场竞争力和影响力的品牌。至2022年，义乌市有效商标18万件，有效发明专利拥有量3244件，同比增长12%；知识产权质押融资额18.54亿元，同比增长0.27%。市市场监督管理局对新行政认定为驰名商标的企业，给予120万元的奖励；对新认定为省商标品牌示范企业、省知名商号的企业，给予20万元的奖励。对获得“品字标”浙江制造认证并实施贴标的企业，首个产品获得认证给予50万元的奖励，其他产品获得认证给予30万元的奖励。

（陈金春）

【企业上市扶持政策加大】 2022年，义乌市政府通过政策供给、制度供给、服务供给，助力企业对接多层次资本市场。2016年至2022年，根据资本市场变化3次修订上市扶持政策，共为174家次企业兑付上市奖励资金1.88亿元；为32家上市挂牌后备企业解决新增募投项目用地、新增排污指标等疑难问题100余个，小商品城通过并购获得第三方支付牌照。华统集团、真爱集团实现双上市公司主体、双主业运营，其中华统集团并购A股上市公司高乐股份并进军纳米固态电池行业，真爱集团参与重组华鼎股份，帮助其ST摘帽脱困。至2022年底，华鼎股份实现收购真爱集团子公司亚特新材料100%股权；棒杰股份引进战略投资者转型进入光电光伏行业。

（楼海坚）

【工业用地规划管控】 2022年，为集约化利用空间和传统产业迭代升级，9月15日，市经信局会同市自规局制定出台《关于优化工业用地规划管控要求的意见》，按照城市总体规划、行业准入标准、企业亩产效益等要素评价管控工业用地规划，放宽工业用地容积率至4.0，建立容积率提升与税收贡献考核挂钩的规划变更机制。至年底，累计审批工业用地规划变更企业15家，涉及工业用地560亩，新增建筑面积42万平方米，亩均税收提升至每亩15万元以上。

（王洪健）

【百家企业完成首席质量官任命】 2022年11月1日，义乌市共获得企业首席质量官任职培训证书323人。71家浙江制造认证企业和29家（次）质量奖获奖企业完成首席质量官任命，获得首席质量官任职培训证书人数占规模以上企业数的40%，涉及纺织服装、饰品、玩具等行业。首席质量官是现代企业质量管理制度的组成部分，有利于强化企业质量管理，提升质量水平，增强企业竞争力。通过首席质量官的引领作用，推动义乌市中小企业建立以质量为核心的企业文化，以全面质量管理模式，提升企业竞争力，助推义乌市中小企业转型升级。

（陈金春）

无缝织造产业

【概况】 2022年，义乌市有无缝生产制造企业400余家，经营户1200家，从业人员10万余人。拥有无缝织造设备3.1万台，其中意大利圣东尼电子提花针织机2.2万台（TOP2 FAST 3500台），占全国总量的66%。产品类型包括束身美体内衣、时装、休闲装、运动装、家居服、泳装、特殊医用服装等，主要销往欧美、日韩等30多个国家和地区。2022年，义乌市无缝织造行业产能280亿元，产量占全国的62%，全球的51.7%，利润收益6.97亿元，纳税总额5.7亿元，自营出口5.3亿美元。无缝行业企业入围义乌市“50强”企业11家，规模以上企业87家，占无缝生产企业的42%，销售额达1亿元以上的企业24家。义乌市连续3次被中国纺织工业协会和中国纺织工业协会评为“中国针织（无缝内衣）名城”，分别入选“纺织（针织品）国家新型工业化示范基地”“浙江省服装制造业改造提升省级试点基地”“省级新智造产业集群试点”。无缝织造及上下游配套产业拥有国家级高新技术企业17家，国家级火炬计划重点高新企业2家，国家级高新技术研究中心1个；省级高新技术研究中心7个，省级企业研究院4个，省级科技型中小企业56家，地市级研究中心38个，市级科技型中小企业30家。

【无缝织造行业标准】 2022年，义乌市无缝织造行业组织实施行业标准，43家标准联盟企业执行《生态无缝服装》《无缝服装阻燃性能要求》，参与制定行业标准6项（新增1项），制定团体标准10项（新增1项），浙江制造标准7项，联盟标准2项。其中浙江制造标准制定占全部制标企业的27%。

【无缝织造企业奖项】 2022年，义乌市无缝织造行业获得义乌市政府质量奖企业3家，占义乌全部政府质量奖企业的10%。品字标浙江制造认证企业17家（新增11家企业）28个产品，占全市品字标企业的23.6%。

【无缝织造质量管理】 2022年，义乌市无缝织企业按照生产指标进行综合把关，对半成品质量进行检查控制，分析质量难度项目，对订单确认生产后制订生产质量指标、生产过程进行质量跟踪，订单结束对质量进行分析上报。全年，开展无缝织造定期质量监督抽查27批次。79家无缝织造企业导入先进质量管理模式，34家企业完成首席质量官任命。

（楼　霄）

化妆品产业

【概况】 至2022年12月，义乌有化妆品生产企业168家，占金华45%，全省的30%，生产企业数量与2021年同期基本持平。产品以彩妆、香水为主，外销比例占化妆品产业80%，出口占全省40%。销往美国、欧盟、中东、南美、俄罗斯、非洲等国家和地区，其中，出口美国、欧盟占比超过50%。2022年，化妆品行业被评为义乌市工业企业亩产效益综合评价A类企业8家，工业50强企业3家，浙江颜雪化妆品有限公司被评为“2022年度金华市绿色低碳企业”，浙江蝶妃化妆品有限公司获“2022年度义乌市政府质量奖”。浙江颜雪化妆品有限公司、浙江蝶妃化妆品有限公司和浙江艳庄化妆品有限公司3家企业获浙江省日化行业“特别贡献奖”。

（李丹丹）

【获评“2021浙江美妆十大品牌”】 2022年8月，浙江省保健品化妆品行业协会组织开展“2021浙江美妆十大品牌、2021浙江美妆十大新锐品牌”评选活动，经企业自愿申报、专家评审、网络投票、社会公示等环节，浙江颜雪化妆品有限公司“菲泊febble”被评为“2021浙江美妆十大品牌”，浙江欧诺化妆品有限公司的“ROMANTIC BEAUTY”被评为“2021浙江美妆十大新锐品牌”。

（李丹丹）

【《化妆品用香精》团体标准评审会议】 2022年10月12日，《化妆品用香精》团体标准评审会议在义乌召开，来自国家审评中心（义乌）、义乌市标准化研究院、义乌市产（商）品质量监督检验研究院、义乌市化妆品行业协会、珀莱雅化妆品股份有限公司等单位的7名专家参加现场评审，全国香料香精化妆品标准技术委员会香料香精分技术委员会线上参与标准评审。花臣香精香料（义乌）有限公司为标准起草单位，省内部分代表性香精生产和使用单位参与起草。标准对基本的色状、香气、相对密度、折光指数，2项重金属要求等通用指标做了规定。此次标准制定主要依据行业标准GB/T22731—2017《日用香精》，参考《化妆品安全技术规范（2015年版）》《欧盟化妆品法规》等相关标准和技术法规要求，同时考虑产品的使用性能编制而成。

（陈金春）

【《指甲贴片》团体标准评审会】 2022年12月8日，《指甲贴片》团体标准评审会议在义乌召开。《指甲贴片》团体标准由浙江省日用化工行业协会提出，浙江新空气工艺品有限公司为标准起草单位。起草单位负责人对标准（送审稿）形成进行详细解读，义乌市标准化研究院、国家日用小商品质量检验检测中心、义乌市化妆品行业协会等单位7名专家参加现场评审；国家标准技术审评中心、国家首饰质量监督检验中心、浙江省标准化研究院4名专家线上参与标准评审。经讨论，对兼有饰品、化妆品特性的“指甲贴片”认识明晰，对团体标准中需要规范的条款进行补充和修改，形成一致修改意见，通过评审。（陈金春）

拉链产业

【概况】 2022年，义乌市有拉链生产企业及拉链配套企业300余家，其中年销售额逾2000万元企业67家，从业人员1.58万余人。实现产销值61.6亿元，同比增长4.5%。1—12月，直接出口贸易总额2.31亿元，同比增长3.2%，拉链产业稳中有进，趋稳向好的发展态势。

【行业调研】 2022年4—12月，义乌拉链行业协会4次向市商务局报送义乌市拉链行业对外贸易预警点工作调研材料、应对知识产权案件的分析报告。5—7月，3次向省、市商务局报送义乌市拉链行业“两反一保”知识产权案的应对，在保护知识产权领域与日本YKK公司探索、关于秘鲁对华拉链及其配件反规避自我排查和应对情况的调查。向上级部门提出传统产业转型升级的难点，产品对外贸易的堵点、人民币升值、国际贸易结算、货款冻结等企业反映的共性问题。

【外贸风险培训】 2022年5月19日，义乌拉链行业协会组织企业参加“浙”里有“援”外经贸法律服务讲座，提升利用法律维护权益的水平。同月26日，组织企业参加“浙”里有“援”2022年义乌市外经贸法律服务月活动，围绕最新国际合规体系以及中国相关政策文件，结合国际国内实践，以及外经贸企业特点及实际需求，邀请专家分析合规风险点、提出合规应对及防范建议，帮助企业构建合规体系，提升企业合规竞争力，增强企业的法律知识，提高防范贸易风险的水平和能力。

【预警平台建设】 2022年，义乌拉链行业协会加强浙江省预警公共服务平台和行业手机移动端微信外贸预警平台的建设。省预警平台每月发布预警信息8条，手机外贸预警微信群每天发布预警信息1条。加强预警信息、行业动态形势分析的撰写和通过平台上报。12月16日，义乌市拉链行业对外贸易预警点通过浙江省商务厅、义乌市商务局组织的年度工作的检查验收。至年底，撰写并上报原创性的预警信息12条、行业预警点动态信息38条和行业出口趋势分析4条。（吴新喜）

制笔产业

【概况】 2022年，义乌制笔行业有企业360余家，其中生产企业172家，规模以上企业31家，规模以下企业157家，从业人员4万余人。主要有各类水彩笔、活动铅笔、圆珠笔、自来水笔、水性笔、中性笔等12个大类200余个品种。制笔企业分布在稠城宗宅、义南义北义东工业区、上杨村等地。有“中国制笔工贸基地”区域集体品牌1个，行业知名品牌10个，市级制笔企业研发中心3家。

【编制2021年义乌特色区域制笔产业集群情况报告】 2022年4月21日，义乌制笔行业协会完成并向中国制笔行业协会提交《2021年义乌特色区域制笔产业集群情况报告》。报告全面、准确反映了2021年义乌制笔行业发展情况，从特色区域和产业集群基本情况、特色产业基本情况和市场发展趋势、发展中存在的问题及行业重点企业情况等方面作详细介绍。

【团体标准奖励金申报】 2022年5月24日，义乌制笔行业协会依据市市场监管局发布的《关于开展2021年标准化战略奖励资金申报工作的通知》，完成《大容量直液式水性墨水圆珠笔》团体标准的奖励金申报，取得标准化战略奖励资金10万元。《大容量直液式水性墨水圆珠笔》团体标准由中国标准化研究院、义乌制笔行业协会牵头，义乌市奥祥文具有限公司、义乌市长江制笔厂、义乌市美能笔业有限公司、义乌市名马文具有限公司义乌市瑞升笔业有限公司等21家企业起草，2021年12

月21日颁布，同年12月28日正式实施。（张璟瑶）

制伞产业

【概况】2022年，义乌制伞行业有生产企业130余家，其中规模以上企业8家。义乌国际商贸城有雨伞雨具商位300余个。直接从事伞业生产、销售3800余人。2022年制伞产业总销售额13亿元，同比下降0.92%，其中出口占45%，产品主要销往欧美，中东，东南亚等地。营销模式以实体销售和互联网营销为主，形成义乌本地制伞企业、各种雨伞配件及原材料供应单位，结合部分电商网络直播店的行业集群。

【晴雨伞产品监督抽查】2022年7月，市市场监管局对义乌市晴雨伞产品质量进行监督抽查，抽查27家27批次晴雨伞产品，对晴雨伞产品的伞帽或伞顶尖（套）、使用安全要求、珠尾、伞面防紫外线、手柄部位有害元素、伞面甲醛含量、伞面可分解有害芳香胺染料等项目进行了检验，抽查结果全部合格。

【抗疫公益行动】2022年12月1日，义乌制伞行业协会联合市税务局，组织志愿者前往望道高速慰问卡口防疫工作人员。义乌制伞行业协会为高速防疫卡口捐赠雨衣、鞋套等执勤消耗物资价值1.26万元。（沈周华）

文化用品产业

【概况】2022年，义乌市文化用品行业有市场经营户5000余家，从业人员30余万人，其中规模以上企业69家。义乌文具市场有经营主体3000余家，制造企业1000余家，经营产品2万余种，销售额300亿余元。占全国文具销售量的18%，全球文具销售量的8.3%。

【亚太文具协会联盟会议在义乌举行】2022年7月4日，由宁波文具行业协会（亚太文具协会联盟常设秘书处）主办的以“拓展亚太商机　重铸亚太辉煌”为主题的2022年“亚太文具协会联盟”联席视频会暨2022亚太文具贸易发展论坛在义乌国际博览中心举行，义乌市文化用品行业协会会长致辞。马来西亚、新加坡、中国香港地区、内蒙古、北京、陕西、杭州、广州等16家商协会在义乌主场会议室出席会议，马来西亚、新加坡等6家协会通过视频形式参与会议，贝发集团、创源文化、兴伟刀具、杰丽斯、亚世亚等企业线上线下100名代表同步参会。会上，与会嘉宾分享当地经济形势和主要做法，聚焦文具贸易热点、难点问题，剖析文具贸易商机；围绕“做精做实做优中国文具”“智能化、品牌化、文创化、功能化发展”“亚太地区经济合作”等议题开展深入研讨交流，就加强相互合作，推进贸易发展达成共识。

【义乌市文化用品行业协会赴广东汕头学习考察】2022年9月19日，义乌市文化用品行业协会组织会员10余人，赴广东汕头文具协会学习考察。双方就加强协会之间交流，互通行业发展信息、义乌展会等事项进行深入交流。会议期间，义乌市文化用品行业协会一行参观广东金万年

2022年9月19日，义乌市文化用品行业协会一行赴广东汕头文具协会学习考察（骆黎莉　摄）

文具有限公司、广东晨奇文具实业有限公司、广东五千年文具实业有限公司、汕头市长立文具实业有限公司、汕头市振泰实业有限公司、广东金利尚文创科技有限公司，与企业主进行座谈交流。（骆黎莉）

画框产业

【概况】2022年，义乌市有画框企业2200余家，其中，赵宅专业街260家，国际商贸城1500余家，收藏品市场经营户、画廊、画框配件工厂2000余家，从业人员20余万人。主要生产经营油画、国画、年画、钻石画、装置画、酒店工程装饰画、家居装饰画、手工画相框材料等产品与配件，以及家居软装墙饰挂件、摆件等1200余种产品，产品销往欧美、南美、中东等200多个国家和地区。2022年，实现总产值120亿元，出口额70亿元。年内，华鸿控股集团有限公司、浙江王斌装饰材料有限公司分别列义乌工业50强企业第六、第十七强企业。

【参观北京框业展】2022年4月20日，义乌画业行业协会组织会员17人参观北京框业展，学习借鉴新的行业经营理念和经验，制定区域规划及招商拓销联合政策、设计与美院进行创意版权合作购买等构思。

【画框行业订货会】2022年8月18—20日，义乌市画业行业协会主办的第四届中国画框行业订货会在国际商贸城三区五楼画业市场举行。100余家商户的装饰画、油画、国画及绘画艺术品、家居软装、酒店软装等居家装饰用品，计1000余个品类参加订货会。会上，协会借助抖音平台进行宣传，实时线上直播，吸引来自广东、江西、上海、福建、广西等全国16个省份的2000余名采购商参会。此次订货会实现成交额8000万元。

【制定装饰画画框标准】2022年10月30日，市画业行业协会制定《装饰画画框行业协会标准》。该标准从产品分类、技术要求、试验方法、检验规则等8个方面对装饰画画框提出规范性要求，对生产装饰画画框的企业起到指引作用。通过标准战略实现市场引领的作用，解决行业中标准缺失的问题。（叶国民）

知名企业

【概况】2022年，义乌工业50强企业实现产值1145亿元，占全市规模以上工业总产值比重71%，较2021年50强企业产值扩大3个百分点。2022年，工业企业50强实现税收28.99亿元。工业企业50强评定指标主要有企业实缴税收总额（40分）、企业产值（25分）、企业亩均税收（15分）、企业工业投资（10分）和研发费用（10分）。限制性条款中，亩均税收低于8万元的企业不得评为50强（尚在投资期的招商引资项目和农产品生产项目除外）。（周茜蒙）

2022年义乌工业50强企业一览表

表14

序号	企业名称	序号	企业名称
1	义乌晶澳太阳能科技有限公司	9	义乌华鼎锦纶股份有限公司
2	浙江卡游动漫有限公司	10	浙江锋锐发动机有限公司
3	浙江爱旭太阳能科技有限公司	11	天派针织股份有限公司
4	晶科能源（义乌）有限公司	12	义乌市易开盖实业公司
5	天合光能（义乌）科技有限公司	13	义乌威克新材料有限公司
6	浙江华川实业集团有限公司	14	浙江真爱毯业科技有限公司
7	东方日升（义乌）新能源有限公司	15	浙江棒杰数码针织品有限公司
8	华鸿画家居股份有限公司	16	浪莎针织有限公司

续表 14

序号	企业名称	序号	企业名称
17	浙江王斌装饰材料有限公司	34	浙江红雨医药用品有限公司
18	荣利服饰有限公司	35	浙江平步服饰股份有限公司
19	浙江森宇有限公司	36	浙江高普服饰有限公司
20	义乌市佰晟商品混凝土有限公司	37	义乌市金厦商品混凝土有限公司
21	浙江蓝宇数码科技股份有限公司	38	义乌市南吉针织有限公司
22	义乌市超其特玩具工艺品有限公司	39	浙江梦娜袜业股份有限公司
23	浙江华统肉制品股份有限公司	40	义乌市杭宏服饰有限公司
24	浙江蝶妃化妆品有限公司	41	浙江超凡制衣有限公司
25	杭州华东医药集团浙江华义制药有限公司	42	浙江博尼时尚控股集团有限公司
26	义乌建恒建材有限公司	43	浙江迪元仪表有限公司
27	浙江润晖服饰有限公司	44	浙江斯坦格运动护具科技有限公司
28	浙江大德药业集团有限公司	45	华灿光电（浙江）有限公司
29	浙江瑞丰光电有限公司	46	浙江宾王扑克有限公司
30	浙江帝宏家纺有限公司	47	浙江美雪化妆品有限公司
31	浙江伊彤服饰有限公司	48	浙江奥翔服饰有限公司
32	义乌清越光电科技有限公司	49	浙江广鸿新材料有限公司
33	义乌市商品混凝土有限公司	50	义乌市锐超相框有限公司

（周茜蒙）

【荣利服饰有限公司】 荣利服饰有限公司成立于2001年3月，是一家集技术研发、设计、生产、销售于一体的实业企业，国内无缝内衣的领导企业之一。公司注册资金5800万元，占地面积1.33公顷，拥有现代化标准厂房5万余平方米。公司引进意大利无缝内衣生产设备200余台，日本先进缝纫设备1000余台（套）。拥有发明专利2件，实用新型专利14件，外观设计专利50余件。研发的18款产品被浙江省科技厅、浙江省经信厅评定为省级新产品，其中公司生产的“无缝运动文胸”通过浙江制造“品字标”认证。2022年，公司有员工800余人，实现产值3亿余元，出口创汇4000余万美元。2020—2022年，公司分别获得浙江省AAA级“守合同重信用”公示企业、“义乌市工业企业50强”等荣誉；被评为“国家高新技术企业”“义乌市工业企业综合效益A类企业”。（郭俊杰）

【义乌建恒建材有限公司】 义乌建恒建材有限公司成立于2012年8月，注册资金2500万元，是一家长期从事混凝土生产的专业企业。产品主要向金义东轻轨、集聚区、其他市政等方面提供。公司拥有4.5方机3套，年生产力达180万立方米。2015年，公司通过环境管理体系认证，质量管理体系认证，职业健康安全管理体系认证。2022年，公司有员工150余人，其中中高级工程师和专业技术人员6人。累计生产混凝土65万立方米，营业收入3.08亿元。（刘琳倩）

【义乌市佰晟商品混凝土有限公司】 义乌市佰晟商品混凝土有限公司成立于2017年4月，公司占地1.33公顷，注册资金3000万元，从事预拌混凝土的生产和销售。年生产能力80万立方米。拥有搅拌运输车30辆，混凝土泵车7辆，装载机2台。公司先后获“2018—2019年度中国混凝土行业优秀企业”“2018—2019年度浙江省混凝土行业优秀企业”“2019—2020年度中国高质量发展示范企业和浙江省高质量发展示范企业”“工业亩产效益综合评价A类企业”“义乌市工业企业亩均税收十强企业”“义乌市工业企业50强”等荣誉。2022年，公司有员工110人，实现营业收入3.3亿元。

（沈梦珍）

【义乌威克新材料有限公司】 义乌威克新材料有限公司成立于2020年，注册资金2亿元，是江苏斯威克新材料股份有限公司全资子公司。专业从事研发、生产、销售太阳能封装胶膜。义乌威克新材料有限公司于2021年4月25日正式投产，有员工200余人，2022年实现营业收入14.07亿元。被评为“义乌市工业企业50强”“义乌市亩均税收十强工业企业”。

（高旸炀）

【义乌市超其特玩具工艺品有限公司】 义乌市超其特玩具工艺品有限公司创建于1998年，注册资金5868万元。是一家集设计、生产、销售于一体的玩具制造企业。主要生产中高档玩具，有公仔系列、婴童系列、布娃娃系列和家居系列四大类1万余种产品。公司承接国内和国际大型赛事吉祥物的设计与生产，参与设计和生产里约奥运会吉祥物、英联邦运动会吉祥物、北京世锦赛吉祥物和北京冬奥会吉祥物“冰墩墩”等。产品销往国内知名的各大商超和专营店及欧美等国家与地区。公司拥有专利148项，发明专利2项，实用新型专利10项。通过ISO 9001质量管理体系、ISO 14001环境管理体系和ISO 145001职业健康安全管理体系认证。2006年，获浙江省首张“中国强制认证”玩具类CCC认证证书，“品字标”浙江制造认证证书。2022年，公司有员工126人，出口创汇145万美元，实现营业收入1.28亿元。公司获得“金华市自营出口超1千万美元生产企业”“浙江省出口工业产品分类管理一类企业”“浙江省出口名牌”“年度工业企业亩产效益综合评价A类企业”“义乌市工业企业50强”等荣誉。

（代治国）

义乌市超其特玩具工艺品有限公司一线工人在车间缝制玩具

（代治国　2022年9月5日摄）

电力工业

【概况】 2022年，国网浙江义乌市供电有限公司（简称“国网浙江义乌市供电公司”）完成固定资产投资2.92亿元；售电量126.5亿千瓦时、同比增长20.51%；营业收入84.63亿元、同比增长39.7%；全员劳动生产率每人每年196.49万元。资产总额34.97亿元，资产负债率31.56%，全社会用电量同比增长10.75%。全年新建充电站24座，年度充电量突破3300万千瓦时。投建光伏项目40个，装机容量达18.75兆瓦，承揽代运维12.51兆瓦。支撑政府企业用能管理和经济分析研判，完成全市规模以上企业、3亩及以上宗地企业全要素采集安装。拓宽金融助企渠道，全年签发供应链金融300万元，落地保证金保险350万元，推广“电e盈”金融产品8笔。省内率先打造“不动产+水电气”联动过户场景，实现多项政务服务集成化快捷办理，参与的“深化数字赋能推进不动产智治”项目入选“中国改革2022年度地方全面深化改革典型案例”。打通公安系统数据共享渠道，实现低压居民新装增容等8类业务“刷脸办”。转型升级11个C级营业厅，在40个电力驿站布设“驿电通”终端，进一步缩短用户服务距离。服务乡村振兴发展，实施“百团结百村 点亮共富路”结对帮扶行动，建成新时代电气化村20个，“陈望道红色旅游示范区”被评为省公司“乡村振兴·电力先行”示范区。年度综合线损率下降0.37%，公司入选线损管理省级示范单位“二十强县（区）”。2022年，获“国家中网公司绩效考核优胜单位”“国家电网公司精神文明单位”“浙江省企业社会责任标杆企业”“义乌市综合考绩优秀单位”。

【水电站发电】 2022年，义乌市有10千伏并网地方小水电站11座，共38台发电机组9005千瓦装机容量。有岩口水库、塔下、古寺3座小水电站，全市小水电合计上网电量为60.79万千瓦时。有10千伏并网地方小火电厂3座，其中：华川热电按自备电厂管理，发电机组容量为1.2万千瓦，全年上网电量为447.93万千瓦时；义乌市双峰环保热电有限公司孤网运行电厂1座，共2台发电机组，装机容量为2.4万千瓦，全年发电量为1.97亿千瓦时；浙江富元能源开发有限公司热电联产项目按非统调公用电厂管理，发电机组容量为0.9万千瓦。有10千伏并网的生物质能地方电厂2座，其中：义乌天子岭有限公司（塔山填埋场）沼气发电项目按非统调公用电厂管理，发电机组容量为0.21万千瓦，全年上网电量为179.8万千瓦时；义乌市深能再生资源利用有限公司沼气发电项目按分布式电厂管理，全年上网电量为200.57万千瓦时。全市并网分布式光伏用户累计5350户，装机容量为37.96万千瓦，全年发电量为2.48亿千瓦时，其中：居民分布式光伏用户4821户，装机容量为4.50万千瓦，发电量为4299.66万千瓦时；企业分布式光伏用户529户，装机容量为33.46万千瓦，全年发电量为2.05亿千瓦时。光伏集中地面电站1座，中广核太阳能（义乌）有限公司，装机容量为0.96万千瓦，全年上网电量为985.05万千瓦时。

2022年义乌市水电站发电量情况一览表

表15

电站名称	装机容量（千瓦）	上网电量（万千瓦时）
义乌市岩口水库管理处	570	0.11
义乌市枫坑水库管理处	640	0
柏峰水电站	885	0
东塘水电站	285	0
荷火塘水电站	95	0
义乌市尚阳古寺水电站	570	30.84
义乌市杨宅水轮泵站	1600	0
义乌市八都水库管理处	640	0
义乌市半月湾水轮泵站	1800	0
义乌市塔下水轮泵站	1120	29.84
义乌市巧溪水库管理处	800	0

【电网建设】 2022年，国网浙江义乌市供电公司建设“点滴可调、千瓦能控”的虚拟电厂体系，搭建数字化管控平台，聚合空调、储能、路灯等六大类资源，可调容量达2.9万千瓦，在迎峰度夏中发挥效力。国际商贸城综合楼智慧能源省级试点通过省能源局验收，“义磐棋”项目实现义

碳磐汇、义电磐送、义数磐算等共富新突破。建成投产自贸区高弹性配电网示范项目，“商贸+物流”特色网荷互融示范项目通过省公司验收。完成《义乌市“十四五”电网规划滚动调整研究报告》《义乌市“十四五”配电网网格化规划滚动调整研究报告》《义乌市“十四五”电网规划中期评估报告》3个规划报告和《义乌市“十四五”新能源、储能接入电网滚动研究专题》报告。推动金华公司与义乌市政府签订站址廊道保护专项框架协议，投产220千伏黎明变电站、110千伏紫金变电站，开工建设220千伏苏溪变电站、110千伏端头变电站等5个输变电工程。实施义乌配电网网架提升三年行动计划，累计投产配网工程168项，完成电力迁建项目106个。编制公司数字化牵引实施方案，“基于共建共享的义乌能源数字化应用建设”入选金华公司数字化牵引新型电力系统实践十大成果。全年提质增效2.6亿元，新增固定资产6.75亿元。建成新时代电气化村20个。

【首个35千伏光伏站并网成功】 2022年1月5日，义乌市首个35千伏公路光伏站并网成功。国内公路港有限公司35千伏光伏站是义乌市重点工程，装机容量为11.84兆瓦（MWp）。实现发电2.89亿千瓦时，年平均发电量达1157.4万千瓦时，25年节约原煤8.93万吨，减少二氧化碳排放21.51万吨。该光伏站并网投运，对义乌新型电网建设、推动能源转型发展、推进节能减排、减少空气污染起到积极作用。

【跨县绿电交易】 2022年6月29日，磐安龙源发电、义乌泰达纺织企业达成100万千瓦时绿电交易，节约标煤404吨、减排二氧化碳997吨。该项目是以义乌世界“小商品之都”和磐安“零碳县”创建为契机，浙江省高质量发展建设共同富裕示范区为依据，从电网互济、双碳互补、经济带动3个层面，助推义乌和磐安共同富裕示范区试点建设。项目开展后，义乌、磐安两地供电公司在义数磐算、义碳磐汇、群调群控等方面达成合作共识。

【220千伏黎明输变电站投运】 2022年7月8日，220千伏黎明输变电工程竣工，标志着义乌市第31座220千伏变电站——黎明输变电工程投产。该工程于2020年12月动工，历时18个月，总投资1.5亿元。新增主变容量2×24万千伏安，新建架空线路37.8千米，是义乌市首座投产即具备一键顺控双确认功能的220千伏变电站。

【“电力表后报修”应用上线】 2022年8月18日，“浙里办”App“电力表后报修”应用上线，用户可直接通过“浙里办”App进入“电力表后报修”，根据故障分类实现线上申请报修服务。义乌供电公司作为全省首批试点之一，按照“政府主导、电力支撑、用户选择”的原则，开展农村居民用电表后联动服务，规划服务网格，线下借助便民服务中心的575个电力驿站拓展服务渠道，形成服务网络；联合各镇街，组织社会电工技能服务培训，组建表后报修服务队。至年底，表后报修服务覆盖全市各镇街。

【10千伏紫金变电站投运】 2022年11月18日，义乌市第41座110千伏变电站——紫金变投产送电。110千伏紫金变电站以“运检一体化”为核心基础，推进“设备主人制”，梳理岗位职责清单，将设备管理责任细化到人。落实“设备主人制”跟踪验收、安装调试、交接验收、运维检修等各关键环节的责任担当，助推员工进一步掌握所管辖设备的运行状况，保障设备安全可靠运行。

【金华首座全系列“国产芯”试点站落户义乌】 2022年12月4日，110千伏巧溪变电站改造工程正式投运，该工程是国网金华供电公司首座全系列搭载“国产芯”自动化设备的变电站。巧溪变电站综合自动化改造工作于10月24日启动，此次投运的国产自主可控设备包括测控装置、交换机、监控主机、数据通信网关机及运维子站等项目。为后续金华电网整体国产化芯片改造奠定良好开端。（庞　芸）

综　述

【制造业高质量发展】 2022年，义乌市"招大引强"取得新突破。全年签约引进重大项目47个，光伏、新能源、芯片半导体等高端制造业项目19个，其中，100亿元以上项目3个，10亿元以上制造业项目10个，10亿元以下项目6个。

【新能源产业重点项目建设】 2022年，义乌市义欣新能源动力电池、正泰光伏、爱旭26吉瓦等项目开工建设，瞻芯电子、晶澳三期、华灿二期等项目建成投产。16个省重点建设项目、62个金华市重点建设项目年度投资完成率分别达163.7%、130%，新建重大项目开工率居全省第一位。

【"4+X"现代化制造业体系】 2022年，义乌市全面贯彻《义乌市"十四五"制造业高质量发展规划》，全力构建"4+X"（"4"指信息光电、新能源汽车及零部件、高端芯片及智能终端、医疗健康四大新兴产业，"X"指十大传统产业为主的小商品制造业）现代化制造业体系。制定出台《光伏产业发展规划》《半导体产业发展规划》《芯片小镇行动计划》《关于加快推动生物医药产业高质量集聚发展的七条意见》等产业扶持政策。智能显示材料和绿色动力两大"万亩千亿"产业平台成型。

【光伏行业贡献突出】 2022年，光伏行业实现产值872.3亿元，同比增长82.8%，增速比全市规模以上工业（36.5%）增长46.3%，占规模以上工业产值的比重为53.2%，拉动规模以上工业产值增长32.9%，贡献率90.1%；实现增加值（现价）84.9亿元，占规模以上工业增加值的比重34.3%，拉动规模以上工业增加值增长21.8%，贡献率105.4%。

【制造业产值居金华第一】 2022年，金华市制造业产值规模十强企业中，义乌占50%（爱旭、晶澳、晶科、天合光能、东方日升）。战略性新兴产业、高新技术产业、高端装备制造业、数字经济核心产业制造业增加值分别为128.2亿元、183.2亿元、105亿元、94.3亿元，增速分别为45.6%、30.2%、60.2%、52.7%，均居金华第一。 （王洪健）

信息光电产业

【概况】 2022年，义乌市经济技术开发区光电产业规模以上产值912亿元，占全省光电产业产值的30%。产值200亿元以上企业2家，100亿级以上企业2家，集聚各类人才2.5万人。

【光电信息产业项目引进落地】 2022年，义乌经济技术开发区累计引进LED光电信息产业项目6个，总投资259亿元，涵盖LED产业链上、中、下游重大项目，其中华灿光电LED外延、芯片及蓝宝石加工项目、瑞丰光电LED扩产及新能源项目、木林森年产10亿套LED照明灯具生产基地项目、彩易达小间距LED显示屏生产基地项目、清越光电前沿小尺寸显示器产业化项目、华灿光电（浙江）有限公司mini/MicroLED研发与制造项目、宏禧硅基微型显示芯片项目投产，带动就业5000余人。

【宏禧硅基微型显示芯片项目投产】 2022年3月30日，宏禧科技硅基微型显示芯片项目投产，达产后预计实现年销售收入15亿元，年缴纳税金1.6亿元。此项目于2021年1月开工建设，总投资10.6亿元，用地2公顷。建设3条硅基微型显示芯片生产线，建设周期3年。（倪 伟）

新能源光伏产业

【概况】 2022年，义乌经济技术开发区累计引进光伏组件全球排名前三的晶科能源、晶澳科技、天合光能，全球排名第六的东方日升，全球排名第七的正泰集团、光伏电池，全球排名第二的爱旭股份等企业，电池片产能为83GW，组件产能为65GW。爱旭太阳能年产8GW高效太阳能电池生产基地项目、晶澳科技年产10GW高效电池和10GW高效组件及配套项目、晶科能源高效太阳能电池组件生产基地项目、天合光能高效太阳能电池组件项目、东方日升年产5吉瓦高效太阳能电池组件项目、爱旭36吉瓦新世代高效太阳能电池项目实现投产，电池片和组件的产能均达35吉瓦；九天焊带和接线盒、晖朗接线盒、江海焊带和边框、斯威克胶膜、卓然包材、晶澳胶膜和边框等光伏原辅材项目在义乌经开区落地。至年底，义乌经开区诞生爱旭科技、晶科能源、晶澳科技、天合光能4家年产值超100亿元企业。

【晶澳光伏辅材研发生产基地项目投产】 2022年2月23日，义乌晶诚光伏材料有限公司与义乌经济技术开发区签约晶澳光伏辅材研发生产基地项目，项目总投资10亿元。主要建设光伏辅材研发生产基地，项目达产后，实现年销售收入30亿元。6月18日，晶澳科技生产10GW组件辅材配套项目开工建设。12月，晶澳光伏辅材研发生产基地项目投产。

【正泰高效光伏电池、组件和分布式电站项目】 2022年6月28日，浙江正泰集团有限公司与义乌经济技术开发区签约正泰高效光伏电池、组件和分布式电站项目，项目总投资113亿元。分2个子项目建设。其中：项目一期建设8吉瓦高效N型光伏电池和8吉瓦高效光伏组件生产基地，达产后，年产值120亿元，年纳税4.2亿元；项目二期建设屋顶电站、农光互补电站、渔光互补电站等光伏分布式电站。

【江海实业光伏焊带和边框项目投产】 2022年10月，江海实业光伏焊带和边框项目实现投产。2021年8月12日，杭州萧山江海实业有限公司与义乌经济技术开发区签约江海实业光伏焊带和边框项目，项目总投资6亿元，建设20吉瓦光伏焊带和20吉瓦边框生产基地。项目达产后，预计实现年销售收入42亿元。（倪 伟）

2022年6月18日，在义乌经济技术开发区举行晶澳科技年产10GW组件辅材配套项目开工仪式 （义乌经济技术开发区 供图）

汽车及备制造产业

【概况】 2022年，义乌经济技术开发区累计引进世界500强吉利集团的锋锐发动机、义利动力总成、英伦新能源整车、沃尔沃发动机、DHT专用混动变速器五大产业项目，签约总投资350亿余元，5个项目均入选省重大产业项目，其中4个为省特别重大产业项目。5个项目均实现投产。2022年，汽车及装备制造产值50.46亿元，同比增长91.64%。（倪 伟）

【锋锐发动机项目】 锋锐发动机项目是义乌市首家由世界500强企业投资的工业项目，项目总投资20.65亿元，总用地9.27公顷，生产型号分别为3G10、4G15、4G18的汽油、甲醇、天然气3种燃料发动机，建成年产40万台车用发动机的生产规模。至2022年底，锋锐发动机项目实现产值10.51亿元。（陈 柯）

【DHT专用混动变速器项目】 DHT专用混动变速器项目为浙江省特别重大产业项目（实施类），项目总投资84.6亿元，总用地32.24公顷，投资建设年产70万台专用混动变速器的吉利智慧工厂，包括轴、齿、壳体、阀体等自制件车间、变速器装备车间、变速器测试车间等。DHT专用混动变速器是吉利动力总成重要战略性产品，是一款由吉利集团自主研发、采用沃尔沃全球标准的全新产品，定位A—C级中高端车型，与吉利、沃尔沃、领克等新能源整车平台匹配，打造行业标杆级专用混动变速器产品。2022年5月，新厂房开始陆续引进新设备，12月项目开始调试运行。至年底，DHT专用混动变速器项目产值15.33亿元。（陈 柯）

2022年6月，赤岸镇义乌吉利动力总成有限公司月产量突破4万台（王康华 摄）

【沃尔沃发动机项目】 沃尔沃发动机项目是浙江吉利控股集团旗下核心战略产品1.5T与2.0T发动机生产制造基地。占地面积16.91公顷，总投资105亿元，产能规划每年80万台。拥有完全自主知识产权的全新一代发动机产品，由吉利汽车、VCC、CEVT合作研发，产品开发目标满足VCC、GEELY未来市场的高性能及多功能需求。2022年，1.5T混动发动机项目改造升级完成，并投入生产。6月，产量达到4万台。至年底，沃尔沃发动机项目实现产值23.65亿元。（陈 柯）

【戴姆勒奔驰发动机生产项目】 2022年11月，吉利集团与义乌市政府签订协议，将原部分生产线进行改造升级，引进新的戴姆勒奔驰发动机生产项目。项目总投资75.53亿元，建设形成年产40万台1升为主小排量涡轮增压发动机。该项目吸收利用吉利集团、沃尔沃公司以及德国FEV公司先进技术，生产采用涡轮增压中冷、缸内高压直喷、电子节温器、可变排量机油泵等系列关键技术，配套应用于吉利集团自有品牌及沃尔沃小排量精品车型和混合动力车型。（陈 柯）

高端芯片及智能终端产业

【概况】 2022年，义乌经济技术开发区以功率器件封装、滤波器晶圆制造和封装为方向，重点招引第三代半导体特色工艺芯片和功率器件等量大面广且具备国产替代条件的芯片项目，打造特色鲜明的半导体产业生态。义芯滤波器、瞻芯碳化硅功率芯片、安测半导体等项目落地，实现义乌高端芯片企业“零”的突破。2022年，引进创豪高阶封装基板、东芯微封装等项目，为高质量发展半导体产业奠定基础。

【创豪年产45万片高阶封装基板项目】 2022年3月29日，浙江派芯半导体科技有限公司与义乌经济技术开发区签约浙江创豪半导体有限公司年产45万片高阶封装基板项目，总投资100亿元，总用地12公顷，分3期建设。其中一期项目总投资24亿元，固定投资22亿元，用地5.6公顷，规划总建筑面积10万平方米。主要从事FCCSP基板的生产和销售。达产后一期年产值10亿元；项目二、三期总投资76亿元，其中固定投资68亿元。

【瞻芯碳化硅（SiC）功率芯片和特色工艺制造项目投产】 2022年6月30日，瞻芯碳化硅（SiC）功率芯片和特色工艺制造项目投产。项目总投资5亿元，总用地3.33公顷。至2022年底，建成投用6英寸碳化硅功率芯片专用生产线，产出4万片6英寸SiC晶圆（6000万颗SiC MOSFET产品）。项目达产后，每年产能30万片6英寸SiC晶圆，年产值达45亿元，年纳税1.5亿元。

【义芯滤波器晶圆级先进封装与射频前端微系统集成芯片项目开工】 2022年7月1日，义芯滤波器晶圆级先进封装与射频前端微系统集成芯片项目开工。项目总投资20亿元，一期用地4.67公顷。专注于射频前端、MEMS等产品、特种封装工艺技术开发。项目达产后，形成月产晶圆2.5万片的封装生产能力。年均产值5.77亿元，年均税收6200万元。（倪　伟）

医疗健康产业

【概况】 2022年，义乌有高新技术生物医药企业26家，其中新增3家。实现产值20.63亿元，税收1.52亿元，带动就业3200余人。有规模以上生物医药制造企业7家，实现年销售产值8.56亿元，杭州华东医药集团浙江华义制药有限公司、浙江红雨医药用品有限公司、浙江大德药业集团有限公司、浙江三溪堂中药有限公司4家企业年产值1亿元以上。全市入选国家重点研发、自然科学基金资助项目18个，省“尖兵”“领雁”攻关计划项目2个、省软科学研究计划项目1个、省级新产品试制计划项目491个、省基础公益研究计划项目7个，金华市级科技项目73个，义乌市级科技计划项目147个。

（朱友龙　金正春）

【生物健康产业】 2022年，义乌有生物健康产业规模以上企业18家，产值27.75亿元，用工2706人。生物健康产业是义乌的传统优势产业，至年底，义乌培育了杭州华东医药集团浙江华义制药有限公司、浙江红雨医药用品有限公司、浙江森宇有限公司、浙江大德药业集团有限公司、浙江三溪堂中药有限公司等生物健康产业企业20余家。

（朱友龙）

【泌尿系统肿瘤研究】 2022年7月11日，在浙江省科技创新大会上，浙江大学医学院附属第四医院“基于表观遗传学在肾癌转移进展及膀胱癌化疗耐受中的调控机制研究”成果荣获“浙江省自然科学奖三等奖”。项目由义乌市浙大四院泌尿外科副主任领衔，攻克泌尿系肿瘤细胞对化疗药物抵抗和转移进展特点这一难题，从表观遗传学角度出发，提出多个肾癌和膀胱癌治疗的潜在标志物，为泌尿系统肿瘤的基础研究发展提供了新的思路。（吕园芳）

义乌经济技术开发区

【概况】 2022年，义乌经济技术开发区（义乌信息光电高新区技术产业园区）（简称“义乌经开区”），落实“扛旗争先、冲锋在前”主题，推动经济稳进提质攻坚行动，制定产业项目“目标、任务、责任”三张清单，完成年度目标任务。全市拥有规模以上企业737家、国家高新技术企业362家；招引企业实现规模以上工业总产值965.96亿元，同比增长76.4%；光电光伏产业实现出口交货值292亿元，同比增长200%。1—12月，义乌经开区完成有效投资103亿元，招引的企业实现规模以上工业总产值966亿元，同比增长88%。1—12月，光电光伏产业实现出口交货值288亿元，同比增长197%。爱旭股份、晶澳科技成为义乌首批年产值破200亿元企业。年内，义乌经开区被评为“全省对外贸易先进开发区”。

【签约项目】 2022年，义乌经开区聚焦主导产业，创新开展“两线”（线上、线下）招商，全年签约亿元以上制造业项目20个，其中10亿元以上13个，包括100亿元以上3个，协议投资额580余亿元。总投资213亿元的欣旺达电动汽车电池有限公司新能源动力电池项目是金华制造业单体投资规模最大的项目，总投资113亿元的浙江正泰集团有限公司年产8吉瓦高效N型光伏电池、8吉瓦高效光伏组件生产基地和分布式电站项目夯实了义乌市新能源光伏产业的稳步增长。

【开工项目】 2022年，义乌经开区浙江卡游动漫有限公司卡牌智能生产线项目、义乌晶诚光伏材料有限公司光伏辅材项目、义乌威克新材料有限公司年产3亿平方米封装胶膜项目、东芯微电子（义乌市）有限责任公司先进封装测试项目、浙江瑞测科技有限公司半导体测试系统研发及设备制造项目、浙江天派针织有限公司智能无缝纺织时尚生产基地项目、浙江派芯半导体科技有限公司年产45万片倒装封装基板项目、浙江欧力德精密科技有限公司年产10万台工控伺服泵生产基地建设项目、峰特（浙江）新材料有限公司年产50万立方米宇航级密胺泡沫项目、逐迪电子科技（义乌）有限公司年产10亿米特种电线、20亿米裸电线项目、浙江众维新材料股份有限公司年产2.6万吨高档非织造布及1.6亿包（片）日化用品建设项目、浙江华统肉制品股份有限公司年产15万吨肉制品及160万条火腿项目、浙江年年红实业有限公司总部经济园区二期项目、浙江爱旭太阳能科技有限公司年产16吉瓦新世代高效太阳能电池项目等项目开工建设。

【投产项目】 2022年，义乌经开区浙江瑞测科技有限公司半导体测试系统研发及设备制造项目、东芯微电子（义乌市）有限责任公司先进封装测试项目、浙江宏禧科技有限公司年产120万片硅基微型显示芯片项目、浙江瞻芯电子科技有限公司碳化硅功率芯片和特色工艺制造项目、义乌晶澳太阳能科技有限公司年产10吉瓦高效电池和10吉瓦高效组件及配套项目、安测半导体技术(义乌)有限公司年产晶圆测试60万片项目、义乌泰扶新能源有限公司年产20吉瓦光伏焊带和铝边框投资建设项目、浙江华昇饲料科技有限公司年产45万吨高档动物饲料建设项目、华灿光电(浙江)有限公司mini/MicroLED二期建设项目等项目建成投产。

【科创能力提升】 2022年,义乌经开区落实创新驱动发展战略,加强产业链协同创新。雷娜科技EDA项目在金华全市实现省"鲲鹏行动"历史性突破,全球光伏联合创新中心成功创建省级企业研究院,光电创新城在浙中科创廊道考核排名中位居第一。推动智能工厂或数字化车间建设,晶澳科技、天合光能获评省级智能工厂。新增省级博士后工作站2家。至年底,申报国家级引才项目专家30人、省部级高层次人才53人。

【落地项目行政审批提速增效】 2022年,义乌经开区推进行政审批提速增效,为落地项目营造无障碍施工环境。至年底,发放项目建设工程规划许可证22本,变更7件;发放施工许可证18本,变更10件。完成16条供电线路和14条通信线路迁改、10条道路路灯亮化,安装基建变13台。帮助光伏企业解决陆运出口运力紧张问题,为晶澳科技专设光伏专列12列,单月新增500标箱运力。

【入选省重大项目】 2022年8月31日,义乌经开区峰特(浙江)新材料有限公司年产50万立方米宇航级密胺泡沫项目、义乌威克新材料有限公司年产3亿平方米封装胶膜项目、浙江爱旭太阳能科技有限公司义乌年产16吉瓦新世代高效太阳能电池项目3个项目入选浙江省重大产业项目。

【签约项目落地见效】 2022年,义乌经开区推进签约项目落地见效。全年完成15个项目供地,出让工业用地166.67公顷,推动16个项目开工(3个项目租用厂房开工)、8个项目实现投产;3个项目列入省重大产业项目,4个项目成功申报省集中开工项目,5个项目列入省"六个千亿"产业投资工程项目,3个项目入选省市县长项目。9月,推动天派、众维等8个10亿元以上项目入库。至年底,晶澳三期实现"当年签约、当年开工、当年投产",吉利DHT二期、真爱、彩易达等项目主体厂房结顶,东芯微、江海、晶澳三期实现投产。

【配套建设】 2022年12月31日,义乌经开区实施市政配套基础设施建设项目63个,实现通车里程4.2千米,新增绿化面积5万余平方米。至年底,统筹推动江湾国际学校、义亭镇中改扩建工程、高新区小学幼儿园完工;完成16条供电线路和14条通信线路迁改、10条道路路灯亮化,安装基建变13台。(倪　伟)

义乌自由贸易发展区

【概况】 义乌自贸发展区前身为义乌商贸服务业集聚区,是15个省级产业集聚区之一,2010年获省政府批复,2012年批准

2022年9月,真爱项目主体厂房实现结顶

(义乌经开区　供图)

设立派出机构，2022年由集聚区、丝路新区整合提升为义乌自由贸易发展区管理委员会，增挂义乌综合保税区管理委员会牌子，整体划入集聚区管委会、丝路新区管委会和自由贸易试验区金义片区义乌区块相关职能。自贸发展区是浙江省唯一一个以商贸服务业为主导的产业新区，是义乌推进市场持续繁荣发展的主战场，着力于发展新型商贸、现代物流、数字经济、现代金融等产业，构建现代服务业产业体系，打造国际小商品自由贸易中心、浙中区域金融中心、数字贸易创新中心、内陆国际物流枢纽港、制造创新示范地和“一带一路”开放合作重要平台。开发范围116.67平方千米，其中，陆港新区版块43.67平方千米，丝路新区版块43.29平方千米，义兰公路西侧版块1.98平方千米，跨境电商版块0.57平方千米，国际枢纽港版块10.73平方千米，自贸试验区义乌区块16.43平方千米。2022年，义乌自贸区谋划45个待开发区块项目，向上争取永久基本农田调整指标，涉及投资2577亿元、总用地3400公顷。国际数字物流市场、顺丰、韵达、中通二期、跨境电商物流园5个项目成功申报省重大项目，极兔项目成功申报重大外资项目。国际枢纽港、全球数字贸易中心、国际数字市场等重大产业项目实现当年签约、当年落地、当年开工。全年签约招商项目24个，协议引资400亿元；未来3年协议新增贸易额1000亿元，实际利用外资1.06亿美元，完成率106%。全年完成有效投资78亿元。

【试验区自贸支撑效果明显】 2022年，试验区金义片区义乌区块经济指标快速增长、持续向好。其中：外贸货物进出口1889.66亿元，同比增长30.03%；实现税收收入53.96亿元，同比增长30.31%；实际使用外资金额1.02亿元，同比增长119.85%。至年底，商贸类、物流枢纽类、制造业类等21个重点项目全面开工，完成有效投资70.19亿元；全球数字贸易中心、跨境电商物流园、国际数字物流市场等7个项目落地建设。

【签约储备支撑项目】 2022年，义乌自贸区累计签约项目24个，有50亿元以上项目1个、20亿～50亿元3个、10亿～20亿元2个。其中，签订正式投资协议项目19个，完成协议引资额226.57亿元，包括全球数字贸易中心、国际枢纽港、国际数字物流市场、义甬舟大通道福田物流园区综合配套基础工程、极兔义乌智慧供应链产业园项目、辛通集团数字供应链创新中心项目、青木股份华东区域总部项目等；签订正式协议入驻综保区项目4个，完成协议进口贸易额104亿元；签订北京宏远航空（宏远集团国际航空南方总部基地）项目框架协议。储备项目28个。

【自贸区重点项目】 2022年，义乌自贸区落地全球数字贸易中心项目、国际数字物流市场项目、跨境电商物流园项目、金融商务区地下停车场等8个项目，促进了100亩土地供给。完成义乌公学二期、跨境电商物流园、国际数字物流市场、世航广场等9个项目的统计入库，全年有效投资月度考核均获得红旗。

【亩均税收评价】 2022年9月，义乌自贸区完成2021年、2022年上半年投产项目亩均税收测算工作，形成分析简报供后续决策使用，告知靠后企业2家，约谈垫底企业2家，督促其根据协议尽快整改落实、尽职履约。至年底，完成低效仓储物流用地整治工作，涉及30宗地块计4145.48亩。

【助企纾困政策兑现】 2022年，义乌自贸区贯彻落实助企纾困政策和涉企扶持政策的兑现，招引入驻进口企业115家，引进45个国家的进口商品。9月，进出口数据位列全国第74名、浙江省第6名，其中，进口额位列全国第49名，在获批综保区中位列第1名。至年底，完成综保区发展扶持资金4115万元，预拨稠江、城西等6个街道征迁款10.7亿元；完成千岸华东运营中心建设项目、星想智谷、湃沃慧谷、扶摇智谷等在建工程节点奖励兑现4755万元。 （程培英）

特色小镇

CHARACTERISTIC TOWN

综　述

【特色小镇投资】 2022年，义乌市有丝路金融小镇、绿色动力小镇、光源科技小镇、云驿小镇4个省级特色小镇。至年底，4个省级特色小镇完成有效投资52.9亿元。其中，特色产业完成投资46.13亿元，占比87.2%，助力义乌市固定资产投资增长。

【特色小镇创建有序推进】 2022年，义乌市完成全市特色小镇景观提升工程建设、投用高新区小学、六都溪公园。成立全球光伏联合创新中心、全球光电产业工程师协同创新中心、第三代半导体材料与器件省级重点实验室及4家院士专家工作站等一批科创载体。全球光伏联合创新中心成功创建省级企业研究院，第三代半导体材料与器件省级重点实验室通过省级验收。天合光能被评为省级“智能工厂和国家级应用场景”，光源科技小镇高标准通过省级“特色小镇”命名验收。

【特色小镇建设成果】 2022年，义乌市引入外资银行，培育设立民营银行，发展融资租赁、金融仓储、资产管理、消费金融、互联网金融等现代金融服务，构建功能强大的区域性金融交易和结算中心，打造义乌的“陆家嘴”。年内，小镇核心区共建有32幢商务大楼，其中25幢已投入使用。天合光能通过海关AEO认证，新增2家国家高新技术企业，1家浙江省“专精特新”中小企业；培育或引进6家上市企业，10家规模以上企业，10家国家高新技术企业，5家科技型中小企业，1家省级“专精特新”中小企业。义乌光源科技小镇年产值实现400亿元，出口交货值突破100亿元。

【特色小镇招商实现突破】 2022年，义乌市瞄准产业链制高点，补齐产业链缺环，招引落地一批优质高端产业项目。特色小镇成为“省市县长项目工程”的落地首选。爱旭太阳能电池项目获评省重大产业项目，创豪、欧力德、爱旭等项目开工建设，瞻芯电子等项目投入生产。总投资84.6亿元的义乌吉利自动变速器有限公司年产70万台DHT混动双离合变速器项目二期设备进场，总投资206亿元的东方日升（浙江）新能源有限公司年产15吉瓦高效电池组件生产项目、总投资13.7亿元的义乌威克新材料有限公司年产3亿平方米封装胶膜项目申报省重大产业项目，落地并完成厂房建成。丝路金融小镇推进小镇金融业集聚，做大做强优势产业，工商银行义乌分行、浙丰等项目稳步推进，入驻企业总数达到636家，其中中国民营企业500强2家，持牌金融机构总数42家。　（杨　乐）

绿色动力小镇

【概况】 义乌绿色动力小镇地处佛堂镇与赤岸镇的交界处，规划面积3.32平方千米。按照产业、文化、旅游和社区功能叠加和产城融合的要求，发展形成四大功能区，其中产业发展核心区发展汽车及装备制造、新能源等产业。小镇2020年10月被省政府命名为第四批省级特色小镇。2022年，义乌绿色动力小镇完成固定资产投资12.06亿元，其中特色产业投资9.25亿元。义乌绿色动力小镇实现特色产业产值（汽车及装备制造、新能源）64.38亿元，同比增长118.09%。

【项目引进】 2022年，义乌绿色动力小镇聚焦"汽车、新能源"两大主导产业，引进10亿元以上制造业项目3个，其中100亿元以上2个，协议投资330亿元，实现"当年签约、当年供地"。总投资13.7亿元的威克抗老化胶膜项目、总投资12.6亿元的众维新材料项目、总投资11亿元的夏能光电新材料项目等一批"强链延链补链"项目实现供地。

【绿色动力小镇景观提升】 2022年7月，大型雕塑"3G"在绿色动力小镇主入口设立，成为绿色动力小镇的新地标。提升小镇整体视觉识别系统和文化内涵。绿色小镇景观提升工程修复大型雕塑3座，新建精神堡垒、迎宾门、喷泉、"3G"主雕塑和花字指引等大型雕塑5座，增设主路口雕塑小品14处，新增绿地1.6万平方米。

【欣旺达义乌新能源动力电池生产基地项目】 2022年9月21日，义乌市人民政府与欣旺达电动汽车电池有限公司（简称"欣旺达"）就欣旺达义乌新能源动力电池生产基地项目签订投资协议。欣旺达电子是全球锂离子电池领域的领军企业、中国民营企业500强，此次签约的项目主要从事锂离子动力电池及储能电池等产品的生产和销售，产品涵盖汽车动力电池和储能电池的电芯、模组、PACK及电池管理系统等。欣旺达义乌新能源动力电池生产基地项目计划总投资213亿元，计划建设动力电池及储能电池总产能50千兆瓦时（GWh）生产基地，投产后预计可实现年产值350亿元，带动产业链年产值突破500亿元。12月4日，欣旺达义乌新能源动力电池生产基地项目在绿色动力小镇举行开工仪式。（倪 伟）

2022年9月21日，义乌市人民政府与欣旺达电动汽车电池有限公司就欣旺达义乌新能源动力电池项目签订投资协议

（义乌经开区 供图）

丝路金融小镇

【概况】 义乌丝路金融小镇位于义乌市中心偏东地段，由义乌自由贸易发展区管委会管理，义乌丝路新区建设投资有限公司具体运营。小镇总体规划面积3.8平方千米，其中核心区面积0.75平方千米。以金融、贸易为主导、贸易金融为主要特色，围绕义乌国际贸易提供金融服务。2022年，丝路金融小镇持牌金融机构总数42家，入驻金融机构345家。完成投资10.2亿元，其中特色产业投资5.8亿元，完成税收23.36亿元，实现税收逐年增长。（程培英）

【招商引资专场推介】 2022年，义乌丝路金融小镇针对金融机构、贸易企业赴北京、上海、杭州等地开展招商引资专场推介活动9场，加快要素集聚。至年

底，义乌丝路金融小镇入驻企业总数803家，其中中国民营企业500强2家，私募基金52只，实现规模190亿元。（程培英）

【小镇人才引进】 2022年，义乌丝路金融小镇自主引进国家级和省级人才各1人，引进高级职称人员35人；金融专业人才249人，金融从业人员7366人。发挥“新丝路e站”孵化器、特色小镇会客厅及党群服务中心等创业服务平台，举办“浙江省特色小镇投融资对接会（新能源及环保专场）”、金融创新人才座谈对接会等招商引才活动。至年底，为企业及人才提供特色服务，举办沙龙及路演等活动50余场次。（杨　乐）

【数字转型】 2022年，义乌丝路金融小镇提升数字转型、信息咨询、旅游管理、旅游服务和文化展示等功能为一体的现代化数字展厅，融合人文生活要素，完成小镇景观质量评估报告。整合产业、文化、旅游“三位一体”，形成生产、生活、生态“三生融合”的发展态势。至年底，义乌丝路金融小镇接待游客93.5万人次。AAA级景区挂牌、AAAA级景区资源通过评估。（程培英）

义乌光源科技小镇

【概况】 义乌光源科技小镇位于义乌市东北部的苏溪镇，规划总面积2.99平方千米，重点发展半导体发光、新能源光伏、高端芯片等产业，通过招引龙头企业、科研机构，打造全球光电光伏产业创新策源地、产值超千亿元的高能级光电光伏产业集群。2022年，小镇聚集各类大型企业16家；完成投资20亿元，特色产业投资18.4亿元，从业人员9578人。新增国家高新技术企业2家，浙江省“专精特新”中小企业1家，规模以上企业10家、国家高新技术企业10家，集聚专业技术人才911人。全球光伏联合创新中心成功创建省级企业研究院，第三代半导体材料与器件省级重点实验室通过省级验收，天合光能被评为省级智能工厂和国家级应用场景。

【小镇集聚项目】 2022年，义乌光源科技小镇集聚华灿光电、瑞丰光电、木林森及清越光电等一批龙头骨干企业，引进彩易达小间距显示屏和宏禧科技硅基微型显示器等延链项目，以华灿光电Micro LED和Mini LED显示芯片为基础，拓展新型智能显示领域，形成智能显示产业集聚高地。引进光伏组件全球排名前十的晶科能源、晶澳太阳能、天合光能、东方日升、正泰等龙头企业。2022年，建设投用高新区小学，建成六都溪公园，义乌光源科技小镇客厅投入使用。

【新能源光伏产业发展】 2022年，创豪半导体封装、欧力德工控伺服泵生产基地项目、爱旭太阳能电池等项目开工建设，瞻芯碳化硅功率芯片生产基地项目等项目投入生产。自2018年9月创建至2022年，小镇引进浙江爱旭太阳能科技有限公司、晶科能源（义乌）有限公司、义乌晶澳太阳能科技有限公司、天合光能（义乌）科技有限公司、东方日升（义浙江）新能源有限公司、义乌正泰太阳能科技有限公司等龙头企业，项目全部建成达产后，年产值1200余亿元。光伏电池和组件的产能规模位居全国前列，成为国家光伏产品重要的智造基地。

【高端芯片企业“零”的突破】 2022年，义乌光源科技小镇在招引切片、组件、逆变器等主产业链项目的基础上，完善产业配套，引进EVA膜、接线盒、包材等关键原辅材料配套项目6个，打造国家光伏产品智造基地。义芯滤波器、瞻芯碳化硅功率芯片、安测半导体、创豪高阶封装基板、纳芯半导体制造基地、瑞测科技半导体检测设备、东芯微封装等项目成功落地，实现义乌高端芯片企业“零”的突破。

【光源科技小镇科创载体】 2022年，义乌光源科技小镇先后成立全球光伏联合创新中心、全球光电产业工程师协同创新中心、第三代半导体材料与器件省级重点实验室。11月7日，第三代半导体材料与器件省级重点实验室通过省级验收；12月31日，全球光伏联合创新中心成功创建省级企业研究院。至年底，义乌光源科技小镇推动智能工厂或数字化车间建设，天合光能成功被评为“省级智能工厂和国家级应用场景”。

【产城融合发展】 2022年11月，浙江省科学技术厅公布《2020年度省重点实验室责任期考核结果》，依托华灿光电（浙江）有限公司的浙江省第三代半导体材料与器件重点实验室通过验收，浙江省第三代半导体材料与器件重点实验室迈上新台阶。第三代半导体材料与器件重点实验室通过验收，成为撬动公司实现“全球化合物半导体创新引领者”目标的新支点。聚焦生态，加大绿电应用，全镇并网发电的屋顶光伏年发电量3762万千瓦时，减少二氧化碳排放3.3万吨。自2018年9月创建至2022年底，小镇累计有效投资160余亿元，工业投资150余亿元。

【光源科技小镇通过省级命名验收】 2022年12月30日，省政府办公厅下发《浙江省人民政府办公厅关于命名第六批省级特色小镇的通知》，义乌光源科技小镇通过省级特色小镇命名验收。2022年，义乌光源科技小镇完成从规划设计到开工建设、从创建培育到验收命名等项工作。引进培育国家高新技术企业10家、上市公司6家、省重大产业项目10个、科技型中小企业5家，协议总投资600亿余元。至年底，小镇内企业专利拥有量1580件，其中发明专利883件；创建期内4项产品名列“浙江制造”精品名单；小镇内龙头企业天合光能领衔或参与制定8项行业标准。（倪　伟）

云驿小镇

【概况】 云驿小镇位于义乌市西南部，规划总面积3.49平方千米，以快递物流和公路干线物流为主导产业，布局快递物流、公路干线物流、智慧物流、冷链物流、城市配送、云仓等功能，多种物流业态融合，产业特色鲜明。2022年，云驿小镇完成投资12.15亿元，特色产业投资11.7亿元。小镇集聚企业745家，2022年，实现服务业总产出80.65亿元，主营业务收入86.69亿元，实现税收2.27亿元。提供就业岗位2万余个，集聚中高级技术技能人才351人。

【产业功能完善】 2022年，云驿小镇引进“三通一达”、顺丰、宝湾、越海、红狮等31个亿元以上项目。其中，全国总部项目10个，区域总部项目21个，概算总投资200亿余元。形成快递物流集聚中心（全国快递量最大）、国内公路物流中心（浙江省示范物流园区）、“义新欧”公路运输（物流线路通达全国321个地级城市）、跨境供应链总部基地（“网红”、直播、“独角兽”等最新模式）四大产业功能板块。

【云驿小镇快递业务】 2022年，义乌邮政行业寄递业务量完成100.9亿件，占全国总量的1/12，位列全国城市第二，其中云驿小镇快递业务量占全市业务量比重90%。云驿小镇干线运输直达线路500余条，商贸货运量2000万余吨，货运线路覆盖全国各地级城市。

【产业数字化】 2022年，云驿小镇引进的国内公路港实现无感智能卡口、集卡预约、地磅自助称重、专线查询、电子发票、大屏数据展示等16项管理和服务功能，在“智慧物流”领域完成实名制功能的融合建设，实现货物运输安全可追溯，为物流企业降本增效；红狮智慧物流园利用网络货运工具，以统仓共配为纽带，打造“1+3”供应链服务平台（“1”即一个数字化平台，“3”即数字物业、数字物流、数字云仓，实现一键办理），实现点、线、面融合发展。（程培英）

民营经济

PRIVATE ECONOMY

综 述

【民营经济营商环境】 2022年，义乌市按自贸试验区标准实施商事主体登记确认制改革，围绕自主自治、信用承诺、依法确认、便捷高效原则，建立“自主申报+信用承诺+智能确认”登记模式，推进企业名称自主申报、企业住所自主申报、经营范围自主选定、服务自主办理、档案自主查询、电子执照自主应用、退出方式自主选择“7个自主”，赋予商事主体更大自主权。落实准入准营“一件事”，破解“准入不准营”问题，上线餐馆经营、食品销售、广播电视节目制作等15个涉企“一件事”集成办理通道。按自贸试验区改革方式一张清单，一体推进“证照分离”改革，自贸区标准惠及全市主体，全年办理办件3.28万件，同比增长3.98%。其中，办理取消审批办件5655件，改为备案办件2.03万件，实行告知承诺办件3922件，优化审批服务办件2889件。义乌市连续3年列入全国营商环境评价试点城市，营商环境综合评价连续2年排名全省第一。 （徐晨炜）

【民营经济协调发展】 2022年，义乌市建立扶持个体工商户发展部门联席会议制度，出台《扶持个体工商户纾困发展意见》，累计减负降本74.2亿元，惠及主体235.5万家次。完成知识产权、标准、质量等政策补助兑付1亿余元。全年新设市场主体18.06万户，总量89.82万户，占金华的55%，占全省的9.1%。强监管、严执法，深化以“双随机”为手段、以信用监管为基础的新型监管机制建设，信用规则应用率从84.45%提升至96.5%。

（徐晨炜）

【金融助企纾困民营经济】 2022年，义乌市打好金融助企纾困服务实体“组合拳”，金融业存贷款余额9072.2亿元，单年增量突破1000亿元；普惠小微贷款1361.4亿元，比年初新增251.1亿元，同比增长22.1%。民营经济贷款2312.5亿元，比年初增加366亿元，同比增长18.8%。制造业贷款712.6亿元，比年初新增87.5亿元，同比增长14%。民企贷款平均利率4.53%，较年初下降0.36%。不良率降至0.47%，为8年来最低水平。落实“贷款展期、应急贷款、降息减负”等政策组合拳，做到应延尽延、应放尽放、应减尽减。2022年，累计为1.5万户市场主体实施贷款延期还本付息402.4亿元，为1.57万户市场主体和农户发放再贷款、再贴现182.9亿元，为17.3万家小微企业和个体工商户减免或减收支付业务手续费5498万元，计降低融资成本3亿元。 （张 程）

【企业数字化改造】 2022年，义乌市开展民营企业智能工厂建设，累计实施“数字化车间”“智能工厂”项目30个。4月26日，浙江省经济和信息化厅关于公布《2022年浙江省未来工厂试点企业名单的通知》，梦娜袜业入选浙江省“未来工厂”名单，

2022年4月26日，浙江省经济和信息化厅公布华鼎股份入选浙江省“未来工厂试点企业”名单　（市经信局　供图）

华鼎股份入选浙江省“未来工厂试点企业”名单，实现零的突破。9月6日，浙江省经济和信息化厅关于公布2022年第一批智能工厂（数字化车间）名单的通知，天合光能入选浙江省“数字化车间”“智能工厂”名单。

（叶志星）

【民营企业负责人高质量发展专题研修班】 2022年11月7—11日，由义乌市委组织部、市委统战部联合举办的2022义乌市民营企业负责人高质量发展专题研修班在厦门举办。来自义乌各行业骨干企业负责人、商协会会长、新生代企业家、市场经营户代表等50人参加培训。培训围绕国际形势、企业财务、管理思维等课程展开，让企业家们了解国际国内形势，指导企业及个人走好发展之路，坚定发展信心，提升经营管理能力，带领企业积极应对风险挑战，实现创新发展。现场教学环节，与会人员实地走访智慧园区——云创智谷，智慧健康产业上市集团——奥佳华，中国客车自主品牌领军企业——金龙汽车。现场，与会人员通过理论知识与参观考察，结合自身企业状况进行交流分享。

（楼向华）

企业主体培育

【概况】 2022年，义乌市统筹疫情防控与民营经济发展，保障市场主体稳定发展。全市新设市场主体18.06万户，同比下降8.64%；注册资本1049.54亿元，同比下降27.47%；其中，企业4.66万户，同比下降15.05%；注册资本914.04亿元，同比下降29.62%；个体工商户13.4万户，同比下降6.17%；资金135.47亿元，同比下降8.66%；农民专业合作社6户，成员出资总额335万元。全年新设公司制企业4.63万户，占新设内资企业的99%。“个转企”数量不断增长，新增“个转企”2298户，全市“个转企”累计2.69万户，居全省县级区域第一。产业结构持续优化，新设市场主体中，第一产业169户，注册资本（金）3.26亿元；第二产业1.22万户，注册资本（金）151.79亿元；第三产业16.82万户，注册资本（金）894.49亿元。第三产业数量和资本（金）增量分别占新设市场主体总量的93.16%和85.23%。全市市场主体总量89.82万户，同比增长13.64%；注册资本8175.74亿元，其中，第三产业79.68万户，注册资本（金）6779.54亿元，分别占市场主体总量的88.71%、82.92%。第三产业主体地位明显，市场主体总量中，第三产业占比呈逐年扩大趋势，2020年、2021年、2022年分别为86.28%、88.06%、88.71%。

（徐晨炜）

【外资企业主体培育】 2022年，义乌市新设外资主体619户，新设外资公司600户。外资主体累计8558户，占全省的六分之一，其中，外资合伙企业1863户，外资公司4838户，常驻代表机构1640户，外国（地区）企业在华从事经营活动2户。

（徐晨炜）

【市场主体歇业备案】 2022年，义乌市贯彻《市场主体登记管理条例》，落实歇业备案制度，允许疫情防控期间经营困难的市场主体适度“休眠”，开通歇业备案办理通道。至年底，通过微信公众号、主流媒体等渠道扩大政策

知晓度，申请办理歇业备案80余家。（徐晨炜）

【培育路径完善】2022年，义乌市完善企业主体培育路径，建立"小升规"、创新型、专精特新、"小巨人"企业梯度培育体系，完成月度升规企业2家，"小升规"企业96家，培育省"专精特新"企业12家。10月27日，浙江省工业转型升级领导小组《关于公布第三批"雄鹰行动"培育企业名单的通知》，天合光能、晶澳太阳能入选省第三批"雄鹰企业"培育名单，实现零的突破。（周茜蒙）

【全省首个全类型全周期智能登记系统】2022年，义乌市开发"智能开办""智能变更""智能注销""智能分析"四大应用场景，适用公司、合伙企业、个人独资企业、个体工商户等全类型市场主体，满足市场主体出生、发展、消亡全生命周期的注册登记需求。"公司智能开办"，减少群众填报70余小项，削减率80%，填报用时减少75%。至年底，智能登记办件10万余件，在同期办件中占比51%。11月16日，该工作在省商事登记重点工作推进会上作典型发言。（徐晨炜）

小微企业园建设

【概况】2022年，义乌市累计建成省级小微企业园66家，总数列全省第一。小微企业园总用地面积319公顷、总建筑面积566万平方米，入驻企业3812家，其中，规模以上企业125家、高新技术企业52家、科技中小企业141家。新增四星级小微企业园1家（后宅吉成文体小微企业创业园）、三星级小微企业园2家（同心圆日用品产业园、顺时针印刷包装产业园）、省级数字化示范小微园1家（美创园）。完成2021年小微企业园亩产效益评价，评出A类园区5个、B类园区9个、C类园区26个、D类园区5个。（赵江英）

【中小微服务体系改革】2022年，市经信局围绕中小微企业关心关注的问题，谋划政策集成体系、转型促进体系、要素保障体系、贸工联动创新平台"三体系一平台"建设，牵头推进15项改革事项。至年底，完成10项改革事项。（赵江英）

【双碳行动】2022年4月，市经信局会同市生态环境分局制定《2022年清洁生产企业计划名单》《节水型企业创建计划名单》，28家企业完成清洁生产评估验收。10月，指导推荐2023年度省级节能减碳（绿色化）技术改造项目储备库2个（大宇袜业项目和诚泰印染项目），单位工业增加值能耗下降20.8%。（朱友龙）

【小微园质量提升】2022年，义乌市小微企业园工作重点由数量为主向质量为主转变，提升小微园建设质量，全面打造升级版小微企业园。10月25日，制定出台《义乌市传统产业发展提升方案》，对十大优势传统产业的发展定位和行业布局进行统筹规划，计划在2025年前建设20个传统产业集聚提升小微企业园。每个小微园区面积6.67公顷，按容积率4.0建设，以打造小微企业园3.0版为目标，统一配套办公、宿舍、商业、仓储等公共设施，提升园区综合服务功能。（赵江英）

【企业创新转型"无废工厂"建设】2022年12月17日，浙江省城市建设管理协会组织专家对义乌市垃圾焚烧发电厂进行生活垃圾焚烧厂无害化等级评价，经专家组综合评定，该项目符合生活垃圾焚烧厂无害化等级AAA标准。由浙江华川深能环保有限公司负责实施的义乌市垃圾焚烧发电厂提升改造PPP项目，是义乌市垃圾处置终端项目，日处理生活垃圾3000吨，总投资15.32亿元，为浙江省第二大处置规模。项目焚烧生产线主要设备采用国际国内一线品牌，烟气脱白处理，排放效果优于国家标准。该项目于2019年建成投产，列入第三批全国环保设备和城市污水垃圾处理设施向公众开放单位，是浙江省第一批"无废工厂"、金华市和义乌市科普教育基地、义乌市园林式单位。（周茜蒙）

义乌市创意园

【概况】义乌市创意园位于义乌工商职业技术学院校内，是全国首个以“小商品创新设计”为主要研发方向的创意文化园区，是国家级生产性实训基地、浙江省高等学校省级产教融合示范基地、浙江省中小学生职业体验基地。至2022年，创意园拥有国家旅游商品研发中心、国家林产品创意研发中心2个国家级研发平台，浙江省中小企业服务平台、浙江省饰品设计与制作培训平台2个省级平台，金华市科技孵化器、义乌市众创空间2个市级平台。与浙江大学现代工业设计研究所共建“智能设计应用技术协同创新中心”，与中国小商品城集团共建“设计进市场行业单品研发中心”，与义乌市博物馆共建“义乌市文创科普基地”。入驻高端设计机构、产品研发科技型小微企业、师生共创工作室等平台单位56家。为中国美术学院、华中科技大学、台湾辅仁大学等150余所知名高校设计学子实践基地，累计开发文创产品1万余款，年均服务生产企业3000余家。全年接待实习实训师生2000余人。

【创意设计对接会】2022年10月27日，浙江中国小商品城集团股份有限公司市场运营分公司与园区入驻企业创意设计对接会在义乌市创意园举行。浙江中国小商品城集团股份有限公司市场运营分公司负责人、百家文化、智美文化、天朗创意、触角工业设计等部分优秀入驻企业负责人8人出席对接会。双方就创意春联设计、创意文创产业提优提质等内容进行对接磋商。

【科普沙龙活动】2022年12月7日，由义乌工商职业技术学院、义乌市博物馆、中国小商品城商学院、义乌市创意园联合举办的“高质量发展背景下的浙中文创设计之路”科普沙龙活动在国际商贸城四区举行。国际商贸城市场经营户、创业者、采购商、义乌工商职业技术学院师生等80余人参加活动。专家学者、企业导师通过现场演讲、短视频同步直播的方式，就营销驱动型文创设计、新媒体时代的文创产品设计等内容进行主题分享。活动以科普当前文创设计前沿资讯为契机，融合义乌经济产业化区位优势与本土高校时尚设计专业优势，提升高校服务地方经济发展的水平与能力。

（王佐龙　朱玉清）

2022年12月7日，“高质量发展背景下的浙中文创设计之路”科普沙龙活动在义乌国际商贸城四区举行　（方瑶　摄）

企业创新转型

【概况】2022年，义乌市新认定省科技型中小企业244家，累计1531家；新培育国家高新技术企业81家，累计374家。完成国家科技型中小企业备案472家，获评全省首批科技“小巨人”企业1家。　（金碧文）

【特来光电科技被评为浙江省“隐形冠军”企业】2022年1月11日，浙江省经信厅公布2021年浙江省“隐形冠军”企业名单，浙江英特来光电科技有限公司（简称“特来光电科技”）名列其中。特来光电科技是一家集LED产品研发、生产、销售于一体的国家高新技术企业。“隐形冠军”企业泛指在细分领域绝对领先却不为人熟知的企业，被视为制造业体系的“螺丝钉”，是衡量区域制造基础和发展潜力的重要标志。专注于较窄的市场领域，在其价值链上的各个环节深度发展，特定的经营模式、产

品、企业文化和战略选择，均拥有独特性。（周茜蒙）

【岩谷科技被认定为“高新技术企业”】 2022年12月24日，浙江岩谷科技有限公司（简称“岩谷科技”）被认定为高新技术企业，岩谷科技主要产品气凝胶作为新型的纳米材料，在航空航天、海军舰船、高铁动车、新能源汽车、电力、石化、太阳能光热、建筑等领域广泛应用。2022年，岩谷科技销售收入1.22亿元，研发费投入占销售收入4.5%，专职研发人员20人，占全公司人员数的11%。（金碧文）

【清越光电被认定为“国家高新技术企业”】 2022年12月24日，义乌清越光电科技有限公司（简称“清越光电”）被认定为国家高新技术企业。清越光电专业从事电子纸等前沿显示器研发和产业化，是苏州清越光电科技股份有限公司全资子公司。2022年，清越光电销售收入7.3亿元，研发费投入占销售收入3.1%，专职研发人员50人，占全公司人员数的19.5%。（金碧文）

【赛恩斯被认定为“国家高新技术企业”】 2022年12月24日，义乌市赛恩斯高分子材料有限公司（简称“赛恩斯”）被认定为国家高新技术企业。赛恩斯致力于高性能环保合成材料及皮革制品的产品研发、设计、销售。以创新的材料技术解决传统行业的环保问题，帮助传统行业借鉴吸收国外的先进材料应用经验，促进传统行业转型升级。2022年，赛恩斯销售收入为2400万元，研发费投入占销售收入10.17%；专职研发人员为11人，占全公司人员数的44%。（金碧文）

【蓝宇数码被认定为“浙江省科技小巨人企业”】 2022年12月31日，浙江蓝宇数码科技股份有限公司（简称“蓝宇数码”）被认定为“浙江省科技小巨人企业”。蓝宇数码为纺织品数码喷印墨水、助剂、打印工艺的研发及生产，为客户提供全面的数码印花解决方案和技术服务，产品涵盖数码纺织应用所需要的分散、活性、酸性、涂料、阳离子等2000余款产品。以“实用、优质、环保”为长期研究目标，通过改进生产设备及工艺，提高产能效率及产品质量。2022年，蓝宇数码销售收入2.94亿元，研发费投入占销售收入5.64%，专职研发人员45人，占全公司人员数的25%。（金碧文）

民营经济发展环境

【概况】 2022年，义乌市出台《关于战疫情抢发展的若干政策举措》《义乌市抗疫情稳经济若干政策措施》惠企稳企。完成降本减负74.2亿元，惠及企业235万家次，减负总额占金华减负总额42.6%，居金华第一。提出“三环三化”数字审批改革、公积金贷款、不动产抵押注销、用水等60个事项实现全程智能办理。推动服务走出去，创设迪拜、捷克、西班牙3个海外政务服务驿站，政务服务辐射至全球55个国家和地区，外商投资注册等443项服务事项实现海外“一网通办”。深化人才招引，推进“133创新人才工程”“义乌英才计划”，构建“引育留用”全链条服务体系。搭建全国首个县域级国际商事诉仲调“一站式”解纷平台，揭牌成立义乌法院共享法庭（国际商法中心服务站），打造金义片区首个专为化解国际商事纠纷设立的特设共享法庭。2022年“万家民营企业评价营商环境”中义乌市位居全省44个工业大县前列。（王　谦　王苇萦）

【企业服务线上直播】 2022年，义乌市企业服务综合平台（企业码）开展线上直播20场（次），线上线下服务活动300余场（次），服务中小企业2.3万余家（次），线上参与活动人数1.2万余人（次），累计处理企业诉求453条，省级应用浏览量为858万余次（全市排名第一），义乌专区应用浏览量为475万余次（全市排名第一）。（王　谦）

【减负降本】 2022年，市经信局推进减负降本工作落实落细，开展减负降本工作，累计为企业减负179.5亿元。其中省经信厅减负降本应用场景归集的40项减税降本政策数据74.2亿元，惠及企业235万家次，减负总额占金华减负总额42.6%，居金华第一；税务部门缓缴、免缴、退税等累计金额105.3亿元。（王洪健）

【"引育留用"全链条服务体系】 2022年，义乌市聚焦高校毕业生就业创业全周期需求，优化"引育留用"全链条服务体系，打造高校毕业生就业创业生态环境。至年底，举办各类引才活动170余场，引进大学生4.26万人。（骆旭伟）

【"不动产智治应用"改革】 2022年3月8日，省数字政府改革事项"不动产智治应用"首期子场景项目验收会在义乌召开，义乌通过首期子场景项目验收。义乌市首期子场景建设完成"国有土地及商品住宅产权全链智治""不动产信息集成应用""不动产智治应用"数据仓（专题库）建设，形成"不动产智治应用"理论和制度成果。项目以不动产单元码和单元表为核心，进行多跨协同和业务贯通，重塑国有土地及商品住宅产权全链条流程，实现信息集成应用的智查、智判、智管，达到减环节、减材料、减时间等业务目标。自2021年10月15日"不动产智治应用"首期子场景上线试运行至2022年12月，义乌市公众访问量10.93万件，数据共享量32.66万次，不动产登记时间从1～3个工作日减少至平均1.22个小时，"全流程"网上办件率达90.1%，义乌改革经验在全省推广。（叶　翔）

【老工业区有机更新】 2022年，义乌市创新老工业区有机更新方式。6月1日，市经信局研究出台《石桥头工业区有机更新企业安置方案》等工业企业有机更新政策，补偿方式由货币安置为主调整为以实物（土地、厂房）安置为主，尽可能留住本地企业。至年底，石桥头工业区22家企业有17家选择生产性用房安置，安置面积5.39万平方米，为全市腾出13.33公顷工业用地。（王洪健）

【防范和化解拖欠中小企业账款专项行动】 2022年6月，义乌市开展防范和化解拖欠中小企业账款专项行动，集中化解存量拖欠，实现无分歧欠款应清尽清，确实有支付困难的应明确还款计划。至年底，完成清偿拖欠金额420.65万元，无分歧欠款应清尽清，无分歧欠款清偿率100%。（王　谦）

【知识产权质押融资业务】 2022年，义乌市推进知识产权质押融资，推动17家金融机构开展知识产权质押贷款业务，以专利、商标等知识产权作为质押物申请融资，帮助企业变"知产"为"资产"。9月，义乌市成功入选首批国家知识产权强县建设示范县。至年底，完成知识产权质押融资19.5亿余元，破解企业"融资难"的问题。（杨　凯）

企业主体活动

【概况】 2022年，义乌市民营企业共790家，占规模以上工业企业823家数的96%、产值的91.1%、增加值的90.6%，爱旭、天合、晶科、晶澳4家民营企业产值均超100亿元，助推全市规模以上工业产值突破1000亿元（1639.3亿元）。民间投资占全市总投资的57.4%，是拉动经济和投资的主要力量。民营经济创业规模不断扩大，民营主体占全部市场主体的98.5%，新注册企业中，民营企业占比96.7%。（王洪健）

【"防疫消杀"补助支持重点领域复工复产】 2022年，为帮助企业降本纾困，市经信局帮扶企业渡难关、提信心。规模以下工业重点企业和使用进口物品用于生产，且在省工业"物防链"系统上线的工业企业，可获一次性5000元"防疫消杀"补助，无感兑付到户。为支持重点领域复工复产，市经信局对二季度工业营业收入同比增长20%及以上（封控区管控区企业同比增长10%及以上、防范区企业同比增长15%及以上）的工业企业，每家奖励2万元；对工业营业收入同比增长500万元的企业，奖励1万元（封控区管控区企业每家奖励2万元），每家企业最高奖励20万元。（周茜蒙）

【"万名干部助万企"活动】 2022年，义乌市开展"万名干部助万企"活动。选派144名助企服务员精准服务，线上线下"一对一"服务521家（次），收集企业诉求121个、困难问题48个，解决率100%。10月9日，义乌市在全省"万名干部助万企"推进会上作交流发言。（周茜蒙）

商贸服务业
COMMERCIAL SERVICE

综　述

【商贸服务业经济指标完成】 2022年，义乌市社会消费品零售总额1057.8亿元，同比增长2.3%。其中，城镇限额以上消费品零售总额245.84亿元，同比增长4.81%；乡村限额以上消费品零售总额4.39亿元，同比增长19.04%。限额以上批发业零售总额8.05亿元，同比增长1.87%，限额以上零售业零售总额238.25亿元，同比增长5.54%；实现进出口总额4788亿元，同比增长22.7%；其中出口4316亿元，同比增长18%，首次突破4000亿元，总量列全省县市区第一，占全省、全国份额分别12.57%、1.8%，义乌出口规模超全国18个省市。

（楼东平　叶丽梅）

【外资企业增资扩产】 2022年，义乌市加大外资项目招引，鼓励外资企业增资扩产。全年新设外资企业599家，实际利用外资2.08亿美元，同比增长13.5%，总量排名金华第一。完成3000万美元以上外资签约项目4个，其中1亿美元以上2个。全市企业与168个国家（地区）有进口贸易，商品来源国数同比增长7.69%。与140个国家（地区）进口额保持正增长。全市有进口企业1885家，同比增长13.49%，进口额前20强企业中，5家为2021年同期无数据企业（新增企业）。进口额超1000万元企业260家，其中116家为2021年同期无数据企业（新增企业）。2022年，全市进口实绩企业中，贸易流通企业1474家、生产企业411家。

（傅叶青　李德华）

【促消费举措】 2022年，义乌市受监测的10家大型商场超市实现销售额56.38亿元。与“十八腔”“稠州论坛”等义乌知名媒体开展合作，通过直播、网红探店、购物嘉年华等模式，开展“浙里来消费　美好新生活”系列活动。全年投入财政资金2.8亿元，用于投放春节暖心消费券以及汽车、家电、普惠等类消费券，整体核销率90%，带动消费55亿元，促进了消费回补和潜力释放。

（楼东平）

粮油供应

【概况】 2022年，义乌市粮食供需平衡，粮食价格稳定，粮食流通规范有序，粮食经济稳步发展。全年市内收（采）购政策性粮食2.55万吨，轮换出库政策性粮食5.08万吨，补库5.63万吨，国有粮食收储企业实现经营收入1.58亿元，安排粮食风险基金8000余万元。加强粮食风险基金管理，将粮食风险基金纳入粮食安全责任制考核；强化资金管理，确保专款专用、发挥效益。

【2022年订单粮食收购圆满完成】 2022年，义乌市明确早、晚稻粮食收购政策，做好宣传工作。

与99户种粮大户签订早稻订单合同，落实早籼谷种植面积2649.76公顷，订单1.59万吨；与118户种粮大户签订晚稻订单合同，落实晚稻谷种植面积3626.2公顷，订单2.45万吨，其中“五优联动”优质稻1321.4公顷，试点数量1000吨。完成收购本地小麦126.68吨，早籼稻1.25万吨，晚籼稻1.3万吨（其中优质稻920.58吨），发放预购金260余万元。

【跨省粮食产销合作】 2022年，义乌市实施“百县万品”工程，与吉林伊通深入产销合作，签订《战略合作框架协议》，设立1334公顷水稻基地和玉米基地。至年底，“百县万品”3个自有品牌（秋田小町、小町香米、五常稻花香）大米进入各大商超、菜市场、企事业单位食堂，成为70余所中小学校大米定向采购品种。“自有”品牌大米2022年销售2003.78吨，984.44万元。与江西弋阳、东乡建立粮食合作基地，义宝农庄在吉林省建立1334公顷粮食合作基地，粮食供应链得到保障。

【粮食储备与应急管理】 2022年，义乌市级粮油储备品种、规模按照市政府要求如数储存到位。落实42个粮油应急供应网点、700吨每日的应急加工能力，推动粮食加工、储运、配送、供应等重点环节有效衔接，提升粮食应急处置能力，确保粮食供应安全。（刘　菲）

烟草专卖

【概况】 2022年，金华市烟草公司义乌分公司（简称“义乌市烟草专卖局”）查获各类涉烟案件509起，查获卷烟13.1万条，电子烟4.8万支，总案值2544.57万元。义乌烟草专卖局全年卷烟销量首次突破7万箱，同比增长1.02%；销售额34.98亿元，同比增长2.54%；单箱销售额4.99万元，同比增长1.51%；实现税利10.41亿元，同比增长2.66%。

【净化卷烟市场】 2022年，义乌市烟草专卖局深化部门协作，完善监管方式，净化卷烟市场。查获100万元以上无证运输假烟案6起，查获假烟3.72万条，总案值734万余元。2022年“3·30”销售假冒电子烟案件被公安部列为“昆仑2022”专项行动重大案件。加大中小学及幼儿园周边卷烟电子烟零售户清理整顿，推动“未成年人保护”落地，许可证治理取得实效。

【“农网消白”“提质升星”行动】 2022年，义乌市烟草专卖局推进“农网消白”“提质升星”两大行动，“消白”164个村，建成农网现代终端400余户，打造“望道信仰之旅”“倍磊古村落”2个农网示范区。先行先试、精准选点、一体推进，在全市率先打造红色驿站、数智驿站，建设示范区和示范带，建成红色驿站、数智驿站、会员驿站、雪茄驿站“四大驿站”；136家驿站超额完成目标任务；数智驿站、雪茄驿站义乌标准在金华全市推广，数智驿站建设经验被行业主流媒体专题报道。（孙璐琦）

供销合作

【概况】 2022年，义乌市供销联社立足“稳产保供”，推进疫情防控和农业生产。为专业合

2022年3月24日，义乌市烟草专卖局净化卷烟市场清点现场
（韩阳春　摄）

作社、种植大户等主体配送复合肥、尿素等农资6000余万元。完成农资"双储备"任务，化肥淡季储备1800余吨、农药50余万元，化肥应急储备1800吨、农药4吨。组织农业主体参加种植技术、用肥用药等农业专业技术培训34期，累计受训2200余人次。加强农废回收管理和政策宣传，回收农药废弃包装物38.06吨，无害化处置率100%。

【产业农合联组建】 2022年，义乌市供销联社充分发挥资金互助会作用，发放借款贷款7983万元。借助义乌农商银行载体，发放6235万元助农贷款。发挥义乌农信担保公司作用，为农户解决3104万元助农贷款。3月24日，全省农合联春耕支农服务月活动启动仪式在义乌市佛堂镇龙溪村举行。6月24日，在后宅成立义乌市枣业产业农合联。同日，市农合联联合义乌市枣业产业农合联出台《义乌南枣农产品地理标志使用管理办法》，规范义乌南枣农产品地理标志使用。至12月底，累计组建产业农合联7家，吸纳会员305人，惠及社员750余人，辐射带动1万余名农户实现增产增收。开展农产品产销对接，实现农产品销售额1.6亿元。开展对口帮扶，帮助四川巴中、丽水莲都等地销售粮油、菌菇等农副产品250吨，销售额500万元。

【供销联抗疫先锋队】 2022年，新冠疫情防控期间，义乌市供销联组建抗疫先锋队，参与高速防疫工作。4月、5月制作"暖心"月饼，慰问一线抗疫工作人员。"8·2"疫情防控期间，帮助农户销售滞销农产品6.5吨，为大陈镇、苏溪镇、江东街道等9个镇街配送"暖心套餐"3.37万份。

市供销联社一线抗疫先锋队

（市供销联社供图　2022年4月27日摄）

【供销服务平台拓展】 2022年，义乌市供销联社推进"全国整县推进乡镇为农服务综合体试点"建设，提升佛堂蟠龙综合服务中心、下骆宅5G直播大楼、苏溪供销百货大楼等供销流通服务，实现年营业总额1.09亿元。10月28日，浙中地区首家京东电器城市旗舰店在天成大厦开业。11月11日，供销直播大楼项目结顶。12月3日，义乌开元曼居酒店在蟠龙花园综合服务中心开业。12月15日，义乌市供销联社福田农事服务中心在下骆宅开业。2022年，义乌市供销联社完成经营总收入3.34亿元，实现经济效益4341万元，利润总额4050万元，资产总计12.25亿元。

【高质量共富平台打造】 2022年，义乌市供销联社打造高质量共富平台。联合市场集团、佛堂镇党委政府，打造义乌市规模最大、配套设施最全、农业技术含量最高的佛堂现代化数字化蔬菜生产基地。总投资5000万元，占地面积30公顷，年产值1300吨，投资500万元，在赤岸、佛堂、上溪3地6个区块搭建公益性"共富大棚"30个，建设总面积4.5万平方米。12月，位于下骆宅闸市区的福田农事服务中心投入使用。（王　炜）

电子商务

【概况】 2022年，义乌市实现电子商务交易额3907.28亿元，同比增长5.17%，其中：内贸电子商务交易额2823.78亿元，同比增长4.53%；跨境电子商务交易额1083.5亿元，同比增长6.9%。全市经工商登记注册电商主体46.53万户，新设电商主体12.59万户，同比增长24.1%。全市有电商园区32个，建筑面积200万平方米。拥有淘宝村222个、淘宝镇13个，经工商登记注册电商主体45.7万户，新设电商主体8.9万户，同比增长24.1%。开展跨境电商综试区建设，启用跨境电商服务中心，推动电商健康发展，跨境电子商务零售交易额424.14亿元，同比增长5.5%。实现网络零售额2272.28亿元，同比增长3.9%，连续6年位居全省各县（市、区）第一。（童俊男）

【电子商务主体增势不减】 2022年，义乌市电子商务增势不减。批发零售业稳居支柱行业，批发零售业主体13.36万户，占新设总量的73.94%。以加工为主的制造业，新设1.11万户，占新设总量的6.15%。租赁和商务服务业，新设9710户，占新设总量的5.38%。全年新设电商主体12.59万户，占新设主体69.71%，占全省电商新设主体的33.3%。

（徐晨炜）

【电子商务产教融合】 2022年，义乌工商职业技术学院电子商务专业群以电子商务专业为龙头，以商务数据分析与应用专业为支撑，以跨境电子商务、网络营销与直播电商专业为两翼，立足区域产业市场需求，推进专业和创业融合发展。设18个教练型创业导师团队和4个高规格教科研机构，拥有教育部国家级教师教学创新团队1个、省级教学名师4人、省级电商专业带头人1人。年内，电子商务专业入选工业和信息化部人才交流中心第一批产教融合试点专业，获省级职业教育教学成果奖二等奖1项；《跨境电商创业》课程被评为国家级职业教育在线精品课程。创业园青创空间成功入选国家级众创空间，荣获中国国际“互联网+”创新创业大赛1金1银，斩获全国职业院校技能大赛高职组创新创业赛项一等奖。“全国直播电商职教联盟”获批金华市产教融合联盟，相关案例入选“教育部产教融合校企合作典型案例”。服务中西协作和山区26县发展，全年开展电商技能培训24期，覆盖3万余人次，入选浙江省教育厅教育助力乡村振兴典型案例。学校毕业生创业率稳定在12%，居全省高校前列。（陈　斐　朱玉清）

【巴州区直播电商人才培育孵化培训班】 2022年6月16—21日，2022年千里送“渔”义乌—巴州创共富第二期直播（主播）孵化培训班在四川省巴中市举办，来自巴州区的家庭农场主、返乡创业青年、基层村干部45人参加培训。培训由义乌、巴州两地人社局、义乌妇联和巴州区团委共同主办，巴州区就业服务管理局、义乌市就业创业管理服务中心和义乌工商职业技术学院设计课程，邀请实战经验丰富的学院客座教授为学员授课。为提升学员学习和创业热情，培训同时举行“千里送‘渔’义乌——巴州创共富新手主播成果汇演”，2个小时点击量18万人次，成交342单，成交额1.8万余元。

（陈　斐　朱玉清）

2022年6月16—21日，千里送“渔”义乌—巴州创共富第二期直播（主播）孵化培训班在四川省巴中市举办

（义乌市工商职院　供图）

【义乌美联荟直播基地入选省级直播电商基地】 2022年4月16日，省商务厅公布2021年度26家省级直播电商基地名单，义乌美联荟直播基地入选。美联荟电子商务产业园是以直播业态为特色的电子商务园区，建筑面积2.1万平方米，入驻企业20余家，以义乌饰品、珠宝等传统优势产业为基础，打造直播产业，探索跨境出口直播等新业态新模式，培育孵化了一批MCN机构和品牌供应链。（童俊男）

【国家级创新创业教育实践基地】 2022年9月5日，教育部办公厅公布国家级创新创业学院和国家级创新创业教育实践基地建设名单，义乌工商职业技术学院成功入选。义乌工商职业技术学院以“创”立校的办学思路，创新创业特色鲜明、实践育人成果突出。在创业学院建设、创业学分替代、自主创业认定标准制定、创训实践基地建设、创新创业导师培育等方面开展创新创业教育改革探索与实践，在思创融合、专创融合、产教融合、校地融合、中外融合等方面成效显著。应届毕业生创业率保持在12%以上，毕业3年后创业率达21.09%；学生创业项目获“互联网+”“挑战杯”等创新创业竞赛国赛奖项15项、省赛153项。国际生回国创业率实现50%，毕业一年后留义乌创业率60%。服务“东西协作”战略，辐射全国20多个省份，培训和助农10万余人；学校入选全国创新创业典型经验高校、全国高校实践育人创新创业基地、国家备案众创空间。（陈　斐　朱玉清）

【国家级电子商务示范基地创建】 2022年9月13日，商务部根据《国家电子商务示范基地综合评价办法》《国家电子商务示范基地综合评价指标体系》，对141家国家电子商务示范基地和各地新推荐的72家优秀电子商务园区进行综合评价。中国小商品城·网商服务区获2022年综合评价成绩突出的国家电子商务示范基地，是全省唯一上榜电商园区。中国小商品城·网商服务区位于国际商贸城五区，是义乌国际贸易综合配套改革试点项目，获批国家电子商务示范基地，浙江省电子商务产业示范基地、创业孵化示范基地、小微企业园等称号。园区有入驻企业170家。引进义乌小商品城官方平台Chinagoods、环球义达，以及“四通一达”快递品牌，培育壮大义乌通栎、龙威饰品、观雅饰品等本地优势行业的电商。至年底，组织经营户参加电子商务培训320场1.5万人次。（童俊男）

【浙江省高职院校创业学院院长培训班】 2022年11月3—12日，由浙江省高等学校师资培训中心和浙江省创业导师培育工程实施指导办公室主办，义乌工商职业技术学院承办的2022年浙江省高职院校创业学院院长培训班在义乌开班。来自全省50所高职院校创业学院院长共47人参加培训。培训围绕创新创业教育人才培养（专创融合）、师资队伍建设、基地建设等主题，采用“线上+线下”同步直播、赴宁波和温州实地走访等方式进行，邀请浙大管理学院创新创业与战略学系、英国安格利亚鲁斯金大学管理学院等国内外知名专家学者开展主题讲座。培训期间开展实地考察，学习兄弟院校优秀做法、企业成功经验。（陈　斐　朱玉清）

【全国直播电商职业教育集团2022年度会议】 2022年11月14日，义乌工商职业技术学院承办的全国直播电商职业教育集团2022年度会议召开。全国电子商务职业教育教学指导委员会、义乌市人力资源和社会保障局相关领导及全国223家理事单位代表、相关院系负责人、骨干教师等4000余人线上线下参加会议。开幕式后，直播电商相关的校、行、企专家围绕职业教育高质量发展、直播电商行业发展趋势、产教融合及直播人才培养4个专题进行线上分享。直播电商职教集团于2020年12月由义乌工商职业技术学院牵头成立，有260家成员单位，2022年新吸纳29家理事单位。（陈　斐　朱玉清）

【“直播+鸡毛换糖”项目开班】 2022年11月8日，义乌工商职院与市妇联携手打造的“直播+鸡毛换糖”项目在浙江省巾帼共富工坊服务中心正式开班，市场经营户、驻企教师、在校学生等80余人参加开班仪式。该项目借助直播电商强劲势头，组建创业导师、驻企教师和转型带头人为主的团队，促进市场经营户与在校学生"一对一"结对，通过'直播+鸡毛换糖'项目，进一步帮助市场经营户们运用数字化技术、数字化思维、数字化认知，让更多义乌好货走进千家万户，为电商行业的人才培育、储备贡献义乌经验。 （朱玉清）

【浙江省数字生活新服务特色镇】2022年11月29日，浙江省商务厅公布第二批省数字生活新服务先行市、样板县、特色镇名单，义乌市北苑街道和赤岸镇依托产业资源优势，围绕商贸领域数字化转型，成功入选浙江省数字生活新服务特色镇。北苑街道构建"1+1+N"（打造1个街道电子综合商务数字管理平台，建设1个电子商务公共服务中心，聚集N个第三方服务机构）数字产业服务生态圈，推进平台孵化、人才梯队建设、品牌价值赋能、销售渠道拓宽与民生服务全面融合，通过"数字经济"技术应用和模式迭代，打开创业通道，加速产业转型，改善居民生活。至12月，街道共建成市级小微电商产业园区10个，创建五星级电商村10个，电商园区内企业955家，实现电子商务年交易额96亿元；11个电商村企业2200家，实现电子商务年交易额16亿元。赤岸镇构建"1+3+X"生活类服务业数字化转型体系（搭建1个数字生活新服务平台；打造3项数字生活新服务品牌；构建"山里货云上销"、旅乡人变新乡人、百姓服务掌上办等X个数字生活特色场景）。建成全国首个邮快共配中心，创新"快递到镇、邮政到村、党员到户"快递接力配送模式，整合进村末端邮路，实现寄递降本增效。打造"山里云销"3000平方米的电商直播基地，通过直播带货企业入驻，推动特色农产品和小商品网络销售，年销售额突破500万元。 （童俊男）

"义乌购"电子商务平台

【概况】 义乌购（www.yiwugo.com）为义乌小商品市场官方平台，致力于线上线下融合发展，以"轻松找货，放心交易"为宗旨，推动传统专业市场数字化转型升级。"义乌购"背靠"全球最大小商品批发市场"，享有一手厂家货源，服务产业链上游200余万家中小微企业，产品涉及26个大类。2022年，"义乌购"上线10周年，累计入驻商家5万余家，在线商品800余万种，日均访客80余万人，注册采购商1000余万人，10%为海外用户。在B2B电子商务平台上，"义乌购"访问量仅次于阿里巴巴（www.1688.com）。

【2022年"义乌购最美老板娘"评选】 自2022年3月8日至4月8日，2022年义乌购最美老板娘评选结果出炉。妮珂饰品徐嘉蔚、爱尚家居苏翠、蝶飞织带王春星、春晓窗帘方晓君、星宝伞业张吉英、美阁地毯吴明华、张卫超袜业傅江燕、冠宇毛绒玩具余水仙、朵灿蛋糕杯王小青、玲欧地毯黄玲玲10位优秀老板娘从720名竞选者中脱颖而出，获2022年义乌购"最美老板娘"荣誉称号，5月18日，义乌购对"最美老板娘"进行颁奖，每人获奖金2000元。2022年"义乌购最美老板娘"提名奖被澜沫

2022年5月18日，"义乌购"电子商务平台对"最美老板娘"进行颁奖 （王文娟 摄）

纺织品金成凤、雨儿毛绒玩具彭晓雨、启翔织带童燕等20位老板娘获得。此次评选是自2016年举办以来参赛人数最多的一次，也是竞争最激烈的一届。活动评选义乌小商品市场各个区块，涉及河北、山东、广东、山西以及成都等省市3000余家产业带商铺。

【义乌购大数据反映市场行情】 2022年4月13日起连续2周，义乌购平台上"健身器材"一词，进入热搜第14名；义乌购平台"健身器材"一词搜索量陡然暴涨至排名第二。义乌购平台商户玩具类产品销量增幅明显，1—5月，玩具类产品销售量比2021年增长142.1%。其中5月增长78.7%，环比增长28.05%。8月中旬即将开学，义乌购后台数据显示，书包订单量较2021年同期增长128.3%，成交金额同比增长181.7%。文化办公用品在线数量呈增长趋势，文具订单量同比增长200%，其中笔类产品销量涨幅最大，因义乌本土疫情形势，不少采购商因无法来义实地采购，均转向线上下单，5月10日至8月10日，线上下单的笔类产品金额为2021年同期的19.96倍。9月底，注水热水袋等取暖器在欧洲畅销，通过义乌购英文站搜索引入的欧洲新客户增多，销量较往年增长200%。12月，"羽绒服"挤进关键词热搜前10名，半年交易额同比增长45%。

【2022年度"义乌购十大经营户"评选】 自2022年5月10日起至12月31日，义乌购举行2022年度十大经营户评选活动。评选对象涵盖3000余家产业带商户。经评比选出XUPING JEWELRY旭平首饰、张卫超库存袜子批发厂家、义乌朵灿烘焙蛋糕杯、小蜜蜂毛巾、格美电器、义乌市爱尚家居日用品厂、科美电器贸易有限公司、壹枝丝袜、义乌市恩洪织带有限公司、义乌市晶致日用品厂为"十大经营户"；同时评选出10名年度领袖经营户、各区块明星经营户90名和优秀经营户120名。

【"义乌购"上线10周年】 2022年10月21日，义乌购平台上线10周年纪念日，平台通过与中国义乌网、《金华日报》等媒体联动，全网线上及海外品牌宣传庆祝"义乌购"上线10周年。10年来，义乌购探索专业市场数字化转型升级之路，通过自身线上服务经验，面向全国优质产业带、实体批发市场提供入驻服务。至2022年底，义乌购平台入驻商家5万户，日均访客80万人次，日均浏览量（PV）1500万人次，注册采购商1000万户。2022年前，该平台每天在线洽谈买卖3000对，2022年上升至5000对。

（王文娟）

义乌小商品城平台

【概况】 2022年，"义乌小商品城平台"（www.chinagoods.com）依托义乌市场7.5万家实体商铺资源，服务产业链上游200万家中小微企业，以贸易数据整合为核心驱动，构建B2B国际贸易综合服务平台，打造"传统市场数字化+贸易履约数字化"全场景、全链路、数字化贸易生态圈。解决供需双方在生产设计、展示交易、物流仓储、金融信贷等环节需求，实现义乌市场线上线下无缝对接、协同发展。至年底，平台注册采购商330余万户，入驻商户5.8万户，上传商品600余万个，高峰月份日均访问用户达24.5万户以上，累计交易额500余亿元。

【Chinagoods荣誉】 2022年1月25日，《浙江共产党员杂志》总第715期报道《Chinagoods，云上解题》。同月17日，CCTV-13新闻频道《新闻直播间》《感知中国经济韧性·以变应变 一个平台看"世界超市"的转型》肯定Chinagoods"变化不是简单的从线下到线上，更在于打造数字贸易的全产业链。"7月4日，中央广播电视总台《新闻客户端》发布《央视新闻联播点赞浙江义乌多举措助企业稳外贸》，肯定义乌小商品城数字贸易综合服务平台，引导商户转变经营方式，扩展国内外采购商资源。商务部电子商务和信息化2022年第二期简报《2022全国网上年货节》专刊中指出"2022全国网上年货节"期间，开展"义起过年义场直播—2022Chinagoods上合组织（简称"上合组织"）国家特色进口商品直播"专场，在提升广大消费者对上合组织认知的同时，帮助消费者足不出户买遍上合组织国家特色产品。

【采购宝】 2021年11月12日，Chinagoods平台开发上线履约服务产品——采购宝，结合市场实际需求，与"犇犇找货""货款宝""保理"等产品进行融合迭代。自上线至2022年底，累计注册认证外贸企业2000余家，下单总额13.24亿元，在线结汇4.56亿美元。

【"犇犇找货"工具推出】 2022年2月，Chinagoods平台推出"犇犇找货"工具。"犇犇找货"是一款能快速匹配精准货源的应用，为采购商提供"1+4+24"（1小时商机响应，4小时商户报价，24小时追踪服务）快速响应服务，提高找货效率、降低采购成本。"犇犇找货"全年累计接收采购线索30.5万条，线索触达商户900万次，参与报价响应商户1.5万家，通过数据抓取匹配，"犇犇找货"累计平台线上成交3500万元。（何振威）

综合服务业

【概况】 2022年，义乌市受监测的10家大型商场超市实现销售额56.38亿元，其中，天华世纪城、华润万家、万达广场，销售额分别为4.58亿元、0.6亿元和9.49亿元，分别同比增长30.62%、14.36%和8.0%；吾悦广场和富国超市业绩与上一年持平，销售额分别为6.94亿元和6900万元，同比增长2.03%和-1.48%；世纪联华江东店、物美超市、义乌之心、新光汇和银泰百货业绩下降较多，销售额分别为0.44亿元、0.64亿元、24.29亿元、2.38亿元和6.33亿元，同比下降21.77%、18.51%、16.89%、15.49%和12.13%。

【佛堂老街被评为浙江省高品质步行街】 2022年1月，根据《浙江省推动高品质步行街建设实施方案》，省商务厅等11部门开展高品质步行街评定工作。通过地方自评、第三方评估等程序，将10条步行街确认为第三批"浙江省高品质步行街"，佛堂老街位列其中。佛堂老街位于佛堂省级旅游度假区中央核心区，全长2500余米，总营业面积11.14万平方米，由"直街""蒲川水街""商会街""盐埠头横街""浮桥头横街"和东西2条"副街"组成。留存集中连片的明清至民国时期的历史建筑，构成古镇独特的市井风貌，传承古镇百年文脉，通过全新改造"蒲川水街"，与爱情码头3D灯光秀等灯光配合，提升城市整体能级。

2022年4月15日，"犇犇找货"现场（商城集团 供图）

【绿色商场创建】 2022年11月29日，浙江省商务厅发文公布《2022年浙江省绿色商场名单》，义乌市万达广场、吾悦广场、绣湖里3家商场位列其中。义乌万达广场经营面积6.38万平方米，定位全客层时尚购物中心，涵盖餐饮美食、服装服饰、生活精品、儿童、体验等业态，有KTV、万达影城、KK桌球、大渝火锅、跃龙门等特色门店，具有吃喝玩乐购等多维度经济内涵。义乌吾悦广场经营面积8.9万平方米，定位精致时尚购物中心，集购物、餐饮、娱乐、旅游于一体，主打小而美的时尚主题餐厅与完善配套的儿童主题业态，广场引进星轶国际影城、永辉精品超市、海底捞、铜锣湾KTV等特色门店，引进品牌首店。义乌绣湖里经营面积4.8万平方米，立足于老城区，毗邻"绣湖"轻轨站，辐射城市轨道交通客群。通过提升外场灯光亮化、互动游乐

装置，打造灯火璀璨的夜间消费场景。（楼东平　叶青锋）

餐饮住宿业

【概况】 2022年，义乌市拥有星级饭店10家，其中，五星2家、四星6家、三星2家，客房数2391间，床位3551张。拥有金树叶级绿色饭店4家，银树叶级绿色饭店8家，金鼎级特色文化主题饭店1家，银鼎级特色文化主题饭店3家，金桂级品质饭店4家，银桂级品质饭店、金宿级等级民宿、银宿级等级民宿3家。限额以上的住宿业营业总额1.79亿元，同比下降11.4%；限额以上的餐饮业营业总额2.13亿元，同比下降16.58%。

【绿色旅游饭店创建】 2022年12月12日，浙江省旅游饭店星级评定委员会下发《关于批准杭州雅谷泉山酒店有限公司等17家饭店为绿色饭店的批复》，义乌市幸福湖国际会议中心被评为"金树叶级绿色饭店"。义乌市幸福湖国际会议中心是一家拥有14万平方米园林、64万平方米湖面的花园式豪华酒店。酒店由主楼和贵宾楼组成，主楼高6层，拥有带开放式阳台的套房376间，入住宾客可尽览秀丽湖光山色，俯视园林美景。贵宾楼独立在园林中，有2层33间套，设施齐全，环境优美。贵宾楼与酒店主楼配备室内游泳池2座，以及健身房、桌球室、乒乓球室、室外网球场、SPA水疗馆等娱乐休闲设施；酒店配备总面积2500余平方米的会议空间，拥有100～1000平方米的多功能厅、宴会厅等10余个大小不同的会议室，是浙中地区唯一具备国宾接待能力的贵宾楼。至2022年底，义乌市有金树叶级绿色饭店4家，银树叶级绿色饭店8家。

【浙江省品质饭店创建】 2022年12月26日，浙江省旅游饭店星级评定委员会下发《关于批准杭州萧山宝盛有限公司等23家饭店为浙江省品质饭店的批复》，义乌市环球酒店被评为"金桂级品质"饭店。义乌环球酒店坐落于义乌核心金融商务区，毗邻国际商贸城一期市场，与国际博览中心隔江相望，与义乌城市生活广场新光汇一街之隔，距离国际商贸城客运中心2000米。酒店有200余间客房，配套设施完善，健身房，游泳池，台球室，棋牌室，美容美发，SPA等，所有房间配备全景落地玻璃窗。环球酒店致力于将酒店融合办公室、社交圈概念，集生活、娱乐、商务、社交、直播于一体的360°体验空间。至2022年底，义乌市有金桂级品质饭店4家、银桂级品质饭店1家。

【浙江省特色文化主题饭店创建】 2022年12月26日，浙江省旅游饭店星级评定委员会下发《关于批准浙江文华大酒店有限公司等17家饭店为特色文化主题饭店的批复》，义乌大酒店分公司被评为浙江省金鼎级特色文化主题饭店。义乌大酒店隶属于国家电网下属义乌市输变电工程有限公司，于1999年2月8日营业，是义乌市唯一一家以地方冠名的四星级现代化精品商务酒店。酒店总投资2.5亿元，建筑面积4.6万余平方米，拥有各类豪华客房232间套，中餐厅豪华包厢18个。义乌大酒店围绕乌伤传统文化，以"金鹁鸪银鹁鸪，飞来飞去飞义乌"这一义乌谚语为主题，在酒店装饰、餐饮与客房特色服务、衍生品设计展销、鹁鸪主题营销活动等方面，通过多维度的全景呈现方式，让宾客领略义乌本地最具代表性的特色文化。至2022年底，义乌市有金鼎级特色文化主题饭店1家、银鼎级特色文化主题饭店3家。

【浙江省美食体验（示范）店创建】 2022年12月27日，浙江省文化和旅游厅、浙江省商务厅联合下发《关于公布2022年省级"百县千碗"美食体验店名单的通知》，义乌银都华悦酒店、商城宾馆被评为省级"百县千碗"美食体验店。至年底，义乌有省级"百县千碗"美食体验店7家。（季心怡）

夜间经济

【概况】 2022年，义乌市有大中型商业综合体11家。全市招引高端零售、特色餐饮、新型娱乐、生活服务等业态品牌店60余家。有三挺路夜市、贝村夜市、江滨夜市、义乌工商职院夜市、后宅夜市、廿三里夜市、佛堂夜市、义亭夜市、苏溪夜市9家夜市。新增“十足”“罗森门”店30家，全市已有知名品牌连锁便利店200余家。完成2022年度夜间经济示范街区、示范点创评工作。推动高品质步行街建设，佛堂老街被评为“省级高品质步行街创建试点”。加快综合体规划提升，绿地朝阳门部分商业设施投入使用，义亭之心、后宅新鸿广场等周边区域商业配套项目建设推进。2022年，义乌市区5家综合体客流量5449万余人次，同比增长2.8%，实现销售额49.4亿元，同比增长9.8%。

【江东街道多举措助力青口“夜经济”发展】 2022年，江东街道推出一系列举措，为“夜经济”繁荣提供保障。成立夜市管理办公室，配备20台对讲机，在义乌青口夜市上方覆盖监控系统，实时查看现场情况。与每位经营户签订包干责任书，明确垃圾分类、地面卫生、污水等9方面规定。对夜市的软硬件设施进行改造提升，营造良好的夜市营商环境，护航青口“夜经济”健康发展。2月22日，青口夜市餐饮区块重新投标后开业，摊233个，日均接待消费者1万人次，日均营业额70万元，“夜经济”带动了周边商铺，2022年新增就业岗位700个。

【义亭镇首个室内夜市开业】 2022年7月12日，义亭镇首个室内夜市全村夜市开业。位于义亭镇古塘工业区五联路191号，2020年5月，启动全村夜市建设项目，由义亭镇集体资产经营管理有限公司与全村、鲍宅村、包西塘村、龙华院村通过银行贷款方式，对全村夜市联建项目进行投资。投资420万元，建筑面积2412平方米。设服装百货、干货、水果、餐饮小吃等摊位51个。至年底，日均接待消费者1000余人次，日均营业额1.5万元。

【义乌市夜间经济示范街区】 2022年12月，根据《义乌市人民政府办公室关于印发义乌市加快夜间经济发展工作方案的通知》要求，由商务局和市文广旅体局牵头，会同相关单位开展“夜间经济示范街区和示范点”评定。经运营主体申报、属地镇街推荐、相关部门联审、公示等流程，认定悦桂坊街区、银海夜生活街区为示范点。悦桂坊街区位于龚大塘小区，毗邻江滨绿廊，街区长度1000米，商业面积2.1万平方米。聚集私厨、甜品店、咖啡店、书店等100家特色店铺。2022年，客流量4000人次。银海夜生活街区毗邻国际商贸城三区，街区长度500米，商业面积2万平方米，商户225家，有餐饮、住宿、休闲、文娱场所等功能区，2022年，客流量1.2万人次。

【义乌市夜间经济示范点】 2022年12月，由市商务局和市文广旅体局牵头，会同相关单位开展“夜间经济示范街区和示范点”评定，经运营主体申报、属地镇街推荐、相关部门联审、公示等流程，认定银泰百货、万达广场、绣湖里3家为“2022年度义乌市夜间经济示范点”。义乌市银泰百货（简称“银泰”）经营面积3.5万平方米，商户230家。2022年银泰新引进首店首发品牌23个，开展全品类促销活动。日均接待消费者8000人次，日均营业额200万元。义乌万达广场（简称“万达”）经营面积6.38万平方米，商户数量191家。万达广场定位全客层时尚购物中心，涵盖餐饮美食、服装服饰、生活精品、儿童、体验等业态，有KTV、万达影城、KK桌球、大渝火锅、跃龙门等特色门店，具有吃喝玩乐购等多维度夜间经济内涵。日均接待消费者3.72万人次，日均营业额402万元。义乌绣湖里经营面积4.8万平方米，商户数量82家。义乌绣湖里立足于老城区，毗邻“绣湖”轻轨站，辐射城市轨道交通客群。通过提升外场灯光亮化、互动游乐装置，打造灯火璀璨的夜间消费场景，助力城市夜经济蓬勃发展。2022年，日均客流量8000人次，日均营业额35万元。

（吴　越）

对口帮扶·区域合作

PAIRING ASSISTANCE · REGIONAL COOPERATION

综　述

【人才互动共鉴】 2022年，义乌市与巴州区拓宽交流领域，围绕巩固拓展脱贫攻坚成果与实现乡村振兴有效衔接，分期分批选派乡村振兴人才和专业技术人员双向交流挂职锻炼。建立结对关系，签订劳务协作。举办促进就业培训班34期，培训巴州区农村劳动力1255人次，其中脱贫劳动力810人次。

【区域协调互动】 2022年，义乌市工商联、人力资源和社会保障局、农业农村局、经信局等部门组织10名企业家赴巴州区开展实地考察，引导13家东部企业到四川投资兴业，完成投资6.25亿元。实施产业项目10个，完成投资3845万元，吸纳农村劳动力就业998人，其中脱贫人口355人。帮助巴州区共建产业园2个，新增10家企业入驻园区，到位投资额5812万元。吸纳巴州区农村劳动力就业855人，其中脱贫人口330人。全年，帮助巴州区农村劳动力到东部就业1029人，其中脱贫人口270人；省内就近就业新增1401人，其中脱贫人口633人；其他地区就业985人，其中脱贫人口321人。

【东西部协作年度任务全面完成】 2022年，义乌市与巴州区委分别组队赴对方调研考察，互访期间举行义乌—巴州东西部协作联席会议。在2次联席会议上签订两地东西部协作框架协议，义乌市福田街道、城西街道分别与巴州区天马山镇、化成镇建立结对关系；福田街道江北下朱村股份经济合作社、城西街道分水塘村和巴州区天南村、梁大湾村结对；结对以来两地开展互动调研对接活动35次。7月6日，义乌市政府第九次常务会议专题研究审议年度东西部协作工作任务和责任清单，义乌市对口办印发《2022年度义乌市东西部协作工作任务和责任清单》，召开东西部协作推进会5次，推动各项任务实施。至年底，产业项目合作、乡村振兴和社会事业合作等对口帮扶33项年度任务全部完成。

【“百县万品”项目入选国家级典型案例】 2022年10月18日，国家乡村振兴局印发《关于推介社会帮扶助力巩固拓展脱贫攻坚成果同乡村振兴有效衔接典型案例（第一批）的通知》，义乌市“百县万品”帮扶项目被国家乡村振兴局推荐列入第一批社会帮扶助力巩固拓展脱贫攻坚成果同乡村振兴有效衔接典型案例。2022年1—10月，“百县万品”帮扶项目累计实现消费助农规模3.64亿元，其中，义乌市场集团自营收入1.26亿元，对接经营户分销2.38亿元。“百县万品”帮扶项目每年带动新疆、甘肃、四川等地5000户农村家庭增收5000万元。12月30日，义乌“‘百县万品’‘1+1+X+Y’（构建1个多元化产供销体系、创建1个电商人才培训基地、搭建X个东西合作交流平台和组建Y个精准帮扶服务联盟）展销体系，打造消费帮扶新模式”被国家发展改革委推介为“2022年全国消费帮扶助力乡村振兴优秀典型案例”。（金　剑）

对口帮扶

【概况】 2022年，义乌市对口帮扶巴州区工作扎实推进。义乌6所学校、4家医院与巴州区相关学校医院签订结对协议，开展专业技术交流对接活动。义乌国际商贸学校、城镇职业学校共接收四川籍农村学生60人，其中巴州区学生10人。义乌发挥市场和会展优势，利用“百县万品”消费助农展销中心等电商平台，拓宽销售渠道，帮助对口帮扶地区销售特色农产品、农畜牧产品和特色手工艺产品，计2400.1万元。动员社会力量帮助巴州区，开展助学、救助活动，22家企业结对帮扶巴州区15个村，4家社会组织结对帮扶巴州区2个村。至11月底，产业合作、劳务协作、消费帮扶、人才交流、民生改善5类14个帮扶项目全部完成。

【东西部协作“组团式”帮扶示范项目】 2022年，义乌市按照“1475”模式（即：1套“组合拳”，4大建设“关键点”，7步操作“标准法”，5大转型“新标杆”）在巴州区推进易地搬迁集中安置点就近就业提升项目。新建易地搬迁集中安置点帮扶车间5个，提升12个；帮助当地1200余人就近就业，年人均收入2.5万余元，成为浙川东西部协作“组团式”帮扶示范项目，入选2022年度浙江省对口工作“金名片”典型案例。

【消费帮扶】 2022年，义乌市利用市场和物流优势，发挥“百县万品”平台作用，开展对口地区消费帮扶。将对口地区纳入义乌市消费帮扶采购和工会疗休养范围，明确各单位年度工会福利总额的30%用于采购对口地区的农特产品。开展对口地区农副产品进机关、企业食堂活动，组织巴州企业参加第28届中国义乌国际小商品（标准）博览会、浙江磐安中药材博览会，开拓市场。全年，实现巴州农畜牧产品和特色手工艺品销售额2400.1万元；开设山海协作莲都专区，全年完成山海协作消费5956万元，其中，莲都农副产品消费3861万元。（金　剑）

【医院结对帮扶】 2022年，义乌市卫健局全面落实与巴中区、莲都区、磐安县等地区对口支援、山海协作任务。加强与对口单位联系，4家单位与相关协作地区医院的结对并签订协议，完成年度支援经费汇总和使用监管等工作。开展互访交流、结对帮扶活动，派出技术人员3人，捐款39.4万元。全年，与协作单位开展活动10余次，线上交流学习5场次。（虞金洪）

【社会帮扶】 2022年，义乌市动员社会力量，帮助巴州区开展助学、救助等活动。义乌市市场发展委组织文化用品行业协会向巴中市巴州区梁永镇金浪村捐赠235份文具大礼包；市慈善总会组织宜春商会赴巴州开展书包漂流活动，捐赠学习用品价值4.4万元；37家企事业单位、社会组织向巴州区捐赠帮扶资金640万元，64家单位向巴州区捐物价值339万元。（金　剑）

【“义博会”为巴州企业“代参展”】 2022年，受疫情影响，巴州厂商无法参加第28届中国义乌国际小商品（标准）博览会。在义乌相关部门的帮助下，巴州厂商将产品通过物流运抵义乌，由义乌牛牛会展公司代替参展。借助组委会提供的代参展全套服务统一设计、统一搭建，以代参展的方式亮相“义博会”，让巴州产品得到推介，收获订单。使巴州厂商感受到义乌对巴州企业的关怀和支持。（郑　寒）

【助力乡村振兴示范村】 2022年，义乌市助力巴州区打造乡村振兴示范村。投入东西部协作资金305万元，帮助巴州区天马山镇天南村、狮子寨村、化成镇梁大湾村3个乡村振兴示范村建设。11月底，天南村振兴示范村建设完成。（金　剑）

【专机接巴州员工就业】 2022年2月11日，浙江省虎年首趟招工专机从四川巴中恩阳机场飞抵义乌机场。110名巴州务工人员在有序引导和安排下，分乘相关企业专车，赴义乌10余

2022年2月11日，巴中籍农民工乘专机赴义乌返岗就业

（融媒体中心　供图）

家企业就业，是义乌市与巴中市巴州区开展劳务协作，建立劳务输出对接机制的新举措。2022年，为帮扶对象提供精准就业帮扶，通过劳务输出，帮助1029名巴州区人员实现就业。

（鲍志宏）

【援建就业车间】 2022年8月2日，义乌援建巴州就业车间在巴州区化成镇赵家湾村揭牌。化成镇赵家湾村就业车间是化成镇重点项目，生产内衣、纺织等，投资2000余万元，吸纳就业人员20余人，用工需求200余人，年产值8000万元，人均收入3500～5000元。就业车间建设，推动脱贫攻坚成果同乡村振兴有效衔接，盘活农村闲置资源，形成"企业有效益、村民有工资、政府有租金"多方共赢。至年底，义乌市援建（续建）巴州区就业车间16个，其中，新建就业帮扶车间5个，吸纳当地农村劳动力就业503人、脱贫人口就业315人。

（楼继灵）

【"万企兴万村"帮扶】 2022年8月2日，义乌—巴州东西部协作"万企兴万村"助力乡村振兴捐赠仪式在巴中市巴州区化成镇赵家湾村村委举行。仪式上，义乌立望装饰工程有限公司与赵家湾村签订结对共建协议，向该村捐赠3万元爱心资金，通过资源对接、搭建产销对接平台支持该村特色产业和村集体经济发展。年内，义乌市组织20余家企业、爱心机构参与"万企兴万村"行动，助力巴州区重点村发展。

（楼继灵）

区域合作

【概况】 2022年，义乌市围绕浙江省提出的打造东西部协作金名片要求，结合义乌、巴州实际，实施一批标志性项目，助推巴州巩固脱贫攻坚成果与乡村振兴衔接。义乌市派驻巴州区党政挂职干部2人，选派专业技术人才12人，涉及园区建设、电子商务、现代物流、教育卫生等巴州区重点关注的领域；巴州选派挂职干部1人、专业技术人才2人到义乌学习锻炼。双方围绕巴州区农业、电商、教育、卫生等乡村振兴重点领域开展培训。全年，义乌、巴州举办乡村振兴干部培训班9期，培训干部1116人次；举办乡村振兴专业技术人才培训班8期，培训专业技术人才1542人次。

（金　剑）

【"义巴通办"政务服务"直通车"】 2022年，义乌市与巴州区建立政务服务合作机制，落实2021年11月30日义巴两地签署的《义乌·巴州政务服务"跨省通办"合作协议》，开通"义巴通办"政务服务"直通车"，推动两地政务服务"业务通、系统通、数据通、证照通、用户通"。"义巴通办"清单，将医保、社保、企业开办、不动产登记等企业、群众办理的高频事项纳入清单，实现事项异地同要素办理，解决群众异地办事的堵点难点问题。第一批政务服务事项65项，编制办事指南1500余份。

（金　剑）

【义巴国际商品城开门营业】 2022年1月23日，巴州区东西部协作项目义巴国际商品城开门营业。义巴国际商品城总面积5000平方米，上下两层，一楼为进口商品生活超市，面积2000余平方米，主要经营"爱喜猫"进口品牌商品；二楼2600平方米，主要做"义乌好货"品牌商品批发零售。引进义乌新业态，推进巴州区商贸流通业转型发展，在供应

2022年1月23日，巴州区东西部协作项目——义巴国际商贸城开门营业　　（商城集团　供图）

链、来料加工、新零售、信息化等方面建立合作关系，为两地多领域、深层次协作树立标杆、提供经验。9月14日，四川省委书记王晓辉考察义巴国际商品城，对义乌—巴州东西部协作工作予以肯定。　　（金　剑）

【巴州区党政代表团到义乌考察】2022年3月9—12日，四川省巴中市巴州区党政代表团一行10余人到义乌考察。考察团先后参观老火车站1970慢生活街区、下车门未来社区，学习借鉴义乌思想理念、制度规则、体制机制、城市规划建设方面工作经验。走进天派针织有限公司、浙江安诺优达生物科技有限公司、“百县万品”消费助农展销中心、天合光能、华灿光电、国际商贸城、陆港电商小镇、国内公路港物流中心等地，通过考察，学习义乌在经济建设、城市发展、产业转型等方面的先进经验。考察期间，与义乌市党政领导召开东西部协作党政联席会，双方表示，以东西部协作为契机，深化两地合作，借助国家政策优势和义乌发展势能，在产业互动、消费帮扶、劳务合作、数字化转型等方面，谋划合作空间，打造浙川东西部协作新典范，推动两地高质量发展。　　（刘航宇）

【义乌与磐安结对共建】为积极融入共同富裕大场景，加强区域结对共建，加快推进乡村振兴，推进共同富裕，2022年5月13日，磐安县方前镇领导带队到赤岸镇开展结对共建活动，双方本着优势互补、合作共赢的原则，共谋发展、共话未来。同月15日，赤岸镇与磐安县方前镇开展第一次联合主题党日活动，磐安县方前镇一行人员参观赤岸镇塘边村户外亲子运动营地、神坛村红色教育基地，召开村级党组织“共建、共享、共富”交流会，双方就加强支部共建、党员教育资源共享，把共建优势转化为共富胜势进行深入交流。　　（龚小勤）

【文化和旅游交流合作】2022年6月27日至7月1日，义乌市文化和广电旅游体育局组织旅行社、文旅开发公司代表7人赴巴州区考察。考察团走访巴州区4个文化场馆、历史文物景观、天马山森林康养度假区和乡瓣童年乡村旅游项目。双方相互介绍各自文旅资源及公共文

2022年6月27日至7月1日，义乌市旅行社、文旅开发公司代表赴巴州考察　　（市文广旅体局　供图）

化设施等情况，就文旅合作开展交流，在巴州区图书馆场馆定级、文化走亲等工作上达成合作意向。（金淑娴）

【义乌、巴州"三农"领域交流合作】2022年7月15日，义乌市农业农村局组织人员前往巴州区开展东西部协作交流，落实《义乌市—巴州区东西部农业农村协作共建乡村振兴示范点框架协议》。走访化成镇和天马山镇3个乡村振兴示范点、浙川东西部协作中医药产业园、巴中农副产品交易中心和巴州中药材园区，了解示范点建设、农业产业园共建、中草药种植加工方面的进展和成效。至年底，义乌市农业农村局帮助巴州区完成共建农业产业园1个，实施梁大湾村文化大礼堂及停车场新建工程、天南村党群服务中心及相关景观改建工程等项目2个。（朱孝成）

山海协作

【概况】2022年，义乌市贯彻落实省委、省政府建设共同富裕示范区、加快山区26县高质量发展等战略部署，印发《2022年度义乌市山海协作工作任务和责任清单》，对口办组织召开山海协作工作推进会5次，推进与山海协作地区合作。科教文卫领域与莲都、磐安签订合作协议13个，其中，莲都—义乌科技创新研究院与浙师大技术创新研究院签订战略合作协议，帮助莲都新认定国家高新技术企业18家、重新认定高新技术企业11家、认定省科技型中小企业92家、新认定省级研究院1家、新认定省级高新技术企业研发中心4家。义乌、莲都签订教共体结对帮扶协议，开展师徒结对、跟岗学习、活动交流、集体教研等交流活动。举办"莲都有艺思 缘聚在义乌"2022莲都文化旅游山海协作推介会，签订文化旅游、旅游协作等战略合作协议，组织实施婺剧保护传承中心赴莲都婺剧演出等活动。义乌、莲都两地卫健局签订2022年度合作框架协议，帮助莲都区建立并完善院前急救体系，5所医疗机构与莲都建立山海协作结对关系，开展义诊、送教等交流活动。至年底，完成各项年度指标任务。（金　剑）

【产业协作】2022年，义乌市加强与山区县的产业协作。义乌企业在莲都、磐安、武义、天台实施产业合作项目9个，投入资金12.17亿元。实施第一产业合作续建项目5个，投入资金1.41亿元；在武义、江山实施第二产业合作续建项目2个，年度投入资金2.12亿元。在武义、磐安实施第三产业合作续建项目2个，投入资金8.64亿元。（金　剑）

【旅游区域协作】2022年，义乌市全方位开展山海协作、东西部合作、义浦同城工作。7月22日，与莲都区市文广旅体局举办义乌—莲都"山海协作"文化旅游活动，签订《义乌·莲都文化旅游山海协作战略合作框架协议》《义乌—莲都山海协作旅游业交流合作框架协议》，与磐安市文广旅体局签订《义乌—磐安文旅合作协议》《义乌—磐安旅游团队合作协议》，在文化走亲交流、文博合作交流、文旅人才交流、旅游市场互动、旅游产品共建和文旅产业富民方面深化合作，在义乌机场、火车站、公交车等投放旅游广告。联合东阳市文广旅体局，组织中国小商品城集团、横店影视城等旅游企业赴江西南昌、上饶开展双城游宣传推介。（金淑娴）

【干部人才交流和特色培训】2022年，义乌市与山海协作地区深化干部人才交流合作。与莲都区开展干部培训1期27人次，推进两地年轻干部互学互进。与磐安县开展干部培训2期193人次，助力磐安加强数字化改革、乡村振兴专题培训。与莲都制定实施就业培训计划，开展农村电商、"网红"孵化、企业岗位技能等特色培训60期2236人次；与磐安合作开展电商、月嫂、烹饪等岗位技能培训9期505人次。（金　剑）

【乡村振兴示范点工程】2022年，义乌市根据山海协作协议，实施新一轮乡村振兴示范点工程。落实援建莲都区资金200万元，用于实施枫树湾村、港口村2个乡村振兴示范点建设。落实磐安县2022年度"十县联动"专项援建资金1000万元，用于方

前镇上山头村、盘峰乡大路村2个乡村振兴示范点、安文县城海螺山一文溪水幕喷泉亮化项目建设。（金　剑）

【消薄产业园运营稳健】 2022年，义乌—莲都消薄产业园商品混凝土项目运营稳健。消薄产业园2021年5月投入运营，至2022年12月，完成销售55万立方米，产值2.8亿元，其中，2022年销售39.2万立方米，产值1.94亿元。拨付莲都区投资收益850万元，其中，2022年拨付300万元，莲都区36个重点“薄弱”村实现集体增收。（金　剑）

【“红色信仰”区域共富党建联盟启动】 2022年5月19日，义乌市“红色信仰”区域共富党建联盟在城西街道启动。“红色信仰”区域共富党建联盟由义乌市上溪镇、稠江街道、城西街道联合婺城区琅琊镇、磐安县盘峰乡、浦江县檀溪镇共同创立。根据“百镇共建强基”行动方案，义乌市上溪镇结对婺城区琅琊镇；义乌市稠江街道结对磐安县盘峰乡；义乌市城西街道结对浦江县檀溪镇。启动仪式上，签订“红色信仰”区域共富党建联盟合作备忘录、发布“红色共富地图”、签售“红色信仰”区域共富党建联盟全域旅游通票。4县6乡镇群策群力，通过资源联享、党建联学、活动联办等工作机制，探索区域共富联盟建设，共享优势资源，共助高质量发展，做大做强“红色共富朋友圈”，推动经济增长。（黄义理）

【“产业飞地”协作】 2022年，义乌—莲都“产业飞地”推进。“产业飞地”总规划面积103.27公顷，由启动区块、上溪松山区块和赤岸矿地区块组成。6月13日，义乌经开区与丽水工业园区签订“山海协作”产业发展平台合作共建协议，引进重大产业项目2个。其中，总投资34.72亿元的义乌晶澳太阳能科技有限公司年产5吉瓦高效电池及配套项目，完成年度投资11.6亿元；总投资6.8亿元的义乌晶诚光伏材料有限公司年产10吉瓦胶膜和10吉瓦铝边框项目，完成年度投资1.3亿元。8月，共同组建义乌莲义产业飞地开发有限公司，承担“产业飞地”园区开发建设、运营管理、项目招引、企业人才服务等职能。10月，申报省级产业飞地评审。12月12日，义乌、莲都创新构建枢纽型飞地体系，获浙江省常务副省长徐文光的批示肯定。（金　剑）

【“助村帮帮团”开展帮扶工作】 2022年6月9日，贯彻落实金华市委、市政府八婺同心·共建共富“十百千万”结对行动决策部署，义乌工商职院科技特派员、法律顾问、金融顾问等组成的“助村帮帮团”一行12人前往兰溪市水亭乡镇柳塘章村开展帮扶工作。实地考察村容村貌建设，调研村集体经济情况，就当地特色产品与电子商务、直播、旅游、创意设计相结合，通过电商平台的良性运营，围绕集体经济增收、美丽乡村建设、打造特色文化品牌等方面与水亭畲乡负责人座谈交流。会后，“助村帮帮团”一行实地考察柳塘章村的村容村貌建设，调研村集体经济情况。（朱玉清）

【“共同富裕乡村行”启动】 2022年6月10日，浙江稠州商业银行“共同富裕乡村行”启动仪式暨首批共富站授牌活动在磐安县举行。活动采用“现场会议+场外连线”形式，启动仪式上，浙江稠州商业银行与共富金融便民服务站、支农企业签订授信协议，80家农村普惠金融服务点集中开业，以直播连线方式与会议现场联动。义乌市人民银行和义乌市农业农村局领导为首批共富金融便民服务站磐安县安文街道双坑村、磐安县盘峰乡榉溪村2个村授牌。（虞晓江）

【高层交流互访】 2022年，义乌、莲都两地党委政府开展互访3次，召开年度山海协作联席会议3次。6月13日，莲都区党委政府领导到义乌开展交流，举行联席会议，签订《2022年打造山海协作升级版合作协议》；义乌经开区管委会和丽水工业园区管委会签订《“山海协作”产业发展平台合作共建协议》，与其他镇街签订山海协作合作协议3个。11月17—18日，莲都区政府主要领导到义乌调研，双方就“产业飞地”、制造业共富创建、物流合作等工作进行明确。12月29日，义乌市政府主要领导带队赴莲都区调研，在联席会议上，双方签订义乌—莲都《高质量发展促共富示范县（市）结对

创建合作协议》、义乌市陆港集团—莲都区政府《战略合作框架协议》，将两地的产业融合纵深推进。（金　剑）

【浙江省“巾帼共富工坊”服务中心落户义乌】 2022年6月14日，浙江省“巾帼共富工坊”服务中心在国际商贸城五区揭牌，落户义乌。7月4日，武义、磐安两地来料加工经纪人与东盟—中国工商总会浙江代表处签定服装订单，金额280万元，为浙江省“巾帼共富工坊”服务中心落户义乌后签约的首批来料加工订单。来料加工被称为“没有围墙的致富工厂”，具有门槛和技术要求低、方便妇女家门口就业等特点，是促进广大妇女就业、闲散劳动力增收的有效途径，是妇联的品牌工作。义乌市来料加工产业，为本地、省内26县及东西部地区同奔共富发挥重要作用。2019年至2022年，义乌市外发省外来料加工费174.23亿元、国外来料加工费22.29亿元。（郑　寒）

【企业参与山海协作项目】 2022年，义乌市引导企业加大山海协作投资力度。沪江线业武义项目、磐安国药文化城、武义国际数字港、江山吉成智能制造产业园等项目稳步推进，年内到位资金10.9亿元。参与“百团结百村”共建共富行动，动员67家会员企业参与结对67个集体经济相对薄弱村建设。7月23日，义乌市工商联组织80余名会员赴磐安考察投资项目。11月3日，组织丽水市各商会与建行义乌分行举办“山海协作银企对接会”；同月21—22日，组织10余名义乌企业家赴莲都对接，引导义乌市丽水商会做好莲都大厦的招商引资工作，100余家企业报名参加考察。（何庆荣）

【妇联助力灵活就业】 2022年9月23日，义乌、开化两地妇联“联姻”合作，签订《共富联盟协议》，在开化县设立来料加工“共富工坊”。通过技能培训、搭建交流展示平台，培训来料加工经纪人2000余人次。在开化县设立来料加工点398个，培养来料加工经纪人388人，辐射全县15个乡镇126个行政村，加工品类涉及工装、箱包、卡牌、饰品等6大类100余个品种。通过“共富工坊”，搭建开化县“灵活就业”应用平台，帮助开化县居家妇女实现家门口灵活就业。年内，从事来料加工人员1万余人，女性占93%。（杨丽菲）

【稠城—花桥“共富工坊”开馆】 2022年12月11日，位于稠城街道词林社区词林菜市场旁的花桥“共富工坊”开馆。义乌稠城街道和浦江花桥乡为践行“百镇共建强基”行动，设立“共富工坊”，实现稠城街道、花桥乡两地产业要素匹配、资源优势互补，打通供应链条、拓宽销售渠道；“共富工坊”为花桥乡有机农特产品提供展销、直播带货、文化展示场地，推动“文化+产品+销售平台”有机融合；整合小香薯、蜂蜜、茶叶、糕点等浦江50余种热销产品，开展扫帚供应、小香薯供销2个共建项目，产生经济效益100余万元，带动花桥乡农民经济增收。双方通过文化走亲、送诊送课、助农展销、联合宣讲等形式，开展文化共建结对活动，搭建区域“连心桥”，实现产业共兴、优势互补、共赢发展。（金民航）

2022年6月14日，浙江省巾帼共富工坊服务中心在国际商贸城五区揭幕（市融媒体中心　供图）

综 述

【外贸经济稳步发展】 2022年，义乌市实现进出口总额4788亿元，同比增长22.7%；其中，出口4316亿元，同比增长18%，首次突破4000亿元，总量列全省县市区第一，占全省、全国份额分别12.57%、1.8%。2022年，义乌市商品出口全球230多个国家和地区，其中年出口10亿元的80个。从地区看，义乌市出口以中东、非洲等“一带一路”共建国家为主，2022年对中东出口823.3亿元，同比增长11.56%；对非洲出口809.1亿元，同比增长6.87%，两地合计占全市出口比重37.8%。从国别看，得益于“市场采购+跨境电商”业务发展，义乌市对美出口连续4年保持较快增长，2022年对美出口535.5亿元，同比增长32.68%，美国保持义乌市出口第一大国别地位，印度、墨西哥分列第二位和第三位，出口前十国别中5个来自“一带一路”共建国家。

【业态模式灵活创新】 2022年，义乌市全国首创市场采购贸易方式并持续迭代升级。自2012年起，市场采购贸易带动义乌市出口快速增长，迅速成为义乌市主要贸易方式。2022年市场采购出口3267.24亿元，同比增长12.6%，首次突破3000亿元，占全市出口比重75.69%。在全省数字化改革背景下，义乌市进一步推动市场采购2.0版改革，实施升级监管链、打通贸易链、拓展价值链等数字化治理升级举措，打造市场采购贸易竞争新优势，“市场采购+”系列融合创新趋势明显。走通“市场采购+美森快船/义新欧/空运/卡航”等物流新通道，发挥贸易和物流通道叠加优势，为碎片化订单提供便捷的拼箱出口履约服务，“市场采购+跨境电商”出口增势迅猛，2022年实现“市场采购+跨境电商”出口45.4亿美元，同比增长83.81%，涌现出“盈和”“赤道”等一批“国际物流快递化”的跨境物流服务商。贸易网络不断扩大，累计在全球布局海外仓189个，其中7个被评为浙江省级公共海外仓。

2022年义乌市出口前十国家情况一览表

表16

序号	国家	出口额（亿元）	同比增长（%）	占全市出口比重（%）
1	美国	535.50	32.68	12.41
2	印度	232.11	38.50	5.38
3	墨西哥	141.02	30.06	3.27

续表 16

序号	国家	出口额（亿元）	同比增长（%）	占全市出口比重（%）
4	荷兰	138.59	122.30	3.21
5	阿联酋	131.46	46.79	3.05
6	巴西	120.93	48.08	2.80
7	沙特阿拉伯	102.04	26.27	2.36
8	伊拉克	100.12	10.93	2.32
9	智利	87.66	−22.33	2.03
10	印度尼西亚	84.75	23.63	1.96

【出口商品贸易稳中提质】 2022年，义乌市出口商品品类众多，服装服饰、塑料制品、电气设备为出口前三位。机电产品仍是出口最大的品类达1679.5亿元，增长24.4%，占义乌市出口总值的38.9%。二极管及类似半导体器件和太阳能电池分别出口295.5亿元和294.8亿元，增长1.91倍、1.92倍。光伏等双碳产业增长迅猛，有关企业出口288.33亿元，同比增长197.9%，拉动全市出口增长5.2%，天合光能（义乌）科技有限公司出口迅速攀升至全市出口第一、第二，义乌晶澳太阳能科技有限公司成为全市首家100亿元出口企业。

2022年义乌市出口主要商品情况一览表

表 17

序号	商品类别	出口额（亿元）	同比（%）	占全市出口比重（%）
1	服装及衣着附件	444.26	18.81	10.29
2	塑料及其制品	429.70	16.39	9.95
3	电气设备及其零件	281.78	−22.15	6.53
4	玩具及运动用品	278.18	2.83	6.44
5	钢铁制品	251.97	6.98	5.84
6	机械器具及其零件	226.75	21.24	5.25
7	杂项制品	183.09	32.43	4.24
8	皮革及其制品	158.66	54.56	3.68
9	贱金属工具	147.13	7.10	3.41
10	玻璃及其制品	136.96	27.62	3.17

【进口贸易快速增长】 2022年，义乌进口贸易额471.6亿元，同比增长93.35%；全市有进口实绩企业1661家，同比增长24.6%，与156个国家（地区）有进口贸易往来。进口结构持续优化，日用消费品作为契合义乌市小商品市场发展定位的重点培育品类，基础优势不断巩固。日用消费品进口224.7亿元，同比增长22.72%，占全市进口比重47.64%。铜及铜制品进口103.5亿元，同比增长710%，占全市进口比重21.95%。义乌跨境电商保税进口（1210）业务从2019年的870万单增长至2022年的3800万单，整体业务量居全国前列，助力跨境电商综试区综合排名位于全国第一档。

2022年义乌地区进口情况一览表

表18

地 区	进口额(万元)	同比增长(%)
亚洲	2348620.05	73.23
欧洲	785895.63	66.34
拉丁美洲	720716.96	158.64
非洲	310011.94	406.4
北美洲	287032.46	115.57
大洋洲	264026.57	91.27
其 他	107975.45	23.78

(叶丽梅 李德华)

货物贸易

【概 况】 2022年,义乌市实现进出口4788.03亿元,同比增长22.67%。综保区进口204.44亿元,其中,"0110"进口贸易方式下进口159.43亿元,"1210"贸易方式下进口45.01亿元。B保进口97.29亿元,其中:"0110"进口贸易方式下进口63.26亿元,"1210"贸易方式下进口34.03亿元;港口直清进口169.91亿元。生产资料及其他商品进口额246.93亿元,同比增长305.93%。进口品类不断丰富,水果类进口57.27亿元,同比下降10.95%;坚果类进口14.22亿元,同比下降17.19%;肉类进口11.63亿元,同比增长8.38%。全市有进口实绩企业1885家,同比增长13.49%,进口额超1000万元的规模企业260家。全市有进口实绩的企业中,贸易流通企业1474家,生产企业411家。全市企业与168个国家(地区)有进口贸易,商品来源国数同比增长7.69%。140个国家(地区)进口额保持正增长。其中:亚洲进口234.86亿元,占总进口量的49.8%;欧洲进口78.59亿元,占总进口量的16.66%;拉丁美洲进口72.07亿元,占总进口量的15.28%。从"一带一路"共建国家进口158.81亿元,同比增长57.14%,占全市进口比重33.67%。从国家来看,日本进口30.02亿元,同比增长100.37%,主要进口产品为精油香料;韩国进口28.16亿元,同比增长183.04%,主要进口产品是铜及铜制品、精油香料。

(李德华)

【全面推行市场采购组货人制度】 2022年,为完善市场采购商品认定体系确认机制,规范市场采购贸易秩序,提升义乌国际贸易服务竞争力,义乌市全面推行市场采购贸易组货人制度。出台信用办法、分级分类管理、贡献激励等系列政策机制,完善"市场采购商品认定"属地管理体系。2022年备案组货人企业900余家,评定67家认证组货人,涌现出一批"航线庄家""国际专线",有效助力"全国到义乌、义乌到全球"的国际物流布局。

(叶丽梅)

【业务模式创新升级】 2022年,为深化国际贸易综合改革,义乌市大力培育外贸新业态新模式,谋划小商品集拼中心建设,推动集拼监管模式创新。9月底海关总署发文同意义乌、宁波两地列入首批"先查验后装运"试点;12月28日,试单成功。入围全省外综服企业9家,其中,8家为示范型,占全省企业比重16.3%。全年新增海外仓44个,累计在全球布局海外仓189个(其中商城集团海外仓160个),总面积180万平方米,覆盖45个国家的108个城市。二手车出口打开局面,全年实现二手车出口413辆,总价值4687万元。

(叶丽梅)

【贸易保障体系全面升级】 2022年,为增强义乌市外贸企业的抗风险能力,加强对中小外贸企业信贷支持,全面升级贸易保障体系。市场采购政府统保——义乌“商户信保”项目提升赔付比例至45%、80%两档，实现市场采购贸易全覆盖。发挥出口信保托底作用，全年承保企业6608家，承保规模460亿美元。受理报损案件204起，同比增长183%；报损金额1.42万元，同比增长171%；为企业挽回损失7510万元，同比增长67.5%。做好账户冻结援助工作，账户冻结援助中心累计解冻资金27.23亿元，解冻资金比例达90%，入选金华市“七张问题清单”整改示范案例。牵头处置泰国案件，涉及商户173户（194人）、欠款5122万元，年底全面签署和解协议，支付1000余万元，剩余欠款分月付清。（叶丽梅）

【展会拓市场与包机接外商】 2022年，为适应疫情背景下贸易转型和改善订单萎缩现状，义乌市通过多途径拓市场请订单。展会拓市场，前三季度推广“代参展”模式，四季度动员企业出境抢单，全年组织317家企业参加，设立国际标准展位421个。包机接外商，完成巴基斯坦、印度、韩国等4趟商务包机，接回外商564人，带来采购订单2.61亿美元，得到各级领导高度肯定，以及中央广播电视总台、韩国SBS等主流媒体报道。（叶丽梅）

【国家进口贸易促进创新示范区建设】 2022年，按照《义乌加快进口贸易促进创新示范区建设实施方案》（简称《实施方案》）加快推进示范区建设，进口规模实现倍增发展，达471亿元，增速93.5%，全市进口实绩企业同比增长24.6%；进口日用消费品正面清单、指定口岸功能延伸、培育供应链金融配套等项改革稳步推进。至年底，《实施方案》中明确的14项争取事项清单中，争取设立义乌RCEP经贸合作示范区、海外铺开“带你到中国”展厅、举办义乌进口商品博览会、拓宽“义新欧”运输品类等7项事项已实现；29项改革事项清单中。建立“进口商品自营+合作”分销体系、创新构建“直播+社群”销售体系、实施海关特殊监管区域间保税货物流转监管模式、支持发展大宗商品现货保税交易等15项改革事项实现改革落地。（李德华）

招商引资

【概况】 2022年，义乌市签约引进重大项目47个，计划总投资801亿元。当年签约当年落地10亿元以上制造业项目10个，其中100亿元以上项目3个，实现招商引资新突破。6月28日，举办第二季度招商引资项目集中签约仪式，涉及重大招商引资项目18个，总投资265亿元，全年举办招商引资项目集中签约仪式3次，现场签约项目43个，涵盖光伏、高端装备、商贸流通等重点产业板块，计划总投资700亿元以上，预计带动贸易额300亿元以上。参与金华先进制造业“云招商”暨重大项目签约活动，签约项目1个，计划总投资60亿元。（龚少斌）

【驻外招商全力推进】 2022年，义乌市推进招商体制改革，完善项目事前事中事后的管理机制，规范招商工作流程管理，4月19日研究出台《义乌市加强招商引资工作管理办法（试行）》。推动招商引资项目决策科学化、规范化，建立分类分级项目决策机制，重大项目提交市委、市政府决策。深化驻外招商引才工作，优化调整驻外队伍力量，确定20名干部

2022年6月28日，义乌市在幸福湖国际会议中心举办2022年二季度招商引资项目集中签约仪式　（市融媒体中心　供图）

在北京、上海、深圳、杭州等地开展驻外招商引才工作。组建浙江唯一一个县级市采购分团，组织1459家企业3393人赴沪参会采购，采购额6亿余美元；发挥义乌外商优势，招引7家企业参展。在“中国这十年”展区设立义乌展区，全面宣传展示义乌示范区建设成果。（龚少斌　李德华）

【213亿元新能源项目落户义乌】 2022年9月21日，义乌市人民政府与欣旺达电动汽车电池有限公司就欣旺达义乌新能源动力电池生产基地项目落地义乌签订投资协议。欣旺达电子是全球锂离子电池领域的领军企业、中国民营企业500强。此次签约的项目主要从事锂离子动力电池及储能电池等产品的生产和销售，产品涵盖汽车动力电池和储能电池的电芯、模组、PACK及电池管理系统等。项目计划总投资213亿元，计划建设动力电池及储能电池总产能50吉瓦时生产基地，是义乌史上制造业投资规模最大项目。投产后直接创造就业岗位6000余个，拉动配套产业投资200亿元，带动产业链项目1万余人就业；新增400亿元以上产值，为义乌进军汽车动力电池领域和为全省打造世界级汽车产业集群。（龚少斌）

对外经济合作

【概况】 2022年，义乌市加大对外资项目的招引，鼓励外资企业增资扩产。全年新设外资企业599家，实际利用外资2.08亿美元，同比增长13.5%，总量排名金华第一。完成3000万美元以上外资签约项目4个，其中1亿美元以上项目2个。与浙江省国际投资促进中心和中国出口信用保险公司建立合作，为义乌市企业“走出去”提供专业的、多元化的国别投资咨询、项目风险评估、项目融资支持等服务。全年，新批境外投资项目5个，中方投资额585.5万美元。

【安全和风险防范培训】 2022年，根据境外投资环境的变化，邀请行业商会、中信保、律师事务所等机构，开展对企业境外投资安全和风险防范的培训，组织企业参加省厅组织的“丝路护航”行动暨对外投资企业外派员工人员安全技能培训，开设2022浙江省“丝路护航”境外安全培训——义乌专场，在贸易投资和人身安全等境外风险方面为企业提供安全分析，5家企业代表参加实战培训，107名企业外派人员参加线上培训。

【外资企业的服务和监管】 2022年，义乌市加强外资企业的监管，开展外资企业复工情况调查。5月，联合义乌韩商会等机构，对在义乌韩商企业的复工情况进行调查。联系企业169家，其中，已正常经营的112家，8家停止或者注销，49家联系不上。对调查中企业提出的邀请函申请等问题及时进行解决。10—11月，联合市场监管局、人社局对101家企业开展“双随机、一公开”检查，做好事后监管，保障外资企业合法权益。（全俊豪　傅叶青）

涉外服务

【概况】 2022年，义乌市涉外服务中心以涉外服务超市为平台，以“面对面、一条龙、一站式”的模式为外商提供有关涉外投资、国际贸易、涉外生活信息等全方位的咨询和服务，为外商免费代办签证、营业执照、邀请函、就业证等业务2079件。结合疫情防控工作，线上线下同步开展疫情防控期间相关政策信息咨询服务，线上线下信息咨询服务3000余次；涉外政策宣讲培训、经贸交流、慈善公益等活动76场次，推送涉外政策、疫情防控信息782条。（陈丹花）

【组织外商参与公益活动】 2022年，义乌市商务局组织在义乌外商参加义乌融媒体、浙江国际频道、稳外贸等活动，以“世界商人之家”为平台，组织开展各项公益活动。年内，世界商人之家组织开展涉外政策宣讲培训、经贸交流、慈善公益、文化交流等活动76场次，参与6000人次。“7·15义乌世界商人献血日”活动连续成功开展7届，累计1.04万人参与，成功献血5792人次，献血量173万毫升。2022年第七届“7·15义乌世界商人献血日”活动，献血704人次，献血量13万毫升。（陈丹花）

2022年1月21日，义乌市贸促会对优秀境外采购商服务中心代表颁发奖状　　（市商务局　供图）

【贸促会文化交流活动】 2022年1月21日，义乌市贸促会召开境外采购商服务中心工作总结会，35家贸促会境外采购商服务中心代表及义乌市商务局相关科室负责人参加会议。会议回顾总结2021年所开展的主要工作，布置2022年度重点工作；巴基斯坦、马来西亚、南非、布基纳法索、俄罗斯、韩国、土耳其、日本等采购商服务中心代表做典型发言，汇报和总结各自工作开展情况和2022年工作计划；会议讨论和通过《义乌市贸促会境外采购商服务中心管理办法》，对延期和新设的采购商服务中心进行授牌，对优秀采购商服务中心颁发奖状。　（金英毅）

【涉外政策宣讲会】 2022年7月26日，外商专场政策宣讲会在义乌市商务局8楼会议室举行，16个国家20余名外商代表参会。会上，市改革办介绍自贸区相关政策，义乌市商务局、市场发展委和自贸区管委会分别对2022年义乌市促进进口贸易发展相关扶持政策作详细解读并进行现场答疑。此次宣讲会助于外商共享自贸区政策红利；助于外商尽快了解和熟悉义乌市鼓励进口贸易的具体政策和措施，在义乌开展出口贸易的同时谋划发展进口、转口业务；助力义乌加快构建国内国际双循环枢纽城市。　（陈　卓）

【境外个人境内移动支付场景落地义乌】 2022年10月31日，义乌市举行境外个人境内移动支付示范场景建设启动仪式，境外个人境内移动支付场景正式落地义乌。境外个人境内移动支付示范场景建设是助力浙江“移动支付之省”建设，配套建设杭州亚运会金华分赛区金融服务环境的重要举措。境外人士可使用支付宝（国际版）或银联境外钱包绑定相关境外银行卡，在试点商家进行扫码支付，满足了短期入境来义乌人士对移动支付的需求，丰富了常驻义乌的境外人士移动支付方式。至年底，100余家商户参加境外个人境内移动支付。启动仪式当天，义乌地区境外个人境内移动支付发生交易17笔，累计成交金额8555.82元。　（陈金春）

【经贸交流】 2022年8月24日，举办“中韩建交30周年——在义韩国商人恳谈会”，听取韩商对义乌市场发展的建议，搭建起

2022年8月24日，市外事办和义乌韩国人商会共同举办“中韩建交30周年——在义韩国商人恳谈会”　（市外事办　供图）

义乌市与韩国开展友城交流和贸易往来的对话平台。11月，义乌获批浙江（义乌）RCEP高水平开放合作示范区，义乌与RCEP国家交流合作进入新阶段。面对新冠疫情冲击，义乌与RCEP国家交往不断，热度不减。搭建对外合作平台，推进义乌与RCEP国家友好往来，经贸、文化、人才、旅游等领域交流合作取得丰硕成果。开展义乌—东盟进口贸易对话会平台、东盟外交官义乌行等经贸投资促进活动，为与东盟国家进一步加强经贸往来、增进交流合作、推动共赢发展搭建重要平台。抢抓上海进口博览会"溢出效应"，打造"友情有义　寰球畅购 @韩国"系列活动，3小时连线10个韩国城市，覆盖食品、服饰、美妆等品类进口产品，在Chinagoods平台开设的六大主题直播间关注量60万人次，充分展示义乌市重点培育的"直播+进口"业态。

（陈　卓）

贸易促进

【概况】 2022年，义乌市贸促会窗口累计签发原产地证21.95万份，同比增长18.52%。其中一般原产地证16.28万份，同比增长2.93%；优惠原产地证5.58万份，同比增长116%；代办商事证明书与使领馆认证0.09万份，企业自主打印率达89.33%。率先承担RCEP优惠原产地证办证职能。韩国、日本RCEP全省首单优惠证业务义乌贸促会率先承办。紧跟RCEP协定惠企政策，研究RCEP优惠原产地证办证规则并开展相关培训。全年，贸促会窗口累计为21家企业签发日本、韩国、泰国RCEP优惠原产地证1526份，签证金额1230.16万美元，为企业节约关税成本18.46万美元。签证量居全省县级市首位。高质量提升国际商会影响力。每月组织企业开展会员活动，增强商会凝聚力及组织黏性，先后组织1700余家次企业参与活动。

（金英毅　金淑丹）

【商法中心服务机制创新】 2022年，义乌建立"诉、仲、调"一站式纠纷解决平台。1月6日，贸促会与义乌法院、省贸仲委签订《关于诉讼、仲裁与调解一站式纠纷解决的合作协议》，共同搭建全国首个县域级"诉、仲、调"一站式解纷平台，打通线上调解通道，有效服务义乌88万家市场主体，降低市场主体解决贸易纠纷的成本。至12月，受理义乌法院"诉转调"案件56件，调解成功5件，涉案总金额786万元，帮助企业追回155万元。调解服务能力再升级，引进60名市内外商事纠纷解决专业律师，组建商法中心调解专家智库，制定专家库工作规则，建立闭环便捷的调解机制，开展高效调解服务。开展商法培训活动。结合市场主体关心的热点痛点话题，重点围绕国际商贸形势分析、法律风险示警、RCEP等最新贸易规则解读等主题展开商法培训，切实提高市场主体防风险、促发展能力，全年累计服务市场主体1000余家。商法中心工作入选"浙江省自贸区制度创新案例""浙江省自由贸易试验区十大成果"。

（金英毅）

【自主签发优惠原产地证业务】 义乌市自主签发优惠证2021年6月1日获批后，至2022年，市贸促会窗口累计签发原产地证21.95万份，同比增长18.52%。其中，一般原产地证16.28万份，同比增长2.93%；优惠原产地证5.58万份，同比增长116%；落实商事认证"零跑"改革。推广原产地证企业端自助打印、免打免寄免邮等"不见面办理"服务方式，企业自主打印率已达89.33%。贸促会窗口累计为21家企业签发日本、韩国、泰国RCEP优惠原产地证1526份，签证金额1230.16万美元，为企业节约关税成本18.46万美元。

（金英毅　金淑丹）

市　场

MARKET

综　述

【市场趋势向好】2022年，全市集贸市场总成交额2322.83亿元，同比增长6.94%。其中，中国小商品城成交额2020.86亿元，同比增长8.25%；小商品景气指数1247.8，同比增长6.52%。1—11月，全市电子商务交易额3610.88亿元，同比增长5.31%。首批境外“商务包机”接回外商564人，带动采购订单2.6亿美元；推广“代参展”模式，累计组织263家次企业参展，设立展位317个；外贸进出口创历史新高，进出口总值4788亿元，同比增长22.7%；跨境电商出口首次突破1000亿元。（郑　寒）

【市场采购出口稳定增长】2022年，义乌市推动市场采购贸易方式迭代升级。全年，通过市场采购贸易方式出口3267.24亿元，同比增长12.6%，首次突破3000亿元，占全市出口比重75.69%，拉动全市出口增长22.3%。其中，企业出口288.33亿元，同比增长197.9%，拉动全市出口增长5.2%；一般贸易进出口4788亿元，同比增长22.7%。“义新欧”中欧班列实现快速增长，义乌海关监管“义新欧”中欧班列进出口货物总值330.5亿元，同比增长5.7%；出口货物总值4316.39亿元，同比增长17.96%。2022年，市场日均人流量11.29万人，同比下降5.4%，其中，日均采购商5.64万人，同比下降1.4%；日均外商1020人，同比增长10.4%。

（赵　斌　李均悦）

【“菜园优鲜”智慧菜市场平台上线】2022年1月6日，中信银行义乌分行联合义乌市市场开发服务中心有限责任公司（简称“市场服务中心”）开发的智慧菜市场线上商城平台项目“菜园优鲜”成功上线。“菜园优鲜”以微信小程序为载体，借助“全付通”实现线上平台收款的全覆盖，通过数字金融拳头产品“e管家”进行二次清分，实现业务全流程闭环。“菜园优鲜”上线，惠及市场服务中心下属的64个市场3000余户经营户。（高虹娜）

【优化个体工商户营商环境】2022年义乌市场建设40周年，设立市场开放纪念日，成立市场发展研究院，义乌市市场监管部门牵头开展小微企业三年成长计划工作，建立个体工商户发展部门联席会议制度，总结义乌商品市场优化升级典型案例，制定《Chinagoods贸易综合服务平台》《一盘好货项目》《创新标准实施与应用推动小商品质量提升》等8个案例上报上级商务部门。5月17日，市政府出台《义乌市扶持个体工商户纾困发展的若干意见》，聚焦减税降费、金融帮扶、优化环境、人才培育、转型升级等方面，释放政策红利，优化个体工商户营商环境。至2022年底，义乌市累计减负降本74.2亿元，惠及企业和个体户235.5万家次。创新个体工商户融资“信用+”评价体系，实现“信用换贷款”，在8000余户获贷主体中，信用贷

款主体数超25%，信用贷款总额8.5亿余元。（陈金春）

【“一带一路”团体标准《针织塑身裤》发布】 2022年6月24日，义乌小商品“一带一路”团体标准《针织塑身裤》发布。《针织塑身裤》团体标准是由义乌市标准化研究院、商城集团篁园市场分公司、篁园服装市场经营户及生产企业共同参与制定的“一带一路”小商品团体标准。根据针织塑身裤产品特点和市场调研情况，对标行业标准（FZ/T73029—2019）《针织裤》，从安全性、可靠性、功能性三方面梳理出贴合产品特点的技术指标要求，根据改良面料硬度高、更耐磨损的特点，新增耐磨性能、拉伸弹性回复率等指标，制定出符合市场需求的高质量义乌小商品标准。《针织塑身裤》团体标准的发布实施，填补该系列产品标准的空白，减少贸易纠纷，保障产品质量。（刘万存）

市场建设

【概况】 2022年，义乌市成立市场建设工作领导小组，全年召开会议5次，审议通过全球数贸中心、进口市场布局等议题16个，明确进口市场布局东西2个板块，推动国际冷鲜城等专业市场建设。年内，新能源产品市场、恒风五洲汽车城综合体建设主体工程、国际家居城四区主体工程地下室等项目完工。启动新一轮市场建设，投资4.55亿元的模具城三期一阶段和投资83.2亿元全球数字贸易中心（国际商贸城六区市场）等项目开工建设。（刘万存）

【市场建设工作领导小组机制建立】 2022年2月22日，市委、市政府印发《关于成立义乌市市场建设工作领导小组的通知》，组成由市委主要领导任组长、市政府主要领导任第一副组长的市场建设工作领导小组，下设办公室、战略研究组、项目推进组、转型升级组、产业联动组“一办四组”工作架构，每个工作组（办）由市领导牵头，并设第一责任单位。成立当日，义乌市市场建设工作领导小组召开第一次会议，研究市场建设工作领导小组运行机制、2022年市场工作要点、全球数字贸易中心（国际商贸城六区市场）项目。全年召开会议5次，审议通过全球数贸中心、进口市场布局等议题16个，有效强化市场建设工作统筹，推动解决重大市场项目建设、传统市场转型升级、招商引资等市场发展中的重点、难点问题。（刘万存）

【进口市场布局调整】 2022年6月2日，市场建设工作领导小组第三次会议研究决定，统筹国际商贸城五区进口商品城和义西进口商品城孵化区行业布局。明确规划东西2个板块进口市场：义东板块，在国际商贸城区域建设进口日用消费品市场；义西板块，在综保区C地块建设进口生产资料交易市场。年底，综保区C地块南区主体工程结顶。（刘万存）

【国际冷鲜城建设】 2022年6月30日，由义乌市市场发展集团有限公司承建的义乌国际冷鲜城一区项目开工建设。义乌国际冷鲜城项目是省自贸区签约项目，是义乌市重要的民生工程，

2022年6月30日，义乌国际冷鲜城一区项目举行开工仪式
（周姚佳　摄）

规划面积35.22公顷，固定总投资24.66亿元。项目分4个功能区，一区用地面积5.32公顷，投资5亿元，布局30万立方米高标冷库；二区用地面积5.71公顷，布局12万平方米果品批发市场、冷冻品批发市场；三区用地面积12公顷，布局28万平方米蔬菜水产交易市场；四区为市场发展预留用地，用地面积12.2公顷。义乌国际冷鲜城一区项目采用国际领先的高标冷库设计，引入全自动化温控、全信息化仓配，实现智慧月台、智能报修、云端盘库、云上结算等功能，引入国际国内大型贸易商，拓展城市间枢纽配送业务，打造成长三角地区重要国际冷链物流枢纽。（陈志津）

【五洲汽车城综合体建设】 2022年8月31日，义乌恒风五洲汽车城综合体建设提前3个月完成主体工程建设。该项目位于五洲大道西侧，占地面积9.8公顷，建筑面积28.4万平方米，2020年启动，总投资11亿元。项目采用城市综合体的形式，将义乌市内的汽车4S店进行集聚，规划设置汽车销售展示区（4S店）、商业服务区、综合服务区、生活配套服务区以及核心广场等多功能综合体建筑，实现汽车选购、汽车新品展览、娱乐与生活为一体的汽车销售服务新模式。（张　龙）

【全国首个新能源产品市场启动招商】 2022年9月27日，义乌市商城集团国际商贸城二区东市场招商启动，招引的业态为新能源系列产品和家装五金产品。二区东市场是商城集团以义乌太阳能光伏产业为基础，打造的全国乃至全球首个新能源产品展示交易的数字化专业市场。市场于2021年1月10日开工建设，2022年6月30日竣工。建筑面积13.1万平方米；一、二楼共有商铺490余间，商位平均面积30平方米，以小单元组合，塑造无死角客流网格。（郑　寒）

2022年6月30日，义乌全国首个新能源产品市场竣工

（义乌市商城集团　供图）

【全球数字贸易中心（国际商贸城六区市场）建设】 2022年11月25日，全球数字贸易中心（国际商贸城六区市场）项目开工建设。项目位于义乌市场贸易核心区域，西至春风大道（与国际商贸城五区相邻），北至诚信大道，东至兴隆大街，南至银海路；占地37.5公顷，总投资83.2亿元；建筑面积125.6万平方米，采用中心式布局，由市场、商务写字楼、商业街区、公寓四大板块构成。其中最外围是项目核心市场部分，建筑面积40.8万平方米，布局各类行业主体。（刘万存）

市场监管

【概况】 2022年，义乌市建立扶持个体工商户发展部门联席会议制度，出台扶持个体工商户纾困发展意见，累计减负降本74.2亿元，惠及经营主体235.5万家次。完成知识产权、标准、质量等政策补助兑付1亿余元。全年新设市场主体18.06万户，总量达89.82万户。建设以双随机为手段、以信用监管为基础的新型监管机制，信用规则应用率从84.45%提升至96.5%。加强加油站、集贸市场、燃气充装单位计量检查，完成计量器具强制检定7.7万余台（件）。开展格式合同、医疗美容广告等专项整治行动，净化消费市场。培育放心消费单位8316家，放心消费示范街区4家，挽回消费者经济损失258.02万元。新创省放心农贸

市场8家，省星级文明规范市场15家。完成稠关菜市场“五化”改造，抽检农药残留5627批次。开展“铁拳”“亮剑2022”“药剑”等专项行动，全年立案2765起，其中，大要案839起，移送公安机关75起，义乌市市场监管局荣获“全国市场监管卫士”集体，连续七年被评为“全国查处侵权盗版案件有功单位”。

【全省首批食品安全示范县创建】 2022年，市市场监管局有序推进“两个责任”落实，深化“浙食链”“外卖在线”平台应用。完成全市2974名干部与4.67万家食品经营主体建立包保关系，建成“阳光厨房”3854家，实现“阳光工厂”建设100%。在浙江省率先实现四星级食安办全覆盖，4月21日，省食品安全委员会发文，命名义乌市为“浙江省食品安全示范市”，系浙江省首批。

【知识产权建设】 2022年，市市场监管局强化知识产权建设，提出“红、橙、黄”三色海外知识产权预警模式，发布行业预警信息30篇，推动知识产权保护保险业务，探索知识产权资产证券化，完成知识产权质押融资34.5亿元。年内，义乌成功入选全国第一批知识产权纠纷快速处理试点地区，市市场监管局被评为“北京2022年冬奥会和冬残奥会奥林匹克标志知识产权保护突出贡献集体”。

【“千企创牌”品牌培育库建设】 2022年，市市场监管局实施“政府质量奖+品字标”双引擎发展战略，推动“千企创牌”品牌培育库建设。新增“品字标”企业34家，纳入品牌培育库企业77家，新增各级政府质量奖和质量管理创新奖企业7家。打造以饰品、光电产业为主的质量基础设施一站式服务平台，建成5个园区“一站式”服务联络站，引导3000余家中小微企业和个体户完成平台注册。年内，实施商标品牌战略入选“全国商标品牌建设优秀案例”，义乌市被评为“首批国家知识产权强县建设示范县”。

【标准城市建设】 2022年，市市场监管局强化标准城市建设。完成“标准城市”首轮三年计划，形成5个方面24条可复制可推广的典型经验，获市场监管总局副局长、国标委主任田世宏批示肯定。全年，共制定国际、国家、行业等标准61项，1000家企业完成自我声明公开2593项标准。年内，义乌获批“标准进市场”国家级标准化试点和全国市场监管数字化试验区试点，义乌市市场监管局被浙江省政府授予“2022年度浙江省标准创新贡献奖组织奖”。

【农贸（专业）市场新冠疫情防控】 2022年，市市场监管局做实市场领域常态化疫情防控，全年累计开展市场从业人员核酸检测450余万人次，专业市场进口商品从业人员核酸检测3万余人次，专业（农贸）市场从业人员疫苗规范接种率达99%。对全市11家专业市场的5万余名从业人员、经销商品和市场环境的核酸检测实行统一精准管理。在30余家农贸市场重要部位及7家专业市场进口商品集中监管仓库，安装监控视频，由省、市、县三级市场监管部门实行常态化线上巡查，问题处置率达100%。全年，2686批次进口商品纳入专业市场集中监管仓管理，进口商品集中监管仓建设管理工作名列全省前茅。

【市场领域纾困】 2022年，市市场监管局重点做好市场领域纾困工作，指导国有市场租金减免，采用直接减免或延长租期方式，减免租金6.01亿元。发放市场防疫补助，向21家专业市场和62家农贸市场发放防疫消杀补贴249万元。发放农贸市场改造提升项目补助资金，至年底，共发放农贸市场改造提升补助资金188.96万元、农贸市场托管补助费用390.4万元。

【网络直播营销违法行为专项治理】 2022年，市市场监管局开展网络直播营销违法行为专项治理。公布《网络直播营销活动合规指南》，发布《网络直播营销活动警示函》，在融媒体、义乌普法及“义乌市场监管”微信公众号上进行宣传，指导网络直播营销机构学习和培训，印发宣传资料200余份。开展网络营销直播经营主体排查摸底，建立数据库，对网络营销直播经营主体开展全覆盖集中行政指导，签订主体责任书，明确法律责任和行为规范，划清监管红线。在福田街道北下朱电商直播基地建立全省首家消费维权联络站，强化直播营销违法整治，优化直播电商领域消费环境，打造标准化、规范化电商直播基地。开展网络直播营销违法违规线索排查梳理，约谈网络直播营销主体1026户，查办违法违规案件84件，罚没款107.36万元，移送公安机关1件。

【农贸市场规范整治】 2022年，义乌市市场监管局实施农贸市场规范整治，推进市场"五化"改造。制订"一场一策"创建计划，推进场内基础设施改造、场容场貌整治等相关工作。6月16日，稠关菜市场通过省市场监管局"五化"改造考核验收小组现场考核验收。加快全市农贸市场提升改造、创建和委托管理等各类补助资金的兑现工作，累计发放各类补助3100余万元。年内，创建省级放心农贸市场4家、星级文明规范市场15家。累计完成市场"五化"改造10家，名列金华市前茅。（金　婕）

中国小商品城

【概况】 2022年，义乌中国小商品城有营业面积640余万平方米，商位7.5万个，从业人员21万人，经营26个大类、210万个单品。市场整体开门率93%，日均人流量16万余人次，商位出租率98%。开展标准化培训1万余人次，召开各类行业专家研讨会50余场，完成对标报告7份，商户亮标率达90%。推动行业协会制定各类团体标准59项，其中1项入选工业和信息化部"百项团标"。浙江中国小商品城"标准进市场"服务标准化试点被评为"2022年度国家级服务业标准化试点项目"。

【进口商品集中监管仓建设】 2022年，商城集团在国际商贸城五区市场一楼辅房设立进口商品集中监管仓，用于进口商品的防疫溯源监管。通过"专业市场物防在线"系统，做到进口商品和从业人员集中监管，应管尽管，从人、货、场、环境等维度进行全过程闭环管理。进口商品监管仓规范性操作流程得到浙江省市场监管局的肯定，被省级媒体广泛报道，并被拍成视频作为规范操作在全省推广。至年底，通过进口商品监管仓接收处置进口商品1061批次，共21.08万件。

【数字直播产业孵化中心】 2022年，义乌数字直播产业孵化中心成功备案金华市众创空间。数字直播产业孵化中心位于义乌市雪峰西路1566号国际生产资料市场一楼1—2区，毗邻义乌综合保税区。2022年，数字直播产业孵化中心开展直播带货活动3841场，成交额5023.66万元。

【数字人民币试点及推广】 2022年5月，义乌市开展数字人民币试点及推广，将国际商贸城一区作为首个数字人民币试点市场，设立15个线下推广点位，线上线下相结合，两周内达成市场全覆盖。至2022年底，开通数字钱包3.96万个，交易2.68万笔，交易额达7.99亿元。

【义乌数码城整体搬迁】 2022年6月，根据市政府发布的文化市场区块征收公告，位于宾王路238号，占地1.32公顷、建筑面积3.56万平方米的义乌数码城进行搬迁；原义乌数码城数码产品、办公设备、配件耗材等行业37户47间主体于9月、12月分批迁至宾王市场B区，命名为"宾王数码城"；原义乌数码城出版物中心12月迁至篁园服装市场六楼，命名为"篁园出版物中心"。篁园出版物中心与"网红"直播中心，为中小学校企事业单位提供图书服务，为"网红"直播从业人员提供"一站式"办公入驻、IP定制孵化，"网红"主播培训、内容运营、直播带货、人才输送及专业指导等综合服务。

【首个海外分市场开业运行】 2022年6月30日，位于阿联酋杰贝阿里自由贸易区内的迪拜义乌中国小商品城开业。标志着商城集团第一个海外分市场、"一带一路"倡议下中国与阿联酋合作的标志性项目正式运行。迪拜义乌中国小商品城占地20公顷，投资10.6亿元，涵盖商品展示及保税仓储功能，展示部分由1600个商位组成，涉及五金工具、五金厨卫、床上用品等八大

2022年6月30日，位于阿联酋杰贝阿里自由贸易区内的迪拜义乌中国小商品城开业 （义乌市商城集团 供图）

行业；仓储部分由324个仓库组成，每个仓库208平方米。入驻企业享受货物转口零关税、无企业所得税、无个人所得税、100%所有权、无需当地保人、无外汇管制等政策。迪拜义乌小商品城开业，将义乌市场前移至海外，方便海外采购商，为义乌市场的210万种商品打开通往中东地区的一扇大门。

【国际商贸城四区设立"共享法庭"】 2021年10月，国际商贸城四区设立"共享法庭"。以"化解矛盾纠纷，保障和谐稳定"为服务宗旨，面向全体经营户、采购商、劳动者，调解商位、劳资、治安、产品质量、经济债务、租金减免等各类纠纷，解决市场实际问题。2022年8月，"共享法庭"被金华市政法委、金华市中级人民法院评为"金华市星级共享法庭"。2022年全年，调解各类矛盾纠纷835起，调解成功率100%，满意度100%。

【2022综合评价成绩突出国家电子商务示范基地】 2022年9月，义乌国际商贸城网商服务区被商务部认定为"2022综合评价成绩突出国家电子商务示范基地"，为省内唯一上榜国家级电商园区。网商服务区汇集220余家电商及服务商，推进第三方运营、物流、专业摄影、信息技术、培训、金融等多业态融合，成为一个集平台、货源、服务于一体的电商聚集生态群落。全年开展TIK TOK沙龙活动10场，电子商务培训600余人次，电商培训8000余人次，为引领传统市场转型发挥重要作用。

【进口商品行业跨区融合调整】 2022年，国际商贸城五区市场、义西生产资料市场联合启动进口商品行业跨区融合调整工作。11月，完成报名主体资格审核及定向招引工作，定位18户38.5个商位，实现2个市场区域间行业融合。 （郑 寒）

专业市场

【浙中农副产品物流中心】 浙中农副产品物流中心为义乌市市场集团打造的集农产品批发、仓储、配送于一体的综合性市场。市场总投资5.08亿元，占地面积13.34公顷，总建筑面积18万平方米。2022年，有固定商位547个，经营户430户，营业率100%，从业人员2000余人。经营蔬菜、鲜肉、水产品、冷冻品、禽蛋、调味品、豆制品七大品类及其他配套产品，为义乌本市供应80%以上的蔬菜，辐射金华、台州、绍兴、温州、丽水、衢州等地市及江西、安徽等周边省份。日均入场交易蔬菜大货车100余辆，2000余吨；鲜肉50余吨，禽蛋10余吨。2022年，市场总交易量94.23万吨，成交额50.63亿元。12月，被浙江省市场监督管理局评为AA级"浙江省食用农产品批发市场食品安全规范化建设单位"。 （韦 炜）

【副食品市场】 义乌副食品市场为浙江省四星级文明规范市场。市场建筑面积14.8万平方米，商位2333个，经营户1987户。市场共三层，一、二层主营非定型包装干果炒货类、参茸等高档补品类、酒饮料水果罐头类、非定型包装糖类、茶叶类、调味品食用油类、其他副食品类以及杂货类八大类3万余种商品；三层为"百县万品"及精品展销中心。2022年，各季度交易均衡发展，

2022年9月23日，“爱上农贸城”购物节上的顾客在购物

（牛月明　摄）

每月23日举办“爱上农贸城”购物活动，提振消费、吸引客流。全年实现交易额75.38亿元，同比增长8.19%。（王　俊）

【粮食市场】 义乌粮食市场是国家重点扶助的粮油现代物流项目，市场占地4公顷，建筑面积5.5万平方米，有经营店面292间、占地2.1公顷的铁路中转场地和铁路粮食专用线331米，是集粮油批发、交易、仓储服务、物流配运等功能于一体的粮油专业市场，义乌及周边地区的粮食集散地。市场经营品种有大米、面粉、大豆、玉米、食用油、高粱等30余类，有经营户89家。2022年交易量41.06万吨，交易额18.49亿元。（王　安）

【新马路菜市场】 新马路菜市场由一幢12层商务主楼和4层裙房组成。总建筑面积5万平方米，经营面积8778平方米，内设摊位、店面658个（间），有经营主体512个，经营蔬菜、鲜肉、调味品、蛋类、水产品、海产品、熟食等17个类别商品。2022年，受新冠疫情反复、运输成本增加等因素影响，蔬菜零售价与2021年相比有所上涨，鲜猪肉零售价较上年上浮明显，前腿肉全年平均零售价为每千克40元，五花肉为每千克46元；水产品、海产品、蛋类以及其他类别商品的零售价与2021年持平。全年成交额32.88亿元，同比增长10.89%。（翁扬洁）

【国际家居城】 义乌国际家居城由国际家居一区、二区、三区、四区（在建）及花卉市场五大专业市场组成，集家具、家居、装饰材料、花卉于一体，高中低档商品齐全、批零兼营、内外贸并举的家居建材专业市场。总投资10亿元，市场占地17.34公顷，建筑面积46万平方米，营业面积26万平方米，有商位2500间，经营户1200余户。2022年12月，总投资3.5亿余元，建筑面积11万平方米的家居城四区项目结顶。年内，举办各类营销活动70余场，成交额1.4亿元，全年成交额44亿余元。2022年，国际家居城获中国建筑材料流通协会授予的“全国建材家居卖场单店50强”“全国建材家居卖场就业吸纳力50强”称号。（陈倩岚）

【木材市场】 木材市场占地4.5公顷，建筑面积1.59万平方米。市场有商户333户，经营主体105户，主要经营原木交易、锯木加工、建材销售等业务，辐射浦江、东阳、金华等周边县（市）。2022年，原木成交量有所上升，市场全年成交额1.02亿元，同比增长2.69%。（赵　珊）

【国际生产资料市场】 义乌国际生产资料总建筑面积75万平方米。市场主营进口商品、塑料粒子、动力及其他机械设备、缝纫设备、酒店设备、创意装饰（软装）用品、中高档灯具、皮革及辅料等产品。一楼为中国进口商品城孵化区和数字直播产业孵化中心，有经营主体191户，其中国家馆34户（涉及31个国别），经营面积12万平方米，汇集100多个国家和地区15万种进口商品。设立50个直播间，配置1100余平方米选品中心、特色短视频拍摄场景、14个场景化沉浸式共享直播间及各类直播设备。引进抖音头部直播运营机构“交个朋友”品牌，为商户提供直播电商培训、直播运营陪跑、代运营、PGC、短视频、广告及选品等服务。2022

年，数字直播产业孵化中心开展直播带货活动3841场，销售额5023.66万元。市场全年成交额30余亿元。（郑 寒）

【收藏品市场】 义乌收藏品市场经营面积3.6万平方米，分外围店面和场内商位2个区域，有商位526间，入驻经营户387户，主营古玩杂项、翡翠玉器、瓷器、书画、木雕、石雕、珠宝等10余种艺术收藏品及字画装裱、珠宝加工等配套行业。2022年，市场举办"坐望彼岸——黄佳茂、宋开智"精品书画展、"永远跟党走"红色文化图片展、藏文西夏文汉文书法展、精品木雕展等活动；举办藏品珍玩交流会，200余名收藏爱好者参会。周六地摊集市是义乌收藏界的一大亮点，有摊位400余个，省内外商户占比为7∶3，是义乌及周边县（市）收藏爱好者淘宝和信息交流的重要平台。2022年，受疫情休市、春秋两季收藏品交易会取消、客商流动大幅减少等因素影响，市场全年交易额4567万元，同比下降35.36%。（张习习）

【模具城】 义乌模具城占地面积19公顷，有商位1528个，经营户940户，经营面积14.3万平方米。市场涵盖多功能复合模具、复合加工及激光技术在模具设计制造上的应用、高速切削、超精加工及抛光技术等业态，信息化数字化引领市场发展。2022年，市场交易额15.92亿元，同比增长45.70%；出口额4.46亿元，同比增长1.06%；衍生品产值30亿元。日均客流量4500人次，日均车流量4000车次。（朱 莉）

【篁园服装市场】 篁园服装市场地处义乌绣湖商圈，占地面积7.8公顷，建筑面积42万平方米，总投资14亿元。市场地上8层为经营区，涵盖批发、零售、外贸、进口等业态，拥有商位5400余个。一楼为牛仔裤、定制服装、综合零售区和轻奢生活馆，二楼经营男装（皮装），三楼经营女装，四楼经营女装、睡衣、羊毛衫、运动服（衬衫），五楼经营童装，六楼设有1万余平方米的综合休闲配套服务区，引进出版物中心、品牌餐饮、特色快餐、烘焙等相关市场配套服务设施，七、八楼定位为品质生活馆，主营国内精品服装服饰，营业面积7万平方米。2022年，市场举办暑期清凉一夏、购物嘉年华、年货节、汽车嘉年华等系列引流活动14场；举办夏、秋季服装垂直展，通过线上线下推广，吸引采购商40余万人，销售额6000余万元。12月，出版物中心入驻市场六楼，经营主体14家，经营面积3000平方米。（郑 寒）

【义乌汽车城】 义乌汽车城占地13.06公顷，建筑面积8.6万平方米。设交易区、专卖区、生活服务区、培训中心，集汽车交易、维修、零部件供应、驾培于一体，能提供上牌、保险、信贷、检测、食宿等相关服务功能的综合性汽车市场。设中心展馆、A馆、B馆、C馆4个综合品牌展馆及4S品牌专卖区、生活服务区等功能区。2022年，义乌汽车城有汽车经销商60余家，其中，汽车品牌4S店18家、城市展厅14家。新车成交量占全市三分之一。全年汽车销量累计成交2.13万辆，成交金额26.7亿元。（洪庆生）

【义乌二手车交易中心】 义乌二手车交易中心占地面积11.9公顷，建筑面积23万平方米，设二手车交易区、综合服务区、机动车性能检测区三大功能区块。2022年，二手车交易中心实施数字市场建设，完善信息查询平台，实现车流、客流实时显示。5月1日起，夜间经营时间延长至22点，打造"夜间市场"。全年直播1000余场。与市人民法院合作开展法拍车业务，入库车辆200余台，与"查博士"合作，全年检测车辆3600余台。2022年，成交二手车6.6万辆，成交额58.88亿元。（吴艳丽）

【五爱库存尾货市场】 五爱库存尾货市场位于江东街道五爱村，总经营面积50万平方米，有店铺7000余间，入驻经营户2344余户；主要经营日用百货、五金针织、玩具服装等全品类库存尾货。2022年，市场交易额300亿人民币，日均客流1万余人次。（刘雅娴）

会展业
EXHIBITION INDUSTRY

综　述

【会展业线上线下融合发展】 2022年，义乌市成功举办“春季框画展”“文具礼品展”“家博会”等线下展会14场，展览面积33.62万平方米，参展企业6122家，观众38.22万人次，成交额37.3亿元，展览面积1万平方米以上的展会11场。举办“义博会”“装博会”等12个线上展会，参展企业7132家，观众4335万人次。市市场发展委主建的“浙里探馆”省级应用在全省数字经济系统“揭榜”项目阶段性评估中被评为A类，在首届全球数字贸易博览会之江数字贸易论坛上获“2022浙江数字贸易创新应用优秀案例一等奖”。

【传统展会模式向数字化转型】 为顺应数字经济发展潮流，2022年，义乌市探索线上线下同步互动、有机融合的办展新模式，推动传统展会模式向数字化转型。开通在线金融支付系统，依据平台数据中心，带动商品信息和企业信息的配对交流，使信息更加对称，为参展企业提供更多商机。通过“云展示”“云对接”“云洽谈”“云交易”等形式，无缝链接国内外参展商、采购商、专业服务商及普通观众。搭建线上直播平台，将直播间搬进展区，利用“网红”“网红经济”，开展规模化、集中性的直播带货活动。通过微信朋友圈、林草价值链等新媒体平台，扩大网络宣传力度，运用展会官网、微信公众号、微博等网络信息平台，收集、分析、发布各类数据信息。利用大数据平台，集中邀请国内外采购企业和专业观众与会观展及商务洽谈，做到由“屏对屏”向“面对面”的深度转化，实现会展服务增值。

【第二届公益博览会“云”上开展】 2022年3月12日，义乌市第二届公益博览会“云”上开展。展会由团市委主办，市青少年宫、市志愿者协会党支部等单位承办，以“青春共富　团结益心”为主题，推出志愿项目直播活动。会上，公布2021年度义乌市志愿服务工作先进名单。学习雷锋公益协会、义点爱公益协会、寄语未来公益协会等10家团属社会组织进行直播展示，呼吁广大市民参与其中。90分钟的直播，吸引10余万人互动；市内10家公益类社会组织“云”上亮相，10个优秀志愿服务项目“云”上推介。

【“浙里探馆”省级应用项目建设】 2022年，义乌市推进“浙里探馆”省级应用项目建设。“浙里探馆”平台作为“浙里数字贸易服务应用”内容，纳入浙江省数字化改革重大应用“S1一本账”，为浙政钉应用、浙里办应用、中心数据库、中枢门户、系统管理后台、展馆信息化管理系统、全省展馆数据驾驶舱7个部分。从企业、展馆、政府三侧需求出发，梳理一键办展、提升监管治理能力、展馆数字化运营、智能分析4项一级任务，细化拆解出安全办展、产业赋能、展务服务等15项二级任务及人流预警、展会动态、消防安全管理等101项三级任务。9月21日，义乌市“浙里探馆”工作进展受到浙江省自贸发展中心领导肯定。在全省数字经济系统“揭榜”项目阶段性评估中被评为A类，在首届全球数字贸易博览会之江数字贸易论坛上获“2022浙江数字贸易创新应用优秀案例一等奖”。

（曹国强）

重大展会

【概况】 2022年，义乌市举办各类会展活动14个，展览面积33.62万平方米，同比下降59.9%；参展企业6122家，同比下降56.18%；观众38.22万人次，同比下降56.75%；成交额37.3亿元。展览面积逾1万平方米的展览11个，同比下降54.8%；成交额逾亿元展览11个，同比下降54.17%。

【第五届中国（义乌）婚纱用品交易会暨春季框画展】 2022年6月26—28日，由中国商业联合会主办，义乌市中展展览服务有限公司承办的第五届中国（义乌）婚纱用品交易会暨春季框画展在义乌国际博览中心举行。展览面积2.5万平方米，设国际标准展位1250余个，来自全国各地350余家装饰画、相框品牌企业参展。此届展会规模比上届增长5%，采购商1.2万余人，现场达成意向成交额1.2亿元。

【2022中国义乌文具礼品展览会】 2022年7月3—5日，由中国制笔协会主办、浙江中国小商品城集团股份有限公司协办、义乌市文化用品行业协会承办的2022中国义乌文具礼品展览会在义乌国际博览中心举行。展会以“创新思维、整合资源、抱团发展、合作共赢”为宗旨，以“订货会+新品发布会+传统展会”模式，集企业、市场、客商、协会资源于一体。设展览面积5.2万平方米，标准展位2500个，邀请国内外知名参展商552家，吸引国内外采购商7.48万人次。此次展会，主办方为客商提供酒店客房1.4万余间，大力吸引展会和市场客商回流，拉动采购商在义乌的下单率，现场贸易成交额7.12亿元。

【2022中国义乌国际五金电器博览会】 2022年7月13—15日，义乌中国小商品城展览有限公司主办的第六届中国义乌国际五金电器博览会在义乌国际博览中心举行，展览面积4万平方米。浙江、山东、河北、江苏、河南、广东等15个省（市）的1200余家企业参展。展会重点凸显五金工具、建筑五金、电子电器、劳保用品四大展区，来自101个国家和地区的采购商5.1万人次到会。其中，境外观众1000余人，主要来自也门、巴基斯坦、阿富汗、印度、伊拉克、叙利亚、埃及、俄罗斯、孟加拉国、苏丹等国家，达成意向成交额2.04亿元。

【2022中匠义乌多元百货展暨杯壶、餐厨用品主题展】 2022年7月24—26日，由义乌市中匠会展有限公司主办的2022中匠义乌多元百货展暨杯壶、餐厨用品主题展在义乌国际博览中心举行。展会以义乌为窗口，连接长三角，扎根浙中市场，辐射全中国，引进资源，流出产品，拓宽了义乌市场。展会设展览面积2.58万平方米，标准展位1200个，800家企业参展，吸引全国各地专业采购商4.29万人次，实现意向成交额6.58亿元。

【2022中国义乌喜庆用品博览会】 2022年7月29—31日，由义乌市喜庆产业发展协会主办、义乌市喜品汇会展有限公司承办的中国义乌喜庆用品博览会在义乌国际博览中心举行。展会以“喜”字为主题，打造喜庆用品新技术、新产品、新创意展示和交易。展览面积2万平方米，参展企业212家，全国专业采购商1.54万人次参观，达成意向成交额1.03亿元。

【第15届中国义乌国际森林产品博览会】 2022年11月5—8日，由国家林业和草原局、浙江省人民政府主办，中国林业产业联合会、浙江省林业局、浙江省人民政府台湾事务办公室、义乌市人

2022年11月5—8日，第15届中国义乌国际森林产品博览会在义乌国际博览中心举行　（市自然资源规划局　供图）

民政府承办的第15届中国义乌国际森林产品博览会（简称"森博会"）在义乌国际博览中心举办。展会以线上线下联动，搭建双重贸易平台。汇聚了家具及配件、木竹装修材料、木竹工艺品、木竹日用品、森林户外装备和配件、森林康养产品等新兴林业产业商品。线下"森博会"设展馆5个，特色展区10个，设国际标准展位2075个，展览面积5万平方米。20个国家和地区的1331家企业、采购商6.1万人次参展，实现意向成交额10.28亿元。

2022年义乌其他重大展会情况一览表

表19

序号	展会名称	举办时间	举办地点	主办单位	承办单位	展览面积（平方米）	参展商（家）	成交额（万元）
1	第29届义乌家博会	6月25—26日	义乌国际博览中心	义乌鼎浩品牌策划有限公司	义乌鼎浩品牌策划有限公司	7600	61	6128
2	2022中国义乌定制家居展览会	6月26—28日	义乌国际博览中心	义乌市鸿利展览服务有限公司	义乌市鸿利展览服务有限公司	7600	130	1500
3	2022义乌春季房地产交易会	7月8—10日	义乌国际博览中心	义乌市房地产行业协会、义乌市房地产经济行业协会	义乌市融媒体中心、金华日报报业传媒集团浙中新报	5000	40	33500
4	AHFE亚洲发业博览会暨美妆供应链展览会	7月8—10日	义乌国际博览中心	上海华博展览服务有限公司	浙江鼎牛文化传媒有限公司	15000	240	13200
5	牛人会直播选品会	7月24—25日	义乌国际博览中心	义乌市中博展览服务有限公司	义乌市中博展览服务有限公司	15000	240	13200
6	2022年华夏家博会	7月30—31日	义乌国际博览中心	浙江华墨会展服务有限公司	浙江华墨会展服务有限公司	15200	85	30000
7	2022义乌小商品制造博览会暨瓦楞彩盒技术展览会	9月6—8日	义乌国际博览中心	上海华博展览服务有限公司主办	义乌创杰展览服务有限公司	20000	311	6500

【第28届中国义乌国际小商品(标准)博览会】 2022年11月24—27日,由商务部、中国国际贸易促进委员会、国家标准化管理委员会、浙江省人民政府、中国轻工业联合会、中国商业联合会主办的第28届中国义乌国际小商品(标准)博览会在义乌国际博览中心举行。展会以"新起点、新市场、新发展"为主题,展览面积5万平方米,设国际标准展位1952个,涵盖五金工具、建筑五金、机电机械、电子电器、日用消费品等行业。正值义乌市场发展40周年,特设"市场建设40周年"主题馆,筛选40家市场经营户模范代表企业参展,使用全息影像、虚拟数字人等技术呈现义乌市场40年变迁历程。另设供应链展区、新能源展区、国际友好城市展区等行业特色展区,到场采购商4.82万人次。展会采取线上线下同期举办的形式,300余家参展企业同步开展线上推广洽谈活动,平台及直播关注浏览量1545.19万人次。

(曹国强)

会展管理

【概况】 2022年,义乌市围绕市场及电商、会展、物流、口岸等领域,出台14条"硬核"举措,优化营商环境,激发市场活力,保持市场繁荣发展,为加快展览项目培育引进、支持企业组团外出参展,提供实质性政策补贴支持。年内,组织145家义乌企业参加2022第十届中国(浙江)工艺美术精品博览会、第30届中国(深圳)国际礼品、工艺品、钟表及家庭用品展览会、第19届中国国际文具礼品博览会等国内重要展会8批次,设国际标准展位270个。

【《关于促进市场高质量发展的若干意见》出台】 2022年3月1日,义乌市印发《关于促进市场高质量发展的若干意见》(简称《意见》),鼓励加快展览项目培育引进。《意见》指出,在义乌市专业展馆举办展览项目,按实际核准的展位数和举办单位层次给予项目承办单位奖励,单个展览项目奖励期不超过6届,每届奖励总额不超过150万元。对义乌市内原创且展位数达到350个的展览项目,第1～3届按每标准展位600元给予奖励,第4～6届分别按每标准展位400元、300元、200元给予奖励。对市外已成功举办3届以上的引进展览项目,展位数达到500个以上的,在按原创标准奖励的基础上,第1～3届每届再给予20万元奖励。对国家级行业协会参与主办且下文招展招商支持的展览项目,每届再给予10万元奖励。《意见》明确,由政府部门、行业商协会、展览机构组织义乌市企业参加市外境内展览项目,组团企业10家以上的,按参展企业实际缴纳展位费的50%予以奖励。单个企业参加同一届展览项目奖励金额最高不超过3万元,单个参展企业年度奖励不超过2次,同一展览年度内举办多届的,只奖励其中1届。

【"浙里探馆"义乌驾驶舱上线】 2022年9月8日,"浙里探馆"义乌驾驶舱上线,驾驶舱场景应用覆盖义乌国际博览中心、宁海国际会展中心、白马湖会展中心等22个展馆。推送展会信息406条,统计展会绩效219场,用户访问量4万余次,服务展会面积498.2万平方米。

【列入浙江省商务展会的项目】 2022年12月20日,浙江省商务厅研究确定2023年度浙江省商务展会目录,拟举办和支持展会252个,自办类展会46个,服务贸易展会18个,外经展会3个,重点类展会86个,其他类展会120个。第29届中国义乌国际小商品(标准)博览会、第18届中国义乌文化和旅游产品交易博览会、第16届中国义乌国际森林产品博览会3个国家级展会,浙江国际电子商务博览会、浙江义乌国际智能装备博览会2个省级展会,中国义乌进口商品博览会等11个展览项目列入浙江省举办的38个展会中,占28.95%。 (曹国强)

会展企业

【概况】 义乌会展业依托独特的市场优势和扎实的产业基础,对区域经济产生巨大影响,形成产业加会展,以展促贸的义乌模式。义乌先后被评为"中国十大品牌会展城市”、全国会展业“金五星”优秀会展城市和中国十大影响力会展城市。2022年，义乌有会展机构35家，直接从业人员1000余人，展位搭建、广告设计、交通物流、礼仪等专业化分工协作体系健全。

【义乌中国小商品城展览有限公司】 义乌中国小商品城展览股份有限公司成立于1998年，为浙江中国小商品城集团股份有限公司旗下控股企业，国际展览联盟、国际展览与项目协会（IAEE）会员企业。公司集国内组展、海外出展、展览配套服务于一体，从事展馆运营开发和租赁等会展全产业链服务，运营的义乌国际博览中心展馆，提供国际标准展位5300个，配备7600平方米大型会议活动多功能厅。2022年，公司有员工155人，年内承办中国义乌国际小商品（标准）博览会、中国义乌进口商品博览会、中国义乌国际森林产品博览会、中国义乌国际五金电器博览会、中国义乌文化和旅游产品交易博览会、国潮展、礼品展、海外展等20个展会，展览面积27万平方米，6112家企业参展，41.7万名专业采购商到会参观采购。

【义乌市中展展览服务有限公司】 义乌市中展展览服务有限公司成立于2016年，员工10余人，为专业举办画与框行业的展览公司。2018年3月，引进春季框画展。秋季框画展已成功举办20届，展览规模达4.5万平方米，每年吸引采购商1.8万余人，在全球画与框行业内有较大影响力，已成为国内专业采购商新品发布、品牌推广的最佳平台。2022年，公司举办春、秋两届框画展，展览规模3万平方米，500余家企业携带新品亮相展会，1.5万余名专业采购商到会参观采购。

【义乌市鼎文展览服务有限公司】 义乌市鼎文展览服务有限公司成立于2016年8月，注册资金50万元，员工12人，为专业举办文体及周边行业的展览公司。2017年创办的中国义乌文具礼品展览会，被评为2017—2018年义乌市十大成长型展览会，2020年，被浙江省商务厅列入重点举办和支持展会。2022年，公司有标准展位2500余个，7.48万名境内外采购商及观众到会参观采购。

【义乌博裕会展服务有限公司】 义乌市博裕会展服务有限公司成立于2012年，注册资金100万元，员工12人，专业从事海外客商邀约、组织策划展会跨国采购对接会等业务。2022年，公司承办中国贸促会主办的中国—东南亚国际数字博览会、浙江省商务厅主办的网上出口展系列、浙江省贸促会主办的浙江名品系列等50余场线上活动，参与中国国际进口博览会、东盟博览会、中国自行车展等展会60余个。来自荷兰、德国、俄罗斯等90多个国家和地区，“线上+线下”境外采购商3万人参会。

【义乌鼎浩品牌策划有限公司】 义乌鼎浩品牌策划有限公司成立于2017年10月，注册资金15.8万元，员工28人，为专业举办家居建材装饰材料行业的展览公司。以“创新销售、抱团发展、合作共赢”为主题，采用“资源整合+资源共享+集中邀约”的办展模式，效果显著。2017—2018年被评为义乌市十大成长型展览会。2022年，公司承办第29届义乌家博会，规模7600平方米，参展企业61家，展位400余个，1100余名专业采购商到会参观采购。

【义乌市中匠会展有限公司】 义乌市中匠会展有限公司成立于2018年8月，注册资金15万元，员工19人，为专业举办家居生活百货行业的展览公司。至2022年，公司以“以会办展、以展带会，品牌输出、合作共赢”为主题的义乌多元百货展暨杯壶餐厨用品主题展览会已成功举办4届，采用创新“联合订货会+网红直播论坛+传统展会”的办展模式，效果显著。公司被评为2020—2022年义乌市十大成长型展览会。2022年，公司承办的中匠义乌多元百货展暨杯壶、餐厨用品主题展，规模2.58万平方米，参展企业800家，展位1200个，4.29万名专业采购商到会参观采购。　（曹国强）

综 述

【旅游业健康稳步发展】 2022年，义乌市接待游客697.93万人次，同比增长1.91%；实现旅游总收入20.55亿元，同比增长-9.97%。完成四星级旅游饭店复评，新评义乌首家金鼎级特色文化主题饭店、金桂级品质饭店、金树叶级绿色饭店各1家，培育浙江省百强旅行社3家。开展旅游业"微改造、精提升"工作、清洁美化提升行动，改善和提升环境设施。在开展美丽乡村10条精品线建设基础上，推进浙江省旅游"百千万"工程落地，通过乡村景区化培育引导工作，以旅游业发展带动乡村生态环境提升、村民增收、乡村和特色产业体系构建。至年底，创建AAAA级景区镇2个，AAA级景区村2个，AA级景区村9个，A级景区村庄16个。"乌伤驿站—义学空间"入选浙江省首批文化基因解码成果转化利用示范项目。（季心怡）

【旅游市场综合整治】 2022年，市文化和广电旅游体育局（简称"市文广旅体局"）综合执法队采取日常巡查、联合检查、错时检查等方式，加大对旅行社的执法检查频度和力度，重点对侵害游客权益、非法经营旅行社业务、不签订旅游合同或签订旅游合同未载明规定事项、"不合理低价游"等违法违规行为进行检查，确保旅游市场安全有序。全年出动执法人员372人次，检查旅游企业117家次。开展旅游普法宣传，制作并发放文明旅游和安全旅游宣传图片2000份，引导游客文明旅游、理性消费，树立群体新形象。坚持"96150"等投诉热线24小时畅通。全年接处各类投诉7起，其中，有效处理旅游投诉3起，涉及旅行社1起，协调理赔或补偿9000元。（季心怡）

【旅游扶持政策】 2022年5月25日，市文广旅体局下发《关于战疫情抢发展的若干政策举措》，出台旅游行业相关扶持政策。6月21日，制定并出台《义乌市2022年旅行社招徕组团奖励政策实施细则》。7月19日，市政府正式出台《关于促进旅游业高质量发展的若干意见》。2022年，市财政给予市旅行社、星级酒店、民宿、景区等旅游企业补助646.76万元。（季心怡）

【省级旅游度假区建设】 2022年，市文广旅体局大力推进佛堂镇省级旅游度假区建设。自2017年12月31日获批省级旅游度假区至2022年底，接待游客337万人次，旅游总收入8.5亿元，完成投资200余亿元，文旅产业年均增长16%。省级旅游度假区对照国家AAAAA级旅游景区标准，推动立体化改造门户形象、标识标牌、导览图等改造，与喜马拉雅等企业合作，添置以"书香佛堂"为主题的"智能朗读亭""有声明信片"等数字化应用产品，规范提升4个游客服务中心、4个驿站、68座厕所。建成"一带一路"国家艺术家创作基地，完成浙江省佛学图书馆义乌分馆迁址，引进开元品牌酒店、田妈妈田园教育综合体等项目，开展双林诗歌朗诵会、“十月十”民俗节等品牌活动120余次，联动片区周边钟村、南王店村等10余个村（社）发展。与小六石村实施客源共享工程，实现客流量50余万人次、收入3000余万元。 （陈瑜婷）

旅游业态培育

【概况】 2022年，义乌市文广旅体局按照《“十四五”旅游业发展规划》《国务院关于促进乡村产业振兴的指导意见》要求，高标准推进乡村旅游建设。城西街道、义亭镇成功创建浙江省AAAA级景区镇。全年，全市共创建AAAA级景区镇街10个、AAA级景区镇街3个，景区镇覆盖率达93%。赤岸镇羊印村、塘边村成功创建“浙江省AAA级景区村庄”；佛堂镇团力村等9个村庄成功创建“浙江省AA级景区村庄”；大陈镇杜桥村等16个村庄成功创建“浙江省A级景区村”，景区村庄覆盖率达60%以上。“乌伤驿站”入选浙江省首批文化基因解码成果转化利用示范项目。

【省AAAA级景区镇成功创建】 2022年12月13日，金华市文化广电旅游局下发《关于公布2022年度AAAA级景区镇名单的通知》，义乌市城西街道、义亭镇成功创建为“浙江省AAAA级景区镇”。城西街道自然和人文资源丰富，有占地1312.65公顷的望道森林公园和景区村七一、石明堂、何斯路、分水塘、流里塘，有香溪、铜溪、长堰水库；有陈望道故居省级文物保护单位1个，桥头村遗址、何国元民居、石明堂建筑群、后叶楼氏家庙、五星塘楼下厅民居、何廷洛民居、石明堂王氏宗祠、井头徐古建筑群、桥头村古建筑群等市级文物保护单位44个。义亭镇是义乌市西南中心城镇。义亭镇深化“千万工程”建设，以乡村建设新模式为抓手，走出了一条独具特色的农文旅相融合发展的道路。建成红糖非遗体验园片、稻田耕读研学园片、粮果采摘悠闲园片3个片区；水稻种植基地、蔬菜种植基地、糖蔗种植基地、五彩果蔬种植基地4个种植基地。

【省AAA级景区村创建】 2022年12月20日，金华市文化广电旅游局、金华市农业农村局下发《关于公布2022年度浙江省AAA级景区村庄名单的通知》，义乌赤岸镇羊印村、塘边村成功创建“浙江省AAA级景区村庄”。赤岸镇羊印村坐落于义乌最高峰大寒尖山脚，由羊印村、止方村2个村合并而成。村域面积479.57公顷，其中，村庄面积5.54公顷、田地（包括园地）54.69公顷、山林419.34公顷，是省级农家乐示范村；有羊印古关隘、大寒尖、黄大仙遗迹、天龙古寺、羊印石等景点。羊印村依托整村资源，投资800万元打造传统文化养生项目，将羊印村打造成为新时代共富旅游景区村庄。塘边村位于义乌市赤岸镇，全村共有165户，人口352人，党员29人。村内以金姓为主，是元末明初知名学者、田园诗人金涓的后裔，民风淳朴，勤耕好学，重教崇文。北依塘山，南傍蜀墅塘，是个山清水秀，风景优美的小山村。塘边村依托“山水摇”户外亲子运动营地等共创项目为村集体经济每年产生80万元的效益。

【文化基因解码成果转化利用】 2022年12月，义乌市后宅街道美丽城镇建设项目“乌伤驿站—义学空间”入选首批“文化基因解码成果转化利用示范项目”。“乌伤驿站—义学空间”位于后宅街道银尔路与城北路交会处，占地100余平方米，内设休憩、茶饮制作功能。2022年1月，义乌市文化和广电旅游体育局牵头，联合属地后宅街道，引入义乌国贸学校和东阳职教中心2所“工匠声誉”中职院校运营，以“政府搭台—学校投入—社会化低成本运营”的政企合作模式，解决困扰全省的公共文化空间政府投入、运营困难的共性问题。期间，“乌伤驿站—义学空间”单日接待游客200余人次，物质文化体验、文化基因解码课程，诠释了义乌“勤耕好学、刚正勇为、诚信包容”的商贸文化核心元素，彰显了社会示范效应。 （冯炜斯）

旅游推介与活动

【概况】 2022年，市文广旅体局开展义乌——东阳同城游、义乌——莲都山海协作旅游宣传推广合作。与《悠游浙江》合作编制义乌旅游专刊，在火车站、公交车身、公交站台、城区交通主干道等地投放义乌全域旅游广告，线上线下多渠道开展宣传，发放各类宣传册和宣传物料5万余份。开展"'5·19'中国旅游日 主播带你游义乌"系列活动，"万家灯火·义乌有味"美食评选活动等旅游宣传活动10余场。

【主播带你游义乌】 2022年5月19日，市文广旅体局联合全市大小景区，推出"'5·19'中国旅游日 主播带你游义乌"系列活动，分线上和线下举行。活动期间，10名主播分别走进缸窑村、森山健康小镇、非遗馆、分水塘村、158宾王文创园等景点，以历史年代为轴，展开旅游探寻之旅，带领广大网友"云"游义乌。5月21日，启动线下"主播带你游义乌网红打卡地"活动，主播兵分3路，走进华溪森林公园、佛堂古镇、分水塘、鸡鸣阁、"百县万品"、国际商贸城等义乌"网红"打卡地，带领游客探访"网红"餐厅和义乌本地特色美食，开启美食旅游体验之旅，至5月31日，29万人次参加线下活动。

【"万家灯火·义乌有味"美食评选活动】 2022年5月28日，由义乌市文化和广电旅游体育局、共青团义乌市委、义乌市人民政府外事办公室主办，义乌市青益投发展有限责任公司承办的"万家灯火·义乌有味"美食评选活动，通过组织线上线下征集形式，发动青年委员及广大食客寻找义乌独特美食商家，邀请美食领域相关评委及"小红书"、抖音平台"美食koc"以及食客一同进行"万家灯火义食记"美食商家评选活动，汇总完成2022春日美食清单，推选出美食商铺30家，国际味、本土味、潮流味各10家。

2022年5月19日，市文广旅体局举办"'5·19'中国旅游日 主播带你游义乌"系列活动 （市融媒体中心 供图）

【"2022年影视木雕购物美食游"文旅推介会】 2022年6月25—26日，"2022年影视木雕购物美食游"旅游推介会在江西南昌和上饶举行。推介会由义乌市文化和广电旅游体育局、东阳市文化和广电旅游体育局、南昌市文化广电新闻出版旅游局、上饶市文化广电新闻出版旅游局主办，浙江横店影视城有限公司、浙江中国小商品城集团股份有限公司承办。义乌在南昌万达广场和上饶万力商场，进行文旅产品推介，介绍在商贸购物、影视文化、多彩乡村、红色传承、生态休闲、精品美宿以及美食文化方面的旅游资源，为当地旅行社和市民呈现义乌城市的文旅特色，进一步提升义乌文化旅游资源在江西的盛誉。

【"莲都有艺思 缘聚在义乌"山海协作推介会】 2022年7月22日，由义乌市文广旅体局和莲都区市文广旅体局主办的"莲都有艺思 缘聚在义乌"2022莲都文化旅游山海协作推介会在义乌举办。推介会现场，义乌、莲都两地市文广旅体局、工会、旅行社签订战略合作协议，以疗休养为媒，推进两地山海协作走深、走实，拓展两地客源和市场。义乌和莲都双方通过建立信息共享、客源互送、市场共推等合作新机制，合力提振省内文旅消费市场，实现合作共赢，推进合作提质升级。

【政策红利】 2022年，义乌市释放政策红利，提振文旅产业发展。9月10日，发放2600万元义乌文旅专项消费券，其中首期650万元。每个券包总价值200元，内含4张不同面值的消费券，适用商家包括全市各大电影院、新华书店、国际商贸城购物旅游景区、爱喜猫、星级酒店、旅行社、梅湖游泳馆等各大场景；火锅、烤肉、奶茶等众多美食餐饮店等。全年带动旅游消费2000余万元。 （金淑娴）

旅游行业管理

【概况】 2022年，义乌市共有旅行社23家，其中，具有出境资质的旅行社6家，四星级旅行社17家。全年，开展安全、消防、营销、讲解员行业培训5次，培训500余人次；取得中级职称62人、高级职称50人、急救证书82人。

【旅游行业消防应急培训】 2022年4月14日，市文广旅体局组织旅游行业开展消防应急培训及演练，提高安全事故防范意识，普及消防、应急、急救等知识，预防和应对突发情况。全市A级景区、星级饭店、旅行社、新业态景区安全负责人参加培训。会上，消防救援支队专业人员通过播放火灾警示教育视频，介绍火灾的成因、类型、不同场所逃生自救方法、常见灭火器材使用和消防设施维护保养方法，对消防安全管理人员开展日常消防巡查、履行消防工作职责等内容进行培训。同时，开展消防应急演练，模拟火灾发生时工作人员、物业等开展灭火救援、人员疏散及逃生等应急措施。100余人参加演练。

【参加浙江省第二届红色故事讲解员大赛获佳绩】 2022年6月7日，由中共浙江省委宣传部和浙江省文化和旅游厅联合举办的浙江省第二届红色故事讲解员大赛在杭州举行。10支队伍，40名选手参赛。参赛选手以红色基因为主要内容，通过图片、视频、个人展示等形式，讲述红色故事，展现个人技能，展示红色旅游教育基地、红色旅游景点和重要红色遗址的根脉传承。义乌市陆港旅游发展有限公司讲解员李飞参赛，经过角逐，荣获“浙江省红色故事金牌专业讲解员”称号。

【2022年义乌市导游（讲解员）大赛】 为突出迎亚运、做先锋等主题，展现美丽中国，讲好中国故事、传播时代新声，提升行业品质做好人才储备。2022年5月31日，由市文化和广电旅游体育局主办，市风景旅游协会承办的“迎亚运，展行业风采”2022年义乌市导游（讲解员）大赛在稠城街道宾王社区举行，来自旅行社、景区、学院共49名选手参赛。比赛分为导游综合知识测试、自选导游讲解、即兴讲解和才艺展示4部分，最终评选出一等奖2名、二等奖3名、三等奖5名、优秀奖10名。

2022年5月31日，2022年义乌市导游（讲解员）大赛在稠城街道宾王社区举行 （市文广旅体局 供图）

【入围浙江省百强旅行社】 2022年11月30日，浙江省旅行社协会公布《2021年度浙江省百强旅行社和2021年度浙江省融合创新旅行社的获奖单位名单》，义乌市华夏国际旅游有限公司、义乌顺风国际旅游股份有限公司、浙江金秋国际旅游有限公司3家旅行社荣获“浙江省百强旅行社”称号；义乌顺风国际旅游股份有限公司荣获“融合创新旅行社”称号。

（季心怡）

城乡建设与管理

URBAN CONSTRUCTION AND MANAGEMENT

综　述

【城市基础设施建设】 2022年，义乌市建成区面积1.13万公顷，建成区绿地面积4352.13公顷，绿地率38.49%；建成区绿化覆盖面积4736.97公顷，绿化覆盖率41.90%，人均公园绿地面积12.11平方米。建成区道路长度1791.25千米。车行道面积1873.78万平方米；人行道面积1613.68万平方米。新增雨水管道14千米，污水管道21.21千米，主城区新增停车位520个。编制发布《义乌市城市发展和市政公用基础设施建设“十四五”规划》，规划“十四五”期间实施骨架路网项目23项、有机更新配套道路15条、功能区道路17条、提升改造项目35项，规划绿化、停车、慢行交通、供水、排水、环卫、电力、照明等十大类设施。全年实施重点工程18项，其中，续建10项，新建8项。一般工程51项，其中新建37项，续建14项。计划投资49.37亿元，实际投资56.4亿元。　（牟　蕾）

【城市路网建设】 2022年，义乌市优化出行环境，加快城市路网建设。机场路立交化改造工程二阶段，完成总工程量的73%；商城大道立交化改造工程，完成总工程量的43.2%；商城大道隧道工程，完成总工程量的96.3%；县前街南延段工程，完成总工程量的81%；老城区改造地下环路配套工程，完成总工程量的90%；宗泽路道路改造工程已批复；宗泽北路延伸工程、北站大道下穿通道工程完成初步设计。完成民航路维修工程，福田、稠江和北苑、后宅、城西3个标段隔离设施改造、西城路与天宝路交叉口改造、新雅图酒店门前斑马线改造、群英路与红深路交叉口改造、欧洲风情街二期、三期人行道改造和博物馆边人行道改造等工程。　（牟　蕾）

【桥梁隧道隐患整治】 2022年，市建设局对城区的桥梁隧道隐患进行整治。对宗泽路下穿隧道、机场路拥军路立交桥、四海大道寺口蒋村边桥、商城大道潘塘水库桥、篁园大桥、凌波大桥等桥梁进行维修，清理原有涂装并重新喷涂、桥面铣刨重铺、栏杆更换。工程造价1097.9万元，完成投资130万元。　（牟　蕾）

【水环境数字化建设】 2022年6月16日，义乌市水务建设集团开发的“至臻水管家”综合运营管理平台上线运行。平台为数字化改革试点以来综合集成、统管全产业链业务的第一个平台，实现对雨水、原水、供水、污水、分质水的全产业链全方位、全流程监管，为义乌水环境治理提供保障。年内，数据接入省九龙联动治水“义水智治”子应用；义乌江水生态预警综合管控系统纳入省水利厅美丽河湖试点；“污水管网一张图”系统入选浙江省“五水共治”建设试点。9月30日，江东5G未来水厂建设项目获全国第五届“绽放杯”5G应用征集大赛智慧工业专题赛“特色项目奖”。　（王笑媛）

城乡规划

【概况】 2022年，市自然资源和规划局推进国土空间治理和总体规划编制工作。完成《义乌市国土空间综合交通》《义乌市城镇有机更新近期实施规划》《义乌市工业控制线划定和工业分区管控方案》等方案编制，对义乌智能显示材料产业平台、义乌绿色动力产业平台2个“万亩千亿”产业平台的专题研究。对双江湖、综保区等区域、金义机场及临港产业区的专题研究。推进重点地块详细规划和城市设计编制工作，完成《义乌市双林寺文化旅游区总体概念规划和城市设计》《义乌市高铁站北广场区块城市设计及控制性详细规划》等规划方案编制。开展高铁站北广场区块、方台区块等重点地段城市设计与方案预排、北苑石桥头宾王未来社区等17个地块的控规调整论证、宾王区块兴隆大街与城北路交叉口北侧等25个区块控规编制（修改）、公示、上报。配合土地成片开发项目落地，指导镇街完成上溪市场区块、佛堂镇金谷大道和朝阳西路交叉口西北侧地块等7个区块控规编制工作。完善规划审批工作，完成地块控规调整必要性论证、控规方案、规划条件公示51个，办理建设用地规划许可证247件、建设工程规划许可证776件，核发建设项目选址意见书55件、建筑设计方案审核51件，规划核实450件。9月30日，“三区三线”划定成果获自然资源部审核通过。

【《义乌市国土综合交通规划》】 2022年1月，市自然资源和规划局牵头编制《义乌市国土空间综合交通规划》。提出争先、升级、示范三大发展战略，对应提出14项发展策略；打造中欧和中亚班列集结中心、国际海陆空联运中转枢纽、航空货运枢纽3个国际性综合交通枢纽港站，提升国家高铁城际网、区域干线公路网、陆侧货运物流网3个全国性综合交通枢纽，构建高快速路网系统、快速轨道系统、客运枢纽系统3项区域交通一体化示范都市的发展策略；完善路网系统、快速公交系统、慢行交通系统，停车供给管理系统、城市交通大脑5项发展策略。

【高铁站北广场区块城市设计】 2022年1月，浙江省城乡规划设计研究院开展《义乌市高铁站北广场区块城市设计及控制性详细规划》编制工作。依据规划定位和城市发展战略，聚焦背景和实际，对区块山水格局、功能布局、空间形象、交通组织等方面进行分析研究。规划布局“一站双廊三区”空间结构方案，以高铁站为核心，构筑生态景观绿廊，打造超级谷、山水园、梦想家三大特色分区，打造服务区域乐游、城市悠游的出行目的地。

【《义乌市城镇有机更新近期实施规划》】 2022年2月28日，《义乌市城镇有机更新近期实施规划》获市常委会审议通过。出台配套政策，提出优化城市功能布局、保障城市公共配套设施、保障工业用地底线和传统制造业发展空间、促进土地绩效提升4个目标。经综合评价和空间叠合，结合国土空间总规划、专项规划和各片区详细规划确定未来用地功能。与相关部门、镇街论证操作性，确定更新片区和范围，优先考虑城镇核心区、亩产税等绩效低和低质低效工业、城市配套功能需重点增强扩容的三类区块。按照2022年、2024年、2026年3个时间节点分批实施。

【双林寺文化旅游区建设】 2022年7月8日，《义乌市双林寺文化旅游区总体概念规划和城市设计》获义乌市常委会审议通过。该方案由市自然资源和规划局会同双江湖管委会组织编制。规划双林寺文化旅游区对应双林寺、核心景区、双江湖东部区域3个空间层次，对应宗教、世俗和田园生态泛景区三大类空间场景。做好文旅产品植入，建设“一寺、一街、一庄、一谷、一山、一江”的文化旅游景区。分析区块用地情况，挖潜存量用地，调优增量用地，明确发展空间规模共65.27公顷。

【“三区三线”划定成果批复】 2022年，市自然资源和规划局开展“三区三线”试划工作试点，开展农业、生态、城镇空间和永久基本农田、生态保护红线、城镇开发边界的“三区三线”划定。完成过渡期开发边界和生态保护红线划定、“三区三线”的三轮试划定和两轮正式划定，落实耕地保护、生态保护和城镇发展空间三者间关系。9月30日，自然资源部批复“三区三线”划定成果，明确义乌市未来发展和底线保护的核心指标，锚定空间布局和范围。（冯建民）

城市投资建设

【概况】 2022年，义乌市城市投资建设集团有限公司（简称“城投集团”）承建项目174项，其中，重点项目63项，一般性项目111项，计划完成投资45亿元，实际完成投资48亿元。在江滨路、江东路、幸福湖路、市民广场路段安装灯箱广告500余组。更换公益广告4100余杆，悬挂春节灯笼1225组、国庆国旗2544面，发布省运会宣传画1791组、“义乌市场建设40周年”宣传画300组、“中共二十大”宣传画100组。年内，机场路立交化改造工程、北方联小学新建工程获评“钱江杯”“双龙杯”“商城杯”；环城西路与拥军路改造工程，幸福湖湿地生态公园一建设湖区块，洪巡溪两侧景观提升工程，稠城一小、稠城中心幼儿园改扩建工程获评“双龙杯”“商城杯”；朝阳西路（雪峰中学—五洲大道）两侧森林通道工程、幸福湖湿地生态公园建设湖区块工程、凌云幼儿园新建工程等19个工程被评为“商城杯”。

【公共出行设施建设】 2022年，义乌市新增经发大道、通惠门、国贸丹溪、国贸新科路停车场3个充电站、52个充电车位。新增朝阳门、梅湖一场两馆1号、2号、3号、4号停车场，清波路、绣湖西路桥下、八角井、高新路4条道路新增停车泊位2570个。拆除公共自行车站点91个，完成8个站点电瓶车充电桩改造和1个站点多功能改造，公共自行车使用量65万人次。

【金融商务区项目】 2022年，金融商务区中福广场项目完成招引资金10.38亿元。其中：1号楼引入金华广播电视集团有限公司等实力企业3家；3号楼完成楼层分割改造、61个单元销售，引入企业20家，竞拍溢价738万元；6号、7号楼世界侨商大厦完成67个单元签约工作，签约侨企65家。

【学校项目建设】 2022年，义乌市加大教育投入力度，改扩建、迁建、新建校园22所，总投资30.85亿元，建筑面积66.95万平方米。其中，改扩建稠城一小、稠城中心幼儿园，投资1.17亿元，建筑面积2.24万平方米，工程于1月27日二期完工。迁建学校2所。其中：迁建树人中学，投资1.2亿元，建筑面积2.69万平方米，新增25个初中班，工程于6月24日完工；铜溪小学，投资2.06亿元，建筑面积3.53万平方米，办学规模36个班，工程于8月31日竣工。新建学校5所。其中，新建后宅三小，投资1.47亿元，建筑面积2.96万平方米，办学规模36个班，工程于9月22日竣工；望道小学，投资1.88亿元，建筑面积4.33万平方米，办学规模48个班，工程于11月8日完工；青岩书院，投资2.57亿元，建筑面积5.15万平方米，办学规模36个班，工程于11月11日完工；稠江四小，投资1.46亿元，建筑面积2.77万平方米，办学规模24个班，工程于12月9日完工；福田二小，投资1.86亿元，建筑面积4万平方米，办学规模42个班，工程于12月22日完工。

【阳光大道辅道工程】 2022年3月2日，阳光大道辅道工程完工。项目位于福田街道，起点为天宝路，终点为环城北路，投资2687万元，全长1.7千米，宽度8米。是连接阳光大道主道与义乌深国际智慧物流项目义东北物流中心、义乌市国内公路港物流中心项目、苏溪镇新社区集聚产业用房区块的重要通道。2021年3月15日开工建设，设计单位为浙江汉宇设计有限公司，监理单位为义乌城建安建设工程监理有限公司，施工单位为浙江汇洋建设工程有限公司。

【鸡鸣山山体亮化工程】 2022年5月6日，鸡鸣山山体亮化工程竣工。项目位于江东街道鸡鸣山，投资8731万元，设立1145

2022年4月20日，鸡鸣山山体亮化工程竣工

（市文广旅体局　供图）

根灯杆、2290套灯具，更换原有庭院灯108套，引入灯光控制系统，实现亮度远程可控、色调协调统一。2020年4月20日开工建设，设计单位为深圳市凯铭智慧建设科技有限公司，监理单位为南越建设管理有限公司，施工单位为深圳市凯铭智慧建设科技有限公司。

【义乌·心潮里项目】 2022年5月20日，义乌·心潮里地下商业街招商中心投用运营。该项目位于县前街南延段地下空间，西起城中路与县前街交叉口（稠城一小），东至江滨路与县前街交叉口（江滨绿廊），与绿地·朝阳门、壹号院、望江府等地产商品住宅区相接。全长900米，总建筑面积5.14万平方米。

【城西河绣湖小区侧景观工程】 2022年7月12日，城西河（丹溪路—绣湖西路）绣湖小区侧景观工程完工。项目位于稠城街道，投资700万元，建设面积2.42万平方米。以“未来之旅，漫趣公园”为主题，融入星球、星空等元素，是独具未来感的城市运动公园。2021年9月16日开工建设。设计单位为华汇工程设计集团股份有限公司，监理单位为杭州中新工程咨询管理有限公司，施工单位为春晗环境建设股份有限公司。

【义乌梅湖体育中心空中彩虹跑道】 2022年9月11日，义乌梅湖体育中心空中彩虹跑道完工。项目位于梅湖体育场二楼环形步道外侧，投资105万元，全长700米，设有漫步道和跑步道，铺设EPDM彩色塑胶地垫，西入口设彩虹广场，东侧、西侧入口设彩虹台阶。7月15日开工建设，设计单位为浙江汉宇设计有限公司，施工单位为义乌市博耀建设有限公司。项目荣获金华市2022年“民情一点通”应用十佳案例。

【摘牌地块】 2022年10月10日，大陈大道与鸽溪路交叉口东北侧地块摘牌，该地块占地面积2.46万平方米，容积率2.10～2.30，建筑密度20%～30%，建筑高度≤55米，被商城房产中福置业和汇商置业以2.31亿元总价竞得。10月12日，福田街道兴隆大街与振兴西路交叉口东南侧地块摘牌，该地块占地面积3.15万平方米，容积率1.90～2.10，建筑密度18%～28%，建筑高度≤80米，被中福置业、水务旅游和环资公司以7.26亿元总价竞得。

【义亭镇黄林山3号地块】 2022年10月13日，义亭镇黄林山3号地块项目开工建设。项目位于义亭镇，望月路南侧、亭上路东侧、义亭路西侧、明月路（规划）北侧，投资10.3亿元，占地面积8393平方米，建筑面积7.9万平方米，建设12栋住宅楼、配套用房及地下室；配套用房包括商业服务网点、物业管理、居家养老，地下室一层包括汽车库、非机动车库、设备用房。

【雪峰文学馆新建工程】 2022年11月16日，雪峰文学馆新建工程完工。项目位于赤岸镇神坛村西北角，投资2561万元，建筑面积4015平方米，主要建设展览馆及配套办公用房。2020

2022年11月16日，雪峰文学馆新建工程完工 （王军生 摄）

年6月15日开工建设，设计单位为同济大学建筑设计研究院，监理单位为杭州中新建筑工程监理有限公司，施工单位为浙江金瑞建筑装饰工程有限公司。

【世俊路工程】 2022年12月26日，世俊路（宾王路—宗泽路）工程完工。项目位于北苑街道，西北侧为西城路，东南侧为国贸大道，投资1285万元，全长781米，宽度22米。世俊路融入中心城区路网，缓解了西城路和宗泽路的交通。4月1日开工建设，设计单位为浙江汉宇设计有限公司，监理单位为杭州中新工程咨询管理有限公司，施工单位为浙江明远建设有限公司。

（陈佳瑶）

新社区投资建设

【概况】 2022年，义乌市建设投资集团有限公司（简称“建投集团”）承担建设项目26个，建筑面积486.7万平方米，其中：房建项目21个，建筑面积476.8万平方米，住宅2.44万套；公建项目3个、保租房项目1个、水利项目1个。完成有效投资56.9亿元，完成年度指标的125%。建投集团落实市委“138”战略部署，围绕项目建设、改革转型、疫情防控、除险保安、业务发展等重点工作，坚定“五位一体”发展战略，推进国企改革和市场化转型，按照“长板做长、短板补齐、厚植优势”的工作思路，推动集团做强做优做大。2022年，实现资产总额420.92亿元，经营收入80.52亿元，净利润5.74亿元。

【飞凤、伏虎花园项目交付】 2022年1月12日，新社区集聚佛堂镇飞凤、伏虎花园项目交付。项目用地面积12.09公顷，建筑面积47.97万平方米。其中，地上建筑面积35.46万平方米，地下建筑面积12.51万平方米。地块一容积率为2.79，建筑密度为24%，绿地率为30.6%；地块二容积率为2.8，建筑密度为20%，绿地率为32%。地块一由9幢21～26层住宅组成，地块二由14幢25～26层住宅组成，住宅2308套。地块一项目地下室二层，地块二项目地下室一层为停车库，停车数为3182辆，总投资19.78亿元。项目建设单位为义乌市建设投资集团有限公司，设计单位为浙江绿城建筑设计有限公司；飞凤和伏虎的总建设单位分别为浙江稠城建筑工程有限公司和浙江银力建设集团有限公司；飞凤和伏虎的监理单位分别为浙江双圆建设管理有限公司和义乌市博信建设工程监理有限公司。项目于2018年11月15日开工，2021年12月21日竣工。

【通福六区项目交付】 2022年1月27日，新社区集聚福田街道通福六区项目交付。项目用地面积3.69公顷，建筑面积18.23万平方米。地上建筑面积12.85万平方米，地下建筑面积5.38万平方米。容积率为3.43，建筑密度为22.78%，绿地率为30%。由10幢19～30层住宅和配套商业服务用房组成，住宅837套。项目地下二层为停车库，停车数为1309辆，总投资8.56亿元。项目建设单位为义乌市建设投资集团有限公司，设计单位为浙江省绿城建筑设计有限公司，总建设单位为中国建筑第七工程局有限公司，监理单位为杭州市正大建设项目管理有限公司。项目于2018年10月20日开工，2022年1月21日竣工。

【龙海家园项目交付】 2022年2月16日，新社区集聚稠江街道龙海家园项目交付。项目用地面积6.1公顷，建筑面积24.58万平方米。地上建筑面积17.14万平方米，地下建筑面积7.44万平方米。容积率为2.75，建筑密度为25.47%，绿地率为30%。由14幢18～22层住宅和配套商业服务用房组成，住宅1084套。项目地下室为二层停车库，停车数为1627辆，非机动车辆2387辆，总投资10.39亿元。项目建设单位为义乌市建设投资集团有限公司，设计单位为浙江绿城建筑设计有限公司，总建设单位为杭州建工集团有限责任公司，监理单位为浙江工程建设管理有限公司，项目于2018年10月10日开工，2021年12月24日竣工。

【曲江风荷项目交付】 2022年6月21日，新社区集聚江东街道建投·曲江风荷项目交付。项目用地面积13.9公顷，建筑面积54.40万平方米。地上建筑面积39.98万平方米，地下建筑面积14.42万平方米。容积率为2.87，建筑密度为19.68%，绿地率为44.70%。由23栋22～32层住宅和配套商业服务用房组成，住宅2618套。项目地下为两层停车库，可停放3700余辆机动车，总投资21.15亿元。项目建设单位为义乌市建设投资集团有限公司，设计单位为浙江绿城建筑设计有限公司，施工单位为浙江稠城建筑工程有限公司（一标段）、常升建设集团有限公司（二标段），监理单位为杭州正大建设项目管理有限公司（一标段）、浙江五洲工程项目管理有限公司（二标段），项目2018年8月1日开工，2021年11月12日竣工。2022年5月17日，项目荣获浙江省金华市园林绿化工程“双龙杯”。 （蒋守敏）

双江湖新区建设

【概况】 2022年，双江湖新区围绕市委、市政府“138”战略部署，聚焦高质量高水平建世界小商品之都的奋斗目标，推进双江水利枢纽工程开发建设、高校院所招引落地、文化旅游开发等工作。全年续建项目11个，新建项目26个，完成投资24亿元。双江水利枢纽工程全面开工，形成第三代“产、学、研、生”共融的“义乌模式”科教园区雏形，促进佛堂省级旅游度假区更新迭代。至年底，接待游客100余万人次，实现旅游收入3.1亿元。

【中国计量大学项目】 2022年10月8日，中国计量大学现代科技学院二期、研究生院学生宿舍和配套设施工程（一阶段）验收投用。项目工期230天，在体育馆南侧建设1幢11层宿舍楼，432个房间，可容纳学生1724人。解决新增1500名本科生、600名硕士研究生的住宿需求。利用临苍公路桥下空间，投资900余万元，建成面积2.6万平方米体育休闲设施，绿化美化4万平方米。

【集聚拆迁】 2022年，义乌市双江湖建设指挥部谋划集聚安置解决民生实事，推进辖区内集聚拆迁工作。按照“三区三线”划定方案，协同部门、镇街开展项目用地红线确定、工可研究、规划设计，以及各区块控规编制、成片开发方案等工作。完善文物处置方案，对16个拆迁村36处不可移动文物采取原址保护。7月，启动安头村、西赵村等8个农村集聚拆迁，涉及人口4606人。确定江东毛店三期启动19.2公顷，新增建设用地指标15.7公顷，稠江集聚区67.2公顷；新增建设用地指标46.4公顷，佛堂王宅三期17.2公顷；新增建设用地指标16.2公顷。

【云黄山景区项目】 2022年7月8日，《义乌市云黄山文化旅游区总体概念规划和城市设计》通过市政府规审会。云黄山景区规划面积24.4平方千米，建设“弥勒祖庭”“弥勒净土”“维摩世界”三大功能板块。总投资5亿元，其中，社会资本投资3.31亿元，政府投资1.69亿元。云黄山健康步道项目规划范围8.5平方千米，投资1.13亿元。 （陈婷婷）

市政工程建设

【概况】 2022年，市建设局市政设施处（简称“市政处”）接管道路长度293千米，总面积1308万平方米（不包括由规划红线扩大至房屋立面部分）；雨水管道757千米，雨水井4.7万只；桥梁164座，泵站7座。完成民航路（机场—机场路）维修，化工路箱涵孝子祠段迁建，宾王大桥、篁园大桥更换吊杆等维修，城区部分桥隧隐患整治等工程。年内，市政处被评为“金华市级文明单位”。

【市政园林养护】 2022年，义乌市新增养护面积847万平方米，承接养护业务2080万平方米，市政类业务占全市建成区业务总量75%。完成数字养护平台迭代升级，智慧感知、在线监测等4个新场景建成投用，出台《养护标准化质量手册》《养护标准化操作手册》，承办全市标准化养护现场观摩会。复兴一区、丹溪三区、丹桂苑、香樟苑被评为义乌市“园林式居住区”。

【应急治堵工程】 2022年，市建设局加强应急工程和治堵工程建设。完成五洲大道翁村桥更换梁板、欧洲风情街三期人行道改造及博物馆边人行道改造的应急工程，产值分别为80万元、50万元。完成西城路与天宝路交叉口、新雅图酒店门前斑马线、群英路与红深路交叉口的改造治堵工程，产值200万元。

【化工路箱涵孝子祠段迁建工程】 2022年，市建设局市政处根据市府办专题会议要求，落实化工路箱涵孝子祠区块段迁建工程的建设。完成项目一期箱涵主体建设工作和二期施工招标，推进二期箱涵主体建设，工程总价699.27万元。

【民航路（机场—机场路）维修工程】 为提升道路通行状况，2022年6月30日，市政处启动民航路（机场—机场路）维修工程，8月9日完工。完成沥青路面维修2.61万平方米，侧石更换1.03万米，平石更换7000米，SMA沥青面层4.15平方米，产值1719万元。

【宾王大桥、篁园大桥更换吊杆等维修工程】 2022年12月17日，市建设局市政设施处启动宾王大桥、更换吊杆等维修工程。维修工程包括宾王大桥增设吊杆、拱肋重新防腐涂装、混凝土裂缝处理等。同月28日，市政设施处工人在宾王大桥进行吊杆张拉作业。维修工程造价786.7万元，年内完成投资180万元。（方双鸳）

工程建设项目招投标管理

【概况】 2022年，市建设局完成市级工程建设项目招标备案412个，预算造价343.34亿元，中标价292.9亿元。本地企业中标项目218个，中标金额67.54亿元，中标个数占比52.91%，中标金额占比23.06%。其中：完成招标的房建、市政施工项目295个，预算造价332.15亿元，中标价285.03亿元，平均让利率14.19%；园林绿化施工项目3个，平均让利率16.55%；其余为服务类项目。

【调整评标K值】 2022年，为防范投标价格过度竞争，市建设局改革工程招投标现场评分法评标基准值计算方法，调整评标K值，引导企业在合理区间内报价，保证工程实体质量。为避免串标围标现象，调整施工总承包项目确定评标基准值，在原评标办法规定的两种方案中随机方

2022年12月28日，市建设局市政设施处工人在宾王大桥进行吊杆张拉作业 （许兴华 摄）

式选取一种，同时调整评标办法一中K2值和评标办法二中的K值取值范围。

【围标串标行为打击】 2022年2月16日，市建设局联合市行政服务中心、市公安局、市行政执法局开展“雷霆收网”行动，查处涉嫌串标围标的5个团队26家企业法人及相关人员，对涉嫌违法犯罪的9家企业21人采取刑事强制措施。6月底，提请检察机关审查起诉。7月，对涉嫌违法的17家企业及个人实行处罚，企业罚款92.39万元，个人罚款5.5万元，对企业不良信息公布12个月。 （杜京霏）

城市有机更新

【概况】 2022年，市建设局探索创新城市有机更新模式，完成“十四五”城镇有机更新实施规划编制，从优化老城、老镇核心区向全域用地结构统筹优化调整转变，突出制造业转型升级和高质量发展，保护传统产业和小微企业，支撑义乌市场持续繁荣。全年，完成城镇有机更新项目9个，腾挪土地发展空间86.7公顷。2月，市建设局完成华丰府回迁房交付305套，商铺51套。8月，交付完成绣川府住宅1330套，商铺184套。全年，义乌市完成城市更新投资234.9亿元，排名金华市第一，完成率180.7%。完成1平方千米以上片区改造项目投资167.85亿元，年度完成率186.5%，市建设局获评“2022年度考核优秀单位”。

【回迁房交付】 2022年2月，市建设局完成华丰府交付住宅305套，商铺51套。8月，完成绣川府交付住宅1330套，商铺184套。

【老旧小区更新】 2022年4月12日，建设二村区块征收工作启动。5月8日发布征收意见稿；6月21日发布征收决定；7月14日启动签约；同月29日完成100%签约，12月19日完成土地挂牌出让，首次实现征收项目当年征收、当年拆除、当年出让。文化市场区块于6月14日公布征收红线范围，7月7日发布征收补偿方案，12月3日发布征收决定，同月28日启动签约，签约率达80%。凤凰山区块于7月30日发布征收红线范围，启动征收工作，8月29日发布征收补偿方案（征求意见稿），12月3日发布征收决定，同月31日启动签约。

【工业区有机更新】 2022年5月7日，义乌市成立城市更新领导小组，组建更新工作专班，选取北苑街道石桥头区块开展工业区有机更新试点。6月2日，发布收回储备公告及相关企业安置办法，同月23日开展签约工作，至7月18日签约率100%，实现工业区有机更新高位破题。在试点过程中收集问题，完善工业区有机更新政策体系，推进稠江街道松门里、北苑街道柳青、福田街道下骆宅、城西街道夏演、江东街道徐江、上溪镇信达等工业区块有机更新。

（郭丽婷）

2022年8月31日，义乌城市有机更新项目——绣川府交付

（王玲艳　摄）

执法监管

【概况】 2022年，市综合行政执法局多措并举，促进城市市容环境提升。办结一般程序案件5629件，收缴罚没款2256.6万

元；拆除违法建筑652处，2.18万平方米；免疫犬2.19万只、登记5579只，捕犬8151只，查处违规养犬案件985起、罚款27万元，创建文明养犬示范公园15个。施划停车泊位1608个，拍摄违停车辆6.1万余辆次，处罚非机动车违停4830余起。清理乱停放共享单车7.19万辆，调离义乌2万余辆。查扣流动摊点1033个，查处无照经营案件683起，罚款39.1万余元。更新"门前五包"电子责任书8677份，创建"门前五包"示范道路12条，办理户外广告案件155起。（何　昊）

【天然气惠民惠企服务】 2022年，义乌市天然气公司为保障市民用气安全，实施惠民措施。将使用年限满10年的IC卡燃气表免费更换为全新智能物联网表，全年更换新表3168只。根据义乌小型商业企业较多和受疫情影响行业的实际情况，推进"瓶改管"工作，出台1000元每家的用气优惠政策，让利给经营困难的小餐饮用户、一次性支付用户和组团用户。年内，与300余家小餐饮用户达成"租赁制"合作协议。（陈佳瑶）

【违法建筑管控】 2022年，市综合行政执法局开展违法建筑管控、建筑垃圾整治专项整治，部署开展新增违法建筑防控和建筑垃圾运输处置专项行动。通过强管理、治乱象、疏堵点、严处置，拆除新增违法建筑652处2.18万平方米；办理建筑垃圾相关案件1301起，罚款1037.79万元；未平车运输移交交警处理415辆，排查整治建筑垃圾乱倾倒点位133处。（何　昊）

【"大综合一体化"行政执法改革】 2022年，市综合行政执法局推进"大综合一体化"行政执法改革。5月20日，召开全市"大综合一体化"行政执法改革推进会，印发《义乌市推进"大综合一体化"行政执法改革实施意见》，明确改革方向和任务。6月1日，完成《金华市综合行政执法事项目录》划转工作，将13个方面488项行政处罚事项划转给市综合行政执法局；发布《关于义乌市行政执法事项赋权镇街的通告》，分三类（2+8+4）进行赋权。其中，对佛堂、苏溪赋权616项执法事项，8个街道赋权272项，4个镇赋权175项。7月1日，召开镇街综合行政执法队授牌仪式暨"一支队伍管执法"现场会，组建14支镇街综合行政执法队，助推基层治理效能提升。9月1日，完成《浙江省新增综合行政执法事项统一目录》划转工作，将9个方面157项行政处罚事项划转给市综合行政执法局。同月8日，在省执法办召开"大综合一体化"改革理论研讨会上，义乌市综合行政执法局2个案例入选制度成果50例，2个案例入选实践成果100例。11月30日，《义乌市"深化大综合一体化"有效破解餐饮油烟监管难题》获副省长高兴夫的肯定性批示。12月9日，金华市乡镇街综合行政执法队规范化建设现场会在义乌召开，义乌市综合行政执法局的"一支队伍管执法"改革经验在现场会上推介。（何　昊）

【噪声污染治理】 2022年7月8日，市综合行政执法局制定《义乌市加强环境噪声污染防治工作方案》，明确环保等10个部门的职责，解决噪声领域行政执法职责争议，提高噪声举报的处置效率，9月，该工作方案被评为"省综合执法改革实践成果"100例。年内，开展噪声专项整治78次，出动执法人员1500余人次，立案查处噪音案件95起。噪声污染领域信访问题整改被评为"金华市示范案例"，为全省提供噪声污染治理的义乌理念和义乌方案。（何　昊）

【燃气安全执法】 2022年，市综合行政执法局通过以罚促查，以查促改，开展燃气安全隐患整治。出动执法人员4000余人次，检查燃气经营企业、供气站点480家次，查扣燃气钢瓶358只，办理燃气类违法案件145起，罚款36.69万元；督促整改125处，发放整改通知书56份，停气整顿经营站点6家，移送公安机关追究刑事责任2起，刑事拘留8人。对全市5家瓶装燃气企业所属的84个供应站点进行整治，整合注销三类液化气门市部，建成投用一、二类标准化供应站40个。8月6日起，开展燃气安全"百日攻坚"行动，至12月31日检查餐饮场所、出租房、燃气站点等29.8万家次，督促整改4.5万余处，立案查处89起、

处罚26.5万元，行刑衔接1起、刑拘5人。（龚晓文　何　昊）

【质量月启动】 2022年9月16日，由义乌市住建局、质监站主办，义乌市建投集团、浙江锦辉建设承办的义乌市2022年质量月启动仪式在新社区集聚上溪镇文明路地块举行。活动以“品质提升我当先，质量常驻我心间”为主题，旨在提高全行业质量意识和行为，提升建筑施工质量水平，宣传贯彻义乌市建设工程质量通病防治措施100条。（叶善德）

【餐饮油烟治理】 2022年，市综合行政执法局探索餐饮油烟治理新机制，以“智慧油烟”监管为目标，坚持“防、控、治”三位一体，从安装、使用、维护3个环节入手，打造“评、供、装、维、监”油烟治理一体化工作体系，规范餐饮业油烟排放行为。在北苑街道全域开展餐饮油烟治理试点工作，完成12个社区1200余家餐饮企业油烟净化设施改造，取得较好的社会生态效果。9月30日，市综合行政执法局、蓝天办、北苑街道在北苑柳青社区召开全市餐饮油烟数字化治理工作现场会，推广展示油烟治理工作，市领导参加会议并对该项工作予以肯定。（何　昊）

市容环卫

【概况】 2022年，义乌市环境集团承担保洁总面积增加至3687万平方米，其中，主次干道2118万平方米，社区1569万平方米。管辖的垃圾转运站38座，城区公厕112座。日清运生活垃圾2371吨，外运焚烧垃圾13.37万吨，分类运输的86.57万吨垃圾实现零填埋，收集、处理粪便1.33万吨。承接1649个点位清洁运输服务和全市14个镇街的有害垃圾收运暂存服务；工业企业垃圾分类经验、餐厨项目2个案例入选《浙江省生活垃圾分类管理典型案例》，承办金华市工业企业垃圾分类现场会。义乌连续4年被评为全省生活垃圾分类工作优秀县（市、区），垃圾分类工作连续2年位列金华第一。（何　昊）

【清扫保洁运输】 2022年，义乌市环境集团投入小型机械设备74辆，全面铺开“人机结合”作业模式。《城镇垃圾收集和运输规范》获市场监督管理局批准，在垃圾分类清洁运输领域，取得5项专利。至年底，环境集团拥有垃圾分类收运车辆187辆，接管1649个点位的垃圾分类清运服务；承接学校、企事业单位“微服务”133个，负责全市14个镇街有害垃圾收运、暂储业务。（马晓飞）

【垃圾分类推进】 2022年，义乌市新增省级高标准生活垃圾分类示范镇街3个、示范小区33个、3.0版垃圾分类集中投放点30个，改造提升51个，建成集中投放点1975个，实现生活垃圾分类全覆盖。新增分类清运车21辆，计配置420辆，实行定时定点定人定车定路线的“五定”管理，落实分类清洁运输；实现连续4年垃圾负增长，资源化利用率、无害化处理率达到双100%。9月16日，浙江卫视6频道《匠心中国——午夜说亮话》栏目以“精准施策全程分类，创新推进义乌模式”为主题，用时27分钟专场推广义乌垃圾分类经验。（何　昊）

【金华市工业企业垃圾分类工作推进会在义乌市召开】 2022年12月13—14日，金华市工业企业垃圾分类工作现场推进会在义乌市召开。金华市和各县（市、区）垃圾分类办负责人共48人参加会议。会议期间，与会人员实地参观义乌市再生资源利用中心（餐厨垃圾处理）、义乌市生活垃圾焚烧发电厂、北苑街道双童日用品有限公司、苏溪镇华灿光电（浙江）有限公司、苏溪镇海纳环境综合性分拣中心，观看义乌市工业企业垃圾分类工作宣传片，义乌市垃圾分类办、苏溪镇作经验介绍；与会人员围绕工业企业如何有效推进垃圾分类、新三年及2023年重点做什么等问题进行交流探讨。（徐健峰）

园林绿化

【概况】 2022年，市建设局园林绿化处（简称“市园林处”）有城区绿化养护标段42个，面积

1253公顷；新建园林绿化项目15个、续建2个，工程养护期项目23个。完成园林工程投资1.1亿元，新增绿化面积24.22公顷，新增绿地面积3.82公顷。完成福田街道兴隆五区2株古香樟及植物园内古枣树群复壮。孝子祠公园、雪峰公园无障碍设施改造项目通过金华残联验收。年内，市园林绿化处被市委、市政府授予"义乌市模范集体"；养管的四季路荣获"2022年省级绿化美化路"称号。在金华市园林绿化工职业技能竞赛中，义乌市园林绿化处获优秀组织单位奖，获个人二等奖1个、优秀奖1个。（毕林娟）

【省级园林城镇创建满堂红】2022年，义乌市实现首批省级园林城镇创建满堂红，成为金华地区首个省级园林城镇全域城市。赤岸镇、义亭镇被评为2022年度"浙江省园林城镇"，香溪印象小区被评为2022年度"浙江省园林式居住区"，西景悦府被评为2022年度"金华市园林式居住区"，向阳府一区等16个居住区获2022年度"义乌市园林式居住区"称号，稠城第一小学等21家单位获2022年度"义乌市园林式单位"称号。（方舒丽）

【省运道路两侧景观提升】2022年，市园林处对省运道路两侧进行景观提升，对省运道路两侧进行净化绿化美化，在机场—幸福湖沿线实施鲜花布置；完成大通路等16处城区点位添绿添彩工作、雪峰公园等10处绿化设施改造、阳光大道森林通道等绿道建设4.5千米；在梅湖体育中心、绣湖公园等节点设置14组"迎亚运"主题景观，布置鲜花85万盆，投放公益广告89处，提升城市绿化景观。（毕林娟）

【桥下空间利用】2022年，市园林处实施桥下空间利用工程。完成城西河国贸大道桥下城市空间复合利用，城西河轻轨桥下增加空间2.32万平方米。设置运动场地、游憩设施、公共厕所、公共绿地、城市配套设施等，提高土地资源配置效率，为居民提供公共服务设施和休憩空间。（毕林娟）

【文化公园建设】2022年，市园林处以紧扣主题文化，打造文化内涵为目标，对丹溪公园和莲塘公园进行更新改造。莲塘公园以"莲""廉"文化为主题，打造朱丹溪中医文化；月季园以芳香月季为主题，设中式园、日式园、法式园、英式园4个特色园，150余个月季品种。（毕林娟）

【植物园运营】2022年，义乌植物园优化团建服务，针对客群需求进行个性化定制，协助义乌总工会等10余家单位开展团建活动。举办后备箱集市、樱花节、啤酒节、新年市集等活动，满足游客需求。拓展研学功能，孵化精品科教和研学课程，承办活动100余场，参与师生5000余人次。1月28日，义乌植物园被评为"金华市生物多样性特色体验地"；7月30日，被评为"义乌市科普教育基地"；9月14日，被评为"金华市劳模工匠劳动教育基地""义乌市劳动教育实践基地"。（陈佳瑶）

【市区10个公园更名】2022年11月28日，根据国务院《地名管理条例》规定，征询管护单位及所属街道的意见、专家讨论、社会公众投票，义乌市住房和城乡建设局对"西园"等10个公园予以更名。原"国际生产资料市场配套中心公园"更名为"西园"，原"梅湖体育会展中心"更名为"梅湖清波"，原"儿童公园"更名为"西江乐园"，原"江滨主题公园一期"更名为"江滨鼓韵"，原"江滨主题公园二期"更名为"江滨凤舞"，原"稠江一公园"更名为"西江绣津"，原"稠江二公园"更名为"西江松径"，原"稠江江滨三公园"更名为"西江钓月"，原"稠江江滨四公园"更名为"西江蝉鸣"，原"稠山公园"更名为"莲塘公园"。（方舒丽）

城市公用设施

【概况】2022年，义乌市水务建设集团有限公司（简称"市水务集团"）完成供水1.91亿立方米，同比增长3.2%；处理污水2.01亿立方米，同比增长6.3%；完成分质供水2100万立方米。削减化学需氧量3.37万吨，完成年度任务的102.1%；削减氨氮5367.1吨，完成年度任务的

104.7%；削减总磷640.7吨，完成年度任务的102.7%。完成营收11亿元，同比增长4.6%；资产总额113亿元，同比增长15.11%；固定资产投资9.54亿元，完成率159%。完成城西河、杨村溪、香溪、城中河、城东河等9条城市内河配水6152.3万立方米。建成液化气标准化供应站点18座。3月30日，自营性液化气供应站——银海路液化气供应站投用。4月11日，义乌市制定城建燃气视觉识别系统，新增小黄车20辆，实现送气服务"五统一"。（王笑媛　陈佳瑶）

【城市供气规模】2022年，义乌市共有天然气中压管网578千米、低压管网1446千米；开通天然气居民用户15.3万户、非居民用户1122户。全市天然气消费总量1.3亿立方米，其中居民家庭消费量2750万立方米。全市有液化石油气储配站4座，总储存能力430立方米。2022年全市液化石油气消费总量3.8万吨。

（龚晓文）

【天然气入户】2022年，全市新增天然气管道安装入户1.87万户，累计入户20.63万户。新建改造中压管线48.35千米，累计投运高压管线0.54千米、中压管线578.4千米、低压管线1446.5千米。开通居民用户2.5万户，累计居民用户15.33万户；开通非居民用户409户，累计非居民用户1122户。全市销售气量1.30亿立方米，同比增长3.3%，其中居民用户用气2750万立方米。（陈佳瑶）

【供电保障】2022年，国网浙江义乌市供电公司（简称"义乌供电公司"）完善供电可靠性管理体系，全年未发生大面积停电事件。全社会用电量136.72亿千瓦时，同比增长10.75%；售电量127.19亿千瓦时，同比增长16.65%。最高负荷278.63万千瓦，同比增长9.19%；网调最高负荷267.25万千瓦，同比增长11.33%。综合供电可靠率99.99%，综合电压合格率99.83%。开工建设220千伏输变电工程3项，建成投产110千伏及以上输变电工程3个，110千伏变电站总数达到41座。投产新建线路44条，长度187.92千米，新增配变195台，容量140.69兆伏安。（庞　芸）

【供水保障】2022年6月，市水务集团自来水公司与金华自来水公司签订金华引水工程代建协议，金华引水工程开工建设。10月，上溪水厂长堰水库引水工程通水，每日引进长堰水库原水3万立方米，上溪区块供水保障能力增强。12月28日，市水务集团完成窄塘水库除险扩容工程建设；同月30日，南山坑水库除险加固扩容工程完成主体建设，新增179万立方米蓄水能力。全年完成智能水表改造3万只，建成495个三级分区；完成大陈、后宅老旧管网改造，公共供水管网漏损率控制到10%。（王笑媛）

【排水管网运维】2022年，义乌市水务集团累计运维管网7060千米，其中，污水主次管网2205千米，市政雨水管网757千米，农村生活污水设施1798千米，镇区社区2300千米。巡查雨污水管网22.6万千米、清捞养护管网2518千米、清理各类窨井18.6万个；完成巡查任务495个，处置事件6万余次；对民航路、四海大道、南门街等18.6千米明沟进行清理，更换修复井盖622个。排水管网维修、改造工程投资814万元，改造雨污水管道2228米，修复428处。（王笑媛）

【瓶装液化气供应站整合提升】2022年3月，市建设局组织编制《义乌市液化石油气瓶装供应站布局规划》。5月，制定下发《义乌市瓶装液化气供应站点整合提升工作方案》，通过规划布局，引导行业整合提升，实现供应站点标准化建设、规范化运营。7月20日起，取消瓶装液化气自提购气，由供气企业配送入户并开展安全检查，解决安检不到位、运输不规范等问题。11月5日，首座砖混式液化气供应站——义亭石塔液化气供应站投用。同月25日，智慧燃气线上购气平台上线。12月8日，开展偏远山区保供专项行动。年内，实施安全型配件"以旧换新"行动，落实企业分片包干和镇街网格责任，更换安全型防爆减压阀19万个。（龚晓文）

三改一拆

【概况】2022年，义乌市完成连片拆165.4万平方米。拆除违法建筑55.37万平方米，完成年度任务的922.83%；拆迁类城中村86.4万平方米，完成年度任务的349.8%；改造旧住宅75万平方米，完成年度任务的150%；改造旧厂区78万平方米，完成年度任务的260%。

【特色精品道路蜕变】 2022年9月8日，省"三改一拆"办印发《关于公布2021年省级绿化美化精品道路及特色精品道路评选结果的通知》，义乌市机场路（义乌大道）被评为"省级特色精品道路"；义乌市倍鱼线被评为"省级绿化美化精品道路"。机场路（义乌大道）北起G60杭金衢高速，南至环城南路，全长12.5千米。作为义乌唯一横贯中心城区又直系两大对外交通的"金扁担"，承担着片区快速集散、商贸往来流通等重要作用。2019年以来，义乌市围绕高效现代化城市交通体系建设布局，对机场路（义乌大道）实施立交化改造，对外形成"浦—义—东"区域拓展轴，助推构建浙中地区区域中心城市；对内充分发挥快速路网系统功能，促进区域组团联动，带动陆港新区、科创新区、丝路新区发展，形成区域经济新的增长极。与此同时，对机场路（义乌大道）同步实施景观修复提档工程，完成绿化面积22万平方米。改造成为一条以"重塑林带"为宗旨的城市生态廊，以"防护遮阴"为职能的自然林荫道，以"新丝绸文化"为特色的迎宾景观带。美丽蜕变的机场路，贯穿整个义乌中心城区，进一步推动了沿线组团的联动发展，改善了对外交通条件，实现浙江主要城市及周边县市与义乌市区的快速联系，成为名副其实的美丽经济交通走廊。倍鱼线创建路段南起赤岸镇神坛村、北至佛堂镇寺口村，全长8千米。倍鱼线精品道路建设，从自然景观提升、文化发掘、产业植入等方面入手，结合山水原生态特色，依托古镇、冯雪峰故居、宋濂祖居地等文化资源，以"历史文化体验"为主题，打造集文化体验、宗教朝拜、文化展示、科普教育等功能于一体的文化慢旅长廊。

【义乌获评省"无违建县（市、区）"】 2022年10月15日，省委办公厅、省人民政府印发《关于浙江省2021年度"无违建县（市、区）"的通报》，义乌市被评为浙江省2021年度"无违建县（市、区）"。同日，省"三改一拆"办印发《关于浙江省2021年度无违建创先争优示范的通报》，义乌市被评为浙江省2021年度"无违建创先争优示范县（市、区）"。义乌市对照"无违建"创建创先争优目标，强化统筹谋划和城乡联动，采取"团块推进、连片拆改"工作思路，推进违建治理和老城区有机更新、老旧工业区连片拆、农村有机更新多管齐下；积极谋划"无违建示范村""农房改造监管先进村""拆后利用亮点"等项目争创活动，从村貌美、文化美、产业美等角度多维提标提档，培育精选出一批特色鲜明、亮点突出、具有示范引领作用的典型示范。累计拆除违法建筑2961万平方米，完成"三改"5289万平方米，实施连片拆2574万平方米。

【金华市"三改一拆"工作会议在义乌召开】 2022年10月26—27日，金华市"三改一拆"暨无违建创建创先争优工作会议在义乌召开。金华市"三改一拆"办、金华市综合行政执法局领导出席会议并讲话，各县（市、区）、金华经济技术开发区"三改一拆"办负责人、内设机构负责人共44人参加会议。会议强调：要深刻认识"三改一拆"和无违建工作的重要性，以扎实的措施，有力的举措，打造具有辨识度的金华"三改一拆"成果。义乌市"三改一拆"办作数据质量、临时审批典型经验介绍。会后，实地调研机场路（义乌大道）（省级特色精品道路创建）、义乌智慧星有限公司（临时建筑审批）、晶澳太阳能有限公司（拆出发展空间）、城西街道分水塘村（无违建示范村）4处点位，学习交流工作经验。（金思思）

城乡新社区集聚建设

【概况】 2022年，义乌市集聚建设项目稳步实施。总投资2.45亿元。新社区北苑二期、稠江街道喻宅南地块、稠江古母塘北侧地块、后宅街道东侧地块工程、开创社区集聚安置地块A项目、江东毛店二期项目开工建设。推进三期集聚项目，保障自贸区、经济开发区等重大产业项目落地、双江湖新区开发及重点基础配套工程建设等安置需求。第三批专项债新社区集聚建设项目3个获批，专项债额度7.1亿元，完成资金拨付，启动实施三期项目20个。拆迁5年以上的农户全部实现安置，拆迁3年以上5年以下的全部发放《新社区集聚建设置换权益凭证》，完成金华市拆迁未安置的整改目标。

【5002套新社区集聚安置房开工】 2022年，义乌市有5002套新社区集聚安置房开工建设。其中，江东街道毛店二期集聚项目2706套，苏溪镇春风大道与好派路交叉口西南侧地块集聚项目1260套，后宅街道镇中东侧地块集聚项目570套，城西街道汇港路以西、西城路以北地块集聚项目466套，总投资49.15亿元。

【集聚二期高层分房工作】 2022年，市社区建设办推进集聚二期高层项目分房工作。项目涉及福田、稠江、城西、佛堂、江东、后宅6个镇街8097套房屋。至年底，定位7349套，交房7241套，收取建设款42.4亿元。

【异地奔小康工程稳妥推进】 2022年，市社区建设办稳妥推进异地奔小康工程，做好财政补助资金申报拨付。9月16日，启动城西异地奔小康第二期工程。至年底，完成安置项目6个，建筑面积94万平方米，拨付异地奔小康补助经费840余万元，补助共计6.5亿元，受益群众8527人。

（蒋守敏）

村镇建设

【概况】 2022年，义乌市深化“千万工程”，迭代升级新时代美丽乡村建设，将全域未来乡村建设、新时代美丽乡村创建、精品线沿线环境整治等作为和美乡村月考督查重要内容，开展全域美丽乡村美化提升。7月，制定《义乌市深化“千万工程”建设新时代美丽乡村行动计划》，完成拨付省、市美丽乡村建设专项补助资金4078.2万元。深化“千万工程”建设，新时代美丽乡村（农村人居环境）工作被评为“全省优胜县”。开展省级美丽宜居示范村创建工作，推进苦竹塘村、雅治街村创建项目进度，红峰村、后山村列入2023年美丽宜居示范村创建计划。

（成丹丹　冯义斌）

【农村生活污水治理】 2022年，市建设局推进农村生活污水标准化运维，实现86处农村生活污水治理设施标准化运维全覆盖。开展第三方水质抽检306次，合格297次，合格率97%。新建前川、五古山、义亭芦塘下、采莲塘4处农村生活污水处理终端设施；提标改造赤岸楼仓1处农村生活污水处理设施；环院1、楼仓、坞盘院、楼界桥头、毛店桥头5处终端改纳管处理。

（冯义斌）

【乡村文化建设】 2022年，义乌市农业农村局加强全市乡村文化建设。配合省级第三方团队完成历史文化（传统）村落保护利用项目绩效评价工作，开展省级重要农业文化遗产资源普查，完成浙江义乌糖蔗种植及红糖文化系统、南枣文化系统、鱼花传统养殖系统、长圆柿种植系统建设并录入省级资源库。将二十四节气农耕文化活动和美丽庭院创建纳入乡村振兴考核内容，鼓励各镇街开展农耕文化活动。

（成丹丹）

【农村危房治理改造】 2022年5月，义乌市农业农村局开展全市城乡自建房安全专项排查整治行动，共排查自建房19.98万户，鉴定7247户，鉴定出C级危房1809户、D级危房734户，拆除、修缮加固、腾空防控整治2543户，完成率100%。开展农村困难家庭危房改造救助工作，救助农村困难家庭15户，拨付救助款39.56万元。

（冯义斌）

【历史文化村落传承和历史建筑保护】 2022年，义乌市农业农村局加强历史文化名镇名村和传统村落保护工作。5月19日，发布《2022年度历史文化名镇名村和传统村落保护补助项目的通知》，建立传统村落保护发展机制，鼓励社会组织、民间资本投入，对历史建筑、传统建筑进行装修，明确东朱村老街保护工程、寺前街源亭公祠古建筑修缮工程等8个保护发展项目。完成佛堂镇倍磊村第七批历史文化村落重点村项目评估验收工作、上溪镇苦竹塘村第十批历史文化村落重点村项目规划评审。年内，市建设局完成历史建筑挂牌13处，传统建筑挂牌5处。

（成丹丹　冯义斌）

【新时代美丽乡村建设】 2022年，义乌市农业农村局公布新时代美丽乡村建设政策，全市乡村实现党群服务中心、居家养老服务照料中心、农村公厕、垃圾分类站、电商服务站等标配设施全覆盖。年内，新增新时代美丽乡村达标村46个、精品村50个，新时代美丽乡村覆盖率达90%。10月，城西街道、苏溪镇申报年度省级美丽乡村示范乡镇，倍磊、芦塘下、雅端、婆姆、溪后、三联、上金7个村申报省特色精品村。12月，义乌市通过新时代美丽乡村工作省级、市级评价检查。（成丹丹）

【和美乡村示范带建设】 2022年，义乌市农业农村局结合金义名人和美乡村风景线（义乌段）建设，培育共同富裕新时代美丽乡村示范带、“望道信仰+人文上溪”和美乡村示范带，实施建设项目15个，投资8000余万元。12月2日，完成“望道信仰+人文上溪”和美乡村示范带金华市评价验收。（成丹丹）

城建档案管理

【概况】 2022年，市建设局城建档案馆（简称“城建档案馆”）完成工程竣工档案移交304项3.55万卷；完成工程竣工档案验收262项2.94万卷、153个；接收纸质及扫描件双套制档案3.55万卷，馆藏档案总量达58万卷，全部实现数字化。接收建设局工程审批档案8607卷、征收档案3339卷。全年档案利用3364人次1.90万卷，文字复印2.88万页、图纸复印2.03万页，电子档案利用1.31万卷，刻录光盘396个。帮助建设单位解决档案资料收集，对万家风华、东大门学校、下车门社区回迁房等35个项目开展业务指导，发放《建设工程档案进馆范围》新标准、工程档案报送告知书及整改告知书35份。

【城建宣传与资料编研】 2022年，城建档案馆在建设局政务公开专栏及重点领域发布信息737条，“义乌城建”微信公众号发布信息133条。完成《大城义乌》画册的出版和《四季·义乌》专题片拍摄制作工作。拍摄原始照片素材103G，入册照片167幅；通过春、夏、秋、冬4个篇章，展现义乌城市园林绿化和乡村小景四季变化，记录义乌践行“绿水青山就是金山银山”的行动和成果。

【档案验收承诺制】 2022年，城建档案馆简化审核流程，实行档案验收承诺制。建设单位承诺在工程竣工验收后3个月内补齐欠缺资料，移交给城建档案馆，工程竣工验收后3个月还未移交，向建设单位发出《档案催交通知函》。全年，实行档案验收承诺153个工程，122个工程补齐资料完成移交。

【历史遗留案卷整理】 2022年，城建档案馆完成2000卷历史遗留案卷整理工作并完成编号入库。对部分档案进行整理，整合出11个密集架，22排摆放空间，可放档案6万余卷。

【档案信息安全】 2022年，城建档案馆协助建设局做好网络信息安全工作，开展16个网站应用系统网络安全预警处置及加固工作。协助金华市城建档案馆完成金华地区7个县市综合建设、信息化建设2部分台账的审核评分。在2022年度金华市城建档案工作考核中，市城建档案馆成绩考核第一。

【在建工程档案实现分段式在线接收】 2022年6月，城建档案馆组织建设单位及档案中介公司开展系统操作培训，发放《义乌市建设工程档案归档管理系统操作手册》《建设工程文件进馆范围新标准》50余册。制定工程文件自检表和建设工程文件归档可视化培训资料，纳入在线归档系统，促进建设单位在线学习并按规定提交工程资料。全年274个工程3.07万卷在建工程档案实现分段式在线接收。

（杨　波）

综　述

【生态环境质量巩固提升】 2022年，义乌市围绕绿色共富和建设人与自然和谐共生的现代化，推进"两个先行"奋斗目标，打好污染防治攻坚战，改善生态环境质量，塑造绿色低碳美丽义乌新场景。全市细微颗粒物（$PM_{2.5}$）平均浓度24微克每立方米；全市空气质量指数优良率97.3%，环境空气质量连续5年达到国家二级标准。地表水县控及以上断面水质达标率100%，8个集中式饮用水水源地水质达标率100%，义乌市连续3年获得全省五水共治"大禹鼎"银鼎；连续5年荣获全省"美丽浙江"建设工作优秀市；被授予全省首批"无废城市"建设"清源杯"。

【生态环境保护专项督察整改落实】 2022年，金华市生态环境局义乌分局（简称"生态环境分局"）压实整改省委生态环保专项督察组交办的生态环境保护信访件5件，同比下降66.7%。组织环保督察信访件整改问题"回头看"4轮，信访231件全部完成整改，督察反馈问题整改获省委专项督察组高度肯定。

【环评审批提速增效】 2022年，义乌市创新实施环评与排污许可衔接、建设"多评合一""打捆"审批等一批项目领跑全省、全国的改革举措，助推全市53个重大招商项目、2个百亿元项目落地，平均降费30%，办理时效提升30%以上，环评与排污许可衔接改革试点经验被省政府办公厅录用，作为典型经验上报至国务院办公厅。

【义乌获评"美丽浙江"建设工作优秀市】 2022年7月8日，浙江省委、省政府授予义乌市2022年度"美丽浙江"建设工作优秀市称号。加强生态文明建设组织领导，义乌市委重新明确市委、市政府主要领导担任双组长的美丽义乌建设领导小组；编制印发《义乌市"绿水青山就是金山银山"实践创新基地建设实施方案》，争创"绿水青山就是金山银山"实践创新基地，成功纳入省级"两山"实践创新基地储备库。全域治水发展美丽经济惠民生案例被评为"全省生态环境系统共同富裕最佳实践案例"。

【义乌夺得全省首批"无废城市"建设"清源杯"】 2022年7月8日，浙江省委、省政府授予义乌市2022年度首批省级"无废城市"建设"清源杯"。生态环境分局被授予浙江省"无废城市"建设工作先进集体。2022年，市生态环境分局印发《义乌市全域"无废城市"建设2022年重点工作任务》，深入打好"净土清废"安全保卫战，全年，完成重点工作任务28项，成功创建"无废细胞"74个，晶澳太阳能、义乌中学获评省级2022年度百优"无废城市细胞"，3个"无废城市"建设优秀案例入选省级"无废巡礼"。

（刘佳苗）

环境质量

【概况】 2022年，义乌市城市空气质量指数优良率97.3%，同比下降1.3个百分点；细颗粒物年均浓度24微克每立方米，同比持平，空气质量优于国家二级标准。全市8个集中式饮用水水源地水质全部达到或优于Ⅲ类水，8个县控及以上断面水质达标率100%。

【大气环境质量】 2022年，义乌市监测大气环境365天，有效天数365天。市区环境空气质量优良率97.3%，优良天数355天。环境空气质量总体良好，城区环境空气中二氧化硫、二氧化氮、可吸入颗粒物、细颗粒物、一氧化碳和臭氧6项污染物的年平均值分别为每立方米0.005毫克、每立方米0.027毫克、每立方米0.044毫克、每立方米0.024毫克、每立方米0.5毫克、每立方米0.087毫克，均优于国家二级标准。酸雨频率47.3%，酸雨量占总降水量41.6%。

【声环境质量】 2022年，义乌市区环境噪声等效声级52.7分贝，同比下降0.2分贝，噪声来源以生活噪声、交通噪声、工业噪声和施工噪声为主。道路交通干线噪声平均等效声级为67.1分贝，同比下降0.3分贝。

【地表水环境质量】 2022年，义乌市生态环境分局按照《地表水环境质量标准》，对义乌江、南江、大陈江和洪巡溪的8个县控及以上地表水断面开展每月1次23个项目的常规监测，8个断面水质均达到地表水Ⅲ类及以上，达标率为100%，其中，国控南江桥断面、市控龙潭断面达到Ⅱ类水质，南江桥断面同比上升1个类别。对义乌江、南江、大陈江和洪巡溪涉及的2个入境断面、3个出境断面开展24小时自动监测，水质均达到地表水Ⅲ类及以上，在全省县市交接断面水质考核中，义乌市水质省考指标好于上年同期，总体评定为“优秀”。

【饮用水水环境监测】 2022年，按照《地表水环境质量标准》，对八都、巧溪水库2个市控集中式饮用水水源地水质开展每月1次29个项目常规监测、每季度1次33个优选特定项目的水质补充监测，1次109个项目的全项监测，八都、巧溪水库水质均符合Ⅰ类标准。对岩口、柏峰、枫坑和卫星水库4个其他集中式饮用水水源地水质开展每月1次29个项目的常规监测，对古寺、龙门脚水库开展每季1次29个项目的常规监测，6个饮用水水源地水质均符合《地表水环境质量标准》Ⅱ类标准，达标率均为100%。

（刘佳苗）

环境综合治理

【概况】 2022年，义乌市委、市政府印发《义乌市“绿水青山就是金山银山”实践创新基地建设实施方案》，聚焦绿色低碳美丽义乌新场景，拓宽“绿水青山就是金山银山”转化通道，力争实现国家生态文明建设示范市、“绿水青山就是金山银山”实践创新基地“双示范”。开展镇街生态环保攻坚竞赛，推动重点任务落实到位。

【“净土清废”安全保卫战】 2022年，义乌市开展受污染耕地“源解析”，建立土壤污染防治工作协调推进机制，重点建设用地安全利用率100%，污染地块安全利用率100%。推进一般固废处置能力建设，华川集团污泥干化焚烧二期项目建成投用，实现“污泥不出市”。推进危险废物处置能力建设，建成活性炭再生利用、贵金属利用处置、废机油壶机油滤芯技改3个项目。印发《义乌市全域“无废城市”建设2022年重点工作任务》《义乌市全域“无废城市”建设工作实施方案（2022—2025年）》，夺得首批省级“无废城市”建设“清源杯”。

【“清新空气”巩固提升战】 2022年4月22日，义乌市“蓝天保卫”工作领导小组办公室印发《义乌市2022年清新空气行动实施计划》，全力打好臭氧污染防治、柴油货车污染治理、扬尘污染治理、污染天气应对“四大”攻坚战，深入开展挥发性有机物治理、工业污染深度治理、恶臭异味管控、农业面源污染治理、重大活动保障“五大”专项行动。开展工业挥发性有机物整治提升，完成工业挥发性有机物问题整改122个，低效设施改造升级66个，源头替代项目42个和华义医药泄漏检测与修复项目。大陈镇纳入省级“低（零）碳试点乡镇”，全市9个村（社区）被纳入省级“低（零）碳试点村（社区）”，赤岸镇绿色循环产业园获评省级减污降碳协同试点。

【“碧水提质”攻坚战】 2022年，义乌市完成省控断面污染源走航分析，督促涉水工程规范文明施工，保障流域考核断面稳定达标。7月15日，印发《义乌市进一步加强集中式饮用水水源地保护工作方案》，完成八都水库勘界定标，完善保护区矢量图，织密水源安全防护网。八都水库水源地安全保障达标评估获四连优。提升污水处理能力，全市污水处理能力达75万吨/日。提高“污水零直排”创建标准，11月7日，苏溪镇高新园区成功入选“污水零直排”省级标杆园区培育名单。（刘佳苗）

海绵城市建设

【概况】 2022年，义乌市大力推进海绵城市建设。《义乌市“十四五”中心城区海绵城市建设实施方案》列入年度义乌市人民政府重大行政决策事项目录，通过市政府常务会审议，指导全市中心城区“十四五”期间海绵城市建设各项工作有序推进。健全体制机制，确保海绵城市建设理念落地落实，推进全域海绵城市建设。中心城区海绵城市建设控制指标为：年径流总量控制率为≥75%（对应设计雨量20.9毫米），年径流污染削减率（以悬浮颗粒物SS计）≥60%，场地综合雨量系数≤0.6。2022年完成建成区海绵城市建设5.09平方千米。

【海绵城市建设项目】 2022年，义乌市住房和城乡建设局实施海绵城市提升和改造工程。受理审核房地产及公建等各类海绵城市项目24个，通过审查20个。通过项目中，建筑小区类项目19个，占地面积118公顷；公园绿地1个，占地面积17公顷。（方舒丽）

【下傅公园工程】 2022年1月25日，下傅公园工程完工。项目位于江东路与丹溪路交叉口，投资2080万元，建筑面积7.15万平方米。以生态江滨绿廊为基调，融入海绵城市设计，引进智能化体育设备，为市民提供科学有效的健身环境。2020年11月25日工程开工建设。（陈佳瑶）

【海绵城市建设项目案例】 2022年9月，后宅街道新社区集聚区镇中北侧3号地块工程竣工。后宅街道以海绵城市建设要求为指导，低影响开发技术改造为切入点，结合下凹绿地、雨水回用设施、透水铺装等海绵设施，从源头、过程和末端全面控制径流雨水，达到净化水质、改善区域水环境的目标。内部绿化、道路边缘布置植草浅沟、渗水沟，园路采用透水铺装，结合海绵城市建设各项指标和绿化浇灌等需要，设置雨水调蓄、雨水回收池。通过系列海绵设施组合联动，实现75%年径流总量控制率、0.532综合径流系数的目标要求。该项目于2020年8月开工，用地面积2.35公顷。（方舒丽）

2022年1月25日，下傅公园工程完工，图为下傅公园远景

（吴优赛 摄）

污染减排

【概况】 2022年，义乌市化学需氧量、氨氮、挥发性有机化合物和氮氧化物四大类主要污染物排放量较上年分别下降1757.88吨、103.37吨、154.32吨、377.96吨。

【工业污染减排】 2022年，义乌市生态环境分局指导8家企业完成强制性清洁生产审核验收。深化挥发性有机物治理，完成66个低效挥发性有机物治理设施改造升级、42个源头替代项目和华义医药泄漏检测与修复项目，为全市挥发性有机物排放量1吨以上的企业制定“一企一策”，淘汰35蒸吨每小时以下燃煤锅炉，建成金华地区唯一废活性炭回收利用“绿岛”项目。

【环保检验能力提升】 2022年，义乌市提升环保检验能力，新增机动车环保检验机构1家，义乌市城科机动车性能检测有限公司，完成在用机动车排放检验信息联网现场技术审查。至年底，全市有机动车检验机构12家，汽柴油检测线71条，最大检测能力每年68万车次。

【环保检测新标准落地】2022年7月1日，生态环境部发布的《机动车排放定期检验规范》（HJ 1237—2021）和《汽车排放定期检验信息采集传输技术规范》（HJ 1238—2021）正式生效。义乌市参与制定《金华市HJ1237—2021、HJ1238—2021环保新标准升级指导意见》，为推动新标准落地建言献策。6月10日，承办金华市机动车检验机构环保新标准升级现场会，义乌市恒风汽车综合性能检测有限公司佛堂分公司成为金华地区首家示范站；辖区12家机动车检验机构全部完成新标升级验收。 （刘佳苗）

环境管理

【概况】 2022年，义乌市完成环评审批项目85个，其中，报告书项目13个，报告表项目72个。完成“区域环评+环境标准”登记表备案项目23个，登记表网上自行备案项目249个。核发排污许可证152本，其中，重点管理69本，简化管理83本。深化环境资源市场化配置，完成排污权交易21笔，价值2220.79万元，其中，储备库出让17笔，价值1681.99万元，企业之间交易4笔，价值538.8万元。

【生态文明数字化改革】 2022年，义乌市深化“清新空气提升”应用场景，“非道路移动机械管理”和“挥发性有机物智能管控”应用子场景列入省生态环境系统重点应用“一本账S0”整合吸纳范畴。环评与排污联办系统6月22日在省厅浙里环境准入场景建设工作推进会中现场演示，得到省生态环境厅高度肯定。

【环保服务企业示范行动】 2022年，义乌市开展环保服务企业示范行动，组建环保专家服务团，上门精准高效服务企业，全年服务走访企业2100余家次。开展线下涉挥发性有机物企业现场培训3次18场，服务企业500余家次，开展线上科普及业务培训47场，服务1.5万余人次。

【机动车年审便民改革】 2022年，义乌市实行机动车年审便民改革，推出柴油车OBD免检、机动车环保10年免检、车龄15年以上机动车环保年审减半等惠民政策，打通政策落地“最后一公里”，为用车大户降本增效，为私家车主减负降费。推行“一窗通办”“交钥匙”等服务。年内，全市8.4万余辆机动车享受免检服务，检测时间节省二分之一，为车主减少支出500余万元。

【非道数字化改革】 2022年，义乌市实行非道数字化改革，在推进非道电子围栏建设的基础上省内首创红黄绿“非道码”概念，结合全市红黄旗考核，指导镇街落实非道规范化管理方案。6月，非道数字化改革相关应用场景被省生态环境系统应用“一本账”整合吸纳，在数字化改革中提供义乌经验。

【排污许可制与环境影响评价制度衔接改革】 2022年，义乌市聚焦关键“四个环节”，实现排污许可制与环境影响评价制度有机衔接“四个一”，即环保准入信息“一键比对”、环评审批与排污许可“一次办理”、非重大变动“一致对待”、排污企业“一图管理”。7月，环评与排污许可衔接改革

试点经验被省政府办公厅录用，作为典型经验上报至国务院办公厅。（刘佳苗）

环境监察

【概况】2022年，义乌市推进环境监管执法、环境信访化解、环保督察整改、常态化疫情防控、环境安全管理等工作，开展环境污染问题排查见底“百日攻坚”专项行动、“绿剑”执法专项行动等专项执法行动20余次。检查企业（作坊）2600余家次；立案查处各类环境违法案件126起，受理环境信访928件，同比下降38.6%，信访件答复率、满意度达100%。落实正面清单管理和轻微违法行为不予处罚制度，新增纳入正面清单企业17家，办理轻微违法行为不予处罚案件8起。

【环境信访工作】2022年，义乌市受理环境信访投诉928件，其中，涉气477件，涉水80件，涉声284件，涉固废4件，其他83件，环境信访量较上年同期下降38.6%。全市未发生因生态环境问题引发的群体性事件。

【非现场执法监管】2022年，义乌市利用无人机、走航车等高科技设备，构建天地一体监管网络，对生态环境进行立体式综合管控。强化在线监测、视频监控、电表监控等手段，实行省、市重点排污单位自动监测数据预警督办闭环管理。全年，调查处理答复在线监控超标预警信息149起。应用“一网通管”平台及浙政钉掌上执法App，通过系统下发“双随机”、专项行动、联合执法、日常监管等检查任务65次，检查企业696家次。

【涉疫医废处理】2022年，市生态环境分局筑牢涉疫医废收处安全防线，牵头组建医废工作专班，狠抓涉疫废物收集、暂存、转运、处置环节。构建涉疫医废应急转运处置机制，全年，处理涉疫医废物3637.1吨，为浙江省和金华市完善战时疫情防控体系提供义乌经验。

【环境应急工作】2022年9月26日，义乌市开展突发环境事件应急演练，在浙江展宏表面处理科技有限公司模拟废气处理设施火灾事件，全市18家重点风险源企业代表在线观摩演练过程。加强应急预案管理，按时上报企业环境应急预案编制管理信息，督促涉重金属和危险化学品等重点企业开展预案编制或回顾性评估工作。完善应急装备、物资、人员，强化各类应急装备物资储备，全年完成应急预案备案77家。优化应急救援队伍，新增2名应急专家入库，全市有专家22人。（刘佳苗）

五水共治

【概况】2022年，义乌市推进巩固“五水共治”工作，发动社会各界力量共同参与，圆满完成年度各项任务，考核排名位列金华各县市首位。全域水质达到Ⅲ类水以上，连续六年荣获省治水最高荣誉“大禹鼎”，义乌市浙中生态廊道建设领导小组办公室被评为浙江省“关注森林活动15周年”成绩突出集体。工业园区“污水零直排”做法入选“生态环境部典型案例”向全国推广，“污水泵站（管网）安全管理”数字孪生应用通过省住建厅验收向全省推广，《人民日报》专版大篇幅介绍义乌治水成效，全域治水发展美丽经济惠民生案例被评为全省生态环境系统“共同富裕最佳实践案例”。

【污水基础设施建设】2022年，义乌市推进污水基础设施建设，赤岸污水厂、佛堂污水厂、苏溪污水厂扩建工程完工通水，双江湖净水厂进入通水调试阶段，年底正式通水试运行。投运后，义乌市污水处理能力提升至67万吨每日，污水处理能力高于供水量，实现城市发展在污水基础设施建设方面的前瞻性。提标改造雨污管道6.23千米，建设雨水管网14千米，建设改造污水管网21.21千米，排查污水管网170千米，清淤排水管网750千米，盘活雨污“毛细管”，完成量和投资总额位列金华市前列。

【巩固污水零直排成效】2022年，义乌市完善运维管理体系，落实系列排水设施管理标准、规范、指导意见等文件要求，培育以排水公司为龙头，20余家企业为补充的800余人的专业排水设施运维队伍。11月中旬，举办180余人参加的金华市高质量推进全域“污水零直排区”连片建设业务培训会。全力巩固“污水零直排区”建设成果，在全省率先开展“污水管网一张图”试点任务，推行排水设施编码规则和基础信息采集及使用规范，与省市治水办形成上下联动，探索符合义乌现状的运维管理智慧治污平台；开展标杆镇试点，根据省标杆镇评价指南要求，全市14个镇街完成“污水零直排区”建设成效评估，完成省、市级标杆镇创建申报。开展省级全面绩效评估试点工作，系统全面评估城镇“污水零直排区”建设质量标准、投入产出效益、环境社会价值等，为浙江省全面开展“污水零直排区”建设绩效评估提供依据和样板。

【构建“河长制”新体系】 2022年，义乌市启用“河长制”新系统，完成34名县级河湖长调整和“浙政钉”系统河长制专属通讯录搭建，355名河湖长、24个县级联络部门信息全部录入通讯录。全市河道巡查率100%，通过平台上报处理问题1.04万个，问题处理率100%。推行河湖长制工作联席会议制度，明确水务部门牵头，组织部、政法委等35个成员单位参与，各镇街、机关单位上下联动、横向协同，提高治水管水护水能力。

【河湖生态环境改善】 2022年，义乌市生态廊道建设项目完成投资额26.99亿元，完成率167%，位居金华第一。开展智慧廊道建设，结合数字赋能和智慧河道建设，打造大陈江、南江智慧廊道。强化运维长效管理，探索建立《义乌市生态廊道运维管理办法》，对全域廊道标识标牌和基础设施进行全面排查和补充完善。完成义乌江39.75千米，大陈江17.5千米河湖健康评价工作，后宅街道洪巡溪、城西街道梅溪、佛堂镇吴溪省级美丽河湖创建，苏溪镇、上溪镇、廿三里街道省级水美乡镇创建。

【构建智慧治水格局】 2022年，义乌市统筹治水数字化建设“一盘棋”，探索、谋划“1234”总体思路，构建“1+3+11+N”（1个总平台，3个突出功能，11个紧密联系部门，N个发展单元）基本框架，打造全域数字化治水体系。依托“智慧排水”综合管控平台，深化县域整体智治“555”模式，坚持试点先行，分类构建，通过实际应用，完善单元模式，实现推广更快、成本更省、技术更成熟、融合更便捷。水务局的“节水在线”“小流域防洪”“水利数据治理组件”，水务集团的“至臻水管家”“智慧排水”等平台，取得优异应用效果。“污水泵站（管网）安全管理”数字孪生应用通过省住建厅验收，在全省推广。

【“找寻查挖”专项行动】 2022年，义乌市环保局以自查互查“两严格”，明察暗查“两严密”、整改督考“两严肃”的“六严”标准，全方位打好“找寻查挖”专项行动。按照“短期应急、长效解决、杜绝反复”的原则整改销号。4月2日，行动开展至年底，各镇街自查、互查发现问题438处，完成整改424处，其余均在限期整改。围绕年度各项重点工作推进，全年开展日常督查10次，受理、跟踪处理各类问题654件，下发交办单3件、督办单2件、微信交办4件。开展联合执法督导，查处涉水案件22起，罚没款318.12万元。

【义乌市实现分质供水市区“一环”闭环】 2022年3月23日，西城路分质供水管道工程完工，实现分质供水市区“一环”闭环。工程概算投资827万元，主管道总长3.2千米，分两段实施。一段起点为城西河，终点为城中河；另一段起点为宾王路，终点为城北路。管道铺设完成后，与已建成的绣湖西路分质供水管道相连接，形成13千米的江滨路—稠州路—香山路—西城路—城北路—城中北路—化工路环状分质供水网络。

【武德净水厂通过验收】 2022年3月29日，全国首座高浓度光伏废水再生利用工业污水厂，义乌高新区武德净水厂竣工验收。义乌高新区武德净水厂项目投资3.6亿元，占地3.4公顷，建筑面积7096平方米。建设污水处理系统、再生利用系统和浓盐水处理系统三部分，其中污水处理系统设计规模每天3万吨，再生利用系统设计规模每天2万吨，浓盐水处理系统设计规模每天1.6万吨。

【八都水库被评为省级优等饮用水水源地】 2022年3月31日，省水利厅、省生态环境厅公布2021年度县级以上集中式饮用水水源地安全保障达标评估结果，八都水库被评为省级优等饮用水水源地。八都水库位于义乌市境内钱塘江流域浦阳江支流大陈江上游的八都溪上，坝址坐落在义乌市大陈镇上坑仁村，距义乌市中心20千米，水库集雨面积35.1平方千米，主流长度11千米，总库容3634万立方米，是一座以供水、防洪、发电、灌溉为主的中型水利枢纽工程。工程于1995年2月动工兴建，2021年10月22日通过竣工验收，饮用水水质长期保持在Ⅱ类以上。

【义乌上榜全省共同富裕最佳实践名单】 2022年4月29日，浙江省生态环境厅公布"第二批全省生态环境系统共同富裕最佳实践名单"，评选出全省20个最佳实践案例，"义乌市全域治水发展美丽经济惠民生"成功上榜。义乌市是浙江高质量发展建设共同富裕示范区首批试点地区，全市坚定不移践行"绿水青山就是金山银山"理念，坚持以党建红引领生态绿，开展全域治水发展美丽经济，推动治水从应急式治水向源头治水转变，从水体治理向水岸同治转变，从单纯环境治理向助推美丽经济发展转变。

【义乌市六获"大禹鼎"】 2022年7月8日，在浙江省建设新时代美丽浙江暨中央生态环境保护督察整改工作推进大会上，义乌被授予2021年度浙江省"五水共治"（河长制）工作优秀市、县（市、区）"大禹鼎"银鼎。为义乌自2016年起连续6年荣获全省"五水共治"最高殊荣"大禹鼎"，也是自2019年以来，义乌连续3年荣获"大禹鼎"银鼎。

【入选浙江省节水型单位、节水型企业】 2022年8月2日，省建设厅公布"2022年度第一批浙江省节水型单位、居民小区名单"。义乌三鼎开元名都大酒店、浙江中国小商品城集团股份有限公司篁园市场分公司、义乌市水利工程管理有限公司入选浙江省节水型单位。12月29日，省经信厅等4部门公布"2022年度浙江省节水型企业名单"，义乌市华灵拉链有限公司、浙江瑞丰光电有限公司等6家企业入选节水型企业。

【义乌被确定为首批国家典型地区再生水利用配置试点城市】 2022年8月26日，经浙江省政府同意，报国家六部委备案，义乌市被确定为首批国家典型地区再生水利用配置试点城市之一。开展再生水利用配置工作，2022年，义乌市计划完成分质供水2000万吨，到2025年，义乌市再生水回用能力将达到5000万吨每年，到2030年，义乌市每年置换的优质水资源将达到1亿吨以上。

【义乌入选省级标杆工业园区"污水零直排区"培育名单】 2022年12月6日，浙江省生态环境厅、省经信厅、省治水办确定2022年度省级标杆工业园区"污水零直排区"培育名单，义乌信息光电高新技术产业园区入选培育名单。"污水零直排区"建设是浙江深化治水工作的创新举措，核心是雨污分流、截污纳管、长效运维，做到排水口"晴天不排水，雨天无污水"。

【义乌3条河湖获评浙江省"美丽河湖"】 2022年12月16日，浙江省水利厅、省美丽浙江建设领导小组河长制办公室公布"2022年美丽河湖名单"，义乌市吴溪（光明村—义乌江汇入口）、梅溪（深塘坞村—长堰水库）、洪巡溪（北站大道—义浦交界）入选美丽河湖名单。吴溪通过改造提升，优化景观、完善配套设施，勾勒出一派林木繁茂、景致宜人的田园风光，重现"为爱依依在碧堤，飞花点点入吴溪"的人文景观。梅溪，又名五云溪，梅溪沿线环境优美，溪道侧设有绿道及绿化。梅溪东侧是东黄线"望道信仰"美丽乡村精品线，是义乌"十路十景"精品线之一。洪巡溪是浦阳江的一级支流，经过治理，后宅境内全段达到防洪标准。2022年，洪巡溪美丽河湖创建通过水文化展示、基础设施配套等项目建设，提升了河道两岸景观，改善沿河两岸人居环境。

（王　颖）

建筑业
CONSTRUCTION INDASTRY

综　述

【建筑企业规模】2022年，义乌市有本地建筑业施工企业470家，外来建筑业施工企业171家。本地监理企业38家，外来监理企业48家；本地招标代理机构16家，外来招标代理机构12家；本地工程造价咨询企业5家，外来工程造价咨询企业21家。2022年，全市实现建筑安装工程生产产值332亿元，同比增长13.9％；房屋建筑面积1421.82万平方米，同比增长13.5%。

【建设安全专项整治】2022年，义乌市建设局按国家、省、地部署，围绕城市建设安全专项整治三年行动、除险保安“百日攻坚”等重点工作，多层次轮动开展起重机械、深基坑、脚手架、消防安全、疫情防控等专项检查。查处安全生产违法违规行为，依法对责任单位和责任人予以行政处罚。全年，监督检查在建工地4802个次，行政处罚案件33起，暂扣安全许可证25起，移交案件24起。

【工程质量安全监管体系】2022年1月，义乌市重新修改并发布实施《义乌市预拌商品混凝土质量三色评价办法》，将商砼生产质量纳入考核范围，从源头规范预拌商砼质量管控行为，进一步强化预拌商砼质量管理。全年，发布4个季度商砼考核评价结果。6月29日，义乌市建设局下发《义乌市建筑施工企业施工现场管理水平考核评价办法（试行）》，运用“两场联动”“项目+信用”管理模式，推动落实工程项目差异化监管机制，激励建筑施工企业履行主体责任。全年累计实施不良行为扣分394条，良好行为加分96条。

【噪声管控措施】2022年8月22日，义乌市建设局下发《关于加强建设工程夜间施工噪声和安全生产管理工作的通知》，加强在建项目落实夜间施工质量安全保障措施、项目工地噪声扰民管控措施，减少建筑工地施工噪声扰民，确保施工安全和环境质量。9月1日，出台《义乌市建筑工程质量通病防治措施100条》，条文是在2017年版本的基础上，吸收5年来的管理经验及相关部门的意见和建议，进一步提高义乌市民用建筑工程质量水平和品质，加强工程常见质量通病的预防和治理。

【绿色建筑推广及应用】2022年，义乌市围绕“碳达峰碳中和”目标，推动建筑业转型升级,新建、扩建类民用建筑全部按一星级以上绿色建筑强制性标准建设。义乌全球数字自贸中心项目、义乌模具城三期一阶段工程项目建设推进。义乌全球数字自贸中心项目，屋顶设置太阳能光伏发电系统，设置电池板面积100平方米；义乌模具城三期一阶段工程项目设置太阳能光伏发电系统，设置电池板面积1743平方米。全年完成装配式建筑面积250万平方米、既有公共建筑节能改造开工面积4.4万平方米，可再生能源应用面积44万平方米。组织开展节能评估项目78个，总建筑面积1011.94万平方米。

（楼　丹）

勘察设计

【概况】 2022年，在义乌开展业务活动的本地、外地勘察设计企业199家，其中，勘察企业9家，设计企业190家；通过政府招标的审图机构5家，民用建筑节能评估机构4家。共有注册资格人员638人，其中，注册建筑师331人，注册土木工程师35人，注册结构工程师272人。全年开展勘察设计大检查2次，抽查项目51个，完成新开工装配式建筑250万平方米。

【优秀勘察设计项目评选】 2022年4月，义乌市开展建设工程"商城杯"优秀勘察设计项目评选，10家单位28个项目参加评选。评出优秀勘察设计项目16项，其中，工程勘察类3项，房屋建筑工程设计类8项，交通、市政类5项。获奖项目中，一等奖5个，二等奖5个，三等奖6个。

【勘察设计质量管理】 2022年，市建设局严格监管工程勘察设计质量。4月，印发《义乌市房屋建筑工程和市政公用工程勘察设计市场和质量监管专项整治行动方案》，以企业自查和主管部门抽查形式对2019年以来的勘察设计成果开展检查。完成企业自查项目1000个，主管部门抽查项目26个，发现问题184个，全部落实整改。9月，市建设局联合勘察设计协会开展上半年勘察设计成果质量检查，抽查项目25个，下发整改通知书13份，全部落实整改。

（楼　丹）

工程管理

【概况】 2022年，义乌市办理施工许可证受监的在建项目337个，其中，房屋建筑工程309个，市政工程28个，工程造价82.36亿元。新办理施工许可项目223个，其中，房屋建筑工程201个，市政工程22个，工程造价7.91亿元。竣工验收项目196个，其中，房屋建筑工程181个，市政工程15个，工程造价2.4亿元。年内，义乌市20个房屋建筑工程、4个市政工程、16个园林工程获"商城杯"（优质工程）奖；55个工程荣获"义乌市标准化优良工地"称号。

【商品混凝土质量监管】 2022年，市建设局根据《义乌市预拌商品混凝土质量三色评价办法》，开展商砼交货现场检查149次，抽查坍落度、骨料质量149次，制作并检测标养试块292组，检测复核实体项目561次。规范商砼管理行为，完善商砼质量监管机制，发布4次商砼考核评价结果。

【工程实体质量监督】 2022年，市建设局严格工程实体质量监管，对房屋建筑工程进行实体质量检测和抽查，完成主体阶段混凝土实体强度构件抽测5949个，钢筋保护层构件抽测1.04万个，空间几何尺寸抽测构件6352个。完成住宅工程验收86个（含联建户住宅项目），其中分户验收项目36个。在施工、监理单位自检基础上，监督抽检1656户，占总户比的5.1%，合格率100%。

【疫情期间施工保障】 疫情期间，为确保各建设项目施工进度有序推进，结合义乌当前疫情防控实际情况，2022年1月4日，市建设局在后宅街道城北路春晗路地块，万界新社区集聚工程项目举行新冠疫情防控实战演练，提高施工人员应急处置能力，管理人员和现场施工工人计325人参加演练。同月6日，市建设局发布《关于鼓励建筑施工领域春节假期正常施工的通告》，通过实施专人驻场、保障建材供应、给予信用奖励、允许人员定岗等9条具体措施，鼓励春节假期在建项目开展正常施工。开展疫情防控常态化管控，出动人员900余人次，检查项目1000余个次，发放各类通知书1000份，下发通报文件6批次。对51个次疫情防控不到位的工程予以通报批评和信用扣分。

【高处坠落应急救援演练】 2022年5月19日，市建设局在浙大四院国保楼项目施工现场开展建设工程高处坠落应急救援演练。演练模拟工人在作业时不慎从二楼坠落，头部受伤、小腿骨折、呈昏迷状态，第一目击者立即取下安全帽，拨打应急救援电话，向安全主管报告事故情况，安全主管立即向现场指挥报告事故情况，启动高坠事故应急救援预案。设置现场直播，全市在建项目负责人100余人现场观摩演练。通过演练，提高了高空坠落伤害的应变能力和事故应急救援能力。

【建筑工程现场会】 2022年6月22日，市建设局在稠江街道古母塘东侧地块新社区集聚工程项目部，召开义乌市建设工程质量安全现场观摩会。全市各镇街、国企、平台相关负责人50余人现场参会。会上，承包单位和代建单位介绍质量安全管理经验，市建设局质安站负责人通报安全生产暨防台防汛大检查中发现的典型问题，市建设局领导从质量、安全、行业监管等方面作工作部署。7月27日，在佛堂镇日信区块集聚安置工程二标段项目部，召开全市建设工程质量安全提升现场观摩会，在建工地负责人40余人参会，各分会场联网直播，400余人通过视频直播形式收看。

（叶善德　许思远）

2022年7月27日，全市建设工程质量安全提升现场观摩会在佛堂镇召开　（叶善德　摄）

建筑行业监管

【概况】 2022年，义乌市共有受监理项目337个，其中房屋建筑工程309个、市政工程28个。全年，市建设局检查在建受监工地4802个次，起重机械429台，吊篮367台，发放停工整改通知书443份，整改通知书2681份，隐患告知书1670份，监理告知书8份；封停机械88台，高处作业吊篮56台。组织召开建设工程质量安全工作会议、城市建设安全专项整治三年行动、建设施工领域安全生产联络员会议、现场观摩会，传达安全生产文件精神，部署安全生产工作，剖析典型事故案例。全年，开展建设领域现场观摩会5次，参会2000余人次，办结行政处罚案件33起，暂扣安全许可证25起，移交案件24起。

【“红色工地”创建】 2022年，市建设局强化党建引领，鼓励有条件的项目成立项目党支部，调动企业开展示范创建，发挥党建引领作用，通报表彰“红色工地”创建结果。开展各类党员活动，完善党建阵地建设，发扬“党员五（吾）带头”精神，带领管理人员投入工程一线建设。全年创建“红色工地”32个。

【工程招标领域诚信自律警示教育】 2022年2月16日，义乌市建设局召集全市工程招标领域40家企业，在市行政服务中心5楼会议室召开“2022年度工程招标领域诚信自律警示教育会议”。会上，开展工程招标领域诚信自律警示教育，各建筑企业签订投标人诚信承诺书。同时，联合市行政服务中心、市公安局、市行政执法局开展“雷霆收网”行动。

【建筑市场秩序专项检查】 为进一步规范建筑市场秩序，2022年4月10日，市建设局印发《关于开展2022年度建筑市场行为专项检查的通知》，发动企业自查。同月20日，开展违法发包、转包、分包、挂靠专项检查，对42个施工现场管理问题较多的项目、126个责任主体开展抽查，下发整改通知书28份，行政约谈2次，移送执法案件2个。

【施工现场管理考核评价】 2022年，为进一步提高全市建设工程施工现场质量、安全等方面管理水平，规范建筑市场秩序，6月29日，市建设局出台《义乌市建筑施工企业施工现场管理水平考核评价办法》，从考核评价原则、评价内容、评价范围、等级、加分等方面对办理施工许可证的工程项目和对应施工总承包企业进行考核评价。

【"安全生产月"活动】 2022年6月1日，市建设局制定下发《2022年建设系统"安全生产月"活动方案》，开展集中学习、专题宣讲、现场观摩会、专项整治检查等活动，压实安全生产责任，防范化解隐患风险；开展"安全生产月"建筑施工安全生产大检查，检查工程项目349个次，发放告知书107份，整改通知书215份，局部停工整改通知书20份，全面停工整改通知书7份。同月17日，邀请行业专家对各镇街、园区、国资平台公司现场管理人员进行培训，40余人参加培训。

【建筑业"义乌无欠薪"】 2022年，市建设局结合日常监督检查，开展建筑工地无欠薪监管工作，落实农民工工资支付6项制度，确保在建受监工地6项制度全覆盖。年初，与全市建筑施工企业签订安全生产综合目标管理责任书，明确无欠薪考核要求。8—9月，联合人力资源和社会保障局开展建筑工地根治欠薪双随机执法检查，累计检查项目10项。在12月欠薪高发阶段，召集无欠薪工作不到位的企业、项目负责人召开根治欠薪专题教育培训会，整治欠薪"顽疾"项目。通过整治，全年无重大群体性、突发和极端性事件发生，保障了农民工合法权利、维护了社会和谐。

【开展"质量月"活动】 2022年9月5日，市建设局制定下发《关于开展2022年义乌市建设行业"质量月"活动的通知》，开展主题宣传、示范项目观摩会、专项整治检查、人员集中培训等活动，压实施工质量主体责任，强化工程质量管理。同月16日，在上溪镇上佛路与文明路交叉口东北侧地块工程，召开"质量月"现场观摩会暨质量通病防治措施100条宣传贯彻启动仪式，200余人线上或线下参加启动仪式。

【比武培训推进素质提升】 2022年6—9月，结合"安全生产月""质量月"活动，市建设局会同行业协会、城乡建设培训学校开展企业管理人员、项目部管理人员、普通从业人员的质量安全教育培训。至年底，累计培训各类人员2000余人。11月16日，市建设局联合市人力资源和社会保障局、市总工会在溪畔云境项目工地现场，开展2022年度义乌市砌筑工、镶贴工职业技能竞赛，全市49组队伍参赛。通过技能比武，提升行业工人执业技能水平。 （叶善德　许思远）

2022年11月16日，义乌市建设局在溪畔云境项目工地举行砌筑工、镶贴工职业技能竞赛 （叶善德　摄）

建筑企业

【概况】 2022年，义乌有建筑施工企业470家，监理企业38家，招标代理机构16家，工程造价咨询企业26家。年度引进建筑施工企业34家，其中，总承包二级企业4家，总承包三级企业7家，专业承包企业23家，资质37项。义乌市浩洋建设有限公司、义乌市民主建筑工程公司2家建筑施工企业资质晋升为房屋建筑工程施工总承包壹级资质，浙江高捷建设管理有限公司、浙江森淼建设管理有限公司2家工程监理企业资质晋升为房屋建筑工程甲级资质。

【义乌市自来水安装工程有限公司】 义乌市自来水安装工程有限公司是义乌市建筑业龙头企业，从事给水管道工程施工和管理，成立于2000年，注册资金3000万元。2011年12月完成ISO9001质量管理体系和ISO14001环境管理体系的认证，荣获浙江省纳税信用等级AAA级、浙江省工商企业信用A级守合同重信用单位、义乌市市政行业先进单位、义乌市建设工作先进单位、价格诚信单位、义乌市建筑业龙头企业等荣誉称号。拥有市政公用工程施工总承包叁级资质，各类经济技术、施工管理人员230余人，中级技术工人200人，中高级职称50余人，二级以上建造师30余人。公司承建城北水厂引水工程、义乌信息光电高新区水源管工程、义浦二线供水管道及配套工程（义乌段）、苏溪至大陈引水管道工程、赤岸镇西部区域应急供水保障工程、武德净水厂配套管线工程、“红色基地”城西街道分水塘村引水工程等工程，承担义乌市高层二次供水及二供改造任务。2022年,公司实现营业收入3亿元，上缴税收1993万元。

【天阳建设集团有限公司】 天阳建设集团有限公司是义乌市建筑业龙头企业。拥有市政公用工程总承包一级、公路工程施工总承包二级、水利水电施工总承包二级，建筑工程施工总承包三级、公路养护工程施工二类甲级、乙级等资质。公司成立于1963年，1990年更名为义乌市福田建筑工程有限公司；1997年2月，更名为义乌市福田市政工程有限公司，成为首批市政施工资质的企业。2004年12月29日，组建福田市政工程集团；2007年7月，更名为天阳建设集团有限公司。公司承建项目多次获得市级文明工地、市级优质“双龙杯”、省级文明标准化工地、省市政金奖示范工程（优质工程）。公司有工程技术和经济管理人员62人，专业人员36人。2022年，公司实现建筑业产值4.2亿元，纳税总额1779万元。

【义乌市第二建筑工程公司】 义乌市第二建筑工程公司是金华市建筑业骨干企业。公司创建于1962年，1990年更名为义乌市第二建筑工程公司。拥有房屋建筑工程总承包资质壹级、市政公用工程总承包贰级、建筑装修装饰工程专业承包贰级、地基与基础专业承包贰级等资质。2003年7月通过了ISO9001：2000质量体系论证。公司承建的项目获“钱江杯”优质工程奖、金华市建筑工程优质结构奖、国家优质工程银质奖及全国用户满意工程奖等奖项。2022年，公司有职工320余人，其中，技术人员和经营管理人员300多余人，中、高级职90余人，一、二级建造师35人，中级工技术工人240人。2022年，公司实现建筑业产值4.93亿元。

【义乌市第三建筑工程有限公司】 义乌市第三建筑工程有限公司是义乌市建筑业骨干企业。拥有房屋建筑工程施工总承包一级、建筑装修装饰工程一级、市政公用工程施工总承包三级、特种工程（结构补强）专业承包等资质。公司创建于2000年，参与建设义乌方台小区、金城高尔夫、星城广场、星城嘉园、文化市场、第二代小商品市场、国际大厦、稠州医院、新东方医院等代表性建筑。承建工程获“商城杯”“双龙杯”等奖项。公司先后获浙江省“重点骨干乡镇企业”、义乌市“重点骨干乡镇企业”、义乌市“纳税大户”、义乌市“百强企业”等荣誉。2022年，公司有工程技术和经济管理人员200余人，专业人员500余人，实现建筑产值3.8亿元。

（楼　丹）

房地产业

REAL ESTATE

综　述

【房地产市场稳中有降】 2022年，义乌市房地产市场稳中有降。1—12月，商品住房备案面积100.01万平方米，同比下降66.10%。新增预售许可证61本（不含变更前），总预售面积157.93万平方米（不含其他面积），同比下降39.19%。其中，住宅面积123.10万平方米，同比下降40.65%。新开工10个棚户区改造项目1.68万套房源，续建项目1个1914套房源，建成项目4个1675套房源，竣工交付项目5个9559套房源。公租房保障6250户，退出保障840户。租赁补贴发放4750户，发放金额2450.41万元。全年，完成保租房建设筹集项目54个计3.28万套（间），完成率149.8%，其中转化项目38个，投入使用房源1.97万套（间），加大问题楼盘化解力度，14个问题楼盘共发函办证325户，全年累计完成1.14万宗。

【住房保障领域共富】 2022年，义乌市大力推动住房保障领域基本公共服务均等化需求，提升住房保障能力，通过多主体、多形式、多渠道解决群众住房困难问题。年内，共同富裕公共服务评价指标，城镇保障受益覆盖率达到24.57%，超额完成计划目标。

【保障性租赁住房体系建立】 2022年，市建设局落实公共租赁住房扩面、提档，保障人群覆盖范围，提升保障标准。城镇中低收入住房困难家庭、新就业无房职工、在义乌稳定就业人员纳入保障范围。通过数字化改革开展动态审查，建立市场化专业管理模式，多部门联审准入、大综合行政执法协同开展监管工作，解决公租房管理难、监管难、服务难、腾退难等问题。至年底，受理审批公租房1.42万宗，保障家庭9211户1.87万人，发放租赁补贴6767万元，其中，新市民保障4308户8746人，公共租赁住房保障率从0.2%提升至1.29%。10月底，完成房源筹集54个项目2.93万套（间），完成率133.6%。其中，项目38个1.97万套（间）保障性租赁住房出租率达70%，1.5万余人租住。全年，建设筹集保障性租赁住房2.93万套（间），完成金华市民生实事建设筹集任务（2.92万套）的100.18%，完成义乌市民生实事建设筹集任务（1.8万套）的161%。

【棚户区改造建设】 2022年，市建设局将棚户区改造作为城镇保障性安居工程的重要内容，从城市老旧住宅区房屋使用年限久、质量差、配套设施不全、安全隐患大、环境脏乱差等方面着手，推进城乡融合、改善居住环境。全年，开工及续建棚户区改造实物安置项目11个计1.87万套，棚改规模在全省各县市区中名列前茅。

【房地产数字化转型】 2022年，为防范金融风险的能力，保障商品房预售资金监管的时效性，义乌市开展商品房预售资金监管数字化转型。3月30日，义乌市印发《关于启用商品房预售资金监管系统的通知》，启用预售资金监管系统，数字赋能增强预售资金监管力度，积极推进“保交楼、稳民生”工作。11月1日，印发《关于重新明确义乌市预售资金监管的通知》，统一使用省建设厅商品房预售资金监管系统。

【国企助力保障性租赁住房项目建设】 2022年3月，义乌市发布《义乌市加快发展保障性租赁住房实施办法》(简称《实施办法》)。4月，发布《义乌市保障性租赁住房项目认定办法(试行)》，编制《资金管理办法》《租住管理办法》等配套政策，建立以《实施办法》为核心的“1+X”(“1”是指《实施办法》，“X”是指配套政策)政策体系。4月19日，义乌市建设局组织开展首场保租房现场勘探认定，向安歆青年社区项目发放金华地区首张保租房认定书，义乌进入保障性租赁住房建设快速通道。全年，对首批纳入的2.19万套(间)保租房项目发放认定书28份。保障性租赁住房工作先后获《中国建设报》《浙江日报》新闻客户端、《金华日报》等媒体报道，荣登“学习强国”学习平台。市水务集团牵头以“国企谋划项目、村集体出资共建”方式建设春华微谷产业园保租房，实现国企和村集体双赢发展；恒风集团利用公交场站建设保障性租赁住房，成为省内首个在客运站上建起的保租房。人才集团打造安歆青年社区项目，将住房保障与人才安居相结合，创建成为国内首个园区公寓综合体。

(张　伟　王　欣)

房地产管理

【概况】 2022年，市建设局加强商品房预售监管，出台房地产调控政策，稳定房地产市场。研究集聚建设商品房安置模式，开展房交会活动，促进销售94套(间)。加大房地产业监管检查力度，开展跨部门专项和双随机实地检查房地产开发公司、房地产经纪机构124家次，发现问题15个，均整改完毕。

(张　伟)

【问题楼盘化解】 2022年，市建设局协同相关部门，加大问题楼盘化解处置力度。9月21日，成立房地产风险楼盘化解工作领导小组，对4个信访突出、存在风险的楼盘逐一分析研判，由市建设局领导带头包案，解决群众实际困难，维护群众合法利益。为解决购房户办证需求，对14个问题楼盘发函督办，共办证325宗。 (张　伟)

【制定政策稳控房地产市场】 2022年，市建设局制定并实施《关于启用商品房预售资金监管系统的通知》《关于促进房地产业良性循环和健康发展的通知》《关于印发〈义乌市2022年购房契税补贴实施细则〉的通知》《关于调整部分房地产市场调控政策的通知》《关于暂停“公证摇号”政策的通知》《关于优化房地产相关政策的通知》《关于重新明确义乌市预售资金监管的通知》等文件。联合自然资源和规划局印发《义乌市机动车停车位销售及登记管理办法(试行)》，2022年4月20日起实施。

(张　伟)

【组织活动激发市场活力】 2022年6月1日，义乌市建设局组织知名房地产企业召开房地产发展圆桌论坛。创新“直播”+论坛模式，推送义乌楼市行情直播，吸引6万人在线观看。论坛围绕“与义乌共成长、与城市共美好”主题，进行研讨。碧桂园、华润、金地、金茂、滨江、绿城、美的、商城等知名房地产企业代表共10人参与相关议题研讨。7月8—10日，组织房地产企业召开义乌房地产交易会，1.3万人次参会，现场成交94套，成交额3.35亿元。9月13日，组织“同心战疫 感恩有你”线上购房节活动，允许参与企业以价换量促进销售。9月20日，市建设局组织召开房地产业座谈会，围绕房地产行业发展现状、存在问题和政策开展交流，11家房地产开发企业负责人参加会议。会上，开发商负责人就当前房地产市场情况进行剖析，对房地产市场提振信心、健康发展建言献策。

(张　伟)

【首个园区公寓综合体运营】 2022年8月1日，由义乌人才发展集团与安歆集团成立合资公司建设、运营的安歆青年人才公寓综合社区投用。安歆青年社区位于义乌市科技创业园，是义乌市首个“一站式”园区公寓综合体试点项目。公寓建筑面积7000平方米，提供房源131套（间），其中，70平方米以下住宅型房源78套，25～40平方米宿舍型房源53间，床位260个，配套功能区面积2443平方米，项目总投资1500万元，是金华地区首个将住房保障与人才安居相结合的园区公寓综合体。投用后，人才集聚效果明显，公寓出租率92%，其中80%是1年或以上的长期签约住户。2022年营收275万元，租金以外其他服务收入占比19%。

（张 伟 王 欣）

房地产交易

【概况】 2022年，义乌市商品房销售0.95万宗，同比下降67.66%；销售面积150.87万平方米，同比下降54.99%。其中：商品房住宅销售0.81万宗，同比下降69.51%；销售面积100.01万平方米，同比下降66.10%。商品房销售均价每平方米2.19万元，商品房住宅销售均价每平方米2.84万元。存量房销售面积59.30万平方米，同比下降51.62%，其中住宅销售面积40.58万平方米，同比下降35.46%。受理租赁备案59宗，注销登记备案9宗。全年人才购房并享受补贴1934人，占符合条件的93.84%；购房面积19.99万平方米，购房补贴5.87亿元，购房总金额45.94亿元。

【商品房市场】 2022年，义乌市商品房市场销售稳中有降，新增预售许可61本（不含变更前），总预售面积157.93万平方米（不含其他面积），同比下降39.19%。其中，住宅面积123.10万平方米，同比下降40.65%。

【商品房备案】 2022年，义乌市商品房备案套数0.95万宗，同比下降67.66%，备案面积150.87万平方米，同比下降54.99%。其中：商品房住宅备案套数0.81万宗，同比下降69.51%；备案面积100.01万平方米，同比下降66.10%。商品房和商品住房备案均价每平方米分别为2.19万元和2.84万元，分别同比下降7.78%和增长16.05%。2022年，商品房合同备案金额330.31亿元，同比下降58.5%；商品住房合同备案金额284.19亿元，同比下降60.7%。备案总额前五名的楼盘为下车门悦府74.08亿元、云潮府19.16亿元、孝子祠润府12.12亿元、江山云起11.54亿元、湖畔荷院10.14亿元。按用途分类，商品房备案总面积150.87万平方米，其中：住宅100.01万平方米，占比66.29%；办公楼6.10万平方米，占比4.04%；商业用房33.83万平方米，占比22.42%；厂房10.93万平方米，占比7.24%。按户型分类，商品住房备案户型前3位依次是90～120平方米、120～144平方米、60～90平方米，分别占总数的42.66%、27.61%和14.18%。

【二手房市场】 2022年，义乌市二手房（含二手住房、非住宅、工业）成交3771宗面积59.3万平方米，面积同比下降51.6%。二手住房成交3260宗面积40.58万平方米，占总成交面积的68.43%；商业营业房5.24万平方米，占8.83%；工业仓储用房9.79万平方米，占总成交面积16.51%；其他用房3.69万平方米，占总成交面积6.23%。与上年同期相比，二手住房成交比重增长17.13%。2022年，二手住房成交面积同比下降35.46%。从成交户型看，90～144平方米的户型成交比重最高，占49.91%；其次是小于90平方米户型，占比29.08%；144～180平方米占13.04%，180平方米以上户型成交比重占7.97%。从成交区域分布看，成交面积排名前三的依次是稠城街道6.18万平方米，北苑街道6.12万平方米，江东街道4.42万平方米，三者合计成交面积占全市的41.2%。

【房地产交易会】 2022年7月8—10日，由义乌市房地产行业协会、义乌市房地产经纪行业协会牵头主办，义乌市融媒体中心、金华日报报业传媒中心联合承办的“2022义乌房地产交易会”在国际博览中心A1

2022年7月8—10日，“2022义乌房地产交易会”现场

（市融媒体中心 供图）

馆举办。展会汇聚滨江、华润、联利、商城等义乌40余个新房项目。来自义乌市建设局、人社局、住房公积金、城投集团、金融机构等部门单位工作人员与市民零距离交流，为市民解决购房遇到的难题。启幕当天，2022义乌网上房交会平台同步开启，对参展楼盘进行集中线上展示，“线上线下”结合方便市民选房，展会直播和网络房交会吸引10余万人次观看。开展首日4000余人次到场，实际成交16套，成交金额4201万元。其中：商城房产共成交10套，成交金额1868万元；江映月成交2套，成交金额1657万元，意向成交106套，意向成交金额1.76亿元。交易会上，商城房产、滨江集团、美的置业、建投集团等房企推出营销回馈活动，展会3天，1.3万人次参会，现场成交94套，成交金额3.35亿元。

（甘 璐）

物业管理

【概况】 2022年，义乌市有物业服务企业98家，其中，义乌本地企业62家，外地驻义乌企业36家。从业人员9653人。共有物业服务项目326项，其中，住宅物业服务项目213项，其他物业服务项目113项，新增物业服务项目30项。创建义乌市物业管理示范项目6项；义乌市园林式居住区12个、金华市园林式居住区1个；创建金华市“红色物业”项目13项、浙江省“红色物业”项目3项；创建浙江省高标准生活垃圾分类示范小区19个。全年完成物业“两金”归集34宗，收缴资金5.15亿元；完成“两金”使用审批186件，拨付资金1097.69万元；完成80家物业服务企业的信用等级评定工作。2022年11月，经市城建局党组研究决定，对物业科提级管理，办公地址由宾王路68号征收中心（房产处）搬迁至行政三号楼，挂牌建设局物业科。

【“红色物业”项目创建】 2022年，义乌市住房和城乡建设局贯彻落实浙江省“漠视群众利益问题专项治理”工作部署要求，着力提升住宅小区物业管理水平。在“浙里物业监管应用系统”中录入并审核通过相关信息574条，无物业管理住宅小区清零攻坚行动取得重大进展，从45%提升至86%。推进“红色物业”项目，全年共完成金华市级红色物业创建住宅小区13个，其中新科花园、绣湖公寓、荷塘月色3个住宅小区获评省级“红色物业”。

【物业管理制度建设】 2022年，为规范物业行业的管理，提高物业管理的质量，1月，市建设局完成《义乌市物业服务企业信用信息管理办法》修订。3月11日，印发《义乌市物业服务项目地下空间防涝实施方案》，督促物业服务企业全面配置地下空间出入口“挡水板”。同月24日，印发《义乌市前期物业服务合同（示范文本）》，明确建设单位、物业服务企业、业主三方的权利义务。6月，开展2022年度“红色物业”项目申报工作，建立社区党组织、业委会、物业企业三方协同机制，推动小区基层治理党建引领。

【物业行业消防安全培训演练】 为强化高层住宅小区物业服务

人员消防安全意识，提高火灾应急处置能力。2022年5月12日，义乌市消防救援支队联合苏溪镇组织开展高层住宅小区消防安全培训会，采取“理论+实操”的培训方式，结合典型火灾案例，从高层火灾预防、日常防火巡查、发生火灾时如何组织引导人员疏散逃生等方面进行理论授课，139人参加培训。6月28日，市物业行业消防安全演练在欧景花园举行，演练包括模拟高层过道杂物起火疏散演练、3人组突发火情应急处理实操、50米灭火器快速使用操3项议程。市建设局、稠江街道、市物业管理行业协会、公安、消防、新光物业和各物业公司相关负责人100余人参加演练。

【物业企业信用等级评定】 2022年12月，市建设局物业科联合主管部门采取现场抽查及镇街日常检查，推行物业服务企业信用管理工作，完成80家在义乌物业服务企业的信用评定后向社会推介。其中，3家为A级，19家为B级，58家为C级。（黄　政）

住房公积金管理

【概况】 2022年，义乌市住房公积金实缴职工16.55万人，同比增长6.64%；归集公积金27.74亿元,同比增长8.57%；提取公积金21.18亿元，同比增长9.18%；公积金缴存余额69.94亿元，同比增长10.35%；发放纯公积金贷款13.96亿元，同比增长8.89%；贷款余额67.79亿元，存贷比96.93%。

【实施阶段性支持政策】 2022年6月，市住房公积金管理中心出台政策，加大住房公积金助企纾困力度，为受新冠肺炎疫情影响的企业和灵活就业人员，提供缓缴住房公积金或者降低缴存比例等政策支持。至12月底，2家企业、6名灵活就业人员申请住房公积金缓缴。申请提取住房公积金1.72万人，提取金额1.52亿元。申请贷款还贷不做逾期处理的3人，涉及贷款余额242.41万元。

【住房公积金惠民助企政策】 为加大住房公积金助企纾困力度，帮助受疫情影响的企业和缴存人渡过难关，2022年6月1日，义乌市住房公积金管理中心出台《关于在疫情防控期间实施住房公积金阶段性支持政策的通知》。通知规定，疫情期间，缴存住房公积金确有困难的企业，经本单位职工代表大会或工会讨论通过形成书面决议后，可以向中心申请缓缴住房公积金或者降低缴存比例；缴存人疫情期间不能正常偿还住房公积金贷款的，可以向中心申请暂缓还款，经中心认定后，暂缓还款期间不作逾期处理，不作为逾期记录报送征信部门；缴存人本人及配偶疫情期间在义乌市范围内无自有产权住房且租赁住房，支付租金确有困难的，提取额度由最高不超过1.2万元（含）调整至12个月内职工本人及配偶提取总额最高不超过2.4万元（每月2000元），并实现按月提取。至2022年9月4日，共缓缴住房公积金19.85万元，享受提高租房提取额度8077人，提取金额6759.27万元。

【首笔住房公积金“商转公”贷款平移业务】 2022年7月19日，市住房公积金管理中心完成全省首笔90万元公积金“商转公”贷款平移业务，该业务为市住房公积金管理中心数字化改革的成果。改革前，办理“商转公”贷款需获得义乌市不动产权证，职工需一次性结清商业性住房按揭贷款，才可申请公积金贷款。改革后，职工只需获得义乌市不动产权证，满足住房公积金贷款条件，便可以向商业性住房按揭贷款的银行进行申请，不需要自筹资金先偿还商业贷款。（陈小妹）

交通运输

TRANSPORTATION

综　述

【交通强市建设】 2022年，义乌市交通局围绕年度目标任务，以建设交通强市为目标，推动交通建设。全年实施综合交通建设项目（含前期）27项，完成有效投资71.02亿元。临安至苍南公路佛堂互通至上佛路段公路（工程第2标段）1月20日通车。境内公路总里程1545.55千米，一级以上公路里程316.1千米，境内高速公路里程75.7千米。全市有城乡公交线路223条，城乡公交车1304辆、1421标台，公交线网长3956.1千米。有运输服务站点（含城市公交首末站）50个，总面积17.6万平方米。巡游出租车1379辆，网约车经营平台28家。全年完成道路运输客运量3995.69万人次，旅客周转量3.4亿人千米；全市完成公路运输量8455.94万吨，完成周转量488.55亿吨千米。义乌机场全年总起降架次9900次，同比下降40%；旅客吞吐量86.21万人次，同比下降48.6%；完成货邮吞吐量0.8万吨，同比下降44.1%。新建公交候车亭154个，新增公交线路6条，优化公交线路17条，新增更新公交车辆139辆。完成农村公路新改建工程3个，里程8.14千米；完成农村公路提升改造工程9个，里程31.05千米。（张健鹏）

【除险保障】 2022年，市交通局从严落实安全责任，签订安全生产目标管理责任书4000余份，查处未实名登记、开箱查验不到位的案件109起，均实施行政处罚。完成7处挂牌事故多发点段整治（金华挂牌5处，义乌挂牌2处），投入整治经费1400余万元。完成倍晓线1处、八坑线5处、杨横线3处、倍鱼线1处等10个点位的山区公路塌方点修复。全年出动人员7000余人次，检查企业1.05万家次，排查安全隐患146处，整改率100%。处理涉及行业信访、群体性事件4起，确保交通运输行业安全、平稳、有序。（郑俊丰）

【重型货车防疫智控应用】 2022年，义乌市交通运输局针对货运物流防疫的重要性和复杂性，建设重型货车防疫智控平台，推出货车流调、时空伴随、防疫筛查、卡口防控、货车停放、运行监测等应用场景，与公安、卫健、属地社区等多跨协同，为防疫提供科技支撑，为统筹疫情防控和物流保畅探索创新之路。5月27日，重型货车防疫智控应用获副省长高兴夫批示肯定；6月22日，在全省推广应用。12月14日，经各单位申报、浙江省交通运输厅牵头，有关部门初审和专家评审，重型货车防疫智控应用成功入选。被评为2022年交通数字化改革基层和社会“最佳实践”。（方　莲）

【信用交通数字化改革成果】 2022年，义乌市交通局信用交通数字化改革出成果。11月28日，浙江省交通运输厅组织开展2022年信用交通数字化改革应用场景观摩评选。专家组从需求重要性、建设规范性、实战实效性、创新集成性和现场演示效果等方面进行评选，义乌市机动车维修行业信用全链条管理项目，荣获浙江省交通厅“2022年信用交通数字化改革应用场景三等奖”。

（楼　彬）

【绕城高速免费通行时间延长】 2022年12月28日，浙江省人民政府办公厅发布《关于我省部分高速公路继续实施差异化收费有关事项的复函》，对仅行驶杭金衢高速公路郑家坞互通至金义新区（鞋塘）互通段、甬金高速公路傅村枢纽至何宅枢纽段、义乌疏港高速公路何宅枢纽至后宅枢纽段，进出均在杭金衢高速公路金义新区（鞋塘）、郑家坞、浦江、义乌、望道、上溪收费站，甬金高速公路义乌东、徐村、佛堂、义亭、傅村收费站，义乌疏港高速公路湖门、福田、苏溪、廿三里收费站15个收费站，使用ETC记账卡的一类客车免收通行费，优惠政策实施期限暂至2024年12月31日。

（王　胜）

城乡公交

【概况】 2022年，义乌市内公交业务由浙江恒风集团公交分公司、义乌市万方交通有限公司、义乌市稠廿客运有限责任公司、廿三里公交公司4家公司经营。年内，全市新建公交候车亭154个，新增公交线路6条，优化公交线路17条，新增更新公交车辆139辆。至年底，全市共有城乡公交线路223条，其中，城市线路144条，农村公交线路79条。有城乡公交车1304辆，1421标台。其中，纯电动公交车733辆，799.9标台；混合动力公交车332辆，392标台；天然气公交车118辆，139标台；柴油公交车112辆，85.6标台；汽油公交车9辆，4.5标台；清洁环保公交车占全部公交车比例为90.7%。有运输服务站点（含城市公交首末站）50个。所有公交车实现GPS定位、智慧调度、市民卡刷卡及移动支付功能。全年输送客流3937万人次，日均输送10.78万人次。

（方　莹）

【公交车辆投放】 为满足城乡公共交通发展，2022年，全市投放新能源、零排放公交车139辆，总投资1.01亿元，新增更新新能源和清洁能源公交车占比达100%。

（方　莹）

【定制公交】 2022年，恒风集团以市场需求为导向，延伸定制服务，新开通杭州医学院附属义乌医院定制线、后宅三小上学线、工商职院至秦塘轻轨站等4条定制线。全年稳定运营定制线路57条，其中，家校专线32条，就医专线8条，全线定制线5条，通勤线12条，累计服务群众417.9万人次。

（俞　剑）

2022年新增优化公交线路一览表

表20

序号	线路名称	起　点	终　点	审批性质
1	701路	龙回枢纽	夏演	新增
2	702路	江湾	国际生产资料市场	新增
3	703路	稠江轻轨站	稠江轻轨站	新增
4	721路	东河公交站	官塘轻轨站	新增
5	722路	义亭公交站	义亭轻轨站	新增
6	302B路	尚经	江东公交站	新增
7	562B路	新院	东陶	优化
8	388路	新院	杜村	优化

续表 20

序号	线路名称	起　点	终　点	审批性质
9	Y353路	寺前	坞灶	优化
10	22路	宗塘	柳二	优化
11	27路	山口	东上村	优化
12	517路	佛堂公交站	址坛	优化
13	630路	廿三里公交枢纽	廿三里公交枢纽	优化
14	302B路	尚经	江东公交站	优化
15	Y56路	分水塘	轨交稠江站	优化
16	60路	江湾	建设小区	优化

（方　莹）

【省运会交通保障】 2022年6—11月，浙江省第17届省运会期间，义乌市交通运输局成立省运会交通整治保障工作领导小组，做好全市2个测试赛和4大项7小项赛事的交通用车保障。提供交通保障用车30辆，其中，大巴车19辆（统一涂装省运会元素大巴车17辆），中巴3辆和商务车8辆。提供服务车次2816次，运送技术官员6830人次，运动员3.74万人次，志愿者6852人次。实现交通服务“零差错、零投诉、零事故”。

（缪天怡）

【公交车动态服务质量第三方测评】 为规范义乌市公交企业经营行为，保障乘客权益，提高公交综合服务质量，义乌市交通局开展公交车动态服务质量第三方测评工作。由北京零点市场调查有限公司对义乌市公交车进行动态服务质量第三方测评，测评期为一年（2022年1—12月）。测评内容：企业经营、社会反映、安全生产、营运车辆、营运线路、运营服务、站点站牌。至2022年底，测评工作完成，全市公共交通服务质量测评结果得分为94.79分，得分率94.79%。（宋仙芳）

【应急运输保障】 2022年“8·2”新冠疫情防控期间，义乌市交通运输局克服转运总量高、调集车辆多、组织压力大、调度运行复杂、持续时间长的诸多困难，调集1091辆大巴车参与运输。8月3—18日，共参与运输4054车次。组织1200辆余辆出租车、120余辆商务车、400余辆公交车参与转运。支援永康、衢州、嘉兴、金华婺城、金华开发区、宁波北仑等市县的疫情防控工作，调配车辆120余辆，参与转运1500余车次。（宋仙芳）

出租车管理

【概况】 2022年，义乌市共有巡游出租汽车企业12家，在运巡游出租汽车1379辆。经营权分属12家出租车企业，其中，义乌客货运输有限公司138辆，浙江恒风交通运输股份有限公司161辆，义乌市万方交通有限公司103辆，浙江省义乌市长途汽车运输有限公司171辆，义乌市杭长运输有限公司140辆，义乌市联运有限公司166辆（50辆由吉利优行运营管理），义乌市恒风运达出租客运股份有限公司90辆，义乌市之江出租车客运股份有限公司90辆，义乌市顺凯出租车客运股份有限公司90辆，义乌市速达出租车客运股份有限公司90辆，义乌市怡达出租车客运股份有限公司90辆，义乌市腾飞汽车代驾服务有限公司50辆。新增出租车从业人员2403人，年运送旅客1418万人次。8月，义乌客货运输有限公司更新油气出租车为纯电车1辆。全市有纯电车辆1184辆，油电车50辆，油气车145辆，清洁能源汽车占比100%。至年底，网约车许可平台从41家减少至28家。

【新能源出租车驿站】2022年，义乌市新能源出租车驿站将服务与行业监管相结合，在驿站内设置“门检”功能，每月1次，定期对巡游新能源出租车灯光、轮毂、车内设施等26个子项进行常规检查，确保出租车车容车貌车况符合行业监管标准。至年底，完成7718辆次出租车洗车“门检”业务。

【巡游出租车管理考核】2022年，为提升全市出租服务质量，义乌市交通局加大力度对巡游出租车进行管理考核。由北京零点市场调查有限公司对义乌市巡游出租汽车进行动态服务质量第三方测评，对市域巡游出租车行业及出租汽车公司的服务质量水平进行综合评价。项目内容包括出租车服务质量动态测评、斑马线礼让率、企业主体责任落实情况调查、投诉处理情况分析、行业协会自律情况调查等。年底，测评工作完成，全市巡游出租汽车服务质量测评结果得分为86.49分，得分率为86.49%。通过第三方测评，确保考核数据真实有效，及时掌握同行业先进城市经验，准确把握行业发展与管理脉络，提高管理决策质量，降低决策风险。

【出租车爱心护考】2022年6月7—10日高考和6月14—15日中考期间，义乌市交通运输局制定《中高考应急保障运输方案》，招募40辆出租车和21辆社会爱心人士车辆成立“望道暖心车队”，开展“追逐梦想、温情护航”爱心护考公益活动。爱心车辆在市区主次干道、繁华路段及小区集中等候，为考生提供赶考服务；选调28辆出租车在每个考点现场待命，保障出租车提前1小时20分钟进入指定应急保障区域，指派专人到考点现场指挥调度，满足考生突发性用车需求。共服务考生87人次。

（宋仙芳）

公路运输

【概况】2022年，全市有公路客运企业6家，国际商贸城客运中心、站前客运站2家。客运线路87条、客运车辆268辆，其中，旅游包车124辆，省际客运线路33条、客运车辆41辆，市际客运线路39条、客运车辆63辆，县际客运线路15条、客运车辆40辆。外地进义乌客运线路249条，其中，跨省客运线路133条，跨地客运线路92条，跨县客运线路24条。至年底，完成客运量3995.69万人次，同比下降39.2%；旅客周转量3.4亿人千米，同比下降43.89%。长途客运量58.69万人次，周转量5700万人千米，公交客运量3937万人次，周转量2.83亿人千米。全市有公路货运（物流）企业708家，其中危化运输企业11家。在册货运车辆5690辆、吨位7.19万吨，同比分别下降2%、2.44%。其中，牵引车1708辆，普通货运车辆2643辆、吨位3.51万吨，专用车1139辆、吨位3.51万吨，危险品运输车200辆、吨位1838吨。全市完成公路运输量8455.94万吨，完成周转量488.55亿吨千米，同比分别下降26.23%、27.52%。义乌港全年完成集装箱施封量36.87万标箱，同比上升10.84%。

（宋仙芳　陈　锴）

【驾驶员培训】2022年，义乌市驾培行业共有驾培机构15家，教练车1167辆，驾培从业1322人。机动车驾驶员培训招生3.64万人，同比下降12.94%。完成培训结业3.19万人，同比下降19.16%；道路运输驾驶员从业资格考试合格人数2435人，同比增长63.74%。

（楼　彬）

【道路运输市场整治】2022年，义乌交通执法队加强道路运输市场整治。全年实施行政处罚1434起，其中，重大案件102起，一般程序案件1114起，简易案件3起，告知承诺案件215起。实施公路管理行政处罚案件126起（除非现治超），收缴罚款7.52万元；办理赔（补）偿案件171起，收缴赔补偿款69.18万元。处罚违法超限运输车辆2728辆次，其中路警联合查处2136辆次。卸载10.02万吨，罚款180.25万元；非现场处罚592辆次，罚款244.64万元。查处道路运输案件493起，罚款444.55万元，其中客运行业案件102起，货运案件324起，维修行业案件40起，驾培行业案件27起。

办理“96150”“浙里访”“110联动平台”等信访投诉件1.04万件，派发“两客一危”工单226件，办理失物查找1036件。

（文育生）

【道路运输企业信用评价】 2022年1月，义乌市交通运输局依据《浙江省交通运输行业信用工作管理办法（试行）》，对全市473家道路运输及相关业务经营企业开展2021年度信用评价工作。统一信用评价分制和等级，实行千分制，企业信用分为AA、A、B、C、D5个等级。对于具备多种道路运输经营资质的企业，分别评定不同业务类别的信用等级，其业务类别最低的信用等级作为对外公布的最终信用等级。4月7日，企业信用评价结果出炉：AA级企业293家，A级企业78家，B级企业20家，C、D级企业82家。

（李　莉）

公路工程

【概况】 2022年，义乌市综合交通建设项目27项，其中，开工3项，续建18项，前期6项，全年完成投资71.02亿元。临安至苍南公路佛堂互通至上佛路段公路（佛堂互通段）2022年1月20日通车；03省道义乌段改建工程二期（义亭高架桥—上佛路段）主线通车。义乌市被评为“四好农村路”全国示范县。

（厉之超）

【临安至苍南公路佛堂互通至上佛路段工程】 2022年1月20日，临安至苍南公路佛堂互通至上佛路通车。工程位于甬金高速佛堂互通南向接口，由北向西南展线，在环镇北路设置半菱形互通上跨环镇北路，跨越规划道路江北路，设置菱形互通上跨朝阳西路，在雪峰中学西侧跨越横二路后到达上佛路，路线全长3.78千米。采用一级公路标准设计兼顾部分城市道路功能，主车道采用全高架形式，双向六车道，设计速度每小时80千米；辅道双向四车道，设计速度每小时40千米。项目于2020年3月开工，佛堂互通段2022年1月20日通车。

（厉之超）

【国省道养护工程】 2022年，义乌市交通局根据省交通厅普通国省道公路养护计划，对G235新海线5.078千米、G351台小线3.6千米、G527象义线2.88千米，合计11.56千米普通国省道实施养护。项目于6月5日进场施工，8月底主体完工，11月底完成验收，完成率129%。实施农村公路新改建及提升改造工程9个，计30千米，实际完成31.05千米，完成率103%。

（骆君鸿）

2022年6月5日，义乌市交通局实施国省道养护施工现场

（市交通局　供图）

【03省道义乌段改建工程】 03省道义乌段改建工程二期（义亭高架桥—上佛路—金东区界段）起点位于在建义亭高架桥终点顺接金华市规划金义中线，里程为6.02千米，采用一级公路标准，兼顾城市道路功能设计，主线设计速度80千米每小时，辅道设计速度40千米每小时。其中，义亭高架桥至上佛路段为第1标段，长度1.93千米，2020年4月开工，2022年底完成形象进度82%。（厉之超）

铁路运输

【概况】 义乌市有铁路义乌站、铁路义乌西站2个火车站。铁路义乌站为高普并站的一等客运站，铁路义乌西站为货运站、“义新欧”中欧班列始发站，办理整车、集装箱、行包到发运输等业务。2022年，铁路义乌站高架站房建设进入施工阶段，11月20日起，普速铁路停止办理客运业务，高速铁路客运业务整体移设到枢纽大楼，车站仅办理高铁客运业务。旅客由原上进下出流线，调整为12米出站地道一分为二设置，日发送客流警戒值为2.6万人，小时客流警戒值为2400人。（曹　宇）

【铁路义乌站】 铁路义乌站隶属于中国铁路上海局集团有限公司金华车务段管辖，为全国县市级最具规模和活力的车站。铁路义乌站有11个站台，其中，高铁5个站台，普铁6个站台。2022年，铁路义乌站日均开行列车306列，其中，高速铁路188列，普速铁路118列。完成旅客发送527.1万人次，日均1.44万人次，最高日发送旅客3.37万人次。2022年，实现运输收入6.5亿元，日均178万元。（曹　宇）

【铁路义乌西站】 铁路义乌西站隶属于上海局集团有限公司金华车务段，中心里程为沪昆下行线318千米612米、沪昆上行线318千米836米，站管长度24.47千米。有到发线6条，货物线7条，其中集装箱线4条；有生产资料、粮食、盐业、化工、油料专用线等专线11条。货物仓库4.72万平方米，其中，货场仓库3万平方米，专用线仓库1.72万平方米；堆场2.21万平方米。铁路义乌西站有职工64人。与车站并列的有金华货运中心义乌经营部，职工165人。2022年，车站发送货物234.92万吨，装车9.54万车，卸车9.79万车，货运收入8.01亿元；货物吞吐量422.45万吨，日均接发列车256列，其中中欧中亚班列开行1596列。（潘亚波）

【轨道交通】 金义东轨道交通正线全长107.17千米，由金义线与义东线2条线组成，两线在义乌秦塘站呈双岛四线同站台换乘，整个项目总投资340.45亿元。义乌市境内路线总长40.36千米（含地下线长6.7千米），设有11座车站，其中4个地下站（义乌高铁站、秦塘站、国贸站、浙四医院站），2个停车场（官塘停车场、后宅停车场），项目红线涉及义亭、稠江、稠城、北苑、后宅、福田、江东7个镇街（道）45个村居，投资125.37亿元。金义段（金华站—秦塘站）2022年1月11日开启试乘，8月30日开通试运营。义东段首通段为义乌凌云站—东阳体育馆站区间，3月1日试通车，9月28日开通试乘，12月28日开通运营。（曹德松）

【高架站房建设获国铁集团批复】 2022年1月30日，国铁集团批复同意义乌火车站高架站房初步设计方案，为全国首例获批在运行的高铁上建设高架站房项目。8月19日，义乌市火车站高架站房建设正式进入实施阶段。新建高架站房建筑面积7.5万平方米，投资19.88亿元，包括安检通廊、进站广厅、高架候车厅等，其中候车厅长300米、宽125米，最高聚集人数6000人。与杭长高铁、沪昆铁路、金甬铁路、杭温高铁、金义三四线、金义东市域轨道6条铁路实现互联互通，义乌站规模11台27线，为省内仅次于杭州东站的第二大站。（王苏琴）

【一线连通三城】 2022年6月14日，金义东（金华、义乌、东阳）市域轨道交通试验电客车14时从金华站出发，15时11分抵达东阳体育馆站，标志着金义段和义东段拉通试跑获得成功。金华、义乌、东阳三地实现轨道交通一线牵，开启大都市区协同共建和交通“三圈”建设新篇章。（曹德松）

【枢纽大楼进站大厅启用】 2022年7月5日，义乌火车站枢纽大楼进站大厅启用。义乌火车站枢纽大楼长342米、宽104米，占地3.6万平方米，建筑面积20.3万平方米，拥有车位1500余个，设置有中央空调、地暖等设备，各层之间均有自动扶梯或垂梯相连。集进站大厅、公交车站、出租车场、停车场、商业、办公等功能为一体的综合大厅。大厅可容纳2500人同时候车。

【金义三四线义乌站工程开工建设】 2022年11月29日，金华铁路枢纽扩容改造工程义乌站工程开工建设。金义三四线是金华铁路枢纽扩容改造工程重要组成部分，新建雅塘至义乌段正线长度34.38千米，设计时速250千米，用地规模120.4公顷，总投资92.27亿元，包含新建金义站、相关联络线等工程。其中，义乌段正线23千米，用地规模43.3公顷，概算投资32.3亿元。金义三四线承担金华与义乌之间城际客流，与周边路网相衔接，缓解沪昆高铁运能紧张的状况。

（王苏琴）

民航运输

【概况】 义乌机场位于义乌市区北部，2022年，机场飞行区技术等级为4D级，机坪面积5.8万平方米，有11个停机位。军民航共用的跑道长3000米、宽45米，可满足空客300、波音767等大中型客机及波音757货机起降。有国际及地区通航点2个，分别为中国澳门和大阪，其中中国澳门为客运航点，大阪为货运航点。国内通航点26个，为北京首都、北京大兴、广州、深圳、成都、昆明、重庆、贵阳、西安、太原、银川、武汉、郑州、乌鲁木齐、天津、长春、沈阳、哈尔滨、济南、青岛、揭阳、南宁、珠海、三亚、遵义茅台、巴中。2022年，义乌机场共起降航班9900架次，旅客吞吐量86.21万人次，货邮吞吐量8000吨，同比分别下降40%、48.6%和44.1%。

【海口—义乌—烟台航线开通】 2022年6月7日，由山东航空公司执飞的海口—义乌—烟台航线首航，此航线由波音B737—800机型执飞，每周二、周四、周六往返各一班。早上6时35分从海口出发，9时10分到义乌；9时55分从义乌起飞前往烟台；14时20分从烟台出发，16时40分到达义乌，17时25分从义乌出发飞往海口。海口—义乌—烟台航线的开通，是义乌机场积极响应地方经济稳进提质攻坚行动、有序恢复主业发展的重要举措，为海口、义乌、烟台三地经济发展搭起一座“空中桥梁”，至年底，往返客流量2563人次。

【义乌—徐州航线开通】 2022年7月15日，义乌机场开通义乌—徐州航线，该航线由南方航空公司执飞，机型为波音B737—800型，每天往返一班。16时00分从义乌出发，17时15分到徐州；18时05分从徐州起飞，19时20分到达义乌。徐州和义乌都是国家“一带一路”重要节点城市，徐州重工，义乌重商，两地商业贸易往来甚密，此航线的开通，促进了两地的经贸往来和文化交流，为义乌、徐州两地经济发展搭起一座“空中桥梁”，至年底，往返客流量1908人次。

【义乌—遵义（茅台）—贵阳航线开通】 2022年11月11日，多彩贵州航空执飞的GY7215航班在义乌机场落地，标志着义乌—遵义（茅台）—贵阳航线的正式开通。该条航线开通后，每周一、周三、周五、周日各往返一班，义乌起飞时间是19点10分，到遵义（茅台）的时间是22点10分，到贵阳的时间是23点40分。此航线是义乌至贵州的第二条航线，为义乌和贵州两地的经贸往来；互联互通，搭起空中桥梁。

【浙中地区首家口岸出境免税店投入运营】 2022年12月1日，义乌机场出境免税店正式对外营业，成为浙中地区首家口岸出境免税店，义乌机场成为继杭州、宁波、温州后，第4个开设口岸免税店的机场。义乌机场出境免税店由中国免税品（集团）有限责任公司全资子公司中免义乌税品有限公司负责经营，总经营面积150平方米，销售商品涵盖日化、精品、烟酒、食品、百货五大类40余个品牌、200余个单品。满足广大市民及出境旅客高层次消费需求。

（鲍晓龙）

物流·海关

LOGISTICS · COSTOMS

综　述

【义乌物流业稳步发展】 2022年，义乌市共有国内物流企业1550家，国际货运代理企业1600余家，"三通一达""顺丰""极兔"等快递企业151家。有国家A级物流企业60家，其中，AAAAA级2家，AAAA级31家。全年完成商贸货运量8014万吨，其中，铁路货运量422.43万吨，同比增长15.1%。新增物流仓储面积15万平方米，物流供地145万平方米。多式联运指标平稳向好，一季度同比增长65.8%，完成增长20%目标任务，实现开门红。一至三季度营业总收入66.95亿元，同比增长42.6%。

【国家物流枢纽项目建设】 2022年，义乌市推进国家物流枢纽项目建设。圆通速递浙江总部、中通快递浙江总部建成投用；铁路口岸二期高架桥工程、综合楼工程完工；义乌国际数字物流市场、义乌国际冷鲜城（冷库区域）、韵达智慧云物流项目等基础设施项目通过"标准地"出让，按期建设中。落地红狮物流网络货运平台，陆港集团物流信息化综合服务平台完成招标，完成基本功能开发。与广州港口型、福州商贸服务型、温州商贸服务型、金华生产服务型等国家物流枢纽开展对接，建设集疏运中心、货物双向运输，推动枢纽和节点城市间企业协作和业务协同。

【义乌（苏溪）国际枢纽港一期项目工程动工建设】 2022年11月25日，义乌（苏溪）国际枢纽港工程动工建设，义甬舟开放大通道迈入新阶段。义乌（苏溪）国际枢纽港项目金甬铁路苏溪集装箱办理站，是金甬双层高集装箱运输试验线支撑性项目、宁波舟山港"第六港区"核心载体、浙江省义甬舟开放大通道的重要项目，列入国务院《推进多式联运发展优化调整运输结构工作方案（2021—2025）》。项目布局铁路作业区和集装箱堆场区、口岸功能区等配套作业区，承担宁波—义乌进出口海铁联运业务，通过金甬铁路实现陆港与海港间快速转运，推动全程运输服务（CCA）在内陆腹地延伸，实现"港务、船务、关务、信息、管理一体化"，打造具有"始发港""目的港"功能的内陆国际枢纽港。　（朱介冻）

物流管理

【概况】 2022年，义乌市开展安全生产专项检查53次，检查物流园区101家次；出动执法人员1923人次，检查625次，检查物流企业2414家次。发现隐患165个，完成整改165个；关停企业4家，立案46起，罚款76.09万元。完成国内物流企业效益综合评价，评出供地物流企业A类2家，B类5家，C类1家，D类2家；非供地物流企业A类16家，B类300家，C类293家，D

类174家，卸货点108家。做好纠纷调解，全年处理物流投诉2430件，在规定时间内处理，完成率100%。（顾朝晖）

【兑现物流行业政策】2022年，义乌市市场发展委兑现物流行业政策。完成纯电动物流车辆年度政策扶持，向绿色慧联、弘速2家达标企业兑现扶持资金38.4万元。落实物流行业政策性担保和全行业扩面和降费政策，协助快捷物流延续政策性担保贷款400万元。受理浙江盈和国际物流、义通欧、义乌速瑞快递的5名人才子女入学申请，筛选出符合入学条件3人。（顾朝晖）

【推进“头盔革命”】2022年，为进一步加强物流行业安全生产，4月1日，义乌市市场发展委下发《关于全市物流园区开展“头盔革命”的通知》，立足各物流园区，开展物流园区“头盔革命”。进一步提高安全意识和自我保护意识，至年底，联合相关部门进行专项检查27次，消除隐患91处，5个物流园区开展头盔革命自查415家次，消除隐患85处。（王萍）

【危险品专项整治行动】为保障物流行业平稳运行，2022年2月26日，义乌市市场发展委印发《关于开展物流园区危险物品安全专项整治行动的通知》《关于开展电商园区危险物品安全专项整治行动的通知》，会同交通局开展危险物品专项整治。年内，完成物流园区安全生产培训、登记和开箱查验制度上墙、守法经营承诺书签订、园区入场承诺和考核清退制度完善、巡查队伍装备升级、园区建立“一企一册”、相关职能部门举报电话公示及禁运货物上墙“八个全覆盖”。开展安全生产专项检查53次，检查物流园区101家次；出动执法人员1923人次，检查625次，检查物流企业2414家次；发现隐患165个，完成整改165个，关停企业4家，立案46起，罚款76.09万元。（许慎）

【物流“无疫园区”建设】2022年，义乌市市场发展委推动物流“无疫园区”建设。在五大物流园区构建疫情防控体系，实现园内889家企业全部申领二级场所码，建立省外来义乌务工人员台账，上墙场所包联牌。9月底，青口、福田、江北下朱、公路港、红狮五大物流园区完成无疫园区创建。（王萍）

国内物流

【概况】2022年，义乌市共有国内物流企业1905家，快递企业151家，国家A级物流企业60家，全年完成商贸货运量8014万吨。其中，铁路货运量422.43万吨，同比增长15.1%。义乌机场共起降航班9900架次，货邮吞吐量8000吨，同比下降44.1%。（顾朝晖）

【智慧物流建设】2022年，义乌市市场发展委大力推动智慧物流建设。在江北下朱物流园、国内公路港、青口物流园、福田物流中心和红狮物流园5大园区推广物流产业的标准化、信息化建设。通过智能软硬件、物联网、大数据等智慧化技术手段，实现物流各环节精细化、动态化、可视化管理，提高物流系统智能化分析决策和自动化操作执行能力，提升物流运作效率的现代化物流模式。培育和引进现代物流企业红狮物流，投资20余亿元，建设物流档口300余间，高标仓7万余平方米，楼层仓18万平方米，电商办公5万平方米，司机之家住宿1200余间，集聚300余家物流、仓储企业，100余家电商企业。利用智慧物流的产业链，开展智能仓储、智能运输、智能配送。通过“通道+枢纽+网络”的数字化物流供应链服务平台，为生产制造企业提供整车、零担物流、仓配一体的供应链解决方案，降低成本增加效益。2022年，实现货物吞吐量345万吨。（钟江峰）

【海铁联运业务增长】2022年，义乌国际陆港集团紧盯数字化改革目标，借助铁路部门、宁波舟山港端系统，叠加口岸公司服务系统，实现人工作业模式转为系统调度模式，提高现场作业效率，降低企业综合物流成本，加强“第六港区”建设。根据市场需求开通船公司专列，引进船公司19家，全程提单模式船公司7家，推动船运产业集聚。“义乌—宁波舟山港”海铁联运班列强劲增长，每天有20余个集装箱通过海铁联运班列运输至宁波舟山港。至年底，共发运标箱8.05万个，同比增长17.64%。（顾朝晖）

【义乌西铁路货场扩建工程二期建设】 2022年，义乌市推进义乌西铁路货场扩建工程二期建设，提升铁路口岸开放能级、健全口岸功能、完善服务体系，为“义新欧”中欧班列和海铁联运班列提供保障。扩建工程二期由仓储区、立体仓、跨线桥、综合楼、监管区5个单项工程组成。1月20日，“义新欧”铁路口岸物流中心二期仓储区市政工程被评为“商城杯”优质工程。9月14日，监管区工程比原计划提前30天结顶。监管区工程总建筑面积2.6万平方米，有配套仓储用房、1号海关查验仓库、2号海关查验仓库3个主体，配电房2个，垃圾收集点2个，卡口2个，绿化面积5847平方米。（吴晨芳）

【卡航集拼中心落地运营】 2022年3月30日，浙中地区首个卡航集拼中心正式落地运营，助推义乌融入“一带一路”倡议，打通国际物流“第四通道”。卡航集运中心（孵化区）占地7.8公顷，建有2幢标准化仓库，库容面积3.42万平方米，6家企业入驻。开展卡航及相关业务，货运线路覆盖欧盟、俄罗斯、中亚等34个国家。2022年开行187卡车，出口额2.2亿元。（吴晨芳）

【海铁班列与中欧回程班列首次实现整列中转】 2022年4月14日，“义乌—宁波舟山港”海铁联运班列从铁路义乌西站出发，搭乘中欧回程班列的100个标准箱进口纸制品，前往宁波舟山港，实现“义乌—宁波舟山港”海铁联运班列与中欧回程班列首次“整列中转”。“整列中转”为外贸企业提供新的物流模式，克服公路配送不畅，缓解国际物流链运转压力，稳定国内产业链供应链。减少碳排放，减少铁铁中转的等待时间，降低运输成本15%。全年，实现“义新欧”中欧班列与宁波舟山港海铁联运班列“整列中转”6000余标箱。（顾朝晖）

国际物流

【概况】 2022年，“义新欧”中欧班列义乌平台累计往返运行1569列，发运标箱12.9万个，同比增长22.8%。其中，回程班列673列，占比从2021年的23%提升至42.9%。海铁联运发运8.05万标箱，同比增长17.64%，全程提单占比51.2%。（朱介冻）

【缅甸最大新能源项目物资专列】 2022年7月7日，满载100标箱太阳能光伏组件的海铁联运班列从义乌铁路口岸启程，经海铁联运抵达宁波舟山港后装船，赴缅甸仰光港，标志着“义乌—宁波舟山港‘中国电建’号”光伏专列成功首发。“义乌—宁波舟山港”海铁联运班列+海运新模式，为“中国制造”开辟了一条出海物流新路径。依托此条通道，义乌光伏产业集群及周边地区出口货物可以经缅甸出海口联通欧洲、非洲、中东及南亚各国，浙中地区出海物流模式优化，缩短运输距离和运输时间。（毛鹏飞）

【“市场采购”+“空空转关”打开小商品出口新通道】 2022年8月2日，装有56件重1190千克饰品配件的航班，从义乌机场搭乘国内航班转关至广州白云机场海关，随后搭乘国际航班飞往法国戴高乐机场，全程72小时。这是浙江省首票“市场采购”+“空空转关”出口业务，为小商品出口打开新通道。在此模式下，申报、查验、放行等通关流程都可以在义乌完成，实现采购、装运、报关无缝链接，比传统出口方式节约1天时间。（毛鹏飞）

【“义新欧”中欧班列开通新线路】 2022年9月30日，中欧班列“义乌—卡德柯伊（土耳其）”铁海公联运班列在义乌海关监管下首发，是中欧（义新欧）班列义乌平台为适应市场需求、提高运输时效、促进班列市场化高质量发展而开发的欧洲方向南向新通道，义乌平台的第18条新线路。班列从义乌西站出发至新疆霍尔果斯口岸出境，经哈萨克斯坦阿克套港，通过里海运输至伊朗安扎利港后转运至土耳其卡德柯伊口岸。从新线路走的货物可达南欧各国，辐射欧洲全境。至年底，“义新欧”中欧班列已辐射欧亚大陆50个国家、160多个城市。

【海铁联运“太平号”专列首发】2022年10月20日，载有100个标准箱汽车配件、服装、玩具等出口货物的81942次货运专列从义乌铁路西站鸣笛启程，驶往宁波舟山港北仑港站，标志着义乌至宁波舟山港“太平号”海铁联运专列成功首发。海铁联运专列是太平船务有限公司（PIL）在全球和国内开行的首条海铁联运专列，首发后每周开行一班。（毛鹏飞）

快递物流

【概况】2022年，义乌有快递企业151家，标准化营业网点462家，大小型快件处理场地183处，就业2.7万余人。全年快递业务完成93亿件，同比增长0.1%，日均处理量2547万件，业务收入255.8亿元，同比增长2.6%。“双12”单日快递业务量4504万件，超过同年“双11”。快递业务量列全省第一位、全国城市排名第二位。年内，开展排查整改行动，出动执法检查1770余人次，检查网点980余家次；检查通报8期，发放责令改正69份，立案32起，处罚金额102.1万元，停业整顿网点28家。

【快递物流抗疫保障】2022年，义乌市邮政管理局利用行业优势，发挥邮政快递业抗击疫情突击队和经济复苏急先锋作用，指导快递企业，开展保通保畅工作，在保障供应链安全、防疫物资运输和民生必需品保供方面，彰显社会责任担当。“8·2”疫情期间，组织邮政、申通、极兔等10个快递企业支援疫情防控工作，运输保供物资及核酸样本861车次，解决送药困难、快递园区难题等6个问题；审核浙江省电子通行证1994份，办理义乌市内通行证3573份。

【快递行业精神文明建设】2022年，义乌市邮政管理局加强快递行业的精神文明建设，取得丰硕成果。赤岸农村电商快递物流中心被评为全省首批快递进村五星“共富驿站”，稠州路邮政支局、金丰速运有限公司义乌城西营业部、义乌市众通快递有限公司、义乌市德顾供应链管理有限公司4家网点被评为“全省首批邮政快递业扫黄打非示范站点”，稠州路邮政支局被评为“全省邮政普遍服务网点示范窗口”，义乌速瑞快递有限公司（中通）、义乌市申通快递有限公司、浙江盈和国际物流有限公司、义新欧贸易服务集团有限公司4家快递企业被授予“义乌市商贸业突出贡献企业”称号，申通快递的邓德庚荣获义乌市场建设40周年“经营模范四十佳”，快递员刘中南被义乌市政府记三等功，被评为浙江省“最美快递员”。

【“最美快递人”评选活动】2022年7月8日，义乌市邮政管理局联合市委组织部、市总工会、市快递物流行业党委开展“最美快递员”评选活动，评选出10名“最美快递人”。“最美快递人”当中，有疫情中的逆行战士、见义勇为的好人、揽投员、客服、申诉处理人员、调解员和管理人员。“最美快递人”评选活动，诠

2022年7月8日，义乌市快递行业十佳“最美快递人”颁奖仪式在义乌中通分拨中心举行（丁君瑕　摄）

释了邮政快递行业的核心价值理念。

【快递专用电动三轮车推广】 2022年7月6日，义乌市邮政管理局会同市公安局举行快递专用电动三轮车发车仪式。推进快递专用电动三轮车规范通行，保障快递员的合法权益，促进义乌邮政快递业高质量发展。通过规范快递车辆管理，为快递车在城市及农村通行、临时停靠作业，提供便利条件，赋予必要的道路使用权。全年更新推广快递专用电动三轮车1300余辆。

【快递行业应急救护培训】 2022年9月6日，义乌市邮政管理局联合义乌市红十字会开展快递行业应急救护培训。培训采取理论讲解和现场模拟操作相结合的方式进行，为期3天，300余名快递员参加培训。通过培训，提高快递员处理事件和应急救护能力，促进快递员发挥职业优势参与社会应急救护活动，推动快递业高质量发展。通过考核的快递员获得红十字会救护员证书。

【职业技能竞赛】 2022年9月21日，义乌市邮政管理局联合市人社局举办2022年度快递员职业技能竞赛。50余名来自邮政、顺丰、中通、圆通、申通、韵达、极兔等17家快递企业的快递员参加竞赛。竞赛分为理论测试和实际操作测试两部分，理论测试考核快递理论知识的储备情况，实际操作测试快递基本业务、法律法规知识和快件打包、禁寄物品处理、安全规范操作等方面的水平。评出个人一等奖1名、二等奖2名、三等奖7名，总成绩排名前三的选手被授予“义乌市技术能手”称号。

【快递物流行业委员会更名】 2022年11月17日，为理顺机制、压实责任，根据中央组织部要求，经市委组织部研究，中国共产党义乌市快递物流行业委员会更名为中国共产党义乌市快递行业委员会。快递行业委员会的主要职责，指导全市快递行业党建工作，管理或联系龙头企业总部、省级区域公司、大型分拣中心党组织，推动快递行业党组织开展工作。行业党委组成架构不变，委员单位职责分工相应调整，由行业党委研究后明确。行业党委与市邮政管理局合署办公。 （丁君暇）

物流园区

【概况】 2022年，义乌市有江北下朱物流场站、国内公路港、青口物流中心、福田物流中心和红狮智慧物流园五大物流园区。总占地面积124.43公顷，经营用房830余间，入驻物流企业870余家，专线640余条，仓储企业90余家，卸货点37个，辐射全国300余个城市。2022年，5个物流园区完成货运量1436.74万吨。

【国内公路港】 义乌公路港位于疏港快速路与四海大道交叉口，占地49.62公顷，2019年4月30日投入运营。2022年，义乌公路港招引物流企业241家，其中卸货点27家，直播中心2个、商业配套15个、电商仓储企业19家。2022年1—6月，义乌公路港完成货物吞吐量461.85万吨。货运网络齐全，直达线路500余

2022年1—6月，义乌公路港完成货物吞吐量461.85万吨

（义乌市国际陆港集团　供图）

条，辐射全国300余个城市，省级、地级城市实现全覆盖。2022年，义乌公路港货运量480万吨，进出区车辆876万辆。

【福田物流中心】 福田物流中心位于义乌市阳光大道东侧、天宝路南侧地块，总用地11.8公顷。2019年建成投用，总投资 1.5亿元，总建筑面积5.68万平方米，经营用房137间，有物流企业111家，卸货点5家。2022年，福田物流中心货运量92万吨，进出区车辆7万余辆。

【红狮智慧物流园】 红狮智慧物流园位于稠江街道伏龙山路387号云驿小镇，由红狮控股集团投资建设，是红狮物流全国性总部基地。占地29.01公顷，总投资20亿元，建筑面积60余万平方米。园区采用“共享仓储+快运物流+城市配送”运营模式，网络货运为工具，统仓共配为纽带，形成线上线下联动的产业供应链服务平台。2022年，园区入驻企业204家，其中，物流企业128家，仓储企业76家，上缴税收4800万元。

【青口物流中心】 青口物流中心位于义乌市阳光大道与涌金高速交叉处西侧白莲塘和观音塘地块，2019年建成投用。总用地规模20.67公顷，其中北侧地块占地8.13公顷，南侧地块占地12.54公顷。总建筑面积 10.8万平方米，包含集货中转区、零担快运区、辅助及管理用房等。2022年，青口物流中心有经营用房231间，物流企业215家，卸货点1家。南侧区块有零担快运区8栋140间，北侧区块有零担快运区6栋91间，另单独设1栋集货分拨中心，一层用于集货中转，二层用于仓储。2022年，青口物流中心货运量计215万吨，进出区车辆16万余辆。

【江北下朱货运市场】 江北下朱货运市场位于310省道与城北路交叉口以东、义乌江以北，2009年7月12日投入运营。占地13.33公顷，总投资3000余万元，建筑面积2.7万平方米，有经营用房465间。市场有物流企业175家，卸货点4家，货运网络齐全，专线140余条。2022年，江北下朱货运市场货运量189万吨，进出区车辆14万辆。

（毛鹏飞）

海　关

【概况】 2022年，义乌海关外贸稳增长，全年进出口总值4788亿元，增长22.7%。受理进出口报关单78.5万份，同比增长24.4%，关税、增值税入库39.90亿元；监管“义新欧”班列1569列，增长22.9%。签发原产地证书25.4万份，签证金额48.9亿美元，分别增长2.9%和5.9%；签发自贸协定原产地证书24.3万份，签证货值43.5亿美元。监管进出境邮件478.99万件，进出境航班474架次，进出境人员3423人次，检出传染病4例。海关“加强行刑衔接查办出口侵权货物系列案”，被评为2022年“中国海关知识产权保护典型案例”，义乌海关第11次被评为“全国海关知识产权保护典型案例”。（李均悦）

【综保区进口额超200亿元】 2022年1—12月，义乌综合保税区实现进出口额216.8亿元，其中进口204.4亿元，出口12.4亿元。进出口额列全国第67名，浙江省第5名，在2020年新获批综合保税区中位列第一位；进口额居全国第43名和全省第3名。

（程培英）

【菜鸟全国首个保税仓直播“样板间”落户义乌】 2022年1月6日，菜鸟保税仓跨境直播联盟揭牌仪式在菜鸟义乌保税仓举行，这是义乌综保区着力发展“保税+直播”业态后迎来的第一个盟友，实现业务发展“开门红”，菜鸟全国首个保税仓直播“样板间”落户义乌综合保税区。菜鸟仓播以海关监管下的保税仓为基础，为跨境商家提供该联盟覆盖义乌、杭州、武汉、广州、郑州五大菜鸟保税仓，向全国消费者提供覆盖上百个进口品牌的数万种进口商品新的销售通路和商业机会。同时，以“仓”为基地，为直播机构和平台提供海关监管下的“货和场”，用户从保税仓直播下单的商品，平均时效为2～3天。（程培英）

【综保区迎来首批外贸出口货物】 2022年2月16日，3辆卡车满载着义乌晶澳太阳能科技有限公司生产的货值230万元、总重量75吨的光伏组件，驶入义乌综保区主卡口，标志着义乌综保区迎来首批外贸出口货物，出口业务步入正轨。（程培英）

【“国门绿盾”行动】 2022年3月22日，义乌海关开展“国门绿盾”专项行动。至年底，查获濒危动植物及其制品2批，其中象牙制品65件1.27千克。截获禁止入境动植物制品90批，外来有害生物21种类30种次，外来物种14种类15种次。检出不合格进出口食品及化妆品16批，查办知识产权侵权案件107起。（李均悦）

【“分离式海关付税保函”业务】 2022年3月30日，义乌综合保税区运营管理有限公司举行“分离式海关付税保函”业务集中签约，4家企业拿到关税保函，总额度1100余万元。“分离式海关付税保函”引入第三方担保公司，将保函申请人和保函被担保人相互分离，外贸企业作为保函的被担保人，无需提供抵押或保证，即可享受银行担保。此业务解决外贸企业授信难、担保弱、资金紧等瓶颈问题，具有高效率、低费率、优担保、降成本的优势。（程培英）

【首个跨境电商退货中心仓落地】 2022年5月26日，义乌综合保税区首个跨境电商退货中心仓运行。标志着退货“最后一公里”顺利打通，为企业节省区外退货仓额外租金，减少包装、运输时效及区外集散、打包的环节，减轻企业负担。全年，退货308票18万余件。（程培英）

2022年6月10日，“6·18”保税直播节在佰荟供应链保税仓启动 （义乌市综保区 供图）

【“6·18”保税直播节】 2022年6月10日，“6·18”保税直播节在义乌综合保税区佰荟供应链保税仓启动。直播节持续10天，直播10余场，直播品类涵盖母婴类、保健品、美妆类等，网购保税订单发货量计275万单。（程培英）

【海外商品线上推介会】 2022年6月30日，义乌综合保税区举行首场海外商品线上推介会德国专场。海外商品线上推介会以“拓贸易朋友圈 享发展新机遇”为主题，通过直播展示特色产品，促进供需两端洽谈，实现便捷贸易配对，集聚海外资源、打通进口链路、加速品牌孵化、拓宽市场渠道、扩大贸易规模。6家德国企业受邀开展线上产品推介，区内企业代表及区外采购商60余人线上参会。（程培英）

【抖音跨境直播周开播】 2022年11月1日，义乌综合保税区首场抖音跨境直播开播，拉开义乌综合保税区“双11”保税直播周的序幕。此次直播周开展活动10余场，涵盖14个头部电商平台，聚焦40多个国家的保健、美妆、食品等网销品，覆盖区内50%跨境企业，总成交313万票。（程培英）

邮 政

【概况】 2022年，中国邮政集团有限公司浙江省义乌市分公司（简称“义乌市邮政分公司”）实现收入20.55亿元，同比增长45%。其中，金融收入2.77亿元，同比增长10.8%；寄递收入17.1亿元，同比增长55.1%。义乌市邮政分公司快递包裹单日业务量首次突破400万件，同比增长39%。

【为冬奥会加“邮”活动】 2022年1月5日，为迎接北京2022年冬奥会和冬残奥会，义乌市邮政分公司联合义乌市绣湖小学六年级学生在绣湖小学开展“冰雪寄语”中国传统书信文化传播活动。学生们通过手写书信的形式，紧扣“冰雪寄语”的活动主题，诉说奥运情感，寄语奥运赛事，表达对冬奥运动员的期盼与祝福，对冰雪运动的喜爱；将手写的贺年有奖明信片互动卡，随信邮寄至冰雪寄语专用信箱，加盖2022年2月4日北京2022冬奥会开幕式活动日戳，寄回参与者本人收藏。义乌市邮政分公司通过弘扬中国传统书信文化，打造“书信中国”品牌，讲述中国故事，抒发爱国情感，为培育校园书信文化创造良好的氛围。 （厉　楠）

【“义乌市场建设40周年”主题纪念邮票发行】 2022年11月26日，“义乌市场建设40周年”主题纪念邮票发行。邮票从《诚信》主票开始，寓意诚信立市，副票采用手绘长卷形式，呈现一幅见证市场发展的“义乌上河图”，从第一代市场“鸡毛换糖”开篇，历经第二代、第三代、第四代、第五代市场的40年变化，每一代市场的标志性建筑物在邮票画卷中清晰展现，反映义乌市场从创建到成为“世界小商品之都”的蜕变过程。该套邮票是全国首套长卷版主题邮票，采用手绘艺术手法，以长卷画的形式，

2022年11月26日，“义乌市场建设40周年”主题纪念邮票发行

（义乌市邮政公司　供图）

提炼义乌市场40年发展历程。该套邮票为全国首套长卷主题邮票。（厉　楠）

【新版分拣码应用】 2022年9月，义乌市邮政分公司正式应用新版分拣码，转变原有面单通过汉字和三段码来进行分拣的模式；使用新版分拣码进行人工分拣；新版分拣码不再显示汉字，全部由字母或数字组成，位置统一规整。新版分拣码应用后，全数字规则编码作业员工只需熟知环节分拣码含义和对应分拣格口，分拣更快、更准，初分人工线的细分效率由每小时800件提升至每小时1120件，同比增长40%；每班次分拣人数，由40人降至28人，提高了作业效益。（厉　楠）

电　信

【概况】 2022年，中国电信义乌分公司打造千兆城市，支撑经济社会数字化转型；打造5G精品网络，深化5G共建共享。全年建设5G基站183个，室分点位202个，累计建成5G基站1511个，实现义乌市主城区及乡镇主镇区的连片覆盖，重点场景深度覆盖。完善千兆光网，核心网络升级，安装部署5个核心点位的10套新型城域网设备，全面部署IPV6，在千兆网络全面覆盖的基础上，打造“三千兆”精品接入网，完成15万用户的光宽网络升级。至年底，共有义乌电信本地电话用户17.13万户，移动电话用户61.24万户，互联网宽带接入用户44.25万户。

【数字赋能未来乡村建设】 2022年，中国电信义乌分公司数字赋能未来乡村建设。开展全市农村地区网络覆盖，提升农村光纤和无线网络覆盖工作，完善了19个农村区域的信号覆盖，在农村区域新增5G站点67个，5G覆盖率提升26%。推进数字乡村建设，累计签约219个村，上线102个村，在义亭镇缸窑村打造未来乡村示范标杆，落地5G定制网、天翼康康、“慢直播”等信息化项目与应用。通过建设5G定制网，实现5G Wi-Fi全村畅享，村域各类智能化物联设备安全、高效、便捷地接入未来乡村体系，通过5G云网底座支撑智享生活，让数字化融入每家每户、每位前来游玩的游客中。

义亭镇缸窑村实现5G信息化全覆盖

（义亭镇供图　2022年4月21日摄）

【全省首个征兵管理系统平台落地佛堂】 2022年7月，中国电信义乌分公司联合佛堂镇政府打造全省首个征兵管理系统，实现征兵目测初检工作的数字化赋能，使征兵工作精准化、智能化、高效化。通过该系统，应征入伍青年可收到由系统一键派发的报名短信，通过扫描二维码实时录入体检最新信息，实现人员统一管理，流程统一标准化。信息录入收集后，佛堂镇人武部可实时查看初检青年的信息及征兵流程进度，在平台上实现信息的一键筛选和分类，通过算法筛选体检淘汰人员，减少人为误差，确保征兵目测体检精准、透明，提高征兵体检工作的效率。

【基层治理平台建设】 2022年，义乌电信以应用集成“1612”体系与“141”体系贯通为抓手，通过基层智治综合应用，深化“县乡一体、条抓块统”改革，打造高效协同、整体智治的基层智治体系，推动六大领域在基层的贯通。

6月上旬，该应用在全市14个镇街运行，6月22日，通过全省首批重大应用验收。平台增加网格图层、视频图层完成对接“城市大脑”3.6万余路的视频监控，科学助力研判分析指挥调动。至12月底，全市上报事件20万余件，日均新增500余件；通过“三步十一法”为指引，以“界面集成+接口集成”等贯通方式，完成6个市级应用贯通。（蒋丹琪）

移　动

【概况】 2022年，中国移动义乌分公司有手机通话用户183.97万户，宽带用户61.84万户。实现运营收入22.15亿元，位列浙江省县级公司第一位。全年完成5G投资3.83亿元，新建5G基站1130个，累计建设4100余个，实现城区、乡镇、行政村5G网络全覆盖，5G网络“村村通”。落实高质量千兆宽带覆盖工作要求，千兆覆盖率达到99.3%，千兆用户容量72万户。推进千兆小区升级，为义乌的家庭千兆网络接入、电商产业蓬勃发展、线上线下产业融合转型提供支撑。聚焦数字商贸、未来工厂、未来乡村、基层治理等热点场景，助力数字赋能。发挥5G、大数据等信息化技术优势，提升基层防控管理能力。

【商贸行业5G应用】 2022年，中国移动义乌分公司深化商贸行业5G应用。3月，公司利用5G与元宇宙技术，以“试点研发、小范围测试验证、行业面推广”的机制，成立“5G+商贸”专班，完成商贸城元宇宙直播间打造，提供商城各商家共享使用。融合5G、云、大数据等新技术应用，融合商城信息化生态合作圈，以采购商、经营户、商城集团（含市场以外的产业）为应用分类主体，探索元宇宙商铺、导购数字人、AR导航应用等5G应用。8月31日，与商城集团合作“元”上商贸城，智联义乌5G元宇宙商贸城项目参加工信部主办的“绽放杯”5G应用征集大赛，获二等奖。11月，启动建设义乌综合保税区新型进口市场智能化项目，为义乌“第六代市场”全面提升全球竞争力奠定基础。

2022年8月31日，智联义乌5G元宇宙商贸城项目参加第五届“绽放杯”5G应用征集大赛　　（中国电信义乌分公司　供图）

【数字防疫】 2022年，中国移动义乌分公司协同义乌各镇街防疫专班，融合5G、物联网、云、大数据等创新技术，24小时助力数字防疫工作落地。协助发送防疫政策提醒、核酸检测通知、重点人员监管等防疫短信7000余万条；创新使用AI语音机器人，补充人工通知力量，减轻一线外呼压力，累计触达300余万人次。以数字乡村平台助力大陈镇八里桥头村打造义乌市“无疫村社”标杆。

【5G智能工厂】 2022年，中国移动义乌分公司围绕数字经济中产业大脑和未来工厂（智能工厂、数字化车间）两大核心场景，在光伏和针织产业，探索数采、AI质检等新行业5G应用，实现5G赋能千行百业战略布局。1月7日，与义乌浩盛新材料有限公司签订数字化车间项目合同，项目金额166万元；树立沥青行业5G数字化车间标杆，被评为2022年义乌市“数字化车间”示范工程。6月8日，与上溪镇人民政府共同举办上溪镇工业项目长高计划（第三批）开工暨“数字企办”线上服务系统开通仪式，引领中小型企业参与智能工厂建设。8月30日，中国

移动义乌分公司与浙义乌市智慧星玩具有限公司签订“5G+数字化车间”合同，围绕边缘计算、数据采集、视觉质检、大数据分析等技术，建立数字化制造集成化平台，推进义乌数字经济发展。

【重点场所管理态势分析平台】 2022年12月，中国移动义乌分公司联合义乌市政法委员会共同打造重点场所管理态势分析平台。聚焦本地重点场所风险调处化解体系，推动重点场所风险调处化解工作由“经验决策”向“大数据决策”转变，归集义乌市重点场所和各管理部门相关的数据，按照全市平安创建范围和责任分工，建立14个辖区、17大行业领域、86类重点场所、6.88万家商户的全量数据库，通过构建算法风险预警模型，对重点场所进行风险研判分析，实现前瞻性预警，达到事前预警的目的。 （王　斯）

联　通

【概况】 2022年，中国联通义乌分公司有移动用户25.6万户，宽带用户8.02万户，营业收入3.01亿元。中国联通物资信息与采购中心交易额1.35亿元。至年底，义乌联通累计建有3G基站1225个，4G基站1796个，5G基站1955个，网络信号覆盖市区、乡镇、行政村、AAAA级以上景区、高速高铁、交通枢纽及大型商业超市、校园。义乌联通3G网络行政村覆盖率99.50%，3G网络人口覆盖率99.62%；4G网络行政村覆盖率98.5%，4G网络人口覆盖率98.96%；全市联通宽带城域网宽带总出口460G，光纤到户率达99.8%，具备向覆盖用户提供千兆宽带接入能力。

2022年10月17日，中国联通义乌分公司参与词林社区未来社区建设 （义乌联通　供图）

【“政务云”助力数字政府建设】 2022年，中国联通义乌分公司与义乌市数管中心联动打造“政务云”，承接31个局办单位50余个数字化应用。政务云运营以来，在医疗卫生、精准教育、行政执法等领域支撑数字化改革应用场景落地，助力义乌市数字政府建设。

【智能引领“未来工厂”创建】 2022年10月17日，中国联通义乌分公司参与词林社区未来社区建设，中国联通义乌分公司配合义乌市经信局，实施以“未来工厂”为引领的“个十百千”企业数字化改造项目，12月底，协助浙江梦娜袜业股份有限公司入选2022年第二批浙江省“未来工厂”，推动“未来工厂”创建，为后期“未来工厂”建设及数字化车间改造提供可复制的样本案例。

【应用场景开发】 2022年，中国联通义乌分公司参与全市共同富裕数字化场景基层设计，利用技术优势和团队优势，为稠城街道宾王社区、词林社区等数字化改革重大应用场景智慧化应用开发、全域未来社区和未来乡村新社区建设发挥作用。打造数字社会“未来社区+未来乡村”的核心场景，助力乡村、城乡结合部、大社区大单元的建设。升级现代社区数字化平台，推动义乌词林社区的试点入选全省优秀案例。 （黄　丹）

金融业

FINANCIAL INDUSTRY

综　述

【金融业运行平稳】2022年，全市银行业机构金融机构31家，小额贷款公司9家。至年末，全市银行机构本外币各项存款金额4575.33亿元，同比增长12.27%；各项贷款余额4496.86亿元，同比增长16.47%。存贷款余额9072.2亿元，同比增长14.3%，增量首破1000亿元。普惠小微贷款1361.4亿元，同比增长22.1%；制造业贷款712.6亿元，同比增长14%。民企贷款平均利率4.53%，较年初下降0.36%。有证券营业部36家，证券存量账户92.6万户，全年交易量1251.88亿元，同比下降25.99%。有期货公司8家，全年总交易额611.92亿元，同比下降7.43%。有保险公司分支机构40家，全年实现保费收入73.99亿元。小贷公司贷款余额20.58亿元，融资担保公司在保余额39.21亿元，在保户数2842户，典当行典当余额7155.74万元。

（赵　斌　张　程）

【金融服务经济社会发展】2022年，义乌市金融办落实稳经济大盘政策，出台并落实"贷款展期、应急贷款、降息减负"等政策组合拳，做到应延尽延、应放尽放、应减尽减。全年为1.5万户市场主体实施贷款延期还本付息402.4亿元，为1.57万户市场主体和农户发放再贷款再贴现182.9亿元，为17.3万家小微企业和个体工商户减免手续费5498万元，降低融资成本3亿元。

（张　程）

【银企对接】2022年，义乌市金融办推动银企对接，组织金融单位走进镇街开展"三服务"。召集137名金融顾问组成团队，深入企业、园区、农村开展金融服务，走访企业2762家，解决问题1691个，缓解资金压力152亿元。关注重点企业两链风险问题，全年召开协调会84次，发放会议纪要64份，稳定信贷规模45.8亿元，保持银企生态平衡，不良率降至0.47%，为8年来最低水平。

（张　程）

【金融改革创新】2022年，义乌市推进金融专项改革。4月25日，印发《2022年义乌市金融专项改革领域工作要点》，围绕"三大新赛道八大新场景"，以培育结算型金融中心为目标，谋划服务数字贸易、开放窗口建设、支持绿色智造、服务共同富裕和监管数字化五大方面20项改革任务，为高质量发展提供金融产品和服务。

（何　剑）

【地方金融规范发展】2022年，义乌市金融办下属处非办以打早打小为导向，织密风险预警、管控、化解"三张网"，与公安、市场监管、属地镇街开展联合执法43次、清退违规机构31个、网点58个，涉及金额9.73亿元，挽回900余名群众经济损失3.17亿元。通过专项治理，全市非法集资立案数、立案金额较往年同期下降80%，成为金华地区"金融安全"唯一满分县市。（金　晨）

【社会融资多元化】2022年，义乌市金融办加强"转贷通"助企服务，修订“转贷通”管理办法，推动“转贷通”服务覆盖面，取消手续费，将利率按企业分档下调2.8个百分点。全年办理转贷通995笔，转贷金额141.4亿元，为827家企业节约转贷成本1.1亿元。争取再贷款再贴现、中长期制造业贷款、设备更新贴息贷款等政策工具，推动信贷投放，全年新增信贷投放636亿元，同比增长16.47%。（张　程）

【扩大政府融资担保汇率避险机制应用】 2022年，中国银行保险监督管理委员会金华监管分局义乌监管组（简称“义乌银保监组”）召开政策性融资担保汇率避险应用现场会。指导全市有外汇交易资质的25家银行与政策性担保公司全面签订合作协议，在全省率先将个体工商户纳入政策支持范围，落地首笔政府性融资担保项下个体工商户远期结汇业务。（戴赟赟）

【“义新欧”中欧班列铁路运单物权融资改革】 2022年，义乌银保监组强化部门联动，推进“义新欧”中欧班列运单融资改革，形成以运单为依据、控货为抓手、保险为后盾的铁路运单金融服务新模式，落地全国首个出口项下国际铁路运单贸易融资方案。至年底，铁路运单物权融资业务累计投放13笔，计1140万元。（戴赟赟）

【商业保理牌照落户义乌】 2022年1月10日，浙江中国小商品城集团商业保理有限公司正式成立，标志着浙江省保理监管新规出台后首个商业保理牌照落户义乌，义乌成为省内第2个拥有商业保理公司的城市。中国小商品城集团商业保理有限公司注册资本2亿元，由浙江中国小商品城集团股份有限公司和义乌中国小商品城金融控股有限公司共同持股。（金　晨）

银行业

【概况】 至2022年底，义乌市有各类银行机构30个，其中，政策性银行1个，邮政储蓄银行1个，股份银行12个，金融租赁公司1个。全市各项存款余额4575.33亿元，比年初增加500.03亿元，同比增长12.27%。其中：住户存款2510.84亿元，同比增长19.45%；非金融企业存款1006.67亿元，同比增长3.88%。全市各项贷款余额4496.86亿元，比年初增加636.06亿元，同比增长16.47%；其中：住户贷款2004.2亿元，同比增长15.4%；不良贷款率0.47%，不良贷款余额21.2亿元，同比增长23.6%。围绕中央支持小微企业发展，中国人民银行义乌市支行出台《关于全面做好疫情防控期间金融服务保障工作的通知》《关于做好2022年义乌市货币信贷工作的指导意见》《关于跨境人民币助力开放经济发展的指导意见》等指导性意见，推进经济社会发展，引导金融机构对实体经济、重点项目信贷支持。推出数字人民币和跨境人民币结算试点业务、落实“政银共建推进共同富裕示范先行区建设”，助力企业乡村发展。

（樊程凯）

2022年义乌市金融机构本外币存贷款余额一览表

表21　　单位：亿元

序号	金融机构	存款余额	比年初增减数	贷款余额	比年初增减数
1	工商银行义乌分行	569.42	53.15	477.03	102.08
2	农业银行义乌分行	629.61	69.08	496.89	68.33
3	中国银行义乌市分行	265.75	22.52	326.14	59.59
4	建设银行义乌分行	359.36	73.72	300.89	50.58
5	农发行义乌市支行	15.05	−4.17	59.12	−21.98
6	义乌农商银行	849.59	94.34	695.63	99.73

续表 21

序号	金融机构	存款余额	比年初增减数	贷款余额	比年初增减数
7	稠州银行义乌管理部	662.43	97.99	582.65	117.32
8	兴业银行义乌分行	255.58	26.74	312.92	35.24
9	平安银行义乌分行	61.02	12.39	67.38	10.02
10	浙商银行义乌分行	100.76	16.61	120.36	3.72
11	交通银行义乌分行	30.55	3.28	42.94	2.60
12	中信银行义乌分行	97.20	−6.32	124.70	−11.34
13	华夏银行义乌支行	42.91	−5.32	53.67	6.48
14	浦发银行义乌分行	53.70	−5.27	102.12	9.62
15	恒丰银行义乌支行	29.91	1.43	52.57	7.84
16	招商银行义乌支行	29.54	−6.00	40.37	−4.93
17	广发银行义乌分行	31.14	−12.64	42.93	4.91
18	民生银行义乌支行	16.06	4.19	45.70	−1.62
19	金华银行义乌分行	35.17	−0.06	31.59	−0.42
20	民泰银行义乌分行	27.54	3.24	18.59	0.12
21	泰隆银行义乌支行	66.70	17.47	33.52	3.74
22	宁波银行义乌支行	50.34	21.45	40.84	14.97
23	杭州银行义乌支行	7.99	−6.85	26.25	−0.07
24	台州银行义乌支行	12.96	3.98	21.90	7.24
25	瑞丰银行义乌支行	9.78	−0.92	84.22	16.48
26	邮储银行义乌支行	205.54	23.12	91.65	25.32
27	义乌联合村镇银行	22.39	5.37	32.72	3.35
28	光大银行义乌支行	13.84	4.96	27.52	9.40
29	渤海银行义乌支行	0.59	0.07	0.69	0.19
30	温州银行义乌支行	3.62	3.62	1.09	1.09
	合计	4575.33	500.03	4496.86	636.06

注：分项数据不包括国库存款，同业存款，合计数包含国库存款，同业存款。（樊程凯）

【货币政策工具精准有力】 2022年，中国人民银行义乌市支行落实普惠降准政策，释放法人银行信贷资金8.7亿元。全年累计投放再贷款、再贴现182.94亿元，创历史新高。运用普惠小微贷款支持工具，全年累计发放央行激励资金2.04亿元，撬动地方法人银行新增普惠小微贷款104.11亿元。发放碳减排、科技创新、设备更新改造贷款分别为3.77亿元、89亿元、2.99亿元；政策性开发性金融工具投放资金3.65亿元。扭转制造业疲态，制造业贷款新增87.52亿元，同比多增31.98亿元。四季度，央行普惠小微贷款阶段性减息支持工具落地，为11.22万户贷款主体返还2.17亿元贷款利息。（张军强）

【跨境人民币结算扩面增量】 2022年，人民银行义乌市支行推动人民币国际化，落实跨境人民币工作部署，围绕自贸区义乌片区建设，推动金融机构业务创新，做大做实跨境人民币结算规模。全年，累计办理跨境人民币结算金额565.58亿元，同比增长56.23%，完成地方政府要求的450亿元结算目标。落地义乌首笔第三方支付机构与沙特跨境人民币业务，获得外交部和中国人民银行总行的高度肯定。

（张军强）

【汇率避险工作推进】 2022年，中国人民银行义乌市支行出台政策性融资担保支持个体工商户汇率避险增信服务政策，推出全省首笔个体工商户欧式期权和美式期权业务、全省首笔NRA期权等创新业务。为1210户市场主体办理汇率避险业务5124笔17.54亿美元，业务增长5倍，其中首办户928户，为526户个体工商户办理汇率避险业务763笔7859万美元。（雷　婷）

【数字人民币场景建设】 2022年，中国银行义乌市分行依托技术优势，构建全方位数字人民币推广体系。落地“中国小商品城集团数字人民币业务合作项目”，实现4万户商户钱包批量开立。至年底，共开通数字人民币对公钱包2105户、个人钱包6.87万户、线上线下商户累计4.94万户，交易笔数14万笔，交易金额23.83亿元。（徐　越）

【金融支持跨境人民币业务发展】 2022年，中国银行义乌市分行与小商品城第三方支付公司“快捷通”建立战略合作，开立人民币备付金账户，为“义支付YIWUPAY”结算提供金融支持。在中国与阿拉伯国家峰会举行前，协同“义支付”完成首笔中国和沙特的跨境人民币业务。

（徐　越）

【金融支持乡村振兴】 2022年，义乌农商银行与市委组织部两新党工委、金融办联合推出“金融共富十条”项目，助推“百团结百村”共建共富行动。与100个村共富结对，在基础设施建设、产业发展、特色旅游项目等方面给予支持，为61个村发放贷款2.2亿元。参与金融助力村集体消薄，推进乡村振兴专项资金落地。至年底，为全市317个村捐赠乡村振兴专项资金7483万元，为262个村77个项目提供“乡村振兴贷”15.95亿元。深化美丽乡村和未来社区建设，年内为1999户发放“美丽家园”贷款10.74亿元；为2679户发放农房抵押贷款41.45亿元。对接未来乡村建设，为全市4个未来乡村提供1664万元信贷支持。联合市发改局、建设局、农业农村局上线“未来义家”义乌市全域未来社区（乡村）智慧服务平台，推动义乌市数字化乡村治理。

（吕宵依）

【自贸区金融服务深化】 2022年，义乌农商银行设立自贸区金融服务中心。落地个体工商户政策性担保汇率避险业务、融资性担保汇率避险业务和外籍商友银行联名卡；发放浙江省农商银行系统首笔外籍客商抵押贷款。年内，完成国际业务结算量49.72亿美元，结售汇32.2亿美元，跨境人民币结算10.4亿元；完成政府性融资担保汇率避险业务签约100笔1490万美元；发放“外籍商友卡”1040张，发放外贸企业和个体工商户外汇贷款188笔，贷款余额1159万美元。

（吕宵依）

【创新产品“商城E贷”】 2022年，广发银行股份有限公司义乌分行为义乌国际商贸城经营商户推出“商城E贷”，利率4.35%，积累授信客户1000余户，授信金额2亿余元。为扩大“商城E贷”受众面，开发国际商贸城以外的客户，推出定制“普惠小微E秒贷”，提升普惠小微的覆盖面。

（方　超）

【无缝续贷业务】 2022年，为节约客户转贷成本，中国民生银行义乌支行建立民营企业金融顾问联络员制度，推出无缝续贷还款方式。基于授信客户在民生银行累积的静态信息、动态数据，简化续授信流程，精简客户资料，短信通知客户审批进度实现无缝续贷。至年底，无缝续贷还款228户，金额3.61亿元。

（马向荣）

【投行业务】 2022年，兴业银行义乌分行实现人民币债券承销113.5亿元，美元债券承销2.34亿元。中标承销金华金投集团超短融业务9亿元、金华城投集团超短融业务6亿元、金开国控PPN承销20亿元。开展首单公募资产证券化投资（东阳水投ABS）、首单美元债备证（丽水经开）投资，首单自贸区离岸债券投资（青田国控），首单理财直融业务（金开国控理财非标）。至年底，兴业银行义乌分行绿色融资余额达162.16亿元。（吴　刚）

【“数保贷”业务全面推广】2022年，平安银行股份有限公司义乌分行落实“双保”应急融资工作，推进科创金融和绿色金融，推广“数保贷”业务。出台FTP补贴、贷款定价授权、绿色审批和出账通道、专项信贷资源等支持措施，向符合准入标准的中小微企业提供担保贷款。至年底，科技型企业贷款余额7.4亿元，比年初增加2.53亿元；绿色融资余额8.31亿元，比年初增加3100万元。全年发放贷款3884万元，贷款余额3182万元。累计授信110户，授信金额7151万元；放款823笔，金额1.85亿元，贷款余额5853万元。（王峥峥）

【浙江稠州商业银行与中国移动义乌分公司签订战略合作协议】2022年2月24日，浙江稠州商业银行与中国移动义乌分公司签订战略合作协议。双方以“畅快用宽带”活动为首轮合作项目，深化其他融合产品和服务创新，总结和复制经验，拓宽与社保卡在未来社区管理、平台金融、5G、超级SIM卡结合的新技术应用，加大科技、数据和产品的融合场景应用开发，为乡村振兴和共同富裕战略助力。4月27日，浙江稠州商业银行荣获支持浙江省经济社会发展优秀单位三等奖。（虞晓江）

【政银共建推进共同富裕示范先行区建设】2022年3月2日，义乌市人民政府和中国工商银行浙江省分行举行“政银共建推进共同富裕示范先行区建设”战略合作签约仪式。在未来5年，中国工商银行浙江省分行根据协议为合作项目投入1000亿元，与义乌市双江湖开发集团有限公司、浙江海港义乌枢纽港有限公司、国家电投集团义乌国华新能源有限公司就“义乌市城市有机更新”“国际枢纽港建设”“碳中和综合智慧能源”等项目签订合作协议，共授信270亿元。（杨　飞）

【金融赋能推进数字化改革】2022年3月8日，中国建设银行股份有限公司浙江省分行与义乌市人民政府签署“金融赋能推进数字化改革，建设共同富裕示范区”战略合作协议。在5年内为义乌城市有机更新、基础设施建设和保障性租赁住房提供支持，服务产业平台建设、数字化产业和工业转型升级，助力城乡融合战略实施、乡村振兴产业发展和“未来乡村”的建设授信800亿元。至年底，为39户小微企业办理28天的还款宽限期，金额5677.7万元；为32户小微企业办理合同延期调整，金额3268.2万元。推动企业降本减负，新发放对公非贴贷款利率3.86%；为1920户客户让利贷款利息2386.91万元。与台北、澳门分行合作，为境内优质企业投放贷款6.57亿元。发挥政策性担保作用，为辖区内8家小微外贸企业提供汇率避险服务，担保金额1540万元。（楼　健）

【全辖首笔OSA账户配套FTN账户结汇业务】2022年3月15日，交通银行义乌分行联动交通银行上海自贸区分行，为客户办理全辖首笔OSA账户（离岸账户）配套FTN账户结汇业务，拓宽离岸客户结汇渠道，推动跨境人民币业务发展。至年底，办理电子单证便利化业务2845笔3.89亿美元；办理货物贸易外汇收支便利化试点业务1929笔2.75亿美元。完成国际收支6.01亿美元，较2021年同期增长88.39%，同比增长率全辖第一；完成结售汇5.05亿美元。（贾华艳）

【支持区域经济建设】2022年3月18日，中国银行浙江省分行与义乌市人民政府举行“锻造高质量发展建设共同富裕示范区成功案例”战略合作协议签约仪式。深化与义乌各大国资平台合作，为区域建设注入更多“金融活水”。2022年，中国银行义乌市分行叙做后宅街道老镇区更新改造、跨境电商产业园建设、北苑集聚区建设等各类政府基础设施项目9个，授信总额92.46亿元。（徐　越）

【数字人民币试点】2022年4月，数字人民币试点工作落地义乌，中国人民银行义乌市支行推动“1+10”试点场景落地。慈善捐赠、公积金业务全覆盖、土地出让金缴纳等场景为全省（市）首个落地试点场景，为其他市、县提供可复制推广模式。至年底，累计开立个人钱包81.23万个，对公钱包3.5万个，交易笔数125.22万笔，交易额121.33亿元；受理商户9.04万户，其中，国际商贸城受理线上线下商户5.83万户。（俞　晟）

【浙江稠州商业银行落地首笔个体户远期结汇业务】 2022年4月6日，浙江稠州商业银行首笔个体户远期结汇业务顺利交割，远期结售汇业务正式从企业向个体户延伸，形成以收结汇业务、外币贷款业务、汇率避险业务为依托的全方位、多元化、综合性个体户金融解决方案。4月14日，浙江稠州商业银行数字化改革工作获省委、浙江银保监局充分肯定。（虞晓江）

【上市公司并购贷款成功投放】 2022年4月27日，中国工商银行义乌分行为真爱集团有限公司投放并购贷款5.32亿元，为义乌市首笔上市公司并购贷款。并购贷款的投放，探索出一条股权转让化解风险的新渠道，助力义乌优质上市公司培育新的经济增长点、投资着力点。（杨　飞）

【专项贷款发放】 2022年4月28日，中国农业银行股份有限公司义乌分行向华统集团有限公司发放5.1亿元的并购贷款，用于认购浙江华统肉制品股份有限公司的非公开发行股票，支持区域农业产业化龙头企业的发展。10月12日，向义乌市復元医院发放40万元设备更新改造贷款，支持復元医设备更新改造。至年底，中国农业银行股份有限公司义乌分行不良贷款余额0.7亿元，较年初下降1亿元；不良贷款率0.14%，较年初下降0.26%，不良贷款率创1993年以来新低。（周宗荣）

【普惠金融推进】 2022年，中国建设银行股份有限公司义乌分行推动普惠金融品牌建设。5月，以“信用+融资服务”案例推广数字金融服务方案，成功参与申报浙江省信用应用场景创新项目。7月20日，向义乌市农创客发展联合会授信1亿元，支持乡贤和农创客投身乡村发展。11月21日，与浙江中国小商品城集团、金华市注册会计师协会、义乌农信融资担保公司签订数字化普惠新模式支持小微企业发展合作协议。支持乡村产业和小微企业发展。（楼　健）

【首笔信用贷款集群项目和手机银行远期结汇业务】 2022年，浙商银行股份有限公司义乌分行推出信用贷款集群项目业务。5月13日，为市场1经营户办理首笔信用贷款集群项目业务，金额45万元。市场经营户信用贷款集群项目业务是针对特定市场商户而推出的信用贷款，有效解决小微企业融资难问题，降低企业资金流动性风险。同月16日，为1户个体工商户办理首笔个体工商户手机银行远期结汇业务，助力个体工商户进行数字化汇率避险。（方姝瑶）

【全省首笔政府性融资担保汇率避险业务落地】 2022年5月31日，中国工商银行义乌分行与义乌市农信融资担保有限公司签订个体工商户远期结售汇担保业务合作协议。办理全省首笔个体工商户政府性融资担保项下远期结汇业务，标志着义乌市政府性融资担保支持汇率避险服务对象从小微企业拓展到个体工商户。该项业务帮助个体工商户锁定换汇成本，规避汇率波动风险，缓解个体工商户授信和资金占用压力，为外贸主体稳定预期、聚焦主业，推动全市外贸稳定健康发展提供保障。（杨　飞）

【2亿元慈善冠名基金签约】 2022年6月5日，浙江稠州商业银行（简称“稠州银行”）与义乌慈善总会2亿元乡村共富慈善冠名基金签约。义乌市慈善总会、稠州银行总行领导出席签约仪式。会上，通过云典礼，启动“稠州银行助力山区26县（市）共同富裕发展基金”，助力乡村振兴，推进浙江共同富裕示范区建设。（虞晓江）

【全省首批碳账户贷款投放】 2022年7月14日，招商银行义乌支行为浙江英洛华磁业有限公司发放碳账户贷款193.3万元，为全省碳账户金融试点城市首批投放的碳账户贷款。贷款资金用于企业电机系统效能提升，可减少碳排放325吨。招商银行义乌支行推进碳账户金融试点工作，搭建碳账户金融应用场景，筹措绿色金融资本，配置资源功能，支持企业节能减排与绿色低碳转型资金需求。（王敬军）

【进村入居推动“根据地”建设】 2022年9月，民泰银行义乌分行组织开展“根据地”常态化营销活动。从跑市场转变为扎根市场，从“游击营销”向“根据地营销”转变，加大力度，拓展客户，提高综合营销水平。“根据地”模式推广以来，至年底，共营销存款32笔，金额1197万元；贷款71笔，金额3775万元；信用卡73张。对接11个小微园区、2个协会、1个商会，与177家企业合作，贷款余额3.14亿元。与义乌市安徽商会签署银商业务合作意向，为商会授信1亿元。（王　霞）

【全国首笔个体工商户人民币外汇美式期权业务落地】 2022年，中信银行义乌分行创新非同质化产品，引导个体工商户树立汇率风险管理意识，支持外贸主体适应人民币汇率双向波动新常态。9月6日，与1个体工商户达成全国首笔人民币外汇美式期权业务，落地资金10万美元。（高虹娜）

【助力义乌国资第五期10亿元中期票据注册和发行】 2022年10月，中信银行义乌分行助力义乌市国有资本运营有限公司发行10亿元中期票据。此次发行的10亿元中期票据开创浙江区域（不含宁波）中期票据最低利率。中信银行发挥总分行的联动营销优势，凭借专业支撑和上下联动协同，通过总行投资银行部技术指导和专业支持，取得协会批文，完成10亿元中期票据发行。（高虹娜）

【“超级金易贷”】 为提高中小微企业的普惠金融力度和授信获得率，2022年10月，台州银行义乌支行推出“超级金易贷”产品。缓解中小微企业、“三农”融资难、融资贵、担保难等问题。贷款额30万~1000万元，同一借款主体可发放多笔，授信有效期限不超过2年。“超级金易贷”设置5.89%~8.1%之间9个档次利率，设无积数贷款利率和后冲优惠贷款利率档，积数后冲。至12月底，发放101笔，余额1.25亿元。（刘晓莉）

【金华市首笔工业有机更新安置权益证质押贷款发放】 2022年10月25日，义乌农商银行发放金华市首笔工业有机更新安置权益证质押贷款，受益方为义乌市东哲五金公司，金额800万元。为农商银行对接义乌市国有建设用地收储，盘活工业有机更新房屋权益价值，拓宽企业的融资渠道而开展的创新举措。工业有机更新房屋安置权质押贷款发放对象为义乌市具有工业有机更新房屋安置资格权及相关权益的资格权人。贷款人应具备经市场监督管理部门核准登记的营业执照，有固定的经营场所，合法经营且经营情况良好；贷款额度不超工业有机更新房屋安置权益评估价值的70%，贷款限用于生产经营周转的融资。（吕宵依）

【浙江省首个境外个人境内移动支付示范场景落地义乌】 2022年10月31日，浙江省首个境外个人境内移动支付示范场景落地义乌。至年底，义乌地区受理银标二维码的商户均可支持使用银联境外钱包，支付宝开通试点商户563个，交易3092笔49.57万元。（郑晓宁）

【落地系统内首笔“出口e贷”业务】 2022年11月21日，中信银行义乌分行为金华富威国际贸易有限公司办理总行系统内首笔“出口e贷”业务，获批授信145万元后实现首笔提款。该产品依托海关数据，对投保中信信保易贷SSE保单的小微企业推出的线上化融资产品，实现线上授信、提款、还款操作，授信额度300万元，利率4.0%，提款10分钟到账。助力小微出口企业突破融资困境，缓解资金压力。（高虹娜）

【铁路运单物权化融资改革创新落地】 2022年11月24日，浙江稠州商业银行股份有限公司与义乌市农信融资担保有限公司、中国人民财产保险股份有限公司义乌市分公司、义新欧贸易服务集团有限公司四方合作签署铁路运单物权化项目战略合作协议。形成以运单为依据、控货为抓手、保险为后盾，铁路运输运营方、银行、保险公司三方合作的服务模式，为经营户、外贸公司等外贸主体提供金融支撑。通过"义新欧"中欧班列发货的市场经营户和外贸企业，在平台系统登记、投保险后，可凭借运单、保险单，向浙江稠州商业银行申请不高于货值的信用贷款，最高可贷500万元。为客户提供"一站式"金融服务，解决市场经营户及一般贸易客户融资难、担保难问题。（虞晓江）

【本外币合一银行结算账户体系试点启动】 2022年12月，义乌市启动本外币合一银行结算账户体系试点工作，工商银行义乌市分行等7家金融机构的23个银行网点参与试点。至12月底，在义乌企业申请开立试点账户545户，占金华全辖试点账户的51.27%。（郑晓宁）

证券业

【概况】 2022年，全市有证券营业部36家，全年交易量1251.88亿元，同比下降25.99%。线上线下开展对投资者的金融知识教育活动，应对市场风险、倡导理性投资理念和稳定投资者队伍方面取得成效。方正证券义乌营业部新开户4146户，新增资产1.83亿元，全年股基交易额733.29亿元。中信证券义乌营业部新开户3104户，新增资产28.69亿元，全年股基交易额1997亿元。银河证券义乌营业部全年销售理财产品2940万元，新增开户2296户，累计新增资产1.09亿元，全年股基交易额527亿元。财通证券义乌营业部新增开户616户，新增资产1.82亿元，金融产品销售量2.75亿元。（郑　沁　楼婷婷）

【构建全链条综合化服务体系】 为提升市场竞争力和综合实力，2022年，财通证券义乌营业部构建跨证券、期货、基金、资管、股权投资以及境外金融等业务的全链条综合化服务体系。围绕公司"137N"（1是指以党建统领、打造现代投资银行为主线，3是指全力实施"三个三"创新发展行动，7是指在服务全局、深化改革、龙头带动、"双碳"落实、共富探路、风险防控、数字变革7个方面展现作为，N是指着力打造N个标志性成果）战略体系暨"三个三"（三大目标聚焦聚力行动，三大组织变革和能力提升行动，三大体制机制创新行动）创新发展行动方案，打造一流现代投资银行，成为综合金融服务商。2022年，财通证券义乌营业部累计2.46万户，全年股基交易额1007亿元。（郑　沁）

【金融知识教育】 2022年，中信证券义乌营业部开展投资者教育服务与保护，提升投资者风险意识和各类金融知识。3月，开展"3·15"投资者保护主题教育活动，优化老年人证券基金服务。4月，为投资者授课，开展基础设施公募基金的投资教育宣传和金融知识普及。5月，开展防范非法证券宣传月活动，向2.37万名客户发送宣传短信；组织投资者参加《股东来了》投资者权益知识竞赛活动，404人参与，答题3.97万人次。开展征信修复乱象专项治理投教活

2022年9月16日，中信证券义乌营业部向投资者开展专项教育宣传

（中信证券义乌营业部　供图）

动，向5200名客户发送教育短信。9月16日，开展浙江省金融知识普及月投资者教育活动和网下投资者专项教育宣传，受众2119人，线上点击量1000余人次。

（楼婷婷）

【义乌方正新启航】 2022年6月6日，方正证券义乌营业部搬迁至城中中路138号三楼。方正证券于2004年4月在义乌市工人西路设立营业部，践行“以金融服务成就美好生活”的使命，秉承“成为广受客户信赖的投资银行”的愿景和“客户至上、专业稳健、开放协同、简单专注、勤奋坚持、追求卓越”价值观，为客户提供全方位理财服务。2022年，累计开户7.64万户。

（王静雯）

期货业

【概况】 2022年，义乌市有期货公司8家，全年总交易额611.92亿元，同比下降7.43%。期货行业以宏观分析为核心，结合经济周期规律，对大类资产进行配资，为客户创造价值。永安期货2020—2022年连续3年获“义乌市金融机构考核先进单位”；服务义乌企业完成现货交易锌174吨，生猪237.5吨。国海良时期货服务上市公司24家，同比增长37.5%，服务产业客户1361家，同比增长10.29%，分类评价获AA级。物产中大期货服务投资者1824人，日均权益2589.96万元，2022年期货总成交额579.48亿元。

（李国宝　于梦晴）

【服务实体经济】 2022年，永安期货股份有限公司义乌营业部秉承“做区域领先的大宗商品投行”定位，连接期货市场和实体经济的重要桥梁和纽带，运用“期货+现货”“场内+场外”等优势，依托永安资本，为产业链供应链上下游企业提供个性化、一体化管理服务，助力实体经济平稳运行和高质量发展。至年底，服务义乌企业完成现货交易锌174吨，生猪237.5吨。

（李国宝）

【“资管大越”“财富大越”平台】 至2022年底，大越期货股份有限公司义乌营业部服务投资者1500人，日均权益7800万元；期货总成交162万手，总成交额953.04亿元。大越期货股份有限公司义乌营业部成立于2014年，是金华地区优秀期货营业部。

（徐景浩）

【防范非法投资宣传会】 为提高老年投资者防范“养老诈骗”，2022年6月15日，中信期货有限公司义乌营业部在义乌锦都酒店举行防范非法投资宣传会。围绕“养老诈骗”和金融风险警示，讲解非法集资的违法性、危害性及其表现形式，对打着科技创新、绿色转型等政策旗号，利用虚拟币、元宇宙、NFT等新型非法集资的手段进行风险提示，30余名投资者参会。（张嘉莹）

【聚焦产业创新谋发展】 2022年8月27日，由国海良时期货有限公司协办的2022中国产业服务创新大会、中国CTA基金大会在杭州浙江宾馆召开。两大会议分别以“拥抱实体开拓‘未来’”“资管新时代CTA新机遇”为主题，致力于发挥市场各类优势，提升产业企业防御风险的能力，交流私募机构的成功经验，推动各方实现共赢。国海良时开展商品期货与金融期货经纪业务，在全国拥有26家分支机构。公司坚持产业服务、机构协同、线上引流三线出击，加大IB业务协同。全年服务上市公司24家，同比增长37.5%；服务产业客户1361家，同比增长10.29%，分类评价获AA级。至年底，国海良时期货日均客户权益72.74亿元，同比增长28.37%，其中机构户日均权益占比46.33%，同比增长20.76%，期末客户权益81.22亿元。2022年，期货经纪业务实现收入222亿元。（于梦晴）

保险业

【概况】 2022年，义乌市有保险公司分支机构40家，其中，财产保险公司23家，人寿保险公司17家。全年实现保费收入73.99亿元，同比增长3.6%。其中，财产险收入33.04亿元，同比增长11.7%；寿险收入40.94亿元，同比减少2.4%。全年累计赔款支出23.98亿元，同比增长3.2%，其中：财产险17.71亿元，同比

增长1.0%；寿险6.27亿元，同比增长9.7%。（赵 斌）

【财产保险发展态势】 2022年，中国太平洋财产保险股份有限公司义乌支公司（简称"中国太保产险义乌支公司"）全年保费收入4.16亿元，同比增长11.5%；赔款支出2.21亿元，赔付率53%。中国人民财产保险股份有限公司义乌分公司（简称"人保财险义乌市分公司"）全年保费收入12.91亿元，累计承担各类风险责任总额2.05万亿元，缴纳、代收入库各类税金1.51亿元，支付各类赔款7.09亿元，市场份额39.07%，位列全市财险公司首位，被义乌市人民政府授予2022年度"金融机构考核优秀单位"称号。2月，全省首个防灾减损科技定损中心正式运营，中心利用数字化场景应用、可视化检测技术和警保联动机制，提升人民群众对交通事故处理和保险理赔的满意度。（陆云飞 杨卫星）

【人寿保险发展态势】 2022年，中国人寿财产保险义乌中心支公司秉承"成己为人、成人达己"的企业文化，坚守金融央企政治性、人民性和专业性，持续服务地方经济社会建设。至12月底，中国人寿财险义乌中心支公司累计保费收入3.05亿元，预算达成率100.74%；综合成本率89.26%；综合赔付率69.77%；保费增速6.61%，实现承保利润2982万元。车险保费收入2.39亿元，同比增长0.92%，车险累计综合成本率93.64%，综合赔付率78.30%；非车险保费收入6627万元，同比增长33.81%；非车险累计综合成本率67.45%，综合赔付率27.38%。2022年，成立义乌市商贸支公司和浙江自贸区义乌支公司2家四级机构。至年底，公司共有员工160人，人均产能188.43万元，较上年（174.74万元）提升13.69万元1人，高于全省平均（179万元）9.43万元1人。员工平均年龄35.5岁，队伍呈现年轻化态势。其中，全日制本科学历以上（含）员工48人，占比30%；累计通过两核考试人员20人，占比12.5%。（路广睿）

【大地财产保险发展态势】 2022年，大地财产保险股份有限公司义乌中心支公司（简称"中国大地保险义乌中心支公司"）保费收入3.26亿元，同比增长9.98%。市场占有率9.88%，全年纳税额5001.86万元，全年理赔总额1.80亿元。1月13日，公司下辖北苑支公司被义乌市总工会授予2021年义乌市"工人先锋号"。同月25日，大地保险义乌中心支公司通过义乌市农业局现场评审，中标义乌市农田作业机械政策性保险项目。全年为64户189台农机提供1.39亿元的保险保障，实现保费收入18.79万元，助力义乌乡村振兴。同月29日，大地保险义乌中心支公司破冰首台（套）保险业务，实现公司在该领域业务发展新的突破，为义乌市1家企业提供86万元保障金额的首台（套）重大技术装备保险，保费收入1.72万元，助力义乌市首台（套）、新材料科技领域的发展。3月，被义乌市人民政府授予2021年度金融机构考核优秀单位；7月，荣获中投公司"先进基层党组织"称号；2022年连续第13次入选总公司"卓越俱乐部（资深）会员单位"。（周洪刚）

【车险费用投放政策】 2022年，中国人寿财险义乌中心支公司加大三类客车拓展力度，提升家用车业务占比，推进车险保全保足。家用车保险同比增长6.34%，保费占比63.14%，同比增长3.95%；营业客车同比增长68.5%，保费占比4%，同比增长1.59%；非营业货车同比增长33.45%，较2021年调减保费1761万元，保费占比15.49%，同比下降8.4%。车险费用投放政策结合交叉销售，按照车种制定不同的交叉销售推动方案，实现交叉销售保费占比的提升。2022年公司交叉销售率为103.32%，保费占比5.19%；其中，家用车三者险200万元以上占比为83.5%、300万元以上占比17.8%，较2021年度分别提升32.6%、14.6%。2022年非车险保费收入6627万元，同比增长33.81%，预算达成率108.64%，超预算8.64%；承保利润1513万元，非车险超常规发展初见成效。累计非车险保费增长14.10%，增长高于行业19.71%，市场份额11.27%，同比增长1.19%，市场排名第三。企财险、家财险、责任险、意外伤害险完成全年保费目标，其中，盈利最高的是企业财产险，实现承保利润829万元，同比增长14.19%，占非车险承保利润54.79%；责任保险，实现承保利润302万元，占非车险承保利润19.96%。主动干预承保质量，降低承保风险，实现非车险综合成本率67.45%，同比下降5.69%。（路广睿）

【人寿财险理赔监管】2022年，中国人寿财险义乌中心支公司受理全险种报案4.31万件，办理3.8万件，办理金额1.78亿元；全险种结案率95.04%，高于全省1.6%；金额结案率66.32%，高于目标1.32%；交强险时效10.7天，高于目标5.3天，系统排名第四位；商业险时效16.48天，劣系统排名第五位。理赔条线深入开展反腐倡廉警示教育，确保条线人员坚守底线、警钟长鸣、防微杜渐。至年底，开展警示教育会议4次，"利剑行动"1次，对2名理赔人员实行调离理赔队伍的处理。至12月底，义乌中心支公司客服运营核心指标总得分列全省第一。（路广睿）

【工程质量潜在缺陷保险（IDI）】2022年，中国太保产险义乌支公司、人保财险义乌市分公司、平安产险义乌支公司、国寿财险义乌中心支公司、中国大地保险义乌中心支公司共同承保义乌市工程质量缺陷保险（IDI）。工程质量缺陷保险（IDI）由建设单位向保险公司投保，保险公司承保后委托风险控制机构（TIS）进行全过程质量管控，降低保险公司的承保风险，减少质量风险事故的发生。IDI的实施是保险辅助社会治理，提升建设工程质量安全的抓手。至年底，中国太保产险义乌支公司为5家企业，提供投保保额2.97亿元。（陆云飞）

【首单地理标志被侵权损失保险】2022年4月，中国太保产险义乌支公司承保义乌市特色地方性枣种植保险，为义乌市31.82公顷枣地，提供85.9万元保额，为农户赔付损失金额38.3万元。6月24日，人保财险义乌市分公司签出首单地理标志被侵权损失保险，保障金额40万元，"义乌蜜枣"成为义乌市首个获地理标志被侵权损失保险保障的特色农产品。"义乌蜜枣"于2021年被国家知识产权局确认为原产地标记产品（地理标志）。此次承保使用"义乌蜜枣"地理标志产品专用标志的16家企业，对"义乌蜜枣"的所有方因被侵权造成的直接损失、调查费用、法律诉讼（或仲裁）费用等提供风险保障。

（杨卫星　陆云飞）

【中国人寿财险义乌中心成立支公司】2022年5月19日，中国人寿财险义乌中心支公司成立义乌市商贸支公司，全年保费收入4638万元。6月17日，成立浙江自贸区义乌支公司，全年保费收入2365万元。（路广睿）

【人保财险项目入选省"高质量发展建设共同富裕示范区"最佳实践案例】2022年初，人保财险义乌市分公司承办的长期护理保险项目被编入义乌共富系统架构。5月28日，浙江省高质量发展建设共同富裕示范区最佳实践名单公布，义乌市"长期护理保险筑牢失能群体兜底保障"成功入选。9月2日，人保财险义乌市分公司推动省分公司与义乌市政府签订战略合作协议。根据协议，双方在贸易转型升级、社会协同共治、城乡融合发展等领域开展全方位、深层次的合作。至12月底，义乌长护险覆盖人群113.45万人，户籍人口覆盖率99.98%，累计惠及8300余人。（杨卫星）

【特殊人员责任险保障举措】2022年7月，中国太保产险义乌支公司聚焦外卖骑手风险保障举措，结合实际需求，探索灵活用工保险试点项目，优化保障方案，为义乌市稠城街道180余名外卖员提供"外卖骑手雇主责任保险"，保障金额2.7亿元。为义乌市城西、福田等街道100名消防人员，提供保额1.25亿元的意外险保障。参与社会平安建设，拓展精神障碍患者监护人责任险，为精神障碍患者在不能辨认或者不能控制自己行为造成第三者人身伤亡或财产损失时，监护人应当承担的经济赔偿责任提供保障。至年底，中国太保产险义乌支公司为14个镇街4000名精神障碍患者监护人投保保额6000万元。

（陆云飞）

【全市首单古树名木保险】2022年7月25日，中国太保产险义乌支公司根据义乌市自然资源和规划局的需求，加大古树名木保护力度，保障附近居民的人身财产安全，实现人与古树等自然环境和谐共处。中国太保产险义乌支公司与义乌市自然资源和规划局签署古树名木综合保险保单，为义乌辖区内古树名木提供保额1.72亿元。该古树名木保险，保障由于火灾、爆炸、雷击、暴风、台风、龙卷风、暴雨、雪灾等原因造成第三者损失，发生倾倒、倾斜、折断和主干分枝折损掉落，以及发生第三者人身伤亡和财产损失等情况，将由保险公司按照保险合同约定负责赔偿。是义乌诞生的首张覆盖全市古树名木保单。（陆云飞）

【民生救助保障保险项目】 2022年10月10日，中国太保产险义乌支公司与北苑街道签订“民生救助保障保险项目”，保险生效后为北苑街道25万名群众提供600万元的自然灾害救助、火灾爆炸救助、道路交通事故救助、见义勇为责任等民生救助保险。中国人寿财险义乌中心支公司开展民生类社会救助保险，维护义乌社会稳定，弥补灾后事后的损失，承担社会责任。至12月底，中国人寿财险义乌中心支公司承保义乌市上溪镇人民政府民生救助责任保险，保费40万元，服务8万人。推动校方责任险的落地，校方责任险出单、送单工作全面完成，达成保费215.35万元，为全市491所高中小幼学校提供49.96亿元的保障。保障新市民租房无忧，中国人寿财险义乌中心支公司提供家财险（租房版）、出租人责任保险、承租人责任保险、出租屋居住人员意外伤害保险等，保费收入749.64万元，保额521.32亿元。

（陆云飞　路广睿）

【中小微企业保险服务质量提升】 2022年，中国人寿财险义乌中心支公司提升中小微企业保险服务质量，助推义乌市住建局5月13日出台的《关于推进建设工程质量缺陷保险的实施意见》落实，会同人保公司、太保公司和平安公司组建建筑工程质量潜在缺陷责任保险项目共保体。至12月底，公司企业财产保险保费收入2267万元，承保企业2512家，保额402.67亿元，赔付143.07万元。对87家仓储类行业提供保险服务，保障金额35亿元，保费收入190万元；IDI业务保费收入293.13万元。

（路广睿）

地方金融组织

【概况】 至2022年底，义乌市共有小贷公司9家，贷款余额20.58亿元，同比下降4.66%；发放贷款56.67亿元，同比下降1.94%；纳税851.38万元，同比增长3.04%。全市共有6家典当行，典当总额2.69亿元，同比增长59.48%；典当余额7155.74万元，同比增长2.39%。全市共有4家担保公司，融资性担保在保余额39.21亿元，同比增长44.69%；在保户数2842户，同比增长98.46%。

（金　晨）

【鼎源典当有限责任公司】 2022年，鼎源典当有限责任公司典当总额3569.05万元，业务笔数296笔，期末典当余额1116万元，利润总额56.28万元，年末资产总额2090.12万元。2022年，实现营业收入162.20万元，净利润56.28万元，年纳税总额1.51万元。

（何斌斌）

【富邦典当有限责任公司】 2022年，义乌市富邦典当有限责任公司全年业务笔数340笔，当年典当总额716.8万元，年末典当余额2914.5万元。义乌市富邦典当有限责任公司严格遵守《典当管理办法》《典当行业监管规定》《浙江省典当监督管理实施办法》，开票系统统一为全国典当行业管理信息系统，在省、市地方金融监管局的监督管理下，每年按时进行第三方审计，出具年审报告，并通过省、市地方监督金融监管局的评级考核。全年实现营业收入82万元，净利润15万元。（金　晶）

【新光小额贷款股份有限公司】 2022年，义乌市新光小额贷款股份有限公司发放贷款2030笔，贷款26.42亿元；期末贷款852笔，贷款金额1.88亿元，其中100万元（含）以下小额贷款818笔2574.63万元。新光小额贷款公司服务“三农”和小企业成效明显，100万元（含）以下小额贷款及纯农业贷款占贷款余额的季末平均比例为84.38%，发放2个月以上贷款季度末平均比例为71.11%，发放扶持失地农民创业贷款等社会弱势群体贷款20笔8.1万元。全年实现营业收入1465.4万元，净利润192.83万元，年纳税总额82.17万元。

（张丹娅）

【大越期货股份有限公司】 大越期货股份有限公司创立于1995年，注册资本1.2亿元。主营商品期货经纪、金融期货经纪、期货投资咨询和资产管理。公司致力于服务地方经济和产业集群，营业网点遍及长三角多个重要经济区域。2016年12月1日，公司成功登陆"新三板"（证券代码：839979），为期货行业第六家挂牌公司。公司以专业、优质的服务，打造"小微企业的风险管理专家"品牌和"资管大越""财富大越"两大平台。借助"新三板"挂牌，加快业务创新与转型，成为综合金融服务商。大越期货股份有限公司义乌营业部成立于2014年，扎根义乌，辐射周边，是金华地区优秀期货营业部。至2022年底，服务投资者1500人，日均权益7800万元；全年期货总成交162万手，总成交额953.04亿元。

（徐景浩）

【伊美小额贷款股份有限公司】 2022年，伊美小额贷款股份有限公司发放贷款40笔，贷款金额1.27亿元，期末贷款77笔，贷款1.85亿元，其中100万元以下小额贷款7笔，金额200万元。伊美小额贷款公司服务"三农"和小企业成效明显，100万元（含）以下小额贷款及纯农业贷款占贷款余额的季末平均比例为55.95%，发放2个月以上贷款季度末平均比例为100%，发放扶持失地农民创业贷款等社会弱势群体贷款10笔，贷款金额100万元。全年实现营业收入849.87万元，净利润22.32万元，年纳税总额62.97万元。

（王晓阳）

【三鼎小额贷款股份有限公司】 2022年，三鼎小额贷款股份有限公司致力服务于"三农"、小微企业，参与解决大型金融机构不能解决的一些小微企业融资难问题，完善义乌当地金融市场的梯度建设，有效推进义乌当地金融经济的发展。公司业务主要有小额信用贷款、抵质押贷款、大额信用超短期贷款。至2022年底，三鼎小额贷款股份有限公司累计发放贷款1255笔，5.02亿元；年末贷款金额6亿元，其中涉农贷款月季末平均余额2779万元，涉农贷款季末平均占比为4.75%。

（骆丽英）

【棒杰小额贷款股份有限公司】 2022年度推动本公司完善内部治理架构，提升公司治理的有效性，根据相关监管规定并结合本公司实际情况，制订《承诺管理制度》《货币资金管理制度》《印鉴管理制度》《内幕信息知情人登记管理制度》等制度。12月31日，期末贷款101笔，贷款余额5414.96万元；按增信方式分别为信用贷款206.62万元，抵押贷款600万元，质押贷款2800万元，保证贷款1808.33万元。2022年，发放贷款笔数104笔，当年发放贷款金额136亿元，收回到期贷款笔数120笔，收回到期贷款金额1.13亿元；转让核销不良贷款9笔，转让核销贷款本金5488.70万元，收回转让款1400万元，期末逾期贷款28笔，逾期金额590.11万元。合并报表资产计3.3亿元，合并报表负债计2895.19万元；合并报表股东权益计3.01亿元，合并报表营业收入2310.65万元；合并报表净利润3281.62万元，合并报表经营活动产生的现金流量净额2825.09万元，加权平均净资产收益率11.53%。公司2022年第二次临时股东大会审议通过《关于变更公司第一大股东的议案》，公司第一大股东浙江棒杰控股集团股份有限公司将其持有的义乌市棒杰小额贷款股份有限公司股权9000万股（占公司持股比例36.74%）转让给浙江棒杰数码针织品有限公司，公司第一大股东变更为浙江棒杰数码针织品有限公司。

（楼军娟）

科学技术

综 述

【科技创新重点工作】 2022年，市科技局围绕市委、市政府“138”战略决策，落实科技创新首位战略，推进科技创新各项年度重点工作取得实效。全市规模以上工业企业研发费用64.05亿元，同比增长50.4%，占营业收入比重3.54%；高新技术产业增加值183.2亿元，增长30.2%，占规模以上工业增加值比重74.08%；战略性新兴产业增加值128.2亿元，同比增长45.6%；以上各项指标总量、增速均列金华市第一。2022年，全市研究和试验发展经费投入35.11亿元，同比增长26.75%，列全省17强县（市、区）第一位；研究和试验发展经费占GDP比重达1.91%，同比增长19.38%。两项增长率均位居全省17强县（市区）第一。规模以上工业企业中开展研究和试验发展活动企业比重69.04%，列全省第四位。

【科技主体培育】 2022年，义乌市实施科技主体培育“倍增”行动，完善科技型中小企业、国家高新技术企业、创新型领军企业梯度培育体系，开展企业研发中心、企业研究院等建设，提升规模以上工业企业研发机构建设覆盖率。至年底，新认定省科技型中小企业244家，累计1531家；新培育国家高新技术企业81家，累计374家。分别完成年度任务数的152.5%、126%。完成国家科技型中小企业备案472家。获评全省首批科技“小巨人”企业1家。

【重大平台引育】 2022年，复旦大学义乌研究院、浙江大学国际健康医学研究院等省级新型研发机构建设顺利推进。复旦大学义乌研究院集聚管理、项目团队人员112人、工程博士28人，征集义乌产学研项目68个。浙江大学国际健康医学研究院申报国家级人才项目12项，累计招收研究生229人。年内，浙江爱旭科技全球光伏联合创新中心成功创建省重点企业研究院，华灿省第三代半导体材料与器件重点实验室通过验收。

【“三服务”活动】 2022年，市科技局聚焦科技政策、科技金融、科技合作，开展为企业“送服务、送政策、解难题”活动，全力助推企业高质量发展。组建科技主体培育、科技合作2个专家服务团，走访企业1270家次，开展政策宣传解读36场次，解决难题168个。承办浙江省“最美科技人”理论宣讲团首站活动，开展“科技赋能”共同富裕“加速度”活动。邀请省科技厅专家到企业、平台开展“三服务”活动，指导解决企业在创新发展中面临的问题。

【科技赋能助推共同富裕建设】 2022年，市科技局开展科技惠农行动，加强对农业龙头企业的科技赋能，支持企业构建高能级科研平台，义乌森山健康农业科技园区通过省级农业科技园区综合评审。深化知识价值导向分配机制改革，在科技新政中提出完善科研项目资金激励引导机制、经费拨付机制，鼓励高校、科研院所、企业承担科研项目，加大科研人员激励力度。至年底，开展“送科技”进企技术服务3次，实施科技特派员项目2个，引进大豆、猕猴桃、草莓等新品种（技术），示范面积66.67公顷。

【浙中科创走廊建设】 2022年1月，义乌市成立由市长任组长、分管副市长任副组长的专项工作领导小组，开展实体化集中办公。科研高校院所、科技产业园等14项入选浙中科创走廊三年行动计划重点项目清单，完成投资38亿元，完成率148%。40项年度建设项目完成投资68亿元，完成率113%。浙江大学“一带一路”国际医学院、晶科太阳能2个建设项目入选浙中科创走廊十大标志性项目。入选G60科创走廊产业联盟企业12家，谋划“三区三线”新增省级重点项目39个，总投资1130亿元，其中，义乌科技城25个，总投资642亿元；光电创新城项目14个，总投资489亿元。

【首个浙江省领军型创新创业团队项目通过验收】 2022年7月27日，义乌市首个浙江省领军型创新创业团队项目“华灿光电创新团队”通过省科技厅验收。“华灿光电创新团队”由华灿光电常务副总裁王江波领衔，历经3年的研发攻关，基本攻克新型显示LED器件核心技术“卡脖子”难题，形成一系列具有自主知识产权的新型显示LED外延及芯片核心技术成果，有效增加了企业在高端产品线的产能，实现年新增产值5亿元，推动浙江省第三代半导体及新型显示产业的发展转型，提升中国关键材料与装备自主的可控水平；在项目成果产业化的过程中，带动全彩LED显示屏、大屏幕高端显示等领域的推广示范，拉动LED显示上下游产业发展。 （王超萍）

科技管理

【概况】 2022年，市科技局推进“数字化”改革，完成省“浙里核心关键技术攻关”“科技成果转化在线”应用贯通，推进党政自治系统科技主题门户和数字政府科技创新微门户展示年度数据维护更新。推进“双减”工作，容缺审批科技类校外培训机构14家。全年发放科技贷1.5亿元；发放创新券1390万元，实际使用132笔，共257万元。

【科技信贷】 2022年，市科技局实施创新券政策，明确创新券可用于支付科技信用贷款担保费和贷款利息，担保费和贷款利息均可按贷款期满实际支付保费的50%进行抵扣，融资成本平均降低50%，2项合计最高抵扣每家每年50万元，减免29家科技型企业6成科技贷利息和保费。年内，组织开展银企对接会11场，发放免抵押科技信贷1.5亿元，受惠企业53家。

【科技基金】 2022年，义乌市存量科技基金3只，分别是义乌科发创业投资合伙企业（简称“科发”）、义乌安芙兰股权投资合伙企业（简称“安芙兰”）、弘坤德胜基金（简称“弘坤德胜”）。科发、安芙兰在2018年完成投资，2022年处于投后管理阶段，投资项目30项，投资金额3.23亿元，其中投向义乌项目14项1.86亿元。弘坤德胜2020年7月入围省科技创新引领基金合作机构，省创新引领基金出资1.5亿元，占比20%。

（陈英杰　王建建）

科技创新载体

【概况】 2022年，义乌市开展科技主体培育增量、科研平台能级提升、科技成果转化提效、科创走廊建设提速等“八大行动”。年内，新培育国家级众创空间1家、金华市级众创空间2家、金华市级孵化器1家。 （金碧文）

【义乌工商职院创业园青创空间】 2022年6月28日，科技部下发《关于公布2021年度国家备案众创空间的通知》，义乌工商职院创业园青创空间成功入选，是浙江省唯一一所以高职院校为运营管理主体的国家级众创空间。青创空间建筑面积7686平方米，以培育学生创新精神、创业意识和创新创业能力为重点，提供560个共享工位和15个共享直播间，为大学生提供创业政策咨询、项目孵化、实践指导、培训服务、融资服务、跟踪扶持等“一条龙”创业服务。青创空间于2019年入选金华市众创空间，2020年入选省级众创空间。（朱玉清）

【义乌单品冠军孵化基地】 2022年7月，义乌单品冠军孵化基地获“金华市级孵化器”备案。义乌单品冠军孵化基地位于稠江街道四海大道1666号，建筑面积3.3万平方米。园区内入驻直播电商企业153家，空间提供120个共享工位和16个共享直播间，致力于孵化义乌传统电商企业直播化、产业化、数字化。年内，举办“全球创业者大会”，赋能义乌实体、电商、大学生创业者等8500余人次。为入驻企业提供政策申报、财税法务咨询等免费服务，为直播领域培育大学生“网红”主播、带货主播、达人主播。至年底，成功孵化粉丝量超100万的带货主播10余人。（金碧文）

【义乌数字直播产业孵化中心】 2022年10月，义乌数字直播产业孵化中心获“金华市级众创空间”备案。义乌数字直播产业孵化中心位于义乌市雪峰西路1566号国际生产资料市场一楼1—2区，毗邻义乌综合保税区、新型进口市场，于2021年9月17日正式营业。中心占地2公顷，有50余家供应链企业、直播机构入驻，建有直播间60余间，建有1100余平方米选品中心、特色短视频拍摄场景及14个场景化沉浸式共享直播间，标配各类直播设备，入场即可开播。场内拥有常驻主播40余人，客串流动主播200余人。开业以来，开展直播8000场，商品交易总额9000余万元。（金碧文）

【廿三里饰品小微创业园众创空间】 2022年10月10日，廿三里饰品小微创业园众创空间获“金华市级众创空间”备案。廿三里饰品小微创业园众创空间位于义乌市廿三里街道思源路745号，园区占地6公顷，总建筑面积11万平方米。园区众创空间公共服务场地1200平方米，以及配置1万余平方米创业空间。拥有职业化服务队伍，园区众创空间配备2名具有专业服务能力的专职人员、2名兼职创业导师，“三师”服务团专业人员4人，为创业企业提供法律、金融、税务等方面的帮助。至年底，园区内开展创业沙龙、路演、创业大赛、创业教育培育等企业服务活动，累计服务众创空间入驻企业创业者180人次。（金碧文）

2022年10月10日，廿三里饰品小微创业园众创空间获“金华市级众创空间”，图为创业者在直播销售饰品（施 航 摄）

知识产权（专利）保护

【概况】 2022年，义乌市新增有效注册商标1.33万件，有效注册商标量18.29万件。通过义乌商标受理窗口受理马德里商标国际注册申请13件。专利授权量1.03万件，同比下降7.42%，有效发明专利3403件。每万人口高价值发明专利拥有量6.23件，新贯标企业33家，PCT（专利合作协定）申请量11件。全市有驰名商标24件，义乌市专利示范企业84家，金华市专利示范企业33家，金华市商标品牌示范企业17家，浙江省专利示范企业17家，浙江省知识产权示范企业4家，浙江省专利优秀奖1项，国家专利优秀奖5项。年内，义乌市成功入选首批国家知识产权强县建设示范县。

【获评浙江省2021年度县乡法治政府建设“最佳实践”】 2022年3月7日，浙江省2021年度县乡法治政府建设“最佳实践”项目发布，义乌市市场监管局打造知识产权“一件事”服务平台成功入选。近年来，义乌市全面落实国家“跨省通办”，创新“四张清单”跨区通办模式。全国首创清退“一件事”系统，平均压缩市场主体清退周期50%以上。义乌数字审批改革经验在《数字化改革》专刊第61期、第74期上推广，7个系统入选国家部委和省级试点。2021年，“一件事”改革经验上升为全省标准。

【获批国家首批知识产权纠纷快速处理试点地区】 2022年6月27日，国家知识产权局公布“第一批知识产权纠纷快速处理试点地区”，义乌市成功获批。近年来，义乌全力推进知识产权维权服务体系建设，2018年，成立义乌市知识产权维权服务中心，系统解决国内商标注册，马德里商标国际注册，变更、转让和版权登记，小商品外观设计专利快速授权、快速确权、快速维权等35个事项，实现知识产权“一站式”服务。

【2项发明专利获中国专利奖】 2022年7月26日，国家知识产权局公布“第23届中国专利奖项目名单”，义乌市华灿光电（浙江）有限公司“一种发光二极管的外延片及其制备方法”和义乌市易开盖实业公司“基本盖成型与卷边二合一模具及成型方法”2项专利获中国专利奖优秀奖。义乌聚焦聚力企业知识产权创造、运用及保护，全面加强知识产权系统的创新发展能力建设，引导企业强化知识产权管理，鼓励企业创造创新，对取得国内外发明专利授权、落实知识产权管理体系认证、开展专利导航项目、获得中国专利奖优秀奖等成就的企业每年进行奖励补助，深入推进知识产权强企培育战略。至年底，义乌市累计获评国家级专利优秀奖5项。

【商标品牌案例入选国家知识产权局“商标品牌建设优秀案例”】 2022年12月6日，国家知识产权局办公室公布商标品牌建设优秀案例，市市场监管局报送的《深入实施商标品牌战略　高质量建设世界小商品之都》案例成功入选政策措施类优秀案例，为全省市场监管系统唯一入选的优秀案例。《深入实施商标品牌战略　高质量建设世界小商品之都》案例立足义乌突出区位优势，以深化义乌国际贸易综合改革为契机，以商标注册便利化改革为突破口，以商标品牌有效运用和依法保护为重点，创新工作举措，整合资源优势，把义乌打造成国际贸易领域商标品牌发展和保护的新高地，不断增强义乌“世界小商品之都”的吸引力、创造力、竞争力。（金　炀）

科技成果及应用

【概况】 2022年，义乌市立项国家重点研发计划项目1项、国家自然科学基金项目17项、省“尖兵”“领雁”研发攻关计划项目2项、浙江省自然科学基金项目7项、省软科学研究计划项目1项、省级新产品试制计划项目491项、省基础公益研究计划项目7个，金华市级科研项目73项、义乌市级科研计划项目121项。（陈英杰）

【高碳行业碳减排关键技术和装备研发】 2022年12月，浙江华川实业集团有限公司承担的“造纸行业碳减排关键技术和装备开发项目”被列入2023年度浙江省“尖兵”“领雁”研发攻关计划。项目计划总投资2800万元，针对高碳排造纸行业化石燃料依赖度高、多级品质能源协同难、废弃物资源化利用关联度差等碳减排关键痛点，以造纸行业的“节能、降耗、智慧”为总体思路，从物料—能源流代谢重塑的角度，通过“内削减—外协同—全优化”在造纸废物燃料替代、能源供应效率提升、造纸能耗削减、造纸资源再生等方面开发造纸废物燃料替代余热余能高效回收技术、多级联动供能及造纸干燥部节能技术、生物酶磨浆与填料再生的绿色造纸新工艺等，通过工业数字化及智能调控系统开发实现上述造纸行业绿色低碳技术的集成，重塑造纸行业的低碳工业流程，推动造纸行业的深度碳减排改革和绿色产业创新。项目拟开发造纸行业绿色低碳集成技术装备1套，形成万吨级以上低碳产品生产示范，实现单位产品能耗降低≥15%，碳排放量降低≥30%，年节约成本1200万元，总体达到国际先进水平，实现100%国产化。项目预期实现产值2.1亿元，销售收入2.37亿元，利润1680万元，上缴税金1050万元。（陈英杰）

【神经精神疾病诊治新技术研究与应用】 2022年12月，浙江大学国际健康医学研究院承担的“神经精神疾病诊治新技术研究—癫痫、双相情感障碍、抑郁症、自闭症的易感基因和药物基因组学研究与应用”入选2023年度浙江省“尖兵”“领雁”研发攻关计划项目。项目总投资2000万元，通过构建中国人群特异性神经精神疾病基因数据库平台，研发中国人群易感基因和药物基因检测试剂盒及检测技术，探索共病基因。相关成果有助于指导此类疾病的精准治疗，具有重要的临床意义和应用价值。（陈英杰）

科技人才合作与交流

【概况】 2022年，市科技局促成技术交易额33.7亿元，占金华地区的29.3%。培育企业科技专员114人。新增技术转移中心1家，累计6家。科技大市场服务企业200余家次，发布科技成果500余项，实施发明专利产业化项目48项，完成科技成果登记41项。

【科技人才引育】 2022年，市科技局做好外国专家人才、“133创新工程”第三层次人才等筛选、推荐工作。新引进省海外工程师2人，入选省级人才项目5人。新引进博士78人、博士后36人。深化“百博入企”活动，选派博士到企业开展产学研合作，累计选派入企博士20人。

【“揭榜挂帅”项目】 2022年，发挥企业发布难题、人才发布成果的“双向联动”平台作用，开展千榜进高校“2+4+X”（重点改造提升纺织服装、五金制造2个传统产业，做大做强芯光电、新能源汽车及零部件、高端装备制造、生物医药4个现代新兴产业，着力培育量子计算等若干未来产业）云对接芯光电产业专场活动等“揭榜挂帅”、科技对接线上线下活动10场、点对点精准对接50余次，发布技术难题162项，发榜金额7000余万元，实施“揭榜挂帅”项目55个，金额3147.58万元。

【产学研合作】 2022年，市科技局探索“科技牵线、企业出题、专家解题”的产学研合作新模式，依托浙江大学、浙江理工大学、浙江师范大学等6家院校单位，组织技术专家入企服务350余家次，开展项目路演、校企对接、成果展示等活动40余次，促进技术成果交易和产业化。

【外国人来华工作许可】 2022年，市科技局持续推行外籍人才、聘用单位、中介服务机构3张负面清单之外按需准入制度，优化外国人工作许可、居留、医保、社保“一件事”办理。2022年，有4954名外国人在义乌持证工作。全年发放自贸区5年工作许可220人，新增B类外国人才311人，同比增长30%。外国人工作居留“一件事”办理事项3469件。（王丽琴）

企业研发机构

【概况】 2022年，市科技局开展企业研发中心、企业研究院等建设，提升规模以上企业研发机构建设覆盖率。完成金华市级研发中心备案89家，新认定重点企业研究院1家、省高新技术企业研发中心9家，累计认定企业研发中心621家。

【浙江省爱旭太阳能电池重点企业研究院】 2022年12月，浙江省太阳能电池重点企业研究院被认定为“浙江省新能源、双碳领域重点企业研究院”。研究院依托于浙江爱旭太阳能科技有限公司，致力推动“高效太阳能电池技术”发展，促进浙江省乃至全国光伏电池产业的优化提升。先后突破管式PERC电池技术、SE-PERC双面技术、大尺寸电池技术等，并投入规模产业化，P型高效单晶PERC太阳电池转换效率突破23.6%；开发出具有完全自主知识产权的新一代N型背接触电池ABC电池技术，实验室最高转换效率26%以上，平均效率25.5%；背接触电池技术开创性地采用无银化技术，解决了阻碍光伏产业大规模发展的“银耗”问题，为ABC电池技术路线低成本、大规模发展提供了量产技术基础。2022年，有研发场地1.14万平方米，科技人员900人；科研装备原值1.7亿余元，投入研发费用8亿余元，累计授权专利793项，其中发明专利135项。

【浙江省颜雪疗效化妆品高新技术企业研究开发中心】 2022年12月，浙江省颜雪疗效化妆品高新技术企业研究开发中心被认定为“浙江省级高新技术企业研究开发中心”。此研发中心依托于浙江颜雪化妆品有限公司，致力研发生产疗效化妆品系列产品，以疗效化妆品制剂新技术及创新配方为研究目标，开发疗效型化妆品产品，通过研发和掌握关键工艺技术，从技术层面弥补产品成本相对高的缺点，提高市场竞争力。2022年，有研发场地515平方米，专职研发人员60人；科研设备原值554.50万元，投入研发费用924.06万元。至年底，累计获得专利28项，其中，发明专利5项，实用新型专利17项，外观设计专利2项，计算机软件著作权3项，其他1项。

【浙江省曼姿功能性连裤袜高新技术企业研究开发中心】 2022年12月，浙江省曼姿功能性连裤袜高新技术企业研究开发中心被认定为“浙江省级高新技术企业研究开发中心”。此研发中心依托于浙江曼姿袜业有限公司，致力研发生产功能袜系列产品，以“功能性”为长期研究目标，以袜子的原料配方工艺、染色工艺为研发方向，改进设备，改善工艺，提高产能效率。2022年，有研发场地627.5平方米，专职研发人员38人；科研资产616.19万元，投入研发费用453.21万元。至年底，累计获得专利11项，其中，发明专利1项，实用新型专利8项，计算机软件著作权2项。

【浙江省森宇铁皮枫斗高新技术企业研究开发中心】 2022年12月，浙江省森宇铁皮枫斗高新技术企业研究开发中心被认定为“浙江省级高新技术企业研究开发中心”。此研发中心依托于浙江森宇有限公司，是由森宇控股集团有限公司投资创建的一家现代化民营生产企业，是金华地区最大的铁皮枫斗系列保健食品生产企业。企业有专业设计的标准厂房，已通过保健食品GMP审查认可和中药饮片GMP认证，净化级别达到十万级卫生要求，生产、研发、检验设备齐全，生产和销售六大剂型（颗粒剂、胶囊、片剂、膏剂、饮品、口服液等）的铁皮枫斗系列产品，在国内保健品生产行业中，产量及各项经济指标均名列前茅，产品的国内市场占有率达到30%以上。2022年，有研发场地5170平方米，专职研发人员70人；科研装备原值1132万元，投入研发费用1588万元。至年底，累计获得专利13项。

【浙江省世宝汽车转向系统高新技术企业研究开发中心】 2022年12月，浙江省世宝转向系统高新技术企业研发中心被认定为“浙江省级高新技术企业研究开发中心”。此研发中心依托于浙江世宝股份有限公司，致力研发生产汽车转向系统，产品应用于轻型、中型及重型货车及大型客车的液压动力循环球转向器组件、乘用车的液压动力齿轮齿条杆、转向器组件及转向节组件，及应用于新能源汽车及节能环保型汽车的电动转向系统（拥有自主知识产权）。产品以转向轻便、高性能、环保、轻量化、高级辅助驾驶系统（ADAS）、自动驾驶、功能安全为研究目标，以科技环保为研发方向，改进设备，改善工艺，提高产能效率。2022年，有研发场地630平方米，专职研发人员28人；科研装备原值947万元，投入研发费用855万元。至年底，累计获得专利14项。

【浙江省晶澳太阳能高效电池组件高新技术企业研究开发中心】 2022年12月，浙江省晶澳太阳能高效电池组件高新技术企业研究开发中心被认定为“浙江省级高新技术企业研究开发中心”。此研发中心依托于义乌晶澳太阳能科技有限公司，致力研发生产太阳能高效电池组件产品，中心重点研发方向为电池转换效率提升、组件功率提升及节能降耗等方面关键技术，通过研发和掌握关键工艺技术，从技术层面弥补产品成本相对高的缺点，突出公司光伏组件产品优势，提高市场竞争力。2022年，有研发场地2700平方米，专职研发人员460人；科研设备原值3085.66万元，投入研发费用7.94亿元。至年底，累计获得专利11项，其中，发明专利2项，实用新型专利9项。

【浙江省矿山破碎筛分设备高新技术企业研究开发中心】 2022年12月，浙江省矿山破碎筛分设备高新技术企业研究开发中心被认定为“浙江省级高新技术企业研究开发中心”。此研发中心依托于浙江矿山机械有限公司，致力研发生产破碎筛分设备列产品，围绕破碎机制造发展的重大关键性、基础性和共性化问题，开展前瞻性和应用性的研究，并将具有重要应用前景的科研成果进行系统化、配套化和工程化研究开发，促进科技成果向市场企业的转移和辐射，推动行业先进技术的持续和快速发展。2022年，有研发场地766平方米，专职研发人员27人；科研设备原值617.65万元，投入研发费用438.71万元。至年底，累计获得专利32项，其中，发明专利1项，实用新型专利27项，计算机软件著作权4项。

【浙江省棒杰无缝针织高新技术企业研究开发中心】 2022年12月，浙江省棒杰无缝针织高新技术企业研究开发中心被认定为“浙江省级高新技术企业研究开发中心”。此研发中心依托于浙江棒杰数码针织品有限公司，致力于无缝服装的新技术使用、新工艺创新、新产品设计。应用现代科学技术和信息技术，全面提高技术装备水平和研发实力，应用新技术、新工艺、新原料研制新产品，提高产品质量档次，满足国内外市场不断增长的消费需求。研发中心注重产品的科技含量、工艺技术创新、文化内涵等因素，围绕无缝织造新材料、包覆纱技术、生态和环保加工技术、数字化一次立体成型织造技术、3D设计技术、制造业信息化等的研究，加强高品质、差别化、多功能纤维材料的开发应用，开发新奇化、多样化、功能化、安全环保产品。制定与推广企业、国家标准，加强与科研机构及核心设备供应商的技术合作，使企业从无缝服装的制造中心向技术中心和标准中心迈进。2022年，有研发场地1200平方米，专职研发人员110人；科研装备原值1443万元，投入研发费用1753万元。至年底，累计获得专利20项。

【浙江丰合检测技术股份有限公司研发中心】 2022年12月，浙江丰合检测技术有限公司研发中心被认定为“浙江省高新技术企业研发开发中心”。研发中心依托浙江丰合检测技术股份有限公司，致力于环境监测和科技研发领域，涉及环境保护监测，内陆水系污染监测服务，水污染监测服务，辐射检测，放射卫生检测与评价，公共安全检测，职业卫生检测与评价，产品检测服务，土壤质量监测服务，城市噪声、振动监测服务，城市废料监测服务，汽车尾气监测服务，室内环境检测，化妆品检测、饰品检测、农产品等24类1100余项检测项目。2022年，有研发场地800平方米，专职研发人员19人；科研设备原值585万元，投入研发费用192万元。至年底，累计获得专利2项、软著6项，累计转化科技成果16项。

【浙江省双童吸管及可降解环保新材料高新技术企业研究开发中心】 2022年12月，浙江省双童吸管及可降解环保新材料高新技术企业研究开发中心被认定为“浙江省级高新技术企业研究开发中心”。此研发中心依托于义乌市双童日用品有限公司，致力研发生产高品质环保吸管产品与可降解环保新材料，中心主要重点研发内容包括高品质PLA吸管产品、高品质纸吸管产品、高品质淀粉吸管等高品质环保吸管，及一次性环保PE薄膜手套、生物可降解环保手提袋、复合纳米纤维果蔬专用保鲜膜、可降解生物环保一次性保鲜袋等采用可降解环保新材料的产品。2022年，有研发场地689.62平方米，专职研发人员39人；科研设备原值550.47万元，投入研发费用792.3万元。至年底，累计获得专利27项，其中，发明专利7项，实用新型专利12项，计算机软件著作权8项。 （金碧文）

浙江省双童日用品有限公司研发中心的工作人员在研发新产品
（市科技局供图　2022年7月24日摄）

义乌科技创业园

【概况】2022年，义乌科技创业园（简称“科创园”）对接意向入驻企业80余家，成功招引20家，其中，科技企业15家，服务配套项目5个。累计入驻企业146家，常住办公2900余人。科创园实现营业收入12.28亿元，税收2830万元。受新冠疫情影响，企业经营发展困难，科创园为121家企业及6家个体工商户减免租金118.6万元。封控期间，为园区住户分发物资3次，惠及800余人。2022年，科创园开展财税、科技政策、中共二十大精神宣讲、知识产权申报培训等活动8场，培训500余人；接待客商考察5次。

【人才与科技项目】2022年，科创园培育国家高新技术企业5家，浙江省科技型中小企业18家。累计有人才企业4家，双龙计划项目1个，义乌英才计划项目3个。企业研发形成发明专利、实用新型专利、软著等各类知识产权245项，其中2022年申请127项，授权61项。

【创新服务方式】2022年，科创园新建党群服务中心，创设党群服务窗口，深入贯彻“党建+服务”理念。园区集结科技管理、研发、金融、中介等各方资源和力量，推出“党建+红色代办”服务制度，实行“你点单，我服务”的工作机制，为企业提供“保姆式”服务。至年底，“红色代办员”为企业提供服务501家次。

【“组团式”服务进园区】2022年7月28日，科创园携手浙江稠州银行、浙江双江湖律师事务所、义乌市科技咨询中心、园区第三方服务单位等，开展“组团式”服务进园区活动，以“组团式”服务送政策进园区，为园区内创业孵化基地、科创企业、创业青年提供政策资源。活动现场，100余名园区企业员工与工作人员进行交流咨询。

【科创园科技企业招引】2022年12月，义乌市德义物联网科技有限公司入驻科创园。义乌市德义物联网科技有限公司主要从事互联网和相关服务，围绕物联网技术服务、物联网设备制造、电子（气）物理设备及其他电子设备制造、软件开发、输配电及控制设备制造等领域开展研发经营活动，拥有实用新型专利7个，软件著作权专利6个，2022年，公司成功申报国家高新技术企业。至年底，科创园招引科技企业15家，累计培育国家高新技术企业19家，浙江省科技型中小微企业18家。（潘天星）

教　育

EDUCATION

综　述

【教育规模】 2022年，义乌市有幼儿园338所，小学81所，初中28所，普通高中20所，中等职业学校2所（不含技工院校），特殊教育学校2所，浙江开放大学义乌学院1所，普通高校2所，成人文化技术学校14所，教育研修院1所，考试院1所，教育服务中心1所，教育财务中心1所，青少年校园体育艺术科技（足球）指导中心1所，科教中心1所。在校（园）学生27.15万人，在读外籍学生263人。教职工2.53万人，其中专任教师1.86万人。全年统筹谋划教育项目134项，完成教育基建有效投资21.7亿元。教育成果获国家级奖项8项、省级22项。（叶健明　王丰平）

【教师队伍建设】 2022年，市教育局加强教师队伍建设，全年招聘教师888人，其中，硕士研究生和"双一流"高校优秀毕业生306人，均超过2020—2022年之和。至年底，在职正高级教师15人、特级教师38人，获金华市级以上荣誉420余人次。

（曹训刚）

【师德师风建设】 2022年，义乌市强化党建引领，打造高质量发展教育事业。开展"千场思政课"进校园活动，掀起学习宣传贯彻中共二十大精神热潮。新成立11个民办学校党组织，实现37所民办中小学党的组织全覆盖，民办中小学100%将党建有关要求写进学校章程，切实加强党对教育工作的全面领导。打造"赤子丹心""幸福义幼"教育共富联建机制，新增2家党建"领雁工作室"，评出3个"金星"同心圆；评选12家"党建强发展强"示范校，不断夯实基层战斗堡垒。绣湖小学党总支获金华市五星品牌支部（义乌市机关单位唯一）。召开教育系统全面从严治党暨清廉学校、师德师风建设推进会，切实加强党风廉政建设。教育审计工作走在全省前列，被选为浙江省内审协会第六届理事，食堂审计项目入选省厅第一批教育系统内审项目建议库并予以全省推广。国贸学校等4所学校被评为"金华市示范型清廉学校"，望道中学被评为"浙江省首批清廉学校建设示范校"。培育义乌市级标准型"清廉学校"124家，占公办学校总数的75%。党建工作和党风廉政建设均获考绩单项奖。

（陈全春）

【教育扩面提质增效】 2022年，义乌市进一步加大教育投入的力度。基建投入15亿元，建成投用中小学、幼儿园40所，新增学位2.92万个。金华市教育"三百工程"义乌市占71所，已开工62所，其中完工28所，总任务数、开工数、完工数金华第一。金华市报省级民生实事建成投用10所，其中义乌市占6所，新增学位完成率247%，承办数量和完成率金华第一。发布《义乌市学前教育发展第四轮行动计划（2021—2025年）》，加快幼儿园补短提升，公办幼儿园在园幼儿占比达到50.97%，普惠园在园幼儿占比达到94.36%，省二级及以上园在园幼儿占比达到60.03%。深入推进城乡义务教育共同体建设，实现教共体市域内公办学校全覆盖，其中融合型、共建型教共体占公办学校总数的89%。教共体建设获评省级区域典型案例（全省34个县市获评，金华仅3个），并被评为义乌市共同富裕最佳实践。

（陈全春）

【深化教育改革】 2022年，义乌市深化教育改革，有效激发办学活力。大力推进人事制度改革。打造“透明、高效”机关，精简机关人员20%，精简力度史上最大。推行工作“日晒制”，创办《教育工作简报》，加强工作信息交流互通。面对初高中无“90后”副校级以上干部的现状，遴选30名“90后”组建优秀年轻骨干教师培训班，构建年轻干部成长链条。将民办高中纳入职称自主评聘范围，全市公民办普高、职高全部实行自主评聘，走在全省前列。在全国率先实施校长职级制改革，124名校长认定不同职级，为全省相关政策制定提供“义乌经验”，受到教育部关注。深化教育数字化改革，完成经济内控系统等8个信息化项目的建设和终验工作。积极推进系统的常态化应用，“校园及周边安全防控一件事”“城乡义务教育共同体”2个项目列入省教育领域数字化改革创新试点（占金华1/2）。财务“内控”系统实现智慧财务“一站办”，《中国会计报》年内2次作专题报道。运用信息化手段实施学生精准资助，在4月20日全国学生资助工作研讨会上作经验介绍，得到全国资助中心领导的充分肯定。鸡鸣山社区和宾王社区2个未来社区教育场景建设获评省级典型案例（占金华2/3）。深化职业教育改革，成立义乌市产教融合公共实训基地，进一步深化产教融合、校企合作。启动区域中高职一体化人才培养改革，义乌市教育局被评为“全省市县职成教发展考核优秀单位”（全省34个市县获评，金华仅2个）。深化教育评价改革。出台《义乌市深化新时代教育评价改革实施方案》，深化同级部门履行教育职责评价改革，被列为全省深化新时代教育评价改革试点项目，通过金华市人民政府对义乌市政府履行教育职责实地督查评估。

（陈全春）

【义务教育特色多样化】 2022年义乌市教育局依托地域特色文化，积极构建学校特色德育课程体系。体艺科技教育硕果累累，24支青少年学生运动队参加省级赛，共获团体一等奖8项，个人单项获省级赛金牌35枚。215名学生运动员代表金华参加省运会，获金牌33枚，在浙江省青少年校园足球文化节高峰论坛上介绍义乌校园足球工作经验。11月，全国第七届中小学生艺术展演，艺术学校器乐节目《夏日骄阳》获一等奖，实验小学摄影作品《老有所乐》获二等奖，市教育局获“优秀组织”奖。浙江省中小学生艺术节现场展演，义乌市134个节目（作品）获奖，其中，一等奖37个，艺术学校获“优秀组织奖”。在省艺术节比赛中获一等奖37项。在省级以上科技类比赛中，获团体一等奖72项、个人一等奖382项，获奖数居省内各县（市区）第一。加强劳动教育，参加校外劳动实践学生15万人次，义亭小学等9所学校被评为“金华市首批劳动实践教育示范校”，劳动教育工作经验获评全省中小学劳动教育实验区工作交流会优秀交流材料。

（陈全春）

【民办义务教育规范发展】 2022年，义乌市教育局高质量完成规范民办义务教育发展工作。义乌市作为全省规范民办义务教育发展工作先行县（市），面对民办在校生规模和占比全省最高、规范治理任务最重的现实，通过专班集成、小组推进、项目化攻坚，平稳有序、高质高效完成规范工作任务，6所“公参民”学校全部转公办学，民办中小学在校生压减至3.66万人，通过政府购买学位2.84万人，民办在校生占比从25.79%调控至4.7%，调控数全省第一。教师安置“先签后考”获省市领导高度肯定，购买学位协议作为样本被各兄弟县市借鉴使用。被省委教育工作领导小组直接认定为“全省规范民办义务教育发展专项工作成绩突出集体”，“民办在校生占比偏高”重大督查问题整改被金华市政府评为优秀示范案例。

（陈全春）

【构建平安和谐校园】 2022年，义乌市构建平安和谐校园，稳步推进“智安校园”建设，公民办中小学、幼儿园建成率100%，民办幼儿园建成率76%。对25所学校开展校园安全提升改造。举行“防溺水150天”专项教育活动，开展“防溺水”隐患排查整治,实现暑假学生“零溺亡”，在金华市防溺水工作会议上作经验介绍。在省内率先开展“上下学接送区”项目建设，年内，新建成上下学接送区30个，总量58个，缓解了校园周边交通拥堵问题。 （陈金春）

【“教育共富”义乌样板】 2022年，义乌市教育局推进“教育富裕”，凝心聚力打造“教育共富”义乌样板。自2011年以来，义乌市先后派出75人，赴新疆、青藏、四川、莲都、武义等地支教；结对帮扶教师180余人，送教下乡80余场次。推动“教育共富”，义乌教师“标本兼治”。义乌援疆支教团队建立南疆地区第一个“同学同研·共享共领”工作室，第一个“石榴籽”工作室，促进浙江和新疆两地青少年交往交流交融。义乌市稠城第一小学等6所中小学与四川省巴中市巴州区学校结对，互派教师，共同进步。义乌市城镇职校教师王旭英建成新疆阿克苏温宿县职校第一个电工实训室，接收巴中市职业中学的10名学生前来就读。实验小学教育集团戴建杨赴武义县推动小学数学教育发展，点亮武义教育“希望之光”；数学特级教师杨凯明、朱向阳分别将名师工作室开到莲都区，为莲都教师上示范课；香山小学教育集团为莲都小学制作《玩转节气》课程；义乌市教育研修院派出由教研员、名师、学科带头人、教坛新秀等组成的22人支教团赴莲都作专题讲座、上示范课、开展互动教研。2021—2022年，义乌与莲都区结对学校22所，派出支教教师15人，结对教师25人，校级领导交流挂职5人；组建跨地区教共体6对，成立13个跨地区名师工作室，开设同步课堂示范课130节；举行集体教研159次，建成线上共享课程6门82课时。义乌市教育局募集价值64万元爱心物资帮助巴州区师生改善生活及办学条件，出资10万元为巴州区第一小学购买新课桌，援助50万元为莲都区教育局建设3个新型教学空间。道孚中学义乌支教团队、四川巴州区义乌支教团队与义乌市爱心个人、爱心家庭、“爱心公社”携手开展捐赠活动，累计捐赠保暖手套7000双、校服2000套、书籍1400套、书包280个，计70余万元。 （陈金春）

教育管理

【概况】 2022年，市教育局开展千场思政课进校园活动，推进教育优质均衡发展。通过“摘牌会”“双选会”等方式交流教师523人，其中骨干教师下乡交流占符合条件人数的21%。深化教育改革信息化手段精准实施学生资助在全国学生资助工作研讨会上作经验介绍，同级部门履行教育职责评价改革被列为全省教育评价改革试点项目。守牢安全底线，公民办中小学、幼儿园“智安校园”建成率100%，民办幼儿园建成率76%，校园安防智能化水平省内领先。 （曹训刚）

【教育应用模式创新】 2022年，义乌市坚持五育并举，以信息技术能力提升2.0工程推动空间教育管理模式、教学应用模式创新。4月7日，中央电教馆公布《国家教育资源公共服务体系关于“三个课堂”应用案例征集结果的通知》，义乌市送审的《多维发力 向品质课堂迈进——“双减”下“三个课堂”建设的义乌故事》案例被评为“全国区域创新案例”。 （王海平）

【万余名教师助力全市抗疫】 2022年9月6日，义乌市委、市政府发文表彰在“8·2”义乌新型冠状病毒肺炎疫情防控工作中表现突出人员，教育系统获记功3人、嘉奖4人、“战疫冲锋手”55人。 （盛剑源）

【数字化改革创新试点项目入选省名单】 2022年9月9日，省教育厅公布《2022年浙江省教育领域数字化改革创新试点项目名单》，确定试点项目55项，义乌市校园及周边安全防控一件事系统、城乡义务教育共同体系统项目入选。“校园及周边安全防控一件事”系统可向家长精准推送学生放学实时数据、校园周边停车场等数据，为家长接送孩子提供缓冲时间，缓解校门口家长聚集现象。城乡义务教育共同体系统可自动采集教共体装备的远程管控、视频数据，汇聚精品微课、名师示范课、同步课堂等教学资源，助推线上线下混合教研模式的构建，提升教共体帮扶活动质量，实现帮扶工作过程性评价，推动区域教育“优质均衡”发展。（刘 玮）

【义乌获评“全国网络学习空间应用普及活动优秀区域”】 2022年10月24日，教育部办公厅公布《2021年度网络学习空间应用普及活动优秀区域和优秀学校名单》，义乌市被评为“2021年度网络学习空间应用普及活动优秀区域”，经济开发区学校被评为“2021年度网络学习空间应用普及活动优秀学校”。近年来，义乌以浙江省网络学习空间人人通规模化应用试点和推进政府数字化转型为契机，依托义乌市教育资源公共服务平台，实现网络学习规模化、常态化深入应用。至2022年底，平台开通公民办中小学、幼儿园空间568个，教师空间1.8万个，学生空间18万个，学校空间、教师空间、适龄学生空间开通率均为100%。义乌学科带头人、特级教师开设网络名师工作室51个，总数位居省内第一，660余节“空中品质课堂”受益师生2万余人；“好学义乌，名师云课”平台汇聚了全市骨干教师录制的国家课程3800余节，点播163万余次。（刘 玮）

【儿童青少年心灵成长中心成立】 2022年11月3日，义乌市儿童青少年心灵成长中心（简称“心灵成长中心”）成立，面向全市中小学师生和家长开放，为浙江省首批公布的24个县级心理辅导中心建设项目之一。心灵成长中心位于北苑街道西城路266号，占地面积240平方米，设有办公接待室、心理咨询室、心理评估室、沙盘游戏室、心理放松室、小团体辅导室和科普活动等区域，提供心理咨询窗口服务，开展热线咨询、现场咨询、心理测评、危机干预、科普宣教等日常管理与服务工作。至年底，心灵成长中心提供心理咨询54人次，开展家庭教育指导200人次。（丁 靓）

特色教育

【概况】 2022年，市教育局立足学生全面发展，特色、多元、高品质推进学校体育、艺术、科技工作。至2022年底，创建全国青少年校园足球特色学校40所、特色幼儿园28所，浙江省青少年校园足球特色学校29所、特色幼儿园10所。布局项目特色学校体育类76所，艺术类34所，科技类29所。非物质文化遗产传承项目4所，优秀传统文化类9所，劳动类8所。项目布点学校体育类（不含足球）231所，艺术类271所，科技类40所，优秀传统文化类12所。项目基地校体育类9所。215名青少年运动员代表金华参加浙江省第17届运动会，获金牌33枚、银牌8枚、铜牌10枚；55所学校1791人次参加省级科技类大赛，获团体一等奖72项、二等奖50项、三等奖42项，个人一等奖382项、二等奖641项、三等奖669项。（翁明喜）

【武术套路比赛】 2022年7月13—16日，由浙江省教育厅、浙江省体育局主办，桐乡市教育局、桐乡市文化和广电旅游体育局联合承办的浙江省第15届中学生运动会武术比赛在桐乡市第七中学举行。来自杭州、宁波、温州、绍兴等8个城市122名运动员同场竞技。比赛设刀术、剑术、南刀等10个项目。义乌市组织义乌三中、大成中学与宾王中学3所学校的武术代表队共20人参赛。经角逐，义乌市青少年选手获4金12银15铜，义乌三中、大成中学获高中组团体总分第一名；宾王中学武术代表队获初中组团体总分第二名。

（翁明喜）

【市中小学田径运动会38人次破纪录】 2022年11月9日，由市教育局、市文广旅体局主办，义乌市国际商贸学校承办的义乌市中小学田径运动会在义乌国际商贸学校举行。有66个代表队的1122名中小学生参赛。比赛项目分为径赛和田赛等15项，38人次破20项市中小学田径运动会纪录、35人次破17项义乌

2022年11月9日，在义乌国际商贸学校举行义乌市中小学田径运动会比赛 （傅燕婷　摄）

市青少年田径纪录，122名特殊学生参加5个大类、30个小项的特殊学生运动会。 （宋　妍）

【佛堂三小举办第二届动漫节】 2022年11月17日，佛堂三小举办以“艺术创新精神——讲好中国故事”为主题的第二届动漫节，分线上和线下两个部分。线上活动以动漫表演为主，师生围绕中国元素展示16个节目，低年级以古代经典人物故事为主，中高年级以近现代故事为主。线下活动为佛堂三小六年级学生王语微为学校设计的吉祥物“合合、韵韵”走进课堂，与学生零距离互动。 （许　丹）

【省中小学生艺术节获佳绩】 2022年11月21—25日，由浙江省教育厅、省文化和旅游厅、团省委、省财政厅、浙江广电集团共同主办的第七届浙江省中小学生艺术节现场展演在绍兴市柯桥区举办。此次艺术节以“民族魂·中国梦——阳光下成长”为主题，来自全省中小学96支队伍4500余名师生，以声乐、器乐等形式参与艺术节活动。义乌市共有134个节目（作品）获奖。其中，获一等奖37个，二等奖58个，三等奖39个；艺术学校获“优秀组织奖”。

（翁明喜）

【省运会上义乌获佳绩】 2022年11月25日，浙江省第17届省运会排球（甲组）比赛在义乌市梅湖体育馆落下帷幕，来自杭州、温州、绍兴等地区的8支男排队伍和9支女排队伍，共290余人参赛。义乌三中男女排球队代表金华参赛，经角逐，女队获第五名、男队获第六名，并被评为“体育道德风尚奖运动队”；首次进入省运会此项目前六名，刷新金华历史最好成绩。至2022年，义乌三中有43名学生获“国家一运动员”“国家二级运动员”称号。 （陈佳山）

【杭畴小学“小龙窑”投用】 2022年11月28日，杭畴小学“小龙窑”迎来首次开窑，经过“小龙窑”10余个小时烧制，首批陶瓷器皿出炉。“小龙窑”主体由高温耐火砖砌成，4米多长。窑体分为3段，中段固定，前后2段窑底装有滑轮，可分别向两边推开，方便装窑出窑。“小龙窑”的建成，让学生见到用柴火窑烧的过程，体验到传统窑烧技艺的魅力。

（朱倩男）

学前教育

【概况】 2022年，义乌市幼儿园共有338所，其中城区254所、镇街44所、乡村40所。在园幼儿7.04万人，学前三年幼儿入园率99.29%。专任教师5780人，教师持证率100%。公办园在园幼儿占比50.97%，省二级及以上幼儿园在园幼儿占比60.3%，普惠性幼儿园在园幼儿占比94.34%。出台《义乌市学前教育发展第四轮行动计划（2021—2025年）》，理顺办园体制机制，强化学前教育资源供给，全面提升幼儿园保教质量和保教水平。

（何春雷）

【“宅心号”列车首发】 2022年4月8日，后宅街道中心幼儿园订制的“宅心号”小火车首发通车。“宅心号”小火车共有3节车厢，可乘坐18名幼儿，每周开车2次。在首发课程游戏中，幼儿自主购票、进站、上车，分别体

2022年4月8日，后宅街道中心幼儿园订制的“宅心号”小火车正式通车（杨正春　摄）

验乘客、安检员、检票员、列车长等角色，学习乘坐火车的基本流程和安全常识。（吴微笑）

【幼小衔接工作推进会】2022年6月2日，义乌市幼小衔接工作推进会在胜利幼儿园举行。市教育局、教育研修院相关负责人、公办幼儿园园长、大班教研组长、幼教干部，小学教导主任和语文学科组长等330余人参加会议。会议围绕第11个全国学前教育宣传月“幼小衔接，我们在行动”主题，展示聚焦幼儿园前书写和小学规范书写的2个集体教学活动，全市各幼儿园、小学教师、大班家长2万余人观看直播。会上，市教育研修院教师介绍幼儿入学准备的五大支持策略，市教育研修院教师做《落实一年级“零起点”教学　奠定孩子健康成长的基石》的主题报告。（任丽娜）

【首届保育员职业技能竞赛】2022年7月6日，义乌市首届保育员职业技能竞赛在北苑中心幼儿园举行，来自全市公民办幼儿园的200余名选手参赛。大赛分为笔试和实践操作2个环节，经角逐，评出一等奖3名、二等奖6名、三等奖9名、优胜奖12名。理论和实操成绩均合格的颁发保育员三级（高级工）职业技能等级证书，前3名的选手被授予“义乌市技术标兵”“义乌市技术能手”称号。（赵梅梅）

【佛堂镇实验幼儿园开设古镇课程】2022年11月10日，佛堂镇实验幼儿园组织师生走进浙江省级文物保护单位佛堂吴宅，带领幼儿感受古建筑之美。2022年，佛堂镇实验幼儿园利用地域资源优势，开设“佛堂古镇”课程，包括“初探古镇”“古镇千百问”“走进古镇”“我为古镇代言”4项活动。（金文兰）

【第五届民办幼儿园民间游戏展评活动】2022年11月23日至12月9日，义乌市举行第五届民办幼儿园民间游戏展示与评比活动，14个镇街的284所民办幼儿园298人参加活动。活动围绕幼儿民间游戏基本玩法、教师个人民间益智游戏创新玩法与指导能力、教师团体民间游戏创新玩法三大项目展开。经角逐，廿三里蓝天幼儿园等8所幼儿园获“幼儿基本玩法优胜奖”，廿三里爱的幼儿园王林杰和稠江凤凰幼儿园陈丽仙获“教师个人民间益智游戏创新玩法与指导能力”一等奖，廿三里、江东、后宅等7个镇街幼儿园代表队获“教师团体民间游戏优秀奖”，廿三里、北苑等6个镇街幼儿园代表队获“综合组织奖”。（张爱芊）

义务教育

【概况】2022年，义乌小学在校学生12.9万人，比上年增加6233人；初中在校学生4.4万人，比上年增加2963人。外来建设者子女就读公办学校，小学3.34万人、初中1.27万人。义务教育段在册外国籍学生，小学189人、初中21人。小学专任教师7038人、初中专任教师3297人。全市公民办小学初中招收学区生实现全网办，非学区生实现无纸化报名。严格实施“公民同招”，15所民办学校执行电脑摇号派位录取，3.95万余名义务教育阶段新生入学。（丁　靓）

【《第一次吆喝》入选中考语文试题】2022年6月，湖南省永州市中考语文试卷，全文引用了义乌市教育研修院教师金佩庆的《第一次吆喝》作为记叙文阅读理解题。该题分值为18分，共设4个问答题、1个填空题。该文1995年发表于《中国青年报》，先后被收入浙江省《义务教育初中语文课外读本》第五册（1999年浙江教育出版社）、中学生阅读文丛《开花的课桌——当代散文佳作选》（1999年湖北教育出版社）和80万读者推荐的《中学生阅读感动读本·99篇震撼心灵美文》（2005年漓江出版社）。（缪文中）

【义乌少工委承制全国云队课】 2022年10月13日，义乌少工委承制的《"小黄人"和"蓝精灵"》队课入选全国少工委"争做新时代好队员"建队日云队课展播课程。"争做新时代好队员"主题云队课直播活动由共青团中央、全国少工委发起，分为"成长在新时代""我们是新少年""奋进在新征程"3个篇章，以少年儿童视角充分展现、生动讲述新时代伟大成就。《"小黄人"与"蓝精灵"》队课由义乌夏演小学大队辅导员童蕾为稠城一小、艺术学校、实验小学和绣湖小学的少先队员代表授课，介绍义乌快递仓储、分拣、派送的智能化、信息化，展现了现代寄递物流行业的快速发展，2700万人次观看直播。（刘静雅）

【望道中学入选"首批浙江省清廉学校示范校"名单】 2022年10月19日，中共浙江省委教育工作委员会办公室公布"首批浙江省清廉学校建设示范校"名单，义乌市望道中学入选。2016年以来，望道中学陆续建成"望道陈列室"和红色党建大厅；先后60余批、3000余人次到望道中学参观学习，体验沉浸式清廉教育。组建"望道宣讲团"，开发拓展性课程《心有所信 追望大道》，形成教师人人会上望道党建课、学生人人能讲清廉小故事的良好氛围。（陈凌佼）

【"寻找最后一滴水"徒步活动】 2022年11月11日，义乌前店小学以"寻找最后一滴水"为主题，开展"跟着校长去远足"社会实践活动。学生根据活动征集令的指定任务，利用少先队课，开展"保护水资源，爱护水环境"主题班会，学习节水知识；利用课余时间看新闻、做调查、写倡议，跟同学分享节水用水小妙招。169名六年级学生在校长的带领下，徒步前往苏溪镇杜村伏虎水库调查水源地状况。活动历时4小时，活动为每一位队员颁发了远足纪念章。（卢景琦）

【"特色食育"课程】 2022年11月11日，义乌杨村小学开展"廉洁文化进校园，健康食育伴成长"活动。其间，开设"特色食育"课程，学生用彩泥创作特殊寓意的"廉洁佳肴"。通过开设"特色食育"课程的实践活动，向学生传达健康饮食理念，创建营养健康示范校园，实现"以食启智、以食健体、以食育德、以食立美、以食促劳"的目标，树立"以劳树德，以劳增智，以劳育美，以劳创新"的观念。（沈　莉）

【公益援疆活动】 2022年12月5日，义乌龙回实验小学师生收到新疆阿克苏邮寄的100箱苹果。4月，龙回实验小学参加"我有一棵树 长在阿克苏"公益援疆活动，学生用在学校劳动基地种植的农产品义卖和跳蚤市场义卖所得认种了10棵苹果树。借助认种苹果树的契机，开展贯穿2个学期的项目化学习，通过"认种倡议""百米长卷想象画""特别的六一礼物""义阿同心开学仪式"等系列活动，帮助学生了解新疆的人文地貌，理解公益援疆的意义。（骆红芳　叶　瑾）

普通高中教育

【概况】 2022年，义乌优化高中教育生态，推动高中高质量发展，高考上线率创历史新高，文化成绩特控线上线（全省前20%）1604人，上线率30.53%，同比增长4.89%；6人被北大、清华录取，义乌中学学生王擎昊获金丽衢地区第一名。学生五大学科（数学，物理，化学，生物和信息学）竞赛获全国一等奖19人次，二等奖38人次，三等奖10人次。全市普通高中共有在校生2.1万人，专任教师1913人。（傅丽芳）

【全国中学生领导力展示会获佳绩】 2022年7月30—31日，第13届全国中学生领导力展示会在线上举行，来自全国67所学校100余名中学生的102个项目参与展示会。在8个场次的展示中，义乌义亭中学《打破学历壁，建筑梦想城》《不当谣言传声筒，不做网暴助推手》2个项目获特等奖，《砍斫侵权枝蔓，共守霁月风清》项目获一等奖。义亭中学学生萱佳莹、许子谦被评为“年度中学生领导力之星”，义亭中学学生徐豪杰获“年度中学生领导力之星”提名奖。（楼丽丹）

【全国青少年模拟政协活动最佳提案】 2022年8月7—12日，第九届全国青少年模拟政协活动线上举行，来自全国97所学校的700余名中学生带着94份提案参会。活动以南京安生学校为主会场，设全国83个直播点，参会人员通过召开模拟新闻发布会，围绕模拟提案展开界别讨论。义乌中学模拟政协社团代表队在此次活动中共获团体奖项5个和个人奖项16个，其中《关于“双减”背景下提升研学基地课程质量的建议》被评为“最佳提案”。（宗艺煊）

【勇夺全国青教赛桂冠】 2022年9月25—28日，由中国教科文卫体工会全国委员会主办的全国第三届中小学青年教师教学竞赛在上海师范大学举行，全国2000余所中小学校的22万名教师参赛。此次竞赛首次增设中学思政组，设全国一等奖5名；每位选手要先提交10个课题的50份材料，决赛现场随机抽取1课时进行展示。经角逐，义乌中学思政教师宗艺煊以全国第二名的成绩获中学思想政治组一等奖。宗艺煊自2021年4月确定代表浙江省参赛，至2022年9月决赛告捷，共进行了100余次的试讲，熟记300余张幻灯片、8万字演讲稿、10万字教学设计稿。（金春良）

中等职业教育

【概况】 2022年，义乌市有义乌市国际商贸学校、义乌市城镇职业技术学校2所中职学校和浙江省机电技师学院1所技工类院校。中职学校（含技工院校）招收新生4701人，在校生1.39万人。1015人报名参加浙江省高职单考单招，上线1009人，上线率99.41%，其中高职本科上线56人（高职考17人、“3+4”专业39人）。师生参加各级技能比赛获国家级奖项12个、省级奖项32个、金华市奖项116个，课题立项国家级1项、省级9项、金华市级4项。（黄　琪）

【浙江省一流技师学院建设项目】 2022年4月15日，浙江省人力资源和社会保障厅、浙江省财政厅公布《浙江省一流技师学院和高水平专业群建设项目入选名单》，浙江省机电技师学院入选省一流技师学院建设项目，浙江省机电技师学院的智能制造专业群、现代商贸专业群入选50个高水平专业群建设项目，建设周期为4年。浙江省机电技师学院以建设“具有机电特色、浙江样板、中国匠品、国际影响的高水平技师学院”为总目标。从普通技工学校先后跃升为国家重点、高级技校、技师学院、全国中等职业教育改革发展示范校、浙江省首批30所中职名校，实现跨越式发展。（梁春龙）

【全国职业院校首批数字校园建设试点单位】 2022年5月25日，教育部职业教育与成人教育司发布《关于开展第一批职业院校数字校园建设试点的通知》，公布第一批职业院校数字校园建设试点单位名单，义乌市城镇职业技术学校位列其中。义乌市城镇职业技术学校有教职工282人，其中，研究生学历29人，中高级职称教师208人，市级以上教坛新秀23人，市学科带头人9人，市优秀班主任8人，市拔尖人才2人，浙派名师培养对象3人。职业院校数字校园建设试点单位是教育部职成司为贯彻全国职业教育大会精神，落实《关于推动现代职业教育高质量发展的意见》《职业教育提质培优行动计划（2020—2023年）》和教育数字化转型战略总体部署而开展的试点计划，旨在推进职业教育数字化转型。通过试点，培养服务当地经济社会发展的高素质技术技能型人才。（胡玫瑰）

【区域中高职一体化人才培养改革招生工作启动】 2022年9月1日，由义乌工商职院和义乌市国际商贸学校合作开展的区域中高职一体化人才培养改革办学首次招生，电子商务和工艺美术2个专业共招生85人，招生生源要求中考分数不低于总分的60%，高职阶段在义乌工商职院城北校区就读。招生、学籍管理、文凭发放等执行现有中高职一体化五年制职业教育相关要求。后2年注册为高职学生，办学主体为义乌工商职院，教学与管理按高职院校有关规定执行。（宋 妍）

【电子商务师全国总决赛获佳绩】 2022年11月27日，2022年全国行业职业技能竞赛第三届全国信息产业新技术职业技能竞赛"电子商务师竞赛全国总决赛"在深圳落下帷幕。此赛事是由人力资源和社会保障部组织开展的国家级二类比赛，来自28个省、市、地区的37名教师、154名学生进入决赛。经角逐，义乌市城镇职业技术学校电商专业教师赵也获职工组一等奖第二名，并被授予"全国技术能手"称号，破格晋升高级技师；电商专业王凯乐、陈哲凯获学生组一等奖，教师杨晨获评"优秀教练""优秀指导教师"。（胡玫瑰）

【首批文化基因解码成果转化利用示范项目】 2022年12月5日，由义乌市国际商贸学校联手东阳市职业教育中心学校共建的"乌伤驿站—义学空间"校外活动品牌，经逐级推荐、专家初评、现场答辩和综合评审等环节，成功入选全省首批20个文化基因解码成果转化利用示范项目。此项目为旅游驿站、非遗传承、研学教学等多功能结合为一体的复合空间，诠释了义乌商贸文化元素的核心"勤耕好学、刚正勇为、诚信包容"的时代精神。（宋 妍）

高等教育

【概况】 义乌市有义乌工商职业技术学院（简称"义乌工商职院"）及中国计量大学现代科技学院（简称"现代科技学院"）2所大学。

2022年，义乌工商职院设有9个教学单位33个招生专业，全日制在校生13000余人，正式在编教师658人。聚焦省"双高校"建设目标，不断深化内涵建设，上榜全国"高职院校服务贡献典型学校"60强，入围全国高职院校学生发展指数100所优秀院校、全国高职院校教师发展指数100所优秀学校。招生计划4557人，录取4559人；与义乌市国际商贸学校首次开展区域中高职一体化培养试点工作，招生85人。推进访企拓岗促就业专项行动，2022届毕业生初次就业去向落实率达98.04%、升学率16.38%、创业率13.54%。全年主办、承办国际会议、论坛8场，新增与意大利佛罗伦萨自由美术学院产品艺术设计专业合作办学项目，马来西亚义乌丝路学院入选省首批"一带一路'丝路学院'"，被评为"浙江省高校台湾青年创业创新平台""浙台经济社会融合发展突出贡献单位""浙江省国际人文交流基地"。2022年，现代科技学院有教职工339人，其中，专任教师189人，具有高级职称教师58人，硕士以上194人。实际招生1853人，其中，普通本科录取1149人，省内录取708人，省外441人，专升本录取704人。2022届毕业生考取国内研究生115人，出国出境留学24人，占比7.64%，创业22人。现代科技学院建有7个学院优势特色科研创新团队，1人入选第二批"浙江省高校领军人才培养计划"，4人入选2022年度义乌市"133创新人才工程"第三层次培养对象人选。2022年，开启全建制在义乌办学。学院设有机电工程学院、计测工程学院、信息工程学院、管理学院、人文与法学学院、基础学院、马克思主义学院、继续教育学院、体育军事部8个二级科研教学单位；拥有工、管、法、文、经、理六大学科门类22个本科专业。（朱玉清 楼晓雷）

【义乌工商职院教育成果】 2022年，义乌工商职院开展以"望道行"品牌为核心的"八个一"系列活动，创新机制推进"六学六进六争先"学习实践活动。开通"义乌工商职业技术学院"学习强国号，为全省高职院校首家。《中国教育报》头版报道"'望道行’宣讲团登上‘真理号’列车活动”。学校党委与中共义乌市委联合成立“校地党建共同体”，入选全省高校党建“四个融合”行动试点校，1个党支部获批第三批全国党建样板支部。用好《共产党宣言》中文版首译地红色资源，承办2022年度浙江省高校思政微课大赛，被评为全省“三全育人”典型学校。（朱玉清）

【现代科技学院科技成果】 2022年，中国计量大学现代科技学院主办的中国计量大学浙中科创走廊成果转化对接会暨现代科技学院成果推介会，组织20余家企业参会，签订6项产学研合作协议，推介5项科技成果及222项专利。学生科研项目获2022年国创项目立项5项，新苗计划项目1项。在浙江省大学生艺术节中，学院编排的舞蹈《平凡之路》获舞蹈类一等奖，戏剧《守护》获戏剧类三等奖。全年教师发表学术论文36篇，其中，SCI论文5篇，EI论文6篇，CSSCI论文1篇，核心期刊论文19篇。专利软件著作46项，其中，发明专利27项，新型实用专利9项，软件著作10项。社会力量奖1项，学术著作5本，国家标准规程标样1份，科技创新平台1项。获教育部人文社会科学研究专项（高校辅导员研究）1项，浙江省首批新工科重点建设教材2部，省级思政示范课程2门，省级思政教学研究项目3项，1个省级课程思政示范基层教学组织。学生获国家级一等奖6项，实现全国一等奖项零突破。1名毕业生获“全国大学生志愿服务西部计划优秀志愿者”称号。

（楼晓雷）

【义乌工商职院教学重点项目】 2022年，义乌工商职院2个项目被推荐参加2022年职业教育国家级教学成果奖评选，立项国家级精品在线开放课程1门、省级精品在线开放课程6门，9门精品在线开放课程在国家智慧教育平台展示。推进产教融合、校企合作，获评工业和信息化部人才交流中心第一批产教融合专业合作建设试点单位，入选教育部产教融合校企合作典型案例2个，浙中数字贸易产教融合联盟获批省“产教融合联盟”项目，智能制造科创实训基地获批省“产教融合工程”项目，全国直播电商职教集团获批“产教融合联盟”项目，数字贸易产教融合实训基地和智能建造实训基地获批“产教融合工程”项目。（朱玉清）

【实施“人才强校”战略】 2022年，义乌工商职院引进新教师51人，其中，博士10人，高技能人才2人。新增省C类人才2人，浙江工匠1人，浙江青年工匠2人，省“万人计划”人才实现零突破。教师综合竞争力不断提高，1名教师入围全省第三届“思政星课堂”——我最喜爱的思政课老师，“国际经济与贸易”获批首批省级职业教育教师教学创新团队，入选全省国际学生国情教育名师工作室建设单位，在全省高职院校教师教学能力比赛中获一等奖2项、二等奖4项、三等奖3项。

（朱玉清）

【创新服务课题】 2022年，义乌工商职院立项省部级课题15项，5项对策建议获省部级以上领导批示。承接地方企事业单位技术服务项目114项，服务企业105家，技术服务到款709.1万元。完成省级及以上高端培训5项，累计培训58.2万人，技能评价中心通过浙江省职业技能等级认定试点社会评价组织评估；被评为“智慧助老”优质教育培训项目、社区教育“能者为师”实践创新项目等国家级项目10项，入选全省服务终身学习相关项目3项、省教育厅教育助力乡村振兴典型案例1项。

（朱玉清）

【入选《2022中国职业教育质量年度报告》“三榜单”】 2022年2月13—14日，由中国教育科学研究院、全国职业高等院校校长联席会议编制，高等教育出版社出版的《2021中国职业教育质量年度报告》中，义乌工商职院上榜“高职院校服务贡献典型学校名单”“高职院校教师发展指数100所优秀院校名单”“高职院校学生发展指数100所优秀院校名单”。《2021中国职业教育质量年度报告》分高等职业教育篇和中等职业教育篇。高等职业教育篇从服务贡献、学生发展、教育教学、政府责任和国际合作5个质量维度，向社会展示2021年中国高等职业教育改革发展的新变化。（朱玉清）

【义乌工商职院入选全国党建样板】 2022年2月21日，教育部公布《第三批新时代高校党建示范创建和质量创优工作》遴选结果，义乌工商职院校外语外贸学院国贸党支部入选“全国党建工作样板支部培育创建单位”。5月24日，教育部办公厅发布《关于公布第二批新时代高校党建示范创建和质量创优工作和首批高校“双带头人”教师党支部书记工作室建设单位验收通过名单的通知》，义乌工商职院马克思主义学院直属党支部通过全国党建工作样板支部验收。9月15日，浙江省委教育工委印发《关于确定高校党建“四个融合”行动试点单位的通知》，义乌工商职院入选“高校党建与属地党建融合”试点，全省仅12所高校入选。 （朱玉清）

【入选首批浙江省级职业教育教师教学创新立项建设团队】 2022年3月8日，浙江省教育厅公布“首批省级职业教育教师教学创新团队”名单，义乌工商职院国际经济与贸易专业教学团队入选“首批浙江省级职业教育教师教学创新立项建设团队”。国际经济与贸易专业是国家骨干专业、省A类高职高水平专业群龙头专业、省“十三五”优势专业，是国家级跨境电商“双师型”教师培养培训基地。 （朱玉清）

【现代科技学院博士团队获批浙江省首批博士创新站】 2022年3月3日，浙江省科学技术协会公布“首批浙江省博士创新站”名单，现代科技学院教授王玉华牵头建站的义乌晶澳太阳能科技有限公司博士团队成功入选。2021年以来，现代科技学院科研团队赴义乌晶澳太阳能科技有限公司考察洽谈，推进校企合作项目落地，双方达成广泛合作共识，携手组建市级研究开发中心，就太阳能晶硅电池发射极激光掺杂工艺技术、全黑组件设计与开发等领域开展合作。以王玉华、何金龙、宋春伟3名博士为建站博士团队，与义乌晶澳合作建立义乌市博士创新站。至2022年底，科研团队在太阳能晶硅电池技术研发方面，实现0.03%的电池转换效率提升；在全黑组件设计方面，成品色差比例降低至趋近于零，黑组件产品项目实现正式推广量产。 （楼晓雷）

【入选国家级产教融合校企合作典型案例】 2022年3月25日，中国教育发展战略学会产教融合专业委员会发布《关于公布2021年产教融合校企合作典型案例名单的公告》，义乌工商职院推荐的《面向市场，聚焦转化——建设多元混合所有制商城设计学院，打造产教融合“义乌新范式”》、学校与南京奥派信息产业股份公司联合推荐的《数据支撑，多元联动——探索直播电商产教融合“六新育人”模式》2个案例成功入选。公开征集产教融合、校企合作典型案例，旨在促进教育链、人才链与产业链、创新链有机衔接，提高职业院校办学水平和人才培养质量。 （朱玉清）

【浙江省高校思政微课大赛】 2022年6月17日，由共青团浙江省委、浙江省教育厅、浙江省学生联合会主办，义乌工商职院承办的2022年浙江省高校思政微课大赛在义乌举行，赛事采用线上连线方式进行，全省107所高校、607个项目团队参赛，112.8万人次线上观看。经角逐，义乌工商职院获优秀组织奖，师生获特等奖3项、一等奖2项、二等奖1项。 （朱玉清）

【尖山镇茭白研究工作站揭牌成立】 2022年6月20日，中国计量大学现代科技学院——尖山镇茭白研究工作站揭牌成立。现代科技学院与佛堂镇以“技术与业务”的形式深入开展合作，致力于改良当地茭白品种，让磐安茭白增产增收，提高当地茭白的经济价值与茭白种植户的经济收入。7月6日，现代科技学院生命科学学院茭白科研团队到磐安尖山镇雅庄村，在茭白试验田里试种新品种茭白。 （楼晓雷）

【助力浙江首个氢电耦合实验方舱投运】 2022年7月13日，现代科技学院卫东教授科研团队参与的浙江首个分布式氢电耦合实验方舱在衢州投运，通过建立氢能和电能互相转化、高效协同的实验方舱，探索促进分布式新能源就地消纳。卫东所在机电工程学院组建碳治理科研创新团队，开展储能新材料、新技术、新装备的科研攻关，是助力国家碳治理战略的关键技术之一。通过校企产学研创新合作，依托“省级博士创新站”组建赋腾科技创新团队，充分发挥高校博士和电力工匠的骨干作用，开展新型电力系统技术创新活动，提升协同创新、融合创新、跨界创新的能力，探索新型电力系统建设的有效实践，为清洁能源应用场景提供良好示范。

（楼晓雷）

【获首届世界职业院校技能大赛铜奖】 2022年8月18日，首届世界职业院校技能大赛在天津闭幕，义乌工商职院学生团队获“碳中和可再生能源工程技术”赛项第三名，为浙江省争得1枚铜牌。比赛考察的是选手对可再生能源的行业标准及规范的掌握情况及系统的安装部署、编程调试、维护测试、电气设计等综合职业能力。此赛事由教育部、国家发展和改革委员会等35家主办单位共同发起，是一项国际性职业院校师生综合技能竞赛，来自100多个国家的300所学校、1000余名选手同台竞技。

（朱玉清）

【国家级创新创业教育实践基地创建】 2022年9月5日，教育部办公厅公布国家级创新创业学院和国家级创新创业教育实践基地建设名单，义乌工商职院获评国家级创新创业教育实践基地。自2009年始，义乌工商职院坚持以“创”立校，积极探索创业学院建设、创业学分替代、自主创业认定标准制定、创训实践基地建设、创新创业导师培育，思创融合、专创融合、产教融合、校地融合、中外融合等方面成效显著。至2022年底，义乌工商职院的应届毕业生创业率保持在12%以上，毕业三年后创业率21.09%；国际生回国创业率50%，毕业一年后留在义乌创业率60%；服务“东西协作”战略，辐射20多个省份，培训和助农10万余人。

（朱玉清）

【义乌工商职院入选高职类试点单位】 2022年9月15日，工业和信息化部人才交流中心公布第一批产教融合专业合作建设试点单位，义乌工商职院入选高职类试点单位，大数据技术、电子商务专业确定为试点专业，合作建设试点周期为2年。大数据技术专业是国家骨干专业、省“十三五”优势专业、省级A类高水平专业群龙头专业，构建“1+1+N”（大数据技术专业+中软国际+区域产业集群）产业生态价值链，共建中软国际信创产业学院，深化“岗课赛证”综合育人，有效服务当地行业企业发展。电子商务专业是国家骨干专业、浙江省“十三五”优势专业，构建“1+4+N”（电子商务专业1个，中教畅享、奥派、博导前程、阿里巴巴行业龙头企业4个，区域产业集群N个）产业生态体系推动专业内涵式建设与发展，共建全国直播电商职业教育集团、义乌市电子商务促进会等产教融合体。

（朱玉清）

【科技成果推介会】 2022年10月28日，中国计量大学现代科技学院联合中国计量大学科学技术研究院共同举办中国计量大学浙中科创走廊成果转化对接会暨现代科技学院科技成果推介会。对接会中，现代科技学院被授予国家知识产权信息公共服务网点（中国计量大学浙中南分网点）、中国计量大学科技成果转移中心（金义科创廊道分中心）铜牌。中国计量大学—吉利汽车集团计量检测技术研究中心、义乌清越光电技术研究院有限公司（信息科学研发与教学实践基地）揭牌。现场，现代科技学院推介222项可转化专利成果；推介绿色制造与碳治理、生命健康、数字化、中东欧、共同富裕和工业设计“产学研”优势特色科研创新团队6支；现代科技学院与义乌市鼎邦文体用品有限公司等6家企业签署全面“产学研”合作协议，在科技、人才、社会服务等方面推进区域合作和校企地共同创新。

（楼晓雷）

【教学建设项目获省教育厅立项】 2022年11月4日，浙江省教育厅公布2022年省级课程思政教学项目拟立项名单、2022年省级一流课程、国际化课程及首批劳动教育一流本科课程（教学团队）和省级课程思政示范基层教学组织拟立项名单。现代科技学院12门课程及4个项目成功立项。其中：1门课程立项“省级劳动教育一流本科课程”，8门课程立项“省级一流本科课程”，3门课程立项“省级思政示范课程”；3个项目立项“省级思政教学研究项目”，电工电子教学团队1个项目立项为“省级课程思政示范基层教学组织”。（楼晓雷）

【浙江省巾帼科技创新工作室】 2022年11月7日，省妇联、省科技厅、省科协联合发文公布“浙江省巾帼科技创新工作室名单”，现代科技学校的“农产品质量安全与计量检测工作室”成功入选。农产品质量安全与计量检测工作室始建于2005年，围绕茭白等特色农产品，研究微生物——植物互作机制，形成危害物检测技术标准和计量溯源体系，从“农田到餐桌”的生产链及“危害物检测—溯源”的质量保障链2个维度提升特色农产品质量安全。至2022年底，工作室成员承担国家重点研发计划项目、国家自然科学基金重点项目等国家级科研项目20项，其中：国家级重点重大项目5项，经费5301万元；省重点研发计划项目等省部级重点重大项目8项，经费2118万元；重大横向项目5项，经费474万元。获科研成果奖16项，其中，国家技术发明二等奖1项、省部级一等奖3项、二等奖7项；获省部级教学成果奖3项，其中特等奖1项。（楼晓雷）

【大学生创新创业大赛】 2022年11月10—12日，由教育部、中央统战部、共青团中央等13个部门联合主办，重庆大学承办的第八届中国国际“互联网+”大学生创新创业大赛总决赛举办。义乌工商职院学生创业项目《弹道线材》获金奖，《敲糖帮》《双珠笔业》2个项目获银奖。大赛自4月启动，全国340余万个项目报名参赛，参赛学生155.8万人次，产生金奖135项、银奖190项、铜奖280项。（朱玉清）

2022年11月12日，第八届中国国际“互联网+”大学生创新创业大赛《敲糖帮》项目获奖团队（曹　前　摄）

【省级课程思政教学研究示范中心】 2022年11月14日，浙江省教育厅公布“2022年省级课程思政教学项目建设立项名单”，义乌工商职院课程思政研究中心成功立项为“2022年省级课程思政教学研究示范中心”，全省仅7个。义乌工商职院同批立项的有省级课程思政示范课程6门、省级课程思政教学研究项目4项、省级课程思政示范基层教学组织1个。义乌工商职院课程思政研究中心于2019年成立，至2022年，义乌工商职院课程思政研究中心建设国家级课程思政示范课程1门、省级课程思政示范课程11门，立项省级课程思政教学研究项目8项、省级课程思政示范基层教学组织2个，入选浙江省高校课程思政优秀教学微课2门。（朱玉清）

成人教育

【概况】 2022年9月，“浙江广播电视大学义乌学院”更名为“浙江开放大学义乌学院”。2022年，在籍学生1243人，其中，开放教育本科389人，开放教育专科591人，远程教育215人，浙师大函授48人。全年招生396人，其中，开放教育接收新生381人，浙师大函授新生15人。新增老年教育学位1.5万余个，学分银行开户39万余户，录入学习成果70万余条；总录入人数位列全省县市级学分银行第一。年内，鸡鸣山社区被列入浙江省未来社区教育场景构建6个试点之一；苑社区学院创建成第二批浙江省现代化社区学校，稠江社区学院被评为浙江省社区教育示范基地。（虞雪莲　何晓瑜）

【浙江开放大学义乌学院揭牌成立】 2022年9月21日，浙江开放大学义乌学院揭牌成立，是金华地区首个挂牌的县市电大。浙江开放大学义乌学院的前身是浙江广播电视大学义乌学院，成立于1979年。至2022年底，浙江开放大学为社会培养了2.3万名人才，先后获浙江省先进电大工作站、浙江省教育科研先进单位、浙江省广播电视大学教务管理优秀单位和浙江省终身教育学分银行先进单位等荣誉50余项。（黄丽英）

【入选省级典型的案例】 2022年11月29日，省教育厅公布《2022年未来社区（乡村）教育场景建设典型案例名单》，义乌市江东街道社区学院的《创教利民育人则裕——义乌市江东街道鸡鸣山社区打造“幸福学堂”》获2022年未来社区（乡村）教育场景示范案例，稠城街道社区学院的《“一心、多圈、N点”无限延伸社区教育空间——义乌市宾王未来社区全方位拓展终身学习空间案例》获2022年未来社区（乡村）教育场景优秀案例。（贾羽晶）

【全民终身学习活动周启动】 2022年12月16日，义乌市全民终身学习活动周启动仪式在义亭镇陇头朱村文化礼堂举行。金华开放大学、义乌市政府、义乌相关部门、各镇街相关领导负责人共220人出席活动。启动仪式上，与会领导为义乌市“百姓学习之星”“学习型家长”“学习型社区”“学习型社团”“最美社区教育工作者”“终身学习品牌”及义亭镇优秀教师代表、义亭镇扎根农村教育贡献奖等奖项获得者颁奖。义亭镇辖区社区学院、老年学堂等单位用舞蹈、戏剧、道情、合唱等形式，展现学习成果。（何晓瑜）

特殊教育

【概况】 2022年，义乌市有特殊教育学校2所，特殊教育卫星班1个，在职教职工74人；特殊教育班38个，在籍特殊教育学生596人，其中，特殊教育学校学前段学生8人，义务段学生241人，高中段学生58人，随班就读学生230人。特教学校送教上门学生59人，残疾儿童入学率99.7%。（丁　靓）

【特殊教育新教师汇报教学活动】 2022年4月19日，市教育研修院在义乌市星光实验学校组织开展“特殊教育新教师汇报教学”活动。5名教师基于智力障碍学生认知能力受限、注意力的稳定性差、情绪行为问题频发等学情特点，根据学生的心理特征，进行差异化的教学设计。课后，教研组及时进行评课，导师就新教师的课堂表现、自身素养等方面作点评。星光实验学校是义乌市唯一一所公办特殊教育学校。学校对新教师的成长实行项目化管理，成立“生活适应、生活语文、生活数学、职教、综合”5个校级学科教研组，定期进行实用性的专业培训。（应美珍）

【融合教育课堂教学专题研训活动】 为促进义乌市普通学校与特殊教育学校融合发展，2022年5月10—11日，市融合教育课堂教学专题研训活动在稠州小学举行，研讨活动主要采用钉钉视频的方式进行，来自全市各幼儿园、中小学融合教育骨干教师、各镇街教育服务中心的特殊教育分管干部、中小学教师培训平台报名学员计400余人参加研训活动。活动围绕“推进融合教育，建设品质课堂”的主题，通过观点交流、课堂教学展示、专家讲座等形式进行。通过研识训活动，解决教学中发现的问题。（陈韩俊）

【义乌7所学校获评金华市示范性资源教室】 2022年12月30日，为加快特殊教育的内涵发展，有序推进和规范资源教室的建设，金华市教育局下发《关于开展金华市第三批合格资源教室评估工作暨首批示范性资源教室复查工作的通知》，开展资源教室评估。经评估组考核、金华市特殊教育指导中心审核，义乌市北苑小学、苏溪镇第三小学、福田小学、义亭小学、夏演小学、稠城中心幼儿园、稠城一小7所学校示范性资源教室通过复查，被认定为金华市示范性资源教室。

（龚延锋）

民办教育

【概况】 2022年，义乌市有民办幼儿园310所；民办中小学38所（含2个新义乌人子女教育集团21个校区），其中，独立小学22所，九年一贯制7所，十二年一贯制5所，高级中学3所，民办特殊教育学校1所。民办中小学在校生4.14万人，其中，义务教育段3.66万余人，高中教育段4823人，教职工3627人。（冯向龙）

【"公参民"学校治理工作全面完成】 2022年，义乌市开展民办义务教育学校典型问题及违规行为集中排查整改。7月11日，中共义乌市委教育工作领导小组下发《义乌市"公参民"学校规范治理工作实施方案》。至9月1日，义乌市全面完成新丝路学校、龙回实验小学、铜溪小学、梓林小学、德胜小学、树人中学初中部6所"公参民"学校治理工作。6所"公参民"学校公有主体全部退出办学，并按要求转为公办，增加公办学位5000个。

（冯向龙）

2022年11月22日，义乌市群星外国语学校小学生在表演节目《唐宫夜宴》（杨文伟　摄）

【购买义务教育阶段学位】 2022年7月11日，中共义乌市委教育工作领导小组下发《中共义乌市委教育工作领导小组关于实施政府购买义务教育阶段学位的方案》。至10月16日，市教育局完成秋季学期购买学位经费结算工作，购买民办学校学位2.84万个，共支付5857.4万元。义乌市民办义务教育阶段学校在校生原有3.66万人，占比21%，政府购买学位后占比调控至4.70%。义乌市做法被金华市教育作为范本在8个县（市）推广，并被诸暨市学习借鉴。

（冯向龙）

【群星外国语学校活动上"人民日报"微博】 2022年11月23日，群星外国语学校小学生版的《唐宫夜宴》上"人民日报"微博。此校二年级37名学生表演的《极乐之宴》改编成舞蹈《唐宫夜宴》，以诗歌加舞蹈的形式展现了唐朝的多元文化。群星外国语学校重视中华传统文化教育，除开展主题类活动外，学校还开设国画、中国舞、篆刻、古筝等兴趣课程。

（杨文伟）

【义乌市教育局获评省规范民办义务教育发展专项工作成绩突出集体】 2022年12月26日，中共浙江省委教育工作领导小组公布《全省规范民办义务教育发展专项工作成绩突出集体和个人名单》，义乌市教育局被评为"浙江省规范民办义务教育发展专项工作成绩突出集体"。2021年11月，义乌市被列为省规范民办义务教育发展工作"先行县"后，建立"一校一常委""一片区一常委"联系机制，有序化解项目建设、教师稳定等7个大类46个问题风险，梳理完成教师安置、招生入学等13项39个工作任务。（冯向龙）

文 化

CULTURE

综 述

【文化设施建设】 2022年，义乌市文化和广电旅游体育局（简称“市文广旅体局”）有序推进地标项目建设。义乌市博物馆老馆完成整体搬迁，义乌市博物馆新馆、义乌市美术馆土建工程基本完成，园林景观等附属工程完成验收。推进省、市民生实事项目，完成省、民生实事“浙文惠享”130个“15分钟品质文化生活圈”、2个城市书房、1个文化驿站、9个乡村博物馆建设，并通过省厅验收，完成率100%。金华市民生实事14个镇街图书分馆及255个“e家书房”挂牌，完成率100%。

【文化惠民活动】 2022年，市文广旅体局大力开展文化惠民活动。“花开四季”课外公益学堂完成265个班级、1900场课程，服务3.7万余人次；“蒲公英群文课堂”完成593个班级，服务7.34万人次；图书外借105.63万册次，服务读者244.47万人次。开展“入校园、进文化礼堂”活动，送展200余场次，线下服务30万人次。举办华东六省一市戏剧小品大赛、“喜迎二十大·歌颂新时代”义乌市青少年书画大赛及作品展等重点活动20场。推进“掌上微课堂”“云端美育”2个线上活动品牌，设书法、爵士舞、国画等10余个门类，完成330余场线上培训。举办“喜迎新春，才人到来”民间达人秀线上展演活动，收集作品40余件，选取11个门类作品进行录制，在“爱义乌”微信公众号和“义乌市文化馆”微信公众号进行展播。市博物馆开办线上展厅，发布《义乌史迹陈列》《金银溢彩——义乌浦江东阳三地馆藏宋代金银器精品展》等6个线上展览，观看3万人次；推出“义博藏珍”小程序，将馆藏精品3D制作，供观众观摩。

【传统文化保护传承】 2022年，市文广旅体局推进传统戏曲作品创作。创排以爱国名将宗泽为题材的婺剧《宗泽》，婺剧《闹九江》入选2022年浙江省传统戏曲演出季。推进非物质文化遗产保护传承发展，敲糖帮红糖工坊、丹溪酒业非物质文化遗产工坊、道人峰茶非物质文化遗产工坊入选省级非物质文化遗产工坊（创建）名单，颜乌的传说、义乌东河肉饼制作技艺入选第六批浙江省级非物质文化遗产代表性项目名录，陈培亮、朱智彪列入省推荐申报第六批国家级非物质文化遗产代表性传承人公示名单。成功创建金华市非物质文化遗产传承教学基地1家、金华市示范性非物质文化遗产传承教学基地1家，4个非物质文化遗产保护传承案例入选金华市级优秀案例。开展少儿婺剧、道情等非物质文化遗产类课程培训10期；组织“多彩非遗·魅力义乌”义乌市非物质文化遗产影像大赛活动，征集作品1200余件，评选出优秀摄影作品56幅（件）、优秀短视频23个。举办“文化和自然遗产日”非物质文化遗产宣传展示展览、

"艺匠神工 木影流光"精品木雕展、"我为省运喝彩"儿童农民画展、非遗赏石艺术展、"多彩非遗 魅力义乌"摄影作品展、"学习二十大 赓续文化薪火"剪纸作品展。开展中国近现代商贸文化和义乌小商品市场发展史相关物证藏品的征集，征集到文物藏品509件(组)。完成对馆藏龙泉窑窖藏青瓷、馆藏金属器文物和馆藏陶瓷器修复项目的中期验收。

【不可移动文物保护利用】 2022年，市文广旅体局扎实做好文物保护修缮，推动文物活化利用。完成雅端村古建筑群、塘下方大宗祠2处单位保护修缮工程前期工作、雪峰文学馆展陈项目前期工作、《古月桥保护修缮工程报告》出版。会同省文物考古研究所开展单位大安寺塔精细测绘研究工作，实施数字化展示利用项目。会同省文物局完成黄山八面厅木雕本体保护研究课题结项。

【文旅体数字化改革】 2022年，市文广旅体局深化对数字化改革，以"数智文旅"为目标，聚焦市民需求和核心业务，打造一批应用场景。围绕"数字文化"主跑道，突出重点，推进公共文化体育服务应用场景建设和关键小事速办应用建设，迭代升级"文有所化""体有所健""游有所乐"微门户应用。文体宝一品质文体智达惠享应用、网吧智慧管理"一件事"应用、智慧旅游+未来社区、图书一键借阅等项目先后列入省文旅系统试点项目，应用场景服务群众100万人次，点击率呈日渐上升趋势。加强数据采集和治理，开发系统数据主题仓、报送主题仓，文旅系统数据归集、分析、共享、资源整合能力不断提高。打通系统内部、省市线上资源、IRS编目，推进数据动态采集管理，数字化改革双月评比3次被评为"五星单位"。

【产业联动发展】 2022年，市文广旅体局开发系列文创产品，深入发掘区域特色文化，创造性培育设计"义乌礼物"品牌，打造"义乌造"等文创品牌。对义乌文化"四宗"名人、博物馆藏品、红色文化、山水景观等元素进行梳理，研发义乌文化元素的"义乌礼物"30余款。梯度培育文旅企业，义乌中国小商品城展览有限公司、华鸿画家居股份有限公司、浙江王斌装饰材料有限公司3家企业成为浙江省文化和旅游企业第一批梯度培育计划骨干企业。推进文旅消费试点创建，开展南航主题航班推介活动50场，"学习强国"学习平台、《中国旅游报》《浙江日报》等10余家媒体关注，传播量200余万人次，与《中国文化报》《中国旅游报》等报刊合作宣传推介。完成佛堂省级夜间文旅消费集聚区申报、查验。

【行业监管服务基础夯实】 2022年，市文广旅体局夯实行业监管服务基础，维护行业平稳有序。全年办理行政审批628件，一网通办率100%，提前办结率100%。开展文化艺术类、体育类校外培训机构审核，出具审核意见书781份，其中，文化艺术类566份，体育类215份。加强广播电视管理，累计出动巡查3888人次，取缔非法卫星地面接收设备销售点4个，收缴设备6套，拆除设备1123座。全年，开展企业信用守信激励351项，其中，加快许可证办理52项，告知承诺制291项，列为行政审批重点核查对象9项。开展"扫黄打非"行动，查缴非法出版物5.46万册，非法音像制品6059盒。

【文化旅游体育场所除险保安】 2022年，义乌市织牢疫情防控网络体系，针对市文广旅体局管理场馆及行业特点，明确各类文化旅游体育场所机构的包联责任人和包联工作职责，全面压实责任。以"一扫二问三查""一张桌子"革命为抓手，严守防疫"小门"，累计检查管理场所6.04万家次，发现并整改问题4214个，关停防疫问题突出的场所295家次；严格落实"红黄牌"警告制度，累计发出书面警告128张，黄牌警告101张，红牌警告54张。稳妥可靠处置信访举报，累计受理处置各类信访投诉举报1848件。定期开展文旅经营场所、公共文化场馆、文物保护单位的安全生产大排查大整治，累计出动检查人员5417人次，检查文旅经营场所2139家次，发现并整改安全隐患问题492个。

【清廉文化建设】 2022年，市文广旅体局深化“强基行动”，加强基层党组织标准化建设，深入开展“三服务”“两问大走访”，全年组织“两问大走访”173批次，走访群众、企业272家次，梳理解决问题272个，总结报送典型案例207个。深化“清风行动”，对市文化馆、市婺剧保护传承中心、市博物馆、市足球协会等6家单位内审。举办“清廉义乌——义乌市廉政民间绘画作品展”，组织省党史学习教育推荐巡演剧目《义乌高华》省内巡演24场，创作编排清廉文化主题的系列文艺节目，婺剧折子戏《我是门神》参加“李渔杯”首届全国清廉戏曲优秀作品展。

（金淑娴）

公共文化

【概况】 2022年，市文化馆持续推进“掌上微课堂”“云端美育”2个线上活动品牌；设书法、爵士舞、国画等10余个门类，完成330余场线上培训。举办“喜迎新春，才人到来”民间达人秀线上展演活动，收集到40余件作品，选取11个门类作品进行录制，在“爱义乌”微信公众号和“义乌市文化馆”微信公众号进行展播。打造线上品牌“X云剧场”，开展5场演出台前幕后探秘活动。探索市文化馆视频号“yiwuwhy”运营，发布38条短视频，为“义乌文化广场剧院”抖音号增“粉”7600余人，微信视频号发布200条视频内容，累计互动1万余次。市图书馆推出“义风宋韵之宋代词人小传”“义图好书荐读”等线上讲座、阅读推广266场，《华灯竞处，人月圆时——元宵节名诗佳作欣赏》等线上展览25场，推出“期刊速递”“精品有声书”等线上推广活动215场。市图书馆数据库访问量411.08万次，数据库的下载量29.51万次。完成图书“一键借阅”应用迭代升级，使“一键借阅”所有图书可归还至全市170余个分馆悦读吧，累计访问量32.1万人次，借还图书9123册次。市博物馆为8家国有单位12个展览提供文物藏品128件。

（朱联程）

【获评国家一级文化馆】 2022年1月10日，浙江省文化和旅游厅下发《文化和旅游部关于公布第五次全国文化馆评估定级上等级文化馆名单的通知》，义乌市文化馆获评国家一级文化馆。文化馆评估定级是衡量文化馆建设、管理和服务水平的一项重要工作机制，每4年进行一次，经自评、线上评估和实地抽查评估等环节，文化和旅游部确定第五次全国文化馆评估定级拟命名一二三级文化馆名单。此次评估定级，从馆舍面积、数字化服务能力等必备条件，以及业务建设、服务效能、改革创新等方面评估了义乌市文化馆综合能力。

（朱联程）

【博物馆活动】 2022年3月，市博物馆老馆因城市有机更新拆除，其间，市博物馆通过线上展厅（“义乌市博物馆”微信公众号）开展活动，共推出《义乌史迹陈列》《金银溢彩——义乌·浦江·东阳三馆馆藏宋代金银器精品展》等6个线上展览，至年底，点击量各3万余人次。与浙江省内各大文博单位开展合作，组织开展《文明曙光——讲述9000年前桥头遗址的故事》《虎年识虎——虎年生肖展》等5个移动展览，开展“移动展览入校园、进农村文化礼堂”活动，送至胡宅村文化礼堂、西山下村文化礼堂、十和里党群服务中心、立塘村文化礼堂等场所。至年底，完成展览144场，受益群众26万余人次。

（陈　鲲）

【首届浙江省最美公共文化空间】 2022年9月14日，由浙江省文化和旅游厅、浙江日报传媒有限公司联合举办的“首届浙江省最美公共文化空间”线下专家评审活动落幕。经专家评审，从全省入围的262个公共文化空间中，选出50个获奖案例。其中，义乌市文化馆上榜最美公共文化空间，义乌市图书馆南门街分馆入选最美公共阅读空间。市文化馆拥有剧院、艺术展厅、非遗展示馆、摄影棚、培训教室、下沉式广场以及花园大露台等文化场所，是一座设施现代、功能完备、服务多元的公共文化服务中心。市图书馆南门街分馆设立少儿阅览室、成人阅览室、生活主题馆、创客主题馆、报刊阅览区等，配置图书5万册，订阅报刊200种，配备朗

读亭、自助借还机、电子图书机、扫码听书机等设施。（陈金春）

【宋韵文化知识培训】 2022年11月23日，市文广旅体局联合浙江艺术职业学院以“宋风服饰之美”为主题组织开展宋韵文化知识线上培训，各镇街和市文化馆、市图书馆、市博物馆、婺剧中心、文保所共50人参加培训。培训从宋风服饰出发，讲述唐宋社会、文化、经济等方面的原因所造成的审美差异，展示了宋风服饰与当代审美结合之后的日常运用，普及了宋代的风俗民情、衣食住行等文化。

（楼向华）

【省文创产品大赛获佳绩】 2022年12月1日，浙江省文物局、浙江省博物馆学会共同主办浙江省博物馆文创产品大赛，收到国有博物馆、非国有博物馆、乡村博物馆在内的144家博物馆的438件（套）参赛文创产品。经评审，决出金奖20件（套），银奖30件（套），铜奖50件（套）。义乌市博物馆选送的“鬼斧神工夺天工——义乌黄山八面厅”作品获金奖，“义方——文房礼盒”作品在全省博物馆文创大赛中获铜奖。（楼向华）

群众文化

【概况】 2022年，市文广旅体局创作美术、音乐、曲艺、舞蹈等10余个艺术门类文艺作品计300余件。组织“喜迎二十大”主题文化活动12场，完成宋韵文化主题系列活动21场。开展“流动书场”礼堂巡演784场，“蒲公英”群文课堂593个班次；开展线上、线下展览166场；赴衢江区、柯城区、桐庐县等地文化走亲24场，全年服务560万人次。（黄文莉）

【课外公益学堂】 2022年，义乌市“花开四季”课外公益学堂与“15分钟品质生活文化圈”有机结合，先后在全市镇街新时代文明实践中心（所、站）、农村文化礼堂（社区文化家园）、市文化馆、市图书馆、悦读吧、体育场馆等场所开展，为少年儿童设置宋韵文化亲子课程、传统非遗课程、亲子研学课程、精品提高课程、文体艺术普及课程和名师团队领衔的“大师班”课程。开设班级265个、授课1900次，服务3.7万余人次。举办“蒲公英”群文课堂，完成593个班级，授课1186次，服务7.34万人次。图书外借105.63万册次，服务读者244.47万人次。（朱联程）

江东街道新时代文明实践中心为社区少年儿童开设亲子课程

（黄文婷 2022年5月29日摄）

【乡村博物馆建设】 乡村博物馆建设是浙江省委、省政府2022年“十大民生实事”项目之一。为推进首批乡村博物馆建设，2022年2—8月，市文物局通过分批次实地调研，确定侵华日军细菌战史实陈列馆、吴晗史学馆、森山铁皮石斛博物馆、缸窑陶艺展示馆、义亭非遗馆、雅端民俗博物馆、何福礼竹编艺术馆、佛堂供销印象馆、溪华民间棋博物馆9家乡村博物馆为建设名单，针对各博物馆展陈内容逻辑性不强、展品说明标签缺失、展品不够丰富等问题，量身定制整改提升方案，做到“一馆一策”。8月初，义乌市9家乡村博物馆均通过浙江省文物局组织的专家验收；9月正式发文公布。

（陈　鲲）

【义乌市首届现代刻字艺术展】 2022年12月16日，由市文联、廿三里街道办事处、市书法家协会主办的“奋进廿三里”义乌市首届现代刻字艺术展在绣湖公园华川书舍开展，展出29位作者的53件作品。经评审委员会评审，其中，获奖作品8件，特邀作品18件。参观1000余人次。（丁　扬）

【义乌·莲都文化走新书画交流展】 为加强义乌、莲都两地之间文化艺术交流，丰富和活跃两地人民群众精神文化生活。2022年12月20日，由义乌市文化和旅游广电体育局、莲都区文化和旅游广电体育局、义乌市福田街道党工委主办的义乌·莲都文化走新书画交流展，在义乌市福田街道陶界岭文化礼堂开展。交流展以“礼赞二十大 共富创未来”为主题，展出美术、书法作品40余幅，500余人次观展。（楼向华）

文学艺术

【概况】 2022年，市文广旅体局举办华东六省一市戏剧小品大赛、“喜迎二十大·歌颂新时代”义乌市青少年书画大赛及作品展、“One City One Life”摄影展、“雅宋风华”中秋特展、“醉美宋韵—馆藏中华再造善本宋刻展”等重点活动20场，累计2.5万人次观展。（朱联程）

【“外国人眼中的义乌”摄影展开幕】 2022年9月10—20日，由义乌市文广旅体局、义乌市外事办主办的“One City One Life”摄影首展在义乌市文化广场剧院大厅展出。此次展览作品精选于“外国人眼中的义乌”摄影征稿活动，来自40个国家在义乌的外籍摄影爱好者参与，参与者包括外国留学生、医生、经贸人员等，共征集到各类作品200余幅。精选出参赛作品60余幅，分为“外国人眼中的义乌”“有朋自远方来”“iYiwuu义家人”“爱上义乌的N个理由”4个版块，用外国友人的视角和镜头讲述了义乌故事，全方位、多角度展示了外籍友人在义乌商贸、工作、学习、旅游等方面的美好生活，记录了义乌的经济社会发展，见证义乌的繁荣变化。（楼向华）

2022年9月10日，“One City One Life”摄影首展在义乌市文化广场剧院大厅展出　（市文广旅体局　供图）

【青少年书画作品展】 2022年9月17日，由市文广旅体局、市教育局共同主办的“喜迎二十大 歌颂新时代”义乌市青少年书画作品展在义乌市文化广场七墨美术馆展出。书画展面向全市青少年书画爱好者征稿，共收到1898件作品。经评审，100幅作品入展，涵盖中国画、油画、版画、水彩、儿童画等美术作品和隶、草、行、楷等类别书法作品。（楼向华）

【在全省原创流行歌曲大赛中获佳绩】 2022年11月18日，由浙江省文化馆主办的浙江省第二届原创流行歌曲大赛在武义县举行，来自全省各地选送的18首原创流行音乐现场参加比赛。经角逐，义乌市文化馆龚潇逸创作及演唱的音乐作品《吃过没》获金奖；陈晨创作、金丽丹演唱的音乐作品《美人鱼》荣获银奖。（楼向华）

【示范性群文活动获佳绩】 2022年12月30日，浙江省文化和旅游厅公布的“喜庆二十大 同走共富路”浙江省第33届群众戏剧小品大赛等6项示范性群文活动获奖名单中，义乌市参赛作品为义乌市文化馆创编的少儿舞蹈《爽歪歪》、小品《明天我面试》，获2个银奖。（楼向华）

戏　剧

【概况】 2022年，组织义乌—丽水莲都、武义文市婺剧中心创作的婺剧现代戏《义乌高华》入选第15届浙江省戏剧节终评。创作《婺剧折子戏专场》，主演汤义波获第六届"浙江戏剧奖·金桂表演奖"榜首；市婺剧中心推荐报送由季灵萃主演的婺剧《杀四门》入选"艺苑撷英——全国优秀青年艺术人才（戏曲武戏、丑戏）"展演活动，在北京梅兰芳大剧院进行展演。婺剧廉政小戏《我是门神》获评"李渔杯"首届全国清廉戏曲优秀作品展演活动"优秀剧目"奖。（汪珠红）

【婺歌《留义过大年》】 2022年2月春节，诚邀外来建设者、港澳台同胞和外籍友人留在义乌过个幸福年，市婺剧保护传承中心充分发挥婺剧唱腔的独特魅力，创作婺歌《留义过大年》，线上推出婺剧版MV，文旅公众号在春节期间展播《留义过大年》《天工开婺》视频，在义乌电视台公共文艺频道展播8部经典剧目，其中《留义过大年》视频浏览量1.4万人次；义乌电视台公共文艺频道《天天有戏》栏目正月初一至初八播出，浏览量11.6万人次。（汪珠红）

【婺剧中心职工业务考核】 2022年3月15—16日，义乌市婺剧保护传承中心业务考核在中心小剧场举行，参考人员上演《探谷》《哪吒》《八珍汤》《夜奔》《断桥》《女吊》《牡丹对课》等27个片段，乐队的参考人员进行《牧民新歌》《龟兹舞曲》《秦俑》《徽调》《乡音美》等11首独奏曲和婺剧音乐。分4组进行考核，由现场评委对考核演员、演奏员评分。演员考核分表演片段和基本功展示，演奏员考核分独奏曲和婺剧音乐演奏。考核结束后，评委对每个演员的表演片段进行逐个点评。（汪珠红）

【义乌越剧抖音首播】 2022年5月12日，市文联越剧联谊会开通义乌市民营戏曲表演团队首个抖音直播间，邀请义乌越剧联谊会的10余名会员，在直播间演唱20余个传统名家名段，首播4小时，获10.3万粉丝点赞。抖音直播间每天安排活动，循环播放《五女拜寿》等10出传统越剧经典剧目和《赖婚记》等50余出越剧经典折子戏，为全国乃至世界各地的越剧爱好者提供了一个交流、切磋技艺的平台。（丁　扬）

【义乌婺剧获"浙江戏剧奖·金桂表演奖"】 2022年10月10日，第六届"浙江戏剧奖.金桂表演奖"评选结果公布，6名演员获评"金桂奖"，其中义乌市婺剧保护传承中心国家一级演员汤义波获评"金桂奖"。浙江戏剧奖·金桂表演奖是浙江省戏剧表演最高奖，是浙江省文学艺术界联合会和浙江省戏剧家协会为表彰和鼓励在表演艺术上取得突出成就、作出较大贡献的中青年戏剧演员而设立的全省性戏剧表演艺术常设奖项。奖项每2年一评，本次获奖的6位演员涵盖越剧、婺剧、昆曲、绍剧等剧种。汤义波是国家一级演员，

2022年10月10日，义乌市婺剧保护传承中心国家一级演员汤义波（中）获第六届"浙江戏剧奖·金桂表演奖"（汪珠红　摄）

主要代表剧目《铁血国殇》《徐策跑城》《打金砖》《相国志》《闹九江》《鸡毛飞上天》《程婴救孤》《一代河神》《徐文清公》等。决赛选用的《打金砖》，是根据历史人物故事艺术创作而来的，汤义波饰演刘秀，在剧中演绎了由正面人物骤变成反面人物的变化。（汪珠红）

【“越韵芬芳暖夕阳”获铜奖】 2022年6月27日，由市委宣传部主办、市文明办承办的“志愿商城 文明义乌”第二届义乌市新时代文明实践志愿服务项目大赛落幕，市文联越剧联谊会的“越韵芬芳暖夕阳”项目获铜奖。市文隧越剧联谊会自2003年成立以来，倾力打造“越韵芬芳暖夕阳”为老志愿服务品牌项目。至2022年底，开展活动266人次，参与志愿者8000余人次，服务老年人5万余人次。第二届义乌市新时代文明实践志愿服务项目活动情况先后在《金华日报》《义乌商报》、义乌电视台等媒体报道90余次。（丁 扬）

【第16届华东六省一市戏剧小品大赛在义乌举办】 2022年11月7日，由浙江省文化和旅游厅、上海市文化和旅游局、江苏省文化和旅游厅、安徽省文化和旅游厅、福建省文化和旅游厅、江西省文化和旅游厅、山东省文化和旅游厅轮流主办的第16届华东六省一市戏剧小品大赛在义乌市文化馆拉开序幕，32件作品参赛。经专家评审，共评出大奖3个、金奖8个、银奖21个、优秀组织奖8个。由义乌市文化和广电旅游体育局选送的小品《明天我面试》摘得金奖，义乌市文化和广电旅游体育局获优秀组织奖。（陈金春）

文物保护

【概况】 2022年，义乌市文物保护所实施古建筑保护修缮，完成新屋里十八间等17处文物建筑保护修缮工程，投入资金2500万元。开展文物安全检查792人次，完成冯雪峰故居、雪峰文学馆展陈项目前期工作和陈望道故居、冯雪峰故居、吴晗故居、黄山八面厅4个重点文物保护单位开放管理，全年累计参观6万人次。启动国家文物保护单位雅端村古建筑群之敦星堂、德星堂、遗安堂、敦礼堂，塘下方大宗祠之花厅2项修缮工程项目，积极向上争取到2022年度国家重点文物保护专项补助资金1390万元。（龚斌斌）

【文物建筑保护修缮】 2022年，市文广旅体局做好文物保护修缮，推动文物活化利用。完成雅端村古建筑群、塘下方大宗祠2处国家文物保护单位保护修缮工程前期工作。实施古建筑保护修缮，完成新屋里十八间等17处文物建筑保护修缮工程。会同省文物考古研究所开展国家文物保护单位大安寺塔精细测绘研究工作，实施数字化展示利用项目；会同省文物局完成黄山八面厅木雕本体保护研究课题结项。（龚斌斌）

【可移动文物保护】 2022年，义乌市博物馆征集藏品509件（组），使用资金473.39万元。有序开展馆藏金属器、陶瓷文物、窖藏龙泉窑瓷器、书画的保护工作，“义乌市博物馆馆藏宋代银器保护修复（第二期）”项目通过验收；完成宋代银器修复27件（组），元代龙泉窑窖藏瓷器、馆藏陶瓷文物、馆藏金属文物保护修复项目通过中期验收。接收社会捐赠、移交种类包括22批次，计244件（套）。（陈 鲲）

【文物平安工程】 2022年，市文广旅体局夯实文物安全责任，推进文物平安工程，实现文物安全责任书、宝长制挂牌率、文物安全直接责任人公告公示率、文物安全责任书签订率、宝长制挂牌率、文物安全直接责任人公告公示率均达到100%。定期开展文物安全检查，全年出动792余人次、检查305家次。启动3处国家文物保护单位6项智慧安消防工程开工建设，完工2项。委托专业巡查机构开展全市文物保护单位文保点安全检查和评估，完成巡查文物保护单位398家次，出具评估报告、隐患清单426份，发现问题1252项。实施3处国家文物保护单位智慧安消防工程开工建设，启动5处省级文物保护单位智慧安消防工程设计前期工作。创新文物安全监管模式，以政府购买服务形式派驻27名专业安保人员守卫和巡查民居类国家文物保护单位。加强文物安全宣传培训，组织文物系统、镇街工作人员参加文物安全线上线下培训20场次，受训207人次；组织参加“金华市2022年度文保单位志愿消防队消防技能比武”获第一名。

（龚斌斌）

【入选首批文化基因解码成果转化利用示范项目】 2022年12月5日，浙江省文化和旅游厅公布首批文化基因解码成果转化利用示范项目，“乌伤驿站—义学空间”项目入选“文化基因解码成果转化利用示范项目”。“乌伤驿站—义学空间”是旅游驿站、非遗传承、研学教学等多功能结合为一体的复合空间，位于后宅街道。2022年1月，“乌伤驿站—义学空间”引入义乌国贸学校和东阳职教中心2所在省内颇有“工匠声誉”的中职院校运营。试运营后，“乌伤驿站—义学空间”提供非物质文化体验、文化基因解码课程，单日接待游客200余人次。（陈金春）

非物质文化遗产

【概况】 2022年，义乌市有非遗代表性项目164项，其中，国家级非遗代表性项目3项，省级非遗代表性项目16项，金华市级非遗代表性项目56项；市级非遗代表性传承人119人（在世），其中：国家级非遗代表性传承人1人，省级非遗代表性传承人12人，金华市级非遗代表性传承人50人；省级非遗传承基地6个，金华市级非遗传承基地13个，义乌市级非遗传承基地45个；省级非遗主题小镇1个，省级民俗文化村1个，金华市级民俗文化村12个；义乌市级非遗工坊12家。敲糖帮红糖工坊、丹溪酒业非遗工坊、道人峰茶非遗工坊入选省级非遗工坊（创建）名单。颜乌的传说、义乌东河肉饼制作技艺入选第六批浙江省级非遗代表性项目名录。2人列入省推荐申报第六批国家级非物质文化遗产代表性传承人公示名单。成功创建金华市非遗传承教学基地1家、金华市示范性非遗传承教学基地1家，4个非遗保护传承案例入选金华市级优秀案例。开展少儿婺剧、道情等非遗类课程培训10期。

【非遗馆运营】 2022年，义乌非遗馆接受团队预约参观27次，参观人员1万人次。为发挥非遗馆功能，集非遗展示、体验、培训于一体，利用每周周末和节假日开展各项活动。全年开展常态化的活态展示活动57场；围绕“我们的节日”主题，打造非遗体验活动精品，开展“非遗元宵喜乐会”“粽情端午”等传统节日活动4场；加强青少年非遗普及教育，开展“非遗与你童行”“花开四季”等公益培训课堂100余场。推动非遗深入传播，举办精品木雕展、剪纸展、非遗摄影等大型展览5场。

【第五批金华市非物质文化遗产传承教学基地】 2022年3月7日，金华市文化广电旅游局、金华市教育局发布《关于公布第五批金华市非物质文化遗产传承教学基地、示范性非物质文化遗产传承教学基地和优秀案例的通知》，义乌市官塘小学（金台拳）被评为“第五批金华市非物质文化遗产传承教学基地”；义乌市廿三里第一小学（风筝制作技艺）被评为“金华市示范性非物质文化遗产传承教学基地”；义乌市官塘小学（金台拳）、义乌市大陈镇中心幼儿园（纸上物语快乐奉献）、义乌市大陈镇楂林小学（传统竹编教学）、义乌新丝路学校附属幼儿园（当小玩国里响起“梆bang”声）4所学校申报案例为优秀案例。

【非遗影像大赛】 为形成良好的非遗保护氛围，让更多的人感受非遗跨时空的强大生命力和魅力，2022年4月1日至9月30日，市文广旅体局举办“多彩非遗·魅力义乌”义乌市非遗影像大赛活动。参赛作品取材于义乌市域范围的优秀传统文化及近年来全市非遗保护传承的重要成果和优秀实践案例；反映国家、省、市、县四级非遗代表性项目及潜在非遗项目、传承人的作品内容、生存状态、精神风貌等记录传统节日、“文化和自然遗产日”以及民俗文化活动等期间开展的非物质文化遗产相关活动的作品。活动共征集作品1200余件，经评审委员会评选，评选出优秀摄影作品56幅（件），优秀短视频23个。

2022年6月11日，义乌市“文化和自然遗产日”活动在义乌文化广场下沉广场举办开幕式 （市文广旅体局 供图）

【“文化和自然遗产日”活动】 为进一步提高人民群众非遗保护意识，传承弘扬中华优秀传统文化，营造非遗保护良好社会氛围。2022年6月11日，在义乌文化广场下沉广场举办以“连接现代生活 绽放迷人光彩”为主题的2022年义乌市“文化和自然遗产日”活动。其间，举行“多彩非遗”民俗展演、“哆来嘻”非遗交流会、“朱丹溪中医药文化”惠民行动、“曲苑书场”精彩荟萃、“非遗与你童行”手工课堂等活动，5000余人参加活动。通过活动，推动非物质文化遗产保护与特色旅游、文化创意、文化产业发展深度融合，促进文旅产业转型升级，助力义乌文旅产业高质量发展。

【“雅宋风华”宋韵文化宣传体验活动】 2022年9月10—12日，由义乌市文化和广电旅游体育局、雅育集团主办的“雅宋风华”宋韵文化宣传体验活动以线上、线下相结合的方式开展。布置《听琴图》《撵茶图》《文会图》等场景，设宋代文人香、宋代点茶、古琴、活字印刷、剪纸、南宋古法糕点等体验馆。在非遗馆举行“雅宋风华”中秋特展，展出宋代建盏、茶器、香器、砚台等30余件。特邀茶筅非物质文化遗产传承人，为市民讲解宋式茶筅的18道工艺，1000余名观众参加活动。

【市文广旅体局公布第一批市级非遗工坊名单】 2022年10月24日，市文广旅体局印发《关于命名公布第一批义乌市级非遗工坊名单的通知》。经申报、验收、评审等程序，“森山铁皮石斛”义乌市级非遗工坊、“三溪堂中药炮制”义乌市级非遗工坊等12家工坊列入名单。

【大陈镇宦塘村列入第六批金华市非遗旅游景区】 2022年12月2日，金华市文广旅体局印发《关于公布第六批金华市非物质文化遗产旅游景区名单的通知》，大陈镇宦塘村列入第六批金华市非遗旅游景区（民俗文化村）。

（童巧珍）

文化市场监管

【概况】 2022年，市文广旅体局办理行政审批628件，其中，涉外演出审批136件，营业性演出审批114件，出版物零售设立、变更审批213件，电影发行变更1件，电影放映设立、变更5件，电影放映延续11件，印刷企业设立、变更审批71件，高危险性体育项目经营许可1件，广播电视节目制作设立、变更13件，歌舞娱乐场所设立、变更9件，歌舞娱乐场所延续18件，游艺娱乐场所设立2件，游艺娱乐场所延续4件，游艺娱乐场所注销1件，市县级文物保护单位（点）迁移方案许可4件，网吧设立、变更12件，文艺表演团体设立3件，文艺表演团体延续6件，旅行社业务经营许可证变更1件，演出经纪机构延续1件，经营性互联网文化单位变更1件，接收卫星传送的境外电视节目许可1件，一网通办率达100%，提前办结率达100%。出动检查5216人次，检查各类文化和旅游企业6837家次，完成专项检查和“双随机”任务143个、跨部门任务21个，受理并分解处置各类信访举报619起，查获违规经营案件14起，其中行政处罚案件13起，移交公安机关查办案件1起，罚没款累计25.9万元。

【"扫黄打非"执法活动】 2022年1月4日，金华市"扫黄打非"工作领导小组办公室下发2021年考评通报，义乌市"扫黄打非"工作连续3年获评金华各县、市（区）第一，义乌市文化市场综合行政执法队执法二科被评为"扫黄打非"工作成绩突出集体。5月12日，浙江省委宣传部（省新闻出版局）对义乌市"扫黄打非"工作进行现场督查，实地走访浙江鑫龙彩印包装有限公司等印刷企业及义乌市出版物中心，组织部分行业协会、经营单位围绕印刷行业管理、行业特色和行业创新等方面开展座谈调研，为促进义乌市印刷行业规范健康发展，督查组提出建设性建议。6月17日，义乌市委宣传部、市文化和广电旅游体育局组织开展全市出版物经营单位、印刷企业法律法规培训会议，全市400余家印刷企业、100余家出版物经营单位负责人参加《印刷业管理条例》《印刷品承印管理规定》等行业法规规章学习，明确印刷企业五项管理制度的落实要求。7月12日，义乌市文化市场行政执法队在北苑街道一仓库内查获无证经营的音像制品288个品种6059盒，对当事人作出罚款15万元的行政处罚。9月1—10日，结合"扫黄打非·护苗"专项行动，开展校园周边环境专项检查工作，检查9个镇街26所中小学校周边出版物经营店27家次，取缔无证经营单位4家次，责令限期办理许可证。

【义乌市文化市场综合行政执法队更名】 2022年2月8日，市编委办下发《关于义乌市市场监管综合行政执法队等执法队伍更名的通知》，义乌市文化市场综合行政执法队更名为义乌市文化市场行政执法队。义乌市文化市场综合行政执法队于2019年10月18日挂牌成立，依法履行文化、文物、出版、广播电视、电影、旅游、体育市场行政处罚，以及与行政处罚相关的行政检查和行政强制职责，并承担"扫黄打非"有关工作任务。（金安娜）

文化产业

【概况】 2022年，市文广旅体局深入发掘区域特色文化，因地制宜、创造性培育设计"义乌礼物"品牌，推进区域文化资源转化，打造"义乌造"等文创品牌。对义乌文化"四宗"名人、博物馆藏品、红色文化、山水景观等元素进行梳理，在开发义乌文化设计图库的基础上，研发量产60余款义乌原创文创产品，充实完善"义乌礼物"库。"鬼斧神工夺天工"黄山八面厅系列文创产品获"2022年浙江省博物馆文创大赛"金奖。（朱联程）

【义乌文旅体企业和街区发展】 2022年，浙江森宇有限公司当选2022年浙江省文化和旅游企业梯度培育计划骨干企业；浙江王斌装饰材料有限公司、浙江丰源实业有限公司、华鸿画家居股份有限公司和义乌中国小商品城展览有限公司入选浙江省文化和旅游企业第一批梯度培育计划骨干企业；浙江画之都文化创意有限公司入选2021年度浙江省服务业重点行业规模以上企业"亩产效益"领跑者名单。佛堂老街通过浙江省文化和旅游厅、浙江省发展和改革委员会和浙江省商务厅审查、验收、审议和公示，入选第二批浙江省级夜间文化和旅游消费集聚区。

（朱联程）

【助推文旅深度融合活动】 2022年，推进义乌文旅深度融合。2—12月，义乌市文化和广电旅游体育局、南航汕头公司在太原、重庆、深圳、昆明、乌鲁木齐等航线开展50场主题航班活动，向旅客推介义乌市文化和旅游资源，累计直接服务旅客5500余人次。双方合作开展研学之旅、义乌文旅南航直播间等活动，直播活动累计观看人数超过100万人次，实现成交额20余万元。

（朱联程）

【文化用品行业品牌建设运用中心成立】 2022年10月26日，国际商贸城三公司联合文化用品行业协会，集聚行业龙头企业，成立文化用品行业品牌建设运用中心。在聚焦IP创造、品牌价值打造、产品质量提升等方面精准发力，带动企业创意和质量双轮驱动。发挥平台作用，

利用义乌市场优势，加强设计创新赋能，成为商会实体化运作的范例。（郑 寒）

【浙江省文化产业示范基地创建】 2022年，为进一步培育文化产业骨干企业，树立文化企业示范引领典型，加快推进文化产业融合创新发展。浙江省文化和旅游厅根据《浙江省文化产业示范基地评选命名管理办法（试行）》，在各地申报及审核推荐基础上，经实地考察、会议评审、结果公示等环节，12月28日，《2022年浙江省文化产业示范基地名单》公布，义乌中国小商品城展览股份有限公司被评为"浙江省文化产业示范基地"。义乌中国小商品城展览股份有限公司自1998年创办以来，经精心打造，已发展成为集国内组展、海外出展、展馆管理、展览配套服务于一体的专业展览企业。（陈金春）

档案管理

【概况】 2022年，市档案馆接收档案全宗31个共811卷7.16万件，实物16件。馆藏总量40.1万卷、5349.1万件，同比分别增长0.25%、7.94%。下发《关于开展"8·2"疫情防控专项档案集中收集建档工作的通知》，发布《关于征集"8·2"疫情防控档案资料的公告》，开展疫情防控专项档案收集建档工作，接收15家单位的"8·2"疫情防控专项档案共72千兆字节。开展新冠疫情和脱贫攻坚2类档案目录和档案数字化成果归集，归集新冠疫情档案文书6019件，照片431张，共6450件，21.09千兆字节；脱贫攻坚档案638件，2.24千兆字节。编纂《义乌记忆2021》《义乌市场发展40年文献选编》。全年完成现场档案查阅4448人次、1.74万件次，出具证明6862份，共2万页。2022年，义乌市被确定为浙江省档案工作数字化转型示范区创建试点地区、国家档案局和省自然资源厅不动产登记档案信息化改革试点地区；在省档案工作指数评价工作中获评85.23分，排名为金华县级市第一。

【档案工作数字化转型】 2022年，市档案馆助推基层数字建档，深化档案改革转型。升级电子公文归档处理系统，同义乌市统建OA系统协同推进，按照2020年批准的新国标（GB/T 39362—2020）《党政机关电子公文归档规范》进行开发对接，完成45家单位的OA系统在线归档7302件，数字档案管理服务一体化平台框架基本构建完成。推进行政权力事项归档，完成省电子归档公共组件在义乌本地的部署，发布《关于做好自建系统政务服务事项电子化归档的通知》，对义乌11家单位14个自建业务系统的归档模块建设做工作部署，完成市人社局等7家单位政务服务事项归档2.02万条。以6个跑道为导向，完成党政智治档案馆专题门户开发。助推基层数字建档，开通537个村（社）数字档案室系统账号，在城西街道七一村等村（社）开展"家门口的档案馆"试点。

【档案开发审核】 2022年，市档案馆加大成果共享利用，提升档案服务水平。开展馆藏1989—1996年档案开放审核工作，完成审核3.04万卷，卷内条目78万条。整理共享稠城街道农村建房审批表中属于福田街道辖区的2009—2014年档案数据50千兆字节；市市场监督管理局机构改革前原市工商局、市质量监督管理局、市食药监3家单位全部馆藏档案数字化成果129千兆字节；苏溪镇殿下村1951年土地证及清册115M；工商职院1993—2005年全部档案11.6千兆字节。完善义乌—上海杨浦区跨省通办档案服务事项清单，梳理完成知青上山下乡档案、工伤认定档案、学籍档案等在内的8个事项。

【档案安全管理】 2022年，市档案馆优化档案库房管理，确保实体信息安全。4月2—15日，按要求开展"全市网络安全风险隐患大排查"行动，对照网络安全协调指挥平台中的自查清单，全面开展自查自纠。对浙里托管的应用服务开展网络安全检查，填报网络运营者、网络安全工作、网络运营者网络基本情况等共156个字段，并上报安全自查总结报告。6月20日，下发《关于进一步加强档案安全工作的通知》，在全市开展档案安全自查工作。6—11月，开展馆藏档案数字化成果质检整改，累计完成4个全宗，共23.59万件成果质检。12月，负责金华市档案馆第四季度人才培优计划——义乌·综合档案馆库房管理培训，收集整理库房管理理论知识和标准规范、完善库房管理制度，制定金华市综合档案馆库房管理标准。严格落实节假日前后库房安全检查制度，由馆领导带领，完成重点部位安全大检查，开展一楼库房清查。严格特藏库管理，实行双人进出，增加监控等技防手段，制定特藏库管理制度并上墙。至年底，通过2022年度信息等级保护三级复评，完成2021年档案数据登记备份工作，备份完成率100%。

【档案宣传】 2022年6月2—9日，市档案馆开展“6·9国际档案日”系列宣传，举办“红色档案进校园”活动，组织收听国际档案日专题讲座。编纂印刷《义乌记忆2021》，记录义乌2021年政治、经济、文化和社会生活等方面的变化。制作《“共富”故事里的档案记忆》口述档案，以档案的独特视角展现义乌人民向共同富裕目标迈进的奋进脚步。面向社会广泛开展“义乌记忆”老照片档案资料征集活动，征集照片100余幅，挑选部分照片在一楼展厅举办“义乌记忆”图片展。侵华日军细菌战史实陈列馆举办“成长少年”爱国主义教育活动、“铭记‘九一八’”主题活动、“和平与梦想”主题征文大赛等主题活动。2022年，接待游客1.15万人次，其中，团队讲解接待196批次、448人次。入选首批浙江省乡村博物馆名录，挂牌浙江省机电技师学院教育实践基地，陈列馆讲解团队获义乌市“巾帼文明岗”称号。年内，新闻媒体宣传报道档案工作信息19条，其中，2篇文章在《中国档案报》《浙江档案》刊登，2篇文章在全省国际档案日系列宣传专题网页上发布。 （许　微）

2022年6月2日，市档案馆举办“红色档案进校园”活动，组织观看红色档案微视频 （许　微　摄）

党史编研

【概况】 2022年，义乌市委党史研究室（义乌市地方志编纂室）围绕市第十六次党代会和市委、市政府工作部署，常态化开展党史宣传教育，对于全市范围内的相关党史场馆开展宣传指导，以义乌市党史陈列馆、陈望道故居、冯雪峰故居、吴晗故居等作为重点场所开展史学馆展陈内容，讲解员宣传讲稿等指导工作。2022年，各场馆接待2万余人次。编印《义乌史志》4期，60万字，共印8000册，向全市各部门、单位及党史地方志爱好者赠阅。通过“义乌史志”微信公众号上传义乌党史地方志相关书籍资料70余册、文章300余篇。开展中央党史和文献研究院重点课题研究，《习近平县域治理重要论述在义乌创新实践研究》《坚持和深化“义乌发展经验”高质量高水平建成世界小商品之都》3项党史成果在全省党史工作会议上受表彰；《探析浙江改革开放——义乌现象探究：从“鸡毛换糖”到全面小康》获2012—2021年全省党史和文献部门优秀科研成果著作类一等奖；《探析共产党宣言第一个中文全译本诞生的“四重之选”》《义乌40年：从“兴商建县”到“世界小商品之都”》分获2012—2021年全省党史和文献部门优秀科研成果论文类二等奖、三等奖。1人被评为全省党史和文献工作先进个人。

【共同抗“疫”】 2022年，市委党史研究室落实好市委、市政府部署的各项疫情防控任务，全员参与疫情防控工作。至年底，累计70人次参与高速公路暖心服务点担任负责人或工作人员，为1.5万人次提供高速公路相关服务；300人次支援联系镇街和社区，开展清村扫楼等支援服务。编纂《义乌抗击新冠疫情资料汇编》，收集资料120万字，编写初稿50余万字。

【《义乌执政实录2021》】 2022年3月，市委党史研究室编纂《义乌执政实录2021》10余万字。全书以市委、市政府的重大决策、重点工作和重要活动为主线，全面、系统、准确记述市委、市政府团结带领全市人民，坚持以“八八战略”再深化，改革开放再出发，推进义乌高质量发展所做的重大决策、取得的显著成就。12月完成排版印刷。

【《义乌市场开放40周年文献选编》】 2022年3月，市委党史研究室与市市场发展委、市市场监管局等单位，对接有关市场发展40周年文献选编工作，与市档案馆联合开展资料收集。全书分为综合篇、建设篇、管理篇、改革篇四大板块，文献收集时间范围为1982—2021年。收集文件800余份，经过反复审核，对照文件内容，选定292份文件，80万字。10月，形成初稿；11月底，完成定稿印刷。

【国家级课题研究】 2022年，开展《习近平县域治理重要论述在义乌创新实践研究》课题研究工作，系市委党史研究室首次开展国家级课题研究工作。中央党史和文献研究院的专项宣传资金重点课题《习近平县域治理重要论述在义乌创新实践研究》是以习近平县域治理论述在地方的生动实践为切入口，进行的基础性史料研究。4月，完成初稿25万字，邀请省有关专家进行论证，根据专家意见进行多轮修改。6月，形成10余万字的定稿，提交中央党史和文献研究院结题。

【《中国共产党义乌历史》（第三卷）编写】 2022年，市委党史研究室推进编写《中国共产党义乌历史》（第三卷）。6月，收集整理历年《义乌史志》《义乌年鉴》《义乌方志》刊发的有关义乌1978—2012年经济社会发展的内容。7月，收集《义乌国民经济统计资料》等历年各部门编印出版的相关资料69册，1.66万页。10月，收集1978年以来义乌历次全会相关资料100余份，130余万字。11月，收集义乌现象探究课题全部档案资料1956页。累计到市档案馆集中查阅10余次，打印档案资料2000余份，1万余页。至年底，整理形成50万字初稿。

（杨柳白）

地方志

【概况】 2022年，义乌市地方志编纂室出版发行古籍点校本《崇祯义乌县志(上下册)》《黄卿夔集》《凝香阁诗稿校注》3种，出版地方综合年鉴《义乌年鉴（2022）》，编辑《义乌史志》期刊4期，每期14万字。2022年，受新冠疫情影响，义乌方志馆暂时实行闭馆。“义乌史志”微信公众号共发布信息114条。2022年11月，浙地办〔2022〕6号《关于表彰全省地方志工作先进集体和先进工作者的决定》义乌市委党史研究室（义乌市地方志编纂室）被评为全省地方志工作先进集体。

【《崇祯义乌县志（上下册）》点校本】 2022年4月，义乌丛书编纂委员会联合浙江大学浙江文献集成编纂中心编纂的《崇祯义乌县志（上下册）》点校本由中华书局出版。明代周士英纂修、熊人霖增修，窦怀永点校。此书修于明崇祯十三年（1640），由知县熊人霖组织人员在万历《义乌县志》的基础上，增补修订而成，是现存义乌方志中内容最为完整、编修时间较早的一部。此次整理，以义乌市志编辑部影印安丘市博物馆所藏《崇祯义乌县志》为底本，同时参校了明代《万历义乌县志》和清代《康熙义乌县志》。全书771页，41.3万字。

【《凝香阁诗稿校注》】 2022年6月，义乌丛书编纂委员会联合浙江大学浙江文献集成编纂中心编纂的《凝香阁诗稿校注》由中华书局出版。明代倪仁吉著，楼含松、金玲校注。倪仁吉，明末清初人，字心蕙，自号凝香子，嫁于义乌明代抗倭名将吴百朋之孙吴之艺为妻。博通经史诗文，兼工书画刺绣，为义乌民间著名才女。此书为其60岁时结集刊印，包括凝香阁诗、宫意图诗、山中杂咏3部分，代表了义乌古代女诗人的成就。

【《黄卿夔集》点校本】 2022年7月，义乌丛书编纂委员会联合浙江大学浙江文献集成编纂中心编纂的《黄卿夔集》点校本由中华书局出版。清代黄卿夔著，汪少华点校。此书包括《石古斋诗存》《石古斋文存》《石古斋杂存》《华夏人文地志汇》4部分。其中前3部分为作者原创诗文杂文集，《华夏人文地志汇》是作者关于中国人文地理所撰的一部简明的普及读物。本次整理以复旦大学图书馆藏1933—1935年义乌黄氏铅印本《义乌先哲遗书》为底本。全书409页，21.2万字。

【中国精品年鉴《义乌年鉴（2021）》首发】 2022年7月21日，中共义乌市委党史研究室（义乌市地方编纂室）在义乌幸福湖国际会议中心举办中国精品年鉴《义乌年鉴（2021）》首发仪式。浙江省政府地方志办公室主任郑金月，义乌市政府副市长骆小俊，金华市地方志办公室原主任、金华市政府办公室三级调研员袁朝明，浙江省和金华市的地方志编纂有关专家出席首发仪式；义乌市高校、有关部门单位代表及各界史志爱好者50余人参加会议。会上，郑金月对中国精品年鉴《义乌年鉴（2021）》发行表示祝贺，希望义乌市地方志部门努力收集义乌史料的“拾荒者”，解读义乌文化的“金钥匙”，汇合文化资源的“聚宝盆”，着力打造出更多的精品志鉴。骆小俊充分肯定了义乌地方志工作的存史、育人、资政作用。中国精品年鉴是全国年鉴类优秀地方志成果评比中的最高荣誉，编纂要求高，质量把关严。经过激烈角逐和层层淘汰，《义乌年鉴（2021）》从全国四五千部年鉴中脱颖而出，成功入选，成为16部2021年中国精品年鉴之一。

2022年7月21日，中共义乌市委党史研究室（义乌市地方志编纂室）在义乌幸福湖国际会议中心举办中国精品年鉴《义乌年鉴（2021）》首发仪式　（义乌市地方志编纂室　供图）

【《义乌年鉴（2022）》出版发行】 2022年12月，《义乌年鉴（2022）》由方志出版社出版发行。《义乌年鉴（2022）》由中共义乌市委和义乌市人民政府主办，义乌地方志编纂委员会主持，各部门（镇街）供稿，中共义乌市党史研究室、义乌市地方志编纂室编纂。《义乌年鉴（2022）》是《义乌年鉴》创刊以来连续出版的第15卷。全书设置类目60个，分目350个，条目1996条，计91.8万字。采用全彩印刷，大16开。全书框架结构在上年基础上，“专记”中收入“义乌发展经验15周年”“扶贫消薄、乡村振兴攻坚行动”“新型冠状病毒肺炎疫情防控总体战”“义乌自由贸易试验区建设”“义乌综合保税区建设”“跨境电商综合试验区建设”等年度重点内容；经济类目新增“新兴产业”“夜间经济”，《义乌年鉴（2022）》前有中、英文目录，后有索引，除纸质出版物外，另有光盘及微信小程序电子书，内容与纸质版一致。　（杨柳白）

社科活动

【概况】 2022年，义乌市社科联全面落实《浙江省哲学社会科学工作条例》工作要求，完成班子成员调整。组织开展社科研究和社科优秀成果评选，创新载体推进社科普及工作。通过省社科联对义乌市4家“浙江省社科普及基地”工作评估，陈望道故居评估为优秀。“信仰之旅”——陈望道研究应用平台项目获批为省、市、县三级共建数字化改革项目。

【社科普及宣传活动】 2022年，市社科联组织全体理事集中学习中共二十大会议精神、《习近平治国理政》、《浙江省社科工作促进条例》精神，组织全市各级社科基地开展中共二十大精神学习宣讲活动，7月，“望道之路——陈望道与《共产党宣言》暨中国共产党成立一百周年主题展”和“云上社科微讲堂”2个项目被省社科联评为“2021年度浙江省社科普及创新项目”。至年底，组织拍摄“云上社科微讲堂”系列短视频45期（第39期至第83期）。

【社科立项课题】 2022年，市社科联立项课题91项，其中，应用对策类课题59项，义乌历史文化类课题4项，社科普及类课题2项，“义乌发展经验——义乌市场创立四十周年专题研究”课题26项。80项课题申请结题并通过结题验收，其中，32项课题被评为重点课题，48项为一般课题。

【义乌市第三届社科优秀成果】 2022年7月8日，市社科联开展义乌市第三届社科优秀成果评选，收到参评社科成果95项。经初审92项符合要求，其中，经济类和管理类41项，人文类31项，教育类20项。11月，组织专家评审，评选出一等奖5项，二等奖11项，三等奖20项。12月12日，义乌市政府办公室下文表彰。

【社科理事会】 2022年9月7日，市社科联召开三届六次理事会，组织全体理事学习《习近平治国理政》（第一至第四卷）、《浙江省社科工作促进条例》精神，会议审议通过三届六次理事会2022年度工作报告，对2023年工作进行部署。经选举后，增补龚昌富为社科联理事和专职副主席。10月7日，召开三届七次理事会，组织全体理事学习中共二十大精神，经选举后，增补曹耿为社科联理事和主席。（龚昌富）

报刊·广电·新媒体

【概况】 义乌市融媒体中心全力做好中共二十大、省第十五次党代会、市场建设40周年、共同富裕、数字化改革等重大主题宣传，推出《奋进新征程 建功新时代》《学习贯彻党的二十大精神》《市场建设40周年》《共同富裕一年间》《全面推进数字化改革》等系列重大主题报道45组。完成“大地的回响”“放歌钱塘江”“义乌两会”“市委全会”等重大报道任务；全面报道“义博会”“森博会”等重大展会。坚持以人民为中心的工作导向，及时发布疫情防控、抗台风、防寒潮等极端天气通告，彰显主流媒体责任担当。在全市党群部门综合考绩中获评优秀单位；获得党建工作、党风廉政建设2个考绩单项奖。广播、电视分别获得全省新闻协作特等奖，新媒体获得全省新闻协作一等奖。“学习强国”学习平台用稿数量排名金华各县（市）第一，美丽浙江用稿数量排名全省第一，抖音融媒指数排名全省第一，“义乌TV”视频号在全省县级融媒体中心官方视频号中排名第一。报刊、广播电视、新媒体新闻作品获得省新闻奖14项、金华新闻奖37项；广播电视节目技术质量奖省级奖项6项，科技创新奖1项。

【疫情防控宣传平台】 2022年，市融媒体中心成立疫情防控宣传专班，各宣传平台以“从严从紧坚决打赢疫情防控歼灭战”专栏为统领，分阶段推出民生保供等子专题子专栏，营造全民抗疫氛围，多渠道多形式强化宣传，共刊发各类抗疫报道1.3万余篇。浙江卫视、“美丽浙江”抖音号、《浙江日报》等省级以上媒体平台刊发义乌疫情防控相关报道1600余篇，其中：8月在浙江卫视综合频道《新闻联播》栏目连续15天持续关注义乌疫情防控，推出系列报道15篇；《浙江日报》头版（含头版导读）刊发义乌防疫消息17篇。“美丽浙江”抖音号转载推送义乌市疫情防控暖心正能量短视频40条，视频累计播放量超过1.4亿次。中心搭建“战疫求助”平台——“爱义乌帮帮团”，做好政策解答、心理疏导，诉求民意收集整理反馈等工作，及时将重大舆情风险化解于未然，助力群众急难愁盼问题的快速解决。“爱义乌帮帮团”共受理疫情相关求助信息1.47万余条，助力解决看病难、买药难、物资保障难等常见困难。宣传工作得到省委、金华市委及义乌市主要领导充分肯定，省委宣传部官方公众号微信“浙江宣传”2次推文点赞。

【党报媒体融合】 2022年，市融媒体中心编发《义乌商报》359期，发行《义乌商报》7.48万份，刊发稿件3万余篇，其中，图片8000幅，用稿2200万字。《人民日报》《光明日报》《经济日报》三大国家级日报用稿34篇，《浙江日报》用稿161篇，同比增长61.5%。完成共同富裕、数字化改革、义乌市场建设40周年、省运会等重大主题报道，形成专题策划方案60余个；2篇内参作品获省领导批示。

【新媒体平台】 2022年，市融媒体中心“声、屏、报、网、端、微、抖”全媒体矩阵围绕中共二十大、全国“两会”、共同富裕、省市党代会、省运会、市两会、助企纾困、全市民营经济发展大会、稳进提质攻坚行动、从严从实打好疫情防控战等中心工作和重大主题，开设新媒体专题报道90余个，集纳图文、视频、音频等相关新闻作品，编发专题专栏稿件6295条（篇）。谋划推出H5、海报、图解等新媒体作品23个。“10万+短视频”985条，“100万+短视频”266条，全年组织新媒体直播100余场。以“爱义乌”微信公众号、“爱义乌”客户端、“义乌TV”“爱义乌”视频号为主的新媒体矩阵总粉丝数量达到300万人。8月，“爱义乌”微信公众号获全国县级媒体微信号百强榜榜首和省县级融媒体合作传播力榜榜首；在浙江省各县市区排行中，位列金华第一，全省前十，稳居第一梯队。“爱义乌”抖音号增粉50万人，单日最高播放量1.4亿余次，10—12月，抖音融媒指数连续3个月排名全省第一。新媒体平台阅读量“10万+作品”1215条，“100万+稿件”273条。在新华社、《人民日报》等国家级新媒体平台刊发“100万+作品”21条，单条视频最高阅读量200.3万人次；“学习强国”学习平台用稿545篇，继续位列金华市各县市（区）第一。“美丽浙江”抖音号用稿200余篇，单条视频最高阅读量1.2亿余次，用稿数排名全省县市第一。“义乌TV”视频号在全省县级融媒体中心官方视频号中排名第一。

【百名记者主播宣讲中共二十大精神】 2022年11月，市融媒体中心组建“百名记者主播大宣讲”宣讲团，开展“百名记者进基层宣讲二十大”活动，充分利用自身资源优势，运用纸媒、电视、广播、新媒体等全媒体平台，推动中共二十大精神“传”入千家万户。宣讲团先后走进赤岸镇清溪村、福田街道江北下朱村、佛堂老年大学等地，用“土腔土调”和诗朗诵的形式宣讲中共二十大精神，结合当地实情出谋划策，切实解决乡村发展中存在的难题，让中共二十大精神落地生根。至年底，全媒体传播平台共编发学习宣传贯彻中共二十大精神稿件400余篇。

【广播电视】 至2022年12月底，数字电视有效用户15.99万户、互动终端3.07万个、宽带2.49万线。《义乌新闻》《今晚播报》《商贸信息联播》《同年哥讲新闻》等新闻栏目画好同心圆、唱响主旋律。推出《奋进新征程 建功新时代》《喜迎二十大》《学习贯彻党的二十大精神》《二十大精神在基层》《市场建设40周年》《共同富裕一年间》《全面推进数字化改革》等系列重大主题报道45组。中央广播电视总台用稿150余篇，其中《新闻联播》栏目用稿19篇。浙江卫视用稿500余篇，其中，浙江卫视《新闻联播》栏目用稿190余篇，《浙江日报》和浙江卫视用稿数量均创历史新高。《中国之声》用稿80余条，《浙江之声》用稿198条。广播、电视对外宣传荣获全省广播电视新闻协作广播特等奖、电视特等奖，荣获上送中央广播电视总台、中央人民广播电台十强单位。

（刘富城）

卫生健康

HEALTH

综 述

【医疗机构规模】 2022年，义乌市有各类医疗卫生机构1056家，其中，三级以上医院4家，综合性医院12家，专科医院29家，镇（街）中心卫生院14家，社区卫生服务站52家，村卫生室184家，各类诊所、门诊部701家，医务室56家。全市核定床位8835张，其中三级以上医院床位3320张。全市共有卫生技术人员1.36万人，执业医师和执业助理医师6351人，注册执业护士7232人。全市有健康促进学校97所。

【医疗机构等级提升】 2022年，义乌市卫生健康局（简称“市卫健局”）提升医疗机构等级、医疗服务效率。市中医医院成为全省首批县市级三甲中医医院，浙大四院成为全国最年轻的三甲医院之一，市妇幼保健院成为全省首家县市级三甲妇幼保健院。北苑街道和后宅街道社区卫生服务中心完成“二乙”综合性医院现场评审工作，復元私立医院完成“二甲”复评，佛堂二院完成“二乙”复评。

【重点学科软实力提升】 2022年，义乌市卫健局推进12个省级及以上医学重点学科和4个省级适宜技术推广基地常规化建设，培育3个金华市社会办医学重点学科，支持17个省医药卫生科技计划立项项目建设，支持赤岸等4家基层院区各创建1个义乌市重点学科，鼓励各医疗机构积极争创各级重点学科建设，进一步提升义乌市医疗、科研及教学水平。

【清廉医院建设】 2022年，市卫健局开展基层站所腐败和作风问题、漠视侵害群众利益问题、医疗领域腐败问题、影响亲清政商关系突出问题等专项治理，制定《义乌市清廉医院培育工作方案》《义乌市推进清廉医院建设部门联动工作机制方案》等方案。组织“廉洁家风进万家”等活动，完成支部书记、纪委书记上廉政教育课155人次，廉政谈话5093人次。全年主动上交（退回）红包等310人次，金额49.55万元。

【高质量建设健康义乌】 2022年，义乌市高质量建设健康义乌，探索开展公共政策健康影响评价，组建由50余名相关领域专家组成的健康影响评价专家库。营养校园项目、“医教结合”技术合作、争创工业园区“污水零直排标”省级标杆示范园区和等级医院创建及评审等项目列为金华市示范项目。开展“三免三惠”健康行动，累计完成城乡居民健康体检29.75万人。建立居民电子健康档案134.85万份，档案开放率79.26%，家庭医生签约53.82万人。建立“医—教—社—家”青少年心理服务模式，为重点人群提供心理健康服务干预254人次。开展爱国卫生月活动、纪念爱国卫生运动70周年活动86场，参与4.8万人次。省级卫生村复审29个，新创建71个，创建申报率达75.9%。申报金华市级以上除“四害”示范村（社区）15个，分水塘村、六都村、缸窑村通过金华市爱卫办初评。营养校园项目、医教结合技术合作、争创工业园区“污水零直排标”省级标杆示范园区和等级医院创建及评审等项目列为金华市示范项目。

【老年健康服务】 2022年，市卫健局全面加强老年健康服务，通过“医路公益”义诊、商城大讲堂等方式为老人提供形式多样的健康宣教活动。配合市科协开展“银龄跨越数字鸿沟”老年人智能化培训，在望道社区试点开展国家老年人心理关爱行动，稠江街道锦都社区被评为老年电视大学省级示范教学点。开展老年友善医疗机构创建，推动全国示范性老年友好型社区建设，14家卫生院全覆盖开展65岁以上老年人眼底筛查、口腔健康筛查、老年痴呆筛查等5项老年健康服务专项行动。为65岁以上老年人累计建档13.42万人，建档率99.62%。开展老年友善医疗机构创建，江东街道、后宅街道等4家基层院区开展家庭病床服务，累计建床640张；稠城街道、义亭镇等9家基层院区开设“医养结合照护中心”，共设床位344张。

【医疗卫生民生工程】 2022年，市卫健局坚持以“办好民生实事好事、解决民生突出问题”为着力点，谋划医疗卫生领域的民生工程，完成年度计划投资4.1亿元。儿童医院新建工程完成主体三层结构施工，浙大四院科研教学和国际保健楼主体结顶，口腔医院迁建工程完成并投用，稠城卫生院迁建工程完成主体建设。新增（改建）社区卫生服务站9家，苏溪、稠江、义亭、上溪4家卫生院完成慢病一体化门诊建设。新增“医防护”儿童健康管理中心11个，建成30家规范化婴幼儿照护服务驿站。完成8家医院老年医学科标准化建设中期检查，为10万名60岁以上老年人免费接种流感疫苗。全市8家二级及以上医疗机构及14家卫生院全部接入金华市检验检查互认平台，上传检验298.26万份、检查2.4万份，互认1.32万次，涉检金额900余万元。全市城乡健康档案规范化录入电子档案118.66万份，规范电子档案率63.82%。

【数字家医和慢病e管家的应用开发】 2022年，市卫健局推进数字家医和慢病e管家为核心的应用开发。2021年12月，建立“两慢”病数据监控平台，面向医生基于“浙健钉”的数字家医、移动随访系统，面向患者基于“浙里办”的慢病e管家、健康账单、健康档案开放、健康银行等应用。2022年4月进行升级迭代。至2022年底，“浙里办”App相关应用访问量29万余次，“钉钉医生”使用量12万余次。数字家医和慢病e管家的应用入选2022年首批基层创新储备项目。

【曹登峰名医工作室落户杭医义乌医院】 2022年1月5日，“曹登峰名医工作室、病理联合会诊中心”在杭州医学院附属义乌医院成立。曹登峰名医工作室、病理联合会诊中心主要在疑难病理会诊及常规病理质控、远程冰冻快速诊断、免疫组化及分子检测、精准基因检测信息解读报告及咨询、多学科MDT会诊、科研合作、培养病理医技人员等方面进行合作。至年底，“曹登峰名医工作室、病理联合会诊中心”接诊患者202人。

【安全生产防线筑牢】 2022年6月30日，市卫健局制定并下发《2022年义乌市卫生健康局安全生产和消防工作目标管理责任书》，全市三级医院完成监控安防系统升级改造项目。开展“安全生产月”“全民禁毒宣传月”“消防宣传月”等活动81场，参加1.45万人次；参加省公安厅、省卫生健康委线上直播反诈授课1.04万人次。制作发放宣传资料4156份，宣传活动89场次7872人次，风险隐患排查670次。（虞金洪）

医疗卫生改革

【概况】 2022年，义乌市根据浙江省医改联席办《2022年度浙江省深化医改重点任务清单的通知》，强化分级诊疗制度，形成“控总量、腾空间、调结构、保衔接、强监管”“五环”联动改革的工作机制。定期开展公立医院综合改革数据分析会，完成中心医院绩效管理考核办法以及公立医院、医共体绩效考核办法拟定等工作，做好改革相关资料的整理上报，确保改革工作不断深化。年内，践行浙江大学数字化改革“浙江标准”落地实施，主编数字化改革专著1部、数字化改革行业标准1项，获得国家专利知识产权5项。“互联网+护理”服务量达到3.36万人次，位居全省前列。

【“智慧医保”系统上线】 2022年1月30日，市政府召集义乌市浙江省“智慧医保”系统上线工作专班召开第一次“智慧医保”专班工作会议，会议通报前期工作和下一步工作安排，以及可能出现的风险，并强调各部门要通力配合市医保局，全力确保智慧医保系统平稳上线。2月14日，“智慧医保”系统在全市各大医院上线。国家医保信息平台（浙江省“智慧医保”）为市民提供参保缴费、信息查询、待遇申请、业务经办等功能，参保人通过支付宝、微信等便捷客户端激活医保电子凭证，实现余额及消费明细查询、异地就医经办。

【义乌在浙中地区率先实现数字人民币的医疗支付场景】 2022年6月2日，数字人民币支付业务在市中心医院落地应用，是义乌市医疗机构数字人民币唯一试点单位，在浙中地区率先实现数字人民币的医疗支付场景。数字人民币在医疗支付场景的应用，扩宽了支付渠道，为患者带来了更便捷的支付选择，同时数字人民币由央行组织研发，有效提升了支付缴费的安全性。至年底，市中心医院数字人民币支付业务实现在自助机和人工收费窗口应用。（虞金洪）

卫生教育

【概况】 2022年，市卫生进修学校运用教育培训、协会组织两大平台，不断提高医学教育服务能力，全年完成2.8万余人次培训。实现传统的课堂型培训向技能操作结合型培训的转化，与中心医院合作开展ACLS培训23期136人。成立国家灾难生命支持（NDLS）培训中心，开设国家灾难生命支持（NDLS）督导课程培训班，27人完成培训，通过考核，全员取得全球通用的课程证书。开展医共体基层医务人员常见模块化培训，培训258人。开展“精准送教”活动4期，完成培训280余人。开展继续医学教育、初级卫技人员继续医学教育、中高级卫技人员继续医学教育、新模式住院医师规范化培训理论学习培训、社会医疗机构继续医学教育、远程继续医学教育、学分管理，提升基层卫技人员岗位胜任力。开展基层医学继续医学教育培训、基层医生能力提升（临床思维）培训、社区护士培训、乡村医生全员培训，提升乡村医生医疗服务水平。

【基层医务人员AHA基础生命支持（BLS）培训】 2022年，市卫健局完成24期258名医务人员AHA基础生命支持BLS培训，全员取得全球通用合格证书。开展师资复训及督导12期22人。基本生命支持(basiclife support,BLS)是心肺复苏的初始急救技术，包括判断技能和支持/干预技术。BSL若能在心脏或脉搏骤停后4分钟内实施，则可使32%的患者获救。

【公益急救培训志愿服务】 2022年，市卫健局开展公益急救培训志愿服务进市场、进机关、进学校、进企业、进社区和进农村的“六进”活动，至年底，累计组织培训218次1.21万人。

【国家灾难生命支持督导课程培训班开班】 2022年2月19日，国家灾难生命支持（NDLS）督导课程培训班在市卫生进修学校举办，来自铁路分局、交警大队、红水晶公益协会、民间紧急救援协会及部分医疗单位等相关单位负责人27人参加，培训为期3天。国家灾难生命支持课程是一个以培养能力为主的标准化考评内容的国际认证课程，适用于大规模人员伤亡的灾难救援指导。此次培训班由NDLS中国地区主任导师进行远程督导，主要内容为基本灾难处理知识、检伤分类、伤情管理、危险品处理、个人防护装备与洗消等，旨在通过理论讲座、桌面推演和模拟灾难情景，提高学员规范化救援能力。课程形式分理论讲座、小组讨论发言、桌面推演3个部分。同月21日，市卫生进修学校完成国家灾难生命支持（NDLS）全系列督导课程导师的考核，获得培训中心建设所需的师资力量认证。同日，市卫生进修学校挂牌省内首家国家灾难生命支持（NDLS）培训中心，为义乌市医护人员及相关救援机构提供全球通用的标准化课程。

（虞全洪）

疾病防控

【概况】 2022年，义乌市传染病监测系统报告质量评价综合率100%，及时报告率99.99%，及时审核率100%，重卡率0。报告甲、乙类传染病15种2795例，报告发病率148.13/10万例。调查处置散发传染病个案76例，自然疫源性疾病14例。调查处置聚集性或以上疫情23起。肠道传染病危险因素监测共检测水样40份、海水产品60份，未检获霍乱、伤寒等相关致病菌；哨点监测424份，阳性47份，检出率11.08%；手足口病报告1635例，同比下降57.60%，无重症、死亡病例报告。鼠传疾病综合监测捕鼠636只，采集血清、肝脾、肠道内容物等标本1611份，检测结果均为阴性。伊蚊媒介累计监测64次，监测结果提示义乌市的媒介密度具备暴发风险。布病监测高危人群主动采样检测218份，1人为无症状隐性感染者，1人阳性。流感哨点监测采样检测133份，检出阳性标本269份，阳性率为20.18%。人禽流感监测外环境标本250份，均为阴性。犬伤监测患者2.34万例，Ⅲ度暴露占22.07%（5169/23418）；狂免联合使用率20.51%（1060/5169）。

【重大传染病防控】 2022年，全市新报告HIV/ADS19例，报告数同比下降18.4%。新确诊病例170人，新诊断并治疗率88.8%。义乌市自2002年发现首例艾滋病病毒感染者以来至2022年，累计报告HIV/AIDS 2615例，其中艾滋病病人962例。医疗机构报告肺结核、疑似肺结核1775例，转诊跟踪1749例，总体到位率98.5%；新登记治疗结核病患者789例，同比下降8.2%。春、秋季查灭螺完成查螺面积55.4万平方米，发现螺点4个，发现有螺面积3900 平方米，未检测到感染性钉螺，灭螺面积3.1万平方米。完成血吸虫病主、被动监测2550人，完成年度监测任务141.7%，均为阴性。

【儿童免疫规划疫苗接种】 2022年，义乌市开展查漏补种、适龄儿童免疫规划疫苗接种率调查和新生预防接种证查验，及春季、秋季麻疹脊灰疫苗集中式查漏补种工作。对110所小学、378所幼托机构计4530名小学新入学学生、5.68万名新入托的幼托机构儿童进行查验证工作，查验率100%。

【健康素养监测】 2022年，全市结直肠癌筛查项目完成筛查1.02万例，筛查任务数完成率108.68%；完成肠镜检查1844例。慢阻肺筛查项目完成肺功能检查1.34万人，完成率111.41%。完成鼠密度、蚊类、蝇类、蟑虫、臭虫等监测。抗药性监测结果显示义乌市德国小、淡色库蚊幼虫均产生不同程度的抗药性。完成医疗机构、幼托机构消毒效果监测各10家，合格率分别为95.5%和80.8%。食源性疾病监测上报食源性疾病病例信息1380例，发现副溶血性弧菌4株，沙门氏菌10株、诺如51株。职业健康素养调查，重点行业人员抽样调查调查132人，完成率114.8%。全市生活饮用水水样总合格率97.58%，农村饮水第三方专项监测水样总合格率67.80%。“营养校园”试点项目继续稳步推进，完成20户家庭的3天24小时调查、50道菜肴的膳食图谱采集、对义亭小学的2021年学生营养午餐状况调查反馈等工作。开展碘盐监测，合格率90.16%，尿碘监测中位数为每升200微克。8～10岁学龄儿童甲状腺肿大率B超检查210人，未发现甲肿情况。孕妇尿碘中位数随机抽检孕妇尿样尿碘中位数为每升152微克，处于正常范围。对30个地氟病监测村456名8～12岁学生进行氟斑牙检查，氟斑牙患病率5.9%（小于30%），氟斑牙指数0.10，处于正常范围。

【新冠疫情处置科学规范】 2022年，市疾控中心科学规范高效处置新冠疫情，中心实验室24小时待命。为配合“乙类乙管”相关政策实行，全面确保人民生命健康安全，平稳度过新冠疫情感染高峰，从发热门诊、急诊、ICU 3个方面加大医疗救治服务供给，高峰时期全市发热门诊日均接诊1.8万人次，全市床位使用率维持在98%以上。其间未发生因医疗救治而产生的重大舆情纠纷。

【“易督导”结核病管理系统运行】 2022年，义乌市推广使用结核病患者管理“易督导”系统。该系统的应用改变了电话随访、手工记录随访单等机械的传统工作模式，实现电子信息无纸化。每天实时监控患者服药情况，具有简单、高效、便捷的优点，减轻基层医生工作负担，为结核病防治管理工作带来便利。“易督导”结核病管理系统于2020年6月在义乌市试运行，是全省第一个利用该系统对结核病患者进行社区结核病健康管理服务的县（市）。至2022年底，“易督导”结核病管理系统下发通知管理1556例，规则服药率98.74%。

【除四害示范村建设】 2022年3月5日，义乌市爱国卫生运动委员会办公室出台《关于开展除四害示范村建设的通知》，决定在全市开展除四害示范村建设，以推动爱国卫生运动更加深入开展，助力健康义乌美丽义乌建设。选择国家AAA级以上景区村、历史文化村落、美丽乡村精品村、省级卫生村等率先开展以灭蚊灭蝇为重点的除四害示范村建设。组织发动村民参与环境卫生综合整治，定期开展蚊蝇等四害孳生地清理。围绕蚊蝇防制、疾病防控、行为习惯等，全方位开展健康科普宣传，提升群众健康素养。针对农村蚊蝇密度控制特点，推广适宜不同环境和各类场所的生物、物理和化学防制技术，加强蚊蝇密度监测预警，最大限度控制媒介生物传染病传播风险。在灭蚊灭蝇的基础上，开展灭鼠、灭蟑螂工作，建立完整可持续的四害控制长效机制。通过开展以灭蚊灭蝇为重点的除四害示范村建设，使村庄四害孳生地有效治理，乡村人居环境全面提升，传染性疾病得到防控。至年底，义乌市已建成3个省级、8个金华市级、3个义乌市级的无蚊蝇村。

【艾滋病示范区建设】 2022年7月14日，省卫生健康委疾控处调研组到市疾控中心调研国家艾滋病示范区建设工作，实地查看自愿咨询检测等艾滋病相关防治工作现状，并听取国家艾滋病示范区建设情况汇报。10月，根据第四轮示范区工作终期评估工作要求，义乌市完成第四轮艾滋病综合防治示范区终期评估工作。11月25日，义乌市示范区工作联络员会议暨世界艾滋病日宣传工作会议在疾控中心举行，会上总结义乌市2022年示范区工作的开展情况，通报2022年义乌市艾滋病情况和流行特征。 （虞金洪）

中医中药

【概况】 2022年，义乌市有三级甲等中医医院1家，民营中医专科医院5家，专门中医相关科室的综合性医院12家，中医门诊部12家，中医诊所148家，14家社区卫生服务中心（中心卫生院）和90%以上的村卫生室（服务站）均能提供常见中医药服务。全市共注册中医类执业医师（含助理）876人，乡村医师169人；有国家级中医药人才5人，培养对象3人，省级中医药人才1人，培养对象1人，金华市名中医5人，金华市青年名中医1人，金华市基层名中医2人，义乌市名中医20人，中医学博士3人；具有副高以上职称中医药人员142人。各级名老中医工作室15个，义乌中医药健康服务管理覆盖率77%。1月10日，市中医医院被浙江省卫生健康委、浙江省中医药管理局确定为浙江省第四周期首批三级甲等中医医院。

【浙江省“老年友善医疗机构”】 2022年1月，省卫生健康委公布浙江省老年友善医疗机构名单，义乌市中医医院被评为浙江省2021年度“老年友善医疗机构”。近年来，市中医医院为深刻践行“最多跑一次”改革，聚焦老年人看病就医的难点、痛点、堵点，不断优化老年人就医体验，改善老年人就医流程，让老年人享受到更为便捷的医疗服务。开展多种形式中医“三进”服务，铸就特色服务品牌，院内设立“老年帮帮团”，开展“杏林暖夕阳”就医服务活动。不断打造适老环境，完善方便老年患者的基础设施，为老年患者创造更加安全、便利、舒适的就医环境。

【首批“浙江文化标识”培育项目】 2022年1月8日，浙江省文化和旅游厅正式发布首批100个“浙江文化标识”培育项目，义乌市“朱丹溪中医药文化”成功入选。义乌市作为朱丹溪故里，一直将传承和弘扬朱丹溪中医药文化作为历史赋予的使命，深入挖掘朱丹溪中医药文化内涵，创新搭建文化弘扬推广平台，守正创新推动朱丹溪中医药文化的延伸。2012年6月，义乌市中医医院成立义乌市丹溪医学研究所。2013年7月，义乌市政府下文设立义乌市朱丹溪中医药文化申遗工作联席会议制度；“朱丹溪中医药文化”分别列入金华市、义乌市非物质文化遗产名录。2016年，列入浙江省非物质文化遗产名录。2021年5月，“朱丹溪中医药文化”入选第五批国家级非物质文化遗产代表性项目名录扩展项目。

【市中医医院成为浙中西VTE联盟成员单位】 2022年6月25日，浙江省VTE质控巡讲金华站暨浙中西VTE联盟成立大会在金华市中心医院举行。会上，举行浙中西VTE防治联盟成立仪式，义乌市中医医院成为首批成员单位之一。浙中西VTE防治联盟的成立，旨在通过搭建一个更大的交流平台，汇聚浙中西地区优质医疗资源，共同分享探讨VTE防治经验，全面推动浙中西整体VTE防治水平的提升，为人民群众的生命健康提供更坚实的保障。

【“浙江省中医药综合改革先行区”创建】 2022年8月，开展朱丹溪中医药文化资源普查，启动《丹溪学派湿证研究》编撰，完成国遗丛书《朱丹溪中医药文化》初稿和《浙派中医·金华卷》义乌部分。开展“一带一路”中医药服务体验、“一带一路·丹溪讲坛”活动。赤岸、大陈、后宅等基层院区试点打造旗舰中医阁，成立中医养生科（治未病科）。10月13日，义乌市成功申报首批“浙江省中医药综合改革先行区”。11月10日，下发《义乌市创建浙江省中医药综合改革先行区实施方案》和重点任务量化清单。至年底，中医药健康服务管理覆盖率达77%；王宏献团队入围“第七批全国老中医药专家学术经验继承工作指导老师及继承人名单”；“中医处方一件事”实现中医医疗质量管理一体化，日均上传标准化中医处方730余张，质控完整率94.27%。

【《义乌市创建浙江省中医药综合改革先行区实施方案》出台】 2022年11月8日，市政府出台《义乌市创建浙江省中医药综合改革先行区实施方案》（简称《实施方案》），提出坚持新发展理念，遵循中医药发展规律，传承精华、守正创新，以朱丹溪中医药文化为引领，实施健康战略，努力打造国内领先、国际有影响力的中医药强市，力争创建成为首批省级中医药综合改革先行区，建设具有义乌辨识度的共同富裕示范区，不断满足人民群众对美好生活向往的中医药需求，从而推动中医药事业高质量发展。根据《实施方案》，义乌紧紧围绕数字化改革锻造浙江高质量发展建设共同富裕示范区，抢当“重要窗口”模范生的定位要求，立足义乌中医药发展基础和资源优势，高起点、高水平落实各项重点任务。（虞金洪）

医疗技术

【概况】 2022年，市卫健局探索智慧医疗、智慧服务和智慧管理新模式，提升数字化水平。教学体系持续完善，成立MBBS中心、“一带一路”医学教育发展中心，逐步建立全英文教学体系。推动“一带一路”国际科技合作，开展《中国及亚欧大陆人群遗传多样性研究计划》。推动有组织科研体系建设首批打造生殖医学中心、肺部肿瘤医学中心、再生与衰老医学中心、RNA医学中心、代谢医学中心、脑与神经健康研究中心、线粒体医学中心、基因组医学中心八大医学中心。强化科研平台建设，国际医学健康研究院全面启用。推动高水平原创性科研活动，2022年，获批国家级科研项目21项，国家自然科学基金17项，国家级重点重大项目6项；首次获得国家自然科学杰出青年基金和重大研究计划集成项目。获批浙江省“尖兵”“领雁”研发攻关计划项目等省部级重点重大项目5项。全省首批单位接入浙江省HIS贯通工程，首批试点单位接入浙江省智慧医保。

【区域首例肌肉活检】 2022年1月初，市中心医院成功开展区域首例肌肉活检。患者多项自身抗体如抗核抗体等呈阳性，肌酸激酶升高至13617U/L（正常值为0～167U/L），查体发现颈前区、颈后可及皮肤发红，坐位及平躺、下蹲时起立不能，表现为四肢近端肌力对称性肌无力。患者先后进行肌电图、肌肉核磁共振检查，并完善肺CT、心脏彩超等相关辅助检查后，接受肌肉活检。活检取出肌肉后快速送至病理科，予快速冷冻后病理检查、电镜检查等。根据病理结果，诊断为皮肌炎。经对症治疗，患者的肌酶谱持续下降，好转出院。

【浙中首例内镜下逆行性阑尾治疗术】 2022年3月30日，市中心医院实现首例手术不开腹、不留疤、不切阑尾，在有效治疗的基础上，完整的保留了阑尾及其功能，开创了急性阑尾疾病微创介入治疗的新领域。患者持续高烧未退，夜间睡觉时持续难忍的右下腹疼痛，急诊B超、CT提示急性阑尾炎伴周围渗出明显，脓肿形成可能。经会诊，消化内科会诊医师黎红光给出内镜下逆行性阑尾治疗术（ERAT）的手术方案。在内镜直视下，经肛门插镜至回盲部，见回盲瓣呈唇状，阑尾周围明显肿胀，开口处可见炎性组织，应用切开刀插管见脓性分泌物应用甲硝唑反复冲洗。术后，患者腹痛症状明显缓解。

（虞金洪）

卫生急救

【概况】 2022年，义乌市共有城中站、义南急救站（佛堂）、义北急救站（苏溪）等17个急救站（点），其中，城中站设中心医院急救点、中医医院急救点、浙大四院急救点等8个急救点。全市配备救护车68辆，负压车36辆。全年，接听120急救电话23.28万个，派出急救车5.95万次，日均出车163次。完成“110”应急联动任务1.97万次，2分钟内派车率98.35%，10秒摘机接警率99.49%。

【血液及急救管理】 2022年，全年采集血液2万余人次，同比增长5.17%；献血量6.37万余升，同比增长4.17%；临床用血100%来自无偿献血，成分输血率达100%。荣获“浙江省2019—2021年度无偿献血先进市”称号。全市共设有急救站（点）17个，24小时值班急救车19辆（监护型）、备用车16辆，接听急救电话19.4万个，派出急救车4.66万次，接治病人3.16万人。

【急救质量管理考核】 2022年3月，市急救中心修改完善《义乌市院前急救质量管理考核方案（2022年修订版）》，明确重点指标和工作要求。按照考核方案，在急危重症上，通过执法记录仪视频倒查，对现场处置情况进行重点检查、指导，在颈托规范使用、心电监护除颤仪使用、院前急救处置等方面进行考核，考核结果实行“红黄蓝”三色管理，并与站点专项补助经费挂钩。至年底，开展质控考核4次，对9个急救站（点）进行限期整改处罚，对4个急救站（点）红牌暂停调度处罚，对红牌站点进行院前急救规章制度、现场处置、模拟操作技能等方面进行2天的小班化复训。

【急救技能竞赛】 2022年11月2—3日，由市卫健局、市总工会、市人力资源和社会保障局主办，市卫生进修学校、市医师协会承办的2022年义乌市第五届医务人员情景模拟技能竞赛在市卫生进修学校举行，来自全市医疗单位的23支代表队157名选手参赛。竞赛采用理论、个人操作、团体等形式进行，主要考核选手政策规范、专业知识、个人操作技能水平、模拟真实临床情景思维能力、团队配合协调能力。11月8日，由市卫健局主办、市急救中心承办开展第六届义乌市院前急救技能竞赛，全市17支队伍51名参赛队员参赛，初赛后选派医生、驾驶组个人一等奖选手参加金华市第12届院前急救技能竞赛。经角逐，义乌市急救中心代表队荣获团体二等奖，天祥医疗东方医院急救点傅剑进荣获医生个人二等奖，復元医院急救点季敬清荣获驾驶员个人三等奖；

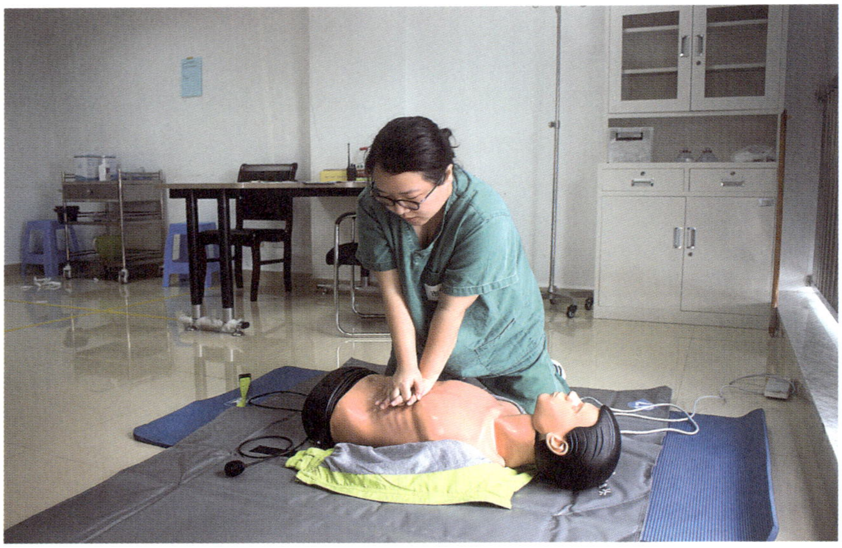

2022年11月2日，市卫健局举办第五届医务人员情景模拟技能竞赛，参赛选手在进行个人操作技能比赛 （陈 洁 摄）

义乌天祥医疗东方医院、义亭镇中心卫生院分别获得市属医院组及基层医院组团队一等奖；义乌天祥医疗东方医院的单丽君、义乌市妇幼保健院的王沅、北苑街道社区卫生服务中心的吴志华、苏溪镇中心卫生院的黄俊分别获得市属医院医生组、护士组和基层医院医生组、护士组的个人一等奖，并由义乌市劳动竞赛委员会、义乌市人力资源和社会保障局分别授予“义乌市技术标兵”“义乌市技术能手”称号。

【急救信息化建设】 2022年11月14日，根据《浙江省卫生健康委办公室关于加快推进全省“院前急救一件事”工作的通知》、金华市卫生健康委员会《金华市卫生健康委员会办公室关于构建金华市5G院前急救市域一体化的通知》，市急救中心投入118万元，对全市20辆救护车和38个执法记录仪进行5G信息化改造，建立院前院内联动机制，实现信息共享与有效沟通，实现上车即入院、数据实时传输等功能，有效提升救治效率。至12月底，完成设备安装及信息化改造，其中执法记录仪5G功能为金华市首家推出。 （虞金洪）

医政管理

【概况】 2022年，义乌市坚持和深化“医药卫生领域改革经验”，抓紧抓实质量安全管理。各医疗机构成立院内医疗质量管理组织架构，由单位党委（党组织）书记和院长共同挂帅医疗质量管理委员会“双组长”，一岗双责统筹协调相关院内科室部门。针对医疗质量关键环节，加强重点人员、重点科室、重点操作的安全风险管理、医疗质量安全管理工作，推进专项质量重点改善，对病历质量、实验室生物安全、18项核心制度落实重点加强。组织专项督查整顿“亮剑”行动，进行“以案说案”医疗质量安全工作例会，定期通报晾晒全市质量安全问题。各医疗机构建立医疗质量督查体系，通报奖惩机制，将医疗安全与科室、个人绩效挂钩，推动医院医疗安全文化建设。紧扣国家医疗质量安全改进10项目标，利用临床路径管理、单病种质量控制管理、DRG、PDCA等医疗质量管理工具，推进医疗质量安全管理标准化、精细化。

【医学重点学科招才引智】 2022年，义乌市加强医学重点学科招才引智工作，全年引进后备学科带头人2人、重点人才4人（省级副高1人、地市级正高3人），青年骨干65人（博士21人、紧缺专业硕士研究生44人），其他紧缺专业副高1人，校园招聘93人（研究生49人），公开招聘39人（研究生4人），定向委培招录22人。全年招引高层次人才71人，本土培养高层次人才138人。

【党建引领卫生健康领域】 2022年，市卫健局强化政治引领，把党的政治领导力融入到卫生健康领域。实施“院科两优、德医双馨”公立医院党建能力提升项目，按“支部建在科室上”原则，市中心医院、市中医医院、市妇保院、佛堂二院4家医院新增支部26个。开展基层党组织换届选举，临床医技科室负责人担任党支部书记的支部比例达90%以上。深化民营医院党建联建机制建设，年内，被评为省卫健系统“院科两优 德医双强”公立医院1家、“双强六好”民营医院1家；成功创建金华四星级品牌1家、三星级品牌1家，二星级品牌2家。

【“一院一特”建设】 2022年，市卫健局围绕特色专科建设，落实“一院一特”建设。医共体牵头医院发挥主体责任，统筹推进特色专科建设规划引领。通过调研、分析研判基层医疗卫生机构具体情况，明确对接学科，在专家人才、学科资源等方面实施精准帮扶。成立“一院一特”工作推进专班，明确“一院一特”建设目标计划，落实学科规划、人才培养、设备购置等具体任务。至年底，“一院一特”建设取得了重大成果，9家镇街卫生院（社区卫生服务中心）12个专科成功入选金华市第一、二批基层重点专科。

【基层医疗力量加强】 2022年，市卫健局统筹全市医疗资源，配强农村防疫医疗力量，在外来人员较集中的行政村设立便民发热诊室，设问诊、取药2个窗口，配备退烧、止咳和治感冒等药物，为居民提供基础医疗服务。针对无卫生室、无个体诊所的300个自然村，成立52组共212人的医疗巡诊队，每个团队配备35名医生，指导联系片区的上门入户走访，指导居民正确就医用药、健康咨询等服务，做到重症病人“早发现”“早治疗”。

【常态督查督导落实】 2022年，市卫健局开展常态督查，针对医疗机构发热门诊24小时开诊，开展60岁以上门诊有新冠病毒感染疑似症状患者抗原或核酸检测，早期小分子抗病毒药物使用，重症危重症患者早期识别及三级医院分片集中救治（包括重症患者“一人一策”救治方案），急诊抢救12小时腾空入住及院领导带班值守，诊疗规范全员业务培训，俯卧位通气治疗落实情况等医疗救治重点环节，开展全域全态督查督导，建立问题清单，实行销号管理，确保督查督导到位，问题整改到位，责任落实到位。

【药物供应保障】 2022年，市经信局落实市级药品储备工作，各医疗机构按标准落实药品滚动储备，强化医疗机构药剂科和临床科室沟通，做好药品余量监测预警上报。按照发热、止咳、平喘、感冒、止泻类药品足量储备4个月用量，急救药品按日常储备5~10倍标准做好医疗机构药品储备。加强村卫生室（社区卫生服务站）药品配备，实现小分子抗病毒药基层医疗机构配备全覆盖。为进一步做好义乌市新冠治疗药物供应保障工作，保障全市防疫药品用药需求，12月16日，市经信局组织专人赴安徽省绿十字医药股份有限公司督查市级医药储备情况。督查人员对连花清瘟胶囊、三九感冒灵颗粒等药品的储存数量、有效期限等情况进行现场查验，督查中向企业发放《关于做好市级医药储备相关工作的督办单》，要求企业严格执行市级医药储备办法要求，严格按照储备计划数量实行储备，加大对相关防疫药品采购力度，增加市场供应，全力保障市民用药需求。

（虞金洪）

卫生监督

【概况】 2022年，根据“大综合一体化”行政执法改革要求，义乌市卫生监督所更名为义乌市卫生健康行政执法队。在省执法监管平台下发专项任务数28个，“双随机”任务数53个；完成的检查1712家次，其中，日常巡查285家次，专项检查322家次，“双随机”检查1105家次。全年累计巡查医疗机构、核酸采样点7000余家次；根据市疫情防控指挥部通告要求及上级部门督查反馈，关停医疗机构197家。受理投诉举报447件，作出行政处罚决定806件，其中，一般程序处罚决定635件，简易程序处罚决定142件，首违不罚29件。罚没款640.47万元，实际履行罚款475.38万元，上报重大行政处罚备案案件56件。

【卫生监督法律法规宣传】 2022年，市卫健局围绕卫生监督工作重点以及新冠疫情防控要求，充分发挥宣传阵地作用，加强工作动态宣传，加大卫生监督法律法规宣传力度，扩大卫生监督工作影响力。在“义乌卫生监督”微信公众号推送各类信息32篇，“健康浙江”微信公众号采用1

篇，“浙江卫生监督”微信公众号采用5篇，“健康金华”微信公众号采用1篇，“义乌市卫生健康局”微信公众号采用6篇，“金华卫监”微信公众号采用13篇。至年底，卫生监督工作在健康浙江、浙江卫生监督、金华卫监、义乌市卫生健康局及《金华日报》《金华晚报》、浙江新闻网、爱义乌等媒体发布医疗机构监督检查宣传稿23篇次。

【执法人员资格管理】 2022年，市卫健局加强执法人员资格管理，落实“岗前培训、持证上岗”要求，执法岗位人员持证率100%。强化卫生监督执法，开展跨部门、非现场等执法，全年“智慧监测”预警30次，按期处置率100%。规范行政执法案件办理程序和重大行政执法决定法制审核范围，制定卫生行政处罚分级讨论制度。至年底，立案802件，作出行政处罚决定806件，罚没款640万元。完成2件非法行医大要案，罚没款222.56万元；分别被评为“全省卫生行政执法十大典型案例”“省非法医疗美容十大典型案例”。

【中小医疗机构疫情防控监控】 2022年，市卫生健康行政执法队通过三级网格监管体系构建，将全市640余家基层医疗机构纳入网格化管理，及时传达上级新冠疫情防控政策，警示涉疫违法案例。印制“中小医疗机构新冠肺炎疑似症状监测须知”等公示牌2500块，营造全民防控氛围。疫情防控期间，开展医院监控督查6次，全市pcr实验室专项检查1次，每日通过现场和查看监控的方式开展全覆盖检查，每2天对网格内医疗机构进行拉网式覆盖。督促监察各中小医疗机构接诊新冠症状患者的执行方案，累计巡查医疗机构7000余家次，责令停业整顿197家，立案查处81家，吊销执业许可5家。

【医疗卫生行政执法】 2022年，市卫生健康行政执法队受理投诉举报347件，办结346件，立案53件，及时处理和结案率均达100%。总立案678件，作出行政处罚决定586件，其中，一般程序506件，简易程序80件；罚没款485.25万元，实际履行罚款238.07万元。作出行政处罚决定案件中公共场所卫生373件，消毒产品卫生6件，医疗卫生77件，职业卫生5件，传染病卫生25件，计划生育卫生6件，放射卫生2件，学校卫生9件，生活饮用水卫生5件。上报重大行政处罚备案案件48件，申请法院强制执行案件2件。对全部行政处罚结果均在网上信息公开和信用信息采集。至年底，国家互联网+监管行政处罚事项覆盖32项。

【学校卫生监管】 2022年2月，市卫生健康行政执法队联合市教育局开展民办学校开学卫生专项监管，完成学校“双随机”检查45次。对全市范围内133家中小学校，开展开学监督检查，对学校教学环境不符合国家标准等违法行为立案19起。委托第三方检测公司对68所中小学校的直饮水机水质情况开展监督抽检，采集水样136份，其中检出不合格水样1份，予以立案处理并督促相关单位进行改正。

【用水安全监督检查】 2022年3月起，市卫生健康行政执法队联合市水务局每季度开展集中式供水单位全覆盖监督检查，建立有效的沟通协作机制，做好供水单位卫生监督量化分级管理，全市实施量化分级管理单位7家，评定A级供水单位6家、B级供水单位1家，量化率、信息公示率均为100%。夯实对浙江省饮用水水质在线监测系统线上监测及每月的管网水监测公示，全年检测水样186份，检测结果均符合国家相关标准。

【职业卫生专项整治】 2022年，市卫生健康行政执法队选取全市重点行业的40家企业，开展工作场所职业病危害因素检测，检测合格23家，不合格17家，不合格职业危害因素均为噪声。市卫生健康行政执法队分别于3月、4月和7月联合市生态环保分局、市交通局开展家具制造业、石材建材加工业、汽修行业专项检查45家次；开展一般行业和重点行业职业卫生“双随机”检查151家次，查处职业卫生类案件12起。至年底，完成作业场所职业病危害因素监测企业521家；职业健康体检企业397家，8635人。

【游泳场所水质监督检测】 2022年，市卫生健康行政执法队以“双随机”和联合专项检查相结合的方式，对全市70家游泳场所进行全覆盖监督检测，发现问题立案查处13家，其中因水质检测不达标处罚3家。6月，召开全市游泳场所卫生管理员水质处理培训会议，特邀专家对泳池水如何换水、如何清洗、如何加药消毒进行培训，并对游泳场所水质卫生智能监管作进一步部署。至年底，全市共有14家游泳场所安装泳池水质在线监控系统。

【公共场所疫情防控监管】 2022年，为切实减少新冠疫情传播风险，有效支撑疫情防控溯源，市卫生健康行政执法队在镇街网络员协助下，在全市3800余家美容美发场所、565家洗浴足浴场所推行场所码应用，并要求负责人切实做好“一码三查”工作。期间，按照市指挥部关于加强疫情防控社会面管控措施的通告要求，累计关停美容美发、洗浴足浴等场所6527家次。8月26日，为尽快恢复美容美发行业、洗浴沐浴行业正常经营，市卫生健康行政执法队提前制定复工复产标准，对3800余家美容美发场所、623余家洗浴沐浴场所开展上门检查指导，根据“红黄制度”要求，对未落实疫情防控相关工作的单位分别给予书面警告256家，黄牌警告278家，红牌警告546家，责令关停整顿546家。（虞金洪）

2022年8月26日，稠城卫生健康行政执法中队对辖区内的美容美发场所进行复工复产监督检查 （徐　莹　摄）

精神卫生

【概况】 2022年，市精神卫生中心在市卫健局的工作部署与指导下，协调政法委、公安、民政、残联等部门，多渠道摸清精神患者底数。安排专人对接市各大医院精神科门诊，逐一核实患者情况，及时纳入管理。组织发动各镇街乡村医生、街道干部开展摸排，进一步完善“横到边、纵到底”的网格化摸排工作机制。对接镇街卫生院实时跟进更新重性精神疾病系统动态报表数据，对摸排情况进行“一日一报，立行立改”。至12月底，严重精神障碍患者检出率同比增长13.2%，达到国家4.5‰的标准，精防工作在金华范围内排名第三。

【医校合作开展心理赋能】 2022年，市精神卫生中心与义乌市工商职业技术学院、浙江省机电技师学院、义乌职业教育集团、春晗学校、望道中学、义乌第五中学、廿三里中学等10所学校达成“心理赋能行动”合作关系，开展专家入驻校园坐诊、团体辅导、主题讲座、专题培训等专业心理服务工作，着力护航青少年心理健康。全年，受理心理状况高危学生咨询100余人次，开展心理讲座23场，直接获益5万余人。

【青少年心理门诊】 为提升青少年心理健康服务水平，2022年3月5日起，市精神卫生中心开设青少年心理门诊，时间为每周六上午，坐诊医师为有心理学专业背景、中级及以上职称的医师，采用“心理+药物”的治疗模式，心理测评系统予以辅助，对厌学逃学、网络成瘾等青少年心理问题进行针对性的辅导治疗。至年底，青少年心理门诊接待患者68人次。

【亚专科建设】 2022年，市精神卫生中心进一步深化与湖州三院的技术合作，利用"钱敏才名医工作室"的名医资源，开展专家坐诊、业务培训、疾病查房等健康就诊。7月，增设老年精神科与身心障碍科亚专科门诊，加强老年精神科、心身障碍科病区建设，提升软硬件设施，病床使用率达80%以上。

（虞全洪）

妇幼保健

【概况】 2022年，义乌市制定出台《义乌市社区普惠托育设施建设及运行补助方案》，全市有已备案托位总数7800个，每千人托位数达到4.1个。在市妇保院建成省级婴幼儿照护实训基地，培训保育员3950人。国际商贸学校及浙江省机电技师学院开设育婴专业，秋季招生220人。全市12家产科医院分娩接产产妇1.69万人，活产1.71万人，无孕产妇死亡。列入国家卫健委第二周期婴儿安全项目试点、浙江省婴幼儿营养喂养咨询指导能力提升项目试点。完成省级婴幼儿照护服务实训基地基础创建，建成公共场所母婴设施45处、三星级以上39家。完成养育风险筛查4万人次、发育筛查7.83万人次，组织养育照护活动997场次。义乌报送的儿童早期发展综合服务案例入选"2022年健康中国创新实践案例名单"。

【母婴设施标准化建设】 2022年，市卫健局推进母婴设施标准化建设，按照"需求主导、标准先行、分类实施、属地管理"原则，加快推进客运站、大型超市、公园、医院、酒店、社区、旅游景区等公共场所和用人单位标准化母婴设施建设，经评定达标星级后，由市总工会给予一定的经费补助。至年底，全市建设完成公共场所母婴室45个，达标率为90%。

【儿童医疗体系建设】 2022年，义乌市健全儿童医疗体系建设，促进优质儿科医疗资源下沉，深化0～3周岁儿童发育监测与筛查，开展眼保健、口腔保健、母乳喂养、儿童营养等健康指导。至年底，新生儿疾病筛查1.7万人，筛查率99.62%；听力筛查率99.74%，听力异常确诊12例；先天性心脏病筛查1.69万人，筛查率99.23%，确诊先天性心脏病141例；发育筛查1.61万人，发育筛查率92.29%；发现可疑异常儿童1407人，干预率100%。

【妇女健康检测】 2022年，义乌市新婚登记8408人，完成婚前医学检查7236人，新婚婚检率86.06%。完成国家免费孕前优生健康检查6228人，检查率92.19%。推进"两癌"筛查工作，在江东街道、廿三里街道、福田街道全面启动"两癌"筛查1.9万人，确诊宫颈癌7人、乳腺癌16人。

【儿童早期发展项目】 2022年，义乌市初步建立以"政府引导、多方参与，基本服务、公平可及，家庭为主、儿童优先，科学照护、健康成长"为特色的义乌市儿童早期发展综合服务机制，组织养育小组活动2000余场次，吸引婴幼儿及养育人参加亲子游戏、育儿分享及健康宣教等互动活动。3月，在市妇保院设立儿童早期发展指导中心及实训基地，由市妇保院研发56个养育照护小组活动精品课程，成为示范标准课并在全省推广。至年底，培训师资590余名（其中国家级师资2名、省级7名），在村居建设"儿童早期发展活动驿站"105个。

【"幼有善育"发展新路径】 2022年，义乌市构建"三多四化"婴幼儿照护服务体系，整合多学科优势，探索"幼有善育"发展新路径，打造融入医卫体系，成功争取省"浙有善育"数字化改革试点、省共同富裕示范区试点、省普惠托育基本公共服务试点。启动普惠托育试点，探索婴幼儿照护服务模式，全面推进母婴安全保障等重点工作，在"幼有善育"婴育服务等方面继续保持走在前列。"浙有善育"工作列入省高质量发展建设共同富裕示范区第二批成果展示类试点、省普惠托育基本公共服务试点名单，4月，义乌在全省共同富裕重点工作推进例会上就"浙有善育"作典型发言。

【"善育宝"智慧婴育平台上线】 2022年5月10日，义乌"善育宝"智慧婴育平台上线"健康义乌"App。借力数字化改革，融合卫健、民政、公安、教育、残联等部门资源，集成“婚育、孕育、生育、养育、托育”服务，构建儿童健康报告、儿童成长曲线、妇幼健康列车三大应用场景，提供孕妇、儿童健康评估报告并精确画像，实现自动预警、精准提醒、预约互动。至年底，用户12万余人，浏览量120余万人次。提供儿童健康报告办结量3.9万余人，儿童成长曲线自测4.7万人次，发现异常4712人次；服务推送12.6万人次，重点人群预警9443人；养育视频在线观看6509人次，育儿知识在线阅读2万人次。该平台被纳入省数字化改革“一本账”，入选省级《数字应用案例集》。初评为省卫生健康委“基层医疗健康服务数字化应用优秀案例”，儿童健康报告子场景列入“关键小事”，并上线“浙里办”全省推广。（虞金洪）

优生优育

【概况】 2022年，义乌市全面落实三孩生育政策及配套支持措施，不断深化儿童健康服务领域创新改革，积极推进婴育服务体系建设。市人口均衡发展领导小组调整到位，研究解决重点难点问题，形成工作合力。将“普惠托育”“一老一小”等优化生育政策促进人口长期均衡发展相关工作纳入“十四五”卫生健康事业发展规划。强化工作推动力，贯彻落实《浙江省人口与计划生育条例》《中共浙江省委浙江省人民政府关于优化生育政策促进人口长期均衡发展的实施意见》《中共金华市委 金华市人民政府关于进一步完善和落实生育支持政策措施的实施意见》等实施意见，全面取消社会抚养费，动态清理和废止与人口发展形势不相适应的处罚规定，将入户、入学、入职等与个人生育情况全面脱钩。

【生育配套政策】 2022年，义乌市落实3周岁以下婴幼儿照护个人所得税、专项附加税扣除有关规定。督促落实产假、育儿假和独生子女陪护父母假，严格落实延长产假的生育津贴。将生育三孩费用纳入生育保险待遇支付范围，及时、足额拨付生育医疗费用和生育津贴。强力推动多孩家庭“长幼随学”，三孩家庭子女可免费享受当地义务教育公办学校组织的课后服务；三孩家庭购买首套自住房且首次申请住房公积金贷款的，贷款额度可在原有限额的基础上上浮20%；三孩家庭申请住房公积金贷款的，优先予以发放；三孩无房家庭租赁自住房提取住房公积金的，提取额度按规定额度标准上浮50%。对符合公租房保障条件的三孩家庭，在公租房户型选择、租金和公租房租赁补贴上予以倾斜。

【计划生育综合保险办理】 2022年，义乌市将计划生育特殊家庭的城乡居民基本医疗保险补助从三档提升至二档；办理每户300元的计划生育特殊家庭综合保险，被保险人首次发生大病可以获得一次性赔付2万元，住院期间可以享受每天150元的陪护费；为60周岁以上的“失独”人员购买了每人50元的意外伤害险。

【计生特殊家庭帮扶】 2022年，义乌市强化生育关怀帮扶项目，关心关爱计划生育特殊家庭，实行市、镇街、村社三级联动机制，营造关爱计生特殊家庭的社会氛围，为每1名扶助对象确定1名镇街干部和1名村社干部作为帮扶联系人。开展节日慰问和心理帮扶活动，至年底，慰问服务592人次，发放慰问金30余万元。

【生育全流程服务体系】 2022年，市卫健局建立生育全流程服务体系，加强对女性孕产前后心理疏导和人文关怀，保障孕产妇身心健康。优化婚前和孕前优生检查项目，构建集成婚前、孕前、孕期、0～3岁幼儿期等全方位服务体系，提升新生儿疾病筛查能力，健全出生缺陷防治网络。统一生育医疗费用报销，将分娩镇痛、早孕期胎儿结构超声筛查、胎儿系统彩色多普勒超声检查等诊疗项目纳入基本医疗保险支付范围。至年底，全市产妇1.69万人，早孕检查率、系统管理率98.43%；产前筛查率98.06%，高危妊娠管理率100%。叶酸服用人数4783人，服用率100%。心理筛查1.14万人，筛查异常人数（轻、中、重度）399人，筛查异常率3.50%。

【婴育服务新模式】 2022年，市卫健局推动市、镇两级规范化、标准化设立“医、防、护”三位一体儿童健康管理中心，提供孕前、孕中、孕后“8+7”公共卫生服务，为0～3岁儿童提供六大类11个专项早期发育异常风险筛查和8次养育风险筛查，形成生命早期1000天优质普惠服务链。11月22日，印发《义乌市社区普惠托育设施建设及运行补助方案》，打造“15分钟婴育儿照护服务圈”，新增托位1600个，培训指导员、保育员3950人次。利用社区党群服务中心、文化大礼堂等场所设立20平方米以上儿童早期发展活动站100个。

（虞金洪）

社区卫生

【概况】 2022年，义乌市有镇街卫生院（社区卫生服务中心）14家，村级医疗卫生服务机构229家，规范化率达80%以上。稠城街道宾王社区、江东街道鸡鸣山社区卫生服务站成为全省首批五星级智慧健康站，缸窑村卫生室成为全省首批四星级智慧健康站。连续2年在全省基层医疗卫生机构绩效考核省级监测评价中位列全省县（市、区）第一，2022年国家基本公共卫生服务项目考核位列金华市第一。14家基层医疗机构均通过“国家优质服务基层行”活动推荐单位评审，成为全省首个实现推荐单位全覆盖的县（市）。

【“亭医有约”健康科普品牌】 2022年，义亭中心卫生院围绕健康浙江、健康义乌创建，全面提升全民健康素养，实施“1311”方法，即打造一支“亭医”健康讲师团队；关注“一老一小一妇”，设立3张健康科普清单；围绕全面提升全民健康素养，完成健康宣讲进村、进企、进校全覆盖1个目标，开展线上线下点单式预约服务，全力打造“亭医有约”健康科普品牌。至年底，完成“亭医有约”线上线下健康课堂126场，其中，“亭医有约”视频21期，直播课堂12场，健康讲座111场。

【“心脏康复中心”特色专科开设】 2022年3月4日，义乌市首个社区“心脏康复中心”在浙大四院医共体福田院区启用，居民心脏康复需求在社区得以实现。“心脏康复”包含“运动、心理、药物、戒烟、营养”五大处方，可明显改善患者心绞痛等症状，帮助患者从不敢运动到恢复适当的体力、精神和社会适应能力，提高患者生活质量，减少患者再住院率、医疗费用等。为支撑“心脏康复”有效落地，浙江医院心脏康复科、浙大四院心内科和康复科联手，形成“三院协同”架构，由3名上级医院主任医师和1名院区全科主任医师，组成“3+1”主任医师专家团队，将心血管事件的预防前移至基层。至年底，完成1033人次的心脏体外反搏治疗。

【“口腔专科联盟大陈分中心”成立】 2022年4月1日，大陈镇中心卫生院与义乌市口腔医院签订专科联盟协议，成立“口腔专科联盟大陈分中心”。口腔医院每日安排1名专家来院坐诊，1名执行主任长期坐镇管理，每季度安排相应的管理人员来院指导，同时定期安排医师及口腔科护师到口腔医院进行院感、各项规范流程等学习。至年底，口

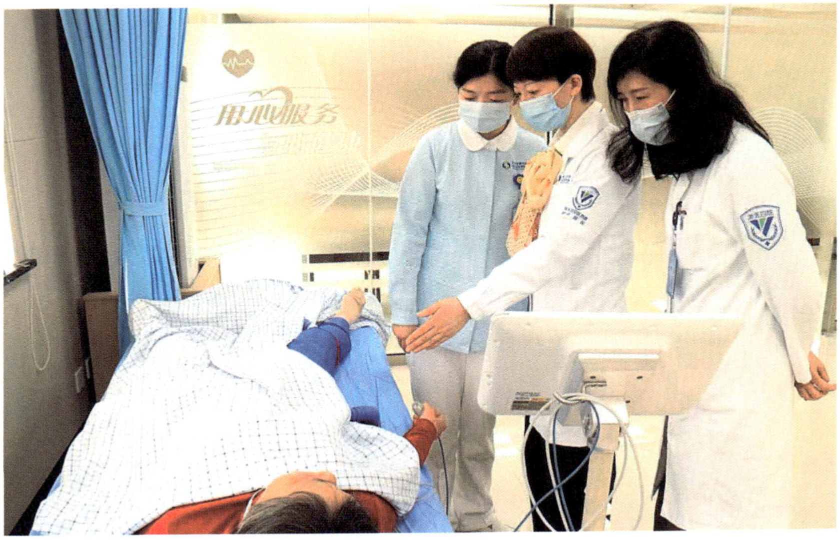

2022年3月4日，义乌市首个社区“心脏康复中心”在浙大四院医共体福田院区启用

（全南星　摄）

腔科门诊5316人次，同比增长71.21%；业务收入154.78万元，同比增长113.69%。

【“百镇共建”送健康义诊活动】 2022年5月，金华市启动“百镇共建强基”行动，组织50个经济强镇和50个山区乡镇，全面开展“百镇共建”活动，以强带弱，促进共同发展。北苑街道与仁川镇在该行动中牵手结缘。结对以来，双方沟通密切、互动频繁，双向链接资源，已在组织共建、产业共兴、乡村共富、文化共荣等方面达成战略合作协议。9月22日，义乌市北苑街道社区卫生服务中心前往磐安县仁川镇卫生院开展送健康义诊活动。此次义诊涵盖高血压、糖尿病、呼吸科、妇产科、超声科、中医科、中医护理等，共接诊91人次，测量血压40余人次，B超检查24人，中医适宜技术服务20余人次，发放健康宣教材料56份。

【“老年友善医疗机构”创建】 2022年10月4日，市卫健局下发《关于开展老年友善医疗机构建设的通知》，根据要求，苏溪镇中心卫生院开展“老年友善医疗机构”创建工作。自制科普视频，贯彻落实健康中国战略，宣传普及老年健康政策、科学知识，切实提高老年人健康素养水平和健康水平落实国家基本公共卫生服务项目，为辖区老年人提供居民健康档案管理、慢性病患者健康管理、中医药健康管理、老年人健康管理等服务。同月16日，苏溪镇中心卫生院等11家医疗机构被市卫健局命名为“老年友善医疗机构”。

【慢性病一体化门诊设立】 2022年10月18日，苏溪镇中心卫生院在内科诊区专设慢性病一体化门诊（ICCD）投入使用。慢性病一体化门诊以高血压、糖尿病等慢性病全周期健康管理为突破口，内含诊前服务区（设诊前护士1名）、候诊区（健康宣教）、一体化全科诊室和检查区，引进多普勒血流探测仪、电动检查床、自动身高体重仪、自助血压测量仪、快速测血糖仪等设施，以信息化建设为支撑，建立快捷、高效、智能的服务模式，为患者提供诊前、诊中、诊后一站式标准化、规范化、一体化服务。至年底，苏溪辖区高血压、糖尿病“两慢病”规范管理与普通门诊同比提高8%；管理高血压7295人，糖尿病2268人，“两慢病”规范管理率在70%以上，血压控制率72%，血糖控制率65%；“慢性病”有效签约率90%。

【医防护儿童健康管理中心建设】 2022年，义亭镇中心卫生院为进一步推动共同富裕示范区建设，持续优化全民全生命周期健康管理服务，10月20日，正式启动医防护儿童健康管理中心建设项目。升级后的中心占地面积609平方米，设有儿童诊疗区、预防保健区、婴幼儿照护区，提供儿童疾病诊疗、预防保健、小儿推拿等医疗服务。中心有医务人员15人，其中，医生6人，护士9人；高级职称3人，中级职称4人。

【基层中医特色专科建设】 2022年，市中心医院医共体上溪院区致力于基层特色专科建设，不断提升基层中医药服务能力。12月1日，市中心医院医共体上溪院区中医妇科入选“义乌市基层中医特色专科建设”项目。至年底，中医药服务人次2.47万人次，占全院门急诊人次的7.3%；业务收入5240.21万元，占全院收入的69.29%，其中，中草药收入406万元，占全院业务收入的7.74%。实现了“首诊在基层”“患者少跑路”和中医药服务能力提升的改革目标。（虞金洪）

体　育

SPORTS

综　述

【体育事业蓬勃发展】 2022年，义乌市文化和广电旅游体育局围绕中心、服务大局，以举办第17届省运会为契机，以体育现代化创建成果为引领，推动义乌体育高质量发展，打造“赛事之城”新名片。成功举办浙江省第17届运动会足球、羽毛球、排球、武术套路4个大项7个小项比赛和省运会火炬接力传递活动；完成浙江省青少年排球锦标赛、浙江省青少年足球锦标赛、浙江省青少年羽毛球锦标赛、浙江省第六届“长青杯”中老年篮球赛等赛事。承办2022年浙江省群众体育工作会议。体育产业发展突飞猛进，全年体育彩票销售额9.02亿元，同比增长26.69%，贡献体彩公益金6496万元。3月，义乌市被浙江省人民政府命名为“浙江省体育现代化县（市、区）”；11月，义乌市荣获浙江省体育局颁发的“2018—2021年竞技体育突出贡献奖”。年内，9所学校被认定为“全国青少年校园足球特色学校”。（余剑飞）

【“浙里健身”国民体质监测】 2022年，义乌市开展2022年度国民监测与测试服务数据采集工作。11月2日，制定《2022年义乌“浙里健身”体质测试服务工作方案》，开展“浙里健身”国民体质监测活动，面向社会、面向群众开展常态化国民体质监测与评价、科学健身指导和宣传等全民健身公共服务提供技术保障工作。全年，完成成人、老人、幼儿4800人次监测，国民体质合格率94.5%。（余剑飞）

【体育人才队伍建设】 2022年，义乌市体育人才队伍发展不断壮大，在义乌注册的教练员357人，青少年运动员3678人。全年，培训社会指导员、裁判员800余人次，充实专职教练员队伍，提升义乌市参赛队伍实力，为义乌竞技体育、群众体育人才发展提供储备。（余剑飞）

【体育设施建设】 2022年，义乌市文化和广电旅游体育局以民生实事为抓手。完成省级基层体育场地设施建设13个，其中，百姓健身房9个、五人制足球场2个、多功能运动场1个、村级健身广场1个。持续实施小康建设工程，新增体育设施建设点位69个，其中，健身路径45条、灯光篮球场14个、羽毛球场8片、门球场1个、多功能运动场1个。投资3000余万元建成社会足球场42片，实现镇街全覆盖。开展新一轮体育场地普查，普查体育场地400余个，完成新增体育场地面积30余万平方米，下拨小康健身工程补助经费352万元。义亭镇缸窑村入围“体育+特色村”项目，北苑街道体育文化综合体（鸿翔·万体广场）、丹溪桥下体育公园、龙回客运中心边赛车场等重要社会体育设施建成投入使用。（余剑飞）

【“全国青少年校园足球特色学校”认证】 2022年2月8日，教育部公布《2021年度全国青少年校园足球特色学校、试点县（区）、“满天星”训练营、改革实验区和全国足球特色幼儿园名单》。义乌市稠江中学、鸡鸣山幼儿园、北苑街道中心幼儿园、荷塘月色幼儿园、佛堂镇实验幼儿园、佛堂镇幼儿园、胜利幼儿园、福田街道第二幼儿园和稠江中心幼儿园官塘分园9所学校榜上有名。2016年义乌获批“全国青少年校园足球特色试点县（区）”，2018年入选全国首批青少年校园足球“满天星”训练营。至2022年底，累计创建“全国青少年校园足球特色学校”40所，“全国足球特色幼儿园”28所，校园足球成为义乌教育的“金名片”。

（龚琴娟）

【浙江省群众体育工作会议在义乌召开】 2022年2月28日至3月1日，2022浙江省群众体育工作会议在义乌市幸福湖酒店召开。来自全省各县市区体育部门、体育总会代表160余人参加会议，省体育局领导出席会议并作报告。会上，义乌、杭州、湖州、江山等6个地市区代表分享群众体育工作经验，2021年度先进地市区教体局和体育总会受到表彰。会后，代表们参观义乌基层体育设施建设。（余剑飞）

【体育管理制度】 2022年，义乌市文化和广电旅游体育局制定行政规范性文件，推动全市体育事业发展 。3月，完善《义乌市体育事业（产业）发展奖励实施细则》，促进全民健身和体育消费，推动体育产业发展。10月，加强体育类协会政府性资金的使用管理，制定《义乌市体育类协会政府性资金使用管理制度》。11月，制订《义乌市百姓健身房管理办法》，促进百姓健身房持续健康发展，打造“10分钟健身圈”，满足人民群众对体育健身新需求；制定《义乌市百姓健身房星级评定办法》，完善全民健身公共服务体系，探索全民健身新模式。（余剑飞）

【校园体艺教育成果丰硕】 2022年，义乌校园体育艺术教育成果丰硕。7月，2022年浙江省青少年足球男子乙组锦标赛，绣湖中学足球队代表义乌参赛，获第四名；首届浙江省青少年足球赛，义乌市2支女子足球队参加U11组比赛，包揽冠亚军；浙江省青少年排球锦标赛，义乌市中小学6支代表队均进入前八，其中稠江中学排球队获男子乙组第一名；中国初中篮球联赛（浙江赛区），宾王中学代表义乌参赛，获第三名；浙江省第15届中学生篮球联赛初中男子总决赛（超级组），宾王中学代表义乌参赛，获第二名；浙江省第15届中学生运动会武术比赛与浙江省青少年学生阳光体育（体育传统项目学校）武术套路比赛，义乌市青少年校园武术队共获34枚金牌、25枚银牌、29枚铜牌，获3个团体总分第一名、1个团体总分第二名、2个团体总分第三名；2022年浙江省青少年攀岩锦标赛，佛堂二小代表义乌参赛，荣获3金、3银、5铜。7—11月，浙江省第17届运动会，义乌市215名学生入选金华市代表队，共获33枚金牌、8枚银牌、10枚铜牌，所获金牌数、奖牌数、总分均列金华各县市前列；浙江省第15届中学生运动会，义乌市在田径、游泳、篮球、排球、足球、乒乓球、健美操和武术八大项目中，与11个地级市比拼，位列团体总分第七名。7—12月，浙江省青少年校园足球联赛（总决赛），义乌市中小学8支足球队获一等奖4个（前三名）、二等奖2个、三等奖2个。12月，浙江省青少年田径锦标赛暨第15届中学生运动会田径赛，义乌市6名运动员在7个项目的竞赛中达到二级运动员等级水平，获1金、1银、3铜。

（龚琴娟）

群众体育

【概况】 2022年，义乌市建立完善基层体育组织，全市体育协会22个，体育俱乐部10家，镇街建立百姓健身房14个，基层百姓健身房44个。大力发展篮球赛、健身操、广场舞、太极拳、健身气功、健步走等群众喜闻乐见的运动项目，义乌市代表队参加浙江省第八届“乡村振兴杯”篮球赛、第三届“常青树杯”中老年羽毛球比赛，并取得佳绩。全年，乡镇、机关、企事业和民间团体，开展邀请赛、对抗赛、友谊赛50余场，计1万余人参赛。投资352万元，为72个社区、行政村安装健身器材。全市体育公共场馆100%向市民开放，在浙江省体育局群众体育工作会议上作经验交流。

【浙江省青少年武术套路锦标赛成绩优异】 2022年4月12—15日，浙江省青少年武术套路锦标赛在杭州瓜沥文体中心举行。全省11个地市，45支代表队，460余名运动员参赛，义乌代表队获金牌4枚、银牌4枚、铜牌7枚。

【浙江省第八届“乡村振兴杯”篮球赛获季军】 2022年11月11—16日，由浙江省农民体育协会和浙江省篮球协会主办的浙江省第八届“乡村振兴杯”篮球赛在海宁长安举行。全省乡村镇街的16支篮球队，240余名运动员参赛，经比拼，义乌（苏溪）代表队荣获季军。

【“常青树杯”中老年羽毛球比赛“三连冠”】 2022年11月26日，金华市第三届“常青树杯”中老年羽毛球比赛在浦江文创园乐羽羽毛球馆举行。比赛分男子双打、混双、女双等5个项目，8支代表队，100余名运动员参赛，其中义乌15人参赛。经角逐，义乌羽协代表队获团体第一名，荣获金华市“常青树杯”羽毛球比赛“三连冠”。

【浙江省第六届“长青杯”中老年篮球赛获佳绩】 2022年12月9—18日，华东地区暨浙江省第六届“长青杯”中老年篮球赛在义乌市动客篮球馆举行。赛事由浙江省篮球协会主办，义乌市文化和广电旅游体育局承办，义乌市篮球协会协办，17支代表队，227名运动员参加比赛。义乌中老年队获60岁组第一名，义乌篮协获40岁组第四名。

【义乌市第12届武林大会】 2022年12月17—18日，由义乌市文化和广电旅游体育局和义乌市体育总会主办、义乌市武术协会承办、义乌市天宠体育发展有限公司协办的义乌市第12届武林大会在梅湖体育馆举行。46支代表队、914名运动员参赛。赛事采用电子评分系统，实现分组编排电子化和实时成绩发布网络化运作。经角逐，义乌江滨太极拳队、乌龙院武道馆、孟村八极拳馆获得团队总分前三名。赛后举行颁奖仪式，为获得团体总分前八名的代表队和男女组个人全能前三名的运动员，颁发奖金和荣誉证书，为此次大赛荣获武德风尚奖的代表队授牌。

（余剑飞）

竞技体育

【概况】 2022年，义乌市运动员参加浙江省第17届运动会获得金牌42枚、银牌12枚、铜牌14枚，创省运会历史最好成绩。参加金华市级以上比赛获得金牌102枚、银牌118枚、铜牌78枚。义乌市代表金华市参加浙江省第17届运动会，获得12.5枚金牌。乐健足球俱乐部获得2022年浙江省足球超级联赛第七名。年内，举办浙江省青少年足球锦标赛等项赛事，完成省运会承办任务，举办浙江省第17届运动会足球、羽毛球、排球、武术套路4个大项7个小项比赛。全年，发放体育奖励经费46.57万元。

【2022年浙江省青少年足球锦标赛在义乌举行】 2022年6月28日至7月3日，由浙江省体育局主办，义乌市文化和广电旅游体育局承办，义乌市足球协会协办的浙江省青少年足球锦标赛

2022年6月28日，浙江省青少年足球（男子乙组）锦标赛在义乌梅湖体育馆开赛 （市文广旅体局 供图）

在梅湖体育场举行。11支代表队，293名运动参赛。经过27场比赛，杭州队荣获冠军，宁波队荣获亚军，金华队荣获季军，义乌队荣获第四名和道德风尚奖。

【浙江省第17届运动会足球（女子丙组）比赛】 2022年7月26日至8月1日，浙江省第17届运动会足球（女子丙组）比赛在义乌梅湖体育场举行。赛事由浙江省人民政府主办，浙江省体育局、金华市人民政府承办，义乌市人民政府执行。全省8支代表队，200余名运动员、40名裁判员参赛。金华队有15名义乌籍运动员。经角逐，宁波队和杭州队荣获冠亚军，金华队获得第三名。

【浙江省第17届运动会羽毛球比赛】 2022年9月1—8日，浙江省第十七届运动会羽毛球比赛在义乌梅湖体育馆举行。赛事由浙江省人民政府主办，浙江省体育局、金华市人民政府承办，义乌市人民政府执行。全省11支代表队，500余名运动员、110名裁判员参赛。经过角逐，宁波队获团体总分第一名，杭州队获团体总分第二名，嘉兴队获团体总分第三名。

【浙江省第17届运动会排球丙组比赛】 2022年9月12—18日，浙江省第17届运动会排球丙组比赛在义乌梅湖体育馆举行。赛事由浙江省人民政府主办，浙江省体育局、金华市人民政府承办，义乌市人民政府执行。全省9支代表队，200余名运动员、40名裁判员参赛。代表金华队参赛的运动员均为义乌籍。经角逐，绍兴队获男女组冠军，金华队获男子第七名、女子第六名。

【浙江省第17届运动会足球（男子乙组）比赛】 2022年9月18—27日，浙江省第17届运动会足球（男子乙组）比赛在义乌梅湖体育场举行。赛事由浙江省人民政府主办，浙江省体育局、金华市人民政府承办，义乌市人民政府执行。全省10支代表队，200余名运动员、40名裁判员参赛。金华队中有2名义乌籍运动员。经角逐，宁波队获冠军，杭州队获季军，金华队获亚军。

2022年9月18—27日，浙江省第17届运动会足球（男子乙组）金华VS嘉兴开赛 （市文广旅体局 供图）

【浙江省第17届运动会排球乙组比赛】 2022年9月21—27日，浙江省第17届运动会排球乙组比赛在梅湖体育场举行。赛事由浙江省人民政府主办，浙江省体育局、金华市人民政府承办，义乌市人民政府执行。全省10支代表队，218名运动员、40名裁判员参赛。代表金华队参赛的运动员均为义乌籍。经角逐，台州队和温州队分别获男女组冠军，金华队获男子组第三名、女子组第五名。

【浙江省第17届运动会武术套路比赛】 2022年9月30至10月3日，浙江省第17届运动会武术套路比赛在义乌梅湖体育馆举行。赛事由浙江省人民政府主办，浙江省体育局、金华市人民政府承办，义乌市人民政府执行。全省10支代表队，194名运动员、47名裁判员参赛。金华队的27名运动员均为义乌籍。经角逐，金华队获得金牌5枚、银牌2枚、铜牌6枚，荣获团体总分第一名。

【浙江省第17届运动会排球甲组比赛】 2022年11月19—25日，浙江省第17届运动会排球甲组比赛在梅湖体育馆举行。赛事由浙江省人民政府主办，浙江省体育局、金华市人民政府承办，义乌市人民政府执行。全省9支代表队，200余名运动员、40名裁判员参赛。代表金华队参赛的运动员均为义乌籍。经角逐，杭州队获男女组冠军，金华队获男子组第六名、女子组第五名。

【浙江省足球超级联赛】 2022年12月31日，2022浙江省足球超级联赛完赛，义乌乐健代表队以2胜5平2负成绩，积11分位列A组积分榜第七，成功保级2023年浙超联赛。义乌乐健足球俱乐部成立于2019年3月27日，在义乌市足球队基础上组建而成。

（余剑飞）

体育产业

【概况】 2022年，义乌市文化和广电旅游体育局推进体育彩票建设，做好体彩安全运营和销售管理。全年，体彩销售9.02亿元，同比增长26.69%，排名全省县级市第一，是全省首个也是唯一一个体彩年销售额突破9亿元的县（市、区）。义乌体彩为国家筹集体彩公益金2.16亿元，为义乌筹集体彩公益金6496万元；体彩发行费500万元，代扣代缴个人偶然所得税561.96万元，向上争取转移支付经费444.65万元，为义乌市财政贡献经费8000万元，提供就业岗位500余个。义乌体彩工作受到浙江省体育局的高度肯定，获得“2022年度浙江省体育彩票销售突破九亿元县（市、区）”荣誉称号。

（方 锦）

【体育用品行业市场】 义乌运动器材、体育休闲用品行业分布于国际商贸城三区市场二楼5—6单元、四楼生产企业直销中心，产品有篮球、足球、乒乓球、羽毛球、跳绳、溜冰鞋、跑步机、按摩椅等运动体育用品。球类产品主要来自广州、衢州、富阳等地；运动器材主要来自上海、江苏、广东、山东、河北、安徽等地；户外休闲用品主要来自温州、武义、宁波、威海、临海；健身按摩器材主要来自温州、广东、福建。体育用品行业有商位624个，经营主体702户，为全国各地厂家总经销和代理商，其中，厂家直销占比70%，总代理总经销占比10%，一般代理占比20%。2022年，世界杯和亚洲杯两场赛事叠加，体育用品外销表现良好，行业外向度为75%，以中东、非洲、欧美、东南亚等地区为主，阿拉伯国家订单增幅明显，同比上涨25%；世界杯32强国旗、足球、球衣产品销量同比上涨30%；内销辐射全国各地，以华东、华北区域及广东、四川、黑龙江省份居多，其中自主品牌商品占有率占60%。北京冬奥会和冬残奥会的开幕，带动冰雪相关的体育产品销量增长。线上“云健身”热词的出现，掀起了居家健身的高潮，各类家用小型体育用品，如瑜伽垫、健腹轮、健身毯等产品内销量均有明显上涨。

（郑 寒）

【“体育+特色村（居）”创建】 2022年，为加快体育产业发展，振兴乡村经济，义乌市通过“体育+特色村（居）”建设，优化农村外部发展环境，推动人才、土地、资本等要素双向流动，使体育成为乡村振兴的新动能。10月16日，经义乌市镇街创建单位申报，金华市专家评审组实地核查通过，义亭缸窑村被评为金华市第七批“体育+特色村”。义乌乐城体育发展有限公司入选“金华市体育产业发展资金项目库”。

（余剑飞）

【体彩公益活动】 2022年7月21日，义乌市体彩中心携手大德药房走进五爱社区，为75名环卫工人送上体彩清凉礼包，价值3万元，感谢“城市美容师”为城市建设作出的贡献。11月2日，回访设立在义乌市残联育智学校和佛堂朗达心声幼儿园的2家“体彩公益书吧”，为残障儿童送去价值3万元的学习用品。全年，义乌体彩各类公益活动投入8万元，惠及6万余人次。

（方 锦）

人力资源
HUMAN RESOURCES

综　述

【人力资源规模】 2022年，全市实现新增就业人数5.09万人，引进高校毕业生4.5万人。新增省级博士后工作站6家，引进博士后人才36人。开展职业技能培训5.2万人次，新增技能人才2.02万人，新增高技能人才8292人，均超2021年2倍。培养专业技术人才5506人。企业职工基本养老保险新增5.28万人。

【就业规模和能力“双拓展”】 2022年，义乌市重点帮扶保就业，建设市级高质量就业社区（村）71个，实现就业困难人员帮扶全覆盖。累计完成重点群体服务2.28万人次，实现困难人员再就业1001人，完成失业人员再就业9196人，实现零就业家庭动态清零。累计认定创业孵化基地33家，在孵创业实体1703个，带动就业1.5万人。发放创业担保贷款6705万元。开展“数智赋能 创享未来”创业活动41场次，持续擦亮“义起创业”服务品牌。劳务协作助就业，实施“十百千万”劳务协作行动，夯实劳务基地全面联动机制，新增10家劳务协作基地，累计达102家劳务协作基地。发布1023家企业发布岗位信息1.13万条。

【人才吸引力和服务力“双提升”】 2022年，市人社局发布迭代人才购房补助实施办法，成立人才银行，兑付各类人才补贴9.9亿元，为246名人才解决子女入学问题。人才供应机制再优化，充分发挥政、校、企、介“四位一体”人才供应链作用，促进人岗精准匹配。分高校、企业、行业举办“线上+线下”引才活动206场，其中“直播带岗”活动137场，吸引430余万人次观看。人才数字应用再升级，持续迭代“义乌i人才”服务应用，建立人力资源光电产业协同平台，实现人才就业创业“关键小事”一掌通办、主动感知、智配直享，人才政策享受率提升255%。2022年，发放义乌“人才码”14万个，访问量790余万人次，位居全省数字社会应用访问量前列。

【技能人才增量提质】 2022年，义乌市构建多层次成长体系，建立健全多部门联动培养机制，深化政校企合作，建成光电光伏、汽车零部件制造两大产业产教融合公共实训基地与产业学院，累计培养专业领域技能人才5174人次。构建多元化培育体系，深化企业自主评价改革，全市65家企业、5家社会培训组织完成等级认定备案。集中开展光电光伏行业企业自主评价，完成7个工种评价题库开发，合计覆盖1.2万名行业工人。构建多维度保障体系，建立技能价值激励导向薪酬分配制度，举办11场市级竞赛，其中互联网营销师、快递员为首场举办。全市累计入选“浙江大工匠”1人、“浙江杰出工匠”3人、“浙江工匠”7人、“浙江青年工匠”40人。

（鲍志宏）

人力资源市场

【概况】 2022年，市人力资源市场开展春节返岗复工现场招聘会、“就在义乌 职在金秋”重点群体现场招聘会、大中城市联合招聘高校毕业生义乌站（电商专场）巡回招聘会、大浪淘“莎”创业成就非凡梦想直播活动、高质量就业社区（村）直播活动、高校实习生考察面试线上线下活动等10余次，招引大学生4.6万人。年内，市人力资源产业园通过省级人力资源产业园复评获优秀等级。

【编外聘用人员管理数字化改革】 2022年，人力资源产业园市人才发展集团参与全市编外聘用人员管理数字化改革。通过对编外聘用人员的统一招录、统一派遣、统一管理、统一评价、统一建档，规范和提升全市编外聘用人员1200余人的职业素养。

【春节返岗复工现场招聘】 2022年2—3月，市人力资源市场开展春节返岗复工现场招聘8场，服务市光伏光电企业、大型服务生产制造等企业，为企业输送蓝领制造劳务人员9000余人次。

【高层次人才引进对接】 2022年3月起，市人力资源市场与经济开发区、北苑街道、稠城街道、佛堂镇、义亭镇开展高层次人才引进对接，累计对接符合条件的海外博士102人，完成国家级项目申报20人，省级项目申报10人，1名专家入选国家级人才项目。

【“高质量就业社区”创建】 2022年7月起，贯彻落实全市高质量发展建设共同富裕示范区成功案例会议精神，市人力资源市场通过“共同富裕标志性成果揭榜挂帅”项目，打造71家社区为“高质量就业社区”，创建率100%。

【重点群体现场招聘会】 2022年9月，市人力资源市场开展“就在义乌 职在金秋”重点群体现场招聘会，采用“云上同步直播+场下宣讲招聘”双结合形式，邀请市市场集团、市环境集团等15家国有企业，同时邀请森宇控股集团有限公司、义乌货郎先生贸易有限公司、商翔集团有限公司等50家重点企业，共提供岗位3000余个。招聘会吸引45万人次关注，初步达成就业意向2000余人。

【高校毕业生义乌站（电商专场）巡回招聘会】 2022年11—12月，市人力资源市场举办大中城市联合招聘高校毕业生义乌站（电商专场）巡回招聘会。其间，开展直播带岗系列活动4场，40家单位企业提供900余个岗位，吸引10.4万人次观看，直播企业收到2900余名大学生的简历，达成初步就业意向600余人。

（吴　珊）

就业创业

【概况】 2022年，义乌市城镇新增就业4.24万人，失业人员实现再就业5137人，其中就业困难人员实现再就业1001人。新增见习实训基地11家，创业孵化基地6家，1家被评为浙江省级创业孵化示范基地。开展各类创业培训，合格人员2135人次，落实创业金融扶持，完成创业担保贷款资格认定141人，发放创业担保贷款6705万元、创业担保贷款贴息补助226.7万元、一次性创业补贴470万元。做好失业人员保障，发放失业保险金3.14万人、5494.07万元、失业补助金7040人、537.49万元，疫情防控期间，发放临时价格补贴74.55万元。

（应海平）

【重点群体就业帮扶】 2022年，市人社局开展“稳就业惠民生”攻坚行动，实现就业困难人员帮扶全覆盖，累计完成重点群体服务2.28万人次，重点群体帮扶率100%，实现困难人员再就业1001人。落实高校毕业生就业帮扶政策，新增认定见习基地11家，开发大学生见习实训岗位7320个，吸纳1183名高校毕业生参加见习实训，发放企业见习实训补贴669.16万元，发放落实高校毕业生就业补贴566.4万元、中小微企业吸纳高校毕业生就业社保补贴588.11万元。

（应海平）

【企业用工推介会】 2022年1—3月，义乌市开展就业推介会13场，742家招聘企业提供岗位1.4万个，吸引1万余人参会，达成初步就业意向1814人。

（应海平）

【"数智赋能 创享未来"创业活动】 2022年3月24日，市人社局开展2022年"数智赋能 创享未来"创业大赛项目评审活动。为保证评审活动公平公正开展，市人社局制订《关于开展2022年"数智赋能 创享未来"创业活动项目申报的通知》，在全市范围内征集创业大赛、职业技能竞赛、创业沙龙等活动项目，重点围绕传统产业创新转型升级、新兴产业发展、互联网经济、直播电商、新业态创业、青年创业、人力资源、创业金融服务、创新设计九方面征集优质创业活动项目。活动采用"线上+线下"平台联动，以创业人才为辐射原点，形成社交群体创业激励。全年，开展创业大赛、创业沙龙等创业活动41场，其中，2022年浙江省第三届"国际创客"创业创新大赛中，来自美国、巴西、土耳其、伊朗、孟加拉国、哥伦比亚等39个国家和地区参赛，各类创业创新项目319个。（应海平）

2022年义乌市职业技能竞赛情况一览表

表22

时　间	承办单位	比赛工种	一等奖获得者
7月6日	义乌市华创职业培训学校有限公司、义乌市教育工会	保育员	伍彬烨
7月12—13日	义乌市技师协会、浙江省机电技师学院	养老护理员	彭　娜
7月19—20日	义乌市仁和眼视光职业技能培训学校、义乌市视力矫正研究会	眼镜验光员	金盟伟
9月7日	义乌工商职业技术学院	中式面点师	刘显德
9月21日	义乌市臻信职业技能培训学校	快递员	胡军跃
11月14日、11月16日	义乌市建筑行业协会、义乌市城乡建设职业培训学校	砌筑工	付仕伟
11月14日、11月16日	义乌市建筑行业协会、义乌市城乡建设职业培训学校	镶贴工	王云杨
11月22—23日	义乌市恒风职业培训学校	机动车驾驶教练员	叶　锦
12月7日	义乌市家政行业协会、义乌市东辉职业技能培训学校有限公司	家政服务员	廖颖秧

（王　玮）

【国际陆港电商城孵化中心创省级创业孵化示范基地】 2022年12月23日，浙江省人力资源和社会保障厅公布《第五批省级创业孵化示范基地名单》，国际陆港电商城孵化中心上榜。国际陆港电商城孵化中心位于国际陆港电商城一期，面积1万平方米，设众创空间、孵化加速器等七大功能区块。112个免租金工位、56间孵化加速器以及9700平方米办公空间，为孵化期、成长期电商企业提供一站式创业孵化服务。孵化中心坚持"1+1+1+N"创业孵化培育长效机制，通过优选电商领军人物、法律顾问等组成创业导师团，联合政府部门、协会、服务商等打造"1名创业导师+1名创业辅导员+1个创业团队+N个资源政策联建单位"的培育模式，集中优势帮助创业团队解决场地、人才、培训、物流、金融、政策、团队文化等发展需求。国际陆港电商城联合12所高校申报供需对接就业育人项目，均通过教育部审核立项，2022年，开展人才招聘交流活动13场，累计覆盖高校大学生1623人次，向企业输送电商人才202人次，为企业降低用工成本。

（黄义理）

劳动工资

【概况】 2022年，义乌市开展劳动关系“和谐同行”能力提升三年行动（2021—2023年），完成企业劳动用工体检871家，薪酬调查366家，被评为金华市劳动关系和谐企业（园区）6家、工资集体协商典型示范企业（园区、行业）5家；开展劳动关系协调员培训1720人，打造金牌劳动人事争议调解组织3家、金牌劳动关系协调（调解）员10人。推广电子劳动合同，推进100人以上参保企业、劳务派遣企业、光电行业企业等用人单位签订电子劳动合同1.1万份。

【工程建设领域工资支付信息化监管】 2022年，义乌市加强工程建设领域信息化监管和劳资专管员管理，推动在建工程项目工资支付信息化监管和劳资专管员持证上岗。至年底，385个在建工程项目实现线上监管。

【企业工资支付监管平台】 2022年，义乌市推进“浙江省企业工资支付监管平台”在重点行业的试点应用。用人单位在招录员工时，可通过平台查询劳动者的信用信息，并通过线上签订合同、掌上确认工资，实现云上精准监察。至年底，83家服务业企业、14家制造业企业实现线上监管。

【事业单位人员工资待遇】 2022年，全市办理事业单位工作人员正常晋升薪级工资1.75万人。公务员普遍发放奖励性补贴时，同步、同时、同幅度统筹考虑中小学教师，确保义务教育教师平均工资收入水平不低于公务员平均工资收入水平。根据人社部发布的《人力资源和社会保障部财政部关于调整卫生防疫津贴标准的通知》，核定疫情防控一线医务人员临时性工作补助，共14个批次，计1597人、261.71万元。 （刘旭邦）

劳动监察

【概况】 2022年，市劳动保障维权中心完成国家、省、市各级对根治欠薪工作提出的新任务，以数字化改革为契机，大力推动“义安薪”系统建设及使用，初步实现了根治欠薪工作的整体智治。全年，快速处置各类劳动纠纷案件1.05万起，为1.38万名劳动者追回劳动报酬1.11亿元。其中，行政处罚9起，移送综合行政执法案件34起，涉嫌拒不支付劳动报酬罪移送公安机关案件22起；出警化解110联动案件5715起。各类案件均得到及时有效处理，未发生因处置不及时而引发重大群体性事件、重大舆情案件、恶性案件。

【执法监管】 2022年，市劳动保障维权中心主动监察用人单位7542家，完成书面审查2.6万家，通过“一网通管”平台开展“互联网+监管”掌上执法检查729家。落实“一处违法、处处受限”失信联惩，向社会公布重大劳动保障违法行为3起，列入“拖欠农民工工资失信联合惩戒对象”名单企业2家，向义乌信用信息共享平台报送行政处罚信息9条、欠薪逃匿信息22条。突出根治欠薪基层治理，欠薪案件分流至各镇街，至年底，化解率达95%。

【工程领域专项治理】 2022年4月18日，市劳动保障维权中心转发《金华市根治欠薪工作领导小组办公室关于开展工程建设领域欠薪专项治理行动的通知》。6月7日，印发《关于进一步做好在建工程项目实地迎检准备工作的通知》，要求各行业主管部门以央企施工项目和“欠薪线索多、涉薪警情多、信访事件多”的项目为重点，依法规范建设市场秩序，督促工程项目严格落实6项制度，依法查处违法发包、转包、违法分包、挂靠等违法行为，并联合进行实地督导，督办因市场秩序违法引发的欠薪案件。

【案件快处机制】 2022年4月25日，市劳动保障维权中心印发《义乌市根治欠薪快速处置工作机制》，按照“属地管理、分级负责”“谁主管、谁负责”“谁发包、谁负责”的要求，遵循“属地管理、分类处置、高效化解”的原则，要求各镇街、各行业主管部门、各国企平台公司分类有效落实根治欠薪快速处置工作。推进各类欠薪问题早发现、早介入、早化解，切实维护劳动者和用人单位合法权益，保障全市劳动关系和谐与社会稳定。

【快递行业用工整治】 2022年8月19日，市劳动保障维权中心在根治欠薪秋季专项行动中，重点整治快递行业因私人承包、层层分包、无证经营、跨区域经营等违法行为导致的劳资纠纷。引导快递企业与员工签订劳动合同，建立合理的薪酬制度和管理制度。推进快递品牌"党建+安薪"建设，所有快递品牌成立"安薪之家"。把握快递企业的经营情况，对因企业经营亏损可能导致的大规模劳资纠纷，及时预警并制定应急预案。

【根治欠薪冬季专项行动】 2022年11月10日，市劳动保障维权中心印发《关于开展根治欠薪冬季专项行动的通知》，要求以工程建设领域、快递运输业、电子商务、中小微制造企业以及欠薪投诉较多的区域（园区）为重点，加强日常巡查和隐患排查，规范企业劳动用工行为。 （周　峰）

劳动仲裁

【概况】 2022年，市劳动人事争议仲裁院共受理劳动人事争议案件4277件（含结转181件），审结案件4156件，结案率92.4%，涉案金额6911.81万元。其中，以调解等方式结案3703件，占结案数的89%，当期网办率为42.7%。稳妥处理10起群体性劳动纠纷案件，共涉及劳动者144人，涉案金额110.35万元。在市社会治理中心设立农民工法律援助接待专窗，为劳动者免费提供代书、调解、仲裁代理等"一站式"法律援助服务。全年，法律援助工作站接待咨询4000人次，代书150人次，受理援助申请866件，为劳动者挽回经济损失2300万元。义乌市劳动人事争议仲裁院被浙江省劳动人事争议仲裁委员会评为"全省劳动争议处理工作优秀单位"。

【仲裁数字化改革建设】 2022年，市劳动人事争议仲裁院依托省劳动人事争议仲裁信息管理平台，积极推进"互联网+仲裁"的应用，充分运用网络调解仲裁平台，实现多渠道受理。至年底，网络立案525件，占案件受理总量13%，网络调解1604件，网络办案率42.7%。"数字仲裁庭"项目通过评审。

【劳动争议调解组织】 2022年，市劳动人事争议仲裁院推行立案案件委托义乌市社会治理中心调解室先行调解机制，与"义乌市劳动争议人民调解委员会"合作，设立调解受理窗口，对调解不成的案件采取仲裁立案预约机制，进一步增强前端立案量的管控，定期开展调解员业务培训，提升调解员的业务能力，促使1399起劳动纠纷问题得到及时有效解决，年度综合调解率52%。至年底，推荐金华市金牌调解组织3家，金牌调解员10人，建立"红社调解工作室"1家，佛堂镇调解组织被浙江省协调劳动关系三方会议办公室评为"2021年度工作突出单位"。

（陈传林）

职业技能鉴定

【概况】 2022年，新增23家等级认定备案企业和1家社会培训评价组织，全年开展技能人才评价2.6万人，获证2.02万人，其中高技能人才8318人。技能人才培育质量进一步优化，认定的范围从往年的生活服务类职业工种为主，逐步向商贸服务类、制造类职业工种转变，为义乌产业结构发展贡献人才支撑。

【企业和社会培训评价规范】 2022年，完成互联网营销师等9个职业（工种）的技能竞赛技术指导。针对企业相关职业（工种）规范、题库自主开发能力不足等问题，通过组织院校专家团队开展技术指导等方式，指导推动东方日升、晶澳等光伏企业完成"光伏组件制造工"评价规范及题库的制定，全年累计指导39家企业开发完成22个职业（工种）题库。指导院校开发电子商务师、互联网营销师、无人机测绘操控员3个省级题库，及东河肉饼制作、杨梅红粿制作和吴店馒头制作等省级专项规范和题库。 （王　玮）

社会生活

SOCIAL LIFE

综　述

【民政领域数字化改革】 2022年，市民政局依托浙江大救助信息管理系统，拓展救助“一件事”应用，深化救助审批改革，开发“浙政钉”审批应用，实现救助审批“现场办”，缩短经济核对、审核、公示、审批4个环节时限，完成救助审批最短仅需7天，实现困难群众救助“速”求。指导稠江养老服务中心发布《养老机构数字化建设和管理规范》，实现养老机构内部数据与管理部门外部数据的共享机制。承接省厅养老服务数字化改革试点，统一老年人评估应用场景建设项目。（楼丽琴　刘聪伟）

【社会组织管理】 2022年，全市有依法登记的社会组织1557家，其中，社会团体429家，民办非企业单位1126家，基金会2家。对100家社会组织进行注销登记。依法加大对社会组织的监管力度，进行“双随机”检查，52家社会组织被列入社会组织异常名录。开展社会组织评估，61家社会组织获AAA级及以上等级。义乌市温州商会被评为“2022年浙江省品牌社会组织”，3名社会组织负责人被评为2022年浙江省“社会组织领军”人物，义乌市来料加工联合会和义乌市安徽商会被评为“2022年度金华市品牌社会组织”，2名社会组织负责人被评为2022年度金华市“社会组织领军人物”。（方　方）

【区划地名工作】 2022年，义乌市民政局完成义乌市和永康市第四轮县级行政区域界线联合检查。命名（更名）地名10条，其中，道路名称3条，住宅区名称5条，建筑物名称2条，上报市政府命名道路7条，调整起讫点4条。义乌地名有声读书馆开馆，分别在绣湖广场、佛堂镇、社会组织党群服务中心设立读书馆。（叶汉林）

【社区治理创新与探索】 2022年，义乌市推进“社会工作者职业水平考试”各项工作，发动3415人报名参考，考试通过989人，累计通过2560人。采取“择优招录人、培训深化人、保障激励人”等举措，招聘520名专职社区工作者。6月11日，开展“2022年新入职专职社区工作者”培训，培训4天200人，有效提升专职社区工作者业务知识储备、专业能力提升。至年底，实现全市14个镇街社会工作站全覆盖，成功申报省级城乡社区治理和服务创新实验区，江东街道成功申报金华市第二批城乡社区治理和服务创新实验区。

（季国政）

【入选全省第二批婚俗改革实验县】 2022年8月11日，省民政厅出台《关于持续深化全省婚俗改革工作的通知》，确定义乌市等18个县（市、区）为全省第二批婚俗改革实验县（市、区），试点时间原则上为2年。2022年起，市民政局联合市妇联、市司法局建立婚姻家庭纠纷多元化化解机制，成立婚姻家庭指导服务中心，进驻市婚姻登记中心，成立市婚姻家庭协会。市婚姻登记中心依托协会力量，通过政府向社会组织购买服务的方式开展婚姻家庭辅导工作，以法律咨询、情感辅导、心理疏导、矛盾劝解、离婚劝和等为主要服务内容。至2022年底，开展婚姻家庭辅导2596人次，离婚劝和112对，调解成功率16.95%。

（陈思远　龚君婷）

【救助关爱】 2022年，义乌市完成全市低保提标任务，低保标准提高至每人每月1050元。至12月，有低保户2797户3584人，低保边缘家庭669户981人，特困人员201户202人，累计发放各类救助资金4583.44万元。至年底，探访困难群众2.91万人次，探访关爱率100%，实现幸福清单送达率100%。（楼丽琴）

城乡居民收入支出

【城镇居民人均收入】 根据城市居民抽样调查显示，2022年义乌市城镇常住居民人均可支配收入86975元，同比增长0.4%。其中：人均工资性收入37103元，同比增长0.5%；人均经营净收入15247元，同比增长0.3%；人均财产净收入23944元，同比增长0.3%；人均转移净收入10681元，同比增长0.4%。

【城镇居民消费性支出】 2022年，义乌市城镇常住居民人均消费性支出50167元，同比增长1.8%，恩格尔系数基本保持稳定。其中：人均衣着支出3680元，同比增长1.8%；人均食品烟酒支出12190元，同比增长1.7%；人均生活用品及服务支出为2235元，同比增长2.1%；人均居住支出为13395元，同比增长1.8%；人均交通通信支出9482元，同比1.8%；人均医疗保健支出3161元，同比增长1.7%；人均教育文化娱乐支出5007元，同比增长1.7%。

【农村居民收入】 2022年，义乌市农村常住居民人均可支配收入47042元，同比增长2%。其中：人均工资性收入23003元，同比增长2.1%；人均经营净收入为14230元，同比增长1.9%；人均财产净收入5556元，同比增长1.9%；人均转移性收入4253元，同比增长2.1%。

【农村居民消费性支出】 2022年，义乌市农村常住居民人均消费性支出29158元，同比增长5.2%，增速较城镇居民快3.4个百分点。其中：人均食品烟酒支出9663元，同比增长5.0%；人均交通通信支出3470元，同比增长5.8%；人均生活用品及服务支出1813元，同比增长5.5%；人均居住支出4476元，同比增长5.3%；农村居民人均衣着消费支出2088元，同比增长5.2%；其他用品和服务支出665元，同比增长5.2%；人均医疗保健支出2128元，同比增长5.1%；人均教育文化娱乐支出4855元，同比增长4.9%。

（朱培培）

人口管理

【概况】 至2022年底，义乌市户籍人口890820人，388143户，比2021年增加19164人，增长率21.75‰。其中，男性441323人，占49.54%；女性449497人，占50.46%；城镇人口555723人，占62.38%；乡村人口335097人，占37.62%。全市在册流动人口1767740人，同比增加23584人，增幅1.35%，流动人口总量平稳增加。流动人口以中青年为主。16～59岁（劳动年龄）流动人口1527743人，占总量的86.42%；学历结构持续优化，大专及以上学历196210人，占流动人口总数11.10%，同比增加25359人；居住时间以半年以上为主，散居在住境外人员9967人。

【人口出入境管理】 2022年，义乌市受理审核（批）中国公民因私出国（境）申请5845人次，同比下降32.1%。登记管理外国人2.61万人次，同比下降12.2%；中国台湾居民1478人次，中国港澳居民890人次，华侨106人次。签发签证和居留许可1.21万证次，同比下降10.0%，其中，签证4624证次，居留许可7440证次。审批签发外国人护照报失证明18证次、外国人出入境证件50证次。

【智慧政务服务建设】 2022年，义乌市公安局创新推动RPA技术在公安政务服务高频民生事项中的应用，开展公安政务服务数字“警小智”项目建设，完成出生联办业务户籍落户、死亡联办户口注销、律师查询人口信息、超期件办理提醒4个首期场景流程自动化（RPA）建设，由机器人代替人工办理业务。全年办理业务27.7万笔，工作平均执行时间减少70%～90%，计算与操作正确率100%。

【网办中心建设试点任务完成】 2022年，市公安局聚焦群众办事便利化需求，优化“智能办+全科办”办理模式，迭代升级“网办中心”1.0版，构建“一个网办中心+N个延伸网点”的全市一体化公安政务服务体系，通过数据驱动、流程再造、机制重塑，建成政务服务网办中心“智办小脑”。至年底，办件能效提升102%，基层窗口满意率99%，群众满意率99.99%。

【户口专项清理整顿】 2022年，市公安局开展“错、重、假、无”户口问题清理，重点围绕出生证编号少录、多录、错录和未录等情况全面开展复查工作。对核查出“应销未销”的情况，通过人像比对、上门走访、询问当事人、核对出生证等方式，对存疑人员逐一核查把关、逐一落实结果。至年底，市公安局删除重复户口5人，注销死亡人员71人，确保户口登记管理的准确性。

【户籍业务指导】 2022年，市公安局规范各派出所办理各类户籍业务，通过完善机制、加强培训、督促检查等方式，进一步提高派出所办理户籍业务的及时性、准确性。3月23日，市公安局制定《义乌市公安局户籍管理疑难问题集体会商机制》，全年开展疑难问题会商12次，业务检查指导7次，下发问题通报3次，解决疑难户口问题27个。

【流动人口智治体系建设】 2022年8月，市公安局上线“流动人口综合集成应用”系统，推广“房东码”自主申报模块，流动人口自主申报用时，由5分钟缩减至30秒，全年在全市出租房屋推广8.83万处。上线“扫一扫”便携式登记，秒取身份信息，实现精准核查登记，流动人口信息登记率、出租房屋登记率、信息准确率持续保持95%以上。

（陈国华）

社会保险

【概况】 2022年，义乌市新增职工基本养老保险5.28万人，困难群体实现应保尽保，户籍人口养老保险参保率99.29%；工伤保险参保总人数62.66万人。职工基本养老保险基金征缴60.44亿元，城乡居民养老保险基金征缴1.85亿元。全年社保业务办件总量86万件，高频事项网办率达98.07%。完成工伤认定案件2908件，劳动能力鉴定1412件，工伤发生率0.46%。落实18.9万名退休人员基本养老金调整工作，企业退休职工人均增加工资99.25元，人均待遇2494.4元。调整义乌市城乡居民基础养老金标准从每人每月280元，调整为290元；调整被征地农民生活保障两档待遇，分别从每人每月570元，调整为630元、每人每月950元，调整为1050元。全年累计支出社保待遇74亿元。落实工伤保险费减征政策至4月底，共减征工伤保险费3102.62万元，惠及企业9.25万家。开展社保费阶段性缓缴，缓缴365家6379.29万元。出台助力企业稳岗留工政策，符合缴费补助单位2845家6938人，计缴费补助金额431.21万元。开展用人单位缴费比例下调工作，完成12.45万家用人单位的调整，冲抵职工基本养老保险单位缴费部分金额计1.23亿元。

【省级“社银通”试点工作】 2022年，义乌市根据省级“社银通”工作试点要求，推进银行网点标准化建设，统一各网点人社标识配置、业务经办规范和系统操作规范，梳理下沉银行的61项服务事项，制作成业务清单、操作手册、事项经办流程图。至年底，开展“社银通”线上线下培训9场、参训500余人，开展“社银通”专题宣传3次，全年累计服务群众12万人次，办理人社业务2万余件。

【退休人员社会化管理服务】 2022年2月8日，义乌市成立企业退休人员社会化管理服务中心。5月31日，市人力社保局出台《义乌市企业退休人员社会化管理服务工作实施办法》，平稳推进国有企业退休人员社会化管理接收工作。至年底，完成社保待遇领取人员资格确认23.1万人，完成率100%。

【村（社区）“两委”工伤保险】为进一步完善社会保障体系、扩大工伤保险覆盖面，2022年7月12日，义乌市出台《关于开展村（社区）“两委”干部参加工伤保险工作的通知》，在全省率先启动村（社区）“两委”干部单独参加工伤保险工作。该项政策的惠及对象主要为市各镇街、村（社区）在职“两委”干部以及在村（社区）工作的其他人员。符合参保条件的对象，统一由各镇街负责办理单险种工伤保险参保手续并缴费，参保对象个人不缴费。至年底，2254名村干部由所在镇街作为参保单位统一办理工伤保险，实现符合条件人员100%参保。

【新就业形态劳动者社保集成改革】2022年9月13日，义乌市出台《新就业形态劳动者社会保障集成改革实施方案》，改革具体包括构建社会保险制度体系、加强职业能力建设、切实保障合法权益、优化公共服务体系4个方面，明确快递、外卖、交通、电商、物流等行业从业人员职业伤害保障参保办法，允许新就业形态劳动者以灵活就业人员身份参加基本养老保险。至年底，助力5.5万名从业者“共建共富”。

（郑　铮）

医疗保障

【概况】至2022年12月底，义乌市基本医疗保险参保113.45万人、生育保险参保57.90万人，同比分别增加3.6万人、23.68万人。累计资助困难人员基本医保二档4681人次，资助金额973.52万元；大病5188人次，资助金额155.57万元，确保“应保尽保、应付尽付、即时结算”。累计救助困难人员3983人，救助金额957.49万元。完善困难群众高额医疗费用临时救助机制，采取“一事一议”方式化解困难群众高额医疗费用，2021年自付费用超5万元的4位困难群众全部“清零”，化解高额医疗费用26.09万元。

【医保经办服务】2022年2月15日，国家“智慧医保”平台在义乌上线。6月24日，双通道药品外配处方平台上线运行，大德药房连锁（浙江）有限公司第一连锁药店等7家药店开展外配处方流转业务，二级及以上医疗机构均完成特病外配正式库业务运行。7月6日，义乌与龙游双方签订“跨市域通办”政务服务战略合作协议。龙游义商村镇银行首批挂牌启用5个异地政务服务驿站，为在龙游的义乌参保人员提供医保业务“掌上办”26项。海外政务服务驿站全面为广大海外客商和海外华人华侨提供基本医疗保险职工参保信息变更登记、城乡居民基本医疗保险参保信息变更登记、历年账户家庭共济、参保人员医保缴费信息查询等优质、高效、便捷的医保服务，助力国际贸易发展。9月，义乌市城乡居民基本医疗保险实行统一社会保险费征收模式。9月9日，省医保局2022年第26期简报刊出《党建引领 服务恒温，在疫情大考中彰显义乌医保温度》。10月30日，开通4家三级医疗机构特殊病种跨省直接联网结算资格，实现以义乌为就医地的5个特殊病种跨省直接联网结算。

【医保基金监管】2022年3月14日，医保管理培训课堂在浙大四院开课，围绕“如何进一步做好医保基金管理工作”的主题进行授课，至5月11日，对全市37家定点医院开展医保管理培训课堂。3月28日，成立义乌市民营医疗机构眼科行业协会，引导协会健全内部管理制度，加强监督指导，推动形成政府监管和行业自律相互协同的医保治理新格局。4月8日，组织召开理疗康复中医适宜技术医保管理工作座谈会，解读讨论《理疗康复中医适宜技术医保管理规范》，制定行业自律管理规范，支持义乌市中医药事业传承创新发展。同月14日，组织召开规范胃肠镜手术治疗医保管理工作会议，完善义乌市《胃肠镜手术治疗医保规范》，推动消化专科自律管理，规范医保服务行为。9月8日，召开全市医保基金管理工作会议，强调全市定点医疗机构要进一步强化政治意识、责任意识和法纪意识，全力保障基金安全。10月27日，省医保局印发《关于医保基金举报线索处理试点实施方案的通知》，义乌市医保局纳入试点地区名单。12月31日，《浙江省义乌市组建医保基金第三方监管中心的探索实践》入选医保基金监管蓝皮书《中国医疗保障基金监督管理发展报告（2022）》。

【长期护理保险】 2022年5月28日，义乌市"长期护理保险筑牢失能群体兜底保障"上榜全省"共富"最佳实践案例第一批名单。6月23日，《八婺共富》2022年第9期刊出《义乌市长期护理保险筑牢失能群体兜底保障》。7月20日，"学习强国"学习平台载《打造"长护险"的义乌实践 让更多失能群体不失保障》。12月29日，长护招标工作完成，在原1家业务承办的基础上，引入人保财险义乌市分公司作为业务承办单位，人寿保险公司义乌市分公司、太平洋财险义乌支公司作为监督考核单位，形成相互制衡的监管格局。至2022年底，义乌市长护险参保覆盖人群113万人，其中，外来建设者25.77万人，户籍人口覆盖率99.98%。自2018年实施起至2022年，享受长护保障8089人，累计为失能家庭减负2.18亿元。

【医疗保障政策】 2022年7月28日，市府办印发《关于调整医保个人账户划账标准和长护险征缴方式的通知》，义乌市基本医疗保险一档参保人的个人账户划账由按缴费年限划账调整为按年龄划账，35周岁（含）以下的，按本人缴费基数划入3%；35周岁以上至45周岁（含）划入3.5%；45周岁以上的划入4%。退休人员按本人基本养老金的5%划入，取消退休职工根据其工龄按每年1元的标准划账的规定。调整义乌市长期护理保险费筹集政策，其中，职工参保人员长期护理保险个人缴费部分由按月筹集调整为按自然年筹集，于每年1月统一从职工基本医疗保险个人账户中一次性代扣代缴，职工基本医疗保险新参保人员在参保次月从职工基本医疗保险个人账户一次性代扣代缴。

（郭方红）

民政事务

【概况】 2022年，义乌市新增低保152户252人，注销349人；新增低保边缘家庭88户159人，注销292人；新增特困人员50户50人，退出34人。全市共有低保户2797户3584人，低保边缘家庭669户981人，特困人员201户202人。共发放低保金3290.39万元，发放特困人员供养金1156.83万元，实施临时救助157户281人75.83万元。幸福增收岗补助2013人次60.39万元。全年为精减退职人员、国民党抗战老兵和"三老"人员等发放生活补助287.3万元。

（楼丽琴）

【社会救助帮扶】 2022年，市民政局向全市3688名最低生活保障对象和176名特困供养人员增发一次性生活补贴193.2万元，

2022年12月26日，稠江街道组织工作人员给辖区内困难群众发放健康防疫包

（市民政局　供图）

向全市最低生活保障对象、最低生活保障边缘对象以及特困供养人员共4806名困难群众发放“健康防疫包”。市社会救助中心救助帮扶1.10万人次，实际站内救助1076人，发放受助物品、御寒物资215件，防疫口罩4820只，护送返籍72人次，使用财政救助保障资金139.23万元。针对极端天气、防御台风和实施“夏送清凉”“寒冬送暖”等活动救助474人，发动社团、义工等民间力量参与851人次。社会购买服务实行机构托养4人，落户安置长期滞留人员21人，分别安置托养在义乌市怡乐新村养老服务中心和义乌市精神卫生中心。

（楼丽琴　李　琴）

【收养登记】 2022年，义乌市办理收养登记9对，收养登记证4对，解除收养登记5对。为机构内和院外困难家庭残疾儿童康复治疗44人，接收弃婴（儿）4人，办理国内弃婴（儿）送养1人。（严伟豪）

【福利彩票销售】 2022年，义乌市加大福彩营销活动力度，开展双色球“28送6”1000万元派奖、“3D”3000万元派奖、双色球12亿元派送等活动，通过“以赛代补、以奖代补”等方式持续支持投注站发展。义乌福利彩票总销量5.75亿元，其中，开票销量1.91亿元，电脑票3.84亿元。公开征召平台新增福利彩票投注站19家，退机14家，新增爱琴海，鸿翔万体，青口宝龙等9家大型商业综合体福彩代销点。（毛江飞）

【关爱困境留守儿童】 2022年，全市有困境儿童892人、社会散居孤儿10人、留守儿童23人，救助困境儿童1.4万人次，发放基本生活费822.8万元；社会散居孤儿127人次，发放基本生活费29.44万元；发放孤儿助学金6人次3万元。为23名留守儿童建立“一人一档”，形成“一对一帮扶”机制。至年底，走访困境留守92人次，送服务上门30次。

（严伟豪）

【残疾人“两项补贴”发放】 2022年，市民政局对全市残疾人“两项补贴”（困难残疾人生活补贴、重度残疾人护理补贴）发放对象进行一次全面核查，并进行动态管理，做到应补尽补、应退尽退。组织镇街、部门开展“两项补贴”发放办公会，解决发放过程中发现的堵点。经核对数据，新增1104人，发放残疾人“两项补贴”12.7万人次，计5903.44万元。

（毛江飞）

【水库移民后期扶持】 2022年，义乌市完成大中型水库移民后期扶持人口年度复核工作，共核减104人，复核后直补1.34万人，发放移民直补802.14万元。完成水库移民后期扶持项目28个，拨付1537万元，受益2万余人，其中，完成浙江省共同富裕示范项目1个，美丽移民村建设项目4个，培训移民1000人次，年度完工率92.85%。

（楼丽琴）

【婚姻登记管理】 2022年，市婚姻登记中心办理内地居民结婚登记6466对，离婚登记1331对，补发婚姻登记证2.21万件；涉外及港澳台居民结婚登记13对，离婚登记2对，补发婚姻登记证1件。受理结婚生育户口“一件事”联办4339件。常态化开展婚姻家庭辅导工作，参与婚姻调解2596人次；离婚登记同比下降5.2%。（陈思远）

【孤儿基本生活费提标】 2022年1月1日起，根据市民政局、市财政局发布《关于调整义乌市特困人员基本生活标准和孤儿基本生活费标准的通知》，义乌市提高孤儿基本生活费标准，福利机构养育孤儿生活费由每人每月2485元提高至每人每月2875元，社会散居孤儿生活费由每人每月1988元提高至每人每月2300元。（严伟豪）

【特困供养人员基本生活费提标】 根据市民政局、市财政局发布《关于调整义乌市特困人员基本生活标准和孤儿基本生活费标准的通知》，特困人员基本生活保障标准按不低于上年当地城镇人均消费支出的50%确定，2022年1月1日起，特困人员基本生活标准调整为每人每月2054元。

（赵洪刚）

【特困供养人员调整照料护理标准】 2022年1月1日起，特困人员照料护理按义乌市月最低工资标准的80%、40%、20%、10%确定。根据义乌市最低工资标准为每人每月2070元，在社会机构集中供养的特困人员照料护理标准调整为：完全丧失生活自理能力的每人每月1656元、中度丧失生活自理能力的每人每月828元、轻度丧失生活自理能力的每人每月414元、具备生活自理能力的每人每月207元。分散供养特困人员照料护理费用，按照在社会机构集中供养的特困人员照料护理费用标准的50%确定：完全丧失生活自理能力的每人每月828元、中度丧失生活自理能力的每人每月414元、轻度丧失生活自理能力的每人每月207元、具备生活自理能力的每人每月104元。特困人员照料护理符合长护保险待遇的，纳入长护保险管理。

（赵洪刚）

【殡葬管理】 2022年，义乌市全面深化殡葬改革，减轻群众治丧负担，从“四项”基本减免扩大对殡葬基本服务项目实施全流程免费，10月1日起，根据《义乌市殡葬基本服务费用全流程免费办法》文件规定，对在义乌市殡仪馆办理殡葬事宜的市内外死亡人员或义乌户籍在异地死亡并火化骨灰安放在义乌市内人员实施殡葬基本服务项目全流程免费。全年，市殡仪馆火化遗体5870具，减免基本丧葬服务费428.39万元。推进生态葬实时实施服务，全市建有8个生态葬区，分布于佛堂、上溪、赤岸、义亭、大陈、廿三里、北苑7个镇街，实施生态葬166例，其中，树葬146例，撒葬20例。

（赵洪刚　骆青兰）

【最低生活保障标准提高】 2022年11月，义乌市最低生活保障边缘认定标准从低保标准的1.5倍扩展至2070元。12月，义乌市最低生活保障标准提高至每人每月1050元，实行差额补助。

（楼丽琴）

【“滴灌书屋”授牌】 2022年12月7日，市民政局、市关工委、市教育局在文华小学举行捐赠“滴灌书屋”授牌仪式，福利企业协会、“福彩有爱”志愿者团队捐赠图书、书包及文具用品价值2.3万元。至年底，新增设金鹰实验小学、蓝天小学、启东小学“滴灌书屋”3所。

（毛江飞）

残疾人事业

【概况】 2022年，因政策调整，困难残疾人生活补贴和重度残疾人护理补贴整体移交民政部门统一发放，市残联继续做好全市残疾人老龄补贴发放工作，年度发放残疾人老龄补贴8627人，计991.4万元。推进残疾儿童康复服务补贴提标扩面，孤独症儿童康复补贴标准由每年2.4万元提高至每年3万元，困难家庭残疾儿童康复补贴年龄由0～7周岁延展至7～18周岁。全年完成聋儿语训28人、肢体康复训练60人、孤独症康复训练100人、智力康复训练38人，全市实施0～3周岁残疾儿童早期干预10人。完成精神残疾人免费施药3010人、免费住院153人次。调整优化残疾人基本型辅助器具补助政策，对符合条件的残疾人配置助听器和轮椅按

2022年12月7日，市民政局、市关工委、市教育局在文华小学举行“滴灌书屋”捐赠仪式

（市民政局　供图）

省残联招标目录实行实物配置，完成小额辅助器具适配90人、大额辅助器具适配386人、人工耳蜗手术补助6人。推进残疾人按比例就业全国联网认证，审核确认按比例安置残疾人就业企业390家，实现残疾人按比例就业904人；发放残疾人创业扶持、社保补贴、贷款贴息等创业补助资金202人次，计110万元；为21位盲人按摩师办理盲人按摩师职业责任险补助。完成残疾人职业技能培训278人次。实施残疾学生及困难残疾人子女助学172人，发放助学资金42万余元。推进无障碍环境建设，稠江街道永祥社区成功创建为义乌市第6个省级无障碍社区。结合“净居亮居”行动，完成残疾人家庭无障碍改造203户。加强残疾人事业宣传，完成残疾人家庭收入状况统计监测调查工作，采集样本信息64户。年内，义乌市爱心助残社会工作服务中心成功申报全国首批“美丽工坊”（浙江2家）。拓展社会助残资源，新组建“鼓声悠扬”助残服务中心，在佛堂镇、上溪镇、大陈镇、后宅街道完成4个志愿助残服务联络站签约。

（陈骏飞）

【持证残疾人基本状况动态更新调查】 2022年，市残联开展持证残疾人基本状况动态更新调查，完成村（社区）信息采集544个、残疾人信息采集2.36万人，其中入户调查2.34万人，入户率99.23%，App采集率100%。

（陈骏飞）

【残疾人事业宣传】 2022年，市残联完成镇街残联宣传信息员队伍组建16人。4月2日，市残联以“星关爱——让我们一起变蓝”为主题举办第15个“世界孤独症关注日”活动，在星光汇、吾悦广场、义乌之心、万达广场等地首次启动“点亮蓝灯”活动。至年底，在省、金华市主流新闻媒体刊播残疾人事业新闻14条，被“学习强国”学习平台采用1条；心声聋儿语训部拍摄的宣传作品《有爱无碍》被中国残联第六次“全国残疾预防日”残疾预防宣传作品征集活动评为优秀作品。

（陈骏飞）

【镇街残联换届】 2022年8月，经市委组织部批复，全面启动镇街残联换届工作，并确定城西街道残联承担换届试点任务。9月15日，城西街道残联第七次代表大会暨义乌市镇街残联换届工作现场会在城西街道办事处召开，市残联党组书记到场作指导讲话，各镇街残联分管领导、理事长和专职委员共39人现场观摩学习。9月29日，赤岸镇召开残疾人联合会第六次代表大会，会议选举产生赤岸镇第六届残联主席团组成人员主席、理事长，选举确定出席市残联第八次代表大会14名代表名单、市残联第八届主席团委员候选人、赤岸镇残疾人专门协会主席和副主席。至10月，全市14个镇街残联相继召开代表大会完成换届工作。

（龚小勤　陈骏飞）

【助力残疾人就业创业】 2022年9月21日，市政府残疾人工作委员会制定出台《义乌市残疾人就业创业先行区建设实施意见》，全年新增残疾人就业279人，就业率提高4%。首创残疾人之家派遣制用工模式，新增残疾人辅助性就业64人；筛选工疗型辅助性就业意向企业2家。协调解决4个残疾人之家因退税政策调整导致的残疾人工资及运营问题。加强残疾人职业技能培训，推荐38名残疾人参加金华市残联组织的线上抖音培训。

（陈骏飞）

【残疾人之家创星提升】 2022年，义乌市完成苏溪残疾人之家和廿三里残疾人之家建设，新创建三星级残疾人之家4家，实现残疾人之家镇街全覆盖。推进残疾人之家创星提升，11月30日，市残联制定出台《关于规范残疾人之家管理的工作制度》，确定2023年度四星级残疾人之家培育对象3家、三星级残疾人之家培育对象1家。

（陈骏飞）

慈善事业

【概况】 2022年，市慈善总会募集各类善款1.01亿元，通过助医、助学、助老、助残、对口帮扶及对非营利组织补助等形式支出8644万元。基层组织存量资金2915万元。获金华市级首批镇街示范分会2个、村（社区）慈善工作站3个，省级示范工作站1个。市慈善总会在全省县(市、区)慈善发展指数排名第四。

(陈　媛)

【慈善助学】 2022年4月,浙江鲁冠球三农扶志基金“四个一万”工程资助学生38人10.82万元。8月,义乌市慈善总会资助大学新生87人,共74万元;资助往届学生71人,共36.3万元。(陈　媛)

【“善行孝义”慈善项目】 2022年7月,市慈善总会出资180万元,推进“善行孝义”优质慈善项目征集活动,项目聚焦于社会民生热点,致力于解决社会民生难题,项目类型主要为疾病救助、助困救灾、教育助学、乡村振兴、特殊群体公益服务等方面。各社会组织自愿申报,经筛选后确定慈善公益创投项目19项,其中,入围项目12项,培育项目7项。具体资助标准由各相关部门人员和专家组成评委,对每个项目给予最高9万元的资助。

(陈　媛)

【教师罗盛教捐献遗体】 2022年7月4日,苏溪镇初级中学科学教师罗盛教因病于浙江大学医学院附属第四医院离世。遵从遗愿,其捐献的一对眼角膜给眼疾患者带去光明,遗体标本被送往浙大医学院。人民日报公众号、《浙江日报》、钱江晚报公众号、教育之江公众号、《浙江教育报》《金华日报》《义乌商报》等10余家权威媒体(平台)推送罗盛教的大爱事迹。

(龚琴娟)

【数字化捐赠平台上线】 2022年8月11日,义乌市慈善总会上线“义乌市慈善总会数字化捐赠信息平台”。至年底,通过数字化捐赠信息平台捐赠10.28万人次,捐赠金额3308万元。(陈　媛)

【“慈善一日捐”活动】 2022年,义乌市以“携手做慈善,传播真善美”为主题开展“慈善一日捐”活动。9月2日,“慈善一日捐”活动启动,主会场设在市政府大院,市领导带头捐款;在14个镇街各设1个分会场,其他企事业单位设置捐赠点。活动募集善款1492.63万元。

(陈　媛)

【“第九届西湖论善”论坛】 2022年12月6日,由省委宣传部、省民政厅、金华市委、市政府指导,省慈善联合总会、义乌市委、市政府主办,金华市民政局、市慈善总会协办,义乌市民政局、市慈善总会承办的长三角一体化慈善论坛“第九届西湖论善”在义乌幸福湖国际会议中心举行。论坛以“新时代慈善的理论与实践”为主题,交流分享公益慈善领域的经验与成果,共同探讨中国慈善事业发展的前沿趋势和案例模式,推动慈善创新与协同发展。会上,发布2022年省级“慈善一日捐”资助项目和获慈善事业引导资金激励慈善组织品牌项目及《2017—2021年浙江城市慈善发展指数五年报告》。“西湖论善”作为见证和推动浙江慈善事业发展的重要平台和载体,已成功举办8届。来自全省慈善会系统、省级有关部门的单位领导、各市民政局相关负责人、省内各类慈善组织代表、爱心企业家代表、新闻媒体代表以及热心慈善事业的社会各界人士300人参加论坛。(陈　媛)

民间救援

【概况】 义乌市民间紧急救援协会(简称“救援协会”),有会员260人,其中有部分退役军人。分为户外山地搜救队、水上救援队、通信保障队、医疗保障队与后勤部等10支中队。与市公安局、市人武部、市应急管理局、团市委、市红十字会等部门开展合作,组建党员突击队、青年突击队、红十字救援队、退役军人突击队、民兵应急机动连,公安局110救援联动单位。主要参与义乌及周边2小时以内区域的地震、水灾、自然灾害救助和社会公益服务活动。配备猛禽施救车、通信指挥车、救援装备车、救援气垫船、水陆两栖车、救援冲锋舟、红外热成像仪、生命探测仪等价值500余万元的专业救援装备,整合不同型号的3架直升机,2家挖掘机及推土机团队,30余辆越野救援车等8000余万元的救援资源,由会员无偿提供用于救援出勤。组建由100余名专业搜救队员组成的救援大队,承担现场搜救和应急抢险工作。2022年,救援协会参与救援19起,其中,山地救援6起,溺水救援4起,人员走失救援9起。开展防溺水安全教育培训20场，其中，电视台直播1场、各类赛事保障15场，省、市各级领导到协会调研4次。

【救援迷路人员】 2022年2月4日，接到苏溪110指挥中心报警，有1名老人进山失联。救援协会立即出动10余名搜救队员，协助苏溪派出所及消防，经过4小时的搜索，顺利将人找到并安全护送下山。

【全市防溺水安全教育"云直播"】 2022年6月30日，由市公安局、市教育局、市卫生健康局、市消防救援支队、市融媒体中心、市民间紧急救援协会联合开展义乌市防溺水安全教育"云直播"，12万人次观看。救援协会的10余名队员在水域训练基地现场，模拟溺水事件针对儿童的正确救援方案开展应急救援，让中小学及社会青年充分了解掌握防溺水安全知识。

【打捞溺水青年】 2022年8月19日，接110指挥中心报警，长堨水库有2名青年，翻山进入水库，在下水游玩时不幸溺水，要求救援协会协助当地派出所开展搜索打捞。救援协会接到指令后，立即出动水域救援队10余名队员，携带冲锋舟、水下机器人、无人机、打捞排钩等装备前往搜索，历经4小时顺利找到，并将2名溺水人员打捞上岸。 （余旭含）

红十字会

【概况】 2022年，义乌市红十字会实现器官捐献10例，遗体捐献5例。完成急救发证培训1.2万人，普及培训38.5万余人。通过"常青博爱暖心基金""宾王扑克博爱基金"等爱心平台开展爱心活动，资助困难群众939人次，发放爱心款物189万余元；募集爱心款物1156.9万余元。筹集24.2万元物资对口支援四川巴中地区。健全志愿者队伍及志愿活动的组织工作机制，组织志愿者开展"慰问老兵"活动26次，发放慰问款物30万余元。2022年，市中心血站采集血液2.03万人次，同比增长5.17%；总献血量6.37万升，同比增长4.17%。全年供应临床各类血液制品1218万毫升，同比增长8.73%。在保障全市临床供应外，外调支援上海、北京及杭州等省内城市红细胞16.78万毫升、血浆44.6万毫升。倡导临床开展节血技术，临床用血100%来自无偿献血，成分输血率100%。各类媒体有关市红十字会工作报道累计40余篇。市红十字会网站编发信息30余条，被《中国红十字报》、"学习强国"学习平台等媒体采用12次。

（陈金弟　虞金洪）

2022年6月30日，市民间紧急救援协会联合市公安局等5家单位开展义乌市防溺水安全教育"云直播" （余旭含　摄）

【爱心物资送至抗疫一线】 2022年，市红十字会联合浙江安兆隆商贸公司、浙江恩坤医疗器械公司、哈狗网络科技有限公司等爱心企业，将洗手液、防护服、消毒水、口罩及食品等价值90万元的物资送往抗疫一线。组织志愿者前往13个高速、省道卡口慰问50余次，慰问物资3000余箱，价值410余万元。"8·2"疫情防控期间，联合杭州国岳等爱心企业募集款物320余万元，6000余箱各种爱心物资送至抗疫一线。 （陈金弟）

【"义同成长"基金成立】 2022年5月，市红十字会联合关工委成立“义同成长”基金，专项用于义乌市青少年教育、引导、关爱、保护等关心下一代活动，旨在通过发挥第三次分配作用，推动青少年共享改革发展成果。至年底，首笔“义同成长”基金221万元爱心款注入爱心基金池。（陈金弟）

【爱心基金救助】 2022年，市红十字会接收社会爱心款物1196万余元，其中，捐款693万元，捐物（开票）366万余元。1—3月，对全市困难群众开展“红十字博爱送万家”活动，市红十字会采用上门慰问和集中发放相结合方式，为全市14个镇街140户困难家庭送去慰问品，价值14万余元。市红十字会帮助义乌市813户困难家庭，发放爱心款198万余元，缓解就医、生活等困难。其中，通过“博爱复明基金”发放爱心款122万元，通过“潇莱博爱复明基金”发放爱心款7.2万元，通过“天祥东方博爱基金”发放5.6万元，“义同成长”关心下一代基金16.5万元用于助学。（陈金弟）

【红十字会急救】 2022年，市红十字会成立“红十字党员服务小分队”，1月25日至2月14日，组织13场急救知识冬令营，641人次参加培训。11月初，市红十字急救志愿者通过电话指导，成功施救1名因喝药噎住的婴儿。12月4日，省机电学院组织开展急救和AED操作培训，同月8日，成功施救1名心搏骤停的教师。年内，110接警员丁淑嘉被中国红十字会评为“最美救护员”。2022年，市红十字会开展红十字应急救护培训进企业、进学校、进社区（农村）活动200余场，完成普及培训38.54万人次，发证培训1.2万人次。按要求建设市级、镇街级培训基地，完成新增公共场所AED任务。（陈金弟）

【无偿献血长效工作机制】 2022年，义乌市建立健全“政府主导、部门协作、全社会参与”的无偿献血长效工作机制和血液应急保障机制。3月17日，市中心血站印发《2022年度无偿献血工作安排》，明确各镇街、各部门无偿献血人次和献血时间。督促落实义乌市2019年5月17日制定的《关于进一步推进无偿献血工作的实施意见》关于无偿献血的五大目标和10项具体工作，建立健全全市临床用血应急预案，组建800人的应急献血名库，不断完善和提高义乌市无偿献血的宣传招募、供应保障和应急保障能力，确保义乌市无偿献血工作持续发展。（虞金洪）

【市中心血站通过执业验收】 2022年5月13日，浙江省卫健委组织专家组对市中心血站进行再次执业评审验收。专家组在听取血站三年来采供血工作情况汇报后，通过深入各科室查阅文件、实地考察、现场询问等方式，对血站的组织管理，建筑、设施与生物安全，业务管理，血液检验，质量管理体系等对照《浙江血站执业登记技术审查标准》进行严格而细致的考评。在反馈总结会上，专家组对义乌市中心血站的无偿献血工作成效给予充分肯定，顺利通过执业验收。（虞金洪）

【全省卫生健康系统爱心献血单位】 2022年6月，义乌天祥东方医院被评为“全省卫生健康系统爱心献血单位”，为义乌市卫健系统唯一获奖单位。自2016年起，义乌天祥东方医院联合旭日公益俱乐部等中外团体，连续举办7届“7·15世界商人献血日”活动。2020—2021年献血264人次，总人次占职工人数比例66.8%。（虞金洪）

【“红色行动 让爱流动”大型无偿献血活动】 2022年10月1日，由市中心血站联合狮子联会浙江乌商、希望、狮愿服务队、狮爱飞扬服务队在义乌万达广场和义乌之心南广场共同举行“红色行动 让爱流动”大型无偿献血活动。现场，成功献血128人次，3.84万毫升。（虞金洪）

老龄工作

【概况】 2022年，义乌市有60岁以上人口18万人，占总人口比例的20.23%，其中100岁老人155人。建成居家养老服务照料中心（站）514家，其中，居家养老服务照料中心406家，居家养老服务站108家，实现居家养老全覆盖，助餐、配送餐全覆盖，惠及老年人3万余人。全市养老机构入住2167人。市民政局全年办理老年人优待证1.96万张，拨付养老机构建设、运行补助及居家养老服务照料中心建设、运行、就餐补助和养老服务补贴6294.49万元。（胡　燕）

【养老服务体系完善】 2022年，市民政局推进义乌市养老服务康养结合发展，依托怡乐新村、稠江、康乐园、上溪4家机构建设认知障碍照护专区床位100张。全力推进老年人能力评估，完成60周岁以上老人和失能失智老人的分级评估，完成筛查17.78万人。推动养老机构评星工作，完成四星级机构1家，三星级机构5家的创建。开展康养联合体建设，完成佛堂汇晨、北苑康乐园、城西养老3家乡镇级康养联合体建设；完成1022户老人互联式感烟火灾探测器安装。加强未来社区康养场景建设，逐步向一般城乡社区拓展，满足老人多样化服务需求，让老年人住进不离家、不离亲，打造"嵌"在家门口的养老院。至年底，建成投用赤岸镇毛店村、佛堂镇倍磊村、北苑街道丹溪社区小微机构3家。

（刘聪伟　胡　燕）

【居家养老服务】 2022年，为满足老年人物质和精神需求，帮助居家老人解决日常生活中的困难，市民政局根据《义乌市居家养老服务补贴制度实施细则（试行）》，开展居家上门服务项目，针对义乌户籍65周岁及以上的低保低边、高龄（90周岁以上）老年人，提供每月4工时或8工时养老服务，服务内容包含容貌整洁、修剪指甲、洗发理发、足部清洁、助浴、陪聊沟通、陪医代购等。搭建居家养老信息平台，跟踪监督指导居家上门服务工作，确保服务质量。至年底，累计服务6.17万人次，总工单数27.53万单。（程娇燕）

【老年健康服务】 2022年，市卫健局配合市科协开展"银龄跨越数字鸿沟"老年人智能化培训，稠江街道锦都社区被评为"老年电视大学省级示范教学点"。开展老年友善医疗机构创建，推动全国示范性老年友好型社区建设，14家卫生院全覆盖开展65岁以上老年人眼底筛查、口腔健康筛查、老年痴呆筛查等5项老年健康服务专项行动，在北苑街道望道社区试点开展国家老年人心理关爱行动。江东、后宅、北苑、大陈4家基层院区开展家庭病床服务，累计建床640张；稠城、义亭等9家基层院区开设"医养结合照护中心"，设床位344张。（虞全洪）

【养老服务事业】 2022年，义乌市开展困难老年人家庭适老化改造。针对老年人失能情况，重点解决老年人在起居行走、康复护理等需求，年内，完成21户困难家庭老人适老化改造和验收工作。编制养老服务"十四五"专项规划，推进养老机构等级评定，上溪养老院被评为"四星级养老机构"，城西、赤岸、鸿佰洲、北苑、康乐园5家机构被评为"三星级养老机构"。为2100余名老年人建立健康档案，制定康复计划，每月提供康养服务5600余人次。提高机构兜底照护能力，护理型床位占比58%。按照每万名老年人20张失智床位要求，所有养老机构均规划设置失智症照护专区床位。2022年，实现护理员业务培训5023人，新增持证护理员165人，每万名老年人拥有持证护理员27人。

（刘聪伟）

关心下一代工作

【概况】 2022年，义乌市关心下一代工作委员会（简称"市关工委"）强化青少年思政教育，开展"老少同颂党恩、强国复兴有我"主题教育，承办金华市关工委系统主题教育启动仪式，累计开办"红树林"讲坛、"信仰对话"等相关活动120余场。推进青少年心灵护航行动，发布《青少年心理健康倡议书》，依托"偕和"五老工作室开通青少年心理辅导热线，帮助青少年构筑阳光心灵。实施固本强基工程，强化自身和基层组织建设，推动安徽、温州商会成立关工委，在金华市率先实现国资国企系统关工委全覆盖。深耕"义同成长"品牌，开展关心下一代暖冬行动，启动"义同成长"关爱助学三年行动，举办第三届"义同成长"夏令营，开展"同在蓝天下，科普共分享"新义乌人子女科普教育，青少年心灵护航行动等活动，大力推进青少年关爱帮扶工作。实施固本强基工程，强化自身和基层组织建设，推动安徽、温州商会成立关工委，在金华市率先实现国资国企系统关工委全覆盖。充实“红树林”宣讲团，16名有专业特长的知名“五老”加入宣讲团，为全市85所中小学校配备“五老”少先队校外辅导员队伍，打通关爱青少年的“最后一公里”。2022年，森山健康小镇被命名为第二批金华市关心下一代示范教育基地，华川深能环保有限公司科技馆、义东革命历史纪念馆和宗宅千年家风馆被命名为第四批金华市关心下一代教育基地。江东街道鸡鸣山社区、北苑街道丹溪社区、廿三里街道陶店村、佛堂小学教育集团、夏演小学、浙江华川实业集团有限公司、浙江土木建设有限公司7家关工委获金华市“五好”基层关工委，杨善民、吴美勤、骆有云、王军生、钱华荣、吴江平6人获评金华市关心下一代工作“最美五老”。

【“义同成长”关心下一代基金设立】 2022年5月30日，市关工委、市红十字会联合举行“义乌市‘义同成长’关心下一代基金”设立签约仪式。“义同成长”关心下一代基金专项用于义乌市范围内青少年（包括非义乌籍贯）特别是弱势困难群体的教育、引导、关爱、保护等各类关心下一代公益活动，旨在通过发挥第三次分配作用，推动青少年共享改革发展成果，提升青少年的幸福感和获得感，助力共同富裕。至年底，基金规模307.5万元，总资助16.5万元。

【“老少同颂党恩强国复兴有我”主题教育】 2022年6月23日，义乌市关工委在义乌市望道中学举办“老少同颂党恩 强国复兴有我”信仰对话活动。启动仪式现场，义乌市相关领导为“红树林讲坛”揭牌、为“婺老之声·义乌红树林”宣讲团授聘书。仪式后，根据“时光信箱”“薪火传承”“信仰之旅”三大篇章，开展情景剧《陈望道》片段、时空对话《致敬望道》《老少对话》、道情《共产党宣言》、合唱《好学力行》等节目汇演。主题教育期间，组织“红树林”宣讲团“五老”深入学校、村（社区）等青少年群体，围绕喜迎中共二十大、义乌市场创建40周年等主题，开展“音乐思政课”“追寻市场的足迹”徒步采风、“真理的味道”红色主题研学、学雷锋志愿服务、“弘扬好家教好家风”等主题活动120余场，受教育青少年2.17万人次；开展“真理的味道”“一带一路”青少年研学233次，“幸福家计划”家庭教育主题活动50余场。

【开展“心灵护航”行动】 2022年7月25日，义乌市关工委发布《青少年心理健康倡议书》，推进锦都社区“心灵护航”青少年心理健康社区服务项目，依托“偕和”五老工作室开通心理辅导热线，组织专业团队及社工，为青少年提供专业心理健康教育咨询服务，帮助青少年提升心理素质，服务覆盖中外青少年。

【启动“义同成长”关爱助学三年活动】 2022年9月5日，市工关委依托“义同成长”关心下一代基金，启动“义同成长”关爱助学三年行动，动员6名爱心企业家签约结对55名困境初一新生，资助每人每年3000元至初中毕业。

2022年6月23日，市关工委在望道中学举办“老少同颂党恩 强国复兴有我”信仰对话活动，为“婺老之声·义乌红树林”宣讲团授聘书

（市关工委 供图）

11月27日，举行结对签约仪式并发放首年助学金1.8万元。

【青少年本土红色读本出版】 2022年10月，由义乌市关心下一代工作委员会组织，骆有云编撰的义乌市革命斗争史青少年教育读本《铁血忠魂》，由中国言实出版社出版，第一版出版1万本，全书15万余字。该书以中华人民共和国成立前义乌党史、革命斗争史为主要素材，编写29篇红色小故事、5首红色歌谣，通过“真理的味道非常甜”“星星之火，可以燎原”“从战火硝烟中走来”“为有牺牲多壮志”“战地黄花分外香”“附录”6个篇章，配以91张资料图片、1幅美术插图、20则人物简介、11篇阅读延伸文章和76项阅读思考实践科目等，回顾体现义乌革命斗争史。 （黄林滨）

民族事务

【概况】 至2022年12月底，义乌有54个少数民族，少数民族人口18.75万人，其中流动人口17.65万人、落户少数民族1.1万人。年内，义乌市江东街道鸡鸣山社区入选国家民委“各族群众互嵌式社区环境建设”试点示范项目（全国共30个社区，浙江省唯一）。义乌市稠江街道锦都社区、义乌市民族团结进步促进会获评“省级民族团结进步创建重点培育单位”。义乌市民宗局、义乌市民族团结进步促进会获评金华市“八婺石榴红·最美集体”。

【社区民族工作标准化体系建设】 2022年，义乌市民宗局推进社区民族工作标准化建设试点工作，代拟《金华市关于加强社区民族工作的意见（试行）》，1月13日，由金华市委统一战线工作领导小组办公室印发。总结提炼鸡鸣山社区、四季社区等社区民族工作经验做法，探索建立“1+3+3+N”（即1个总纲、3个阵地、3支队伍及N个机制）社区民族工作标准化体系，完成《社区民族工作管理规范》等9个标准制定，联合金华市委统战部（民宗局）、义乌市标准化院正式发布，于9月30日正式施行。

【国家通用语言培训】 2022年2月，市民宗局在鸡鸣山社区和银海社区举办2022年度浙江省少数民族国家通用语言培训班，主要针对通用语言水平较低的各族群众开展汉语言、汉字等培训。至年底，开展培训292课时，服务少数民族群众3600余人次。

【“石榴红”五百品牌培育工程】 2022年3月，市民宗局制定《2022年度“石榴红”五百品牌培育计划》，打造“石榴红”家园、驿站、工作室、志愿服务队、宣讲团等12处（个）。为全面贯彻落实中央、省委民族工作会议精神，紧扣铸牢中华民族共同体意识主线，推进“浙里石榴红”品牌培育工作，围绕“石榴红”家园、驿站、工作室、志愿服务队、宣讲团开展创建培育。“石榴红”五百品牌的“阿依乐·莎莎”民族工作室，工作成效获副省长王成国高度肯定。成立之江同心“石榴红”宣讲团，全年组织开展铸牢中华民族共同体意识等主题宣讲活动15次。

【民族领域数字化改革】 2022年4月8日，义乌市委统战部召开

2022年2月22日，市民宗局在鸡鸣山社区举办2022年度浙江省少数民族国家通用语言培训班 （市委统战部 供图）

数字化改革推进会，根据全省统战系统数字化改革推进会的步骤要求，及金华市委统战部关于数字化改革的相关要求，专题研究义乌市委统战部数字化改革工作领导小组和专班方案，各条线结合义乌统战工作实际，研讨会商，部署推进。参与省民宗委“浙里民族团结石榴红”数字化改革专班，省级应用服务端在浙里办平台上线。配合金华市民宗局实现“浙里民族团结石榴红”驾驶舱省、市、县三级贯通。结合未来社区建设，在鸡鸣山社区打造“千籽环抱”民族工作数字化应用场景，聚焦需求、资源、项目3张清单，打造各民族共居、共学、共事、共乐的社区环境，让各族群众共享数字化改革红利。

【民族团结进步创建活动】 2022年，市民宗局加强民族团结进步示范点培育。5月，市委统战部向省民宗委递交申请北苑街道四季社区为全国民族团结进步示范区示范单位的相关材料。6月16日，市民宗局指导鸡鸣山社区参加国家民委组织召开的城乡社区民族团结进步创建工作调研视频会议，作为浙江省唯一社区代表作交流发言。推进义乌工商学院的浙江省铸牢中华民族共同体意识研究基地建设，调研成果《积极构建“五位一体”工作体系 有效促进民族交往交流交融》获国家民委社会科学研究成果奖（调研报告类）三等奖。9月，深入开展民族团结进步宣传月活动，组织“民族共富故事会”“我为家乡代言云直播”“民族知识网络竞赛”等线上活动，42.6万人次在线参与活动。

（郑海洋）

宗教事务

【概况】 2022年，全市共有佛教协会、基督教三自爱国运动委员会、基督教协会3个宗教团体，依法登记的宗教活动场所89处。围绕“之江问道”品牌，组织浙江省第十五次党代会精神宣讲、中共二十大精神宣讲、政策法规学习等政治引领活动20余场，800余人次参加学习活动。全市宗教工作实现重点场所打造有示范、宗教中国化有品牌、工作规范化有亮点，义乌先后在全省宗教工作会议、金华市委民族工作暨全市宗教工作会议、全省数字统战建设推进会上作经验介绍。数字化推动基层宗教智治获评“2021年度全省统战工作实践创新成果”。

【双林寺推进佛教中国化打造】 2022年，市民宗局将双林寺打造成为宗教中国化重要展示窗口。完成寺院两侧厢房建设（建筑面积9000平方米）、大殿广场改造、生态园林提升、智慧消防指挥中心建设、路面及停车场等配套设施建设等工作。通过对接规划部门，形成以双林禅寺为核心，总面积24平方千米的云黄山文化旅游区整体规划。与市图书馆联合，把寺院山门香烛店改造成文化书吧和宗教图书分馆，吸收、培养佛学院优秀讲师。至年底，开展佛教中国化展、佛教建筑展、宋韵文化展等系列展览6期，开展二十四节气交流、书法、插画等特色文化活动30余期。双林寺获评“省级宗教中国化场所”“全省AAAAA级寺院宫观”“省级宗教法治宣传教育基地”“浙江省宗教活动场所消防安全标准化管理百优争创活动优秀单位”。

【数字化提升宗教智治水平】 2022年，市民宗局打造义乌市基层宗教风险防控综合应用，注册用户3.8万户，实现537个村、社区宗教工作责任清单全覆盖。依托数字化改革，推进体制机制创新，建立宗教事务清单式管理等5个机制，有效提升宗教领域风险防范水平。2月，义乌市基层宗教风险防控综合应用获评“全省数字化改革突破奖和全省数字统战好应用”。

【宗教领域助力疫情防控】 2022年2月7日，迭代升级宗教场所通行系统，对接金华防疫码数据，开展674场活动，20.9万人次通行实时监测和服务，确保宗教领域疫情防控零隐患。依托“五教同行 和合义乌”特色品牌，开展五大教疫情防控知识讲座、慰问抗疫一线等主题活动，助力全市新冠疫情防控工作，讲座惠及500余人。“8·2”疫情防控期间，宗教界累计捐款捐物154万余元。 （郑海洋）

佛堂镇

【概况】 佛堂镇位于义乌市南部，全镇区域面积134.1平方千米，下辖54个行政村，7个社区，户籍人口9万人，总人口22万人。2022年，全镇地区生产总值89.8亿元，完成财政总收入5.85亿元。全年规模以上工业总产值106.08亿元，固定资产投资11.79亿元，制造业投资7.59亿元，高新技术产业投资1.8亿元，总量均列全市镇街第一。获浙江省健康乡镇、省非物质文化遗产旅游景区非遗主题小镇等10项省级荣誉，第5次获省级小城市培育试点考核优秀。

重大工业项目推进。全年12个牵头实施的市重点工程及重大工业项目顺利推进。提升小微园品质，获市级认定1家，A类园区3家。完成工业存量用地提升改造40.9公顷；完成国家高新企业申报6家，续展11家；新增省级科技型企业24家，市级研发中心11家，省级研发中心申报2家；高新技术企业21家，市级研发中心11家。推荐国家级重点人才申报9人，入选国家级重点人才2人，推荐申报省级重点人才11人，进入省级人才答辩环节1人。

规模打造现代农业。“双强”示范区加速建设，新增农业标准地233.33公顷，建设高标准农田186.66公顷，农业基础设施提升投入8600万元。郁勤飞入选2022年度省级“新农匠”，“画里南江·梅林耕读文化园”市场化运营，钟村提档AAA级景区村，倍磊、芦塘下被评为“省级美丽乡村特色精品村”。

全域整治科学铺开。拆除各类违建2.6万平方米，2022年，被评为“省治违控违示范乡镇街道”。有序推进“非农化”“非粮化”整治，2.33公顷土地重新姓“农”；分步启动全域土地整治，实施省、市级全域土地整治与生态修复项目各1个，土地整治和管护整改52.47公顷。立体实施环境改造。“空中”做好蓝天保卫，空气质量持续转好，细颗粒物平均浓度每立方米29微克，钟村、龙溪村创建省级低碳村试点；“土中”规范垃圾清运，工业垃圾分拣中心处理工业垃圾1100吨。义乌市建筑垃圾资源化利用中心二期开工，“水中”巩固“五水共治”，35名三级河长认真履职，创建省级“污水零直排区”标杆镇。

民生福祉保障优中提档。聚焦“一老一小”，67家居家养老服务中心健康运行，42名困境儿童感受社会温暖。镇残联圆满换届，残疾人之家如期开业，实施10户残疾人家庭无障碍改造。新增公交候车亭10座、公共停车位800个，极大改善群众停候车环境。佛堂二院通过浙江省二级乙等医院复评，改造村级卫生室2个。佛堂小学被评为“浙江省健康促进银牌学校”，提速建设盘塘、日信幼儿园。开元曼居酒店落成开业。集聚非遗项目23项，引进国家级非遗项目2项，成为浙江省非物质文化遗产旅游景区非遗主题（实验）小镇。承接全市集中补领补办婚姻登记证试点，9242对夫妻重温“领证”。“古镇筑梦宣讲团”走街串巷，各村文化礼堂开展活动200余场。

党风政风建设持续提振。多层次、全领域开展中共二十大精神、省第十五次党代会精神宣讲100余场。严格执行“第一议题”制度，常态化举办“知行讲堂”，百场讲学“缺什么补什么”，赋能培训2万人次。扎实稳固基层党建基础，搭建农村基层党组织统合力考评体系，61个村社每周“晾晒”、每季“打擂”，干部比学赶超热情高涨。总结凝练农村党建16项具体标准，编制《佛堂镇基层党建业务指导手册》，推动基层党建标准化。严管厚爱建强干部队伍。研究制定《佛堂镇全面从严治党“十五条举措”》《佛堂镇党员整治立规“绝对数”管理十五项机制》，营造干事创业良好氛围，班子领衔揭榜攻坚、拔钉清障，精准运用“四种形态”处理155人。扎实推进“五整治五提升”行动，9个重点村社116条任务限期销号。提级接受金华市委全面政治体检，坚决立行立改，阶段性任务100%完成。标本兼治推动“七张问题清单”，管控力居全市前列，村社“三资”规范化管理入选省级示范案例。

社会基层治理实中提效。全力构建“大平安”体系。坚持法治思维，重构信访工作机制，初信初访化解率95%；除险保安平安护航中共二十大，社会治安事件、电信诈骗案件、交通事故死亡人数、火灾同比分别下降6.6%、12.6%、27.3%、37.5%，火灾亡人事故和安全生产事故零发生，4个挂牌整治成功“摘牌”，镇劳动争议调解委员会获省级表扬，钟村创建省级民主法治村。提升应急处置能力，常态化开展村社、企业应急拉练，新建镇、村标准化避灾点20个；联动构建食药安全监管链条，开展专项整治18次，查办案件73起，守住“舌尖上的安全”。

【产业转型升级稳中提速】 2022年，佛堂镇推动“量”的扩张，产业转型升级稳中提速。整治低效用地41公顷、D类企业3家，拓展53.33公顷产业空间，成功落地晶澳三期、众维、斯威克、天派4个10亿元以上项目，预计新增产值80余亿元。规模以上企业壮大至140家，31家企业产值过亿元。实施“厂房长高”计划，“零增地”基础上新增厂房35万平方米，引进24家企业“机器上楼”。促进“质”的提升，规模以上企业数字化诊断全覆盖，60余家优质企业对标省级提升。改造数字化、轻量化6家，建设未来工厂1家；新增高新技术企业17家、省级科技型企业24家，高新技术投资任务完成率超130%，研发费用占比提升3.75%，环龙科技成为镇域第2家省级“专精特新”；提升小微园品质，获市级认定1家，A类园区3家。强化“保”的温度。深化“三服务”，全力支持服务浙江蓝宇数码科技股份有限公司、华鸿控股集团有限公司2家企业上市，精准指导85家企业享受纾困资金补助430万元，134名人才获住房补助，35名人才子女顺利入学，2人入选国家级重点人才。“8·2”疫情防控期间，42个“防疫泡泡”生产不停、物流不断、产能不减、秩序不乱。

【城乡发展品质好中提能】 2022年，开展佛堂古镇保护利用行动计划编制，启动东北门户、佛堂大道西侧、塔山路北侧等地块城市设计，制定王斗、竹园等4个单片开发方案；顺利出让停保场、清润路、江北拆迁安置区块，加快报批稽亭、龙溪等6个村“多规合一”。布局“四纵三横”交通网，全力保障江赤公路、疏港快速、双江湖科教园等重大项目建设，加快建设朝阳路下穿等18条道路工程，芳山路延伸、蟠龙二期配套道路顺利通车；改造提升镇文化中心、江滨小区二期，吴溪党群服务中心主体完工。老街古樟夜景、“蒲川之夜”网红街璀璨呈现，古镇老街入选省级高品质步行街试点，成功创建省级夜间文化和旅游消费集聚区。优化垃圾分类点位布局，新建、改造城乡“两定四分”点99个；实施绿化21.2公顷，精准提升森林质量158.47公顷，新塘西等11个村被评为省新时代“美丽乡村”，倍鱼线入选“省级绿化美化精品道路”，吴溪被评为“省级美丽河湖”，佛堂高分通过美丽城镇金华市级复检。

【创新构建“大治理”体系】 2022年，佛堂镇迭代“141基层智治”

"大综合一体化"改革，先行先试综合治理基本单元，系统打造社会治理中心，创新开发"治理通"数字应用，问题主动发现率提高至83%，销号从平均5天缩短至3天；获评省"综合行政执法基层站所最佳实践点"、金华市"社会综合治理成绩突出集体"，《浙江日报》专版报道"大综合一体化"改革成效。合力构建"大应急"体系。筑牢疫情防控屏障。

【共富示范带成效显现】 2022年，"魅力古镇"共富示范带成效显现，"红雁扛旗 共富争先"大赛助力村集体增收30万元，佛堂镇龙溪村"共富工坊"入选金华市共同富裕先行示范最佳实践案例。13个村有机更新稳步推进，村集体年经营性收入均达到50万元、17个村超100万元。5月27日，佛堂镇与磐安县尖山镇结对共建，组织、人才、产业、文旅全面交流提升。11月3日，佛堂镇与尖山镇联合开展农家乐、旅游产品电商培训，培养电商领头人，助力乡村振兴，助推结对共富。校地合作共富协商案例入选省《民生议事堂典型案例汇编》。 （王子洲）

2022年5月27日，佛堂镇与磐安县尖山镇结对共建

（佛堂镇 供图）

苏溪镇

【概况】 苏溪镇是省级中心镇，地处义乌市北部，总面积109.1平方千米，下辖43个行政村、5个社区。户籍人口5.74万人，总人口21万余人。共有市场主体3.5万个，个体户2.4万户，企业5258家。2022年，全镇财政总收入1.61亿元，同比下降40.7%，一般公共预算收入1.59亿元，同比下降47.4%。

推进全镇域土地综合整治工程省级试点，盘活土地资源，激发乡村发展新活力。全镇耕地面积1437.58公顷，连片流转土地1086.5公顷，新增农业标准地83.4公顷。粮食播种面积564.97公顷，其中，种植小麦155.6公顷，种植水稻382.33公顷，新增农业标准地83.4公顷；连片蔬菜播种面积636.5公顷，产量1.45万吨；水果种植面积346公顷，产量3011.1吨。2022年，启动4个以上百亩方永久基本农田集中连片整治项目，高标准农田93.33公顷、恢复耕地功能44.6公顷、旱改水40公顷、垦造耕地8.33公顷。25公顷义北蔬菜基地产业园建设基本完成。全镇共有省级无公害农产品生产基地1家，绿色农产品基地1家。同步打造未来乡村，推进趣玩谷农旅项目建设，杜村完成省级未来乡村考核验收。启动农村有机更新2个，审批宅基地1026户。向上争取土地指标51.64公顷、林地指标46.67公顷。

2022年，苏溪镇工业总产值614亿元，同比增长37.8%。其中规模以上产值545亿元，同比增长53.5%，蝉联金华市第一。爱旭太阳能科技有限公司成为全市首家年产值破200亿元企业。出口交货值190.9亿元，同比增长123.9%；科学研究与试验发展（R&D）经费完成19.5亿元，同比增长25%。完成本级有效投资6.04亿元，"小升规"11家。新增培育国家高新企业20家，市级研发中心7家。完成人才申报省级以上10人次，金华"双龙计划"9人，省级万人创新团队1个。

重启4公顷老食品厂区块有机更新，打通镇区"断头路"4

条，分间出让沿街商服39宗，天然气入户2322户。承办金华市工业企业垃圾分类现场会，成功创建省级垃圾分类示范镇和示范小区。打造农业农村“新场景”，推进28个农村更新改造，选位放样10个村。六都村1033户“下山奔共富”拆房协议签订100%。全年审批宅基地1523户，完成投标选位村6个，整备宅基地40间，畈田整村集聚项目开工建设。提前完成列入省级民生实事的3座山塘综合整治，木城石塘山塘、龙华青龙头山塘获评金华市“美丽山塘”。水域保洁工作获得全市考核第一名。

办好人民满意教育。苏溪镇中完成改扩建，建成投用稠城一小高新区校区。提升医疗服务能力。完成镇中心卫生院扩建工程，新增“两慢病”(高血压、糖尿病)一体化门诊和胃肠镜室1个。新建村卫生服务站1个，家庭医生签约服务2.55万人。文体事业蓬勃发展。建成投用“e家书房”25家，基本建成“15分钟品质文化生活圈”。开展“花开四季”课外公益课95节，服务1874人次。举办道情演唱40余场，开展展览活动20余次。市图书馆苏溪分馆图书借阅量2万册次，服务3.5万人次。“颜乌的传说”列入第六批省级非物质文化遗产代表性项目名录。苏溪镇篮球队代表义乌参加2022年浙江省第八届“乡村振兴杯”篮球赛获得季军。

2022年，完成首批省“五水共治”标杆镇、工业园区标杆镇创建，获金华市政府集体嘉奖。建成投用金华市规模最大的应急安全宣教体验馆，被评为“省应急消防科普教育基地”，苏溪镇消防队被评为“金华市级首批联防联控森林消防精兵”。苏溪镇司法所获评省“枫桥式”司法所。苏溪镇妇联被评为金华市示范乡镇妇联。苏溪镇成功创建为浙江省“美丽乡村示范镇”、金华市级“水美乡镇”、浙江省垃圾分类示范镇、浙江省农村文化礼堂建设示范乡镇。

【共同富裕“新画卷”】 2022年，苏溪镇启动消薄联建项目6个，完成村集体经营性收入50万元全覆盖。完成车站全高层二期、后店小高层安置工程，投资2.3亿元。青年委员创业项目“小众云仓”获义乌市青年委员创新创业大赛一等奖。推进未来乡村和新时代美丽乡村建设，全年创建新时代美丽乡村“精品村”5个，新时代美丽乡村“达标村”7个，“和美乡村”示范村1个；“欢乐杜村”极速部落趣玩谷项目二期投入运营，杜村获“乡村振兴示范村”“全省第二批低(零)碳乡镇街、村(社区)”“省级无废乡村”称号，列入浙江省第三批未来乡村创建村；三联村荣获“省级特色精品村”称号。

【重点项目政策处理】 2022年，苏溪镇加速推进重点项目建设。完成义乌(苏溪)国际枢纽港一期，涉及11个村先行用地的协议签订，搬迁坟墓2000穴，完成范家村280户整村搬迁。助推“万亩千亿”产业平台建设，完成爱旭26吉瓦、创豪半导体等一系列重点项目133.33公顷政策处理。整转D类企业5家，整治低效用地22.47公顷，启动29.33公顷义东北蔬菜种植产业园项目建设。

【迭代升级基层治理】 2022年，稳步推进“条抓块统”改革。苏溪镇党委、政府将迭代升级社会治理作为“新年首件事”来抓，建成集矛调中心、综合信息指挥室、疫情防控指挥部、镇行政执法队等模块于一体的全市首个镇级社会治理中心。推进行政执法改革，构建“1+4+8+X”(1支队伍，4个中队，8个部门，X为其他力量)执法体系，市赋权事项616项，率先全省实行“镇队合一”，承办金华市乡镇街综合行政执法队规范化建设现场会和义乌市镇街综合行政执法队挂牌现场会，“最小执法单元”做法列入省行政执法改革案例。持续推动数字化建设，搭建“五水共治”数字系统，实现水质自动监管、精准溯源等功能。做实“七张问题清单”，牵头整改问题13个。构建首个镇级基层治理驾驶舱平台，贯通垃圾分类等15个子系统，率先实现网格工作三级贯通。

【稳定安全维护】 2022年，苏溪镇强化辖区危化品使用企业安全监管力度，开展出租型企业安全生产专项整治，获金华市“基层党建+安全生产标准化”示范镇奖补资金50万元。全年，开展消防拉练415次、应急演练323次，各类火灾同比下降48%。在全市率先组建乡镇综合应急救援队伍，承办金华市森林防灭火现场会和义乌市“安全生产月”“119消防月”启动仪式。创成金华市级民主法治村9个，“后陈式”法治村19个。攻坚除险保安，镇矛调中心接访解决238件，信访积案100%化解。完成村（社区）基层防汛体系建设全覆盖，建立避灾安置点24处，开展防汛演练4次，巡查地质灾害点、山塘水库、危旧房2350次。对全镇道路交通安全进行体检并形成《苏溪镇交通安全形式分析报告》，整改交通安全隐患点228个。排查全镇9个高层建筑重大火灾隐患，率先完成60台高层小区安装电动自行车禁止进电梯系统。强化食品安全质量源头管理，建成阳光厨房400家。电信网络诈骗案件同比下降33.9%。投资37.4万元安装687个联网智慧烟感器，增设75个应急灯、243具消防灭火器，为22处市级文保点系上“安全带”。

【首个镇级基层治理驾驶舱平台】 2022年4月15日，苏溪镇构建首个镇级基层治理驾驶舱平台，探索建立镇干部及派驻干部考核系统，贯通垃圾分类等15个子系统，率先实现网格工作三级贯通。基层治理驾驶舱平台分为党建统领、经济生态、社会服务、平安法治四大模块，将各部门原有数据平台进行关联、整合，实现全域数据“一屏展示、一屏指挥”。

【应急安全宣教体验馆】 2022年6月2日，苏溪镇建成投用应急安全宣教体验馆，场馆面积2300平方米，内含十大主题、60个区块和100余个安全知识点，集安全普法知识、学习、场景体验为一体寓教于乐。6月，体验馆被评为“省应急消防科普教育基地”。至年底，体验馆接待政府机构、企事业单位职工、学校学生、各行业从业人员及社会公众等134批9180人次。体验馆相继挂牌“浙江省应急消防科普教育基地”“义乌市应急管理学院实践体验基地”“义乌市家庭教育创新实践基地”“义乌市科普教育基地”等。

【镇社会治理中心】 2022年10月28日，苏溪镇举行社会治理中心揭牌仪式，为义乌市首个投用的镇街级的社会治理中心。社会治理中心常驻工作人员13人，其中4个平台5人、综治办8人。4个平台主要是做好基层治理系统运营工作，包括平台事件交办办结等。综治办主要做好平安创建、反邪反诈禁毒、重要活动安保、信访等工作。自社会治理中心成立以来，镇本级信访案件同比下降15.1%、市级交办信访案件同比下降6.9%，矛盾纠纷前端化解力量更完善。

（胡炜玮）

上溪镇

【概况】 上溪镇位于义乌市西部，从西到北同金东区、兰溪市、浦江县相接壤，镇域面积102.8平方千米，下辖45个行政村、2个社区。2022年，实现财政收入2.9亿元；完成规模以上工业总产值36.85亿元，同比增长25.07%；完成固定资产投资7.18亿元，同比增长43.09%；制造业投资5.40亿元，同比增长50%。

全镇耕地面积1321.8公顷，耕地流转面积899公顷，土地集中流转率68%。粮食播种面积420公顷，总产量0.5万吨；蔬菜播种面积795.7公顷，产量2.1万吨；水果种植面积708公顷，产量1.4万吨；甘蔗种植面积55.6公顷，产量4826.51吨；肉类总产量139.24吨，禽蛋产量112吨。全镇实现农业总产值2.31亿元，同比增长5.3%。

镇域有机更新。上溪一二三村一期、云门村一期安置房23幢27万平方米结顶；上溪一二三村完成70平方米户型抽签工作，云门村完成户型确认。推进6个村农村有机更新，水碓张村开工215户，下楼宅村完成投标选位、放样定位；苍王村完成审批、总用地规模核定；祥贝村签约腾空429幢，拆除405幢，完成总用地规模核定；五塘村签约306户，拆除80%以上，完成资格权人的初审公示、预审批；和平村开展拆除前期准备。

聚力项目建设赋能。“G235”改建项目完成11个村13.38公顷的政策处理，落地开工。完成招商项目8个，入驻项目1个。新增国家高新技术企业13家、金华市研发中心企业8家，申报国家科技型中小企业38家，完成高新技术投资9192万元，全年任务完成率超200%。聚力低效用地提质。通过有机更新、市场化转让、司法拍卖等手段完成低效用地整治27.77公顷，盘活存量建设用地1.47公顷，完成签订工业用地全生命周期管理协议13家，投资补充协议2家；完成D类企业转化11家，旧厂区改造18万平方米，激活土地资源，为招引优质企业腾出空间。

深化基层治理体系改革，充分发挥全镇200余个微网格效能，党员干部常态化下沉，结合“疫情防控”“除险保安”专项行动，对辖区出租房、商场公园等重点场所开展联合检查，化解风险隐患300余个，消除不稳定因素150余个。迭代疫情防控应急指挥体系，首创疫情防控黄旗整改机制，高效完成疫情防控各项工作，获2022年金华市疫情防控工作表现突出集体嘉奖。

增进民生福祉。成功申报省级示范慈善分会、金华市示范慈善分会，慈善救助困难群众39户，救助金额19.4万元。对6名困难残疾人家庭大学生进行学业资助，对23户残疾人家庭完成无障碍进家庭改造，完成退役军人优待证发放工作。上溪镇养老服务中心被评为全市首家省级“四星级”养老机构，是全省唯一一家获评“省级四星”的乡镇级养老服务中心。

【“清廉上溪”“清廉村居”建设】 2022年，上溪镇推进“清廉上溪”“清廉村居”建设，滚动更新个人廉政档案21人，开展镇村干部谈心谈话72人次、组织党员干部勤政廉政教育15次，“清廉钉办”考核数据全市第一。完善监督制约机制，加强对推行党务政务村务公开制度、规范公共资源交易、村财镇管及“三重一大”等工作的监督检查，全力整治群众身边的腐败和作风问题28起。

【美丽城镇建设】 2022年，上溪镇持续推进美丽城镇建设，全镇有53个美丽城镇建设项目，计划投资23.69万元。年内，完成上岭线、杨横线、信达路、文明路等路段220盏路灯安装，百安街3、4、5、6号楼、金塘路6号楼市政配套雨污水管及道路建设；打通四通路北侧辅道、兴荣路等“断头路”5条；完成镇域线乱拉巡查整治160余次，累计完成整治区块18处。推进交通安全整治，新增农村公路护栏300米，提档更换减速带35处，维护更新标示牌42处、人行道标线23处，完成吴店小桥黑点整治续建。全年绿化造林22.53公顷，森林质量精准提升192公顷，城镇绿化配套不断完善，人居环境不断改善。3月，被评为“省级县域副中心型美丽城镇”；9月22日，获中央广播电视总台《美丽家园》栏目专题报道。

【共同富裕推进】 2022年，上溪镇宅山、溪华等9个村新时代美丽乡村工程建设完工，成功申报金华市级“未来乡村”1个、省级历史文化传统村落保护重点村1个。践行“土灶+土菜+上溪八味”农旅品牌战略，探索镇企开发、村社运营的管理模式，打造“上溪共富灶”项目，首批建设“棋乐溪华站”“岩湖宅山站”“田园潜溪站”，带动村集体增收。45个村集体经营性收入

2022年3月，上溪镇被评为“省级县域副中心型美丽城镇”

（上溪镇　供图）

均达到50万元以上，其中10个村达到100万元以上。3月13日，召开“助共富、帮共体”乡贤大会，成立“乡村振兴共富党建联建帮共体”，凝聚多方力量助推共富。推动“共富党建联建”，同稠江街道、城西街道共同牵头成立“红色信仰”共富党建示范带。与婺城区琅琊镇共同开展“溪芽计划”，构建以2个镇党委为主体，辖区10家单位、12家企业、村社党组织共同参与的党建联建工作机制，2镇达成共建项目6个，举办活动45场次。5月18日，上溪镇“枫桥式”站所—上溪派出所与司法所与琅琊镇基层站所联建结对，进行交流互访，探索社会治理层面共建共富实施路径。11月11日，上溪镇与琅琊镇签订“飞地抱团”物业联建共富产业项目，由琅琊镇6个经济相对薄弱村筹资1000万元，共同投资建设上溪物业联建项目，每个村获得年固定收益分红10%、合计100万元，助力琅琊镇提前2个月完成年度村集体消薄任务。上溪助力共富灶落地琅琊，预计每年带动琅琊镇棠坑源村集体经济和农户增收60余万元。

（王丽芳）

大陈镇

【概况】 大陈镇地处义乌北大门，和诸暨、浦江接壤，距市区25千米。属丘陵、半山区，全镇总面积135.63平方千米。森林覆盖率76%，水利条件良好，拥有义乌最大的饮用水源八都水库，共辖31个村（居）。2022年末，大陈镇总户籍人口3.95万人，外来流动人口4.5万人。全镇经济作物播种面积545.4公顷，全年蔬菜及食用菌产量9238吨、瓜果产量1403吨、中草药材产量142吨。全年实现规模以上工业总产值18.08亿元，同比增长9.9%，完成有效投资2.28亿元，同比增长9.8%，其中工业投资9786万元，同比增长7.5%。全年财政收入2.15亿元，一般公共预算收入1.29亿元。

城镇重点项目建设。2022年，完成金甬铁路环评线内政策处理，确保无障碍施工。完工江滨绿廊改造提升、楂林菜市场周边配套、前山龙江区块雨污分流新建、丰润路提升、共富广场等40余个美丽城镇工程，瑞云路精品街项目进场施工。连片拆19.8万平方米，拆违2.4万平方米。

惠民工程。2022年，大陈镇辖区新增公交站台9座、汽车充电桩34个、补划车位653个；新增三星级以上文化礼堂8家。推出大陈镇生活美学公益课堂品牌，全年开展文化活动1200余场。各类社会救助113人，开办“花开四季”等少儿公益课105班次，完成8000人次成人技能培训。整改出租房安全隐患7000余处、交通安全隐患点128处，建设2个规范化避灾安置场所。开展320次消防拉练，镇专职消防队出警164次，解救被困人员44人，挽回经济损失620万元。

基层治理。2022年，开设“强基共富”干部能力提升班等课程13场，覆盖党员干部2500余人。“村务清廉钉办”在全省5个地市全面推广运用，获第三届中国廉洁创新奖。搭建微信塔群智监管、大陈先锋应急调度、“集智兴村”疫情防控等数字化应用，提高治理全过程的数据服务能力。健全“两必须+两必核”机制，573起信访举报、687起矛盾纠纷全化解，红旗村创成全国民主法治示范村，实现金华市级民主法治村全覆盖。

【新产业可持续发展】 2022年，大陈镇重视产业空间的高效利用和可持续发展，推进产业用地更新，前山区块二期14公顷土石方平整工程完成总体进度85%，三期11.53公顷土石方平整工程进场施工。完成2家企业数字化车间改造，数字与智能化服装产业社区项目进驻施工，投用服装衬衫二类科技综合体，创建国家高新技术企业5家，申报省新产品11项。

【新时代美丽乡村建设】 2022年，启动“千万工程”，投资2000万元推动大陈一村、李孟宅、春林、八里桥头等村旧改扫尾，实现新时代美丽乡村达标村全覆盖。新增粮食播种面积597.06公顷，新增高标准农田176.66公顷，完工双江口等6个美丽田园项目建设。多元化拓展上坑仁村水上乐园、水上集市等旅游项目,全年接待游客113.5万人次,旅游收入8000万元。32个村(居)经营性收入全部达到50万元以上,13个村达到100万元以上。

【文化活动多元化】 大陈镇综合文化站重视文化队伍建设,发挥文化基地作用,多元化促进大陈镇文化活动繁荣发展。全镇以村(居)文化礼堂为单位,由文化礼堂管理员组织带头,组建100人以上综合性艺术团1个、文体队伍45支、备案体育组织8家,文化志愿服务队400人。2022年1月1日,省文化和旅游厅公布《浙江省第七次乡镇街综合文化站评估定级结果》,大陈镇文化站被评为"省级二级综合文化站";大陈舞蹈队连续两年获得义乌市文化艺术节广场舞比赛金奖等奖项。

【八都水库水源地等级获优】 2022年4月12日,浙江省水利厅、省生态环境厅公布《2021年度县级以上集中式饮用水水源地安全保障达标评估结果》,义乌市大陈镇八都水库水源地等级获优。八都水库位于大陈镇楂林区域,属钱塘江水系,总库容达3634万立方米,是一座以供水、防洪、发电、灌溉为主的中型水利枢纽工程,是义乌市范围内最大的水库。6月,大陈镇制定《大陈镇八都水库饮用水水源地保护工作方案》,形成生态环境保护工作合力,不定期开展执法检查,对八都水库水源地实行常态化管理。同时,利用微信、短信等方式进行饮用水源地保护宣传,增强公众环保意识。

【"陈双成对"共富党建联盟】 2022年5月11日,大陈镇和磐安县双峰乡共同组成"陈双成对"共富党建联盟。6月24—26日,大陈镇与双峰乡联合举办以"党建促共富 非遗添新彩"为主题的"陈双成对"共富党建联盟活动。活动中,大陈镇、双峰乡围绕"陈双成对"共富党建联盟开展多维度合作探索,在党建、文化等方面进行合作发展。大陈镇与双峰乡联合打造"羊羊街",并在"大陈小集"内设立"富羊羊体验店",展销双峰乡特色农产品。义乌农商银行、企业代表与富羊羊公司签订30万元的助农购销合同,标志着大陈镇与双峰乡两地企业组团发展模式的建立,开启两地"共建共融共富"协同发展的道路。

【"大陈小集"打造"一村一品"】 2022年5月20日,《"一起跨越·八婺争先"2022金华文旅惠民服务季暨"文旅共富榜"》发布。此次评选出的"金华文旅共富榜"18个项目,其中义乌大陈镇的"大陈小集"入选"文旅共富榜"。"大陈小集"是大陈镇的农产品区域农业品牌,通过打造"一村一品",利用"农业+创意",提升农副产品附加值,带领村民抱团谋富。在此基础上,大陈凝聚全镇32个村青年委员的力量,与"大陈小集"运营团队一起,深入挖掘乡村农产品核心价值和文化内涵,借助文创力量实现乡村农产品创意升级,形成农、旅、文化产业整合联动的品牌体系,拓宽品牌发展之路,带动区域经济蓬勃发展,实现乡村转型。至年底,"大陈小集"拥有各类产品1000余种,举办农创客和青年创客培训10余场,举办大中型快闪市集和展销活动20余场,线上线下年销售额846

2022年6月24日,大陈镇与磐安县双峰乡联合举办"陈双成对"共富党建联盟活动
(大陈镇 供图)

万元，实现村集体收入日益增长的目标。其中，北山府村年旅游人数增加10万人次，农家乐及民宿产业增加6家，农产品数种类增加10个，农产品销售额增加20万元。

【清廉村居建设】 2022年9月25日，第三届"中国廉洁创新奖"评选结果揭晓，大陈镇红旗村的"村务清廉钉办"数字化应用等6个项目获评第三届"中国廉洁创新奖"。红旗村响应上级关于清廉村居建设部署，首创"钉钉"村务办公，以"党建统领+数字赋能"的新模式，推进基层治理创新，倾力打造清廉村居建设的红旗样板。强化党建引领，提升组织战斗力。红旗村党总支首创党员联户"红色朋友圈"，通过线上建立三级党员联户微信群，构建信息传递、诉求收集、任务下派、跟踪反馈评价的"数字代跑"工作闭环。该党总支连续10年被评为金华市五星级基层党组织，逐步成为带领村庄发展和村民致富的坚强战斗堡垒。

（赵俊开）

义亭镇

【概况】 义亭镇地处义乌西南部，镇域面积53.6平方千米。行政村规模调整后辖38个行政村，5个居委会，2022年末，辖区总人口12.45万人，常住人口5.77万人，流动人口6.68万人。2022年，财政总收入-819万元，一般公共预算1.17亿元；工业总产值310.8亿元，同比增长60.2%；规模以上工业产值267.8亿元，同比增长81.4%；限上零售业销售额1.16亿元，同比增长500.48%；限下零售业销售额528万元，同比增长7.33%。

2022年，义亭镇以"双强行动"为抓手加速推进农业现代化，提标升级万亩粮食生产功能区，加快建设千亩蔬菜产业园，与华大基因合作打造多年生水稻试验田。全镇共有耕地总面积2540公顷，粮食生产功能区面积1573.33公顷，农业标准地584.4公顷、高标准农田2113.33公顷，其中，农业标准地新增66.67公顷，高标准农田新增266.67公顷。全年完成抛荒地整治及复耕复种34.93公顷，粮食种植面积873.52公顷，同比增长17%，其中，早稻种植面积346.74公顷，单季稻种植面积46.10公顷，连作晚稻种植面积345.14公顷，小麦种植面积67.77公顷，旱粮种植面积67.77公顷。

2022年，义亭镇相继实施和完成10余项重点项目。国际冷鲜城一期项目工程、姑塘工业区一期华统本部有机更新项目开工建设；森山国草饮料项目试生产，上医街项目完成主体工程建设；晶澳科技二期项目太阳能10吉瓦+10吉瓦电池组件、电池项目全面投产，晶澳成为义乌首批年产值超200亿元企业。通过低散乱整治与产业园建设，推进工业低效用地整治，扩大产业集聚效应。完成低效工业用地改造11.86公顷，旧厂区改造8.4万平方米，关停"低散乱"企业135家。镇产业园入驻企业124家，其中美创园被评为"国家级小型微型企业创业创新示范基地""省级数字化示范小微企业园"。聚焦数字经济，强化科技赋能，大力推进企业数字化建设、科技建设、人才建设，全年共完成省级研发中心认定2个、省级科技型企业培育7家，国家高新企业申报5家、复评4家，实现全年R&D经费投入9.14亿元，同比增长104.47%。64家规模以上企业均完成数字化诊断及成熟度评估，晶澳义乌基地数字化车间被评为"省级数字化车间"，森山健康科技公司饮料车间被评为"金华市数字化车间"。

【共同富裕推进】 2022年，义亭镇稳步推进国家级农业强镇创建，建设美丽蔗田，打造产业大脑，加快推动红糖产业提质增效，带动农户增收。着力提升乡村发展质量，投资5700万元开展畈田朱精品商业街景观提升工程等16项美丽乡村建设提标工程，建立义亭镇未来乡村党建联建，成功创建省级未来乡村2个，缸窑村共同富裕工作受到省委主要领导肯定。22个村共同出资成立镇级强村公司义乌市五亭控股有限公司，以"一村一策"充分盘活村集体资源，投资850万元谋划共富夜市、共富仓储项目，全镇43个行政村（居）全部完成集体经营性收入超50万元目标。深入推进"百镇共建

2022年，义亭镇推进国家级农业强镇创建，建设美丽蔗园。图为蔗农采收甘蔗　　（余悦海　2022年12月6日摄）

强基”行动，深化农文旅融合发展，打造“金米粒”共富工坊，开展电商直播，发展亲子研学，创新稻虾轮作模式，举办农文旅活动，鼓励扶持农户利用闲置资源发展乡村餐饮，全年实现农文旅产值8000万元，村集体及农户增收200万元。全力推进农村有机更新，解决住房问题200户。

【未来乡村创建】 2022年，义亭镇坚持“一统三化九场景”理念，先行先试，缸窑村成功创建首批省级未来乡村、陇头朱村创建为第二批省级未来乡村。在浙江省未来乡村的创建过程中，义亭镇缸窑村围绕“窑、陶、酒、戏”四大文化，与浙江大学、恒风集团、农商银行、义乌工商职院等深度合作，统筹开发特色乡村亲子游项目、“非遗”技艺传承与研学、万亩粮食生产功能区等项目，探索出一条“窑”旺未来、“陶”礼天下、历“酒”弥新、好“戏”连台的共同富裕之路。陇头朱村以“河神文化”“院士文化”“红梅文化”“乡贤文化”四大文化为核心，与浙江财经大学、建设银行、陇头朱乡贤会等深度合作，统筹开发古玩一条街、稻虾轮作亲子游、万亩粮食生产功能区等项目，探索出一条以农业为根基、以文化为跑道、以旅游为助力的共同富裕道路，打造“耕读传家、红梅治家、乡贤富家”的乡村发展格局。

【美丽城镇建设】 2022年，义亭镇以“金义主轴重要节点镇、城乡共富样板镇”为定位，进一步完善交通路网建设。完成环镇北路等2条“断头路”验收，启动站前保通道路等道路建设；组织编制铜山小区未来社区、儿童友好城镇、夜市经济等专项规划，进一步完善镇区相关区块停车场、公厕等系列配套工程，布局镇区夜市4处，建成深塘水库亲子共享体育乐园等儿童友好活动场所，完成树人中学二期等教育工程7项，成功创建省级美丽城镇样板。　　（陈葆源）

赤岸镇

【概况】 赤岸镇位于义乌市区西南部，区域面积149.98平方千米，下辖42个行政村、2个社区，常住人口5.6万人，户籍人口4.02万人。全年完成财政总收入-3.6亿元，留抵退税6.42亿元，固定资产投资6亿元。实现工业总产值103亿元，规模以上产值93亿元，同比分别增长23.4%和22.4%。在库项目53个，其中当年新增项目25个。全年完成有效投资6.013亿元。全镇耕地面积1804.2公顷。粮食播种面积1800公顷，蔬菜播种面积434.86公顷，产量1.06万吨；水果产量0.97万吨，甘蔗产量3718吨。肉类产量2084吨，禽蛋产量7.97吨，家禽出栏129.5万羽。完成“非粮化”整治324.2公顷，垦造水田3.95公顷、粮食生产功能区提升1.06公顷；新增高标准农田266.67公顷。新增山盆、五柳等设施大棚1.5万平方米。培育农业龙头企业10家、合作社50家、家庭农场90家。

新增规模以上工业企业5家，共有28家，实现产值67亿元，同比增长15%。在库项目40个，新增15个，完成有效投资6.3亿元。新增市场主体615家，同比增长18.69%。新招引1亿元以上项目4个，年产值10亿元的DHT自动变速器项目、超亿元的九天（义乌）光伏材料有限公司投产，义乌市华川热电有限公司二期投用，春华微谷产业园开工。新增国家高新技术企业3家，共15家；新增省科技企业3家，共29家，完成研发经费归集3.46亿元。30家企业完成新智能平台诊断，11家企业开展数字化改造。浙江华川深能环保有限公司被评为"全省绿色低碳工厂"。落实助企贷款7.62亿元，整治低效工业用地17.93公顷，完成低效规模以上工业企业退库2家。

【赤岸镇域重点项目建设】 2022年4月26日，赤岸镇"小镇客厅"建成投用。"小镇客厅"坐落在丹溪广场东侧，建筑面积1500平方米，主分三大功能区、7个展示空间。分别展示印象赤岸、规划赤岸、美丽赤岸、幸福赤岸，配备服务大厅、中控室。中控室引进数字化的智慧系统，利用先进的技术手段，打造集小镇概览、信息咨询、产品展览、旅游服务、文化展示、智慧中控等新时代特色小镇客厅。5月11日，义乌江东至赤岸段公路工程项目毛竹山隧道左洞在完成岩层爆破后，实现左右双向全线贯通。同月15日，位于赤岸镇义武公路边的大豆生态循环示范园项目开建，项目占地30公顷，是赤岸镇打造的以大豆种植为主的产业项目，预计投入400万元～550万元，主要涉及土地平整，基础设施建设，豆制品加工设备更新改造，休闲观光设施建设等方面。20日，赤岸镇西部区域应急供水保障工程开工建设，工程管道总长5240米，从双峰环保热电厂接水至佛堂平望村东侧泵站，途经5个自然村。7月6日，赤岸镇区首个有机更新试点村赤四村完成首批45户住宅定点放样。同月12日，三角毛店村有机更新开拆，开创"拆一区块、报批一区块、建一个区块"的有机更新模式。

【"共富大棚"建设】 2022年5月11日，赤岸镇人民政府与柏峰村、神坛村村委会、股份经济合作社就"共富大棚"建设签订合作协议，"共富大棚"建设正式启动。为保障义乌市"菜篮子"长期稳定供给，助力乡村共同富裕，市供销联社在全市范围内开展"共富大棚"项目，主要用于种植蔬菜，保障本地蔬菜的自给能力。项目落户柏峰、神坛2个村。其中柏峰占地4.93公顷，神坛占地1.66公顷。为项目顺利实施，满足蔬菜种植的需要，赤岸镇对地块周边的道路和沟渠水系进行提升，总体预算400余万元。

【共富联盟合作】 2022年5月20日，"魅力古镇"共富联盟党建示范带暨治村导师义南片区活动在义乌市赤岸镇举行，义乌市委组织部、佛堂镇、义亭镇、赤岸镇相关党建负责人、村党组织负责人及治村导师计30余人参加活动。活动期间，与会人员先后实地调研义亭镇缸窑村、佛堂镇舟墟湖村和赤岸镇塘边村的共富项目，各村负责人现场进行介绍；与会人员围绕共富联盟合作、乡村振兴、基层治理谈思路、成效和体会。同月25日，在赤岸小学举行"赤子丹心"教育党建联盟签约，打造红色"教育共同体"和"红色教育联盟圈"。28日，赤岸镇农村共富产业园项目主体结构顺利结顶，此项目将带动赤岸镇22个行政村每年增收400余万元。9月29日，赤岸镇党委与商城集团党委举行"镇企协作、共建共富"签约仪式，双方结为"共富联盟"，并为"创业共富工坊"揭牌；赤岸镇31个村党组织与商城集团党委38个党支部结对，共建共富基本单元。10月25日，赤岸镇党委、市供销联社、相关行政村共同举行"共富大棚"项目移交签字仪式，签字仪式后，项目所有权由供销社移交给所在行政村，正式进入运营阶段。

【乡村振兴助发展】 2022年6月6日，赤岸镇南旺溪的露营基地投入试运营。露营基地以"社交文化"为主题，注重追求品质和崇尚野趣的统一，通过融入亲子和社交元素，解锁新的"减压"方式，开启"同城度假"旅游新模式。自试运营以来，每日咨询者达1000余人。至年底，南旺溪的露营基地接待游客2万余人次。7月14日，赤岸镇首家集直播、培训、展示等多功能于一体的农村电商平台"山里云销"基地正式投入运营。10月1日，赤岸镇雅治街村的水杉林—雅治小聚露营基地投入使用。该基地主打露营+萌宠、户外团建拓

2022年6月6日，赤岸镇南旺溪的露营基地投入运营

（赤岸镇 供图）

展等项目，通过村集体与第三方运营机构合作的模式提升村集体经济增长，实现双赢。

【美丽城镇建设省级样板创建】 2022年12月21日，浙江省美丽城镇办公布《2022年度全省美丽城镇建设省级样板创建名单》，赤岸镇入选创建名单。赤岸镇地处义乌市西南部，结合地理环境和区位优势，以精品西海为主题，以山水文化为依托，依托绿色动力小镇的发展，构筑以品味传统古村文化为核心的历史文化休闲集聚区。结合赤岸镇医养丹溪主题，融入养生休闲，驱动全域旅游的梯度发展，进一步促进乡村旅游与农业开发有机融合，加强对古月桥、雅端古建筑群、雪峰故居等历史建筑的保护和利用，重点挖掘村庄产业特色，充分发挥山水资源优势，打造以红色记忆、山水休闲为特色的示范精品线，开创全域乡村旅游新模式。至年底，赤岸镇42个行政村均已创建美丽乡村达标村。

（龚小勤）

稠城街道

【概况】 稠城街道是义乌市人民政府所在地，是全市的政治、经济、文化中心。区域面积12.6平方千米，下辖13个社区。户籍人口2.87万户8.65万人，外来流动人口8.22万人。2022年，财政总收入23.57亿元，同比下降3.25%；地方财政收入15.21亿元，同比下降11.54%。

全年完成工业总产值6304万元，同比下降16.06%，完成有效投资50.9亿元，同比增长6.2%，其中本级6010万元。引进内资2.08亿元。新产品产值6304万元，装备制造产值6304万元，新兴产业产值6304万元。完成申报2家国家科技型中小型企业，国高企业认定1家。完成稠城籍在外高层次人才调查，国家级、省级人才申报各1人。建立网格化劳动保障监察制度，开发使用稠城街道安薪码，窗口受理劳资纠纷案件317起，涉及劳动者516人、金额443.89万元；平台受理案件245起，涉及劳动者301人、金额299.67万元，劳动纠纷处理结案率达到95%以上。

【新型城镇化建设】 2022年，稠城街道立足实际、突出特色，不断完善基础设施配套，加快转变城镇化发展方式，内外兼修，新型城镇化工作取得显著成效。华丰府、绣川府、庆云二区、向阳府二区等房屋交付；胜利区块剩余4户集中拆除，保障回迁房顺利施工。完成词林、江滨四园等老旧小区改造工程、词林社区配套工程。建成投用新社区服务站4个，首个线下文旅“e”站正式投用。完成垃圾分类投放点位提升改造2处，数字化改造11处，完成创建垃圾分类精品街1处，完善再生资源收集分拣网络。雪峰社区被评为“2022年浙江省综合减灾示范社区”，绣湖社区被评为“2022年度省级民主法治社区”，江滨社区、词林社区、通惠社区和绣湖社区被评为“2022年度金华市首批绿色社区”。

【基层治理】 2022年，政务服务2.0模式向社区延伸，全年稠城街道共受理各类事项2.02万件，完成“社区直办”各类办件5926

件。全年接受申请调解矛盾纠纷595件，调解成功593件，涉及1202人，其中重大、疑难复杂案件3起，未发生“民转刑”。办理上级转办的信件2782件，接待群众来访360余人次，初信初访化解率100%；报结3件国重件，初信初访、信访积案、国家级、省级重复件治理全部清零。检查生产经营单位和居住出租房屋2.14万家次，发放整改通知书726份，完成整改9754处，组织关停各类隐患单位267家。对各重点单位开展消防疏散演练50余场，应急拉练400余次。

【稠城街道与浦江花桥乡结对共建】2022年5月12日，稠城街道与浦江县花桥乡开展“百镇共建强基”活动，双方签署结对共建协议。签约仪式上，双方就资源优势、产业项目谋划、社会治理共促、深化两地合作等进行探讨交流。12月11日，百镇共建强基“稠城花桥共富工坊”正式开馆。共富工坊主营浦江及花桥农特产品，分产品展陈馆和市场摊位2个区块，由第三方农产品专业团队进行运行；共富工坊整合小香薯、蜂蜜、茶叶、糕点等花桥及浦江本地50余种热销产品，预计年营业收入达500万元。

【“幸福义幼”党建共富联盟暨党建领雁工作室成立】2022年5月28日，义乌市“幸福义幼”党建共富联盟暨党建领雁工作室在稠州幼儿园成立并启动。“幸福义幼”党建共富联盟由义乌市稠州幼儿园支部牵头，吸收梅园幼儿园、职教集团附属幼儿园等10余所单位为工作室联盟成员，创新基层党建载体，打造学前教育领域党建品牌。联盟成员除定期学习党建、教育等精神理论外，围绕智慧父母、暖心教师和幸福儿童开展共建活动，定期开展党建论坛、师德师风读书会、家教家风培育会、新时代儿童劳动教育研究、教育政策咨询宣传等专项服务活动，推动义乌幸福幼教样态培育。

【首届“骑手节”启动】2022年7月15日，稠城街道联合义乌市市场监管局在宾王未来社区举办以“红动稠城‘骑’乐融融”为主题的首届“骑手节”。启动仪式上，稠城街道发动147家商家成立护“骑”联盟，全方位、全天候为新就业群体提供义诊推拿、爱心就餐、休息饮水等20项便利服务；联合太平洋保险公司，为辖区的新就业群体提供180份“外卖骑手雇主责任保险”，为骑手日常骑行做好安全保障。

【词林社区“幸福食堂”开业】2022年7月21日，词林社区“幸福食堂”开业，通过刷脸就餐为辖区老年人提供优质、价廉、卫生、便利的就餐服务，就餐时，只要通过人脸识别系统便可直接支付餐费。同时，每餐的费用根据老人的年龄段给予不同程度的优惠。至年底，100余人在“幸福食堂”就餐。

【“一老一小”场景】2022年10月10日，首批300个浙江省共富基本单元“一老一小”场景公布，稠城街道词林社区和宾王社区分别入选养老服务场景榜和老幼融合服务场景榜。词林社区致力打造“融在词林，相约幸福”品牌，下设“红心荟”“蓝联盟”“橙心帮”“绿智集”4个多彩“幸福密码”。“幸福食堂”每餐的费用根据老人的年龄段给予不同优惠，提供助餐、送餐

2022年7月15日，稠城街道联合市市场监管局在宾王未来社区举办首届骑手节
（稠城街道 供图）

等服务。宾王社区围绕"三化九场景"，以数字化建设赋能教育、健康、文化、服务、治理等场景，打造义驾山片区的"未来场景示范区"。形成公共服务中心、幸福学堂、智慧健康站、生活工坊、宾王书坊等八大智慧生活场景，针对人口年龄特征和居民需求特点，提供不同服务。

【稠城街道社区数量、范围调整】 2022年10月10日，市政府下发《关于同意稠城街道设立和调整社区居民委员会等事项的批复》，同意稠城街道撤销市场社区，新建秦塘、黄庭、义驾山3个社区，调整8个社区。撤销市场社区居民委员会、设立秦塘社区居民委员会、黄庭社区居民委员会、义驾山社区居民委员会。

稠城街道社区数量、范围调整一览表（2022年10月10日）

表23

序号	社　区	变动	辖区范围	社区居民委员会
1	黄庭社区	新增	义乌江—宗泽路—工人路—城北路闭合区域	宗泽路516号
2	秦塘社区	新增	工人路—宗泽路—国贸大道—北苑街道界—西城路—城北路闭合区域	工人北路261号
3	义驾山社区	新增	义乌江—机场路—稠州路—宾王路闭合区域	稠州北路251弄5幢2号
4	江滨社区	无变化	/	/
5	胜利社区	无变化	/	/
6	下车门社区	无变化	/	/
7	绣湖社区	无变化	/	/
8	宾王社区	范围变化	稠州路—机场路—工人路—宾王路闭合区域	稠州北路251弄5幢2号
9	车站社区	范围变化	城中路—机场路—国贸大道—宗泽路闭合区域	车站路189号
10	词林社区	范围变化	稠州路—宾王路—城中路—宗泽路闭合区域	工人北路261号
11	通惠社区	范围变化	城中路—庆云街—丹溪路—国贸大道—机场路闭合区域	新马路29号
12	向阳社区	范围变化	义乌江—篁园路—城中路—机场路闭合区域	义东路277号
13	孝子祠社区	范围变化	工人路—机场路—城中路—宾王路闭合区域	香港城一街58号
14	雪峰社区	范围变化	西城路—北苑街道界—后宅街道界—福田街道界闭合区域	西城北路3号
15	银苑社区	范围变化	义乌江—宾王路—稠州路—宗泽路闭合区域	宗泽路516号
16	市场社区	裁撤	/	/

【执法监督数字应用系统创建】 2022年10月26日，义乌市综合行政执法局稠城大队联合市文广旅体局开展宾馆酒店监管"一件事"检查。此次联合检查通过浙江省"大综合一体化"执法监督数字应用系统创建检查任务并发起邀约，系义乌首例。稠城大队通过"大综合一体化"执法监督数字应用系统创建任务，选定检查时间、集合地点、参与部门、检查事项、检查对象等信息后向市文广旅体局发起邀约，市文广旅体局执法人员在系统点击接受后在约定时间到集合地点签到并一同前往酒店开展检查。检查人员对照电子问题表单，对酒店建设工程规划许可证取得及提供一次性用品情况逐项开展实地检查，向酒店负责人逐项说明检查标准及规范，并将检查情况通过"掌上执法"App上传。

【"骑手公寓"建立】 2022年11月24日，义驾山社区建立"骑手公寓"，为流动党员、快递员、外卖送餐员等新就业群体提供普惠型租房。"骑手公寓"位于义驾山西街23号。公寓拥有多个优质户型，配备床、衣柜、桌椅、空调、洗衣机等基础设施，每月参与社区活动大于等于4次的外卖骑手可优惠入住，同时"骑手"的积分可用于租房抵扣、体检服务等奖励兑换。至年底，500余人入驻"骑手公寓"。

【通惠社区城芯驿站启用】 2022年12月9日，通惠社区城芯驿站正式启用。城芯驿站占地面积200余平方米，内设流动党员报到点、党员风采墙、智慧警务室、城芯书屋、城芯直播间、圈友议事厅、商圈志愿积分兑换区等功能区，旨在打造一个供市民休憩的城市会客厅，为商圈内的党员提供组织活动和教育学习场所。

【全市首家社区普惠托育园开园】 2022年12月13日，词林社区普惠托育园暨向日葵亲子小屋正式开园。托育园为义乌市首家"普惠性+公益性"社区托育机构，建立3岁以下婴幼儿照护"医、养、教结合"机制，为社区3岁以下婴幼儿家庭提供全日托、计时托、临时托等托育服务。同时，市计生协在此配套建设"向日葵"亲子小屋，定期在周末向居民家庭提供公益性的免费儿童早期发展服务，开展亲子游戏、育儿分享及健康宣教等互动活动，传授科学育儿知识和技能。开园首批100余名幼儿入园，开展亲子游戏、健康宣教等活动10余场。 （金民航）

福田街道

【概况】 福田街道位于义乌市中部，区域面积40.3平方千米，下辖31个行政村，13个社区。户籍人口2.71万户6.94万人，外来流动人口20.60万人，从业人员14万人。至2022年12月底，福田街道财政总收入12.15亿元，同比增长1.11%；一般公共预算收入7.05亿元，同比下降7.69%。

街道耕地面积962.6公顷，耕地流转面积662.1公顷。粮食播种面积174公顷，总产量922吨；蔬菜播种面积328.4公顷，产量7821吨；水果种植面积95.9公顷，产量1708.5吨；甘蔗种植面积9.3公顷，产量742.5吨；肉类总产量6.4吨，禽蛋产量11.6吨。

福田街道全宅村高粱地收割场景

（孙亦生　2022年11月9日摄）

2022年，完成固定资产投资9.01亿元，同比增长33.82%。规模以上工业企业23家，总产值12.68亿元。完成技改投资1641万元，新培育国家高新技术企业3家，省级科技型中小企业31家，实现“小升规”企业4家。新增入库规模以上贸易企业12家；实现规模以上零售总额9394万元，同比增长33.72%。新增入库规模以上餐饮企业1家，餐饮总额2581万元，同比增长13.50%；新增规模以上工业企业4家，实现规模以上工业产值12.68亿元，同比增长16.76%；实现规模以下批发2733万元，同比增长35.55%；规模以下零售1281.8万元，同比增长27.89%，规模以下工业省级样本营业收入2.07亿元，同比增长42.23%。

【重大项目建设提质增效】 2022年，福田街道完成重大项目政策难题处理加分项8个，新增入库项目12个，其中，亿元以上投资项目5个，民间投资项目9个，高新投资项目3个。组织完成173宗地亩产效益综合评价，D类企业家数较2021年减少12家，整治完成7家。100%完成低效用地整治任务共13宗6.37公顷。强化科技人才引领，完成省科技型中小企业申报31家，国家高新技术企业申报3家，国家高新技术企业复评1家，建立规模以上制造业科技研发中心3家。加大重点人才引育，与复旦大学研究生院、浙四医院等机构对接，排摸福田籍海外博士以上人才12人，完成国家级人才项目申报5人、省级人才项目申报4人。开展组货外流整治行动，累计巡查反馈点位2004处。

【美丽乡村建设进程推进】 2022年，福田街道完成4个村省级美丽乡村达标村建设，2个村省级美丽乡村精品村建设。新建环境提升项目25个，主干道绿化提档6处。启动官端前、下沈村等第一批未来乡村建设，打造官端前乡村旅游2.0版本。通过盘活资源，提前完成所有行政村50万元以上经营性收入，9个村集体经营性收入突破100万元。形成以官端前村为核心、以涌金大道和阳光大道为延伸的共富精品线。

【民生保障取得实效】 2022年，福田街道参加城乡居民基本医疗保险2.9万人，参加农村社会养老保险2万人。全街道共有低保户91户109人，低保边缘户25户33人，困境儿童74人，享受残疾人2项补助661人，残疾人无障碍进家庭12户，街道残疾人之家为15名重度残疾人提供保护。开展“慈善一日捐”活动，筹集善款12.6万余元。市慈善总会慈善救助30户14.1万元，街道慈善协会救助23户7.1万元。常态运行33个居家养老服务中心和7个服务站，全年提供各类服务3.09万人次。

【矛盾纠纷排查化解】 2022年，受理各类矛盾纠纷2164起，调解成功2154起，调解成功率99.5%，涉及金额1800余万元；化解各类矛盾纠纷164起，调解涉案金额719.55万元。推出福田街道“安薪码”受理欠薪案件450余件，妥善化解劳动工资纠纷1600余万元。组织村社调解主任培训6场次。通过签约，实现村社法律顾问全覆盖，法律顾问团走访辖区群众645人次，解答法律咨询258起，协助调解矛盾纠纷125起；交办初信初访件4528件，化解4451件，化解率98.3%；通过“浙里访”网上办理流转办理信访件4646件，按期办结率100%。新疆少数民族服务站（和缘居）运行良好，为38名少数民族同胞解决就业、住房困难。

【共富发展】 2022年，福田街道统筹做好山海协作和东西部协作、对口支援、对口合作等工作，带动对口地区共同富裕。与天马山镇深化对口协作，完成调研互访，开展电商直播培训，深化农产品销售领域合作。6月13日，与莲都丽新畲族乡签订山海协作协议，互补互促互进。7月23日，开展“百镇共建强基”行动，与磐安新渥街道结对共建，成立“市场携手 融合发展”共富联盟建设“福新农贸共富市场”。发挥侨商力量，培育建设“共富工坊”25个，下达订单50亿元，发放来料加工费5亿余元，惠及从业人员1万余人，助力山区26县共富发展。

【新时代文明实践活动】 2022年6月，福田街道新时代文明实践所迁址稠银大厦四楼，实践所与工商学院联合推出10期中共十九届六中全会精神微党课，开展系列宣教活动230场；组织福田街道新时代拨浪鼓宣讲团分片包干到44个村（社）开展中共二十大精神宣讲266场，全面营造好学习宣传贯彻中共二十大精神的浓厚氛围。

（朱丹萍）

江东街道

【概况】 义乌江东街道地处义乌市东部，总面积91.6平方千米。下辖36个行政村、16个社区。户籍人口3.79万户、9.54万人，外来人口17.12万人。2022年，江东街道实现财政总收入12.03亿元，同比增长21.86%；一般公共预算收入7亿元，同比增长8.93%；本级有效投资8.1亿元，完成率125%。5项重要经济指标100%增长，财政总收入、一般公共预算收入增幅均居全市第二。《新闻联播》5分钟专题报道鸡鸣山社区基层治理新实践，取得攻坚竞赛红旗8次。

耕地面积741公顷，耕地流转面积315公顷，土地集中流转率42.51%。粮食播种面积382.92公顷，产量2301.3吨；蔬菜播种面积516.53公顷，产量13938.34吨；水果种植面积147.94公顷，产量3575.42吨；甘蔗种植面积17.53公顷，产量1313.79吨。肉类总产量17.5吨，禽蛋总产量4.7吨。

规模以上企业25家，工业总产值14.05亿元，逆势同比增长3.88%。高新技术产业投资8932万元，完成率137%。培育"小升规"企业4家。完成固定资产8.12亿元，其中工业投资1.63亿元。2022年，企业研发费用6929万元。新增认定国家高新技术企业4家，备案国家科技型中小企业10家，认定浙江省科技型中小企业22家，省级高新技术企业研发中心1家，金华市级研发中心3家。举办揭榜挂帅活动4场，征集企业技术难题50项，领用企业科技创新券180万元。

【城乡风貌区建设】 2022年，江东街道坚持项目为主，"双循环"能级迭代跃升，高质量推进"多元共融、鸡鸣揽胜"国际融合城乡风貌区建设。投资2亿元未来农业项目签订协议，消化批而未供超额完成，获农民建房奖励指标6.82公顷。全年完成土地出让37宗，出让金25.47亿元。

【深耕共同富裕赛道】 2022年，江东街道坚持以人民为中心，砥砺深耕共同富裕赛道。双江湖新区建设接续前行，西赵村13天实现100%签约，供店、前流、西赵3个村完成整村拆，连片拆20.5万平方米，实现当年启动、当年签约、当年拆除。青岩区块建设有序推进，毛店一期2618套圆满交房。36个村100%提前完成50万元以上消薄任务。曲江风荷分房、东大门新社区集聚项目共同富裕优秀做法2次被浙江省《新闻联播》等权威媒体报道。

【党建统领现代社区建设】 2022年，江东街道坚持党建统领现代社区建设，成功承办全省现代社区现场会。数字化改革未来社区建设扛旗争先，鸡鸣山社区成功被评为全省首批未来社区，为金华地区唯一首批未来社区，东洲社区入围全省未来社区创建名单。5月6日，省委书记袁家军在全省城乡社区工作会议点赞肯定江东街道现代社区工作。锚定"'五学'研宣奋楫笃行"礼赞中共二十大主题，街道新时代文明实践所、临江社区、宗泽小学3家单位入围义乌市首批最佳实践案例。

【迭代"技防+人防"】 2022年，江东街道迭代"技防+人防"，筑牢除险保安防线。主动承接应急体系改革试点，11月1日，江东街道在全省应急体系改革现场会作典型交流发言，为金华唯一发言单位。反诈发案率、案损额实现"双下降"，降幅均位居全市前列。"民转刑"、亡人火灾零发生。省委常委刘小涛批示肯定江东基层治理做法。（刘雅娴）

稠江街道

【概况】 稠江街道地处义乌市区西南，行政区域面积38平方千米，下辖2个共建委、13个社区、24个行政村，常住人口30.8

万人，户籍人口5.67万人。实现财政总收入27.17亿元，同比增长7.5%；一般公共预算收入19.69亿元，同比增长14.2%。

街道共有耕地面积802.13公顷，耕地流转面积430.62公顷。粮食播种面积230.97公顷，粮食总产量1694.50吨；蔬菜播种面积621.36公顷，产量3356吨；水果种植面积66.97公顷，产量1306.58吨。新增农业标准地35.05公顷，旱改水项目面积11.86公顷，垦造耕地0.4公顷。辖区内24个行政村全部实现集体经营性收入50万元以上，其中7个村经营性收入100万元以上。完成创建新时代美丽乡村精品村1个，新时代美丽乡村达标村2个。

实现规模以上工业企业完成工业总产值76.07亿元，其中，高新技术产业产值16.95亿元，新兴战略产业产值10.71亿元。完成投资总额7.34亿元，同比增长58%，其中，工业完成3.81亿元，同比增长50.25%。完成辖区低效用地整治23宗43.75公顷，3家高税无地企业顺利落地。持续推进企业转型升级，完成国家高新技术企业认定16家，国家科技型中小企业认定74家，认定省科技型企业37家、金华市级研发中心11家，规模以上工业企业中金华市级研发中心覆盖率达35%以上。新建投用育才学校、稠江小学高新校区2所新学校。稠江街道社区学院创建省现代化社区学校，锦都社区成功创建省级"民族团结进步创建重点培育单位"。全年，累计完成S2物流园地块、爱美莱、晟佳织造、卡游、稠江四小、富港加油站等42个项目政策处理，完成土地征用192.06公顷。城镇职校扩建项目顺利推进，经发堂新建和搬迁历经10余年成功破题；以凤凰山区块、华莱氨纶区块、高庚区块为主的城市、工业和农村有机更新全面启动。

【辖区安全保障】 2022年，稠江街道开展"三张清单"安全生产大排查大整治，累计消除各类安全隐患5.9万处；整治市级挂牌企业2家，主城区16个应急智慧站点全部建成，杨村社区、黎明社区全市率先实现烟感全覆盖，街道火灾成灾数同比下降18%。开展燃气安全集中整治攻坚行动，查处整改隐患5663处，完成减压阀更换1.1万个。开展辖区自建房排查专项整治和"回头看"行动，筛查疑似危房958户，完成鉴定95户，除险加固9户。落实信访9项制度，化解诸宅、官清畈等国重省重积案19件。完成四海大道与永贸路交叉口、国贸大道柯村段、G235家具市场段等6个交通黑点整治，经发大道与西江路、经发大道与香山路等32个路口和人行横道提升改造，106处零星交通设施问题整改。街道辖区发生道路交通亡人事故7起，同比下降45.45%，省级道路交通安全挂牌整治成功摘牌。

【百镇共建】 2022年5月19日，稠江街道与磐安县盘峰乡结对共建，双方领导班子交流互访19次，投入共建资金170万元，达成合作项目4个，联创特色精品村1个。7月15日，稠江街道出资的"稠江·盘峰共富之窗"开门营业。9月28日，"百镇共建'喜迎二十大'"稠江·盘峰文化走亲活动在盘峰乡榉溪村举行。至年底，开展兴村治社名师巡回指导7次，各类示范交流22次，联合主题党日2次；组

2022年9月28日，"百镇共建，喜迎'二十大'"稠江·盘峰文化走亲活动在盘峰乡榉溪村举行 （稠江街道 供图）

织文化走亲活动2场、义诊巡诊2次，文化联创非遗保护活动1场，师生集体交流1次；组织工会赴盘峰疗养3600余人次，推介就业岗位130余个。

【有机更新全面启动】 2022年6月，古母塘北、下沿塘、喻宅南三大集聚项目建设正式启动。古母塘北侧区块总用地8.13公顷，可安置1810套住户；下沿塘区块总用地6.05公顷，可安置1432套住户；喻宅南区块总用地11.26公顷，可安置2932套，25.44公顷、6174套。建设成后，主要用于安置喻宅、新村、高庚、春联、水冰塘、下何宅等村的拆迁农户。7月，稠江街道以凤凰山、湖大塘05地块6公顷为主的城市有机更新正式启动。湖大塘05地块完成出让，出让金16个亿元；凤凰山地块签约率达100%；以华莱氨纶、凯事达地块28.2公顷为主的工业有机更新完成土地收储正式签约。以双江湖新区5个自然村、城镇职校涉及高庚村为主的新社区集聚顺利推进，高庚村实现100%签约。

【稠江街道楼下社区揭牌成立】 2022年6月15日，楼下社区揭牌成立。由原永祥社区部分区域分设出来，辖区占地面积0.93平方千米。社区所辖范围：国贸大道—六瑞堂路—贝村路—童店路—义乌江—经发大道闭合区域，社区常住人口2万余人。社区内有5所学校、17家宗地企业、1000余家生产经营单位。毗邻江滨公园，周边配套齐全，是集居住、投资营商、医疗、教育于一体，配套完善的新型社区。楼下社区以“党建+”为抓手，以建设“楼下一家亲”为目标，通过组织共建、资源共享、活动共办、难题共解、品牌共创等，实现服务群众零距离、社会治理共参与的生动局面，为建设活力稠江作出新的贡献。

【稠江街道社区调整】 2022年6月15日，义乌市人民政府《关于要求成立西江社区、楼下社区及调整昌德社区、永祥社区四至范围的请示》同意设立西江社区居民委员会，社区位于永贸路502号，所辖范围：五洲大道—开心路—西江路—环城南路—义乌江—富港大道闭合区域。同意设立楼下社区居民委员会，社区位于童店路50号，所辖范围：国贸大道—六瑞堂路—贝村路—童店路—义乌江—经发大道闭合区域。同意调整昌德社区居民委员会所辖范围，调整后社区所辖范围：六瑞堂路—贝村路—环城南路—国贸大道闭合区域。同意调整永祥社区居民委员会所辖范围，调整后社区所辖范围：童店路—义乌江—环城南路—贝村路闭合区域。 （范翰翰）

北苑街道

【概况】 北苑街道位于义乌市区西北，区域面积36.6平方千米，下辖16个社区。常住人口7.39万人，流动人口27.4万人。2022年，实现财政总收入25.17亿元，同比增长11.12%；一般公共财政预算收入14.62亿元，同比下降5.26%。

街道耕地面积461.4公顷，蔬菜播种面积391.1公顷，产量1.07万吨；水果种植面积82.9公顷，产量1479.4吨；甘蔗种植面积1.73公顷，产量147.4吨。肉类产量0.84吨，禽蛋类产量0.6吨。

实现规模以上工业企业完成工业总产值176.2亿元，其中高新技术产业产值74.49亿元。完成投资总额7.8亿元，同比增长9.48%，其中，工业完成4.6亿元，同比增长57.38%。淘汰落后产能企业2家，挖潜规模以上企业后备力量，培育“小升规”企业1家。有序推动工业用地收储，实施石桥头工业区有机更新16.45公顷，推进21家私营企业签约腾空、搬迁拆除工作，提高对优质项目落地的承载力，为打造义乌国际电商数字产业港园区腾出发展空间。整治提升低效工业用地 60公顷，治理亩产效益评价D类企业5家，实现低效用地有序退出、高效盘活。强化科技型企业培育力度，申报省科技企业36家，认定规模以上企业研发中心13家，申报国家科技型中小企业62家，申报国家高新技术企业13家，申报国家高新技术企业复评7家。加快推进企业数字化改造，推动华鼎锦纶、高普服饰智能工厂、数字化车间项目建设，助力艾恋针织入选轻量化改造试点企业。

文体卫生事业蓬勃发展。打造浙江省民生实事"15分钟品质文化生活圈"应用场景，新建悦读吧、健身房、运动场等场所5个。完成义乌市民生实事"花开四季"112场，组织送戏下乡56场，跨县市文化走亲(磐安仁川镇)1场，开展读书阅读活动、品牌培训讲座等文化惠民活动429场。组织开展"浓情腊八粥，留您迎虎年"主题活动、"齐享民族文化，共度祥和虎年"年味分享会、中秋走访慰问等活动103场，筹办中秋节等文艺晚会13台。北苑街道社区卫生服务中心综合实力明显提升，获评二级乙等综合医院、2022年度义乌市级科普教育基地。打造8个社区卫生服务站，组建社区家庭医生签约服务团队10支，为9411名60周岁以上老年人免费接种流感疫苗。教育水平持续提升，拟定"北苑街道小学项目规划和建设"计划，开展春华小学、黄杨梅小学、柳青工业更新区块小学、北苑二小4所小学工程项目，推进"百园工程"建设。落实辖区96家营业培训机构"双减"工作，65家学科类培训机构转成非学科类或注销。

【城镇建设项目全力推进】 2022年，北苑街道注重精细管理，狠抓项目质量，续建及新建邻里坊、旧改高层、党群服务中心等房建项目12个，对老旧小区外立面改造17幢；完成各类市政配套工程20个，完成路网、人行道等改造工程面积26.75万平方米；续建及新建供电项目38个、给水项目14个、天然气项目7个、道路照明路灯项目6个；完成各类绿化工程11个，对北苑路、拥军路、春晗路机非隔离带提升改造面积7245平方米，建成迎省运绿雕2座。启动建设二村和石桥头区块的有机更新。

【"三改一拆"收效斐然】 2022年5月，制定《北苑街道自建房安全专项整治实施方案》，累计拆除违法建筑面积1.2万平方米，拆除大三里塘、万村、茂后旧房13处，完成125个卫片图斑整改和举证；累计排查辖区自建房1.3万户，专业机构鉴定后确定危旧房C级70户、D级20户，发放危旧房告知书240余份，转移老旧房屋居民790余人，签订旧房拆除(腾空)协议37户。完成宅基地审批32户，集聚审批189户，跨村安置完成投标227.5间，安置农户92户；解决花园社区茂后村历史遗留问题5户并拆除旧房，完成茂后第三批产业用房、垂直房选位；完成万村4.27公顷种植土剥离，解决万村5户历史遗留问题并拆除旧房，完成万村第三批260人投标选位。

【生态环境持续改善】 2022年，北苑街道投资1000余万元开展全域管网改造。推进望湖家园等5个二次供水改造项目，提升二次供水水质。发挥天眼智能巡查和义乌数字文明创建平台应用，发现并整改基础设施破损、环境卫生脏乱、公共秩序混乱等问题1.45万件，提升19座公厕便民设施，新建12座垃圾分类房，创建国际村、现代花园等5个省级垃圾分类示范小区。完成12个地块66.67公顷土壤污染调查和25家工业企业挥发性有机物整治提升工作，累计处置工地、道路扬尘和秸秆焚烧问题150余起，整改中央、省环保督办件17个。

【民生保障持续提高】 2022年，北苑街道推进办事大厅智慧化管理，配备自助服务设备，加强网办、掌办的引导指导，提升街道窗口办件能力，全年窗口办理服务事项6352件，"钉钉代办代跑"服务事项2135件，"同年哥来帮忙"服务事项273件。实施残疾人家庭无障碍改造13户，给予残疾人小额辅助器具17人，发放残疾人创业补贴10人。开展"慈善一日捐"活动，募集捐款132万元，慈善救助22户71人，发放救助金11.9万元。走访低保低边等重点优抚对象492人，发放低保金27.38万元。

【安全生产扎实推进】 2022年，北苑街道对2310家单位开展复工复产期间安全生产大检查大整治，整改安全隐患500余处。对10个电商园、294家宗地企业、2745家小微企业、2312个地下室、1600家餐饮单位开展规范化安全整治，消除安全隐患4800余处。开展重点领域消防安全专项整治，组织大清查活动40余次，累计排查居住出租房1.34万处、沿街店面7182处、住宅高层600余栋、人员密集场所180余处，处理“多合一”场所420处。组织3.3万人参加安全生产宣传月活动，开展消防逃生演练127次、线下消防培训51场，出动消防宣传车240余车次。

【信访矛盾化解】 2022年，北苑街道建立矛盾纠纷会商研判制度，组织信访会商32次，讨论研判信访件117件，严格执行“领导包案+专班化解”制度，全年化解积案21件；推动初信初访“最多跑一地”，累计接访群众453批次786人次，受理网上来电投诉2274件，排查矛盾纠纷191件，创新“滴滴调解”模式，调处纠纷2458件，涉及金额1038万元。打造永久性法治宣传栏21个，创建金华市级“枫桥式”司法所，被中共金华市委金华市人民政府予以“金华市社会综合治理成绩突出集体”通报表扬。

【社会治安不断改善】 2022年，北苑街道优化网格设置，治理体系标准划分231个网格和1116个微网格，配齐网格人员，完成网格落图。深化群防群治队伍建设，配齐16个社区平安服务队377人、“一村一辅警”87人。联合辖区派出所，出动9562人，清查各类场所8900家、企业9812处，登记流动人口1.94万人，排查居住出租屋1.05万处。全年发生诈骗类警情742起，同比下降33%；通信网络诈骗类警情678起，同比下降33%；侵财类警情1457起，同比下降17%；纠纷类警情2566起，同比下降5%。

【“两新”组织不断增强】 2022年，北苑街道提高“两新”企业支部覆盖率，等建立“一企一策”，新建党支部2个，联建党支部6个。常态化开展“支部提难题，党员解难题”、党员联系车间等活动57场次，解决难题13个。以电商党建联建机制为牵引，整合社区大党委优势资源，制订《党建联盟工作办法》《党建联盟防瘫防软制度》，签订《联盟公约》，合办招聘会、招商会45场次。建立党群服务中心、驿家亲、“三师助企”工作站等“阵地共享”清单，选派优秀园区党支部书记到结对园区开展“把脉问诊”现场会10场次；推出彩虹集市、“1688”公开课等10大特色服务项目，“彩虹服务团”赴各园区巡回开展政策解答、项目申报、人才管理等12类组团服务13场次。（全　蕾）

后宅街道

【概况】 后宅街道位于义乌西北部，区域面积67.88平方千米，下辖3个共建委32个行政村、6个社区，常住人口6.5万人，流动人口10.2万人。2022年，完成财政总收入7.15亿元，同比增长9.43%，其中，一般公共预算总收入4.88亿元，同比增长7.5%。

2022年，完成全社会固定资产投资9.02亿元，同比增长200.6%；完成制造业投资5亿元，同比增长376.9%；完成高新投资1.5亿元，同比增长664.7%；实现规模以上产值16.29亿元，同比增长1.09%；实现限上零售额79.72亿元，同比增长10.51%；限上批发额22.98亿元，同比增长0.25%。完成低效用地整治5.71公顷，D类企业整治10家，申报金华市研发中心3家、省科技型中小企业12家、国家科技型中小企业16家，申报国家高新技术企业5家、省级新产品19项。全力保障联东U谷、生命科学园、高新科技园等项目建设，加快恒邦、振德项目搬迁投产。

非农化非粮化整治。完成4处连片抛荒29.53公顷整治，优化调整粮食生产功能区，新增102公顷。实施农业强基行动，完成方塘、余店等高标准农田建设项目18个308.27公顷，新建灌溉渠道25.29千米；梳理腾退低效流转土地186.96公顷，新建机耕道路29.59千米。实施小田改大田37.87公顷，新增钢架大棚3200平方米，喷滴灌项目2公顷。推进植物园旱粮基地、花间乐园2个双强示范畈建设，种植水稻178.29公顷，高粱、荞麦、玉米等旱粮作物66.06公顷，小麦136.61公顷。

2022年，完成城乡居民医疗保险2.87万人，参保率98.62%；城乡居民大病保险2.64万人，参保率95.02%。慈善救助175人44.1万元。稠岩、起航、洪深3家慈善工作站挂牌。新增低保、低边救助41人，注销低保、低边43人；受理残疾人证新办、变更、补办申请100余人次，办理老年证500余人次，新增、变更、注销3项补贴255人。完成辖区1585名残疾人年度基本状况及490名就业年龄段残疾人就业状况调查、8户残疾人家庭无障碍设施改造。开展信访积案攻坚，化解矛盾纠纷897起，涉案金额2100余万元，矛盾调解成功率超98%。发放反诈宣传资料10余万份，"精准劝阻"涉诈高危人员4600余人次。

【后宅区域中心打造】 2022年，后宅街道完成黄龙、宅二、永宁1735户签约，签约率99.71%，拆除3个村旧房21.4万平方米，为全面启动中心镇区改造扫清障碍。街道与双江湖集团达成合作总投资49亿元。投资32.5亿元，推进镇区5个集聚项目建设，新建安置房5390套，总建筑面积59.9万平方米，异地集聚安置4377人。投资2.56亿元的5条主次干道全面建成，"三横一纵"核心路网基本形成，有序推进学校、邻里中心、大型商业综合体建设，中心镇区新发展格局全面成型。

【新时代美丽乡村全覆盖】 2022年，后宅街道完成新时代美丽乡村达标村全覆盖，创建现代化示范村2个、现代化村3个、精品村8个、达标村15个，上金村创建省美丽乡村特色精品村。打造重点区域风貌提升示范，高分获评义乌"红色创享"县域风貌省级样板，洪巡溪后宅段成功创建省级美丽河湖；推进未来社区建设，北站社区成功列入省第二批"未来社区"创建名单。加快实施27个村农房改造，"84.5"号试点村全备合院顺利结顶，下万、下旺2个安置区全面启动，解决795户安置遗留问题。推动村集体经济多元化发展，32个行政村集体经营性收入均超50万元，10个村超100万元。

【高质量推进市委巡察整改】 2022年4月8日至6月30日，市委第一巡察组对后宅街道党工委及38个村社开展巡察。8月24日，市委第一巡察组反馈巡察情况，指出街道面上问题267个，其中，街道本级具体问题41个，各村（社）具体问题226个。至年底，完成整改255个，完成率95.5%，累计追缴资金118.63万元。处置巡察反馈问题线索，党纪立案5件、组织处理2人、民主生活会批评帮助11人，其他形式处理23人。制定完善"三重一大"、工程管理等5项制度，切实提高街道服务能力和管理水平。

【百镇共建强基推进】 2022年5月14日，根据《八婺同心共建共富"十百千万"结对行动方案》要求，婺城区长山乡党政班子到义乌市后宅街道考察调研，开展共富示范结对共建活动并签约。后宅街道与长山乡从干部共育、组织共建、产业共兴、乡村共富、服务共享、文化共荣、美丽共创、治理共促8个方面着手，推进资源整合，深化多领域合作，建立消薄联盟，打造长山—后宅研学联盟。至年底，开展治村导师交流、联合主题党日、文化走亲、研学基地揭牌、"共建共富贷"等活动12次，推动共建工作取得实效。

【流动党员全链条管理】 2022年6月26日，后宅街道流动党员之家揭牌运行。流动党员之家是一个集"党建指导、政策宣讲、服务发展、凝聚共识"于一体的党建阵地，规划布局红创空间、共享水吧、红色直播间、法律服务站、宝藏小屋、留心学堂等功能区。后宅街道有4个流动党员支部，200余名流动党员，来自浙江、江西、安徽、福建等省。街道针对辖区内人口结构复杂、流动党员多的实际，以"流动党员标准化管理十二条"为抓手，严格实施流动党员"五同"管理，打造"留雁留心 兴业兴宅"品牌，高标准推进全省流动党员全链条管理试点，组建30余支"小巷队伍"，每月常态化开展活动。

（陈双英）

廿三里街道

【概况】 廿三里街道位于义乌市区东部，区域面积72.2平方千米，下辖4个社区，28个行政村，2个居委会。户籍人口2.54万户5.40万人，流动人口13.67万人。2022年，全年实现财政总收入7.21亿元，同比增长59.88%；实现一般公共预算收入4.31亿元，同比增长34.69%。

完成工业总产值309.74亿

元，同比增长35.51%，规模以上工业产值252.14亿元，同比增长52.92%，增速列全市第二。完成总投资8.32亿元，其中，工业投资6.51亿元，同比增长81%，列全市第二。规模以上企业（2000万元及以上企业）108家，完成规模以上销售产值287.89亿元，同比增长81.77%；实现新产品产值220.69亿元，同比增长69.97%；实现规模以上工业增加值50.43亿元，同比增长53%。

街道耕地面积1500公顷，耕地流转面积800公顷。粮食播种面积820公顷，总产量4900吨；蔬菜播种面积420公顷，产量1.42万吨；水果种植面积85公顷，产量2900吨；推广商品有机肥450吨。完成土地综合整治面积40公顷，高标准农田建设面积266.67公顷；粮食生产功能区完成调整553.33公顷，建成南枣产业园8.8公顷。完成农业"标准地"扩面建设面积69.4公顷，累计高标准农田建设面积323.73公顷，农产品自采检测630批次。义乌市飞扬农机专业合作社被评为金华市"双强"农业示范基地。

2022年，开展文体活动600余场，参与人员5000余人，服务5万余人。街道新时代文明实践所开展《拨浪鼓直播间》线上直播主题活动8期；开展"喜迎二十大 传承好家风"宣讲活动、"弘扬廉洁好家风、共度欢乐中秋节"等系列实践活动200余场；推出"拨浪鼓公益课"项目，开展少儿公益课650课时；入村开展少儿公益培训124场。开展送书画、摄影等展览26次，送戏下乡15场，送"流动书场"活动33场，文化民俗活动75场。新增非物质文化遗产传承人4人。至年底，廿三里街道共有非物质文化遗产传承人13人，非遗传承基地2个，不可移动文物115处。

参加城乡居民医疗保险和大病保险5.26万人，参保率分别为99.99%和96%。新办理低保户14户21人，新办理低保边缘户6户9人，享受农村最低生活保障家庭204户266人。办理临时救助13户22人，救助计6.73万元，慈善救助对象49人，计21.1万元。发放重度残疾人护理补贴614人、困难残疾人生活补贴157人。完成廿三里街道残疾人之家建设，通过竣工验收。协助市民政局做好辖区内婚姻登记集中补证工作，完成婚姻补证4477对。完成"枫桥式"退役军人服务站建设，通过省厅验收。加强辖区文体设施维护及建设，修缮健身器材55件；新建羽毛球场8片，塑胶篮球场4片，百姓健身房1个,完成11个"15分钟品质文化生活圈"的打造、1家文化驿站和30个"E家书房"的建设。全年排摸社会矛盾纠纷119起，化解113起，累计销号信访初访203件，化解信访积案14件。

【科技创新和实体经济发展深度融合】 2022年，廿三里街道聚焦科技提升，推动科技创新和实体经济发展深度融合，科创投入力度持续加大，品牌建设、研发能力切实增强。企业研发费用投资总额9.16亿元，新增国家高新技术企业12家、省级科技型企业24家。企业"小升规"培育工作成效明显，全年完成"小升规"培育12家。精准把握招大选优招商思路，咬定项目落地转化，统筹谋划工业用地2.67公顷，完成瑞泽服饰、贝菲饰品2家高税无地企业落地。完成固定资产投资7.37亿元，同比增长63.74%，其中，浙江宣闳科技有限公司、义乌市创翊饰品有限公司年度完成投资额破1亿元。践行人才强市战略，完成国家级人才申报4人、省级人才申报4人、"金华双龙"申报4人。前三季度人才码激活工作全市综合排名第二。轻量级数字化工厂改造有序开展，棉田针织成功入选义乌市轻量化改造试点企业名单。完成D类企业整治20家，整治率80%，全市镇街排名第二；完成低效工业用地整治26.67公顷，完成旧厂区改造23.48万平方米。

【新时代美丽乡村建设】 2022年，廿三里街道完成辖区30个村新时代美丽乡村建设、华溪谷美丽田园完成"双强"示范畈验收工作。完成农业项目招引2个，并落地开工建设。开展农村消薄，所有村实现村集体经营性收入50万元以上，其中8个村完成100万元以上。推进农村有机更新，完成分户报批301户；上报确权10宗；注销土地证登记386本。完成如甫等6个村农村有机更新规划报批。启动麻车塘高层、下娄高层项目。总工程造价10亿元，共1396套住宅，涉及6个村的村民。

【市政道路提升改造】 2022年，廿三里街道完成思源路、诚信大道、永泰路等市政道路提升改造，实施G351延伸段道路建设；完成6个道路绿化景观工程，累计完成街心小品公园建设6处、配套林荫停车场2座，两路两侧绿化提升3.5千米；启动埠屏线、下后线等8条道路路灯照明工程。优化液化石油气供应站点布局，全面淘汰5处 Ⅲ级燃气站点，完成2处 Ⅱ 类站点、9个公交候车亭和21处新能源充电桩建设。

【喜迎二十大"音乐思政课"启动】 2022年5月30日，义乌市喜迎中共二十大"音乐思政课"启动仪式及首场演出在廿三里第一小学举行。活动由中共义乌市委宣传部主办，义乌市融媒体中心、廿三里街道党工委、办事处承办，义乌市教育局、义乌市关心下一代工作委员会协办。首场音乐思政课由《序·青春之我》《立大志·我们都是追梦人》《明大德·我将无我，不负人民》《成大才·每个人都了不起》《担大任·撸起袖子加油干》《尾声·青春向党》6个篇章组成，将理论宣讲、情景剧、诗歌朗诵等融为一体，展现青春力量，再现焦裕禄、边防战士、"两弹一星"元勋、袁隆平、艾爱国、苏翊鸣等榜样故事。市教育局、市关心下一代工作委员会、廿三里街道党工委办事处的相关人员与廿三里第一小学的全体师生共400余人参与现场活动。

2022年12月31日，工作人员在"廿家·共富工坊"直播间推销李宅麻糖（龚露露　摄）

【"小货郎"可回收物乡村便民回收站】 2022年9月2日，廿三里街道"小货郎"可回收物乡村便民回收站正式运营。便民回收站一改传统的废品回收形式，回收站工作人员化身"小货郎"，采用"小货郎"互联网+再生资源回收新模式，用户可以通过官方电话一键下单。在上社小区设立常驻点，西京村、华溪村设立定时定点回收示范点，采取流动车辆的形式入驻村庄开展回收业务。至年底，廿三里工业垃圾分拣中心收入工业垃圾1.07万吨，转运9233.8吨；廿三里再生资源分拣中心累计回收废金属1万吨、废纸4658.2吨、有色金属470.7吨、废纺92.12吨、玻璃44.75吨、大件垃圾2352件。

【"廿家·共富工坊"】 2022年12月31日，义乌市网上年货节暨廿三里麻糖节在廿三里街道前溪印象"廿家·共富工坊"启动，通过网络直播推销李宅麻糖、华溪谷大米、雅荷南枣、豆制品等特色食品和农副产品。年货节开播当天，麻糖销售额7万元。"廿家·共富工坊"电商直播式共富工坊，作为街道乡村振兴培育项目，总投资296万元。位于义乌市廿三里街道盘溪路498号，总面积1300平方米，以李宅麻糖产业为基础，立足麻糖、豆制品等特色传统产业，设李宅麻糖生产区、农副产品展销区、直播间、"非遗"传承体验区、百镇共建对口单位农副产品专卖区。同时，共富工坊设立百镇共建对口单位浦江县岩头镇农副产品专卖区，展销火龙果、红美人等当季农副产品。

【保租房安居工程】 2022年9月7日，廿三里保租房安居工程在廿三里街道思源社区破土动工。该工程为省重点民生工程项目，项目估算总投资3.8亿元，总用地面积2.14万平方米；由6栋高层住宅和配套商业服务用房组成，保障性租赁住房1206套，配套用房包括健身活动、亲子托育、生活起居、办公空间、科普展示、创业交流、党建活动阵地等，项目建成后进一步提升廿三里街道创新创业环境。（楼青元）

城西街道

【概况】 城西街道位于义乌市区西部，区域面积60.2平方千米，下辖30个行政村，3个社区，常住人口8.78万人，户籍人口4.82万人，外来流动人口8.05万人。2022年，财政总收入4.93亿元，一般公共预算收入2.51亿元，完成有效投资6.52亿元，同比增长47.61%。

2022年，完成工业总产值51.28亿元。规模以上总产值22.64亿元。外贸出口交货值10.7亿元，同比增长持平，实现“小上规”企业9家。完成固定资产投资4.82亿元，其中工业性投资7474万元。落实工业性投资项目（含技改）14个，完成投资项目17个。培育国家高新技术企业7家，省级科技型中小企业9家，市级研发中心3家。

街道耕地面积937.67公顷，粮食农作物播种面积156.2公顷。蔬菜播种面积550公顷，产量1.58万吨。水果收获面积163.27公顷，产量3212.2吨。肉类总产量2.4吨，禽蛋产量2.1吨。

陆港电商城二期投用，招引入驻企业160家。综保区保税仓储工程竣工投用，实现进口额198亿元，约占全市进口总额的45%。成功引育分水塘“百工坊”研学中心、何斯路“大自然学校”、石明堂“虾稻共生”、流里塘“盆景产业园”等产业项目，其中，“虾稻共生”项目被评为“省级健康养殖示范场”。成立强村公司，谋划富民项目10个，30个行政村均完成村集体经营性收入超50万元，其中，11个村超100万元，夏演村获金华市排名第35名，城西街道分水塘村成功被评为“第二批省级未来乡村”。

【有机更新全面推进】 2022年，城西街道同步推进21个区块有机更新工作，东红、里界、流村3个村完成整村拆除，分户审批2167户，超全市总量五分之一。6个村“84.5号”新政策加快落地，五一村合院区块完成土建工程，六一村垂直房区块280户开工建设，开创社区一期454套完成房屋资格签抽签、土地出让、基础建设，莲花社区完成土地征收；模具城三期涉及企业完成征收拆除，共拆除企业4家，腾出发展空间1.33公顷；禾创区块企业完成征迁协议签订，拆除建筑面积2.7万平方米，腾出发展空间9.13公顷。“连片拆”建筑面积6.36平方米，“违法拆”3.56万平方米，拆后利用率达到100%。完成“拔钉清障”项目7个，上田畈村、平桥村成功创建无违建示范村。排查工业企业违建32处，整治沿线乱搭乱建和违章建筑32处。

【民生实事惠民生】 2022年，城西街道“信仰树宣讲团”入选金华市新时代文明实践精品案例，“信仰树开出有礼之花”入选义乌市首批“有礼单元”建设最佳实践案例。全年送戏下乡12场，送电影下乡171场，“信仰树”志愿者联盟完成线下服务21场；打造“15分钟品质生活圈”8个，推动农村“e家书房”全覆盖。义乌公学二期主体工程基本完成，东河小学、开创幼儿园建设完成。深化“大整治、大清洁”行动，清理卫生死角712处，拆除乱搭乱建383处；新建垃圾分类“两定四分”点位125个，万商华府被评为“省级高标准垃圾分类示范小区”，伏龙山路被评为“省级定时定线收集示范街区”。开展安全生产提升行动，完成农村企业自建房屋排查1.14万户，危旧房鉴定156户。对全街道103宗工业厂房及234家物流电商企业开展“三服务”，解决问题339个。检查食品生产、流通单位781家，食品安全责任书签订率100%。城西街道便民服务中心大厅完成改造提升，服务窗口从5个增至24个，可办事项从206项增至413项，增长100.5%；改造后，中心总办件量1.3万件，同比增长60.7%。

【乡村旅游精品线路】 2022年5月4日，“望道信仰线”被评为

2022年"浙里田园"休闲农业与乡村旅游精品线路。8月5日，浙江省文化和旅游厅、省农业农村厅公布《浙江省首批金AAA级景区村庄培育名单》，陈望道故里分水塘成功入选名单。同月7日，浙江省交通运输厅公布《浙江省首批"十大最美农村路"名单》，义乌市东关至黄宅公路成功被评为"十大最美农村路"。"望道信仰线"是义乌十条美丽乡村精品线之一，主要围绕望道红色精神进行总体布局，将沿线的七一生态园、新石器文化遗址（上山文化）、石明堂花厅、长堰水库、古圣寿寺、何斯路薰衣草公园、陈望道故居等旅游景点、景区有机串联，打造中国红色宣言瞻仰圣地、中国爱国主义教育基地、中国红色文化旅游目的地。2022年，"望道信仰线"的游客14.7万人次，其中，七一村接待团队640批次，累计3.5万人次；何斯路村接待学习团队133批次，2.1万余人次，营业收入108万元；分水塘村接待参观学习团队1160批次，4.5万人次，散客4.6万人次。12月27日，"望道信仰线"连接上溪、后宅美丽乡村精品线，成功通过省红色创享县域风貌样板区验收，并纳入省财政厅"一事一议"奖补支持共富乡村试点项目。

【"村村结对"精准帮扶】 2022年6月11日，城西街道13个结对村"两委"干部分别赴檀溪镇13个村开展共建活动。5月始，城西街道投入50万元共建资金，重点对接檀溪镇的鲜切花项目，至2022年底，发展12公顷地用于芍药鲜花种植，正常投产后每亩地预期收益可达3万～5万元。城西街道立足何斯路村"大自然学校""院士稻"，石明堂村"稻虾共生"等项目，对接檀溪镇种粮大户、农业能手，共享优势资源，实现"村村结对"协同发展。檀溪镇潘周家村的潘周家手工面、寺前村的灰汤粽等特色农副产品已在城西街道分水塘村展销，并通过"乡链优品"小程序线上同步售卖。

【清廉学校建设示范校】 2022年10月31日，省委教育工作委员会办公室公布首批浙江省清廉学校建设示范校名单，义乌市望道中学上榜。2016年始，学校陆续建成"望道陈列室"和红色党建大厅，先后有60余批、3000余人次来校参观学习，体验沉浸式清廉教育。同时，组建"望道宣讲团"，开发拓展性课程《心有所信 追望大道》，形成教师人人会上"望道党建课"、学生人人能讲"清廉小故事"的良好态势。

【获评'浙江省护林先进单位'】 2022年12月5日，城西街道办事处被省林业和草原局评为"浙江省护林先进单位"，是义乌地区唯一获得"浙江省护林先进单位"称号的集体。城西森林消防队始建于2005年，共有3支队伍、60名消防队员，拥有专业消防车、运兵车及高压水泵、风力灭火器等救援设备。其中，27名核心队员保持着较高强度的训练，是驰援周边镇街、县市的主要力量。2022年，城西街道森林消防队发现并及时处置消防隐患100余起，确保区域内2666.67公顷山林"零火情"发生。

【"省美丽乡村示范乡镇"创建】 2022年12月11日，浙江省"千村示范、万村整治"工作协调小组办公室公布《2022年度浙江省美丽乡村示范乡镇名单》，城西街道被评为"省级美丽乡村示范乡镇"。城西街道持续巩固"商贸特色型"美丽城镇省级样板创建成果，同步启动美丽项目40个。完成全域土地综合整治与生态修复项目方案编制，盘活现有用地空间58公顷；完成农田复垦10公顷，26个区块农转用地完成土壤污染调查。陆港未来社区成功入选"全省第五批未来社区创建名单"。

（黄义理）

国家级荣誉先进人物

【“全国五一劳动奖章”获得者高志发】 2022年4月28日，中华全国总工会表彰2022年全国五一劳动奖和全国工人先锋号获得者，在义乌就业的企业职工高志发荣获“全国五一劳动奖章”。高志发，湖北武汉人，1980年11月出生。2001年10月，高志发大学毕业后任职于浙江四达工具有限公司，高级工程师、技师。从事新产品技术研究开发和员工技术培训等工作。其间，主导开发的18项产品荣获国家发明、实用新型专利，19项产品荣获浙江省、市级新产品称号。2019年主导制定套筒手动扳手“浙江制造”的研发标准通过认证审核。研发的新产品2020年为企业增加销售额8000余万元，利润1200余万元。高志发热心参加社会公益事业，多次组织员工为困难职工和受灾的地区捐款，在工作中表现突出。至2022年，先后获得“义乌市十佳外来建设者”“浙江省优秀农民工”“义乌市工匠”“金华市好人”“全国优秀农民工”“金华市劳动模范”荣誉。（贾胜男）

【“中国好人”骆光丰】 2022年5月30日，中央文明办公布第一季度“中国好人榜”，义乌骆光丰多次救人、舍己为人传递大爱，荣获见义勇为类“中国好人”。骆光丰，中共党员，义乌市福田街道新塘下村村民，1962年11月出生。2011年6月，骆光丰在内蒙古军区某边防团服役的儿子骆超强在内蒙古达兰鄂洛木河为抢救一名落水渔民不幸牺牲，被内蒙古军区批准为革命烈士，并追认为中国共产党党员，追记个人一等功。追悼会现场，骆光丰将骆超强生前积攒的津贴3027元作为第一笔党费交给了部队党组织。10余年来，骆光丰接过儿子舍己救人的接力棒，3次勇救落水群众。2012年，在村里池塘救起一名89岁的老人；2018年11月，再跳入深水中救起一名5岁幼儿；2020年8月，在鸡鸣山池塘救起一名5岁幼儿。骆光丰的事迹在村民当中广为传颂，被大家亲切地称为“最美大爷”。2021年1月，骆光丰被评为“金华好人”；同年2月，被评为“浙江好人”；8月，被评为“金华市见义勇为勇士”。11月22日，在浙江省见义勇为先进人物记功奖励暨见义勇为电视电话会上，骆光丰被浙江省政府记一等功。2021年12月，获金华市“道德模范”荣誉称号。

（陈凯航）

【“全国公安机关好警嫂”何婷】 2022年3月3日，公安部、全国妇联授予何婷“全国公安机关好警嫂”称号。何婷，女，浙江义乌人，1973年2月出生，中共党员。义乌市福田街道办事处财政办高级经济师，义乌市公安局原经侦大队大队长吴承良妻子。何婷与吴承良结婚后，共同承担养家糊口的重担，不仅要照顾刚出生的儿子，还要和弟弟妹妹一起奉养年迈的太婆和多病的公婆。丈夫吴承良先后担任法制大队、防火指导大队、经侦大队大队长。作为妻子，严把家庭“廉”字关，兼当家庭“纪委书记”，让丈夫清清白白做人，堂堂正正做事。何婷先后担任基层工作片副主任、街道科室副主任，是单位业务骨干。工作中勤勤恳恳、刻苦学习、平易近人，先后被评为单位、市级先进工作者，并多次得到单位和上级部门表扬。（陈国华）

【“全国司法行政系统劳动模范”周拥军】 2022年6月15日，人力资源和社会保障部、司法部发布“全国司法行政系统劳动模范”表彰名单，浙江近真律师事务所主任周拥军获评“全国司法行政系统劳动模范”称号。周拥军，浙江义乌人，1971年10月生。现任义乌市律师协会第二届理事会副会长，义乌市社科联副主席（兼）、金华仲裁委仲裁员、金华市第八届人大代表、金华市人大监察和司法委员会委员。1997年开始律师执业生涯。周拥军擅长从事刑事辩护、民商事、公司法、知识产权等方面法律业务，办理过重大刑事案件、股权转让纠纷、涉外纠纷等案件，常年担任政府部门、集团公司（包括上市公司）法律顾问。办理各类诉讼、仲裁及非诉讼案件1000余件。担任浙江近真律师事务所主任期间，创立“啄木鸟”党建品牌，致力于社会公益、矛盾纠纷化解。建立律师调解工作模式和工作机制，发挥律师的专业优势，及时化解民商事纠纷，节约司法资源和诉讼成本，完善诉源治理、多元化纠纷解决的途径。2018年4月，江近真律师事务所成为义乌市人民法院首批设立调解工作室试点律师事务所。2019年起，近真律师事务所与上溪镇人民政府签订“公共法律服务”合同，成立全市首个“公共法律服务顾问团”，首推政府公共法律服务，该服务工作被中央广播电视总台视新闻频道、《义乌商报》报道。同年，与赤岸镇人民政府签订“公共法律服务”合同，为老百姓、村（社区）、镇企及镇政府提供普惠的现代公共法律服务。2020年4月，近真律师事务所落实浙江省司法厅“扬帆行动”精神，支持帮助落后地区的法律服务，设立磐安分所。同年5月21日，近真律师事务所与磐安县新渥街道、冷水镇、九和乡、尚湖镇、窈川乡、玉山镇等89个村（社区）签订农村法律顾问合同，为辖区村民、企业提供专业高效的法律服务，农村法律服务工作成效显著，获得镇街、村集体及村民的充分肯定。（余璐琦）

【“全国公安机关疫情防控工作成绩突出个人”陈涛】 2022年10月24日，公安部授予陈涛“全国公安机关疫情防控工作成绩突出个人”称号。陈涛，浙江义乌人，1984年2月出生，中共党员。2011年参加公安工作，从事公安刑侦工作11年。作为“8·2”疫情相关小组组长，陈涛深入新冠疫情核心区域开展溯源工作，冲锋在前、攻坚克难，连续作战完成相关工作。陈涛在对活动轨迹、资金流水进行分析研判时，发现隐情，采取“审查”的方式因势利导，耐心询问，查明隐情，迅速采取措施，对涉及的重大复杂场所开展针对性流调，阻断疫情隐性传播风险，为疫情后续处置提供依据。8月6日，陈涛在工作中为阻断疫情传播起到重要作用，获得金华市公安局主要领导的肯定。陈涛以强烈的事业心和责任感全身心投入工作，先后荣立个人三等功2次，被评为“全省公安机关扫黑除恶专项行动成绩突出个人”2次。（陈国华）

【“中国好人”姚元珍】 2022年11月18日，2022年第三季度“中国好人榜”发布，义乌市环境集团城西分公司复兴班组环卫工人姚元珍，荣获孝老爱亲类“中国好人”。姚元珍，江苏睢宁人，1965年8月出生。2007年到义乌开始从事清扫保洁工作，2021年6月加入义乌市环境集团城西分公司复兴班组。姚元珍与妻子郭克芳均为环卫工人，2015年9月，妻子遭遇车祸，导致全身瘫痪，生活不能自理。从此，姚元珍不离不弃，悉心照顾妻子。做饭、擦洗、按摩，每天将妻子照顾得清爽干净，房间内无一丝异味。姚元珍不忍心丢妻子一个人在家，每天背着妻子下楼，再将妻子用宽布条“绑”在电动三轮车上，载着她上街扫地，每扫完一段路，姚元珍会陪妻子聊几句，帮她整理衣服，给她喂热水，一坚持就是6年，此段“马路爱情”成为当地佳话。工作中的姚元珍勤快、细致，多次在月度考核中被评为优秀个人。2022年第二季度被评为“浙江好人”。

（马晓飞）

省级荣誉先进人物

【诚实守信“浙江好人”戴红花】 2022年2月16日，浙江省文明办发布“浙江好人”公示，义乌市篁园服装市场经营户戴红花入选“诚实守信”类“浙江好人”。戴红花，女，浙江绍兴人，1976年11月出生。义乌市篁园服装市场经营户。2020年9月，戴红花夫妇的服装外贸公司资金流转出现危机，缺口380万元，造成员工工资和上游厂商货款难以支付。戴红花没有逃避，直面困难，跟上游厂商约定还款日期，向员工立下军令状，保证按时支付工资。为兑现承诺，戴红花低价卖掉房产和厂里的设备筹措400万元，将所欠款项全部付清。2020年12月，伊朗客户在新冠疫情暴发前下单，与戴红花签订60余万元的购货合同。疫情暴发后原材料价格上涨，戴红花坚持按原价给伊朗客户供货，伊朗客户十分感动，特意打电话给戴红花表示感谢，对戴红花诚信经营的精神表示赞扬。2021年10月，被评为“金华好人”。

（陈凯航）

【“浙江好人·‘疫’线面孔”丁晓龙】 2022年4月26日，“浙江好人·‘疫’线面孔”身边好人专题选树结果出炉，稠江街道疫情防控指挥部成员丁晓龙入选“浙江好人·‘疫’线面孔”。丁晓龙，浙江义乌人，1983年6月出生。义乌市稠江街道疫情防控指挥部成员。自2020年初以来，作为义乌市稠江街道新冠疫情防控指挥部的一员，丁晓龙一直坚守在自己的岗位上，早出晚归已成常态。疫情形势严峻时，丁晓龙每天只睡三四个小时，要接听上百通电话、处理上万条指令，超负荷的工作让他戏称为“呼吸工作法”，只要呼吸不停止，工作就不停歇。丁晓龙默默奉献的事迹广为传颂，感动鼓舞了很多人。

（陈凯航）

【“浙江工匠”陈皎征】 2022年8月31日，浙江省人力资源和社会保障厅公布“2022年浙江工匠入选人员名单”，义乌市易开盖实业公司职工陈皎征获“浙江工匠”称号。陈皎征，浙江义乌人，1982年6月出生。2000年7月，从金华技师学院毕业后一直任职于义乌市易开盖实业公司，机修钳工一级，高级技师。其间，陈皎征因工作突出，入选浙江省“千百万”高技能人才培养工程第三层次“优秀技能人才”培养项目；2019年当选为“金华市技能之星”。参与浙江省、金华市级项目，获得科学技术成果6项，其中1项获义乌市科技进步奖二等奖，取得国家专利授权6项，其中发明专利1项。

（吴世斌）

【“浙江工匠”胡晓声】 2022年8月31日，浙江省人力资源和社会保障厅公布“2022年浙江工匠入选人员名单”，浙江世宝股份有限公司职工胡晓声获“浙江工匠”称号。胡晓声，浙江义乌人，1974年5月出生。大专学历，车工二级，数控车工二级。胡晓声专注工艺改革，参与设计及制造公司的所有检具，减少质量事故，编制公司产品的工艺流程、生产调试和工艺装备的制作，“传帮带”培养员工和徒弟。2016年入选浙江省“金蓝领”高技能人才；2018年获首届“下沙工匠”荣誉；2019年入选浙江省“百千万”高技能领军人才第三层次“优秀技能人才”“金华市技能之星”。

（吴世斌）

【“浙江工匠”徐朋强】 2022年8月31日，浙江省人力资源和社会保障厅公布“2022年浙江工匠入选人员名单”，义乌市自来水有限公司职工徐朋强获“浙江工匠”称号。徐朋强，浙江义乌人，1993年6月出生。本科学历，就职于义乌市自来水有限公司设备技术科，机修钳工一级，高级技师。2018年，徐朋强取得机修钳工高级技师职业资格证书。业务技能强，工作负责，至2022年，先后荣获“义乌市最美职工”“金华市技术能手”“义乌市技术标兵”“义乌市青年岗位能手”“金华市技能之星”“浙江省杰出技能人才”“浙江省优秀技能人才”“浙江省金蓝领”荣誉称号。

（吴世斌）

【"浙江工匠"李时辉】 2022年8月31日，浙江省人力资源和社会保障厅公布"2022年浙江工匠入选人员名单"，义乌工商职业技术学院教师李时辉获"浙江工匠"称号。李时辉，浙江义乌人，1981年12月出生。义乌工商职业技术学院电气自动化技术专业教授，高级技师。李时辉指导学生成绩突出，获国家级比赛二等奖2项，三等奖3项，省级奖项20余项。获得各类专利及著作权25项，其中已转化专利5项，完成企业技改项目2项。至2022年，先后被评为全国职业院校技能大赛优秀裁判员、全国优秀指导老师、浙江省"百千万"高技能领军人才、"优秀技能人才"、金华市最美教师、八婺杰出金匠、金华市技能之星。

（吴世斌）

【"浙江工匠"白雪萍】 2022年8月31日，浙江省人力资源和社会保障厅公布"2022年浙江工匠入选人员名单"，义乌市阿光发艺美容中心职工白雪萍获"浙江工匠"称号。白雪萍，女，浙江温州人，1986年3月出生，大专学历，美容师二级技师。白雪萍从事美容工作19年，有丰富的美容经验，对面部皮肤管理、抗衰技术、身体经络、头皮紧致抗衰等有深入研究和深厚造诣。2021年，白雪萍被聘为浙江省机电技师学院应用设计系签约客座教授，带徒20余人，其中取得技师技能证书5人、高级工技能证书3人。（吴世斌）

【敬业奉献"浙江好人"侯冠华】 2022年9月5日，第三季度"浙江好人"名单出炉，浙江大学医学院附属第四医院、神经外科病区护士长侯冠华，被评为敬业奉献类"浙江好人"。侯冠华，女，河南项城人，1987年8月出生，浙大四院神经外科病区护士长。2022年8月3日，已经6年未见到母亲的侯冠华刚回河南，就收到全院取消休假参与抗击义乌"8·2"疫情的通知，当天晚上，侯冠华赶回义乌。8月4日凌晨，带队紧急奔赴抗疫一线，带领首批护士进入负压病房一线工作，精心护理收治患者。至2022年，先后被评为浙江省"坚守前线杰出护士"、浙江大学抗击新冠疫情先进个人、义乌市新冠疫情防控指挥部战"疫"先锋。

（陈凯航）

【浙江省"人民满意的公务员"虞宝强】 2022年9月26日，浙江省"人民满意的公务员""人民满意的公务员集体"表彰大会在杭州举行，义乌市江东街道党建工作办公室主任虞宝强被评为浙江省"人民满意的公务员"。虞宝强，浙江义乌人，1986年5月出生。2015年7月始，在江东街道从事组织工作，曾获"金华市优秀党务工作者""金华市优秀团员"荣誉称号。2017年6月，虞宝强深入企业、社区、社会组织整合资源培育60支专业化、特色化志愿服务团队，打造系列党群服务品牌，形成一批可复制、可推广的经验。2018年10月，虞宝强制定鸡鸣山社区"以外管外、以外调外"模式，打造了"阿依乐·莎莎""木槿花""青春解铃室"等工作室，发动居民参与社区自治。2019年8月，虞宝强发起"红色代销"，帮助永和、东上等村菜农、果农销售蔬菜瓜果7500千克，增收4万余元。2020年3月，虞宝强开设全市首个社工学院，开展业务沙龙、现场模拟、路演比赛等活动，为街道基层党建工作培养了一批专业后备力量。2021年1月，虞宝强打造的以"幸福凝聚"为品牌的南苑社区城市党建联盟，在金华市城市党建联盟路演中荣获一等奖。同年8月，虞宝强发动4000余名党群骨干参与卡扣值守、防疫宣传、物资采购等服务，总结的"红色代跑"六个一工作机制获全市推广。至2022年，先后获评义乌市"村村都有好青年"、义乌市优秀大学生村官、义乌市优秀团员、义乌市优秀党务工作者、金华市优秀团员、金华市优秀党务工作者等荣誉称号。（刘雅娴）

【"浙江省最美快递员"刘中南】 2022年10月21日，浙江省快递行业党委公布"浙江省第二届最美快递员"，义乌跨越速运有限公司驾驶员刘中南获评"浙江省第二届最美快递员"。刘中南，河南周口市太康县人，1984年4月出生。2021年6月加入义乌跨越速运有限公司，是跨越速运廿三里站点的一名货车司机。2021年12月29日凌晨1时，刚下班在吃夜宵的刘中南与同事听到廿三里麻车塘公园内传来呼救声，有一名老人不幸落水。因情况紧急，刘中南不顾天气寒冷跳入水中，及时将老人救上岸。在救护车到来之前，帮落水老人做好保暖和应急救援工作。因抢救及时，落水老人送医后已无大碍。刘中南不怕天寒，义无反顾、见义勇为的救人善举，展现了新就业群体的责任与担当，树立了新业态群体的新形象，为整个社会传播着正能量。（丁君暇）

【“全省司法行政系统‘最美司法行政人’”斯瑶】 2022年11月18日，浙江省司法厅公布“全省司法行政系统‘最美司法行政人’”，义乌市司法局办公室主任斯瑶被评为“全省司法行政系统‘最美司法行政人’”。斯瑶，女，浙江义乌人，1993年5月出生，2015年9月到义乌市司法局工作。斯瑶脚踏实地，宣传司法行政工作新亮点，创新打造公益法律服务新品牌，凝聚发挥青年法治队伍新作用。组织涉外法治宣传和法治交流活动，总结“以外调外”涉外纠纷调解工作成效，获第三届广州国际城市创新奖“组委会特别推荐奖”、全省第四届公共管理创新案例优秀奖，获中央广播电视总台、新华社、《人民日报》等媒体报道。牵头“法助共富、法护平安”专项行动，对义乌涉外法律服务、基层依法治理等特色亮点工作进行总结和宣传，被司法部、省政府政务信息专报刊发、获副省长和省司法厅领导批示6次。（余璐琦）

【“全省突出贡献法官”龚益卿】 2022年12月14日，浙江省高级人民法院公布“全省突出贡献法官”，义乌市人民法院福田金融法庭庭长龚益卿被评为“全省突出贡献法官”。龚益卿，浙江义乌人，1974年10月出生。1996年8月进义乌法院工作，从事民商事审判，历任义乌市人民法院知识产权庭庭长、民二庭庭长，现任福田金融法庭庭长，审判委员会委员。龚益卿重视思想政治建设，牢记政治责任和职业使命，为法治建设奉献光和热。担任知识产权庭庭长期间，带领全庭同事勇于创新，开创义乌法院知识产权审判和涉外商事审判新局面。围绕知识产权民事、刑事、行政审判“三审合一”模式试点工作，形成可复制可推广经验做法，在全省知识产权审判“三审合一”模式工作推进会上做经验介绍。聚焦多跨协同，与中国互联网协会合作，创设知识产权保护联动解纷机制；与市海关、市市场监督管理局、市公安局、市检察院、律师协会、商城集团、行业协会等11家部门和组织对接，打造义乌市知识产权诉调对接中心。成功调解各类知识产权纠纷7696件，并形成“浙里市场义码治理”数字法治系统重大应用子应用场景。担任民二庭庭长期间，认真梳理全院民间借贷案件，形成职业放贷人名录，对民间借贷行为予以规制，促使辖区内民间借贷纠纷数量由每年5500余件下降至2500件。担任福田金融法庭庭长后，打造知识产权“义法智破”平台，实现破产案件全流程线上办理，减轻传统线下办案模式因人员集聚所带来的维稳压力，为破产案件当事人参与破产事务提供便利条件，有效提升破产案件办理效率38.7%。至2022年，先后被评为“全省法院知识产权审判先进个人”“全省法院涉外商事海事审判先进个人”“全市法院十佳优秀法官”“市劳动模范”“全省法院金融审判条线人才”，立二等功1次、三等功4次。（刘丹妮）

【“全省司法行政系统法治建设工作成绩突出个人”刘二刚】 2022年12月20日，浙江省司法厅公布“全省司法行政系统法治建设工作成绩突出个人”，义乌市司法局城西司法所副所长刘二刚被评为“全省司法行政系统法治建设工作成绩突出个人”。刘二刚，河南汝州人，1970年5月出生，1989年3月参加工作，2006年10月到义乌市司法局工作。刘二刚在基层司法所工作15年，牢记党的宗旨，扎根基层，立足本职，无私奉献，尽职尽责，为党委、政府分忧，为民解困。参与信访与矛盾纠纷调处化解工作，全程参与街道的多项重点工程攻坚工作，调处矛盾纠纷成绩显著，矛盾纠纷就地化解率、协议履行率高，10余年间接待群众来访超万人，有效防止矛盾激化或者群体性事件发生。至2022年，先后被评为义乌市“综治工作”先进个人、义乌市司法局“先进工作者”。（余璐琦）

【"全省司法行政系统法治建设工作成绩突出个人"何晶】 2022年12月20日，浙江省司法厅公布"全省司法行政系统法治建设工作成绩突出个人"，义乌市司法局复议应诉科科长何晶被评为"全省司法行政系统法治建设工作成绩突出个人"。何晶，女，浙江义乌人，1983年11月出生，中国政法大学国际法学院法学本科毕业。2012年9月，经选调考入市政府法制办复议应诉科，至2022年，累计办理行政复议案件1000余件，代表市政府出庭答辩应诉200余件，化解特别复杂疑难行政争议案件100余件，其中：《护航营商环境典型案例》被省行政复议局选为年度典型案例；《针对职业举报投诉滥用复议权调研材料》被省行政复议局选为优秀调研文章刊出。何晶参与和推进义乌行政复议体制改革，是行政复议体制改革的践行者，坚守法治情怀，让群众在每一起行政复议案件中感受到行政复议制度优越性，发挥行政复议便民为民、公正高效化解行政争议功能。2018—2022年，义乌市行政复议案件年均受理数700余件。何晶参与的"义乌设立全国首家行政复议局改革事项"荣获"中国法治政府奖提名奖"、浙江省法治工作创新项目，法治浙江建设十五周年十大法治事件之一，入选中国共产党在浙江一百年大事记；义乌市行政复议规范化建设项目被省政府办公厅评为全省县乡法治政府建设最佳实践优秀项目。 （余璐琦）

【"全省司法行政系统法治建设工作成绩突出个人"陈晓肖】 2022年12月20日，浙江省司法厅发文表扬"全省司法行政系统法治建设工作成绩突出集体和个人"，浙江稠州律师事务所陈晓肖被评为"全省司法行政系统法治建设工作成绩突出个人"。陈晓肖，女，浙江义乌人，1984年11月出生，中共党员。2013年9月到浙江稠州律师事务所工作，现任义乌市律师行业党委委员、义乌市律师协会常务副秘书长。2015年执业以来，陈晓肖积极参与社会公益活动，多次为残疾人、老年人、外来务工人员、市场经营户等提供公益法律咨询和普法宣讲活动，为2000余名受援人提供刑事、民事、行政、劳动争议等案件的法律援助。结合职业特长和执业经验，积极建言献策，发出法律援助律师的"好声音"，在2021年《中华人民共和国法律援助法（草案）》意见建议征询过程中，提出诸多建议，部分立法建言被采纳。2021年12月，被选为义乌市第十五次党代会代表。至2022年，先后获"义乌市级优秀共产党员"、律师行业"优秀共产党员""优秀党务工作者""金华市第二届最美援助律师""金华市2015—2018年度优秀公益律师""三师助企 无微不至"先进个人等荣誉称号。 （余璐琦）

【"全省模范人民警察"楼仁斌】 2022年12月28日，浙江省委、省政府授予楼仁斌"全省模范人民警察"称号。楼仁斌，浙江义乌人，1977年10月出生。中共党员，2007年10月参加工作，现任义乌市公安局江东派出所副所长。楼仁斌2007年参加公安工作，扎根基层派出所和巡逻中队，以强烈的事业心和责任感，全身心投入工作。2017年12月，担任义乌市局江东派出所副所长，牵头成立无人机小组和水上救生小组。自2015年7月首次下义乌江救人，至2022年，先后救起11名落水人员，被群众称为"水警中队长""最脏警察"。2022年，牵头组织义乌市公安局首届水上救生比赛，提升了一线处警警员的水上救生水平。疫情期间，楼仁斌在封控及设卡一线，持续多天通宵奋战，率先垂范，确保了义乌东大门民生保障物资的顺利通行。楼仁斌的事迹曾被中央广播电视总台《今日说法》《人民公安报》《平安时报》《浙江法制报》等媒体宣传报道。曾荣立个人二等功1次、三等功1次。至2022年，先后被评为"金华市成绩突出人民警察"、浙江省"千名好民警""最美警察""信义金华·最美警察"、金华市公安机关"最美警察"、义乌市"最美职工"。 （陈国华）

【"全省优秀人民警察"金华军】 2022年12月28日，浙江省委、省政府授予金华军"全省优秀人民警察"称号。金华军，浙江义乌人，1984年9月出生。2009年11月参加工作，现任义乌市公安局稠江派出所警长。金华军自2011年参加公安工作以来，扎根基层派出所，爱岗敬业、无私奉献，全身心投入“降警情、控发案”、矛盾纠纷排查化解、重点人口管理、疫情防控等项工作。工作以来调处纠纷650余起，金华军管辖的社区电诈、黄赌等警情下降幅度超过40%。通过巡逻设卡、监控倒查等手段，抓获侵财等违法嫌疑人130余人，为保一方平安作出了积极贡献。金华军以群众利益为第一标准，在处置辖区突发事件中，为保护被精神疾病患者追打伤害的群众，毅然冲上前阻拦，导致左眼被捅伤。金华军通过创立“兴业红警”群防群治队伍等举措夯实社区警务基础，将负责的兴业社区打造成防范严密、邻里和睦的“平安社区”。曾荣立个人二等功1次、三等功1次。至2022年，先后获评浙江省除险保安“百日攻坚”、夏季治安打击整治“百日行动”成绩突出个人、浙江省“千名好民警”、信义金华好民警、金华公安系统青年岗位能手等荣誉称号。

（陈国华）

退役军人、荣誉人物

【2022年度福建省“最美退役军人”傅恒超】 2022年9月，义乌籍退役军人傅恒超荣获2022年度福建省“最美退役军人”称号，是10名福建省“最美退役军人”中唯一一位非闽籍退役军人。傅恒超，1980年5月出生，义乌北苑街道人，1998年入伍，2003年退役后在福州创办企业。为福建恒杰力环保科技有限公司董事长、福建省退役军人关爱协会副会长、福州市卫生有害生物防制协会副会长。2017—2019年，傅恒超带领突击队，参与处置福州市台江区、晋安区的登革热、禽流感和非洲猪瘟等防疫工作。傅恒超秉承“服务社会，关爱民生”理念，投身公益事业。2020年，傅恒超组织力量参加新冠疫情防控。在各类消毒药剂告急时，冒险前往江苏徐州药厂，采购到5吨消毒药剂。2021年9月，傅恒超组织33名专业消杀人员，11辆各式专业消杀车辆，奔赴莆田市新冠疫情防控第一线，开展消毒防疫工作，历时22天，投入80余万元物资，受到莆田市政府通报表扬。2022年3月，傅恒超从浙江、江西、广东、广西、贵州等地协调专业人员220余人，39台各类消杀车辆，120台超低容量设备，100台常量喷雾器设备和风桶，5万套防护服及各类药剂和物资，投入经费460余万元，奔赴泉州市丰泽区、晋江市、莆田仙游等地新冠疫情防控一线进行防疫消杀。2022年，傅恒超与福州市晋安区寿山乡上寮村困难退役军人结成帮扶对子，制定帮扶方案。春节期间，带领团队慰问29名帮扶对象，发放慰问金及礼品13万余元。至2022年底，傅恒超带领员工参与福建省退役军人服务中心“帮扶伤残退役军人”活动，捐钱捐物帮扶和慰问困难退役军人100余人。

（缪文中）

【“最美边检人”李金良】 2022年11月15日，浙江出入境边防检查总站举行第二届“最美边检人”表彰大会，表彰三年来为捍卫国门口岸安全稳定、服务驻地经济建设发展作出突出贡献的移民管理警察，义乌出入境边防检查站李金良获“最美边检人”称号。李金良，江西省万年人，1984年7月出生。2019年，从浙江省出入境边防检查总站集体转隶到义乌出入境边防检查站工作，现为义乌出入境边防检查站执勤一队三级警长。作为义乌边检人，李金良与同事们严守口岸疫情防控和通关质效“两阵地”，成为穿行在新冠疫情防控第一线的守护者。2021年6月，李金良受国家移民管理局指派，跋山涉水1800余千米，逐户上门为定点帮扶的党龄满50年老党员义务拍摄“我和党旗合影”主题照片，共服务9个行政村108名老党员。李金良策划承办“情系三江，浙边有爱”广西三江县农特产品“千人网红直播带货”扶贫助农活动，积极创新实践“电商+扶贫”模式，吸引义乌各行业20余家单位、企业和机构无偿参与支持，筹集各类物资价值100余万元。至2022年，李金良先后荣立个人一等功1次、三等功3次，被授予“联合国和平勋章”“中国维和警察和平勋章”。

（缪文中）

【浙江省首届"最美拥军人物"吴功俊】 2022年2月28日，浙江省首届"最美拥军人物"发布仪式在杭州举行，义乌市赛宝塑胶制品厂党支部书记吴功俊获此殊荣。吴功俊，1965年4月出生，义乌市稠江人，义乌市赛宝塑胶制品厂党支部书记。2006年5月，吴功俊参与义亭镇妇联组织开展的"春蕾计划"，资助20名孩子，捐款1万～3万元，连续15年从不间断。2007年征兵工作启动时，吴功俊第一时间动员刚考上大学的女儿报名参军，经过体检政审，女儿成为东航某部的一名战士。受吴功俊影响，厂里有多名职工将孩子送到部队。吴功俊情系驻守在义西高山上的部队官兵，组织职工采取轮班方式，为部队官兵送生活日用品、在营区种高山果树、做编外"指导员"。2015年始，吴功俊带领职工种植糖蔗，加工成红糖和红糖制品送到军营慰问部队官兵。2016年暑假，在义乌市双拥办的协调下，吴功俊组织受资助的20余名学生走入海军驻义某部"研学"，为孩子们树立国防观念。吴功俊以赤子之心诠释拥军之情，践行"国防在心中、军民一家亲"的人生信念，成为商城义乌爱国拥军潮中的优秀代表。 （廖钰琪）

2022年获省级以上表彰的义乌市先进个人一览表

表24

姓　名	所在单位	荣誉名称	表彰单位/表彰文号	表彰时间
夏大伟	市检察院	全省检察机关信息工作成绩突出个人	浙检发政字〔2022〕11号	1月28日
陈　琳	市公安局	浙江省"护航2021"打击侵害企业利益经济犯罪专项行动成绩突出个人	浙公通字〔2022〕13号	2月10日
王　芳	市检察院	法律监督成绩突出的个人（未成年人检察）	浙检发政字〔2022〕12号	3月3日
吴巨良	市应急管理局	平安护航建党100周年成绩突出个人	中共浙江省委、浙江省人民政府	3月14日
王正坚	市委政法委	"全省平安护航建党100周年成绩突出个人"	浙江省委、政法委	3月14日
应美兰	苏溪镇里宅村	浙江好人	浙江省文明办	3月19日
经　菁	市江东街道	最美社区工作者	浙江省民政厅（浙民基〔2022〕61号）	5月12日
王素娟	义乌市绣湖小学	全国绿色校园先进个人	中国环境文化教育专家委员会	7月4日
黄　谦	市税务局	中国（浙江）自由贸易试验区建设工作业绩突出个人	中国（浙江）自由贸易试验区工作领导小组办公室	7月20日
陈菁华	市陆港集团	中国（浙江）自由贸易试验区建设工作业绩突出个人	中国（浙江）自由贸易试验区工作领导小组办公室	7月20日
楼倩倩	义乌市宾王小学	2022年"浙江省成绩突出少先队辅导员"	共青团浙江省委、浙江省教育厅、少先队浙江省工作委员会（团浙联〔2022〕14号）	7月22日
徐　剑	市委改革办	2022年全省担当作为好干部	省委组织部	7月29日
王庆明	市纪委监委	全省纪检监察系统先进工作者	省纪委省监委浙纪发〔2022〕10号	9月19日

续表 24

姓　名	所在单位	荣誉名称	表彰单位/表彰文号	表彰时间
朱建平	市纪委监委	浙江省纪委省监委嘉奖	省纪委省监委浙纪发〔2022〕11号	9月19日
楼洪昌	市教育局	空军招飞工作先进个人	东部战区空军政治工作部（东空政干〔2022〕513号）	11月7日
何光明	义乌化妆品行业协会	浙江省日化行业“行业领军人物”	浙江省日用化工行业协会	11月8日
陈建华	义乌化妆品行业协会	浙江省日化行业“行业领军人物”	浙江省日用化工行业协会	11月8日
斯　瑶	市司法局	全省司法行政系统“最美司法行政人”	浙司〔2022〕112号	11月18日
陈文宏	市司法局	全省社区矫正工作成绩突出个人	浙司便函〔2022〕104号	11月25日
陈　川	市司法局	全省社区矫正工作成绩突出个人	浙司便函〔2022〕104号	11月25日
丁王芳	市司法局	全省数字化改革工作成绩突出个人	浙司〔2022〕114号	12月19日
王洁珊	市司法局	全省数字化改革工作成绩突出个人	浙司〔2022〕114号	12月19日

（义乌年鉴编辑部）

2022年获国家级表彰的义乌市先进集体一览表

表25

获表彰单位	荣誉名称	表彰单位/表彰文号	表彰时间
义乌工商职业技术学院	全国高职院校学生发展指数100所优秀院校	全国职业高等院校校长联席会议	2月15日
	全国高职院校“服务贡献典型学校60强”	全国职业高等院校校长联席会议	2月15日
市水务局	全国水利系统“七五”普法先进集体	水利部办公厅（办人事〔2022〕65号）	3月9日
市政保大队	全国公安政治安全工作先进集体	公奖字〔2022〕34号	4月
市反恐怖大队	全国优秀公安基层单位	公安部	5月25日
巡特警大队警犬中队	2021年全国警犬技术工作成绩突出集体	公刑侦〔2022〕2836号	6月6日
市纪委监委	中国廉洁创新奖	中国管理现代化研究院、清华大学纪检监察研究院	7月
	报网宣传先进单位	中央纪委国家监委新闻传播中心	12月
市市场发展委员会	全国“人民满意的公务员集体”	关于表彰全国“人民满意的公务员”和“人民满意的公务员集体”的决定（中委〔2022〕793号）	8月30日

续表 25

获表彰单位	荣誉名称	表彰单位/表彰文号	表彰时间
市统计局	全国统计系统先进集体	人社部、国家统计局（人社部发〔2022〕53号）	8月18日
市检察院	2022年度全国检察宣传先进单位	检察日报社	9月

（义乌年鉴编辑部）

2022年获省级表彰的义乌市先进集体一览表

表26

获表彰单位	荣誉名称	表彰单位/表彰文号	表彰时间
义乌工商职业技术学院	2021年度浙江省征兵工作成绩突出高校	浙江省人民政府征兵办公室、浙江省教育厅（浙征〔2022〕2号）	1月18日
市经信局	2021年度经信系统工作目标责任制考评—县（市、区）先进单位	浙经信运行〔2022〕8号	1月20日
市检察院	2021年度全省检察工作先进院	浙检发政字〔2022〕2号	1月21日
	集体二等功	浙检发政字〔2022〕3号	1月21日
	2021年度全省检察机关信息工作成绩突出集体	浙检发政字〔2022〕11号	1月28日
市人民法院	浙江省知识产权保护工作成绩突出集体	浙知联办〔2022〕4号	2月14日
市府办	政务信息工作考核优秀单位	浙政办发函〔2023〕13号	2月9日
市自然资源和不动产登记中心	2021年度浙江省不动产登记窗口便民利民服务成绩突出集体	浙自然资函〔2022〕15号	3月1日
市检察院	2021年度法律监督成绩突出的集体（民事检察）、2021年度法律监督成绩突出的集体（公益诉讼检察）、2021年度司法行政成绩突出的集体	浙检发政字〔2022〕12号	3月3日
市农业农村局	2021年实施乡村振兴战略实绩考核优秀单位	中共浙江省委办公厅、省政府办公厅	4月19日
市府办	2022年度全省政务公开工作成绩突出集体	浙江省人民政府办公厅	5月31日

续表 26

获表彰单位	荣誉名称	表彰单位/表彰文号	表彰时间
市商务局	2022年度促消费成绩突出集体	浙江省人民政府办公厅	5月17日
	中国（浙江）自由贸易试验区建设工作业绩突出集体	中国（浙江）自由贸易试验区工作领导小组办公室	7月20日
	浙江省“人民满意的公务员集体”	浙江省委、省政府	9月5日
市委党校	2021年度稳外贸成绩突出集体	浙江省委、省政府	8月7日
	浙江省三星级（优秀）绿色学校	浙江省机关事务管理局、中共浙江省委党校（浙江行政学院）（浙机事发〔2022〕14号）	9月29日
	2022年度全省党校（行政学院）系统成绩突出集体	中共浙江省委党校（浙江行政学院）	12月26日
	2022年浙江省基层理论宣讲成绩突出集体	中共浙江省委宣传部	12月31日
市人民政府城西街道办事处	浙江省护林先进单位	浙江省林业局（浙林防〔2022〕65号）	11月7日
市教育局	浙江省规范民办义务教育发展专项工作成绩突出集体	中共浙江省委教育工作领导小组（浙委教〔2022〕6号）	12月26日
市司法局	全省司法行政系统法治建设工作成绩突出集体	浙江省司法厅	12月26日
上溪派出所	全省模范公安基层单位	浙江省委、省政府	12月28日
市公安局巡特警大队	全省优秀公安基层单位	浙江省委、省政府	12月28日
市公安局上溪派出所	全省模范公安基层单位	浙江省委、省政府	12月28日

（义乌年鉴编辑部）

统计资料

SELECTION OF STATISTICAL DATA

2021—2022年义乌市经济社会主要指标一览表

表27

指标名称	计量单位	2022年	2021年	增幅(%)
一、行政区划				
建制镇	个	6	6	0.0
街道办事处	个	8	8	0.0
城市社区居民委员会	个	102	95	7.4
居民委员会	个	10	10	0.0
村民委员会	个	432	432	0.0
村民小组	万个	4170	4339	-3.9
二、人口				
年末总户数	户	388143	382991	1.3
年末总人口	人	890820	871656	2.2
其中:乡村人口	人	335097	335127	0.0
城镇人口	人	555723	536529	3.6
年平均人口	人	881238	862517	2.2
年出生人口	人	7959	8213	-3.1
年死亡人口	人	4789	4444	7.8
人口出生率	‰	9.03	9.52	—
人口死亡率	‰	5.43	5.12	—
人口自然增长率	‰	3.6	4.37	—
三、土地面积				

续表 27

指标名称	计量单位	2022年	2021年	增幅(%)
全市土地面积	平方千米	1105	1105	0.0
其中:建城区土地面积	平方千米	113.06	111.11	1.8
四、生产总值				
地区生产总值	亿元	1835.5	1730.2	4.6
第一产业	亿元	26.9	24.6	1.5
第二产业	亿元	616.3	554.2	8.2
工业	亿元	561.2	502.8	8.7
第三产业	亿元	1192.3	1151.4	3.0
人均生产总值(户籍)	元	208291	200594	2.4
五、财政、金融				
财政总收入	万元	2116034	1937060	9.2
一般公共预算收入	万元	1328995	1274908	4.2
一般公共预算支出	万元	1596897	1542997	3.5
科学支出	万元	82596	71802	15.0
教育支出	万元	365426	343485	6.4
年末金融机构存款余额	万元	45753250	40752929	12.3
年末金融机构各项贷款余额	万元	44968588	38607952	16.5
保费收入	亿元	74.0	71.43	3.6
其中:财产险	亿元	33.04	29.6	11.7
寿险	亿元	40.94	41.8	−2.4
赔款、给付	亿元	23.98	23.3	3.2
其中:财产险	亿元	17.71	17.5	1.0
寿险	亿元	6.27	5.7	9.7
六、农业				
粮食产量	吨	46579	44658	4.3
蔬菜产量(含食用菌)	吨	232993	235711	−1.2
水果产量(含果用瓜)	吨	84189	91314	−7.8

续表 27

指标名称	计量单位	2022 年	2021 年	增幅（%）
肉类总产量	吨	26774	25475	5.1
水产品产量	吨	4118	4021	2.4
七、工业				
全部工业增加值	万元	5612376	5028425	8.7
其中：规模以上企业				
工业企业数	个	823	744	10.6
工业增加值	万元	2472963	2697235.4	20.7
从业人员年平均人数	万人	12.3	12.4	-1.2
营业收入	亿元	1807.7	1259.7	43.5
利润总额	亿元	83.2	39.5	110.4
八、交通、邮电、电力				
汽车拥有量	万辆	83.13	77.7	7.0
公路客运量（含市内公交）	万人	5469.01	8710.33	-37.2
公路货运量	万吨	7590.38	7889.7	-3.8
境内等级公路里程	公里	1546	1542	0.3
其中：境内高速公路里程	公里	76	76	0.0
民用航空行货邮运量	吨	12656.3	21921.7	-42.3
民用航空客运量	人	862057	1677265	-48.6
邮政业务收入	万元	180235	129476	39.2
电信业务收入	万元	322143	292827	10.0
年末移动电话用户数	万户	276.2	282.92	-2.4
互联网宽带接入用户数	万户	68.6	59.2	15.9
全年用电量	万千瓦时	1367161	1234437	10.8
其中：工业用电	万千瓦时	751099	699499	7.4
城乡居民生活用电	万千瓦时	236729	196936	20.2

续表 27

指标名称	计量单位	2022年	2021年	增幅(%)
九、内外贸易、旅游				
社会消费品零售额	万元	10577888	10337438	2.3
进口额	亿元	471.6	243.9	95.3
出口额	亿元	4316.4	3659.1	18.0
当年新签项目(合同)个数	个	599	726	-17.5
当年实际使用外资金额	万美元	20799	18327	13.5
入境游客人次	万人次	3.23	4.89	-27.2
旅游外汇收入	万美元	1811.1	2532.2	-21.3
十、固定资产投资、房地产				
固定资产投资完成额	亿元	/	/	15.8
其中:房地产开发投资完成额	亿元	305.1	265.4	15.0
本年商品房屋施工住宅面积	万平方米	632.5	605.8	4.4
商品房屋销售面积	万平方米	116.2	222.1	-47.7
其中:住宅	万平方米	87	196.6	-55.7
商品房屋待售面积	万平方米	28.3	36.5	-22.5
商品房屋销售额	亿元	291.7	522.8	-44.2
其中:住宅	亿元	258.3	481.9	-46.4
十一、教育、科技、文化、卫生				
教职工数	人	25256	24864	1.6
在校学生数	万人	27.15	26.7	1.7
初中毕业生升学率	%	99.68	99.13	0.6
企业R&D活动人员数(上年数)	人	13235	13792	-4.0
专利申请授权量	项	10327	11154	-7.4
其中:发明	项	583	910	-35.9
体育场馆数	个	3	3	/

续表 27

指标名称	计量单位	2022年	2021年	增幅（%）
剧场、影剧院数	个	23	29	-20.7
公共图书馆图书总藏量	千册、件	1493	1390	7.4
医院、卫生院数	个	55	53	3.8
医院、卫生院床位数	张	8835	8579	3.0
医生数（执业医师+执业助理医师）	人	6483	6190	4.7
注册护士	人	6215	7281	-14.6
十二、人民生活				
城镇常住居民人均可支配收入	元	86975	86628	0.4
城镇常住居民人均消费支出	元	50167	49281	1.8
农村常住居民人均可支配收入	元	47042	46121	2.0
农村常住居民人均消费支出	元	29158	27717	5.2
城镇职工基本养老保险参保人数	万人	76.2	72.83	4.6
职工基本医疗保险参保人数	万人	71.29	67.69	5.3
失业保险参保人数	万人	40.53	37.92	6.9
儿童福利院数	个	1	1	0.0
儿童福利院床位数	张	204	204	0.0
城乡居民最低生活保障人数	人	3620	3752	-3.5
特困人员供养人数	人	202	199	1.5
十三、城市建设				
年末实有城市道路面积	万平方米	3075.11	2117.54	45.2
年末实有公共汽（电）车营运车辆数	辆	1346	1373	-2.0
全年公共汽（电）车客运总量	万人次	3937	6419	-38.7
年末实有出租汽车数	辆	1379	1379	0.0
建成区公园绿地面积	公顷	1195.22	1139.04	4.9

2022年浙江省经济强市县（市、区）主要经济指标一览表

表28

市县名称 \ 指标名称	财政总收入（亿元）	其中：一般公共预算收入（亿元）	城镇常住居民人均可支配收入（元）	农村常住居民人均可支配收入（元）	全社会用电量（亿千瓦时）	工业用电量（亿千瓦时）	金融系统年末存款余额（亿元）	金融系统年末贷款余额（亿元）	地区生产总值（亿元）
柯桥区	187.5	132.6	82528	51605	174.2	144.6	3147.2	3300.6	1901.4
萧山区	515.1	318.3	78289	49270	215.6	130.8	6529.3	6407.6	2064.0
余杭区	671.5	352.9	79422	51384	80.2	21.6	2979.7	2133.0	2651.3
慈溪市	364.1	204.7	73385	47142	187.6	135.9	4061.4	3657.1	2522.0
余姚市	205.8	120.7	73749	45665	124.6	92.6	2729.4	2228.7	1513.6
海宁市	161.7	95.1	74764	47777	125.7	94.5	2539.5	2525.3	1247.0
桐乡市	179.8	105.8	70286	46509	134.6	107.7	2333.4	2589.8	1209.7
上虞区	141.0	91.0	77890	44946	81.7	60.5	2135.8	1868.2	1241.8
温岭市	132.6	81.3	73956	41879	72.7	40.9	2712.1	2673.9	1306.8
鄞州区	467.9	279.6	84630	50333	113.5	49.5	11396.3	13896.1	2734.8
诸暨市	131.7	90.3	80438	49695	109.0	78.3	2430.6	2226.0	1658.8
瑞安市	102.7	66.0	77254	42247	90.2	54.3	2467.0	2153.0	1197.9
义乌市	211.6	132.9	86975	47042	136.7	75.1	4575.3	4496.9	1835.5
乐清市	139.4	83.5	77058	44916	81.7	42.8	2449.5	2250.9	1502.0
平湖市	133.3	80.7	74287	46573	113.2	95.6	1465.9	1748.7	959.6
富阳区	153.2	91.7	71742	44661	73.1	42.0	2143.2	2729.4	917.4
永康市	99.9	66.9	67946	38406	63.2	42.5	1836.5	1501.1	725.4

附　录
APPENDIX

重要文献

中共义乌市委、义乌市人民政府关于印发《义乌市全域推进未来乡村建设实施方案》的通知

为持续深化“千万工程”，迭代升级新时代美丽乡村建设，促进农村农民共同富裕，根据省委省政府关于全面推进乡村振兴、争创农业农村现代化先行省的指示精神和《浙江省人民政府办公厅关于开展未来乡村建设的指导意见》（浙政办发〔2022〕4号），结合义乌实际，特制定本方案。

一、总体要求

（一）指导思想

以习近平新时代中国特色社会主义思想为指导，以党建为统领，以人本化、生态化、数字化为建设方向，围绕乡村振兴“产业兴旺、生态宜居、乡风文明、治理有效、生活富裕”的战略总要求，结合共同富裕和数字化改革，集成美丽乡村、数字乡村、共富乡村、人文乡村、善治乡村建设，全域建设未来产业、风貌、文化、邻里、健康、低碳、交通、智慧、治理等乡村振兴应用场景，全力打造共同富裕基本单元的义乌样板。

（二）工作思路

以行政村为主体，依托新时代美丽乡村和城乡融合建设成果，吸引原乡人、新乡人、归乡人共同参与未来乡村建设，为乡村开辟造场景、造邻里、造产业的发展空间，培育有人来、有活干、有钱赚的自循环动力，营造乡土味、乡亲味、乡愁味的独特魅力。结合乡村的区位功能和发展定位，按照未来乡村达标村、特色村、样板村、精品示范村四个等次，有序实施全域未来乡村建设。

（三）目标任务

通过全域推进未来乡村建设，全面完成“四个一”：绘制一幅蓝图，编制全域未来乡村建设规划；集成一个平台，打造市镇村三级纵向贯通、社区乡村横向共享的标准化智慧服务平台；构建一张网络，实现包含公共交通、医疗、养老等基本公共服务的15分钟幸福生活圈全覆盖；组建一个联盟，鼓励乡村抱团经营、片区发展，形成未来乡村产业“蜂群”矩阵。到2025年，全市所有行政村实现未来乡村应创尽创，建成未来乡村特色村100个以上，未来乡村样板村50个以上，高质量建成省级未来乡村10个以上。总体实现如下目标：

——产业兴旺发达。因村制宜发展现代农业、文化旅游、电商直播、非遗研学等产村融合项目，形成规模经营的特色主导产业，全市建成农业“标准地”12万亩，培育农创客1200人，联动市场建成农村电子商务专业村200个，休闲农业与乡村旅游业人次年均增长10%以上，村集体经营性收入稳定在50万元以上，村民可支配收入达到6万元以上，城乡居民人均收入差距缩小到1.75 ：1以内。

——服务普惠共享。全市农村等级幼儿园比例达到95%，户籍人口500人以上村实现文化礼堂、文明实践站、居家养老服务中心、家医驿站、便民服务站等公共服务设施全覆盖。

——风貌美丽宜居。结合城乡风貌整治提升工作，完成符合条件村的农村有机更新和微改造，完成“多规合一”规划150个村，建成“各美其美、美美与共”的县域风貌样板区5个；健全人居环境长效管护机制，深化农村生活垃圾、污水、厕所“三大革命”，全市乡村美丽庭院建设比例超40%，实现“无违建村”全覆盖。

——文化繁荣兴盛。以培育“浙江有礼”省域品牌、弘扬“义乌精神”为引领，保护复兴具有地域特色的优秀乡土文化、农耕文化、非遗技艺等文化遗存，推进文化设施建设、活动开展、乡风培育，保障文化设施和文化队伍建设投入，促进文化活态传承，每月开展送电影、送戏、送展览、送培训等文化活动下乡。

——数智应用广泛。建成应用“一屏观全景、一图治全村”的标准化智慧服务平台，基本实现村民办事不出村；规范提升全科网格建设，推动自治、法治、德治、智治融合。加快乡村信息基础设施普及覆盖与升级换代，推动农村千兆光网、第五代移动通信（5G）、移动物联网、遥感卫星等设施建设，实现农村应急广播、“雪亮工程”全覆盖。

二、实施路径

（一）分步推进

1.先行先试阶段（2022年）：编制全域未来乡村建设规划，全面摸排乡村建设基础，从市域层面统筹未来乡村建设布局与推进时序。以省、金华市试点建设为重点，先行先试启动100个基础条件好、班子能力强、群众积极性高的村庄开展未来乡村建设。

2.扩面推广阶段（2023—2024年）：有序推进全域未来乡村建设，按照“缺什么补什么、需要什么建什么”的原则，统筹公共服务设施布点，全域实施未来乡村基础设施建设，承接线上应用落地，片区化、组团化完成建设任务。

3.成效总结阶段（2025年）：全面完成未来乡村建设任务，总结提炼义乌全域未来乡村建设成果和发展经验，形成具有义乌特色的全域“未来乡村”建设模式。

（二）场景建设

1.打造共创共富的未来乡村产业场景。全面推进农田集中连片流转，引入高质量、高效益的双强农业项目，提高农业生产效率，推动农业双强示范基地建设。鼓励培育强村公司，做强村庄品牌，挖掘农村自身特色资源，培育多样化的乡村产业，提升一批农村青年创业就业水平，吸引一批乡贤返乡创业。积极盘活闲置农房，集约利用村内空间，因地制宜举办农事节庆、美食节、音乐节等活动，加快推进乡村三产融合发展。全市形成一批生态种养、农产品加工、乡村休闲旅游、电子商务、养生养老、文化创意、运动健康、农家乐民宿等各具特色的乡村产业集群。（责任单位：▲农业农村局、供销联社、自规局、文广旅体局、市场发展委、市场集团，各镇街）

2.打造和谐统一的未来乡村风貌场景。编制一个科学合理、多规合一的村庄规划，严守国土空间“三条红线”底线，开展实施村庄微改造、精提升，打造兼具传统风貌和现代功能的乡村建筑。持续推进村庄人居环境整治提升工作，拆除残垣断壁及违章建筑、消除“赤膊房”、整治“空闲地”、推进杆线序化，推广美丽庭院，积极创建“无违建村”。持续深化“一村一品、一步一景”建设，对公共空间和重要节点进行景观提升，布置路灯与指示牌等便民设施，结合古村落保护引入自然材质、乡土铺装、传统元素打造特色景观，彰显村庄魅力。（责任单位：▲建设局、▲农业农村局、自规局、

水务局、执法局、妇联，各镇街）

3.打造寓教于乐的未来乡村文化场景。加大农村文化基础设施建设，提升农村文化礼堂、新时代文明实践站、乡贤馆、百姓戏台等公共服务空间。定期开展村办文体活动，开设早教课堂、老年大学、职业培训、非遗技艺等全年龄段教育，通过村晚、村歌、村运等载体建设二十四节气农耕文化等乡村文化品牌。大力宣传弘扬社会主义核心价值观，积极开展文明村、文明户、文明家庭等评选，选树道德模范和身边好人，传承优良家风家训，学习宣传先进事迹，推进乡风文明建设，推进移风易俗，引导群众革除陈规陋习，积极创建国家级或省级文明村。（责任单位：▲宣传部、文明办、融媒体中心、教育局、建设局、农业农村局、文广旅体局、妇联，各镇街）

4.打造睦邻互助的未来乡村邻里场景。整合利用公共空间和场所，改造提升配套设施，完善乡村购物、餐饮、金融、电信等生活配套布点，建设集公共服务、普惠服务和商业服务于一体的公共邻里空间。制定邻里活动年度计划，邀请专业老师、挖掘乡村能人，定期组织休闲娱乐、习俗文化、科普宣传等邻里活动，引导村民开展书画、棋艺、舞蹈、运动等社群活动，丰富村民日常生活。制定村规民约，强化邻里关爱、道德文明，弘扬遵纪守法、尊老爱幼、崇德向善等精神，鼓励志愿服务，加强对弱势群体的关注和帮扶。（责任单位：▲农业农村局、组织部、宣传部、文明办、民政局、文广旅体局、团市委、妇联，各镇街）

5.打造全年龄段的未来乡村健康场景。健全农村疫情常态化防控机制，开展爱国卫生运动，提高农民的健康卫生意识，养成良好的卫生习惯，开展高质量的健康教育、预防接种、妇幼保健、老年人健康管理等基本公共卫生服务和全生命周期健康管理。建设完善的健体设施，定期开展群众性体育活动，完善运维管理机制和科学健身指导服务。建设居家养老服务中心、老年活动场所，提供照料、助餐、文娱等服务，实施困难老年人家庭适老化改造，高质量满足就近养老需求。完善幼儿活动的室内外空间及配套，设置儿童游戏场所，提升家庭育儿水平，保障留守儿童关爱照护。（责任单位：▲卫健局、民政局、文广旅体局，各镇街）

6.打造低能量、低消耗、低开支的未来乡村低碳场景。坚持保护原始风貌特征和自然生境，村庄宜绿尽绿、适度彩化，深入开展白色污染、田园污染、洗涤污染治理行动，不断提高农村生态环境质量。加强乡土大树、古树名木、珍贵植物及其生境保护和培育，高质量建设森林村庄，积极开展“一村万树”示范村建设。长效化、精细化推进农村垃圾、污水、厕所“三大革命”，落实数字化治理机制。开展养殖废弃物资源化利用，病死动物无害化处理，推广绿色防控、有机肥替代等减药减肥技术，废旧农膜及时全面回收。推广能源电气化、清洁化，提高绿色清洁能源使用比率，做好农业农村领域节能减排工作。（责任单位：▲农业农村局、发改局、自规局、生态环境分局、建设局、供电公司，各镇街）

7.打造“畅、安、舒、美、绿”的未来乡村交通场景。全域建设农村“四好”公路，主次交通道路网络健全，交通标识规范设置，实现15分钟到达城市快速路网。全面完成村内支路路面硬化，公共空间无障碍通道，科学布设停车场（位），合理建设新能源汽车充电设施，户均车位达到1个以上。物流快递收寄业务全覆盖，村村设置快递综合服务点，寄取快递不出村。设置农产品物流专线，畅通农产品外销通道。（责任单位：▲交通局、发改局、农业农村局、邮政管理局，各镇街）

8.打造“一屏治全村”的未来乡村智慧场景。推进未来乡村智慧服务平台建设，强化三农数据的归集和应用，贯通省市县镇村各级数据。加快推进农村新基建，行政村宽带、光纤全覆盖，落实农业生产、经营、服务、监管等多跨场景落地应用，推动农村生产生活基础设施数字化改造。迭代乡村健康、养老、救助、文化、教育、旅游、住房、供水、灌溉等数字化应用场景，推动城乡公共服务均等化，推动政务服务由“代办帮办”向“直接办理”“网办掌办指导”转变，基本实现村民办事不出村。完善农村电子商务配套设施，壮大社交电子商务、直播电子商务等新业态。加强村内网络安全基础设施建设，维护数据完整性、安全性和可靠性。（责任单位：▲发改局、▲农业农村局、经信局、公安局、行政服务中心、数管中心，各镇街）

9.打造和谐有序的未来乡村治理场景。构建“党建＋单元＋社会治理”工作机制，打造义乌特色的“巷战”治理模式。健全完善自治、法治、德治、智治融合的乡村治理体系，推广使用“智慧村社”等乡村社会信用信息平台。深入开展平安乡村建设，根据需要设置警务室、法律服务工作室，完善矛盾纠纷排查化解机制，实现小事不出村、大事不出乡镇、矛盾不上交。农村集体产权交易规范，结合“村务清廉钉办”应用，实现“三资”（资金、资产、资源）管理有序，“三务”（党务、村务、财务）公开到位，有效管控小微权力清单和负面清单，积极建设清廉村居，实现数字化监管、标准化审计全覆盖。（责任单位：▲农业农村局、纪委、政法委、信访局、民政局，各镇街）

（三）分类实施

1.未来乡村达标村：承接“一统三化九场景”中五类以上场景落地，实现基本公共服务供给与城市社区同质；村域范围农田基本实现集中连片流转；根据需要推进有机更新、微改造，盘活改造闲置农房，补齐基础设施短板，环村路、内部支路车行通畅，实现公共场所无障碍通行；推广乡村智慧服务，实现村级事务动态信息交互。

2.未来乡村特色村：在未来乡村达标村基础上，保留村庄原有肌理，对“一老一小”等重点场景进行提标建设，配置各类共享设施和核心慢行区，提升公共空间与重要节点的景观效果，开展成片创意美丽庭院打造；培育特色乡村业态，形成特色鲜明的主导产业；组织开展群众性体育活动，弘扬优秀农耕文化，结合24节气打造村庄文化IP；完善村庄数字基建，推广村级信用积分治理体系构建和应用。

3.未来乡村样板村：突出人口集聚、居住服务的功能，构建开放式邻里交往空间，合理布局生活服务、公共服务、商业服务、金融服务站点，对周边形成15分钟幸福生活服务圈辐射覆盖；村内风貌整体布局合理，达到“一村一品、一步一景”的效果；谋划有别于九大场景之外的“X”场景；壮大村集体经济，引进专业力量开展专业化村庄经营，村集体年经营性收入高于全市平均水平；承接市级标准化智慧平台落地，配置物联硬件设备，强化数据归集应用。

4.未来乡村精品示范村：在原有5个五星级和美乡村培育试点的基础上扩容，按照镇街申报、部门比选、市级审核的方式，在全市范围内选取若干基础条件好、班子战斗力强、发展潜力大的村作为未来乡村精品示范村培育对象，优选条件成熟的市属国企结对参与村庄基础建设和运营发展，通过3—4年的建设培育，力争在“十四五”期间将村庄打造成为全省领先的农业农村现代化先行示范和共同富裕基本单元典型案例。

三、保障措施

（一）强化统筹规划。编制全域未来乡村总体规划，将未来乡村建设列入“十四五”农业农村现代化建设、乡村振兴、共同富裕等工作的重要内容，鼓励与新时代美丽乡村、景区村庄、数字乡村、文明村、善治村等一体推进，实现政策效应叠加。

（二）强化要素保障。市镇财政资金要向未来乡村建设倾斜，加强各类资金项目整合，通过国企结对未来乡村建设，引导工商资本、金融资本、社会资本积极参与全域未来乡村培育建设，探索乡村经营市场化途经，严禁新增村级不良债务。坚持节约集约用地，深化农村宅基地制度改革，推动返乡入乡人员落户。

（三）强化责任落实。由市委农办负责牵头协调工作，相关部门强化工作指导。各镇街要建立健全专班化推进制度，专题推进研究未来乡村建设过程中的各类新问题、新情况。各行政村要强化主体意识，落实主体责任，充分发动村民参与乡村建设、管理、经营、发展。各国企要发挥自身业务特长，深度参与结对村的基础调研、规划编制、建设推进、业态培育、招商运营，带动农村农民共同富裕。

（四）强化机制创新。在“一统三化九场景”架构下，因地制宜找准定位，提出符合义乌特色的“X”场景，并细化落实具体内容，为未来乡村建设增添义乌元素。加强与高校院所、智库等战略合作，边试点、边研究、边总结，在省级试点建设的基础上，总结试点创建经验，形成一批未来乡村的最佳实践案例。

中共义乌市委办公室

2022年11月23日

《义乌市人民政府关于促进市场高质量发展的若干意见》

义政发〔2022〕13号

各镇人民政府，各街道办事处，市政府各部门：

为贯彻落实《国务院办公厅关于加快发展外贸新业态新模式的意见》（国办发〔2021〕24号）精神以及商务部、发展改革委、工业和信息化部、农业农村部、海关总署、市场监管总局、中国贸促会等部委关于推动商品市场优化升级的部署要求，促进义乌市场高质量发展，深化线上线下融合，增强展贸联动能级，提升物流支撑能力，完善口岸平台功能，助力自贸区建设，打造小商品贸易枢纽，特提出以下意见。

一、推动商品市场优化升级

拓展市场金融服务功能，引导金融机构针对市场经营户开发信用、债务、质押等融资产品，助力市场经营户拓宽获取订单渠道。对入驻商品市场的经营户，新增直营中华老字号、行政认定的中国驰名商标商品满一年的，给予一次性奖励5万元；新增直营浙江老字号、省级“守合同、重信用”称号商品满一年的，给予一次性奖励2万元。

二、招引市外优质电商企业

对知名电商平台、应税销售额1亿元以上的电商企业入驻义乌的，按实际使用办公面积给予80%的房租补助，单个企业年度补助最高不超过200万元。

三、支持电商企业做大做强

对年应税销售额3000万元以上的电商企业，每年按应税销售额的0.7%给予奖励，不超过地方综合贡献额。

四、促进电商产业基地高质量发展

对占地面积50亩以上或建筑面积2万平方米以上的场地，在不变更土地性质的前提下，允许企业利用存量资源建设电子商务园区。对计容建筑面积5000平方米以上且年应税销售额2亿元以上的直播电商基地（非工业用地），一次性给予基地主办主体200万元奖励。

五、加快展览项目培育引进

在本市专业展馆举办的展览项目，按实际核准的展位数和举办单位层次给予项目承办单位奖励，单个展览项目奖励期不超过6届，每届奖励总额不超过150万元。对本市原创且展位数达到350个以上的展览项目，第1—3届按每标准展位600元给予奖励，第4—6届分别按每标准展位400元、300元、200元给予奖励。对市外已成功举办3届以上的引进展览项目，展位数达到500个以上的，在按原创标准奖励的基础上，第1—3届每届再给予20万元奖励。对国家级行业协会参与主办且下文招展招商支持的展览项目，再每届给予10万元奖励。

六、支持企业组团外出参展

由政府部门、行业商协会、展览机构组织我市企业参加市外境内展览项目，组团企业10家以上的，按参展企业实际缴纳展位费的50%予以奖励。单个企业参加同一届展览项目奖励金额最高不超过3万元，单个参展企业年度奖励不超过2次，同一展览年度内举办多届的，只奖励其中一届。

七、支持物流企业做大做强

对当年度在我市地方综合贡献额首次达到100万元、250万元、500万元、1000万元的物流企业（不含供地企业、国资企业），给予企业一次性10万元、25万元、50万元、100万元的效益提升奖励，同一主体达到更高一档标准时，给予差额部分奖励。达到最高奖励标准之后，地方综合贡献额每增加500万元，增加100万元的奖励。

八、鼓励物流企业购置货运车辆

自有货运车辆核定载质量在200吨以上（其中重型运输车辆吨位数占比在75%以上）的物流企业（不含供地企业、国资企业），当年度新购置重型运输车辆，牵引车与挂车配套申请（配套比例在1∶1至1∶2之间），按车辆购置价款的4%一次性予以补助。享受补助的车辆，三年内不得转让或过户，否则追回补助资金且该企业三年内不得享受同类财政扶持资金。

对自有货运车辆核定载质量在2000吨以上、3000吨以上、5000吨以上的物流企业（不含供地企业、国资企业），分别给予20万元、30万元、50万元的一次性奖励。同一主体达到更高一档标准时，给予差额部分奖励。

九、拓宽航空物流通道

深化与国内其他国际机场合作，鼓励航空物流企业开展航空货运包机、包板、包舱业务，对在义乌海关特殊监管区域（场所）办理通关手续运至机场出港的，给予航空物流企业1.5元/公斤的奖励。单个企业年度奖励最高不超过100万元。

十、鼓励集装箱班轮公司在义乌开展业务

推动集装箱班轮公司在义乌落地箱管权限，对与义乌堆场签订箱管协议的集装箱班轮公司，年度空箱进场量达到3000标箱以上至5000标箱（不含）的、5000标箱以上至10000标箱（不含）的、10000标箱以上的，分别给予30万元、50万元、100万元的奖励。

十一、支持物流企业在义乌堆场还箱

在义乌堆场年还箱量达到5000标箱以上的，给予物流企业每标箱60元的还箱补助。

十二、支持海铁联运发展

对从事铁路西站集装箱海铁联运业务的运营平台，年度多式联运全程提单业务占比50%以上的，按照铁路西站实际到发的集装箱重箱数量，给予每标箱160元补助。

十三、鼓励企业评优评先

通过国家级、省级示范电子商务基地、示范物流园区评定的，分别给予主办主体一次性50万元、30万元奖励。通过国家级、省级示范电子商务企业、物流企业评定的，分别给予一次性30万元、20万元奖励。省级升国家级的，补差计奖；延续认定的，不再予以奖励。

市内展览、会议项目通过国际展览业协会（UFI）、国际大会和会议协会（ICCA）、国际中心会议协会（AIPC）认证的，一次性给予20万元奖励。

十四、支持企业扩大经营规模

对当年度按月度、年度新增方式纳入限额以上统计库的电商企业和纳入规模以上服务业统计库的物流、会展企业，分别给予7.5万元、5万元的奖励，保持限额以上或规模以上统计管理2年且营业额连续增长的，再给予7.5万元、5万元的奖励。

十五、附则

（一）对信用等级D级、E级企业及信用积分80分以下自然人，在财政资金拨付时依法依规实施惩戒，信用报告作为审慎参考依据。具体以主体在政策享受期期末信用为准。

（二）存在走私、侵权等行为被公安、海关等部门追究刑事责任立案的，暂缓兑现立案当年度或当季度的奖励；如查实并追究刑事责任的，取消暂缓兑现部分的奖励。

（三）本意见除招引市外优质电商企业、鼓励集装箱班轮公司在义乌开展业务和支持海铁联运发展等条款外，其余条款适用在义乌实际经营的市场主体。

（四）本意见中的“以上”包含本数，“超过”不包含本数。

（五）本意见适用2022年度，有效期至2024年12月31日。《义乌市人民政府办公室关于印发〈义乌市会展业发展专项资金使用管理办法〉的通知》（义政办发〔2016〕174号）废止。

义乌市人民政府

2022年3月1日

《义乌市人民政府关于开展工业企业亩产效益综合评价全面推进“亩均论英雄”改革的实施意见》

义政发〔2022〕33号

各镇人民政府，各街道办事处，市政府各部门：

为深化“亩均论英雄”改革，推进资源要素市场化配置，推动实体经济高质量发展，根据《浙江省人民政府关于深化“亩均论英雄”改革的指导意见》（浙政发〔2018〕5号）、《关于深化制造业企业资源要素优化配置改革的若干意见》（浙政办发〔2019〕62号）、《进一步深化“亩均论英雄”改革2022年工作要点》（浙亩均办〔2022〕2号）、《关于进一步落实能耗双控部署做好亩均效益综合评价有关工作的通知》（浙亩均〔2021〕1号）、《2021年金华市深化“亩均论英雄”改革工作要点》（金亩均办〔2021〕1号）等文件精神，结合我市实际，制定本实施意见。

一、总体思路

以习近平新时代中国特色社会主义思想为指导，以“八八战略”为总纲，以“腾笼换鸟、凤凰涅槃”理论为引领，以供给侧结构性改革为主线，坚持新发展理念，强化正向激励和反向倒逼工作机制，进一步完善亩产效益综合评价体系，强化资源要素市场化配置措施，促进“有为政府”和“有效市场”更好统一，引导企业“以市场需求为标准、以市场消费为导向、以市场交易为模式”推进高质量发展，加快推动经济发展质量变革、效率变革、动力变革。

二、主要目标

不断完善以亩均税收、亩均工业增加值、单位能耗工业增加值等为主要指标的亩产效益综合评价体系，不断强化与亩产效益综合评价制度相匹配的资源要素市场化配置、产业创新升级机制，不断提高全要素生产率，为加快实现制造业高质量发展打下坚实基础。

三、健全亩产效益综合评价体系

（一）评价范围

全市范围内用地面积3亩及以上的工业企业，除电力、热力、燃气、污水处理及水的生产和供应等公益性企业外。

（二）评价指标

1.规模以上工业企业评价指标：亩均税收、单位能耗工业增加值、亩均工业增加值、研发费用支出占主营业务收入比重、单位主要污染物排放工业增加值、全员劳动生产率。

2.规模以下工业企业评价指标：亩均税收、单位电耗税收、亩均销售收入、吨排污权纳税额。

（三）评价办法

1.指标权重

规模以上工业企业：亩均税收占35分、单位能耗工业增加值17分、亩均工业增加值占20分、研发费用支出占主营业务收入比重占10分（其中单位知识产权占3分）、单位主要污染物排放工业增加值占10分、全员劳动生产率占8分。

规模以下工业企业：亩均税收占55分、单位电耗税收占20分、亩均销售收入占15分、吨排污权纳税额占10分。

2.基准值设定

亩均税收为30万元，亩均工业增加值为150万元，研发费用支出占主营业务收入比重为4%，全员劳动生产率为20万元。亩均销售收入为300万元，单位电耗税收为3万元/万千瓦时。

3.得分计算

企业得分为每项指标数据得分之和。单项指标得分＝该指标上年度数据÷该指标基准值×权重×修正系数。单项指标最高分不超过该项权重的1.5倍，最低为0分。企业某项指标为负值或空缺的，该项得分为0分。其中，单位能耗工业增加值、单位主要污染物排放工业增加值、吨排污权纳税额指标得分按特定方式计算，具体计算办法详见附件。

企业综合评价得分计算公式：企业得分＝Σ（单项指标）

修正系数标准如下：

（1）上年度工业增加值5亿元（含）以上、3亿元（含）—5亿元、2亿元（含）—3亿元、1亿元（含）—2亿元的企业，亩均工业增加值指标修正系数分别为1.5、1.4、1.3、1.2；

（2）上年度研发费用支出3000万元（含）以上、2000万元（含）—3000万元、1000万元（含）—2000万元的企业，研发费用支出占主营业务收入比重指标修正系数分别为1.5、1.4、1.3；

4.分类排序

根据企业计算得分情况，分规上、规下两类，并按纺织服装、日用品、机械电子制造、其他等四大类别进行排序，将每个类别内企业分成A、B、C、D四档，以综合评价得分予以排名。

A类企业：上年度纳税300万元（含）以上，未发生安全生产责任事故、重大环境责任事故、重大食品安全事故和重大群体性劳资纠纷事件，未涉及偷税等严重违法违规行为受到查处的规上企业，不同评价类别企业按综合评价得分从高到低的顺序进行选取。

（1）上年度销售收入1亿元（含）以上且评价类别内排名前70%的企业；

（2）上年度销售收入5000万元（含）—1亿元以上且评价类别内排名前50%的企业。

B类企业：上年度亩均税收达到5万元（含）以上，且未发生安全生产责任事故、重大环境责任事故、重大食品安全事故和重大群体性劳资纠纷事件的企业。根据下列条件进行选取。

（1）综合评价得分在评价类别内排名前95%（含）中除去A类以外的规上企业；

（2）综合评价得分在评价类别内排名前70%（含）的规下企业。

其中，评价得分排名前70%的规上企业和排名前20%的规下企业为B1类企业，其余为B2类企业。土地拥有者企业销售收入占宗地销售收入不足80%或自用面积占厂区总建筑面积不足50%的不得评为B1类企业；纯出租企业亩均税收低于全市平均水平的不得评为B2类企业，有A类企业、国家高新技术企业以及完成股改的拟上市企业、上市培育企业和新三板挂牌培育企业承租在内的除外。

C类企业：上年度亩均税收达到5万元（含）以上未列入A、B类的企业。

D类企业：上年度亩均税收5万元以下的企业。

5.特殊情形

缓评项：

（1）新增工业用地在建项目在用地受让后4年内可暂不评价。

（2）转让的存量工业用地当年暂不评价，全拆建存量用地按照全生命周期管理协议约定的考核时间开展评价。

加分项：

（1）国家重点扶持高新技术企业，加4分；上年度获评省级科技型企业，加2分。

（2）上年度完成升规的宗地企业（含宗地内承租企业），加5分。

（3）上年度被评为省级节水型企业的，加2分；被评为省级节水标杆企业的，再加1分；被评为水效领跑者企业的，再加1分。上年度同时获评相关节水载体荣誉的，按就高原则赋分，不累计加分。

扣分项：

（1）上年度企业因取水等行为被行政处罚的，每次扣1分。最高扣分值不超过2分。

（2）上年度企业违反《住房公积金管理条例》被行政处罚的，每次扣1分；住房公积金违法行为拒不整改被法院强制执行的，扣1分。最高扣分值不超过2分。

（3）上年度企业缓缴税款在缓缴到期后应缴未缴的，扣4分。

（4）上年度企业因未履行疫情防控主体责任受到公安等部门行政处罚的，每次扣2分。最高扣分值不超过4分。

提档项：

（1）总投资5亿元以上重大产业项目企业或年度固定资产投资额排名前10的企业，根据项目实施情况，经市工业转型升级领导小组认定后评为A类企业。

（2）无地及用地3亩以下企业中年度纳税总额排名前10的，在符合A类企业税收、研发费用等标准前提下，经市工业转型升级领导小组认定后评为A类企业。

（3）当年度生产设备投资500万元以上或固定资产投资1000万元以上的投资企业，根据项目实施情况，经市工业转型升级领导小组认定后评为B2类及以上企业。

（4）获评省级以上绿色制造体系示范项目（企业）的，原则上不列入C类、D类；国家高新技术企业原则上不列入D类。

降档项：

（1）上年度研发费用支出占主营业务收入比重不足2.55%、亩均税收低于全市平均水平（菜篮子工程企业除外）或信用等级为E级的企业原则上不得评为A类企业，上年度研发费用支出占主营业务收入比重不足2%的企业原则上不得评为B1类，上年度研发费用支出零申报的规上企业原则上不得评为B类以上等级（规模以下个人独资企业除外）。

（2）八大高耗能行业企业单位工业增加值能耗超过本市同行业对标能耗水平1倍及以上的，评价等级下降一档。

否决项：

（1）用地20亩以上的规下宗地企业直接列为D类（亩均税收达到全市平均水平的2倍及以上的企业除外）。

（2）用地15亩以上的规下宗地企业不得列入B类以上等级（亩均税收达到全市平均水平的2倍及以上的宗地企业除外）。

（3）上年度发生安全生产责任事故、重大环境责任事故、重大食品安全事故、重大群体性劳资纠纷事件或因节能减排、涉及偷税等严重违法违规行为受到查处的企业，直接列为D类。

（4）评价年度纳税信用等级评价为C或D级的，不得评为A类或B类企业。

其他：

（1）认定的省市级小微企业园（含筹建期）、省级以上产业创新服务综合体和科技企业孵化器按照相关政策进行评价，不纳入亩产效益综合评价范围。

（2）评价过程中，评价对象的提档、降档、缓评或否决等情形不受评价结果分类比重影响。

（3）评价过程中特殊情况处置由市经信局提出初步建议后报市工业转型升级领导小组决策。

（四）动态管理

根据企业每年综合评价结果，对A、B、C、D四类企业的分类实行动态管理，原则上在每年5月底前按照企业上一年度数据进行评价分类。

四、完善资源要素差别化配置机制

经综合评价认定的A、B、C、D类企业在税收、能源、环境、人才等资源要素上采取差别化配置政策。加大A类企业减免力度，倒逼C、D类企业提升资源要素利用效率。其中，各项鼓励类政策应做到“向上兼容”，即后一类企业的各项鼓励类政策，上一类企业均能享受，鼓励企业争创先进。各项差别化政策细则由各职能部门制定并实施。

（一）A类企业：

1.优先保障A类企业符合我市工业用地出让相关规定的新建项目用地需求。给予A类企业城镇土地使用税100%的减免优惠。

2.分别给予A类企业用天然气0.5元/立方米、用蒸汽20元/吨（蒸汽生产企业除外）、用水0.3元/立方米的价格补贴。

3.A类企业排污权配置给予优先保障，并给予有偿使用费适当优惠，初始排污权有偿使用费为基准价的0.8倍。

4.允许A类企业优先参与电力直接交易试点；新增可用能源消费总量指标予以优先安排，新上变压器容量等用能安排予以优先保障，固定资产投资项目节能审查予以优先通过，实施有序用电、应急供水、天然气供应保障应急预案管理时予以优先保障。

5.加大对A类企业的金融帮扶力度，稳定A类企业抵押物价值水平，积极化解A类企业互保链问题。鼓励金融机构在企业信用评级、信贷支持中给予优先支持。

6.鼓励A类企业做大做强，根据A类企业亩产效益情况给予政策性担保及财政奖励等支持，各类财政扶持项目允许A类企业优先申报。

7.大力解决A类企业各类人才落户、住房、子女就学等问题，每年安排一定数量的人才住房、入学名额、落户指标，根据贡献优先安排给企业自主支配。

（二）B类企业：

1.规上企业中按照税收增长幅度情况，允许享受相应的政策性融资担保政策和担保额度。

2.给予B1类企业城镇土地使用税80%的减免优惠。

3.B1类企业排污权配置给予适当保障，B1类企业初始排污权有偿使用费为基准价的1.1倍，B2类企业为1.3倍。

4.B1类企业实施有序用电、应急供水、天然气供应保障应急预案管理时予以适当保障。

（三）C类企业：

1.不予安排新增工业用地。

2.严格控制污染物排放总量，C类企业原则上不得新增涉水排污权指标，C类企业初始排污权有偿使用费为基准价的1.5倍。

3.C类企业中属于全省六大重污染行业（铅蓄电池、电镀、印染、造纸、制革、化工）且单位电耗税收不足全市平均水平20%的按《浙江省电网销售电价表》中相应电价每千瓦时提高0.1元。

4.除技术改造、科技创新、数字化改造、节能减排、“小升规”外不得享受其它财政扶持政策奖励、补助。

5.鼓励金融机构从严控制信用评级、信贷投放。

（四）D类企业：

1.不予安排新增工业用地。

2.实行差别化电价、水价、气价政策。其中差别化电价按《浙江省电网销售电价表》中相应电价每千瓦时提高0.2元，第二年仍被评为D类企业的按《浙江省电网销售电价表》中相应电价每千瓦时提高0.3元，第三年仍被评为D类企业的按《浙江省电网销售电价表》中相应电价每千瓦时提高0.5元；差别化水价在现行价格基础上每立方米用水（含自备水）加价3元，第二年仍被评为D类企业的在现行价格基础上每立方米用水（含自备水）加价5元，第三年仍被评为D类企业的在现行价格基础上每立方米用水（含自备水）加价7元；差别化气价在现行价格基础上每立方米加价0.3元，第二年仍被评为D类企业的在现行价格基础上每立方米加价0.6元，第三年仍被评为D类企业的在现行价格基础上每立方米加价1元。差别化电价、水价、气价政策对宗地内所有企业均适用。

3.对D类企业实行用能限额控制，其用电、用水、用气不得超过上年度用量的50%。

4.严格控制污染物排放总量，D类企业不得新增排污权指标，D类企业初始排污权有偿使用费为基准价的3倍。

5.严格控制用能总量，D类企业不予安排新增用能指标，年度节能减排任务中提高用能削减指标；实施有序用电、应急供水、天然气供应保障应急预案管理时作为首要限制对象。

6.不得享受财政扶持政策奖励、补助，不得参评年度各项政府性评奖评优申报。

7.鼓励金融机构不予提供信贷支持。

8.鼓励D类企业主动关停退出或兼并重组，具体按相关政策执行。

五、工作要求

（一）加强组织领导。由市工业转型升级领导小组协调、统筹推进我市工业企业“亩均论英雄”改革相关工作。领导小组办公室设在市经信局，牵头负责政策指导、方案落实、综合协调、绩效评估等工作。

（二）明确工作职责。亩产效益综合评价是经济高质量发展的重要抓手之一，各相关部门要根据各自职责要求，积极推进工业企业亩产效益综合评价工作。

自规局负责提供企业用地面积清册和经批准的“退二进三”企业清册；

税务局负责提供企业税收总额、企业上年度销售收入、规下企业研发加计扣除数据；

供电公司负责提供企业用电数据；

市场发展委负责提供电商等小微企业园清册；

科技局负责提供高新技术企业、科技型企业、产业创新服务综合体、科技企业孵化器清册；

水务局负责提供省级节水标杆企业名单和违反节水规定被处罚、通报、曝光的企业清册；

住房公积金管理中心负责提供违反住房公积金法律法规被行政处罚和住房公积金违法行为拒不整改被法院强制执行的企业清册；

金融办负责提供完成股改的拟上市企业、上市培育企业、新三板挂牌培育企业和信用等级E级企业的清册；

公安局负责提供因不支持疫情防控工作被行政处罚的企业清册；

应急管理局、市场监管局、生态环境分局、人力社保局、税务局、财政局负责提供安全生产责任事故，食（药）品安全、特种设备安全、环境污染等重大责任事故，重大群体性劳资纠纷事件，偷税、骗取财政扶持资金等严重违法违规行为受到查处的企业清册；

各镇街负责核实并提供辖区内企业出租或“破墙开店”情况；

经信局负责提供制造业小微企业园清册，并对各部门提供的各项数据指标汇总并按本意见计算企业综合评价结果，其中单位主要污染物排放工业增加值、吨排污权纳税额指标评价工作由生态环境分局负责；单位知识产权指标评价工作由市场监管局负责；企业节水指标评价工作由水务局负责。

（三）夯实基础数据。各数据提供部门要将基础数据统计、清查作为履行职能的一项重要基础性工作，按照“谁主管、谁统计、谁负责”的原则加强数据统计、清查、上报等工作，涉及企业加减分、提档降档或否决等内容的，由各相关部门分别做好数据整理、汇总和审核工作，建立健全相关制度，确保数据准确性，为企业亩产效益综合评价提供可靠依据。

（四）建立工业企业综合信息平台。经信部门要牵头整合市场监管、自然资源、生态环境、税务、金融、供电、供水、供气等涉企部门数据，建立全市工业企业综合信息平台，全面掌握用地企业及出租企业基本情况，实时或定期导入企业数据信息，有效打通涉企部门信息沟通渠道，为市委市政府精准实施企业服务提供基础数据。

（五）严格执行差别化政策。各相关部门要根据本意见制定人才子女就学、人才住房保障、土地差别化管理、财政扶持、税收、用能、排污、有序用电、品牌建设及信贷支持等资源要素差别化配置实施细则，严格做好政策执行工作。

（六）强化社会监督。工业企业亩产效益综合评价工作全程实行阳光操作，评价细则、计算方法、评价结果等要在新闻媒体上予以公开，接受群众监督。各相关部门要加大宣传力度，做好相关评价指标、政策措施的说明解读，充分发挥舆论导向和社会监督作用，推动工业经济高质量发展。

六、其他

（一）相关评价指标计算方法见附件。

（二）关联企业在本市范围内拥有多宗工业用地的，其用地及相关数据合并至同一法人进行评价。

（三）企业纳入评价的用地中，有单宗用地存在出租或“破墙开店”行为的，则该宗用地不得享受我市用水、用气价格补贴等政策支持。

（四）本意见自2022年5月7日起施行。

（五）本意见实施后，《关于开展工业亩产效益综合评价深化“亩均论英雄”改革的实施意见》（义政发〔2020〕16号）文件废止，各类涉及工业企业资源要素市场化配置改革的政策文件与本意见不一致的，以本意见为准。

义乌市人民政府

2022年5月7日

《义乌市人民政府关于印发《深化农业“标准地”改革 实施农业“双强”行动大力推进农业高质量发展行动计划（2022—2025年）》的通知》

义政发〔2022〕26号

为全面实施科技强农、机械强农行动，进一步深化农业“标准地”改革，大力提升农业生产效率，全面促进农业高质量发展，根据《浙江省实施科技强农机械强农行动大力提升农业生产效率行动计划（2021—2025年）》（浙政发〔2021〕39号）精神，结合义乌实际，特制定本行动计划。

一、总体要求

深入贯彻习近平总书记关于“三农”工作的重要论述和重要指示批示精神，坚持走高效生态农业发展路子，突出提高农业生产效率和效益导向，以数字化改革为牵引，以农业“标准地”改革为抓手，以农业高能级平台为载体，大力推进科技强农、机械强农，加快推动农业高质量发展，为高质量发展建设共同富裕示范区作出新的贡献。

到2025年，全市基本形成“1＋2＋10＋100”农业发展格局，即打造1个产业突出、特色明显、带动性强的国家级强镇，建成2个万亩农业综合开发平台和10个千亩“双强”示范畈，培育100家农业龙头企业。农业劳动生产率达到10万元/人以上，农村居民人均可支配收入达到6万元以上；农业科技进步贡献率达到75%以上；农作物耕种收综合机械化率达到92%以上，水稻耕种收综合机械化率达到95%以上，畜牧业机械化水平达到80%以上。土地规模经营比例力争达到80%以上，100亩以上集中连片适度规模经营占比达到70%以上。

二、重点工作

（一）构建农业“双强”平台

1.多元化打造农业高能级平台。坚持集约化、规模化发展路子，全力打造农业高能级发展平台，推动土地、资金等要素向高能级平台集聚。支持义亭镇争创国家级农业强镇，努力打造1个产业突出、特色明显、带动性强的国家级强镇平台。大力推进农业集聚化、园区化发展，规划建设2个万亩农业综合园区，实行统一的基础设施、科技服务、机械服务、农资服务和农产品质量安全等一体化监管服务，努力打造成为农业科技转化、全程机械耕作、现代农业示范的农业综合开发平台。鼓励镇街加大农业基础设施投入，打造10个科技先进、设施齐全、管理智能、高产高效、绿色生态的千亩“双强”示范畈，引领全市农业高质量发展。大力支持市场集团做大做强农业板块，鼓励市场集团积极流转农业土地，全方位参与农业综合开发和高能级平台建设。加大农业招商力度，积极招引落地一批现代化农业高新企业，建设一批科技生态、绿色种养、数字智慧等优质农业项目。探索建立企业＋基地＋农户的利益共享机制，强化农业平台引领和带动作用，推动农业高能级平台成为带动农民增收致富的“共富区”。（责任单位：农业农村局、市场集团）

（二）实施科技强农行动

2.推动农业科技创新应用。大力培育农业高新技术企业，到2025年省级农业高新技术企业总数达到15家以上。加大农业科技成果转化，推进科技特派员服务体系建设，每年实施科技成果转化项目3个以上，建设产业技术团队5个，建成高品质科技示范基地10个以上。大力开展新品种、新技术引进示范推广应用，全市引进试种农作物新品种75个以上。加强义乌大枣、义乌白皮丝瓜等本地优质种质资源定点保护。鼓励镇街、农业龙头企业与科研院所开展企院所合作，以铁皮石斛行业为重点，创建省级重点农业企业研究院。推进产业基础再造和产业链提升，打造畜禽、铁皮石斛2个农业全产业链，争创省级标志性产业链1个。（责任单位：科技局、农业农村局）

3.加快农业优品提升。坚持安全、绿色、生态要求，推进品种培优、品质提升、品牌打造，全面推进农业标准化生产。加强义乌农产品品牌营销推介，深入实施“义乌三宝”振兴行动，打响“义乌三宝”区域公用品牌，探索镇域农产品公用品牌运营新模式。加强农产品质量安全监管，强化全程可追溯管理，完成10个绿色食品认定，实现280家规模主体农产品质量安全追溯码应用全覆盖。推进农业低碳绿色生态发展，大力推广配方肥，深化“肥药两制”改革，建成肥药定额施用示范区8个，创建国家级、省级水产健康养殖示范场8家以上，养殖主体尾水处理全覆盖。（责任单位：农业农村局、市场监管局、供销联社、自规局）

4.培育适应农业科技创新的新型农业经营主体。实施“户转场、场入社、社提升”行动，加大家庭农场示范创建力度，新培育示范性家庭农场50家以上。推动农业龙头企业做大做强，引导农业龙头企业发展农产品精深加工和农产品流通业，累计培育农业龙头企业100家以上。开展“十佳”农业龙头企业评选活动。支持辖区内农业龙头企业在境内上市。开展“千名农创客联万户”活动，鼓励国企参与农创客孵化平台建设，累计培育农创客1000名，辐射带动农户1万户以上。支持组建农创客发展联合会，推动农创客围绕农业“双强”开展各类创业创新项目。深化“三位一体”改革，组建产业农合联10家。（责任单位：农业农村局、科技局、科协、供销联社）

5.构建农业数字化应用体系。加快“浙农富裕”“浙农牧”“浙农田”“浙农优品”等上级农业数字化改革应用贯通落地，加快“浙农码”的推广应用，推动农业生产管理、流通营销、行业监管等领域核心业务数字化。探索“浙农码”与“浙食链”对接，实现从种子到餐桌的全流程监管模式。探索“农业产业大脑+未来农场”发展模式，打造“义乌红糖”产业大脑，新培育省级数字农业工厂5家。（责任单位：农业农村局、自规局、数管中心、供销联社）

（三）实施机械强农行动

6.提升主导产业机械化水平。加快粮油生产机械化，重点推广保护性耕作、高效育秧、高效植保施肥、机收减损、绿色烘干、低温储存等先进技术和装备，大力推广微型耕作、节水灌溉、无人植保等丘陵山区旱粮生产机械，新增粮油生产各类高效新农机具500台套。加快畜牧养殖业机械化，重点推进清洗消毒、精准饲喂、通风温控、空气过滤、环境感知及无害化处理等设备应用，推进5家规模化养殖场智能化改造提升。加快农业特色产业机械化，聚焦蔬菜、水果、糖蔗、茶叶等农业特色产业，引进应用农业物联网、精准节水灌溉、智能施肥施药、农产品加工等智能装备，引进推广先进适用装备和技术10款以上。（责任单位：农业农村局、科技局、市场集团）

7.提升农机综合服务能力。建立健全农机农艺协作攻关机制，加强适用农机装备推广，形成良机、良种、良制、良法配套的农机农艺融合体系，打造农机创新试验基地2个，建成全程机械化应用基地10个。支持开展规模化育秧、机械化栽植、植保、烘干、农机维修等农技社会化服务，培育发展农机专业合作社联合社，建设农事服务中心4个。（责任单位：农业农村局、科技局、供销联社）

8.全域推进农田基础设施改造提升。推进农田、菜园、果园等标准化建设，推进耕作田块小变大、陡变平、弯变直。加强农田“宜机化”改造，满足农机运作、作业通行等需求。全域推进高标准农田改造提升，大力推进农田灌溉渠道、引水干渠、提水泵站等农水工程改造建设，建成集中连片、旱涝保收的高标准农田20万亩以上，农田灌溉率达90%以上。同步发展高效节水灌溉项目，加快实现全域农业灌溉高效节水化。进一步拓展农田多元功能，全域推进美丽田园建设，按照“田园＋公园＋产业园”模式，打造视觉美丽、体验美妙、内涵美好的宜业宜学宜游美丽田园10万亩以上。推行“田长制”，建立健全管护机制，加强对农用地日常监管。（责任单位：农业农村局、水务局、自规局）

（四）深化农业“标准地”改革

9.推进农业“标准地”提质扩面。打好“标准地改革＋农业双强”组合拳，按照“新建一批、提升一批、规范一批”的思路，推进农业“标准地”提质扩面。优化农业“标准地”分类，调整设置三类农业“标准地”内涵。加强镇街土地流转交易中心作用，鼓励整村集中委托统一流转，增加农业“标准地”储备。推动粮食生产功能区、高标准农田与农业“标准地”有机融合，农业“标准地”稳定在12万亩以上。建设10个农业“标准地”数字化示范点。支持将农业生产所需的看护、初加工和农资仓储、农产品产地预冷库等附属设施用地纳入设施农业用地管理，支持农业“标准地”配套建设相应的农业设施。（责任单位：农业农村局、自规局）

10.强化标准地监管评价。完善农业“标准地”控制性指标体系，建立亩均产出、农事记录等7项监管考核指标，引导先进适用技术和设施投入。建立健全农业“标准地”监管评价体系，迭代升级农业“标准地”数字化应用，对每块标准地建立数字化监管台账，实现监管过程有痕可查。健全农业“标准地”常态化监管，建立三色预警机制和退出机制。优化农业“标准地”政策支持模式，按照综合评价结果，将农业标准地划分“A、B、C、D”四档，实施差异化政策奖励。（责任单位：农业农村局、财政局、金融办、自规局）

三、强化组织保障

（一）强化组织领导。建立农业“双强”行动工作协同机制，农业农村局负责统筹牵头，科技局负责先进农业科技的创新和推广，财政局负责农业“双强”行动实施资金统筹整合与支持保障，自规局负责农业“双强”行动土地要素保障，其他部门各司其职、密切配合。各镇街要制定农业“双强”行动实施计划，明确工作路线图、时间表，清单化、体系化推进任务落实。

（二）强化经费保障。制定农业“双强”行动扶持政策，加大农业“双强”行动资金投入力度。引导国有资本、金融资本、社会资本等支持投入现代农业发展。实施金融服务“双强”工程，加大再贷款再贴现支持力度，引导金融机构针对农业主体单列涉农信贷投放计划。提高农业信贷融资担保规模，累计信贷担保额达到2.5亿元以上。推进农业政策性保险“扩面增品提质”，开展水稻完全成本、耕地地力指数、农产品价格指数、农业气象等险种试点，逐步将旱杂粮、义乌大枣、桃等特色农业产业纳入政策性保险范围，加大旱粮、农业机械保险等保费补助力度。加强农村土地承包经营权确权登记和抵押融资服务，支持农业主体利用权证和地上附着物进行抵押贷款融资。

（三）强化人才支撑。建立农业“双强”高精尖缺人才专业目录和人才库。深入推进与浙江省农科院、浙江农林大学等科研院所战略合作，加强院士、专家工作站建设，注重农业技术带头人和科研骨干培养，符合条件的优先纳入“拔尖人才”“151人才工程”“133人才工程”等人才培养计划。突出农创客主体地位，加大支持培育和规范化管理力度。加强中高职院校农业技术、农机等涉农相关课程建设，支持本地中高职院校承接农广校种养学历教育培训。开展乡村振兴人才评价，高层次人才享受子女入学、人才绿卡、人才购房补助等政策。实施千万农民素质提升工程，培训农村实用人才5000名以上。

义乌市人民政府办公室

2022年5月6日

义乌市人民政府关于印发《义乌市“标准城市”建设行动计划（2022—2025年）》的通知

义政发〔2022〕67号

为贯彻落实《国家标准化发展纲要》《中共浙江省委浙江省人民政府关于贯彻落实〈国家标准化发展纲要〉的实施意见》，深入推进“标准城市”建设，高标准引领高质量发展，结合我市实际，制定本行动计划。

一、总体要求

（一）指导思想

以习近平新时代中国特色社会主义思想为指导，深入贯彻落实党中央、国务院和省委、省政府关于标准化发展的决策部署，充分发挥“标准城市”建设先发优势，深入推进标准化综合改革，增强标准化治理效能，加快构建助力高技术创新、促进高水平开放、引领高质量发展的标准体系，为高水平打造内陆开放样板，高质量高水平建成世界小商品之都提供有力支撑。

（二）主要目标

到2025年，全域标准化发展纵深推进，标准化与经济社会各领域深度融合、全面发展，基本建成具有义乌特色、体现共同富裕特征的推动高质量发展标准体系，标准研制、应用与国际化水平明显提高，标准化服务经济社会发展更加高效，标准化发展基础更加牢固，标准化发展成效全国领先，打造成为我国县域标准化改革创新示范标杆。

——加快建设城市标准化先行地。创新“标准城市”建设组织、实施、评估体系，推动标准化全域覆盖，打造一批标准化创新成果。发布义乌市地方标准15项以上，承担国家级、省级标准化试点项目3个以上，争创省级、金华市级标准创新贡献奖3个以上。

——加快建设先进标准供给输出地。新增牵头或参与制定国家标准、行业标准100项以上，牵头制定“浙江制造”标准40项以上，规上工业企业每百亿元营业收入先进标准数达10个以上，标准化水平大幅提升。

——加快建设标准化开放合作大平台。标准化国际合作深入拓展，提升中国义乌国际小商品（标准）博览会影响力，牵头和参与制修订国际标准2项以上，制定“一带一路”小商品团体标准20项以上。

——加快建设标准化服务资源新高地。浙江（义乌）国家标准技术审评中心、国家技术标准创新基地（义乌）等服务机构高效运行，标准研究能力和服务水平得到较大提升，标准化发展基础更加夯实。

二、重点任务

（一）标准赋能市场转型，服务第六代市场发展

1.深化“标准进市场”工作。加大亮标力度，依托Chinagoods平台，完善电子亮标功能模块建设，推动线上、线下同步亮标，实现市场主要行业经营品类亮标全覆盖。加强小商品团体标准研制，引导行业协会、商会制定实施一批符合市场需求、服务出口贸易的引领性标准，填补标准空白。持续开展多渠道标准化培训，以示范标杆行业为引领，由上而下贯穿产业链，进一步提升生产及销售主体标准化意识，推动商品品质提升。（责任单位：商城集团）

2.加强小商品进出口风险管控。积极对接国内外知名检测机构、认证公司进入义乌，为小商

品经营户和采购商提供“一站式”服务。围绕小商品国际贸易形势和热点问题，开展应对国外技术性贸易壁垒和国内技术性防范措施的前瞻性研究，定期发布研究成果。（责任单位：商城集团、市场监管局）

3.提升小商品标准对外开放水平。针对重点领域商品，积极开展“一带一路”小商品团体标准研制，通过标准“走出去”引领义乌小商品“走出去”。（责任单位：商城集团）强化技术性贸易壁垒应对，加强国际标准信息跟踪共享，促进内外贸质量标准、认证认可、检验检测相衔接。围绕义乌发展需求，策划标准国际化高端会议。鼓励参与国际标准制定，加强重点领域国际标准和国外先进标准的跟踪、比对研究和验证分析，推动重点领域先进适用国际标准的转化。（责任单位：市场监管局）

（二）标准赋能商品贸易，支撑数字自贸区建设

4.提升进出口贸易便利化水平。全面总结市场采购贸易数字化改革创新做法，加快研制市场采购数字化标准，在全省范围内加快推广“义乌经验”。（责任单位：商务局）结合义乌多品种、多批次、小批量、个性化贸易等特征，规范完善进出口货物通关申报服务标准。（责任单位：义乌海关）

5.支撑现代化智能物流发展。加强物流标准推广应用，推进A级物流企业申报评定工作，推动物流链全链条标准化改造，全面提升物流企业的标准化、规范化水平，推动物流降本增效。（责任单位：市场发展委）

6.加快数字经济标准化建设。探索制定数字贸易规则和标准，以标准支撑打造集数字市场、数字展贸、数字物流、数字服务等应用场景的数字贸易创新生态。（责任单位：数管中心）加快企业智改数改标准化工作，对标数字化车间、智能工厂，分行业推进数字化改造，制定相关标准，提供可复制可推广的数字化改造经验，打造以“产业大脑+未来工厂”为核心的数字经济系统。（责任单位：经信局）探索建立义乌数字会展评估标准，规范评估范围、细化评估指标，为精准施行产业政策、评估政策效能、提升地方数字化办展水平提供客观依据。（责任单位：市场发展委）

（三）标准赋能产业提质，打造“传统+新兴”智造集群

7.引领新兴产业高质量发展。实施四大新兴产业标准领航行动，加快研制和实施新能源汽车及零部件、信息光电、芯片传感器及智能终端、医疗健康等标准，促进新兴产业“全产业链”发展。（责任单位：经信局）支持企业主导或参与国际标准、国家标准、行业标准和“浙江制造”标准的制（修）订，推动企业主体由“采标者”向“制标者”转变。鼓励行业龙头企业制定核心技术指标超国际标准或具有个性化技术指标的企业标准，加强关键基础材料、核心基础零部件、先进基础工艺等产业技术基础标准研制和应用，提升标准科技含量，争创“标准领跑者”。（责任单位：市场监管局）

8.助力小商品制造业做精做优。围绕小商品制造聚集产业，编制标准与质量白皮书，研究提出小商品制造业质量提升的路径与模式，探索“标准引领、质量提升、品牌带动”的“市场+制造”之路。重点围绕饰品、纺织、化妆品等特色领域，构建覆盖产品研发、设计、生产、销售等全生命周期的标准体系，助力传统产业转型升级。深入开展企业对标提标活动，引导重点行业企业对标国际先进标准和出口标准，以高标准推动企业提升产品质量和产业层次。着力提升质量检验检测服务能力，对接国内外知名检测认证机构和标准化服务机构，全力推进小商品标准检测产业园建设。（责任单位：市场监管局、经信局）

9.深化“标准小微企业园”建设。完善和落实园区建设指导标准，按照“双创微谷”“升级平台”“新兴载体”“集聚平台”等特色加强分类引导，进一步推动小微园区高质量发展。深化标准小微园区提升改造工程，持续完善小微园区管理、运营和服务标准体系，打造具有义乌特色、全省领先的小微园区发展模式。积极推行园区内污水和生活垃圾集中处理，以更高要求执行安全生产、资源利用、环境保护等领域强制性标准，推动小微企业园安全、绿色发展。（责任单位：经信局）

（四）标准赋能城市治理，打造高品质现代都市

10.打造更加开放便利现代都市。深化营商环境标准化试点，建立涵盖政府服务、政府监督、

社会信用、公平竞争、公共服务等领域的优化营商环境综合标准体系，助力打造国际一流营商环境。（责任单位：发改局）坚持“极简”审批、“秒批”等理念，高标准推进市场准入便利化改革，加强“证照分离”改革标准化建设，提升取消审批改为备案或实行告知承诺的事项数量。（责任单位：行政服务中心、市场监管局）聚焦知识产权裁决运行全流程和纠纷化解全过程，进一步强化标准化建设，维护公平竞争的市场秩序。（责任单位：市场监管局）结合个体工商户信用体系建设省级试点，对照省级标准优化完善，深化社会信用体系建设。（责任单位：金融办）结合“大综合一体化”行政执法改革、信用监管、新业态新模式监管等重点工作，研制和实施一批核心标准，打造具有义乌特色的事中事后监管新模式。（责任单位：行政执法局、市场监管局、金融办）

11.打造更高颜值现代都市。加快推进未来社区等现代化基本单元标准化建设，持续推动老旧小区改造等标准化工作，支撑城市更高品质发展。结合城市有机更新，不断完善城市道路、园林景观、路灯等城市基础设施，推动城市品质持续提升。（责任单位：建设局）

12.打造更加智慧现代都市。积极搭建义乌新型智慧城市标准规范体系，在政务云建设、物联终端接入、数据汇聚共享、通用能力开放、应用规范等方面加强技术标准研究，逐步完善新型基础设施标准、数据与平台标准、应用服务标准、安全保障标准、建设管理标准，保障智慧城市建设的数据融合、信息共享和业务协同。统一数据共享标准和接口规范，建立数据资源管理与使用长效机制与标准，实现各部门数据的统一目录管理、统一认证鉴权和统一交换共享，积极推动各类数据通过标准接口对社会公众开放，提供标准化数据服务。（责任单位：数管中心）

（五）标准赋能乡村振兴，推动农业农村现代化

13.打造和美乡村样板。加快实施城乡融合“义乌标准”，为共同富裕示范区建设贡献“义乌经验”。按照新时代美丽乡村标准和省“六美乡村”建设要求，开展“七个一”星级“和美乡村”提标行动，推进新时代美丽乡村美化升级。制定美丽田园建设标准，建立健全农田基础设施建设管护体系，推动农业“标准地”项目按照对应标准打造“美丽田园”。（责任单位：农业农村局）

14.做强三大保供产业。大力实施高标准农田建设工程，统筹推进新建项目和已建项目提升改造，加快建设高产稳产旱涝保收的高标准农田，切实改善田间生产条件。坚持以“标准化、绿色化、规模化、循环化、数字化、基地化”为引领，以美丽牧场为标准，有序实施原有畜禽养殖场标准化提升改造。（责任单位：农业农村局）

15.提升农业数字化水平。深入推进农业“标准地”数字化改革，建立农业“标准地”数字化应用系统，助力打造绿色生态、高质高效的现代农业发展新模式。以标准化为手段加快推动农产品质量安全追溯体系数字化，实现食用农产品合格证在特色产业和规模主体全覆盖，确保不发生重大农业安全生产事故。全面应用“肥药两制”改革数字化系统，探索构建肥药“进—销—用—回”的数字化管理标准体系。（责任单位：农业农村局）

（六）标准赋能生态文明，打造绿色低碳美丽义乌

16.完善生态环境标准化体系。推动建立覆盖“五水共治”各领域以及建设、运行、维护、管理和评价等各环节的标准体系，推动“五水共治”标准体系在污水处置设施建设、城镇供排水设施建设等重大工程中应用。构建过程全覆盖、管理全方位、责任全链条的建筑施工扬尘治理标准化体系，提高建筑施工标准化水平，加强施工扬尘综合治理，加快建立常态化的生态环境标准宣贯和实施评估机制，强化生态环境标准实施。（责任单位：建设局）

17.推动碳达峰、碳中和标准化工作。优化升级节能低碳、资源综合利用标准体系，积极参与碳减排、碳足迹、碳捕获利用等关键标准制定。持续完善“区域能评＋产业能效技术标准”机制，严格控制高耗能项目新增规模，严格执行高耗能行业产能和能耗等量减量替代标准制度，严格执行国家颁布的清洁生产标准，持续开展清洁生产审核工作，加大强制实行清洁生产力度。构建节能节水、绿色采购、垃圾分类、制止餐饮浪费、绿色出行、绿色居住等绿色生活标准。(责任单位:发改局、经信局、生态环境分局)完善绿色交通标准体系,提高绿色交通出行比例,促进基础设施低碳转型。(责任单位:交通局)

18.加强企业环保整治标准化工作。加大《义乌市重点排污单位污染防治标准化管理清单(暂行)》宣贯和实施,提升重点企业污染防治标准化管理。全面执行《挥发性有机物无组织排放控制标准》,落实无组织排放特别控制要求,加快设施更换或升级改造。(责任单位:生态环境分局)

(七)标准赋能民生改善,构筑共同富裕幸福家园

19.加快公共服务标准化建设。围绕幼有所育、学有所教、劳有所得、病有所医、老有所养、住有所居、弱有所扶等方面,完善基本公共服务标准体系。加快形成一批具有义乌特色的标准,推广义乌公共服务先进经验,助力共同富裕示范区建设。(责任单位:发改局)

20.提升养老服务品质。开展养老服务标准化行动,重点推进智慧养老标准化建设,编制智慧养老地方标准,打造一批智慧养老标杆,争创智慧健康养老示范性成果。开展养老机构服务星级评定工作,实现养老服务机构分类分级管理。编制认知障碍老人筛选评估、服务评估、服务提供、设施配建和人员培训、准入等标准,积极打造认知障碍照护品牌,鼓励各养老机构推进标准化建设。(责任单位:民政局)

21.提高医疗卫生服务水平。实施疾病预防控制机构标准化工程,优化基层医疗卫生机构传染病监测哨点标准化建设。实施村级卫生机构标准化工程,合理设置村级医疗卫生机构,推动村级卫生机构改造和提升。(责任单位:卫健局)

22.加快推动健康优先发展。围绕健身行业硬件设施和软性服务,加快制定健身行业地方标准,推动健身行业规范化发展,助力打造"10分钟"健身圈。(责任单位:文广旅体局)

(八)标准赋能安全发展,打造更高水平的平安义乌

23.加强安全标准化建设。落实住建部、省建设厅关于推行建筑施工安全标准化建设相关要求,持续推进安全管理、现场安全技术、安全资料、重大危险源防控标准化,提升工程施工质量安全水平。(责任单位:建设局)深化企业安全生产标准化建设,严格落实企业标准化创建、复评、退出等机制。(责任单位:应急管理局)

24.提升应急管理标准化水平。结合全国第一次自然灾害综合风险普查,探索普查数据、风险评估与区划成果在灾害防治、应急管理等领域的应用,构建具有义乌特色的防灾减灾救灾标准体系。(责任单位:应急管理局)

(九)集聚要素资源,推动标准化改革创新发展

25.优化标准供给。激发企业标准活力,推动实施企业标准自我声明公开和监督制度,鼓励企业参与各层级标准制定和对标达标提升活动,把标准化作为生产经营、质量提升的重要手段。加强义乌市地方标准的研制和管理,优先制修订服务业和社会事业领域急需标准。实施团体标准培优计划,引导企业将科技创新成果转化为先进标准,满足市场对高品质产品和高质量服务的需求。(责任单位:市场监管局)

26.强化标准实施和应用。积极开展标准化试点项目建设,加强对标准化试点的指导和督查,提升标准化试点工作成效。加强对标准制定和实施的监督。探索开展标准质量和标准实施第三方评估,对标准实施效益进行评估,不断提升标准水平。健全团体标准化和企业标准化良好行为评价机制,强化行业自律和社会监督。鼓励社会公众对标准实施情况进行监督,充分发挥新闻媒体、社会组织和消费者对标准实施情况的监督作用。(责任单位:市场监管局)

27.打造标准化资源高地。高水平打造集国家技术标准创新基地(义乌)、国家日用小商品质量监督检验中心、浙江(义乌)国家标准技术审评中心、标准化研究院"四位一体"的标准资源集聚高地,培育检测认证、标准建设、标准咨询及会议会展等标准化全产业链服务。培育标准化服务业市场主体,鼓励机构运用新型标准化服务工具和手段,提供专业化服务。推进标准博物馆建设,引入标准数字化技术和系统,利用先进技术,打造国家级标准化科普、教育和服务基地。(责任单位:市场监管局)

28.加强标准化人才队伍建设。引进国家级标

准化高端资源，开展标准化专业知识培训。建立多层次培训体系，完善人才评价和激励机制，培养一批熟悉规则、精通专业技术和管理的标准化人才。探索建立企业标准化总监制度，全面提升标准化人员专业水平。积极参与国际国家重大标准活动，培育一批高端领军人才。（责任单位：市场监管局）

三、保障措施

（一）加强组织领导。义乌市全面实施标准化战略暨“标准城市”建设工作领导小组全面统筹协调、指导推进“标准城市”建设工作。市场监管局依据本行动计划，按年度建立分解落实、实施评估机制并组织实施。各有关单位按照任务分工，制定相应的工作方案，明确时间表、路线图和责任人员，确保各项任务落到实处。强化督查考核，将标准化工作纳入镇街、机关单位年度考绩范围。

（二）强化政策保障。各相关部门、各镇街要加大对标准化工作的资金投入力度，支持标准研制实施、标准化试点等项目，将相关工作经费列入年度财政预算。探索设立义乌市标准创新贡献奖，持续加大标准化战略投入。

（三）营造良好氛围。充分利用世界标准日等主题活动，全方位、多渠道开展“标准城市”建设成果宣传，强化标准普及和实施应用力度，大力培育发展标准化文化，形成全社会学标准、讲标准、用标准的良好氛围。

义乌市人民政府办公室
2022年12月13日

中共义乌市委关于学习贯彻省第十五次党代会精神高水平打造内陆开放样板的决定

义委发〔2022〕20号

中国共产党义乌市第十五届委员会第二次全体会议，坚持以习近平新时代中国特色社会主义思想为指导，深入学习贯彻浙江省第十五次党代会精神，以及金华市委八届二次全会部署，结合义乌实际，研究了高水平打造内陆开放样板问题，作出如下决定。

一、重要意义

习近平总书记高度重视义乌对外开放工作。省第十五次党代会赋予金华“高水平建设内陆开放枢纽中心城市”定位，金华市委八届二次全会提出了打造“三中心、三高地”的重点任务。高水平打造内陆开放样板，是高质量高水平建设世界小商品之都的题中之义，是集成展现奋进“两个先行”的标志性成果，是深化“兴商建市”发展战略的必然选择。义乌作为都市区的核心区之一、内陆开放主平台，必须勇扛使命、实干争先、冲锋在前，高水平打造内陆开放样板，勇当高水平建设内陆开放枢纽中心城市主力军。

二、总体要求

（一）指导思想

坚持以习近平新时代中国特色社会主义思想为指导，完整准确全面贯彻新发展理念，忠实践行“八八战略”，深度融入全国统一大市场和“一带一路”建设，围绕金华市委“三中心、三高地”任务部署，紧扣“138”工作体系，以数字化改革为牵引，着力推进供应链创新，建设“五大枢纽”，实施“六大升级”，高水平打造内陆开放样板，为奋进“两个先行”新征程，高质量高水平建成世界小商品之都提供强大动力。

（二）重要遵循

牢牢把握对外开放是长远战略的要求。习近平总书记强调，要全面提高对外开放水平，建设更高水平开放型经济新体制；实行积极主动的开放政策，形成全方位、多层次、宽领域的全面开放新格局。在浙江工作期间明确要求，必须把扩大对外开放放到全局的战略高度；努力实行对外开放，跟国际接轨，提高国际竞争力。特别是六次点赞义新欧，肯定义新欧是共建“一带一路”的早期收获。

牢牢把握为改革开放探路的要求。习近平总书记强调，要在更高起点上推进改革开放；推动新发展阶段改革取得更大突破、展现更大作为。在浙江工作期间明确要求，坚持扩大开放与深化改革相结合，以开放促改革促发展；及时研究和解决改革开放中出现的新情况、新问题，积极稳妥地把改革开放向前推进。特别是亲自推动义乌国际贸易综合改革、自贸试验区建设，把义乌纳入国家改革开放总体布局。

牢牢把握服务和融入新发展格局的要求。习近平总书记强调，构建新发展格局是事关全局的系统性、深层次变革，是立足当前、着眼长远的战略谋划；要加快建设高效规范、公平竞争、充分开放的全国统一大市场。在浙江工作期间明确要求，“跳出浙江发展浙江”是浙江发展的必然要求；坚持“引进来”和“走出去”相结合，积极参与国际竞争与合作。特别是亲自为义乌定位世界小商品之都。

（三）主要目标

通过五年努力，开放通道辐射力、开放平台影响力、开放型经济竞争力、开放环境吸引力进一步提升，形成一批具有义乌辨识度、全国普遍意义的重要成果，成为服务和融入国内国际双循环的数据枢纽、贸易枢纽、物流枢纽、产业枢纽、文化枢纽。

——建设共享畅联的数据枢纽。跨境数据实现安全有序流动，数字贸易、数字口岸、数字物流、数字金融、数字治理等领域规则体系，以及数据共享利用机制基本建立。争取设立国际通信业务出入口局，初步建成贸易大数据中心，实现义乌全球创新中心与全球eWTP枢纽互联互通。到2027年，实现本地政务数据全量归集，“关汇税、运仓融”等领域数据汇聚率达到90%以上，建成商贸应用场景100个以上，小商品自贸应用撮合交易超1000亿元，电子商务交易额超5500亿元，其中跨境电商交易额超2000亿元。

——建设买卖全球的贸易枢纽。数字贸易、服务贸易成为推动国际贸易增长的新引擎。建成全球数贸中心、跨境电商产业园等新型贸易平台，贸易服务体系在触达全球市场、促进供需匹配、引领产业升级中的作用显著增强，供应链集成服务商成为推动市场转型的主力军。到2027年，培育集聚十亿级贸易企业超100家、百亿级超10家，直接触达各类采购商超1000万人次，跨境人民币结算达到1000亿元，货物贸易进出口额达到7000亿元，新型国际贸易进出口额达到5000亿元。

——建设货通天下的物流枢纽。以商贸服务型国家物流枢纽为核心的全球集疏运物流网络基本形成，建成义乌（苏溪）国际枢纽港、跨境电商物流园等重大平台，实现货物全球一站式通达。到2027年，义新欧班列义乌平台开行2000列以上，义甬舟海铁联运货运量突破30万标箱，链接国际航空物流专线150条，海外仓面积突破200万平方米，快递业务量突破150亿件，货运量突破1.3亿吨。

——建设贸工联动的产业枢纽。创新链产业链深度融合，跨区域产业协同联动更加紧密，构筑形成“产业大脑+未来工厂”为引领的新智造体系，成为全球重要的小商品创新策源地。到2027年，形成千亿级产业集群1个、百亿级产业集群10个，规上工业总产值达到2500亿元，R&D经费支出占GDP比重达到3%，数字经济增加值占GDP比重达到70%，服务带动市外产业带销售额超8000亿元。

——建设多元融合的文化枢纽。城市国际化功能进一步完善，开放包容的城市文化特征更加彰显，“以文促贸、以贸兴文”的贸易与文化深度交融格局初步形成。“世界义乌”知名度、美誉度进一步提升，成为传播中华特色文化的窗口、中外文化交流的驿站、“一带一路”心联通的桥梁，成为国际日用消费品新品首发地和国际商务旅游目的地。到2027年，建成境外商务文化旅游推广中心30个，结对国际友好城市40个以上，文化和旅游国际交流突破100万人次。

三、重点任务

（一）以数字自贸区为牵引，迭代升级开放制度。聚焦数据跨境自由，在国家数据跨境传输安全管理制度框架下，着力探索既能便利数据流动又能保障安全的跨境数据访问机制。构建数据产权、流通交易、收益分配、安全治理等数据基础制度体系，推动公共、企业、个人等数据分类分级使用。聚焦贸易自由，大力推进多业态“先查验后拼箱”数智化监管改革，落地日用消费品进口正面清单管理制度改革，探索发展离岸转手买卖、新型易货贸易。聚焦金融自由，持续深化金融专项改革，推进跨境贸易投资外汇便利化，试点本外币合一银行结算账户体系，深入推进数字人民币试点工作。聚焦运输自由，深化“一次申报、一次查验、一次放行”改革，探索进口“船边直提”和出口“抵港直装”试点，建设商贸枢纽型国际航运中心。聚焦投资自由，创新完善“设立、经营、注销”全生命周期投资便利制度，做强知识产权快速维权中心，创新包容审慎监管，激发市场主体活力。聚焦人员往来自由，优化外国人来华工作许可和人才签证制度，争取实施更加便利的商务人员出入境管理措施。

（二）以数字市场为牵引，迭代升级开放平台。聚力建设小商品数字贸易平台。创新迭代小商品数字自贸应用，加快集聚全球优质物流、金融、中介等服务商，统筹布局海外仓和海外分市场，打造千亿级一站式“关汇税、运仓融”数贸综合服务平台。聚力推进市场主体数字化转型。实施新一轮电商主体培育计划，做大“市场采购+跨境电商”新业态，落地一批第三方电商平台运营服务中心，打造“店开全球”服务体系。聚力推动实体市场数字化改造。加快建设全球数贸中心，打造集数字服贸、创新设计、品牌选品于一体的“未来市场”。线上线下联动办好义博会等重要展会，努力把全球采购商吸引到义乌。

（三）以供应链数字化创新为牵引，迭代升级开放主体。创新发展贸易型供应链。深化市场采购2.0改革，推动组货人、采购商品牌化发展，拓展选品、设计、金融等增值服务，支持传统贸易商向供应链集成服务商转型。建设新CBD等功能平台，吸引更多贸易公司总部、采购中心落地。做大做强物流型供应链。规划建设国际数字物流市场、陆港供应链中心、航空产业园，做大做强公路干线物流，培育发展海陆空“门到门”专线物流，打造全球贸易组货履约中心。加快培育平台型供应链。大力发展“独立站”等海外数字化营销平台，积极布局RCEP和南美洲新兴市场，整合物流、展销、结算等资源，推动“品牌+供应链”整体“走出去”。

（四）以义新欧义甬舟为牵引，迭代升级开放通道。高质量建设义新欧开放大通道。系统化扩容提升铁路口岸，积极拓展跨区域集货合作，主动参与新疆等地区的沿边口岸物流基础建设，加快布局杜伊斯堡等境外物流分拨中心，构建形成境内组货网络和海外物流分拨网络，争创中欧班列集结中心示范工程，义新欧班列稳居全国第一方阵。高质量建设义甬舟开放大通道。深化与宁波舟山港一体化，建成航运服务中心和箱管中心，延伸一代订舱、码头服务、集拼中心等港务功能。实施义甬舟西延，市场化布局物流园区、物流快线、商品分销网络，提升西向集货能级。高质量建设“空中丝绸之路”。完成义乌机场适应性改造，扩容升级国际货站，组建航空货运公司，谋划建设航空物流企业总部基地，做大做强航空货运市场。深化异地货站合作，发展陆空联运、空空转关业务，联动上海、广州等国际枢纽机场，打造面向全球的航空物流网。高质量推动“四港”联动。以信息港为纽带，统筹推进铁路、航空、海运等数字化服务平台建设，打造海陆空国际贸易“单一窗口”，建成“四港”联动智慧物流云平台，实现“一窗办理、四港联动、多式联运、全球直达”，打造“四港”联动示范市。加快建设金甬铁路、高架站房及金义中央大道等互联互通项目，形成一体畅通的轨道交通和都市路网。主动融入沪杭甬，对接引进长三角优势资源，借势推进更深层次开放。

（五）以数智制造为牵引，迭代升级开放产业。引育“项目大引擎”。紧盯头部企业、链主企业，创新招商方式，实施“一链一方案”培育行动，落地一批科技含量高、增长潜力大的创新创业项目。集聚“产业大集群”。支持信息光电、新能源汽车及零部件、高端芯片及智能终端、医疗健康等四大新兴产业精准补链、壮大规模，支持针织服装等十大百亿级传统产业加快强链、扩大优势。加快规上企业智能化改造、数字化转型，打造“未来工厂”为引领、智能工厂（数字化车间）为主体的智造产业集群。做强“园区主阵地”。经开区要高水平建设两大“万亩千亿”平台和双江湖科教园区，打造“世界光明之都”，跻身全国百强开发区。自贸发展区要大力发展国际物流、跨境电商、综合保税标志性产业，打造国际贸易新城，综保区跻身全国50强。

（六）以国际综合服务体系建设为牵引，迭代升级开放环境。打造一流国际政务环境。探索开展移民管理体制改革，加快推进移民事务服务中心建设。深化涉外业务“一件事”改革，创设海外政务服务驿站，持续赋能外籍商友卡，构建全流程管理、全链条服务的涉外管理服务体系。打造一流国际商务环境。培育发展涉外法务、关务、税务、认证、咨询等第三方服务机构，争取增设国际商事法庭，健全多元化商事纠纷解决机制。培育发展商务旅游，拓展提升国际商贸城国家4A级购物旅游区，推动文旅博会提档升级。打造一流国际人文环境。加强医疗、健康、教育等国际合作，建设一批开放型国际社区。建成大剧院、美术馆等一批城市文化地标，鼓励海外优秀文化及文化产品来义乌展示、交流，推动双林、婺剧等文化海外传播。加强与国际友好城市对接联系，重点与“一带一路”、RCEP、非洲等国家和地区开展交流，积极举办各类国际会议、论坛、赛事等活动，扩大国际朋友圈。

四、保障措施

（一）加强组织领导。全市上下要统一思想、提高认识，把高水平打造内陆开放样板作为一项重大战略任务来抓。建立健全协同推进机制，明确职责分工。围绕“五大枢纽”“六大升级”，深化研究、细化举措，梳理制定内陆开放的重大改革、重点项目、重点工作清单。各单位要积极主动参与，形成“一盘棋”谋划、“一体化”推进的工作格局。

（二）做好要素保障。坚持以项目落实工作，优化土地指标统筹配置，全力争取国家和省新增建设用地指标，推动土地林地等资源向重大开放平台、重点开放项目集聚。用好各类专项扶持资金，大力争取专项债支持，探索建立多元化多渠道资金投入机制。突出人才智力支持，加快建设开放型干部队伍，培育具有国际视野的高素质人才。

（三）强化氛围营造。充分运用各类宣传平台、主流媒体和新兴媒体，以群众喜闻乐见的方式，大力宣传在高水平打造内陆开放样板过程中涌现出来的好做法好经验，激发广大党员干部的工作热情，在全市上下营造全力支持、共同参与高水平打造内陆开放样板的浓厚氛围。

市委号召，全市上下要更加紧密团结在以习近平同志为核心的党中央周围，在省委、金华市委的正确领导下，踔厉奋发、勇担使命、冲锋在前，高水平打造内陆开放样板，全力谱写奋进“两个先行”、高质量高水平建设世界小商品之都崭新篇章。

中共义乌市委办公室

2022年9月28日

中共义乌市委、义乌市人民政府关于印发《义乌市青年发展型县域试点实施方案》的通知

义委办发〔2022〕23号

为推进青年发展型城市建设，进一步增强城市对青年承载力、吸引力、凝聚力，提升青年对城市的参与感、推动力、贡献度，根据《关于开展青年发展型城市建设试点的意见》（中青联发〔2022〕1号）等文件精神，结合我市实际，制定如下方案。

一、总体要求

坚持以习近平新时代中国特色社会主义思想为指导，深入学习贯彻党的二十大精神，坚持党管青年

原则，以“省域示范、全国标杆、国际一流”为目标，构建服务成长需求、维护发展权益的青年发展全方位体系，打造“青春义乌·众创之都”。到2024年5月，青年友好度明显提升，青年人口占城市总人口比例突破40%，青年发展型县域可复制、可推广的“义乌模式”基本形成，为奋进“两个先行”、高质量高水平建设世界小商品之都贡献青春力量。

二、主要任务

（一）实施“义青春·青年望道”工程

1.构建青年思政教育标准化体系。深入挖掘以陈望道、冯雪峰、吴晗等为代表的红色文化，融入学校教育、家庭教育、社会实践的各个环节。依托望道信仰线建设，打造青年红色研学精品线10条以上。健全“望道青年宣讲团”体系，开展各类宣讲活动2000场以上。

2.健全青年政治锻造机制。坚持党建统领，依托义乌望道青年学院，分层分类培养优秀青年6000人，发展培养共青团员3000名、青年党员500名。完善党团队一体化阶梯式培养体系，推荐500名优秀青年团员入党，逐步提高新发展党员中青年占比。

（二）实施“义青春·青年善育”工程

3.推动教育提质扩面。扎实推进双江湖科教园区和复旦大学义乌研究院、浙江大学“一带一路”国际医学院等高校院所落地工作。推进“教育倍增计划”、“双百园工程”，规划实施中小学和幼儿园新建、迁建、扩建项目40项，实现儿童预期受教育年限15年以上，高中阶段教育毛入学率达99%以上，高等教育毛入学率超过71.1%。

4.完善外来青年随迁子女入学政策。完善外来务工青年随迁子女入学方式，保障随迁子女义务教育权利。新建25所学校“上下学接送区”，优化义务教育段课后托管服务供给。推进名校集团化办学，完善强校带弱校、城乡对口支援等办学机制，城乡义务教育共同体覆盖率达到100%。

5.加大优质青少年校外教育供给。巩固扩大“双减”成果，推进校外培训机构“两转一停”，打造“15分钟托管圈”。加大优质校外教育供给，举办“流动青少年宫”、“蒲公英”群文课堂5000场次以上，布局青少年宫村社分宫10个以上。

6.建立青年普惠性终身学习体系。加强青年继续教育，实施企业职工技能提升计划，开设“公益普惠·职工学堂”500场次以上、覆盖青年1.8万人次以上。探索青年终身学习网站、数字图书馆、数字文化馆等公共学习服务平台建设。

（三）实施“义青春·青年健康”工程

7.构筑青年体质健康堡垒。加强青少年公共体育场所设施建设，新增“青年共享健身房”、青年体育公园、足球场15个，完善企事业单位体育场地设施向社会开放制度，实现“10分钟健身圈”全覆盖。建立居民个人体质健康档案2万人次。

8.加强青年心理健康服务。打造12355“心灵驿站”心理健康服务品牌，培育青少年心理健康社工不少于1500名。全市中小学配备卫生专业技术人员、心理健康教师实现全覆盖。

（四）实施“义青春·青年幸福”工程

9.完善青年婚恋交友支持体系。搭建公益青年婚恋交友平台，培育专业婚恋社工服务队伍10支，每年举办青年婚恋交友集体活动100场以上。依法整顿婚介服务市场，促进婚恋市场健康发展。

10.保障青年婚育服务。提倡适龄婚育、优生优育，引导青年积极响应三孩政策。健全0—3周岁婴幼儿照护服务体系，公共场所母婴设施配置全覆盖，社区婴幼儿托育服务机构覆盖率80%以上。全面实施幼儿园晚托、暑托服务，实现幼儿园托班设置率80%以上、暑托全覆盖。

（五）实施“义青春·青年双创”工程

11.实施青年创业“一件事”改革。优化青年创业营商环境，持续开展“义路同行”全球青年创业培训，拓宽“团银合作”渠道，每年扶持大学生创业1500人以上，市内应届毕业生创业率达8%以上。

12.推进青年就业“一站式”服务。开展“百名大学生暑期进市场、千名高校师生产业游、万名大学生义乌行”等活动，全方位搭建招引平台和桥梁，吸引更多优秀大学生来义乌就业创业。通过出台政策支持直播电商、内容电商发展，培育多渠道网络服务商（MCN机构），增设电商园5个。

13.打造青年双创“一体化”平台。深入开展新青年创新创业直播等系列赛事，定期举办创业青年经验分享、“青春智汇营”等活动，引导青年主动融入国内国际双循环。打造青年电商创新创业中心，举办“新农人”创新实验班，拓展青年创新创业乡村阵地。建成以“网红经济”和直播电商为代表的创业孵化基地30个以上、面积30万平方米以上。

（六）实施“义青春·青年人才”工程

14.建立健全青年人才招引机制。探索建立义乌市重点产业人才紧缺清单，加强目标型人才引进。拓宽海内外引才渠道，加强长三角地区人才服务共享区域协作。依托双江湖科教园区，力争集聚在校大学生3万人以上。实现每年新增来义大学生3万人以上，全市人才资源总量突破45万人。

15.完善青年人才培养机制。实施“新锐义商培育”工程，大力实施新时代义乌工匠培育工程和“金蓝领”职业技能提升行动，开展各类职业技能培训10万人次以上，新增高技能人才1.5万人以上。

16.健全青年人才服务支持政策。推进青年人才创新创业服务综合体建设，迭代“义乌i人才”数字化应用场景，为青年人才提供全周期、一站式服务。深入实施全民科学素质提升行动，优化人才扶持政策和评价机制，滚动推进“133创新人才工程”和“义乌英才”计划，构建“引育留用”全链条服务体系。

（七）实施“义青春·青年生态”工程

17.优化青年生活环境。加快健康义乌建设，优化覆盖全民的公共卫生服务，持续深化县域医共体建设，高水平打造浙中医疗高地。切实保障青年出行需求，推进铁路、公路、轻轨等公共交通设施建设，打造长三角中心城市2小时快速通道，省内陆域城市1小时高铁圈，实现中心城区至各镇街15分钟通达。

18.保障青年住房权益。培育发展租赁市场多元化供应主体，每年为青年提供保障性租赁住房10000套以上。大力推进现代社区建设，持续提升青年居住环境品质。全面推进未来社区建设，优化青年人居新体验。

19.丰富青年公共文化服务。深入挖掘本土文化元素，推进文化地标项目建设和网红文化IP项目打造，构建市、镇（街）、村（社区）三级公共文化设施网络，打造“15分钟品质文化生活圈”，发展国际特色文化、“一带一路”文化，为青年提供多样化、多元化公共文化服务。

（八）实施“义青春·青年建功”工程

20.完善青年组织体系。开展青年组织建设，新建功能型青年组织500个以上。加大网上共青团建设力度，畅通青少年意见网络表达渠道。加强共青团对青联、青企协的指导，引导社会组织参与青年社会事务管理和服务。

21.鼓励青年参与社会治理。深化“两代表一委员”与青年面对面、民主恳谈会机制，完善青年利益诉求表达机制。持续办好义乌市公益博览会，深入开展“公益伙伴计划”，完善政府购买服务，推动青年社会组织参与社区治理。

22.建立镇街青年社群阵地。深化镇街共青团改革，联系和培育具有内聚力、自带粘性的青年社群，多渠道培养、吸纳青年工作骨干，建立镇街青年社群阵地。完善青年组织运行规则和议事机制，推动青年社群成为链接青年与共青团、青年与政府、青年与社会桥梁与纽带。

23.引导青年助力共同富裕。持续深化“一村一青年委员”工作，实施“1+100”青年回村行动，支持青年在村（社区）创新创业，引入产业项目、探索机制创新，推动城乡资源要素流动。发挥共同富裕示范线辐射带动作用，引导青年以自主开发、入股或合作等形式，盘活闲置农房，提升经营性收入，助力共同富裕。

（九）实施“义青春·青年护航”工程

24.健全青年权益保护机制。发挥“亲青帮”工作室、“童心守护”等平台作用，健全青少年权益状况监测体系。加强“团干部+社工+志愿者”权益保护工作队伍建设，加强中小学校园欺凌综合治理，构建青少年权益维护“多方共管、专业背书、全面参与”的格局。

25.优化青少年成长环境。完善预防青少年违法犯罪工作体系，重点加强沉迷网络、酗酒吸毒、不良交友等社会现象的法治宣传教育，广泛开展青少年预防艾滋病、禁毒等志愿者行动，实现青少年涉罪涉诉比率逐年下降。

26.加强重点青少年群体管理帮扶。提升“一门受理、协同办理”社会救助综合效能，推动社会救助更多、更好地惠及青少年。完善“五类”重点青少年群体救助服务举措，探索构建家庭、学校、政府、社会齐抓共管救助保护服务体系。完善未成年人违法犯罪分级干预保护机制，一体推进未成年人检察工作社会化支持体系建设。

（十）实施“义青春·青年融合”工程

27.加强长三角地区青年交流。组织开展长三角区域间青年交流活动，丰富长三角区域青年合作载体和项目，吸引沪杭甬等地各类青创资本、青年人才进入义乌。举办“家燕归巢”、乡情恳谈等活动，吸引青年反哺家乡。

28.拓展“一带一路”青年国际交流。借助新媒体、“一带一路”海外仓等平台，打造14个国际青年实习就业创业基地，为青年提供公共文化服务1000场以上，年均吸引国际青年来义就业创业100人次以上。

三、组织实施

（一）加强党的领导，优化组织保障

1.完善组织领导体制。坚持党管青年原则，市委常委会会议、市政府常务会议每年专题研究青年发展工作不少于1次。完善青年工作联席会议制度，全体会议每年召开一次、联络员会议每季度召开一次、专题会议不定期召开。

2.构建青年政策体系。统筹社会需求、企业诉求和青年期盼，研究出台普惠性、保障性青年政策，构建覆盖青年需求主要领域、兼顾不同青年群体发展特点的“青春义乌”青年发展政策体系。

3.保障工作经费投入。建立青少年事业发展经费动态增长机制，保障支持青年工作稳步推进。加强政府引导，符合条件的青年服务项目优先纳入政府购买服务。

（二）着眼青年发展，健全工作机制

1.建立青年工作全流程闭环机制。实施青年工作专项督查，聚焦发起—研究—交办—跟踪—督办—反馈等环节，探索实施青年工作全流程管理。团市委要加强与部门协作沟通，及时跟踪研判、反馈问题意见，确保按进度实施。

2.建立青年工作考核机制。依托市青年工作联席会议机制，加强统筹协调，形成主要任务目标月报和亮晒机制。相关部门在年度工作计划和总结中设置青年发展专题，加强政策研究，制定计划表，确保试点期内各项目标任务和政策措施落到实处。

3.建立青年发展满意度三方测评机制。坚持把青年满意度作为衡量青年工作的重要标尺，邀请第三方专业机构，开展青年工作满意度测评，测评结果作为年度青年工作考核的重要依据。

（三）浓厚城市氛围，打造青年生态

1.打造青年友好IP。以城市与青年共成长为主题，开展“青年义乌”城市文创线上征集活动，广泛邀请高等院校、商业团队、独立设计爱好者等，设计开发文创系列产品。积极开展文创衍生品开发，建设高品质青年消费新场景，打造青年文创IP，建成青年经济示范项目2个以上。

2.打造青年美学城市风景。锚定青年集聚区域，实施“青”字号工程项目建设，全面开展“青年广场”“青春社区”“青年街区”等城市场景创建，打造青年工作标志性项目10个以上。

3.开展青年先进典型选树。持续发挥“青年文明号”引领作用，选树培养青年农业带头人、青年“双创”典型、青年岗位能手、青年工匠等一线青年人才和高精尖青年工匠人才，挖掘先进事迹，充分运用媒体矩阵，选树一批青年标杆。

（四）注重载体创新，提高工作实效

1.组建青年工作专家智库。定期邀请专家学者讨论商议义乌青年发展事业，为青年工作决策部署提供重要参考。跟踪调研青年发展情况，定期发布青年发展白皮书。

2.开展“十大青年民生微实事”年度评选。聚焦教育、住房、医疗等关键小事，通过党政推荐、青年票决，每年评选十项青年民生微实事项目，及时更新项目进展，完成情况列入部门考核。

3.加强监测评估。建立完善青年发展指标监测体系，将青年人口规模、群体分布、婚恋状况等核心指标纳入政府部门相关统计序列。建立青年发展监测数据库，明确相关指标的统计部门、统计周期和统计口径。

中共义乌市委办公室

2022年12月5日

2022年义乌市重要文件选目

2022年中共义乌市委员会文件选目一览表

表29

发文字号	文件标题	发文日期
义委发〔2022〕1号	中共义乌市委关于印发《王健同志在中国共产党义乌市第十五次代表大会上的报告》的通知	1月5日
义委发〔2022〕11号	中共义乌市委 义乌市人民政府关于印发《义乌市青年发展“十四五”规划》的通知	3月8日
义委发〔2022〕15号	中共义乌市委关于印发《义乌市“扛旗争先 冲锋在前”主题活动实施方案》的通知	6月8日
义委发〔2022〕17号	中共义乌市委 义乌市人民政府关于授予义乌市劳动模范和模范集体的决定	8月25日
义委发〔2022〕19号	中共义乌市委 义乌市人民政府关于在“8·2”义乌新冠肺炎疫情防控工作中选树“战疫冲锋手”的决定	9月6日
义委发〔2022〕20号	中共义乌市委关于学习贯彻省第十五次党代会精神高水平打造内陆开放样板的决定	9月30日
义委发〔2022〕26号	中共义乌市委 义乌市人民政府关于授予丁慧微等40人义乌市场建设40周年“经营模范四十佳”荣誉称号的通知	11月27日

（市委办）

2022年中共义乌市委办公室文件选目一览表

表30

发文字号	文件标题	发文日期
义委办发〔2022〕4号	中共义乌市委办公室 义乌市人民政府办公室关于成立义乌市市场建设工作领导小组的通知	2月22日
义委办发〔2022〕8号	中共义乌市委办公室 义乌市人民政府办公室关于印发《义乌市全国科普示范市创建工作实施方案（2021—2025年）》的通知	3月11日
义委办发〔2022〕11号	中共义乌市委办公室 义乌市人民政府办公室关于调整完善义乌市新冠肺炎疫情现场处置指挥体系的通知	4月26日
义委办发〔2022〕17号	中共义乌市委办公室 义乌市人民政府办公室关于印发《义乌市全省婚俗改革试点工作实施方案》的通知	10月5日
义委办发〔2022〕20号	中共义乌市委办公室关于印发《市委十五届二次全体（扩大）会议重点工作任务分工方案》的通知	10月26日

续表 30

发文字号	文件标题	发文日期
义委办发〔2022〕22 号	中共义乌市委办公室 义乌市人民政府办公室关于印发《义乌市全域推进未来乡村建设实施方案》的通知	11 月 23 日
义委办发〔2022〕23 号	中共义乌市委办公室 义乌市人民政府办公室关于印发《义乌市青年发展型县域试点实施方案》的通知	12 月 5 日

（市委办）

2022 年义乌市人民政府文件选目一览表

表 31

发文字号	文件标题	发文日期
义政发〔2022〕4 号	关于印发《义乌市双江水利枢纽工程建设征地移民安置实施管理办法》的通知	1 月 14 日
义政发〔2022〕5 号	关于公布义乌市 2021 年城镇基准地价更新成果的通知	1 月 18 日
义政发〔2022〕7 号	关于给予楼晋勇等 5 名同志记功嘉奖的决定	1 月 28 日
义政发〔2022〕8 号	关于公布 2021 年度金融机构考核优秀单位的通知	2 月 16 日
义政发〔2022〕11 号	关于公布 2021 年度工业企业“五十强”的通知	2 月 18 日
义政发〔2022〕12 号	关于印发义乌市新一轮制造业“腾笼换鸟、凤凰涅槃”攻坚行动方案（2021—2023）的通知	2 月 23 日
义政发〔2022〕13 号	关于促进市场高质量发展的若干意见	3 月 1 日
义政发〔2022〕20 号	义乌市人民政府关于公布十六公祠等 13 处历史建筑、三斯堂等 5 处传统建筑的通知	3 月 8 日
义政发〔2022〕23 号	关于印发《义乌市妇女发展“十四五”规划》的通知	3 月 22 日
义政发〔2022〕24 号	关于印发义乌市“绿水青山就是金山银山”实践创新基地建设实施方案的通知	6 月 1 日
义政发〔2022〕25 号	关于印发义乌市全民健身实施计划（2021—2025 年）的通知	4 月 26 日
义政发〔2022〕26 号	关于印发《深化农业“标准地”改革 实施农业“双强”行动 大力推进农业高质量发展行动计划（2022—2025 年）》的通知	5 月 6 日
义政发〔2022〕33 号	关于开展工业企业亩产效益综合评价全面推进“亩均论英雄”改革的实施意见	5 月 7 日
义政发〔2022〕35 号	关于印发《义乌市推进“大综合一体化”行政执法改革实施方案》的通知	6 月 5 日
义政发〔2022〕40 号	公布 2021 年度工业企业亩产效益综合评价A类企业名单的通知	7 月 5 日
义政发〔2022〕46 号	关于公布 2022 年度义乌市园林式居住区（单位）名单的通知	7 月 15 日
义政发〔2022〕47 号	关于市政府领导分工的通知	9 月 1 日

续表 31

发文字号	文件标题	发文日期
义政发〔2022〕48号	关于对稠江、北苑、江东、福田4个火灾多发街道予以挂牌督办的通知	9月11日
义政发〔2022〕54号	关于印发《义乌市创建浙江省中医药综合改革先行区实施方案》的通知	10月10日
义政发〔2022〕61号	关于扶持激励企业上市和高质量发展的若干意见	11月12日
义政发〔2022〕67号	关于印发《义乌市“标准城市”建设行动计划（2022—2025年）》的通知	12月13日
义政发〔2022〕70号	关于表彰2022年度义乌市政府质量奖获奖企业的通报	12月25日

（市府办）

2022年义乌市人民政府办公室文件选目一览表

表32

发文字号	文件标题	发文日期
义政办发〔2022〕3号	关于印发《义乌市突发事件财政应急保障专项预案》《义乌市地方政府性债务风险应急处置预案》的通知	1月6日
义政办发〔2022〕4号	关于印发义乌市突发事件科学技术应急保障预案的通知	1月6日
义政办发〔2022〕5号	关于印发《义乌市气象灾害应急预案》的通知	1月6日
义政办发〔2022〕6号	关于印发《义乌市重大林业有害生物应急处置预案》《义乌市测绘与地理信息应急保障预案》的通知	1月6日
义政办发〔2022〕7号	关于印发《义乌市金融突发事件应急预案》的通知	1月12日
义政办发〔2022〕8号	关于调整完善浙中科创走廊“两城”建设领导小组的通知	1月20日
义政办发〔2022〕9号	关于印发《义乌市集中补领婚姻登记证和补办结婚登记工作实施方案》的通知	1月25日
义政办发〔2022〕11号	关于印发义乌市校园突发事件应急预案的通知	1月27日
义政办发〔2022〕12号	关于公布行政规范性文件清理结果的通知	1月28日
义政办发〔2022〕13号	关于2021年度义乌市金融机构考核结果的通报	2月7日
义政办发〔2022〕14号	关于印发义乌市人才购房补助实施办法的通知	2月28日
义政办发〔2022〕15号	关于印发《义乌市食品安全事故应急预案》的通知	2月28日
义政办发〔2022〕16号	关于印发《义乌市开展调整城镇土地使用税政策促进土地集约节约利用工作实施办法》的通知	3月3日
义政办发〔2022〕18号	关于转发市总工会2022年义乌市劳动模范和义乌市模范集体评选表彰方案的通知	3月11日
义政办发〔2022〕19号	关于做好农函大2022年招生和培训工作的通知	3月14日
义政办发〔2022〕20号	关于印发2022年政府工作报告重点工作责任分解的通知	3月18日

续表 32

发文字号	文件标题	发文日期
义政办发〔2022〕21号	关于印发义乌市区货车限行对象调整实施方案的通知	3月22日
义政办发〔2022〕22号	关于印发2022年度义乌市人民政府重大行政决策事项目录的通知	3月25日
义政办发〔2022〕23号	关于印发义乌市加快发展保障性租赁住房实施办法的通知	3月30日
义政办发〔2022〕24号	关于挂牌整治2022年度重大火灾隐患单位的通知	4月3日
义政办发〔2022〕25号	关于印发义乌市2022年度"珍爱生命、远离车祸"道路交通安全大会战实施方案的通知	4月3日
义政办发〔2022〕26号	关于印发《义乌市全民科学素质行动规划纲要实施方案(2021—2025年)》的通知	4月3日
义政办发〔2022〕28号	关于规范国有建设用地年度供应计划编制和执行的通知	4月22日
义政办发〔2022〕29号	关于加快推动农业高质量发展的意见	5月6日
义政办发〔2022〕30号	关于印发《义乌市中小企业"转贷通"管理办法》的通知	5月6日
义政办发〔2022〕32号	关于下发2022年一般性政府投资项目建设计划的通知	5月11日
义政办发〔2022〕33号	关于印发《义乌市政务服务数字化试行办法》的通知	5月19日
义政办发〔2022〕36号	关于印发《义乌市城乡风貌整治提升行动实施方案》的通知	5月31日
义政办发〔2022〕37号	关于印发义乌市岩口水库等市属水库、水闸放水预警方案的通知	6月6日
义政办发〔2022〕38号	关于印发义乌市山洪灾害防御应急预案的通知	6月6日
义政办发〔2022〕40号	关于印发2022年义乌市政务公开工作重点任务清单的通知	6月27日
义政办发〔2022〕41号	关于印发义乌市政务新媒体规范化建设工作实施方案的通知	6月27日
义政办发〔2022〕42号	义乌市人民政府办公室关于印发义乌市河道安全管理办法的通知	7月1日
义政办发〔2022〕43号	关于促进旅游业高质量发展的若干意见	7月19日
义政办发〔2022〕44号	关于印发《义乌市级财政扶持政策管理办法(试行)》的通知	7月5日
义政办发〔2022〕45号	关于调整医保个人账户划账标准和长护险征缴方式的通知	7月28日
义政办发〔2022〕46号	关于印发义乌市殡葬基本服务费用全流程免费办法的通知	9月1日
义政办发〔2022〕47号	关于印发《义乌市生产安全事故应急预案》的通知	9月5日
义政办发〔2022〕52号	关于加快推进新时代美丽乡村建设、打造全域未来乡村的若干意见	11月24日
义政办发〔2022〕53号	关于印发2022年义乌市金融系统支持地方经济发展考核办法的通知	12月7日
义政办发〔2022〕56号	关于修改《关于促进我市现代物业服务业健康发展的若干意见》的通知	12月15日

(市府办)

索 引

INDEX

说 明

一、本年鉴索引采用主题分析方法排列，由主题词索引、图表索引两部分组成，全书“特载”“大事记”“附录”未做索引。

二、主题索引中文标目按汉语拼音字母顺序排列，同音字按笔画数从少到多排列。首字相同，按第二字音序排列，依次类推。

标目后的阿拉伯数字表示内容所在页码，abc表示所在栏位置。标目后有多个页码的，则表示相关信息在这些页码中均出现，类目标题用黑体字表明。

三、图表索引分按所在页码顺序排列，并标注所在页码。

主题词索引

数字 字母

A

D

E

H

L

Q

R

X

Y

图表索引